中国亲子游

熊靓◎主编

FAMILY TRAVEL IN CHINA

第1版

中国轻工业出版社

图书在版编目（CIP）数据

中国亲子游 / 熊靓主编. —北京：中国轻工业出版社，2016.6

ISBN 978-7-5184-0778-1

Ⅰ.①中… Ⅱ.①熊… Ⅲ.①旅游指南－中国 Ⅳ.①K928.9

中国版本图书馆CIP数据核字（2016）第010528号

责任编辑：韩慧琴　蒴　鑫

策划编辑：刘忠波　韩慧琴　　责任终审：孟寿萱　　封面设计：锋尚设计

版式设计：锋尚设计　　责任监印：张京华

出版发行：中国轻工业出版社（北京东长安街6号，邮编：100740）

印　　刷：三河市万龙印装有限公司

经　　销：各地新华书店

版　　次：2016年6月第1版第1次印刷

开　　本：889×1194　1/32　　印张：24.375

字　　数：1300千字

书　　号：ISBN 978-7-5184-0778-1　　定价：49.80元

邮购电话：010-65241695　传真：65128352

发行电话：010-85119835　85119793　传真：85113293

网　　址：http：//www.chlip.com.cn

Email：club@chlip.com.cn

如发现图书残缺请直接与我社邮购联系调换

141807S6X101ZBW

主编的话

两个人的任性到三个人的成长

女儿9个月大时，我们第一次带她长途旅行。在一个天气晴朗的早上，孩子爸突然说："好久没有出去旅行了，我们去海边吧！"我说："好！走吧！"

30分钟后，我们收拾了几件简单的行李，抱着女儿出现在停车场。

3个小时后，我们抵达了乐亭，渤海湾的一处小沙滩。

30个小时后，我们的衣服全被淋湿，女儿依偎在我怀里，冷得瑟瑟发抖。

3天后，我们都患上了严重的感冒。

一次"任性"的亲子旅行，就这样在突发奇想中开始，在窘迫中结束。

没有孩子的时候，我和孩子爸经历了情侣之旅、蜜月之旅，旅途中我们总因为小的事情争吵，甚至闹到两人分开旅行、分别回家。

现在从两个人变成了三个人，第一次亲子旅行的惨痛经历，让我们开始意识到孩子不是一件行李，不能"玩"说走就走的旅行。

如何和这个新的家庭成员，一个脆弱的小生命一起完成旅行？

首先是我们夫妻之间要戒掉争吵，我们约定，在旅行中无论发生什么事情都不要争吵，让孩子在陌生的旅途中拥有安全感，保持良好的情绪。我们学着冷静面对航班长时间延误、行李被盗等旅途中的倒霉事儿。

在亲子旅行中，我们一家三口各自承担着不同的角色，经历着属于我们的完美旅程。

孩子爸是"挑夫"，平时基本不理家务的孩子爸，决定在旅途中让我轻松下来。他就是我们亲子旅行的导游，制定行程、预订酒店、购买门票、安排交通、手机上网等这些繁琐的工作都由他来负责。每次看到他认真地为我们跑前跑后，我都十分感动，平日对他不做家务不怎么带孩子的埋怨，默默放在心里融化掉了。

旅途中，我则是"生活担当"，负责整理行李、安排美食，加上我语言能力强，在出国时还会充当翻译。在亲子旅行过程中，我还是比较轻松的，跟着玩，不断用照相机记录下行程美好有趣的画面。对于平时忙于家务和工作的我来说，亲子旅行就是一次放松和休闲，也感谢孩子爸和女儿的情感回报。

女儿是"旅游助理"，我和孩子爸负责的所有旅途中的事情，她都要参加和协助。从6岁之后，她就成为了非常得力的旅途小助手。她在机场看行李、自己填写出境单、洗衣服，途中我们生病了，她还负责递水送药。

九年来，我们根据旅行的目的地、出游的天数准备适当的衣物；根据孩子的身体情况准备常备药物；根据孩子的年龄选择旅途线路；根据孩子的喜好选择目的地和玩法。

九年过去了，女儿长大了，我们也成熟了。女儿已经跟着我们去了十几个国家旅行。女儿有自己的照相机、行李箱、旅行日记本，同时在旅行中她也交到了很多好朋友。

我们夫妻也成为了最佳旅游拍档。

70、80后的我们，作为中国独一代父母的代表，如“小皇帝”一般成长经历中，在分享和爱方面显得自私。而有了孩子之后，通过亲子旅行，在情感和行为方式上，我们开始逐步成长。

亲子旅行中，结识朋友，学习他们教育孩子的方法和生活方式；

亲子旅行中，陪伴孩子，培养他们发现世界的能力，增进亲情；

亲子旅行中，夫妻同行，发现对方身上曾被忽略的优点，增进和谐；

亲子旅行中，我们越旅行、越成长。

亲子旅行注定了不能“穷”游

请不要误会，我所定义的亲子旅行的“穷”，不仅是只在金钱上的多少，而是指在身体不好、家庭成员对亲子旅行忽略、旅游投资能力不足的情况下，不适合进行亲子旅行。每个家庭都有属于他们不一样的亲子旅游，有不一样的幸福和苦恼。

培养优秀的下一代，需要耐心、细心和爱心。

分享一个极端的故事：这是2015年的新闻，一个爸爸带着7岁的儿子自驾西藏，因为准备不充分，对孩子身体的忽视，导致孩子在旅途中死亡。作为爸爸，他写了一篇博文纪念儿子，更是对自己任性的行为进行了忏悔，读者无不落泪。

不是不富裕就不能进行亲子旅行的，《中国亲子游》其中一位作者，也是一位全职妈妈。25岁当上了母亲，也放弃了工作，一家人靠着爸爸不高的收入生活。从孩子6个月开始，她开始进行亲子旅行，目的地都是城市周边的公园、免费的景区。每一次旅行，她都会设计主题，从亲子摄影到植物乐趣游。她的亲子旅行不再是带娃“放风”，还结合了教育、运动等。她的经历告诉我们，孩子在旅行中健康成长，才是最完美的亲子旅行。

“穷”游，对于身心都不成熟的孩子来说不适合。磨砺孩子意志、开拓视野的方式有很多，建议爸妈们别任性，为孩子做出聪明的选择吧！

从情感上，亲子旅行也不能太“穷”。亲子旅行的行前、行中，都是需要大量的情感付出，如果投入不了，便是“穷”。

在旅行前，需要一起和孩子选择目的地、制定行程、选择旅途读物、设计旅行梦想、准备行李；旅途中，各种意外的状况频频发生，更需要情感上的互相配合。

我喜欢把亲子旅行的情感付出称为情感投资，付出了就能够获得回报。通过亲子旅行，孩子能健康成长、收获知识、纠正品行和开拓心灵，这都是情感投资最好的回报。

除了对孩子的情感投资，家庭夫妻之间的情感投入也是非常适用的。记得热播电视剧《虎妈猫爸》中有一句非常经典的台词：“夫妻关系大于亲子关系。”这句话道出了一个真理：家庭的和谐，关键在于夫妻之间的关系。

亲子旅行中，夫妻之间的互动，直接影响着亲子关系。

总爱自驾游的南妈，常带着一家人出游。每个周末和假期都必须安排自驾的行程，南爸经常周末加班不能参加，她就会不高兴地抱怨南爸的不配合。南爸建议，适度安排亲子旅行，周末时可以陪着孩子在家里画画，顺便收拾家务。南妈依然坚持着自己的生活方式，南爸的建议一提出就遭她激烈的反对。久而久之，南爸逐渐退出了南妈的亲子旅途。南妈的不妥协和固执的坚持，也遭到了孩子的反对，坚持不参加她的亲子旅行，南妈非常伤心。

亲子旅行不是为了攀比，更不是为了满足自己。家庭的成员要根据现实情况，安排亲子旅行，尊重另一半的意见。夫妻之间达成了默契，无论在旅途中发生怎样的困难都会从容面对。而孩子在良性的家庭关系中，有了安全感，身心也能健康的成长。

亲子旅行注定不适合“穷”游的，因为我们都想得到：

亲子旅行中，孩子的健康成长，才能有完美的旅程；

亲子旅行中，夫妻的良性情感，才能有安全的基础；

亲子旅行中，一家的互帮互助，才能有丰厚的回报。

关于《中国亲子游》

2016年由中国轻工业出版社推出《中国亲子游》是一本传递健康家庭观、精英教育、品质生活的正能量图书。本书的30位优秀的作者，来自不同领域。有屡获国家大奖的知名摄影师；有拥有百万粉丝的自媒体人；有优秀的媒体总编；有正在创业路上的企业家；有埋头科研的科学家；有忙于政务的公务员。

聚首《中国亲子游》，他们只有一个身份：都是亲子旅行的实践家。

用亲身经历讲述他们亲子旅行的生活方式，倡导亲子旅游就是教育投资的先进理念。

《中国亲子游》通过网络和亲子旅游达人们票选，选出了这辈子带着孩子必去的十座城市。分别是三亚、北京、上海、南京、苏州、青岛、厦门、台北、香港、成都。因为这十大城市在旅游设施、人文历史、景区亲子服务等方面是中国旅游城市中的佼佼者。通过作者们对这些城市多次深度的亲子游，以家庭的视角诠释了一个两代人眼中、心里都不同的城市。

在美食方面，十大城市各具特色，北京菜的皇家风味、青岛海鲜的咸鲜适度、苏州美食的时令新鲜、成都川菜的多样选择等，任何一处都能激发一场美食之旅。

从历史方面，十大城市都汇聚了深厚的文化遗产。北京的故宫，苏州的园林，三亚的天涯海角，成都的都江堰……都是探寻中国历史的绝佳选择。

十大城市的交通设施和酒店建设非常发达，均有机场、高铁、公共交通等连接全国。十大城市的酒店业也非常的发达，全球顶级奢华酒店在这里都有连锁店，另外特色风格的度假村和干净有品位的民宿也比比皆是。

我们以达人的旅行经验对中国的旅游资源进行了归类分解，提炼出各种主题旅游目的地，除了十大城市外，还有最适合亲子度假的十大酒店、最佳亲子露营地、中国九大自然亲水之旅、最适合亲子的十大古镇等。从中国的自然、文化、历史等多角度来展示亲子旅行中主题旅行的魅力。

《中国亲子游》的后半部分，通过作者们亲身的体验，总结提炼出适合3～12岁孩子的旅游方式。将除西藏以外的全国适合亲子游的景区分为亲子亲水、畅游乐园、户外登山、休闲度假、历史文化等不同主题旅游地。

跟着《中国亲子游》，在春暖花开时，带着孩子漫步宏村、西递，欣赏婺源花开；夏日炎炎时，到野三坡避暑；秋季凉意袭来，约在苏州古镇里、行在桂林山水间；待到冬来雪落，则可携手走进博物馆、或在植物园里感受不一样的温暖。

此外，《中国亲子游》也选编了国家旅游局编纂的《文明出行指南》，希望大家在出游途中遵守规范，文明出行，这既是对孩子成长的一种教育，也是完美亲子旅行的必修课。我们希望通过《中国亲子游》的出版，传播倡导正确的亲子旅行理念和生活方式。也希望更多的家长朋友迈出亲子旅行的第一步，在旅途中传播文明出行的正能量，也助力下一代更健康更快乐地成长。

《中国亲子游》编委会成员

熊靓 曾任搜狐高级编辑、乐途旅游网总编室主任。亲子旅行经历5年，亲子旅行去过十几个国家和城市。现任互联网公司高管、《中国亲子游》主编。

青春河边巢 《亲子自助旅行指南》作者。80后IT职场妈妈，亲子旅行自媒体达人，专栏作者。

徐志玲 大江网旅游频道总监，中国网络媒体江西游策划人。亲子旅游达人，亲子旅行经历5年。

陈昱霖 亲了游达人，科技工作者。

苏菲 中国登山协会认证户外领队，亲子户外活动平台“一喜童乐”创始人。女儿5岁，亲子旅行经历5年。

王玮玮 曾任山东知名新闻网站青岛站主编。儿子10岁，亲子旅行经历7年。现为猫扑网青岛站负责人，青岛文化创意网主编。

张林鹂 现为（德国）联邦水上教育协会中国区理事，是全国连锁早教品牌——龙格亲子游泳俱乐部创始人。

吴婕 美国皇家加勒比游轮达人，爱好旅游、摄影。女儿9岁，第一次旅行年龄为23个月，亲子旅行经历7年。

王如东 上海同济大学管理学博士。儿子15岁，亲子旅行经历10年以上，每年选择1～2个国家带儿子深度体验旅行。

孙小美 两个孩子的妈妈，亲子旅行的重度爱好者。曾带孩子们旅行十多个国家。

高菲、彭东 80后夫妻，热爱满世界转悠，2012年有了亲爱的果果。之后开始三口之家继续踏足美丽地球的脚步。

银又 西点童年印记俱乐部创始人，亲子活动倡导者。

慧慧、乐乐妈 亲子游作者，亲子旅行达人，两个孩子的妈妈。

张小慧 新闻从业者，亲子游达人。

王茜 亲子旅行倡导者，游记作家。

郭婷婷 北方旅游网主编，亲子游达人。

目 录

C O N T E N T S

第一部分
3～12岁不同的亲子旅行 / 001

3～6岁带着小童去旅行

亲子游达人：孙小美 / 002

6～12岁协调中成长的亲子旅行

亲子游达人：熊靓 / 007

选择适合全家人的亲子旅行方式

亲子游达人：熊靓 / 011

第二部分
亲子旅行之最 / 015

中国九大自然亲水之地 / 016

中国最好玩的儿童主题乐园 / 022

中国十大亲子度假酒店 / 030

中国最佳亲子露营地 / 038

中国十大适合亲子旅行的古镇 / 045

第三部分
一定要带孩子去的10个城市 / 053

北京

皇城古都　京味生活 / 054

上海

国际艺术之都　时尚休闲之地 / 064

南京

六朝金粉地

带着孩子走进历史 / 073

苏州

享受100%纯中国

亲子文化之旅 / 080

青岛

山海一色

亲子旅行欢乐地 / 089

厦门

优雅城市　艺术海湾 / 098

成都

美食享生活　亲子慢游地 / 105

三亚

魅力的海岛　最佳亲子度假地 / 113

香港

时尚之都　亲子游乐园 / 121

台北

品质亲子旅行首选地 / 128

第四部分
亲子亲水游 / 137

白洋淀

亲子游达人：王杏芝 / 138

大连老虎滩海洋公园

亲子游达人：张林鹂 / 142

大连金石滩

亲子游达人：王杏芝 / 145

金鸡湖景区

亲子游达人：熊靓 / 150

常熟尚湖

亲子游达人：熊靓 / 154

濠河风景区

亲子游达人：张婕洁 / 158

溱湖国家湿地公园

亲子游达人：王杏芝 / 161

瘦西湖

亲子游达人：王杏芝 / 165

杭州西湖

亲子游达人：王杏芝 / 169

西溪湿地

亲子游达人：王杏芝 / 173

乌镇

亲子游达人：王杏芝 / 178

八里河风景区

亲子游达人：熊靓 / 182

万佛湖风景区

亲子游达人：熊靓 / 185

新安江山水画廊

亲子游达人：刘樱 / 188

凤翔温泉

亲子游达人：郭婷婷 / 191

庐山西海

亲子游达人：徐志玲 / 195

长阳清江画廊

亲子游达人：王杏芝 / 200

宜昌三峡人家风景区

亲子游达人：王杏芝 / 205

桂林山水

亲子游达人：张林鹂 / 210

东寨港红树林湿地公园

亲子游达人：银又 / 213

海口假日海滩

亲子游达人：银又 / 217

三亚大小洞天

亲子游达人：王杏芝 / 221

蜈支洲岛

亲子游达人：银又 / 226

九寨沟

亲子游达人：王杏芝 / 232

黄果树大瀑布

亲子游达人：王茜 / 236

荔波小七孔

亲子游达人：陶子 / 242

青海湖

亲子游达人：郭婷婷 / 247

赛里木湖

亲子游达人：陈怡 / 253

北投温泉

亲子游达人：孙小美 / 258

垦丁

亲子游达人：孙小美 / 262

第五部分

畅快乐园游 / 267

798艺术区

亲子游达人：熊靓 / 268

奥林匹克森林公园

亲子游达人：青春河边巢 / 271

八达岭国家森林公园

亲子游达人：青春河边巢 / 275

八达岭野生动物园

亲子游达人：青春河边巢 / 280

北海公园

亲子游达人：青春河边巢 / 284

北京动物园

亲子游达人：青春河边巢 / 288

什刹海

亲子游达人：青春河边巢 / 292

北京野生动物园

亲子游达人：青春河边巢 / 295

中国国家博物馆

亲子游达人：张婕洁 / 298

上海东方明珠广播电视塔

亲子游达人：王杏芝 / 301

上海科技馆

亲子游达人：王杏芝 / 305

上海巧克力开心乐园

亲子游达人：吴婕 / 309

上海自然博物馆新馆

亲子游达人：熊靓 / 313

青岛极地海洋世界

亲子游达人：吴婕 / 315

景德镇古窑民俗博览区

亲子游达人：徐志玲 / 319

广州长隆主题旅游度假区

亲子游达人：苏菲 / 323

锦绣中华民俗文化村

亲子游达人：慧慧、乐乐妈 / 327

青青世界

亲子游达人：慧慧、乐乐妈 / 332

槟榔谷

亲子游达人：银又 / 336

雷琼世界地质公园（海口区）

亲子游达人：银又 / 340

二连盆地白垩纪恐龙地质博物馆

亲子游达人：张林鹏 / 344

香港迪士尼乐园

亲子游达人：高菲、彭乐 / 347

花莲远雄海洋公园

亲子游达人：孙小美 / 350

味全埔心农场

亲子游达人：孙小美 / 355

第六部分

户外探险游 / 361

京东大峡谷

亲子游达人：青春河边巢 / 362

龙庆峡

亲子游达人：青春河边巢 / 366

青龙峡

亲子游达人：青春河边巢 / 370

盘山

亲子游达人：王杏芝 / 374

长白山风景区
亲子游达人：刘樱 / 378
黄山
亲子游达人：熊靓 / 382
九华山
亲子游达人：熊靓 / 386
齐云山
亲子游达人：熊靓 / 389
天堂寨
亲子游达人：熊靓 / 392
大柱山
亲子游达人：廖雪松 / 395
泰山
亲子游达人：张婕洁 / 399
烟台龙口南山
亲子游达人：张婕洁 / 403
沂蒙山
亲子游达人：张婕洁 / 407
武夷山风景名胜区
亲子游达人：王杏芝 / 411
云台山
亲子游达人：郭婷婷 / 415
龙虎山
亲子游达人：徐志玲 / 419
三清山
亲子游达人：徐志玲 / 423
石城
亲子游达人：徐志玲 / 428
明月山
亲子游达人：徐志玲 / 433

张家界武陵源
亲子游达人：刘樱 / 438
神农架林区
亲子游达人：王杏芝 / 443
七仙岭温泉国家森林公园
亲子游达人：银又 / 448
呀诺达热带雨林
亲子游达人：银又 / 451
武隆喀斯特
亲子游达人：王杏芝 / 454
青城山—都江堰
亲子游达人：张婕洁 / 458
乐山大佛—峨眉山
亲子游达人：张婕洁 / 462
甘南扎尕那
亲子游达人：张小慧 / 467
呼伦贝尔
亲子游达人：苏菲 / 470
阳明山
亲子游达人：张小美 / 474
日月潭
亲子游达人：孙小美 / 478

第七部分

度假休闲游 / 483

古北水镇
亲子游达人：熊靓 / 484
津门故里（天津古文化街）
亲子游达人：熊靓 / 489
野三坡
亲子游达人：刘樱 / 492
净月潭
亲子游达人：林科 / 496
镜泊湖景区
亲子游达人：刘樱 / 500

同里
　　亲子游达人：熊靓 / 504
湖父镇
　　亲子游达人：林科 / 508
张渚镇善龙洞
　　亲子游达人：林科 / 513
木渎古镇
　　亲子游达人：熊靓 / 518
九溪十八涧
　　亲子游达人：胡菲 / 521
太平湖国家湿地公园
　　亲子游达人：熊靓 / 526
小格里森林公园
　　亲子游达人：廖雪松 / 530
奉新
　　亲子游达人：徐志玲 / 534
篁岭
　　亲子游达人：徐志玲 / 538
武宁
　　亲子游达人：徐志玲 / 543
岳麓山—橘子洲
　　亲子游达人：林科 / 548
鼓浪屿
　　亲子游达人：张林鹏 / 553
北海银滩
　　亲子游达人：张林鹏 / 557
龙脊梯田
　　亲子游达人：张林鹏 / 560
涠洲岛
　　亲子游达人：张林鹏 / 563
观澜湖
　　亲子游达人：银又 / 567
博鳌镇
　　亲子游达人：银又 / 570
分界洲岛
　　亲子游达人：银又 / 574
八门湾红树林
　　亲子游达人：银又 / 578

酉阳桃花源
　　亲子游达人：林科 / 582
万盛黑山谷—龙鳞石海
　　亲子游达人：王茜 / 587
响沙湾
　　亲子游达人：戴永丽 / 593
吐鲁番葡萄沟
　　亲子游达人：林科 / 598
那拉提森林景区
　　亲子游达人：陈怡 / 602
东北角海岸
　　亲子游达人：孙小美 / 607
埔里
　　亲子游达人：孙小美 / 613
莺歌陶瓷老街
　　亲子游达人：孙小美 / 618

第八部分

历史文化游 / 623

故宫
　　亲子游达人：刘樱 / 624
国子监
　　亲子游达人：刘樱 / 629
承德避暑山庄
　　亲子游达人：张林鹏 / 633
皇城相府
　　亲子游达人：刘樱 / 637

平遥古城
亲子游达人：张林鹂 / 641
乔家大院
亲子游达人：林科 / 645
王家大院
亲子游达人：张林鹂 / 650
周恩来故里
亲子游达人：熊靓 / 653
钟山风景名胜区
亲子游达人：张婕洁 / 657
皮市街
亲子游达人：胡菲 / 661
苏州园林
亲子游达人：熊靓 / 665
周庄古镇
亲子游达人：熊靓 / 670
鲁迅故里·沈园
亲子游达人：林科 / 674
安徽省博物馆
亲子游达人：熊靓 / 678
古徽州文化旅游区
亲子游达人：熊靓 / 682
宏村
亲子游达人：熊靓 / 686
绩溪龙川
亲子游达人：刘樱 / 692
天下第一泉风景区
亲子游达人：刘樱 / 696
红都瑞金
亲子游达人：徐志玲 / 700
福建土楼
亲子游达人：张婕洁 / 704
龙门石窟
亲子游达人：郭婷婷 / 709
王城公园
亲子游达人：郭婷婷 / 713
少林寺
亲子游达人：郭婷婷 / 716

荆州古城
亲子游达人：熊靓 / 721
凤凰古城
亲子游达人：张婕洁 / 725
阳朔
亲子游达人：张林鹂 / 729
三星堆博物馆
亲子游达人：陈昱霖 / 733
西江千户苗寨
亲子游达人：王茜 / 736
周家大院
亲子游达人：王茜 / 741
塔尔寺
亲子游达人：郭婷婷 / 745

第九部分

亲子出行注意事项 / 749

聪明父母的选择　带上适当的旅行物品 / 750
乘坐交通工具注意事项 / 759
《文明旅游出行指南》/ 762

第一部分
3～12岁不同的
亲子旅行

3～6岁带着小童去旅行

亲子游达人：孙小美

几年前，大女儿Faye出生，因先生工作的关系，我们便开始了旅居国外的生活，由于第三国签证简便，给我们带孩子出门旅行提供了极大的方便。曾经几乎每个月都要去机场报到，爱打招呼的Faye已经和登机柜台小姐混熟了。2014年底，弟弟Teem出生了，我先生也到了台北，我们开始了在宝岛生活的日子。台湾自然资源极其丰富，无数优质的沙滩，纵贯东西的峡谷，保护极好的生态资源，即使俩孩子不出岛都可以玩得忘乎所以。

这几年来，大大小小的旅行无数场，自然有一些行前思虑未周全而造成的血泪史，这里特总结了一些携带3～6岁小童出行的宝贵经验，希望和大家分享，让大家少走弯路，玩得顺利尽兴。

携带小童的旅行方式选择

周末我们一般采用轻旅行的方式，选取自驾车3小时之内可达的景点，如台湾东北角的沙滩戏水，台中清境农场看羊群住古堡，过雪山隧道到宜兰住亲子民宿，去阳明山泡温泉，爬爬山，摘摘花。这些周末1～2天的轻旅行，住宿与否十分随意，当天来回也绝对没问题。各个景点自驾车都可以轻松到达，光是这点来说，带俩宝出门大包小包的行囊往后车厢一塞，走走停停，别提有多方便。

如有较长的假期，我们就往国外跑了，由于Faye还在上幼稚园，弟弟Teem还处在购买婴儿票的年纪，所以我们的选择都是定在较发达国家的一座城市以及其周边景区（非自驾），或海岛类为旅行的目的地。这样的地方便于做一些松散的安排带着孩子游玩。城市游以一主（主要游玩城市）一辅（周边的一个小城市）为原则；海岛游则悠闲漫无目的地享受度假时光。

时下，许多地方租车自驾游也是非常流行的一种亲子游方式，还能配套预订孩子们的安全座椅，以及异地还车这类便捷的方案。通过自驾，可以跑遍许多地方，也不用为行程操心，可随时保持弹性。比如台湾环岛、日本的北海道、九州、冲绳，这类景点与景点之间跨度大且大众交通工具不太便捷的地点，带着孩子与行李的情况下自驾游就是最棒的一种亲子游体验。

带着两个孩子亲子旅行需要做充分的准备

玩乐行程规划

携带小童旅行的行程安排和注意事项

携带小童旅行，建议安排松散的行程，每日安排动静结合，了解自己孩子的情绪反应及时做调整。

曾经有一位妈妈向我咨询新加坡旅行线路安排。她拿了行程单给我看，洋洋洒洒三大页，密密麻麻的。新加坡的景点全部放在五天四夜内走完，况且她和她先生还带着两个小童。我说：新加坡天气炎热，光照强烈，每天这样跑来跑去孩子一定受不了，走几步就不想走了。光是一上午就排了两三个景点，下午和晚上也安排满档。于是我帮她重新调整了行程。

其中有一天是这样的：当天早上安排去圣淘沙玩水，那吃过午饭之后便可以趁着日头大在酒店或室内休息片刻，喝喝下午茶。下午3点再安排静态的活动，去临近的海洋馆看小鱼、水母等，逛累了便可以带着孩子回到市区的克拉克码头吃海鲜大餐。晚上根据体力弹性安排，如果孩子不是太累，安排乘坐游船夜游克拉克码头。

她回来之后，还特地过来感谢我，并说："如果真的按照她自己的行程走，他们全家一定会累垮，而且旅行中孩子如果劳累，情绪也会跟着变差，那整个旅行也会泡汤。"

在出发前与孩子一起规划玩乐地点

通过图片和文字提前和孩子沟通，并充分尊重孩子的想法。对6岁以下的小童来说，海洋馆，出海观鲸，各类游乐园，特色DIY动手体验，以及当地的儿童书店都十分适合他们。因为每座当地的海洋馆都有不同的明星海洋生物，有些海洋馆提供夜宿活动，这确实吸引了无数孩子们；游乐园也有不同的主题和类型。值得一提的是儿童书店，在香港可以买到众多英文原版绘本，在台湾可以买到繁体字的绘本，这些都可以丰富孩子的阅读视野。

行程比例的安排

特别为孩子打造的行程可以占到50%左右，随着孩子年龄增加，与成人的共识更多，这个比例可以逐渐递减。我们一定会留一半的时间给自己，让孩子们陪我们去看我们想看的风景，从小就让他们懂得旅途中相互陪伴的意义。

孩子对世界充满了好奇

自己学着用相机记录旅程

出发前的预热

出发前，爸妈可以准备一份卡通的地图，告诉孩子目的地所在的洲与国家，由于6岁以下的小童仍然充满着想象力，可以找一些卡通图代表当地建筑与地理特色提前预热，让这些形象先与孩子产生感情，那么在旅途中当这些真实的画面呈现在眼前，必然更能快速产生联系并留在记忆中。顺带一提的是，父母可以把当地的礼仪礼貌一并告诉孩子，希望在当地能遵守并且入乡随俗，如当地寺庙参拜的规矩，待人接物，餐厅用餐礼仪等（这点不用太苛求，可以让孩子慢慢进入状态，持续进步）。

不久之前迪士尼《冰雪奇缘》上映后，小女孩们都为之疯狂，包括我们的Faye。2015年的1月，适逢日本河口湖冰雪节，我们便提早定好了行程，出发前往日本了。我预告Faye，我们要坐安娜飞机（ANA全日空），然后去富士山脚下看爱莎造的雪，再去东京迪士尼听爱莎唱《Let it go》。Faye听了之后两眼放光，整整兴奋了两个月。我也提前给她买了一架Q版的ANA的模型飞机，一套爱莎的裙装，以及日本朋友赠送的卡通富士山玩偶。

行李简单化

所有家庭成员的行李尽量全部放在一个大行李箱内，所有证件、照片都收纳在随身的斜背小包中。这样爸爸可以推着一只大行李箱，妈妈牵着孩子，避免发生手忙脚乱，还丢了行李的窘境。

特地为孩子选购属于他们自己的专属小行李箱，请孩子自行打包好自己的小行李，并在上下飞机时随身携带，也可培养旅程中的责任感。

让父母伤脑筋的是，冬天出门旅行，衣服厚重，会塞爆行李箱。其实可以参考网络上流传的打包视频，以特别省空间的折衣服方式来安排行李箱。妈妈们千万不要为了拍摄美丽的照片，帮自己和孩子准备过多的衣物，一些消耗用品可以在当地购买，行李尽量简化再简化，腾出空间存放旅行战利品。

孩子就是亲子旅行中的一件“大行李”

智慧妈妈在亲子旅行中成长

年初的日本之行，Faye期盼了两个月，于是她在出发一周前，便自行整理好了她的小旅行箱，把必备的物品都带上了，她甚至还周到地带了弟弟Teem所需的奶瓶、奶粉、尿布等物品。最让我意外的是，出发前一天晚上，等我们再整理行李的时候，我发现常用药的那个包不见了，耳温计也不见了。Faye急忙说："有有有，都在我包里！！"这些细节部分都是她在众多旅途中累积下来的经验，也让我们对她刮目相看。

饮食起居照顾

中国大江南北饮食文化差异巨大，更别提世界美食了。常听一些爸爸妈妈说孩子到了当地会水土不服或是过敏，所以防过敏的常用药是必须携带的物品，有时还会提前带上自家的水一起出发。若是还在吃粥类的婴儿，大家便会选择携带好足够的婴儿食品罐头给宝宝食用。但如此一来，行李重量便会增加许多。

其实，可以充分利用当地的资源，如购买进口的罐装水；如预订酒店式公寓，套房内有自带的厨房设备；如果是普通星级酒店，则可以提前向酒店询问是否可以提供额外清淡的儿童餐给孩子。

我们在首尔的时候遇到一位来自东欧妈妈带着一岁多的男生，闲聊起来，发现她也总是带着孩子一起旅行，第一次旅行去了北京，那时孩子还处于吃水果泥、蔬菜泥等泥类食物的阶段，她绷紧神经把家中各类库存都塞到行李箱里去，像新鲜酪梨、面包、水，就连一些小锅子都塞入了箱子。但她到达了北京的酒店之后，她用"Amazing"来形容北京的五星酒店，酒店提供了一切宝宝所需的泥类食物，蔬菜泥、水果泥，全部都是新鲜现做的，最关键这一切都是免费的。

看她说到中国酒店的体贴之处，我也情不自禁地得意起来。于是也聊起自己的经历，Faye9个月大的时候，我们去了马尔代夫，没有那位东欧妈妈那样幸运，酒店只有他们固有的印度或西式料理，连一粒米都没有，更何况粥类。在这种情况下，也只能靠自己了，我们就随行带了四大瓶饮用水、一个小焖烧杯与生米，虽然带了沉重的行李，但是解决了女儿最大的问题。

打发旅途中无聊时间

无论自驾或是乘坐大众交通工具，都免不了舟车劳顿，在车内或飞机内的那一长串时间，孩子坐也不是，站也不是。这时候，父母一定会准备一些小点心、小玩具、画笔、讲故事之类的去分散孩子的注意力，这些的确是比较好的方法，也可以趁着这段安静时间休息一下。我们比较忌讳让孩子在路上看卡通影片，这种方式虽是可以让孩子安静的一条捷径，但一旦养成习惯，想改过来，便是难上加难的事情。

个人推荐好方法是结伴旅行。孩子与孩子在一起，即使没有了现代科技，一样可以玩得很嗨，哪怕是几张纸片，几片树叶，都能让他们发挥想象力。但是问题来了，如果只有小家庭单独旅行呢？

在河口湖回东京的长途巴士里，从中途上来一位日本妈妈和日本小男生，他们便坐在我和Faye的斜前方，从上车开始，那位小男生就从自己包里拿出来大约30块的乐高积木开始搭火箭。我看着身边的Faye坐立不安的样子，我知道这样长时间的行车，对4岁孩子来说，着实不那么容易。我和Faye说："要不要和前面的小哥哥一起玩？"她低着头有点害羞没有回应我，于是我便主动和女儿说："你讲中文，或简单英语，都没有问题。Miss Shelly上课时候教大家征求和别的小朋友一起工作的时候是怎么问的？"她回答我："May I work with you?"后来，我征求了日本妈妈的同意后，就将女儿带到小哥哥那边，于是两位小朋友坐在一起开始玩了，这样一来，我也可以安心地休息一下。孩子们的单纯交友方式，是没有国界与语言障碍的。

小小旅人启蒙与小小观察家的自然转变

生活阅历的增加与不同文化的体验，在亲子旅行中自然是潜移默化的过程，当下一定看不到成果。我们没有苛求Faye 和Teem要达到怎样的境界，只求他们成长的过程中能够遵循国际礼仪，且有较高的文化包容度。

第二次带孩子在曼谷，Faye（当时三岁半）忽然问我："为什么这里河的颜色是黄色，台湾的都是蓝色的？为什么这里的房子都有尖尖漂亮彩色的屋顶？"甚至，她还问我："为什么不能用台湾的钱？"我十分震惊，因为第一次从曼谷回来，她（当时两岁半）只记得她坐在贡多拉上游河的时候坐在船上喝雪碧吃蝴蝶饼，而第二次的反馈却截然不同。我心中一点准备都没有，当下不知该如何回答。回国之后，我便思虑，这就是一个量变到质变的过程。虽然我们没有引导孩子，可是孩子却在默默地观察身边发生的一切改变，从视觉、听觉、味觉、感觉，一切都与家里不同。

亲子旅行是一种持续的生活方式，我们从未停下脚步……

6~12岁协调中成长的亲子旅行

亲子游达人：熊靓

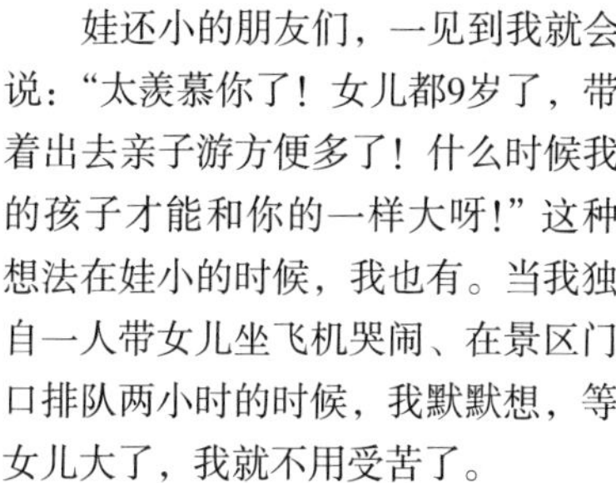

娃还小的朋友们，一见到我就会说："太羡慕你了！女儿都9岁了，带着出去亲子游方便多了！什么时候我的孩子才能和你的一样大呀！"这种想法在娃小的时候，我也有。当我独自一人带女儿坐飞机哭闹、在景区门口排队两小时的时候，我默默想，等女儿大了，我就不用受苦了。

时间是抵挡不住孩子的成长的，女儿6岁进入了小学后，我们的亲子旅行方式却开始发生了翻天覆地的变化。没有变得轻松，我们的亲子旅行从体力活儿开始逐步向脑力活儿转变。

女儿长大了，不用抱、不用背，也不用小推车，会自己吃饭了。我们的肢体可以解放出来了，可是却要面对上课期间不能请假旅游、寒暑假旅游高峰期如何选择旅行方式、独立意识快速成长时孩子的旅行选择、孩子对知识渴求和旅行的关系等诸多问题。

当女儿从一件"行李"变成一个旅伴时，除了高兴她的快速成长外，我也进入了协调旅途时间；协调在高峰期出行，如何提前购买价格优惠的机票；协调寒暑假女儿自主选择的夏令营和一家人度假计划的冲突的全新的亲子旅行时期。

6岁之前的亲子旅行，考验的是父母们带娃的本事，"累"的是身体；6岁以后的亲子旅行，考验的是父母的协调能力，"累"的是心。所谓的"累"就是用心，如果没有用心，孩子们也能长大；如果有了用心，孩子们会拥有一颗有爱、懂分享、爱生活的健康身心。所有父母都愿意用自己的用心换来孩子们的幸福，让我们一起"累"并幸福着，动用智慧从容不迫地协调各种关系，做一个轻松聪明的爸妈吧！

协调亲子旅行的时间

当女儿进入小学的那一刻开始，我们亲子旅行在学校严格的制度下，开始变得非常的"窘迫"。小学是义务教育阶段，管理非常严格，学校不会批准除病假以外的事假。刚开始我也不太理解，当桃花盛开的江南美景

上小学后要协调旅行和上课的关系

向我们召唤时，女儿需要参加学校的实践活动；当深度畅游新疆的邀请函放到我面前时，女儿需要参加模拟期中测试。

放弃了一次又一次的旅行，心里十分难受。女儿的班主任也是个旅游达人，我们常常讨论亲子旅行和学校教育的话题。我也把我的苦恼说给了她，她非常理解我的想法。可是她说，小学期间是孩子养成规矩的最佳时期，培养责任感和守约精神也是学校德育教育的一部分。亲子旅行是非常好的教育方式，但是父母不能一味的任性，给孩子请假，长期下去会为孩子造成搞特殊的不良想法，认为由于爸妈和老师关系好，所以可以任意请假，对于正确的价值观成长不会有帮助。

听完班主任的一席话，我开始思考，任性先放到一边。虽然我不喜欢教条的方式。但是女儿身心健康的成长，才是亲子旅行的真谛。我认真了解了女儿学校的放假时间，提前沟通，提前准备。

暑假来临的前两个月，我们就制定好了暑假的亲子旅行目的地。提前预订行程、酒店、机票等，价格都会便宜。我还会提前和学校沟通，如果有夏令营，会积极参加，和同学的共同旅行，也是女儿非常向往的。

在小长假出游时，我们也会碰到特殊情况，有时候会提前离校或是延迟返校。都会提前和班主任沟通好，并且保证完成家庭作业。在旅途中，照顾女儿身体外，还要监督她完成作业，过程中我的辛苦不言而喻。

但是，这是成长需要的付出，作为爸妈需要的不是去抱怨作业太多，而是疏导孩子有技巧的完成。例如旅途中的见闻和有趣的故事写到作文里；旅途中遵守文明游客守则是贯彻始终的德育教育课；旅途中和动植物亲密接触就是科学的最好实践。

都说老师喜欢配合听话的家长，可是我不这么认为。一个好老师，喜欢有智慧懂沟通的家长。孩子们在学校里学习，在家庭中成长。老师、学校、家长不是在比拼谁的责任更重大，而是需要每一方都能够主动沟通，协调好细节才有良好的关系。

协调亲子旅行的方式

由于女儿上学后，旅行的时间变化，我们的旅游主题也不得不开始变化。6岁之前，3月婺源油菜飘香，我们南下赏花看古村落；10月金秋时节，我们收拾行囊到阳澄湖吃大闸蟹；12月大雪纷飞，我们北上到哈尔滨赏冰灯。一年的四季美景任我们看，不用考虑女儿的时间。此外，我们也能避开节假日的游客高峰期，让旅途变得更舒适。一上小

孩子大了，自我意识更强了

学，时间就被限制了，但是我聪明的头脑没有被限制住。

启动了不断寻找旅行资讯和旅行方式的模式，我削尖脑袋寻找着寒暑假和节假日适合亲子旅行的地方。发现中国地大物博和文化的深邃是我们这辈子都不可能了解透彻的，而网络上的应季推荐目的地已经不适合我们的亲子旅行了。

旅途中学习成长

开始阅读更多历史、地理、人文方面的书籍，了解更多没有去过的国家和城市。了解那里人们真实的生活方式、文化积淀。

经过3、4年的实践，已经形成了一套属于我们自己的亲子旅行方式。每年暑假，我们一家会到三亚去度假。7、8月是三亚旅游的淡季，因为在很多人的概念里，三亚的夏天多雨炎热，其实是不准确的。三亚最热的时期是5、6月，7、8月平均温度和北京差不多。而此时三亚度假酒店也打折优惠，住在这里享受亚龙湾私家沙滩非常舒适。如果想吃海鲜，可以直接在网上团购，一顿300元左右的海鲜大餐新鲜便宜。

回到北京后，女儿开始用绘画记录她的旅程，集中完成暑假作业后我们又进入了避暑之旅，北京周边的野三坡、张北、坝上、承德、白洋淀等都是避暑的好地方。在草原、山间住上一段时间，孩子在户外游戏会非常舒服。晚上，和孩子一起露营，在山间数星星讲故事是非常幸福的时光。

寒假被我们选择为出境旅游时间，日本、韩国、泰国等周边国家是首选，我们会在一个国家的一个城市进行深度体验文化和历史。我们一般都会在国外过春节，避开春节后涌出的人潮，机票和景区人都会很少，旅途也非常舒适。

在平时的假期里，我们坚持不出北京，不去赶各大高速公路上的拥堵，在城里转悠。北京的艺术中心、美术馆、博物馆、科技馆、海洋馆等成为我们的首选目的地。北京是中国的文化中心，同时拥有大大小小的美术馆、博物馆、科技馆100多家。6岁以后，对知识的渴求，让女儿开始对这些地方产生了浓厚的兴趣。每参观一个景点，我们一起寻找周边各国美食，体验北京作为国际美食之都的魅力。

协调亲子旅行的梦想

当女儿有了自己的闺蜜后，自认为是女儿闺蜜的我，地位受到了“动摇”。她和她的朋友一起聊着旅行的故事，畅想着在旅途中的梦想，远比和我一起更有话题。一次，听他们聊天的主题是如何独自旅行，幻想着在森林迷路，在城堡里遇见王子。当时心想这么“小儿科”，没有深度。但是细想想，这就是孩子们的旅行梦想。

孩子爸和我都喜欢文化之旅，每到一处旅行，一定要去这个地方的博物馆参观，一待就是一整天。静静地待在山间看书、看景是孩子爸最喜欢的；我喜欢沟通，对当地特产毫无抵抗力；而女儿喜欢主题游乐园，喜欢玩水滑雪。

在选择共同地旅行目的地上，我们是花足了功夫。在一个目的地里就能实现一家人全部的梦想，确实是一件不容易的事情。女儿独立意识非常强，在旅行中主动找我沟通她的旅行梦想，希望在我的帮助下完成。

2015年的寒假，我们一家人开始了一场东京深度旅游。虽然只有7、8天的时间，但是在行前，我们一次又一次的开会讨论行程。最终决定通过东京行，完成每个人的梦想。而其他人需要本着陪伴的原则，一起分享快乐。

孩子爸想去秋叶原买摄影器材、到上野公园参观东京博物馆。他去买摄影器材的同时，我和女儿一起去秋叶原的动漫世界看玩偶，参观东京博物馆时女儿耐心地陪着我们看，累了她就坐在休息椅上等我们。

记录下亲子旅行中新奇的发现

和孩子一起看世界

我想去银座购物、在Sky Tree看风景喝香槟。当我去“血拼”时，孩子爸和女儿找到了一处有格调的咖啡馆，逛逛周边的文具店，在咖啡店里吃着甜品，好不惬意。而我的在Sky Tree上看东京的梦想，得到了家人的一致支持。当登上最高塔后，东京美丽的夜景彻底征服了我们。

最后，就是女儿的迪士尼梦想，我们陪着她在人山人海的东京迪士尼里畅游了两天。孩子爸负责给她当导游，我负责给她拍照片。看着女儿欢乐的笑声，逛游乐园的疲劳感也变得不存在了。

陪伴着孩子长大，作为家庭成员的独立地位开始凸显。需要爸妈们主动和孩子沟通，正确对接孩子们的需求。不要盲目自信，别以为你给予的才是最好的。因为孩子需要的，才是最好的。亲子关系的和谐不仅能拥有快乐的旅途，更能拥有快乐的家庭关系。

选择适合全家人的亲子旅行方式

亲子游达人：熊靓

在旅途中，我遇到了一位很苦恼的妈妈，她给我讲了和女儿旅游的故事。她说，我每次带着女儿出游，都希望看到女儿快乐的笑脸和激动的表情。她亲力亲为制定旅游行程、购买机票、预订酒店、安排女儿喜欢的美食等。然而突然有一天，女儿告诉她："妈妈其实我不喜欢和你一起去旅游，你安排的很多东西我不喜欢。"听了女儿的"告白"，她觉得委屈，看着和女儿一起拍摄的照片，默默流泪。

在旅行中，不少父母陪伴孩子，孩子喜欢什么就玩什么，而忽略了自己的旅行需求；有时候又会以自己为主，而忽略了孩子的想法。如何在亲子旅行中达到一致，对于一个家庭来说，确实是一场考验。不同的家庭角色、不同的年龄、不同的性格、不同的喜好在旅行中会激发不同的需求，到底怎样的亲子旅游是适合自己的呢？

一种方式是个性亲子游，亲子旅游中按照父母和孩子的兴趣爱好为主导的旅游是普遍情况。例如亲水旅游，一位旅游达人爸爸，一到夏天，就带着一家人找各种可以戏水的游乐场、度假村、公园、湖泊等地方进行游玩。从水上乐园、到海滨沙滩、再到河谷漂流，一家人在寻找亲水的旅途中发现乐趣，孩子也在过程中享受童年的幸福，拥有了丰富和水相处的知识和能力。

和孩子一起去发现旅途中的乐趣

成长亲子游是针对在亲子关系上存在着问题、困难的家庭，通过旅游互动，换一个环境，父母和孩子一起成长。一个朋友将儿子交给了父母带，到了上小学才将儿子接回身边。总觉得儿子和自己不亲，说什么儿子都不听。她在我的建议下，带着儿子自驾15天去了浙江，在山水间一起露营、扎帐篷、一起找食物、一起迷路。经过了15天的旅程，儿子开始向她敞开心扉，听她的建议。她也开始走近儿子，了解儿子喜欢什么，爱吃什么，陌生的母子情感得到了促进。

旅途中，教育就是开拓知识面、增加人与人相处的经验。教育亲子游

亲子关系会在遇到困难后变得更加紧密

亲子旅行是一家人互相磨合的过程

不仅是针对孩子的，也是针对父母的。中国有着五千年的历史文明，在各地的景区中也蕴藏着丰富的文化古迹。在旅途中，带着孩子一起学习，是别有趣味的事情。父母需要提前做好功课，了解城市和景区的知识点，帮助孩子一起寻找。这个过程的学习效果比学校教育更有效，也更容易记忆。

有不少父母在准备亲子游时，都为如何达成一家人都喜欢的行程而感到苦恼。爸爸喜欢登山、孩子喜欢游乐园、妈妈喜欢购物。但是这并不是不可调和的，因为家人在一起最温馨的就是相互陪伴。不仅是父母要陪伴孩子，也要让孩子学会陪伴父母。同时，夫妻之间的互相陪伴能为孩子学会陪伴起到很好的示范作用。

《中国亲子游》邀请了30位亲子旅游达人，集合他们的亲子旅游经验，为读者推荐了不同主题的亲子旅游方式，为选择合适的亲子游提供不同的玩法，让我们学会和孩子一起旅行。

城市公园　亲子休闲

建议停留：1天　适合年龄：0~12岁

家附近的城市公园，虽然没有景区游览的特性，但是在天气好时，带着帐篷和吊床，约上几家朋友，孩子一起玩耍，荡秋千、玩跷跷板，父母聊天喝茶，一起度过从容的休闲时光。很多城市公园都有亲子骑行车，可以带着孩子一起骑行享受自然时光。建议有3~12岁孩子的家庭，如果天气好，可以和孩子一起选择目的地、一起约朋友、一起准备食物，让孩子在准备的过程中，学会人际交往的快乐。城市公园是周末一日游的首选方式，安全、舒适是城市公园的优势。而现在越来越多的城市公园也建起了骑行专用道、亲子游乐场和美食餐厅，可以带着孩子在公园里享受更多美好的亲子时光。

玩法：亲子骑行、亲子阅读、划船、户外野餐等。

亲子踏青　四季赏花

建议停留：1~2天　适合年龄：3~12岁

在南方城市一年四季都能够欣赏到不同的花，所以一年四季都可以跟随着花开的步伐，带着孩子去寻花。而北方地区只有春、秋两季才能繁花盛开，但是也不妨碍赏花的热情。踏青赏花是亲子游适合一家老小的方式，可以祖孙三代一起找一处人少的地方，小住两日。欣赏美景，也是举

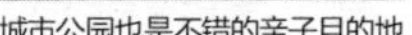
城市公园也是不错的亲子目的地

农家生活磨砺意志、学习知识

起相机拍摄美图的好时机，亲子感情在花的世界里变得更为融洽。在踏青赏花中，需要避开人群密集的景区，尽量降低踩踏事故发生的危险。还要提前做好花粉过敏的测试，避免造成花粉伤害。

玩法：亲子摄影、野外写生、户外徒步等。

农家生活　亲近自然

建议停留：1~2天　适合年龄：3~12岁

城里的孩子们最喜欢在大自然里奔跑，选择一处农家院，周末的时候和孩子一起到农村感受最纯朴自然的生活。住农家院、吃农家饭的休闲旅游方式，已经成了一场农村生活的体验式教育方式。优越生活使得孩子们习惯被长期“圈养”，在农村需要孩子在生活不便利、资源不丰富等困难中，和父母一起，不断学会适应和开拓。

玩法：种菜、采摘、钓鱼、做饭等。

海滨度假　休闲生活

建议停留：2~3天　适合年龄：3~12岁

海滨度假是亲子游首选的旅行方式，也就是我们常说的海岛游。在国内，三亚、舟山、鼓浪屿等都是不错的海滨度假的目的地。在海边吹着海风、走细细的沙滩、在海里游玩嬉戏等度假形式，一家人轻松自然地在一起，享受着旅行带来的幸福。游玩时选择海边高品质的酒店为佳，因为这些酒店的亲子设施比较完善，游乐场、亲子互动活动、亲子餐厅等都能满足旅游需求。特别是这里还有私家沙滩的酒店，沙滩人少，孩子可以自由畅快地在沙滩玩耍。

玩法：沙滩玩沙、海滩露营、户外野餐。

费用：大交通、酒店、餐费等。

科技博览　增长知识

建议停留：2天左右　适合年龄：6~12岁

孩子上学后，对博物馆、科技馆、美术馆的兴趣开始增加，进行此类主题游正是时机。稍微大一点的孩子，还可以通过微博、微信跟踪博物馆、科技馆的信息，提前报名参加有兴趣的展览、培训班和亲子互动活动。

玩法：亲子互动、科学课堂、观影等。

自驾露营　户外探险

建议停留：2~3天　适合年龄：6~12岁

自驾露营是小长假期间最流行的一种旅行方式。3~4天的假期，一家人开车到城市周边的湖泊、山间等，享受自然放松的生活，体验野外生存

和孩子一起在海边舒适的度假

户外露营的生活新鲜又辛苦

探索科学的好地方

每一个孩子的童年里都有一个主题乐园的回忆

的乐趣。露营是比较专业的旅行，从装备、药品、衣物、食物准备到营地的选择都非常考验人，正好可以让孩子在变化的大自然中学会生存，学会如何自我保护、团队合作。

玩法：搭帐篷、吊床、建立营地、篝火烧烤、徒步登山等。

主题乐园

建议停留：1～2天　适合年龄：3～12岁

迪士尼、欢乐谷、方特乐园、长隆野生动物园等品牌主题乐园已经成为了亲子游必去的地方。这里不仅是孩子们的疯狂玩乐的乐园，也是爸爸妈妈寻找童年回忆的好选择。陪着孩子去游乐场、陪着孩子吃棉花糖、陪着孩子玩搭积木。利用一个周末的时间就能玩得很开心，但要注意，应根据孩子的年龄、身体情况选择适合的游乐项目。

玩法：亲子旋转木马、亲子过山车、亲子大头贴等。

亲子旅行之最

中国九大自然亲水之地

一提到亲水，不少人就会想到找一个小湖边钓钓鱼、喝喝茶、水中泛舟。我国作为水域资源最丰富的国家之一，拥有着青海湖、鄱阳湖、洞庭湖、太湖等广阔水域。这里有震撼世人的美景、有历史悠久的文化、有丰富精细的美食、有热情洋溢的人民，还有优质的旅游设施。带着孩子来到这里，在享受现代生活的旅行方式以外，也在向孩子们传递着我们民族的传统生活方式。

青海湖："青子之旅"

简介：青海湖夺人魂魄的美景，让这里成为了无数旅游达人的"朝圣之地"。每年的夏天，也是青海湖最美的时刻，高原下、戈壁中，有孕育着肥沃草原、成群牛羊的地方，一路有着油菜花海陪着你。一家人自驾环游在青海湖，在草原上放声歌唱、青海湖边安营扎寨。孩子们和自然界的植物、动物融为一体，欢乐玩耍的时刻，也是最惬意的时光。我们可以为青海湖的亲子旅途起一个好听的名字，一起完成这趟"青子之旅"吧！

青海湖远眺

亲子互动：看青海湖日出、沙岛风景区玩沙

在青海湖的怀抱里，等待着青海湖的日出，是来这里旅游必须体验的项目。特别是夏天，来到被称为青海湖最美的路段。从黑马河到鸟岛，一路可自驾，也可骑行。在野花、飞鸟的陪伴下，静静地等待着太阳破云而出，金色洒满青海湖。

沙岛风景区的一座座沙丘，就是最天然的沙上运动游戏的好地方，滑沙、沙上摩托等都是大受孩子们喜欢的项目。小一点的孩子带着小桶、小铲子等玩沙工具，在这里尽情随意玩耍。

温馨提示

青海湖游览基本在户外，也属于高原紫外线较强的地方。在旅途中需要提前为孩子进行防晒、预防疾病等准备。不建议家长带4岁以下的孩子游览青海湖。

鄱阳湖：四季之旅

简介：在烟波浩渺的中国最大的淡水湖——鄱阳湖湖边，美景无限，山水如画。绕着鄱阳湖的周边游览，一个月都转不玩。鄱阳湖的东岸拥有着中国最大的湿地公园——鄱阳湖国

盛开的油菜花

牙湖

鄱阳湖湖景

家湿地公园，被世界自然基金会列为具有全球意义的A级优先保护领域。这里四季皆适合旅游，春天是鲜花期，鄱阳湖周边鲜花繁茂，油菜花、梨花等染美每一处风景；夏天是丰水期，游览大海般壮阔的鄱阳湖后，可到庐山避暑度假；秋季是收获期，鄱阳湖的湖鲜肥美，在庐山温泉泡汤后，聚在湖边就能享受一顿绝味。冬季是枯水期，湖里的芦苇摇曳、湖草茂密，如草原一般壮美，千只白鹤齐飞的奇特景观只有在这里能够观赏到。

亲子互动：鄱阳湖国家湿地公园探索，建议游玩2～3小时，包括白沙洲候鸟天堂、庐山天沐温泉

鄱阳湖国家湿地公园景区位于江西省鄱阳县境内，公园以自然的鄱阳湖、河流、草洲、泥滩、岛屿、泛滥地、池塘等湿地为主体景观。在这里可带孩子深度了解中国第一大湖的历史、人文、自然发展等丰富的知识。

无数的天鹅、野鸭、白鹤、灰鹭等珍稀鸟类热爱着白沙洲，这里是它们越冬栖息、繁衍生息的胜地。陪着你的是绿树成荫的景色和展翅飞翔的鸟儿，自然将你融化到都忘了回家。

庐山脚下的天沐温泉度假村以汉唐风格的中式园林的设计为主，露天

鄱阳湖捕鱼

天沐温泉度假村一家人休闲周末游

温泉浴池、Spa水疗以及大型水上乐园设施齐全，到此可充分体验与享受真山真水、返璞归真的大自然温泉。

洞庭湖：湖岛之旅

简介：洞庭湖号称“八百里洞庭”，位于湖南省北部，长江荆江河段以南。洞庭湖景色的特点是湖中有山、山中有湖，一片世外桃源的景致。洞庭湖畔有许多国家级的风景区，如江南三大名楼之一的岳阳楼、有七十二座大小山峰的君山孤岛、长江三大名矶城陵矶等不得不看的美景。

洞庭湖的美食更是大受游客们的喜欢，这里有鱼米之乡之称。除了鲤鱼、草鱼、鲌鱼、鳜鱼、青鱼等鱼类外，洞庭湖的银鱼也是闻名天下。每年5～9月为涨水季节，最大的水位变幅为17米，此时湖水浩荡、气蒸云梦，让湖面的荷花、芦苇荡更显得大气磅礴。每年10月至次年4月为枯水季节，秋季和冬季虽冷，但越冬候鸟迁的壮丽场景还是非常值得一看。

亲子互动：岳阳楼阅读

江南三大名楼之一的岳阳楼矗立在洞庭湖边已经有1780年，在湖光山水掩映下的岳阳楼，更显古朴幽雅。登上岳阳楼，面对着洞庭湖的宜人景色，讲述屈原在这里写下《九歌》《离骚》的故事，孟浩然、杜甫关于岳阳楼的诗词，当然还有范仲淹的千古名篇——《岳阳楼记》。爸爸妈妈提前准备好历史、诗词故事和孩子们一起分享，将这趟旅程变成一次美好的亲子阅读时间。

八百里洞庭的美景

文化氛围浓郁的君山

四大名楼岳阳楼

洞庭湖标志雕塑

太湖周边各类美食

太湖：美食之旅

简介：春天可以去香雪海赏梅，也可去鼋头渚看樱花烂漫。夏天可以在太湖领略“接天莲叶无穷碧，映日荷花别样红”的开阔美景。9月、10月秋高气爽，且从寒露到立冬，是太湖蟹大量上市季节。要是冬天去遇上一场大雪，太湖的雪景也是很不错的。

鼋头渚风景区曾是蒋介石的私家园林，现为国家5A级景区。进入景区，由于在太湖畔，空气清新自然，在庭院里，孩子们可以自由自在地玩耍。

亲子互动：太湖捕鱼

每年3月，这里樱花盛开，白天赏花游船，晚上在太湖上品船菜，享受美味舒适的亲子时光。在西山岛住上一晚，和渔民一起捕鱼做饭，四季水果丰盛，枇杷、砂糖橘等让你吃不完。

太湖湖畔的度假村

亲子互动：太湖露营

在太湖边有不少露营基地，5月开始，这里就成了亲子露营的好地方，就算是不过夜，白天撑起帐篷，湖边打鱼烧烤也是非常有乐趣的事情。

呼伦湖：草原之旅

简介：呼伦湖是中国北方地区最大的湖泊之一，位于呼伦贝尔草原西部新巴尔虎左旗、新巴尔虎右旗和满洲里市之间，是充满着浓郁蒙古族风情的地方。夏、秋两季这里非常适合带着孩子自驾旅游，可以让孩子们穿着蒙古袍、坐着双峰驼漫步草原，或者坐着勒勒车漫游；晚上住蒙古包、大口喝奶、大口吃肉的情景更是让人心动不已。

每到7、8月份时，游人可到呼伦湖通往贝尔湖的一条河汊——乌岗游玩，你会看到成群的鱼儿，争先恐后地、密密匝匝地聚在鱼栅前，欢跃而起。

呼伦湖露营烧烤

呼伦贝尔大草原

亲子互动：草原漫步，草原马上骑行

暑假里，不妨带着孩子来到这里，沿着呼伦湖游览，在草原上驰骋，享受这一路的美景。在呼伦湖畔的马术基地，孩子和家人一起身着蒙古族服装，一家人参加马术培训，慢慢在草原上骑行，是非常惬意的事情。

洪泽湖：渔趣之旅

简介：洪泽湖位于江苏省西北部，在淮安、宿迁两市境内。洪泽湖是过水性湖泊，水域面积随水位波动变化较大。在湖边上修筑有着一条有1800年历史的防洪屏障，千年古堤陪伴洪泽湖养育着这块土地的人们。春季油菜花盛放，绵延不断，一望无际；夏天荷花争艳时，荷香阵阵；秋季收获时间，可乘船到湖中捕鱼品尝湖鲜美味；冬季则可在湖边选择一处农家乐休闲上一天。

亲子互动：洪泽湖湿地公园游玩、探奇

湿地公园内已建成能够深度了解洪泽湖形成和自然历史的湿地博物馆；一家人可以体验神奇的湿地芦苇迷宫；在千荷园里欣赏荷花的美态；在渔趣园感受着渔民的辛苦和收获的乐趣。

洪泽湖上的生活

博斯腾湖：南疆之旅

简介：博斯腾湖位于美丽的新疆南部库尔勒，是我国最大的内陆淡水湖，湖区风光迷人，湖水随着天气的变化，时而惊涛拍岸、时而碧波万顷。夏季开始，这里就成了游客们的胜地，跟着渔船下湖捕鱼；秋季里，满湖的芦苇开始变得金黄，飞鸟从上面成群飞过，如此美景都要收到眼里。

这里烟波浩渺、河道蜿蜒、芦苇丛生、鱼肥鸟飞，如同江南水乡一般景色秀丽。湖区周边的景色和美食也是看不完、吃不完。

亲子互动：品尝博斯腾鱼宴，伴着胡杨林寻找罗布人村寨，享受新疆美食和独特的博斯腾鱼宴

博斯腾湖有鲤鱼、草鱼、鲢鱼、青鱼、鳙鱼、赤鲈鱼、公鱼等20余种以及虾、绒蟹、河蚌等，年产量约2500吨。在湖区里赏着睡莲，享受一下午的休闲捕鱼捞虾时光。

洱海：美景之旅

简介：洱海位于云南省大理市区的西北，为云南省第二大淡水湖，平均湖深10米，最大湖深达20米。美丽的苍山洱海，拥有着“风、花、雪、月”的魅力。风：下关风，洱海一年四季都有大风，有时风力达8级以上；花：上关花，在上关花树村有棵名“十玉玑岛青庐里香”的花树，花大如莲，每年开12瓣，闰年开13瓣；雪：苍山雪，苍山上的积雪千年不化；月：洱海月，每到农历八月十五日的中秋节晚上，居住在大理洱海边的白族人家都要将木船划到洱海中，欣赏倒映在海中的金月亮，天光、云彩、月亮和海水相映在一起优美的图画。

亲子互动：洱海公园赏美景

洱海公园是观赏苍山洱海景色的好地方，这个公园东北部是一片种植着云南的山茶、杜鹃、报春、雪莲等名贵花木的花苑苗圃。北面的浅滩则围作海滨浴场，浴场边上有宽阔草坪可供游人憩息。

微山湖：电影之旅

简介：微山湖位于山东省微山县，自北向南由南阳湖、独山湖、昭阳湖、微山湖四湖组成，又称为南四湖。微山湖跨越了山东、江苏两省，绕湖的一路风景如画，四季分明，不同的美景将这里变成了极佳的亲子体验地。电影《铁道游击队》《月夜》《花开的美丽季节》等都是在微山湖取景拍摄，和孩子一起跟着电影去旅游吧。在江苏游微山湖，可体验刘邦故里的历史与人文，享受微山湖中的美味。在山东游微山湖，则能感受四季不一样的湖景和两岸树美花香，寻找着革命战争精彩的故事。

一曲《弹起我心爱的土琵琶》伴随着几代人成长，这部《铁道游击队》的电影深深刻在家长们的童年印象里。微山湖作为电影的主要拍摄地与故事的发生地，今天也成为了国家级风景名胜区、国家重点红色旅游区。

亲子互动：微山岛渔民生活体验

来到这里，可以游览微山湖的最大岛屿——微山岛，借宿渔民家，每人也不过四五十元。在这里，可以划渔民小木船、看鱼鹰表演、跟渔民捕鱼、赏荷花摘莲蓬等，体验渔家生活。

中国最好玩的儿童主题乐园

北京欢乐谷

简介：北京欢乐谷位于北京市朝阳区东四环，由“峡湾森林”“爱琴港”“失落玛雅”“香格里拉”“蚂蚁王国”“亚特兰蒂斯”“欢乐时光”等七大文化主题区组成，通过主题文化包装及故事演绎，以建筑、雕塑、园林、壁画、表演、游乐等多种形式，向游客展示了一个多姿多彩的地球生态环境与地域文化，园区内精选世界经典文明和创意智慧，精心设置了50余项主题景观、10余项主题表演、30多项主题游乐设施、20余项主题游戏以及商业辅助设施，营造了一个神秘、梦幻的世界。

推荐玩法

长者游推荐线路：环园小火车“聚能飞船”→魔幻剧场→亚特兰蒂斯快餐厅享用午餐→皇宫影院欣赏4D大片→虫虫狂欢大巡游→花境漂流→扎西德勒射击场→“玛雅天灾”情景剧→“不听不看不说”→华侨城大剧院观看《金面王朝》→梦之光大巡游。

家庭游园推荐线路：观光游览车→天使之翼→冲浪者→泡泡球馆→皇宫影院4D大片→蚂蚁餐厅享用午餐→欢欢杯→乐乐跳→桑巴气球→虫虫派对→小青蛙跳→迷你穿梭→时尚狂欢大巡游→乐坊商店→异域魔窟→香巴拉神塔→雪域迷旋→玛雅天灾→夺宝奇兵→大草帽→地穴来音→欢乐水球→克罗索斯餐厅→华侨城大剧院观看《金面王朝》→魔幻剧场→梦之光大巡游。

年轻炫酷游线路：水晶神翼→极速飞车→X战车→欢乐谷KFC餐厅→特洛伊木马→奥德赛之旅→太阳神车→丛林飞车→天地双雄→雪域金翅→香巴拉烧烤→尖峰时刻→DISK“O”→梦之光大巡游。

欢乐大巡游

刺激的游乐项目

亲子活动

快乐小火车

欢乐的乐园

比如世界儿童职业体验馆

简介：比如世界儿童职业体验馆，是专为3～12岁少年儿童设计的、由少年儿童自主管理的儿童城市。这个城市拥有与真实城市一样的形态和景观，有模拟设定的社会规则和文化，具备管理系统、金融系统、安全系统、社会服务系统等。在这里，孩子们接触“社会”、了解“社会”、并成为“社会”的主人。比如世界的宗旨是“寓教于乐”，新创另类亲子体验，优化传统亲子沟通模式。通过儿童职业模拟，让孩子在游戏中学到知识，同时与父母产生更多共鸣，拉近孩子跟家长的距离。

推荐玩法

职业玩法（根据孩子兴趣和不同的职业理想）

和平勇士：比如世界特种部队→比如护卫→比如世界警察局→比如世界法院→比如世界消防局

白衣天使：比如医院急救中心→比如医院手术室→比如医院爱婴中心→高露洁牙医诊所→如济堂

小探险家：寻宝奇兵→地质勘探基地→城建公司→童梦旅行社→魔幻隧道

小小明星：派克兰帝时尚T台秀→唱响录音棚→FM101.18→时光之舞→比如剧院

小艺术家：比如新童年数码影像馆→现代美术馆→舞蹈工坊→B.U电视台→花艺

现代白领：中国国际航空公司→比如驾校→B.U汽车维修中心→电力公司→联想世界

美食家：有家面馆→小团元宵→千磨豆浆→卷卷寿司→Beyou汉堡店→比如比萨→味多美蛋糕→MY烘焙时光→香浓巧克力屋→缤纷饮料吧→冰晶果冻屋→比如甜品站

3～5岁玩法：培养动手能力、协调能力和对工作的热情。

推荐1：比如世界消防局→比如医院爱婴中心→缤纷饮料吧→比尔形象设计馆→MY烘焙时光

推荐2：比如护卫→派克兰帝时尚T台秀→卷卷寿司→可口可乐饮料工厂→现代美术馆

5～7岁玩法：培养自主意识，动手动脑模仿能力。

推荐1：联想世界→比如世界警察局→地质勘探基地→B.U汽修维修中心

推荐2：比如世界特种部队→瑞思大学→寻宝奇兵→中国国际航空公司→时光之舞

深圳欢乐谷

简介：深圳欢乐谷致力于为游客带来最时尚的文化娱乐体验，将娱乐元素与游乐项目有机结合，创造性地推出了六大节庆活动品牌，如新春欢乐节、欢乐谷狂欢节、国际魔术节、万圣欢乐节、跨年欢乐季、粉丝欢乐节等，同时配合诸多应景节庆等，园区共分为9大主题区：西班牙广场、魔幻城堡、冒险山、金矿镇、香格里拉、飓风湾、阳光海岸、欢乐时光和亚洲首座荣获国际水公园协会“行业创新奖”的玛雅水公园，有100多个老少皆宜、丰富多彩的游乐项目。

推荐演出

《梦幻深圳》：地点：欢乐剧场。

《地道战》：大型影视实景拍摄表演，地点：欢乐时光影视拍摄场。

《巅峰少年》：极限运动表演，地点：阳光海岸 极限运动营。

《幻城》：全景式魔幻剧，地点：魔幻城堡 幻城剧场。

游乐场平面图

欢乐干线穿梭景区

景区海报也非常吸引孩子们的眼球

欢乐谷的各种游乐项目让孩子玩到疯

上海欢乐谷

简介：上海欢乐谷园区由阳光港、欢乐时光、香格里拉、欢乐海洋、上海滩、金矿镇、和飓风湾七大主题区组成，园内一条长约2千米的主环道和一条长约2.5千米的水上游览线，将分布在园内的各景点串联起来。这里有被誉为“过山车界始祖”的木质过山车、享有“过山车之王”美誉的跌落式过山车、国际领先级4K高清飞行影院等先进的游乐设备，还有多个大型室内场馆，其中包括可容纳4500人的、带给游客至高艺术享受的华侨城大剧场；集宴会、餐饮、展览等功能于一体的大型多功能厅业瑟宫。这里荟萃了世界各地的精彩演艺活动：大型影视特技实景表演《新上海滩风云》、大型马战影视实景史诗《满江红》、大型多媒体服饰歌舞秀《欢乐之旅》、原创魔术剧《奇幻之门》等。

推荐演出

《满江红》表演地点：马战表演场。

《欢乐花车大游行》表演地点：公园主环道。

《上海滩》表演地点：上海滩景区。

杭州宋城

简介：宋城位于浙江省杭州市西湖风景区附近，是以著名画作《清明上河图》为原型打造的一个古城。也是《奔跑吧！兄弟》2015年第二季第二期的拍摄地。宋城在原有基础上斥巨资新建失落古城、四大剧院、四大佛窟，同时推出十余项高科技游乐项目，更有新春大庙会、泼水节、锅庄狂欢节和火把节等精彩主题活动。

推荐玩法

畅游宋城的怪街、佛山、市井街、宋成河、千年古樟、城楼广场、文化广场、聊斋惊魂等景点，体验打

丰富多彩的游乐项目

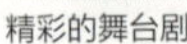

精彩的舞台剧

景区的宋代建筑

宋城里各式民俗表演，边狂边参观

铁铺、酒坊、染坊、陶泥坊、特色小吃等七十二行老作坊，欣赏木偶戏、皮影戏、布袋偶、街头杂耍、燕青打擂、捉拿武松等表演。

特色舞台剧《宋城千古情》演出十分震撼（演绎了良渚古人的艰辛、宋皇宫的辉煌、岳家军的惨烈、梁祝和白蛇许仙的千古绝唱）。

方特欢乐世界

简介：方特欢乐世界坐落于安徽省芜湖市的长江之滨，是当前亚洲规模最大的第四代主题公园，总面积约125万平方米。它由方特新天地、渔人码头、太空世界、神秘河谷、维苏威火山、失落帝国、精灵山谷、聊斋、恐龙半岛、海螺湾、嘟比农庄、儿童王国、水世界、火流星等14个主题项目区组成，包含主题项目、游乐项目、休闲及景观项目300多个，其中包括许多国际一流的超大型项目，绝大多数项目老少皆宜。

推荐玩法

这里有国际一流亚洲仅有的高空

方特欢乐世界欢迎你

飞翔体验项目——飞越极限，大型动感太空飞行体验项目——星际航班，亚洲第一座大型多水幕交互历险项目——失落帝国，中国首创的大型火山探险项目——维苏威火山，世界最大的玛雅主题大型室内漂流——神秘河谷，目前世界最先进的大型恐龙复活灾难体验——恐龙危机，大型魔幻剧聊斋再现蒲松龄笔下的凄美人鬼爱情故事，色彩斑斓的、如梦如幻的海螺湾，神奇的互动卡通脱口秀嘟比农庄，童话般浪漫的儿童王国……

香港迪士尼乐园

简介：香港迪士尼乐园（Hong Kong Disneyland）位于香港新界大屿山，占地126公顷，于2005年9月12日正式开幕，是全球第5座、亚洲第2座，中国第1座迪士尼乐园。乐园分为7个主题园区，分别为美国小镇大街、探险世界、幻想世界、明日世界、玩具总动员大本营、灰熊山谷以及迷离庄园，其中灰熊山谷和迷离庄园为全球独有。园区内设有主题游乐设施、娱乐表演、互动体验、餐饮服务、商品店铺及小食亭。此外，乐园每天更呈献巡游表演节目及烟花汇演。

推荐演出

迪士尼飞天巡游（地址：美国小镇大街，时间15：30）。

“迪士尼光影汇”夜间巡游（地址：美国小镇大街，时间19：45）。

“星梦奇缘”烟花表演（地址：美国小镇大街，时间21：00）。

夏雪节盛演（冰雪奇缘现场演出，每隔1小时演出）

狮子王庆典（地址：探险世界，时间12：00、14：00、16：30、18：00）。

迪士尼故事剧场呈献“米奇金奖音乐剧”（地址：幻想世界，时间12：30、13：30、15：45、16：45、18：00）。

迪士尼乐园每晚的焰火表演

乐园活动精彩不断

大连发现王国

简介：大连发现王国主题公园坐落于景色宜人、风景秀丽的大连金石滩国家旅游度假区的黄金海岸。由发现广场、传奇城堡、魔法森林、金属工厂、神秘沙漠、疯狂小镇和婚礼殿堂共七大体现人类不同文明进阶的主题区组成，围绕中心湖环建，共同形成这里鲜明的“发现”主题。

推荐演出

神奇酷乐小子（卡通歌舞剧）演出地点：疯狂小镇区域、水上舞台。

梦回伊甸园（婚礼秀巡游）演出地点：疯狂小镇——婚礼殿堂。

狂欢加勒比戏水巡游（大型巡游）。

狂欢加勒比影光秀（大型夜间巡游）。

主题派对

乐园中的主题酒店

加勒比风情（幽默舞蹈表演）演出地点：疯狂小镇区域、水上舞台。

欢乐万圣节（大型巡游）演出地点：魔法森林区—疯狂小镇区。

蒙面大盗（美国泛美亚特技表演）演出地点：疯狂小镇区域，疯狂剧场。

梦幻王国（行为艺术）演出地点：园内流动性演出。

太阳祭传说（印第安风情表演）演出地点：魔法森林区—树根部落。

欢乐星工厂（小丑互动表演）演出地点：疯狂小镇区儿童剧场。

桂林乐满地主题乐园

简介：乐满地乐园位于桂林市兴安县灵湖景区，是一家融合了桂林山水之美、广西少数民族艺术及乐满地欢乐文化的度假酒店的主题乐园。这里的美式丘陵国际标准36洞高尔夫球场和缤纷主题乐园构成了一个时尚、动感、刺激与欢乐并存的亲子度假乐园。

推荐玩法

园区由六大不同特色风格的主题区和曼陀罗园组成，包括了：欢乐中国城、美国西部区、梦幻世界区、海盗村、欧洲区、南太平洋区以及曼陀罗园。园内的主要设施有：4D神马影院、怒海争锋、轰天雷、大峡谷急流泛舟、鬼屋历险、碰碰车、海盗船、惊涛骇浪、飞艇冲浪、破浪过山车、龙卷风、蹦极跳等四十多项游乐设施。

北京欢乐水魔方水上乐园

简介：北京欢乐水魔方水上乐园位于北京市丰台区，游客接待量3万人，是目前全球规模大、游乐设施先进、设备数量多的水上主题公园。乐园将中国传统建筑风情与高科技水上游乐项目相融合，将美国式的现代惊险水上娱乐与欧洲的古典健康的水疗理念相结合，成为首个中国人自己的水上乐园。

推荐玩法

全球最大的万人海啸造浪池、惊险的龙卷风滑道、刺激的尖峰极速滑道和亚洲最大的黑暗漩涡等项目组成了最富有激情、最充满动感的巨型水上狂欢乐园。

中国十大亲子度假酒店

不少爸妈们在亲子度假前，都会找我咨询，帮他们推荐一家亲子酒店，要有儿童乐园、儿童泳池、儿童课程……这样的亲子酒店在国内真的不少。不是只要有儿童设施就是亲子酒店，而是包括亲子服务、亲子房间、亲子美食等多方面的完善的软硬件服务。在选择亲子酒店时，首先选择的酒店应该是一家规范的酒店，有干净的客房、卫生的餐饮、友好的客服……即便是一家小小的民宿，也要有正规的资质和服务。

《中国亲子游》结合了亲子旅游达人们的口碑和推荐，介绍以下10家安全舒适，各有特色的亲子酒店。

金茂三亚丽思卡尔顿酒店：丽思儿童

简介：金茂丽思卡尔顿酒店位于海南省三亚市国家度假区亚龙湾，一直致力于为小宾客提供超出预期的入住体验、打造成长中最美好假期时光。酒店推出了一系列为丽思儿童五星宝贝量身定制的服务，除12岁以下丽思儿童免费早餐尊享外，更为五星宝贝配备多达30种贴心备至的儿童用品超级呵护套装，不仅减轻了父母的出行负担，更突出了酒店对丽思儿童宾客的五星级全方位关怀。

推荐理由：在丽思酒店马丁伯伯的小花园里，小朋友们不仅可以了解更多热带蔬菜和水果知识，还能看望新孵出的小鸡，与可爱的小兔子、美丽的孔雀做朋友，或者跟憨厚的小海龟打招呼。儿童俱乐部为3岁以上的小朋友们准备了一系列的室内及户外活动，由水上滑梯、儿童泳池、室外娱乐场地，小花园以及室内部分组成，为孩子提供欢乐丰富的各类活动，让家人可以放心地享受放松度假体验。并有专业的服务人员保证小客人们的安全。

从丽思卡尔顿酒店任何一个角度都能望到亚龙湾美景

儿童泳池的水上滑梯

三亚香格里拉度假酒店：自主时光

简介：香格里拉酒店集团在中国大陆第一家度假酒店——三亚香格里拉度假酒店坐落于海南省三亚市海棠湾。酒店整体设计就如一个热带世界，酒店客房分布在七层楼高的海洋大楼、珊瑚大楼和棕榈大楼里。设计和装饰元素取材于自然界，如硬木地板、贝壳状的柜门把手、贝壳制成的金色树叶装饰品等。酒店特色的家庭房面积77平方米，配备迷你吧、欢迎饮料、可拉伸的沙发床，更有贴心的儿童专属设施用品。客房服务还专门为家庭客人准备了儿童浴袍、儿童拖鞋和儿童专用洗漱用品等。酒店内有儿童烹饪课程、沙雕、放风筝等种类多样的亲子活动。每周五晚上，一家人可以在康提奇享用夏威夷风味美食，享受喷火表演、烤乳猪仪式和竹竿舞等活动。

SPA 时光

儿童自助餐台，享受营养美食

推荐理由：厨艺舞台餐厅有专门为小朋友打造的儿童自助餐台，高60厘米，小朋友可随意取用食物，儿童自助早餐包含五谷杂粮餐台、新鲜果汁台、新鲜水果、动物模型的点心和热菜，甜点区有迷你蛋糕、棉花糖及

香格里拉酒店的游乐项目丰富多彩

两个巧克力瀑布机。

儿童探险乐园位于乐蜓园，为5岁以上的小朋友打造的游乐世界，最惊险刺激的部分是花样滑梯。儿童游泳池则为小朋友提供了各种户外嬉水项目。酒店拥有两个不规则形状泳池、慢跑和骑行小径、沙滩足球场、沙滩排球场和各类水上休闲项目。

室外儿童乐园

杭州临安湖畔童话酒店：童话世界

简介：临安湖畔童话酒店位于浙江省临安市。酒店以梦幻为主题，内有童话故事图案的装饰和设计，客人进入酒店犹如进入了童话世界。在酒店的小红帽餐厅，一家人享受着各类美食，在依山临湖、绿荫环抱、湖光相映的酒店里用餐自然惬意无比。酒店为客人营造了一个舒适温馨的住宿环境，让孩子们在这里充满惊喜感、快乐感、幸福感。也让家长们在这里陪伴孩子一起体验属于童年的那份单纯、简单和快乐。

亲子房干净舒适

推荐理由：梦工厂乐园是一个玩物创智的地方，内设各种娱乐设备。小朋友可以发挥自己的想象力，一起通过动手的方式制作自己喜欢的玩具、城堡、小动物。爸爸妈妈也可以一起参加，共同完成一个旅途纪念品，在手脑并用的玩耍的过程中，促进亲子感情，也同时开发孩子智力。

在小红帽餐厅里，可以和孩子一起参加蛋糕、巧克力、比萨等美食的DIY制作。

酒店设置了风格各异的亲子特色客房，有高级亲子房、高级亲子套房、高级套房、豪华亲子套房、童话家庭套房等各种房型80间。

儿童餐厅

上海浦东嘉里大酒店

简介：上海浦东嘉里大酒店地处浦东陆家嘴金融贸易区，毗邻南浦大桥、东方明珠、金茂大厦、浦东商业中心，第一八佰伴、上海新国际博览中心更近在咫尺，是2015年Tripadvisor的200万“旅行者之选”。

推荐理由：酒店有占地700平方米的探险乐园。有适合2～4岁的宝宝活动区，以及适合4～12岁挑战勇气的滑梯。冒险和游戏区及滑梯都由英国领先的儿童玩具制造商Taylor Made设计建造。主题派对房“丛林谷”“海盗船”和“马戏团”面积从23平方米至65平方米不等，是小朋友玩耍的理想之地。

家庭套房

动物儿童餐厅

儿童泳池

广州长隆酒店

简介：广州长隆酒店地处5A级景区——长隆旅游度假区的中心地段，拥有1500间生态主题客房。这里的房间有不同的动物主题，选择不同的景观房间，可以观看白虎、仙鹤、鹦鹉等不同的动物，野趣十足。在酒店各处都有大受孩子们欢迎的设施，如火烈鸟的中庭花园，可与非洲草原自然接触，近距离感受自然生活；在礼品中心，还可以买到超级可爱的卡卡虎公仔、白虎抱枕、长颈鹿眼镜等。

推荐理由：长隆酒店的客房的动物主题特色一直是游客们的钟爱。孩子们来到这样的酒店房间，能够伴着美好的自然风光入眠。在野趣房里，以鱼主题为主，墙上的双鱼带出鸟和鱼的恋曲、浴室有如水族馆般的玻璃箱；狩猎主房入热带草原，充满神秘气息；躺在藤木质大床进入梦乡。在白虎房里，低头就能观看珍稀动物白虎的生活；鸟趣房里，清晨能够伴着鸟儿清脆的叫声，走进自然。

台湾垦丁夏都沙滩酒店

简介：夏都沙滩酒店位于台湾省南部的垦丁度假区，地理位置优越，离垦丁夜市仅仅几步之遥。酒店为台湾本土品牌，也是台湾观光局认证的五星级酒店，提供顶级的度假环境。酒店的建筑为3层楼的联体别

家庭房

自助餐厅

室内游池

酒店客房的外景

室内儿童乐园

酒店的泳池一直到海边的沙滩

墅风格，里面分为普罗馆、马贝雅馆、波西塔诺馆3个馆，分别呈现不同风格的房型。一楼的房间从阳台出来，几步开外便是私人沙滩，在这条洁白细沙、绵延2.8千米的贝壳沙滩上，小朋友可以发现许多细小如沙的贝壳。

推荐理由：小海星活动营是为小旅客打造的专属儿童的俱乐部，探寻酒店周边生态，参与趣味活动与DIY，如玻璃彩绘、魔法拼豆、划船体验、制作风筝等，让孩子们亲身参与，从活动中学习，有个不一样的假期。在滨海绿地上，专为小朋友设计了趣味高尔夫，家长与孩子可以一同享受挥杆、推球与进洞的乐趣。

美丽的沙滩

刺激的游平项目

垦丁沙滩酒店度假

杭州第一世界大酒店

简介：位于杭州湘湖湖畔的杭州第一世界大酒店，是一家5星级的热带雨林主题酒店，周边拥有湘湖、杭州乐园和奥特莱特品牌购物广场等旅游服务配套设施。孩子们只要到来，酒店就有一场盛大的欢迎仪式，这里四季都有适合家庭亲子出行的主题特色活动：春季沐春百花节、夏季南美风情季、秋季欢乐万圣节、冬季萌兽闹新春，活动不断，精彩纷呈。

推荐理由：这里客房的亲子主题色彩浓郁，房间都有一个大床、一个小床，以保证孩子和父母都能安心睡眠。这里的餐厅是为孩子们量身打造的，是私人定制儿童生日派对、家庭派对的好地方。酒店紧邻着疯狂刺激的儿童游乐场——杭州乐园和儿童室内主题公园——烂苹果乐园，从入住酒店开始，一场属于一家人的狂欢时刻就要开始了！

苏州太湖高尔夫酒店：Running baby

简介：苏州太湖高尔夫酒店位于苏州太湖旅游度假区，周边拥有优秀的5A级景区、世界非物质文化遗产和物产丰富自然风光优美的太湖。酒店推出了特色的家庭游乐活动，“西餐礼仪教学”“帮妈妈洗脚”“太湖游船”“大厨教你捏泥人”“撕名牌大战”“湖畔烧烤”等多

儿童主题酒店的外景

温泉时光、十分美好

太湖游船码头出发、畅游太湖

西餐礼仪课

样环节。体验活动让孩子们脑力与体力都能得到巨大的锻炼。

推荐理由：可以给孩子报名参加由酒店礼仪部门的外籍老师教授的西餐礼仪课。礼仪课上，孩子们能够了解到吃西餐时的顺序、使用刀叉的方式等，通过学习了解外国文化、学会友好相处和独立用餐的好习惯。

孩子们安顿之后，夫妻可以一起聊天、徒步，还可以乘坐游船，享受太湖的自然风光，度过美好的二人世界。

安吉帐篷客溪龙茶谷度假酒店：野奢之旅

简介：帐篷客溪龙茶谷度假酒店位于浙江省安吉县云雾缭绕中的万亩茶林间，从上海驱车到这里只要2.5小时。周末一家人准备好行装，来到这个静谧的山间，在茶香飘动的地方过一个休闲的周末。大人们亲身体验采茶、制茶、贮茶的乐趣，和茶艺师一起研习茶艺；孩子们选在喜欢的户外或室内，和小伙伴们一起在这里欢快游戏；晚上一家人累了，可以住在宽敞的帐篷里，仰望着星空，分享着各自的理想和人生。

推荐理由：在帐篷客内，孩子们的活动按年龄划分，小小俱乐部为2～3岁的儿童提供有偿儿童看护服务，父母可以享受片刻的轻松。

迷你俱乐部为4～10岁的天性好动、喜欢尝试各式活动的儿童服务。通过行程规划与活动安排，满足他们探索一切的好奇心理，启发他们的求知欲望。

参加青少年俱乐部（11～17岁）的孩子在两名带队老师的陪护下，发挥自己追求自由与热爱思考的天性，在这里找到志趣相投的朋友，共同参与喜爱的活动。

住账篷酒店度假

三亚太阳湾柏悦酒店：私人定制

简介：三亚太阳湾柏悦酒店拥有私家海滩，地理位置优越，交通便捷，距离著名的三亚亚龙湾仅5千米，周边景点轻松可至。35万平方米的海湾由一个内陆湖泊和私人沙滩明丽点缀，此外，整个区域是国家软珊瑚的保护区，还可以下海与珊瑚亲密接触，温馨又浪漫。酒店拥有28间带阳台的客房、136间海景客房、25间套房、一间主席套房以及17幢别墅——旨在让每位宾客犹如置身私人府邸，尽享愉悦的私密时光。

推荐理由：酒店会根据你的喜好，无论是海滩香槟早餐、还是别墅家庭烧烤，或是游艇上的夕阳晚餐都可以精心定制。

毗邻儿童池的凯悦悦趣营，孩子们参加这里的生态活动、烹饪课程、寻宝游戏和艺术课的同时，康乐部每天定制不同活动供孩子们尽情嬉戏。还可将学习和娱乐有机结合，体验最新视频游戏、各式玩具和游戏，在“美梦空间”阅读休息。这里为儿童营造了健康有益的度假环境。

太阳湾柏悦酒店外景

柏悦酒店家庭套房

中国最佳亲子露营地

在山间，以地为席，以天为被，来上一场露营之旅，是一家人最爱的亲子游方式之一。但是不能光顾着高兴，在露营之前，以下的露营基本常识必须认真学习。没有经验的露营家庭最好是找有丰富露营经验的机构或者是达人与您同行，以保证安全。

露营须知

1. 尽量在坚硬、平坦的地上搭帐篷。

2. 不要在河岸和干涸的河床上扎营。

3. 帐篷的入口方向要背风，背风同时也要考虑用火安全。

4. 扎营时不能将营地扎在悬崖下面，这样很危险，一旦山上刮大风时，有可能将石头等物刮下，造成伤亡事故。

5. 为避免下雨时帐篷被淹，应在篷顶边线正下方挖一条排水沟。

6. 帐篷四角要用大石头压住。

7. 帐篷内应保持空气流通，在帐篷内做饭要防止着火。

8. 临睡前要检查是否熄灭了所有火苗，帐篷是否固定结实了。

9. 营地应靠近村庄。有什么急事可以向村民求救，在没有柴火、蔬菜、粮食等情况下就更为重要。近村的同时，也要近路，即接近道路，方便行动和转移。

10. 如果是一个需要居住两天以上的营地，在好天气情况下应当选择一处背阴的地方扎营，如在大树下面及山的北面，最好是朝照太阳，而不是夕照太阳。这样，即便在白天休息时，帐篷里也不会太闷热。

11. 在雨季或多雷电地区，营地绝不能扎在高地上、高树下或比较孤立的平地上，那样很容易招致雷击。

12. 场地分区：一个齐备的营地应分帐篷宿营区、用火区、就餐区、娱乐区、用水区（盥洗）和卫生区等区域，用火区应在下风处。

13. 建设帐篷营地区：如有数顶帐篷组成的帐篷营地区，在布置帐篷时，应注意以下三点：第一，所有帐篷应是一个朝向，即帐篷门都向一个方向开、并排布置。第二，帐篷之间应保持不少于1米的间距，在没有必要的情况下尽量不系帐篷的抗风绳，以免绊倒人。第三，必要时应设警戒线（沟），可以在帐篷区外用石灰、焦油等刺激性物质围帐篷区画一道圈，可以防蛇等爬行动物的侵入。

14. 建设用火就餐区：就餐与用火一般在一块儿或是相近的地方，这个区域要与帐篷区有一定的距离，以防火星引燃帐篷。烧饭的地方最好是有土坎、石坎的地方，以便挖灶建灶，拾来的柴火应当堆放在区外或上风处。就餐区最好有一块大家可围坐的草地，“餐桌”可以用一块大平石或者就在地上。灯具应当放在可以照射较大范围的位置。

15. 建设取水、用水区：用水、取水一般都在水源处，盥洗用水与食用水应分开，如果是流水，食用水应在上游处，盥洗生活用水在下游处。

16. 建设卫生区：卫生区即是队员们解手、方便的地方，如果只是住宿一晚，可以不必专门挖建茅坑，可以指定一下男女方便处即可。如果队员人数多或者住宿天数在两天以上，即应当挖建茅坑。

17. 建设娱乐区：娱乐区可以在就餐区，待就餐以后打扫出来即可，如果场地大，也可以单独划出一块地，只要场地平整即可。

重庆仙女山国家森林公园

简介：重庆仙女山国家森林公园有山城夏宫的美称，有着高山草原、南国罕见的林海雪原和青幽秀美的丛林碧野。在这样的天然氧吧里，骑马、射箭、放风筝、滑草等户外活动都变得自然舒适。晚上一家人支起帐篷，在星空下，燃起篝火，吃着鲜美的烤羊肉，别提多惬意了。

此外，仙女山与神奇的芙蓉洞、秀美的芙蓉江、世界最大的天生桥群地质奇观、经典雅致的华邦酒店组合成为重庆的综合度假区。

推荐理由：游客可乘坐观光小火车饱览仙女山大草原方圆10千米的秀色，行程中可以参观大草原和骑马场两处景点。

每年夏天，仙女山是举办音乐节的胜地。全国各地音乐旅游爱好者聚集在这里，感受着先锋音乐的魅力、夏日的清凉。仙女山露营区可分为付费露营和免费露营区，其中免费露营区位于仙女山长松酒店附近，由于夏季仙女山帐篷租赁的人数比较多，建议大家提前预订。

放风筝的孩子

小火车

帐篷露营

芙蓉洞

江西武功山

简介：武功山位于江西，跨越了萍乡、吉安、宜春三市，绵延120余千米，被《中国国家地理》评为中国十大“非著名”山峰之一。武功山奇峰罗列、怪石林立，有大小瀑布近200处，是夏日避暑休闲胜地。而且有10万亩草甸绵绵分布于海拔1600多米的高山上，景色迷人，空气清新，是户外徒步的绝佳 之地。夜晚，只要是天气晴朗，无数顶帐篷搭在山间，摄影师们用照相机记录着星空的世界。由于气候原因，这里的云海能够延绵数十千米，是武功山的独特景观。

推荐理由：武功山的万亩高山草甸堪称“江南一绝”，草甸穿云入雾，春夏绿油油，秋季金灿灿，冬天白皑皑。这里优质的草场，受到很多户外露营达人的喜爱，5～9月来这里旅游，能看到满山的帐篷和自驾的游客。每年的4～5月是武功山杜鹃花盛放的时节，在青山绿水之间，你可以一边带着孩子欣赏杜鹃花，一边在花中留影，记录下孩子童年的美好。

武功山每年都有帐篷节

江苏南京老山森林汽车公园

简介：老山国家森林公园位于江苏南京，这里森林覆盖率超过80%，空气中每立方厘米负氧离子含量是城区的500倍，是金陵最大的“绿肺”。汽车公园面积150亩左右，沿着汽车盘山路就可以到达汽车露营地。在这里可以安营扎寨，白天带着孩子到老山国家森林公园，可以徒步、骑行、攀登狮子岭，年龄大一点的孩子还可以在爸爸妈妈的带领下去玩滑草，享受自然运动的快乐；晚间则可享受篝火晚会。

推荐理由：因为老山国家森林公园空气新鲜、环境幽静，不少家庭和单位都会在周末的时候在这里组织BBQ的活动。这里的BBQ的位置比较多，基本不需要排队。和孩子一起在这里享受着BBQ大餐的同时，也要注意卫生，不建议给孩子过多的食用烧烤食品，有条件的可煮点面条。

此外，老山国家森林公园的道路宽阔，特别适合亲子骑行。带上适合一家人骑行的自行车，在平缓的路上，或是慢行观景，或是快行比赛。越野营地是这里最大的特色，汽车公

驴友汇聚武功山

草甸穿云入雾

一起搭帐篷

户外烧烤

户外吊床

园提供了2辆发烧友级别的改装越野车，并配备了专门的司机，让游客可以体验极限挑战。

上海崇明岛

简介：崇明岛位于上海，是中国第三大岛、世界上最大的河口冲积岛和世界上最大的沙岛之一。在绿树成荫的环岛大堤上，清晨欣赏东海日出、傍晚耳听归舟晚唱。崇明岛蟹多，近海边的泥滩上，到处是小蟹，黑压压的布满滩面，在这里和孩子一起抓小蟹，非常有乐趣。海滩芦苇林是天然的环岛屏障，人行在此，会有种无边无际的感觉。在此搭帐篷、避暑、观星、赏薰衣草、烧烤、吃海鲜，离上海很近的崇明岛早就是周边游客户外露营的首选之地。

推荐理由：东滩湿地广阔，有很多小天鹅在东滩越冬。在观鸟的季节里，伴随着东海日出，大片鸟群白云般飘移而至。

位于崇明岛中北部的东平国家森林公园是华东地区最大的平原人工森林、上海著名旅游胜地、国家4A级旅游景区以及全国农业旅游示范点。东滩附近的陈家镇有崇明最大蟹市，也是中国最大的蟹市。露营时，可以到镇上找一家干净的饭馆，点上一盘螃蟹，几样家常小菜，味道鲜美价格优惠。

广东南澳岛

简介：南澳坐落在闽、粤、台三省交界的海面上，是广东地区难得的海岛休闲、沙滩露营、海鲜美食的好去处。这里的青澳湾沙质细腻、海风清爽，被誉为“东方夏威夷”，可下海嬉戏、品尝海鲜美食；这里的古迹众多，有寺庙30多处，可以在海滨度假之余，去感受中华民族优秀的历史文化。

推荐理由：青澳湾是南澳岛的龙头景区，位于南澳最东端。这里的海

冬季崇明岛也可以观鸟

海蟹

南澳沙滩运动

南澳岛总兵府

面平静，沙滩坡度平缓，150米内水深不超过1.2米，是非常适合水上游乐、游泳的天然海滨浴场。

据说这里是大海盗吴平的藏宝地，也是中央电视台《南澳岛寻宝》专题片拍摄地。在这个充满神秘的地方，可以和孩子一起分享海岛藏宝的故事，在岛上玩着寻宝的游戏。南澳风力发电场游览区位于东半岛果老山脉，是亚洲第一大海岛风电场。开车游玩这里就像进入了童话般的世界，和孩子在这里一起了解风力发电的知识，和“风车”留影都是难忘的回忆。

河北张北草原

简介：张北草原位于河北省张家口市，内蒙古高原南缘的坝上地区。由中都和安固里两大草原组成，曾经是清代皇帝秋游狩猎的地方。夏季的草原，天气凉爽，蓝天白云下的草原自然风光尤为美丽。你可以住蒙古包、也可以自带帐篷享受着“风吹白草天无际”的美景。每年的音乐节也吸引了无数的音乐爱好者来到这里，歌声唱响草原，孩子们可以在音乐的氛围中，在草原上无拘无束地奔跑。

推荐理由：位于河北省丰宁县大滩镇京北第一草原，通过景区建设过程中对蒙元历史文化的挖掘，用点滴讲述着粗犷的蒙古民族创造的“马背文化”。这里夏季最高气温不超过24℃，是夏日休闲度假的首选。这里也是孩子们喜欢的游乐天堂，有高空索道、滑草基地，有骑马、射箭等传统项目，还可以在这里享受蒙满风味的烤全羊。在草原上采蘑菇、到湖里捞野生鱼的经历会令你终生难忘。

到张北草原一路都能看到风力发电机

草原露营

篝火晚会

骑马活动

泸沽湖

简介：泸沽湖素有“高原明珠”之称，位于川滇交界处。泸沽湖四周青山环抱，湖岸曲折多湾；湖中散布的岛屿像一艘艘绿色的船，飘浮在湖面。泸沽湖将自然景观和人文景观融为一体，尤其是摩梭人独特的文化和民族风俗使泸沽湖具有独特而丰富的内涵。

推荐理由：里格的摩梭人家位于泸沽湖的北侧，村子坐落于格姆女神山下，房舍分布在湖湾和半岛上。这里没有喧嚣，只有摩梭人宁静的生活，可以在这里吃一顿摩梭人的晚宴、在泸沽湖上听潮，在村子里扎寨露营。里格岛、里务比岛和黑瓦吾岛绝妙的景致引人惊叹，还可访问有热情好客之风的摩梭村寨。沿着湖边骑马或步行，欣赏泸沽湖的湖光山色，或可乘船上岛，岛上树木葱郁，百鸟群集。

武汉东湖

简介：武汉东湖是以大型自然湖泊为核心，湖光山色为特色，集旅游观光、休闲度假、科普教育为主要功能的旅游景区，由听涛、磨山、落雁、吹笛和湖北省博物馆五个片区组成。

湖西南岸的马鞍山、落雁岛都有极佳的露营地，有山有水，风景极好。

推荐理由：拥有110多年历史的武汉大学，建在珞珈山的美景之中。随着珞珈山麓的跌宕起伏，大学校园倒更像一座优雅而繁荣的城镇，古典建筑群巍峨壮观，亭台楼阁造型别致。武汉大学人文气息很浓郁，学术氛围很好，是“中国最美的校园”之一。武汉大学的樱花闻名天下，而就在武汉大学边的东湖却是一年四季都有赏不完的花样美景。

这里有一座迷你版的儿童城市，城里有数十座不同风格的房屋，也有热闹的街区和繁忙的交通。小朋友有

东湖边美景

夏日东湖

自己的身份证和银行卡，可以扮演不同的职业角色，有警察、消防员、空姐、医生、记者、点心师、摄影师等50种。

青岛金沙滩

简介：金沙滩位于青岛，是中国沙质最细、面积最大、风景最美的沙滩之一，被喜爱它的人们冠以“亚洲第一滩”的美称。金沙滩景致怡人，可观海景、做沙雕、放风筝、逐波踏浪、乘坐电瓶车游览沙滩岸线，或者乘沙滩飞机、坐快艇、蹬水上自行车、开气垫船、坐摩天环车，还可体验水上步行球、旋转木马、海盗船、气垫儿童乐园等丰富的游乐项目。这里也是沙滩足球和沙滩排球运动的最佳场所。第11届全运会沙滩排球比赛便是在青岛金沙滩举行。

推荐理由：金沙滩全长3500多米，在洁净清澈的海水中能看清金黄的细沙。每年6月开始，海水浴场就进入了最热闹的时候。带着帐篷、穿着比基尼、拿着挖沙工具的孩子们都拥入了沙滩。每年夏天，这里都会举办中国最大型的免费户外音乐节，来自海内外的流行、摇滚、民谣、说唱、电子、舞曲等各路音乐神仙齐聚一台。

浙江舟山

简介：舟山位于浙江，拥有普陀山和嵊泗两个国家级风景名胜区和岱山、桃花两个省级风景名胜区。舟山四面环海，受海水温差的调节，冬无严寒，夏无酷暑，终年多雨。群岛中东沙、白沙、枸杞岛、东极岛、岱山等都是近些年发烧友极爱的露营目的地。

推荐理由：在舟山渔民的带领下，可以和孩子一起感受一次海钓的乐趣。常见的多为虎头鱼，钓上来之后可以做上一顿香浓的鱼汤，分外有成就感。海钓时要根据天气情况，在渔民的指导下进行，不要任性而为。

普陀山是全国最著名的观音道场，在这里，可以观看一场佛教盛典演出《观世音》，和孩子一起了解佛教。

桃花岛拥有舟山群岛第一高峰安期峰，舟山第一深港桃花港；东南沿海第一大石大佛岩。这里还有射雕影视城，巧妙地结合了山、岩、洞、水、林等自然景观，《射雕英雄传》《天龙八部》等多部影视剧在此拍摄取景。

东极岛是电影《后会无期》的拍摄地。

青岛金沙滩

舟山渔船

中国十大适合亲子旅行的古镇

五千年文明历史的中国大地上，有无数的古城、古镇、古村，这些都是祖先们留下的宝贵文化遗产。在古城、古镇、古村的游览过程，其实也是寻找祖先历史足迹的过程。行程中，通过古建筑，可以了解中国的多民族特色的建筑历史；通过体验古镇中的国学游览项目，可以了解中国书画、诗歌、戏曲的博大精深。带着孩子游览古镇、古村旅游吧！带着日的、任务前往，让这次旅行变成与孩子一起增长知识、学习历史的愉快旅程。

周庄寻昆曲

简介：昆曲（Kun Opera），又称昆剧、昆腔、昆山腔，是中国最古老的剧种。2001年，联合国教科文组织在巴黎宣布第一批“人类口头和非物质遗产代表作”，其中，中国昆曲被誉为“百戏之祖”。苏州的周庄是昆曲的发源地。在园林亭榭里欣赏昆曲，是典型的古典中式生活的代表。行前，给孩子讲一段《浣纱记》里的故事；在周庄里，陪着孩子看昆曲表演、穿昆曲戏服、逛创意商品店，让孩子在昆曲之旅中对中国文化产生浓厚的兴趣。

推荐理由：夜晚的周庄是现代和古典的结合，走在街市上，总是感觉隐约听到远处的昆曲声传来。街边的纪念品、书店、招牌很多都以昆曲为主题，传递着昆曲文化。夜晚的周庄和白天一样热闹，夜游也成为了来周庄旅游的一项重要的活动。可以在小饭店里吃完饭，在小商店里转转，然后坐船穿梭在周庄的水巷，并聆听昆曲。

推荐路线：苏州留园（赏插花听曲）—平江路中国昆曲博物馆（了解昆曲历史）—苏州昆剧院（看正宗昆曲表演）—平江路伏羲会馆（吕成芳昆曲清口，和孩子一起开启昆曲启蒙课）。

周庄电台

平江路吕成芳的昆曲清口

苏州昆剧传习所

园林里听昆曲

微派民居

宏村寻徽建

简介：徽派建筑以木构架为主，采用砖、木、石雕，以雕梁画栋和装饰屋顶表现出古人在建筑上的高超艺术水平。随着徽商文化的崛起，让徽派建筑一时成为独特高贵的建筑样式。从村落民居到祠堂寺庙、再看牌坊园林，每一处都展示着中国汉民族文化的博大精深和锲而不舍的民族精神。安徽的宏村就是徽派建筑的典型代表，也是保存最完好的徽派建筑古村落之一。

推荐理由：徽派建筑的民居多为粉墙黛瓦：雪白墙壁，青黑瓦。在游览过程中，和孩子一起想象白墙上，由于常年湿气形成的如同水墨画一般的痕迹像什么图案，别有一番乐趣。

推荐路线：西递村（有200栋明清民居）—徽州古城（寻徽州府衙）—棠樾牌坊群（赏徽州牌坊的英姿）—呈坎（看神奇八卦古建）—唐模（游唐朝古村，住法国民宿）。

凤凰寻苗影

简介：因沈从文和黄永玉而闻名的湖南凤凰古城，一直是旅游热点目的地。走在城里的石板街，登上凤凰古城楼，游览城外的沱江。凤凰的美景再美也抵不过苗家人的魅力，街边

宏村是徽派建筑的代表地

西递古村

唐模古村

苗家吊脚楼

苗家服饰

沱江美景

苗家的姜糖、银饰、蜡染和苗族刺绣等，就像一幅画卷展示在游客面前。在苗族博物馆里可以欣赏苗族神秘而独具魅力的文化；在歌会上可以了解到现代苗族的民间艺术和民族风情。

推荐理由：赏凤凰沙湾浓郁苗族建筑特色的古建筑群，乘坐沱江的木舟，听着船工的号子，和孩子一起欣赏两岸立在水中百年的吊脚楼，还能看到依然生活在里面的人家。

推荐路线：沈从文故居（文人的凤凰记忆）—古城博物馆（了解凤凰历史）—沱江泛舟（赏苗家吊脚楼）—中国南方长城（明清统治苗疆的历史）。

乌镇寻江南

简介：字典里的“江南”意为一个文教发达、美丽富庶的地区，它反映了古代人民对美好生活的向往，是

乌镇行船

皮影戏

乌镇写生

人们心目中的世外桃源。什么是江南？想知道就来乌镇吧！这里有乌篷船、蓝印花布、油纸伞、刺绣，还有看不完的桥、逛不完的巷，还有听不完的江南妙音。

推荐理由：乌镇里连桥成路，流水行船，乌篷船是镇里的主要水上交通工具。乘坐乌篷船，摇橹慢行，两岸是乌镇的古民居建筑，一幅江南好风光的画卷。当太阳下山，水乡便安静下来，此时就该皮影戏出场了。乌镇皮影馆是全国唯一一家天天都有演出的地方。当灯光亮起，皮影人物在阵阵锣鼓声中出场，故事在丝丝缕缕的琴声中上演，妙趣横生。

推荐路线：乌镇古戏台—宏源泰染坊—茅盾故居—逢源双桥—白莲塔寺—乌镇大戏院。

平遥寻美食

简介：平遥县位于山西省中部，是目前我国唯一以整座古城申报世界文化遗产并获得成功的古县城。古城墙、县衙、票号、双林寺都值得一游，城中集合的山西特色美食更是值得一品。

“新平遥三宝”的两“宝”都是美食，一是牛肉、二是长山药。这两样东西在平遥也是家家餐厅都有卖。走在平瑶古城，是吃货的口福之旅，可以品尝莜面栲栳栳、碗托、拨烂子、熏肘、水煎包等，家常的美味在古城下吃更有韵味。

平遥牛肉

住在平遥几日，孩子为美食所迷倒

推荐理由：平遥牛肉选用优质的小牛腿肉煮熟后腌制而成，特点是肉质鲜嫩、肥而不腻、瘦而不柴。碗托是平遥从清代至今的知名小吃。一盘上好的碗托面质筋道、滑爽可口。住宿推荐天元奎客栈：位于明清一条街，始创于清乾隆五十六年（1791年），坐在这里品酒用餐，历史穿越感十足。客栈有一个宽敞古朴的餐厅，饭菜是正宗的山西风味，能尝到栲栳栳、炒碗托、牛肉、长山药各种平遥特色。

丽江寻纳西

简介：云南省丽江古城是纳西族人的主要聚居地，丽江古城被联合国教科文组织评为世界文化遗产。纳西族人创造的东巴象形文字，文字形态比甲骨文还要原始，是世界上唯一仍然活着的象形文字。

丽江千古情

腊排骨

丽江的建筑充满了魅力

纳西族精致的工艺品

推荐理由：了解纳西手工东巴纸制造的12道工序，欣赏历代人书写重要的契约家谱及佛教、道教经文的故事。在“丽江千古情”景区近距离集中了解纳西族的文化，欣赏“丽江千古情”演出，通过茶马古城、那措寨、丽江乐园、殉情谷四大公园，和孩子一起走进纳西族人的生活。品尝原生态的美食腊排骨、土鸡锅、牦牛肉和刚采的肉松茸；配上相思菜、雪山野菜、板蓝根树皮、美容菜、水性杨花等，吃出纳西人健康幸福的生活。

推荐路线：古城大门—四方街—百岁桥—沐府—束河—白沙—玉龙雪山—虎跳峡。

黄姚寻梦境

简介：位于广西贺州市的千年古镇黄姚被称为“梦境家园”。何谓梦境？梦里的世界多是不真实，虚幻美好的。而就在人间有这么一个真实的地方，这里老街纵横交错，宅院古香古色、人家宁静惬意、榕树依守千年，山间景象奇幻……一定要和孩子一起融化于此，享受这么一个如世外桃源、梦境一般的地方，小憩几日。

推荐理由：由于过去村镇处于半封闭状态，古老的民居、众多的文物古迹得以保存下来。古镇有8条明清古街遗存，全长十余千米，宽度2～5米不等，呈九宫八卦阵式排布，宛如一个迷宫。镇内拥有600多座岭南建

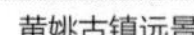
黄姚古镇远景

黄姚古镇

筑风格的明清古屋，建筑精美，砖雕、石雕、木雕都有很高的工艺水平。和其他古镇不同，黄姚古镇和喀斯特地貌完美地融合在一起。黄姚方圆3.6平方千米，奇峰耸立、怪石嶙峋，远望黄姚如梦幻般的世界。

推荐路线：周家水库（偷闲的亲水时光）—孔明岩（原始溶洞的探险之旅）—文明阁（烧烤、放焰火的好地方）—古戏台（节庆演出胜地）。

婺源寻四季

简介：油菜花让婺源扬名天下，每年的3到4月份，无数游客汇聚婺源看油菜花。其实一年四季婺源都有着丰富的旅游产品，江岭油菜花、卧龙谷避暑、篁岭晒秋、徽州年俗都值得体验。

推荐理由：这里的春天被10万亩梯田油菜花海给占据着，无数的游客和摄影师都会在此时来这里。油菜花季节短，也就20天左右。这里是金庸笔下的人间美景世外桃源，地处皖赣边界，婺源的北部屏障。卧龙谷峡谷异常深幽，两岸是陡峭山崖、石壁。穿行于奔泻而来的清泉中，过一个没有烈日的夏日时光。在篁岭丰收之后，农户们开始为过冬做准备，房屋间成为了晒晾农作物的好地方。竹晒簟盛着用五颜六色的农作物与徽派建筑黑白色重重叠叠，非常壮观。进入冬天，过年的气氛就开始包围着婺源。只有在过年才能看到民俗表演上演：徽剧在浓妆艳抹中开锣唱了起来；傩舞也在街巷里舞了起来。

推荐路线：晓起（国家级农业生态示范村）—汪口（徽建千年古街）—李坑（宁静古村落）—灵岩洞（国家森林公园）—思溪延村（徽商文化）。

掩映在油菜花中的徽派建筑更美

梯田里的油菜花

南靖寻土楼

简介：福建土楼是世界上独一无二的山区大型夯土民居建筑，以中国传统建筑的风水为基础，利用山间狭小的平地和当地的鹅卵石等，建起来的神话般的山间建筑。土楼虽然只是用黏土、糯米、红糖、竹片、水等原材料建成，但是冬暖夏凉，防御性非常强，也历经了百年，抗拒了台风和地震。土楼或圆，或方，或椭圆，或半月，或交椅，或八卦等，形状

福建土楼

安静的人家

土楼里今天还住着人家

家家户户都爱将食物晒在天井中

水乡生活十分宁静

各异，在南靖的山间形成了独特的风景。

推荐理由：田螺坑土楼群是南靖土楼的代表，如梅花瓣一样的田螺坑土楼群矗立在南靖的青山秀水间。代表着福建民居文化、记录着土楼的建筑精华、保持了自然朴实的民间生活。长教和贵楼是南靖土楼中最高的，200多年的5层土楼，高21.5米，拥有140个房间，却是建设在沼泽地上，牢固得让人惊奇。在神秘古镇云水谣的怀远楼是一座建筑工艺最精美、保护最完好的双环圆土楼，更是一座浓郁的文化气息的土楼。除了建筑内的摆设、对联等对子孙习文向上的教诲外，还设有专门的书房，供孩子们学习用。

推荐路线：田螺坑土楼群（土楼代言人）—裕昌楼（最古老的土楼）—和贵楼（最高的土楼）—河坑土楼—云水谣古栈道（百年古树）—怀远楼（保存最完好的土楼）。

古北水镇寻长城

古北水镇距离北京市中心1.5小时的车程，这里有精美的民国风格的山地四合院，青石板的老街和胡同，展现了北方民国时期的古镇风情。就在古镇咫尺间，有着中国最美、最险的司马台长城。来这里登长城远眺后，到古北水镇里吃北国美食，住古朴典雅的水镇客栈，游玩古镇风情，是一件难得的幸事。

推荐理由：司马台长城是惟一保留明代原貌的长城，完整保存了20座敌楼。在司马台的险峻山势中，蜿蜒而上的长城非常雄伟。被英国《泰晤士报》称为“全球不容错过的25处风景之首”。在长城诗词为主题的长城书舍精品酒店，站在石拱桥向东远望，蓝天下雄奇瑰丽的司马台长城，显得更加壮观。日月岛大戏楼展示老北京杂耍、京东大鼓、河北梆子、扎风筝、糊灯笼等，都是长城内外的文化艺术的融合，也是带着孩子体会北方文化、国际文化的好地方。

推荐路线：司马台长城（最美长城）—司马小烧（观赏制酒流程工艺）—永顺染坊（DIY印染作品）—英华书院（品茶）—长城书舍精品酒店（读长城诗词）—梨园客栈（听京剧）。

京郊的古北水镇已经成了热门度假地

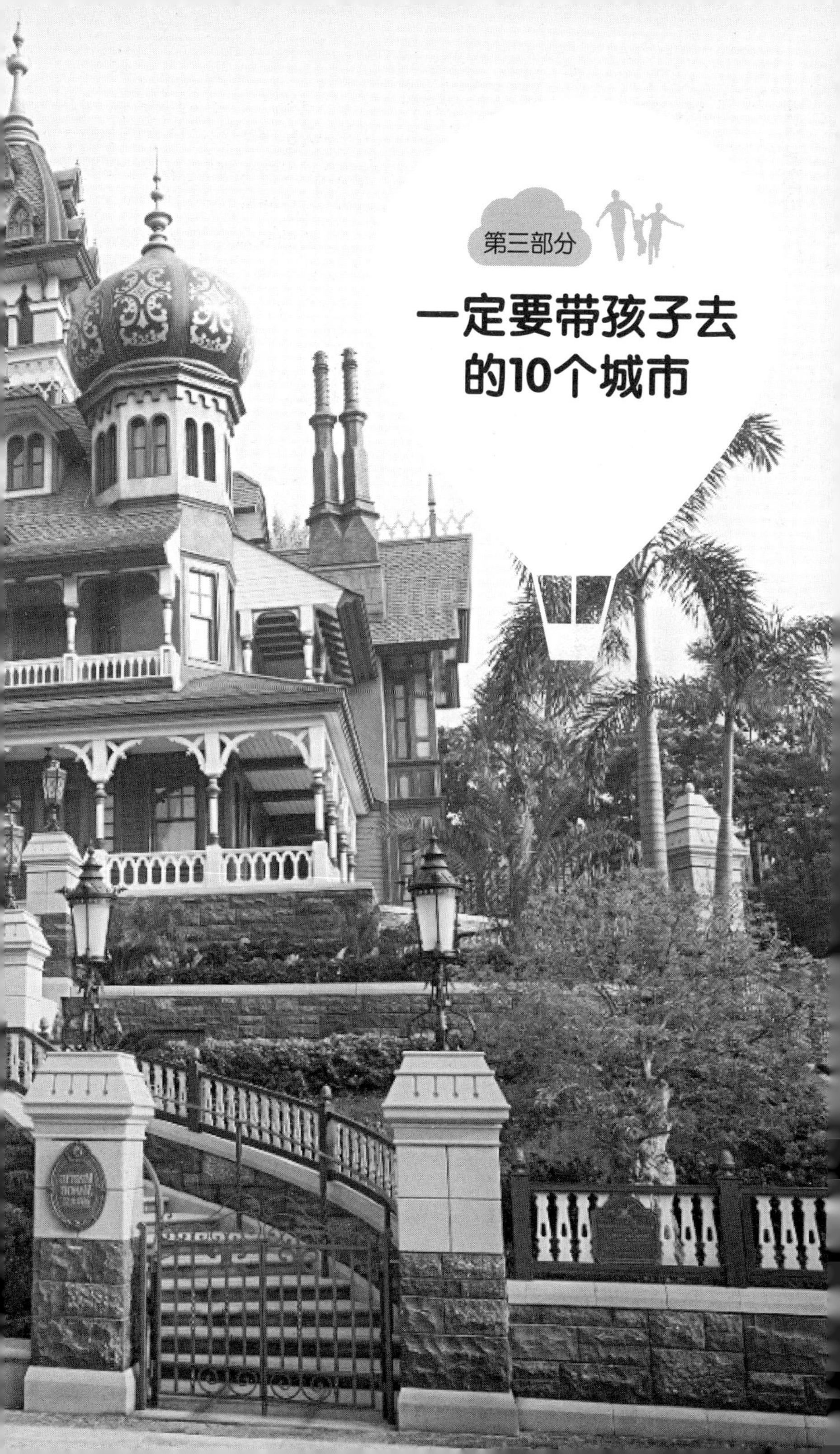

第三部分

一定要带孩子去的10个城市

北京

皇城古都　京味生活

亲子游达人　青春河边巢

青春河边巢，《亲子自助旅行指南》作者。80后IT职场妈妈，亲子旅行自媒体达人，专栏作者，儿子小锟三岁，从孕期就闲不住的玩，到小锟出生四个月大，就带出了家门，开启了亲子旅行的脚步。

北京亲子旅行记录仪

2013年　颐和园——明十三陵——中国国家大剧院——爨底下村

2014年　故宫——后海——三里屯——南锣鼓巷——恭王府——古北水镇——卢沟桥

2015年　长城——十渡世界地质公园——国子监街

妈妈推荐的理由

我出生在北京，小时候就爱在北京城到处游逛。走遍了胡同、王府、公园，吃遍了四九城的特色小吃。长大了开始了解北京的历史，学习北京的文化。北京拥有6项世界遗产，是世界上拥有世界文化遗产最多的城市，也是令我骄傲的家乡。

北京是中国的首都，拥有着古老的历史和文化底蕴，很多孩子心中都有个北京梦，去看看气魄宏伟的故宫，登上万里长城，还有无比庄严的天安门。这些经典的景区和景点全部集中在北京，来过北京才算真正的感受到了首都的气息。北京胡同文化充满了浓郁的京味，不仅可以领略大都市的繁华，同时也可感受老北京的生活氛围。坐上黄包车，穿越横跨古今的胡同，时而宽敞明亮，时而狭窄悠远，如果再和老北京人聊上一会儿，就会更能感受到老北京的人情味。

北京的历史几千年，可以体会的东西很多，小学课本中的景观一定要去看看，让孩子们身临其境地感受其中的画面。也可以到什刹海走一走、去大栅栏看一看，不仅可以游玩，而

什刹海的荷花市场

京城的皇家风格橱窗

且可以品尝老北京的美食。

如果时间充裕，还可以去北京的郊区逛一逛，那里的山水风光十分优美。例如去郊区怀柔游玩，可以安排两个景区，如果觉得时间不够，大可安排一个，深度游玩，对于孩子来讲也是非常好的形式。但北京对于大多数人，尤其对于第一次来北京游玩的朋友来说，最主要的景区都是北京城内的诸多历史古迹。

此外，从旅行的安全性、体验性以及感受方面来讲，北京是非常适合亲子旅行的。相对来讲，城市比较发达，一些社会化的设施以及医疗方面都比较先进。如果在旅行中出现意外情况，都会都得相对比较好的保证。

行前准备

北京旅行游玩需要做到：夏日防晒、冬季防寒、春季防风。

1. 如果是夏天游玩一定要带好防晒用品，虽然不比海南岛那么炎热，但夏天的北京，尤其是中午至下午4点左右是最晒的，如果不得已要出行，一定要做好防晒准备。

2. 冬天带够保暖衣服，以抵御严寒。北京冬天羽绒服是必备的。对于孩子来讲帽子和手套更是必需品，孩子们喜欢户外运动，但如果长时间的户外游玩，一定要穿好、戴好才可以保证顺畅游玩。同时携带可以保温的水杯，随时补充水分。因为销售的水都是冷的，温水提供点非常少。

3. 春天游玩北京的时候，一定要做好防风准备。最好携带墨镜，墨镜在这里已经不是耍酷这么简单了，而是风沙天气保护眼睛的必备物品。同时出门前一定要查看天气，如果大风天气切忌进山游玩，最好选择城区内的景点游玩，以保证安全。

最佳旅游季

来北京游玩一定要做好充足的准备工作，虽然北京四季分明，但最佳的出游季节仍然是春、秋两季。北京的秋天相对来讲比较短，许多在北京居住过的朋友都说北京的秋天很是吝啬，感觉从夏天一下子跳到了冬天，由此秋天那一个多月的时间变得非常让人期待和怀念。北京的春天桃红柳绿，大多都被大风包围，偶尔的好天气需要多多的运气，夏天比较炎热，不过也可以看到很多美景。冬天的北京很是寒冷，最好不要在冬天游玩。

因此5~10月是北京游玩的好季节，尤其是5月、9~10月这段。

北京亲子游方式推荐

故宫历史之旅

建议停留：1~2天　适合年龄：3~14岁

天安门是明清两代皇上颁诏之地。遇有新皇登基，大婚，祭天祭地等重大庆典活动才会启用，另外皇上御驾亲征或大将出征，都要在天安门前祭路、祭旗，以求马到成功，凯旋归来。天安门承载着很多历史，带着孩子感受天安门的威严和祖国的声音，这是一堂非常好的历史课和文化课。

每天清晨的升国旗和每天日落时分的降国旗是最庄严的仪式，看着朝霞辉映中鲜艳的五星红旗，心中升腾的是激昂与感动。让孩子们身临其境地去感受在电视里和课本中的场景，相信一定可以在孩子们的心中留下深刻的印象。

故宫和人民英雄纪念碑同样有着深远的历史意义，其中饱含着中华民族的故事和英雄事迹，去故宫感受千年的历史，去纪念碑缅怀为我们今天美好生活牺牲的前辈先驱，让孩子们从小就学会感恩，具有特别的教育意义。

登天安门城楼：天安门城楼是中国最为壮丽辉煌的城楼，天安门是中华人民共和国的象征，是全国各族人民一心向往的宝地。登上天安门城楼后，可以看到天安门广场以及人民英雄纪念碑、毛主席纪念堂、人民大会堂、中国国家博物馆等。和孩子一起参观了解共和国的诞生和历史，是很好的一次爱国主义教育课。

8：30～16：30。 登天安门城楼：15元/人。 北京市天安门广场北侧。 地铁1号线天安门站。

四季游故宫：北京的故宫是中国明清两代24位皇帝的皇宫，也是世界现存最大、最完整的木质结构的古建筑群。这里也是珍藏着无数国宝的地方，带着孩子游览故宫一次是不够的。建议四季都能带着孩子来故宫体验不一样的旅行。春天，故宫御花园的鲜花繁茂，通过赏花了解皇帝后庭的故事；夏天，天气炎热，也是参观室内展馆的好时候，了解珍宝、钟表等历史；秋季游览故宫，天气秋高气爽是拍摄美景的好时候。冬天大雪纷飞时，来故宫充满了怀古的氛围。

旺季（4月1日～10月31日）：60元/人，淡季（11月1日～次年3月31日）：40元/人，珍宝馆（即进入宁寿宫区，含戏曲馆、石鼓馆）：10元/人，钟表馆（即进入奉先殿区）：10元/人。 北京市东城区景山前街4号。 1. 旺季（4月1日～10月31日）：8：30～17：00，停止售票时间为16：00，停止入场时间为16：10。2. 淡季（11月1日～3月31日）：8：30～16：30；停止售票时间15：30，停止入场时间：15：40。

雄伟的天安门城楼

温馨提示

遇重大活动或特殊情况，开放时间如有改变，故宫网站将特别发布公告，可以参考故宫的官方网站：www.dpm.org.cn。

除法定节假日和暑期（7月1日～8月31日）外，故宫博物院全年实行周一全天闭馆的措施。开放日每日限流8万人，建议提早在故宫官网实名制购票。

亲子酒店推荐

北京婧园雅筑四合院宾馆

位于首都北京最繁华的王府井商业圈，东靠银街东单，西临金街王府井，距离新东安市场不足百米。2008年开业，楼高1层，客房16间。

豪华标准房大标间658元/天；普通标准房小标间588元/天；家庭套房998元/天。 北京市东城区王府井西堂子胡同35号。 乘坐特11路，夜18路，夜21路，127路，103路、104路电车，420路，观光2线可达。

亲子长城之旅

建议停留：1～2天　适合年龄：4～14岁

北京长城主要有八达岭长城、慕田峪长城以及司马台长城等。

八达岭长城：八达岭长城比较险峻，烽火台上休憩的人比较多。八达岭景区以其宏伟的景观、完善的设施和深厚的文化历史内涵而著称。如果想要去这里，一定要注意孩子的安全，同时还要互相协助，才能爬上顶峰看到更美的风景。

旺季：45元/人；60岁以上老年人、学生凭证25元；残疾人免费。淡季：40元/人；60岁以上老年人、学生凭证20元。 淡季（11月1日～次年3月31日）6：30～19：00，旺季（4月1日至10月31日）7：00～18：00。 汽车至景区877路公交车（德胜门—延庆，早上6：00发车，末班车19：00；延庆—德胜门，5：00发车，末班车 18：30）。火车：S2线动车组，票价6元（一站5元，两站以上6元）。缆车：单程60元/人，往返80元/人。

慕田峪长城：相比较而言更加适合小孩子参与，烽火台比较多，休息的地方也相对较多。山峦起伏，林木葱郁，万里长城自东南而西北在崇山峻岭之巅蜿蜒。由于山势缓陡，曲直相间，故极富立体感。

成人：45元/人；学生：25元/人。成人缆车往返：100元/人；成人索道滑道往返：100元/张。成人单程缆车：80元/人；成人单程索道滑道：80元/人。

景区内交通：慕田峪长城景区内设有登城缆车，运行系统全部自动化，有“万里长城第一缆车”之美称；景区旅游内容丰富，建有“怀柔长城文化博物馆”“中

站在八达岭长城远眺

孩子登长城对体力也是挑战

华梦石城”和“施必得”滑道。

到达交通：

1. 法定节假日宣武门、东四十条游6路专线车直达慕田峪。

2. 乘东直门916路公交车到怀柔北大街站，下车转乘936路支线（怀柔至洞台）到慕田峪长城站。

3. 乘东直门867路公交车（东直门至红螺寺）或936支线（东直门至怀北国际滑雪场）公共汽车到怀柔于家园站，下车转乘936路支线（怀柔至洞台）到慕田峪长城。

4. 旅游列车。十一“黄金周”期间，每天7：10西直门火车站发车到北宅火车站下车，再换乘景区中巴到慕田峪长城。16：00从北宅火车站返京。

司马台长城：司马台长城位于北京市密云县北部的古北口镇司马台村北。城墙依险峻山势而筑，并以奇、特、险著称于世，司马台水库将该长城分为东西两段。目前司马台长城和古北水镇已经形成了一条游玩线路，不妨带着孩子感受北方的水乡，再去爬一爬长城。

40元/人（不包含索道：单程80元/人，往返120元/人；如购买古北水镇门票联票，有联票优惠）。 由东直门乘坐980公交车至密云汽车站，过马路转乘密51路去司马台景区。

自驾：京承高速至司马台出口1千米即到；或走101国道至汤河大桥（有司马台长城景区的牌楼很明显）右转8千米即到。

胡同文化之旅

建议停留：1～2天　适合年龄：3～14岁

历史上的北京以胡同众多而著称，民间有“著名的胡同三千六，没名的胡同赛牛毛”的说法。北京胡同是久远历史的产物，它反映了北京历史的面貌，是有丰富内容的。带孩子到北京，一定要感受北京胡同的深远和幽静。

- 感受北京胡同之最

最窄的胡同：大栅栏钱市胡同。位于珠宝市街西侧，临近大栅栏，胡同全长55米，平均宽仅0.7米，最窄处仅0.4米，两个人面对面通过此胡同需要侧身通过。

最宽的胡同：灵境胡同。位于北京市西单地区一条东西向的胡同，东起府右街，西至著名的商业街西单北大街，中与枣林大院、西黄城根南街、东斜街、新建胡同、背阴胡同相交，因先后扩充现最宽处已达到32.18米。

最长的胡同——东交民巷。西起天安门广场东路，东至崇文门内大街，全长近3千米，是老北京最长的一条胡同。

北京故宫角楼美景

最短的胡同：一尺大街。坐落于琉璃厂东街东口东南，桐梓胡同东口至樱桃胡同北口。一条胡同三十几米长、只有6家店铺，是北京胡同的缩影。

拐弯最多的胡同：九湾胡同。位于西城区东部，东口与铺陈市胡同相连，西口从校尉营胡同通出，全长约390米，弯曲之处不下13处，堪称北京城弯道最多的胡同。

最古老的胡同：砖塔胡同。它被誉为“北京胡同之根”。胡同之称始于元大都，当时出现过29条胡同，但只有一条胡同有文字记载，这条胡同就是砖塔胡同。

北京最窄的胡同

南锣鼓巷：是近年来北京最热闹的胡同区，也是最时尚的胡同区。南锣鼓巷是一条长800米的胡同，以其为中心的胡同区是至今为止北京保存最完整的元大都时期的老胡同格局。从南至北，这条胡同的两边整齐地排列着八条胡同，胡同里的深宅大院无一处不能讲出段历史或是故事来。来这里逛逛小店，吃碗奶酪，再找家小店坐坐或者寻个特色小餐馆大吃一顿，真不是一般的惬意。

亲子酒店推荐

菊儿胡同

北京古韵坊木艺主题酒店（新中式古典主义风）

木艺标间469元/天；木艺豪华间529/天。 北京交道口南大街菊儿胡同33号。 010-51668255。

方家胡同

时光漫步怀旧主题酒店（北京雍和宫店）

东城区安定门内大街方家胡同46号（近南锣鼓巷、后海）距北新桥地铁站552米。 010-64032288。

神奇的博物馆

建议停留：2天　适合年龄：5~12岁

六朝古都的北京城里，坐落着大大小小的博物馆上百座，是中国拥有

故宫的御花园

故宫雪景

博物馆数量最多的城市。来北京旅游，参观博物馆是增长知识开拓视野的绝好方式。北京多数的博物馆参观游客非常多，需要在行前做好充分的准备，为孩子开启一场神奇的博物馆之旅。

标本之最：北京自然博物馆。这里有23万余件馆藏标本，许多标本在国内、国际上都是独一无二的。有“来自中国的侏罗纪母亲”中华侏罗兽，还有已经灭绝的恐鸟骨骼标本等。馆内有免费的4D影院，每天都放映数场科普电影（门票需提前一天预约）。

历史之最：中国国家博物馆。了解中国历史的发展，国博是最好的选择。这里是集收藏、展览、研究、考古、公共教育、文化交流于一体，记载着中华民族五千年文明足迹，展示着祖国的历史文化艺术和社会发展的成就。免费参观，凭身份证领票，周一闭馆。

北京之最：首都博物馆。以独具北京特色的展览为主，各类文物总计8.3万余件。藏品从新石器时代、商周以至辽、金、元、明、清各代。免费参观，周一闭馆。

艺术之最：中国美术馆。藏品主要为近现代美术精品，中国当代著名美术家的代表作品和重大美术展览获奖作品，以及丰富多彩的民间美术作品。馆中藏品有任伯年、吴昌硕、黄宾虹、齐白石、徐悲鸿等艺术家的作品。定期会有国际美术特展，可关注美术馆网站和微信。

天空之最：北京天文馆。馆内有象征天穹的天象厅，中间安装精致的国产大型天象仪，可表演日、月、星辰、流星彗星、日食及月食等天象。还根据不同层次的青少年学生经常性地举行天文讲座、天文培训、天文奥赛、知识竞赛和天文科技夏（冬）令营等各种科普活动。票价10元/人。

汽车之最：北京汽车博物馆。这里是一个充满活力不刻板，有故事、会讲故事，让普通观众体验到乐趣，具有现代展示手段的专业博物馆。来自世界各地的汽车模型、汽车品牌和汽车故事都能在这里看到。1.2米以下儿童免票，周一闭馆。

购物休闲之旅

建议停留：2～3天　适合年龄：3～12岁

蓝色港湾：中国首家Lifestyle Shopping Park。欧式建筑洋溢着浓郁的异域风情，按不同的功能划分为美瑞时尚百货、SOLANA MALL、活力城主题店、高街、亮马食街、左岸、中央广场等区域。

这里有1000余个知名品牌，600多家零售名店，30多家餐饮美食，20多家临水酒吧以及传奇时代影城、全明星滑冰俱乐部、BHG精品超市等。

这里时尚、新鲜且充满乐趣，不同的人群都可以在这里找到属于自己的Lifestyle，非常适合一家人前来消

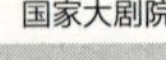
国家大剧院

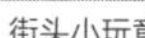

街头小玩意

虎头民间工艺

费，共享欢乐时光。

🏠北京市朝阳公园路6号。 🚗地铁10号线亮马桥站，有15分钟一趟的班车，抵达蓝色港湾。公交677路985路枣营北里站下，向北200米即到或419路682路621路枣营路北口下车即到。402路413路418路420路503路659路688路701路955路909路运通107路安家楼站下车，行至朝阳公园路(好运街)向南300米即到。

时尚的世贸天阶： 句“全北京向上看”，让这儿成了街知巷闻的地方。“超豪华”的LED天幕“悬在头顶”，一到夜晚，人们“常被笼罩在海洋、星空下”，碰上节假日或者活动时，那画面更是赏心悦目。世贸天阶是“结合美食、娱乐、空间艺术、时尚信息橱窗以满足看、听、嗅、味、触的全感官之旅”的休闲购物场所，提供了流行时尚零售业态及商业服务设施，集六星级Night Club异域特色主题餐厅、家居生活、Spa、美食广场、品牌旗舰店等功能于一体。

天幕放映时间：夏季18:00～22:00，每半小时放映一次；冬季18:00～22:00，每一小时放映一次。

琉璃厂古文化街： 琉璃厂位于北京和平门外，全长约800米，是一条闻名中外的传统文化街市。起源于清代，当时各地来京参加科举考试的举人大多集中住在这一带，因此在这里出售书籍和笔墨纸砚的店铺较多，最终成为一个买卖传统文化作品的中心。

书上记载，这里在明朝的时候曾经开过一个烧制琉璃瓦的窑厂。到了清朝中期，这个窑厂就搬家了，却没把名字带走，于是也就有了后来驰名海内外的“琉璃厂”。如果从最初的窑厂算起，琉璃厂至今已经有七八百年的历史了，记录着北京骨子里那种特殊的文化气质。

🏠北京市西城区和平门南侧。 🚗乘坐14、15、16、25、45路公交车琉璃厂站下，或乘地铁2号线和平门站下车向南走。

一家大小都爱吃的北京美食推荐

去北京旅游的首选美食就是有当地特色的京菜。北京烤鸭、涮羊肉、香酥鸡、赛香瓜、凤凰趴窝、乌龙吐珠、怀胎鳜鱼等都是京菜中的佳肴。京菜的烹调方法很多，主要可以概括为“爆炒烧燎煮，炸熘烩烤涮，蒸扒熬煨焖，煎糟卤拌汆”，以脆、香、酥、鲜为菜肴口味的特色，到北京一定要品尝的美味，就是北京烤鸭和涮羊肉，这两样可以说是无人不知、无人不晓。

驴打滚

焦圈和糖耳朵

名店推荐

全聚德（明火烤鸭）和便宜坊（闷炉烤鸭）是北京最有名的两家老字号的烤鸭店，是品尝地道北京烤鸭的最佳场所；涮羊肉自然要去东来顺。

全聚德：北京市前门西大街14号楼。

便宜坊：北京市崇文门外大街5号新世界百货青春馆3层。

东来顺：北京市王府井大街141号。

小吃推荐

• 驴打滚

北京传统的风味小吃驴打滚，知名度颇高。它是用红糖和炒熟的黄豆面卷成的再加上一层层的黏面，入口又黏又甜，还带有淡淡的桂花香，真是百吃不厌。

• 茯苓饼

又名茯苓夹饼，是北京的一种滋补性传统名点，且此饼当推稻香村最佳。制作系以茯苓霜和精白面粉做成薄饼，中间夹有用蜂蜜、砂糖熬熔抹匀的蜜饯松果碎仁，其形如满月，薄如纸，白如雪，珍美甘香，风味独特。

• 其他北京小吃

北京小吃品种繁多，有宫廷的、清真的，也有汉民的，除了上面那三种外，又有焦圈、豌豆黄、麻花、豆面糕、炸糕、年糕、豆腐脑、茶汤、面茶、艾窝窝、烤白薯、豆汁、炒肝、卤煮火烧和炒疙瘩等，可根据孩子的喜好选择小吃，一些重口味的如炒肝、卤煮的建议不要给孩子吃。

• 糖卷果

北京特色小吃中的名品。糖卷果原先主料用山药和大枣，配以青梅、桃仁、瓜仁等辅料。这些都是非常有营养的吃食，卷果主料中的山药、大枣，是一道名副其实的药膳。糖卷果软绵香甜，十分可口。因其有滋补作用，去南来顺饭庄用餐的食客每人必点，成为饭店的名牌北京特色小吃之一。

交通

到达交通

北京首都国际机场是全球规模最大的机场之一，距北京市北三环20千米。几乎所有北京的国内国际航班均在北京首都国际机场停靠和起飞。从市区东直门到达北京首都国际机场T2航站楼大约需要15分钟。此外，还有北京南苑机场距离天安门广场13千米。

北京站、北京南站、北京西站、北京北站等联络全国的火车线路，各火车站均有地铁抵达市区重要景点。

北京地铁可直达机场和各大火车站

市内交通

可参考网站：www.bjbus.com，网站覆盖北京市区及京郊全交通，只要输入起点和终点，即可搜索到具体的线路和车次。

备注：所有公交车起价是2元。可办理一张交通卡，刷卡半价，上车和下车均需刷卡。地铁费用根据站点之间旅程计算。

拓展顺游

北京的文化历史丰富，即便是住在北京城的人都不见得能够游得完。在此为读者推荐一条适合带着孩子一起体验的旅游线路。

京城文化4天深度游：后海—南锣鼓巷—798—三里屯—雍和宫—孔庙—地坛

D1 先在后海的恭王府边上的皮影戏酒店住下，体验皮影戏文化，逛完恭王府和宋庆龄故居后，晚上欣赏后海夜景。

D2 徒步游玩南锣鼓巷，逛特色小店，吃京城美食，下午租条船在什刹海畅游。

D3 抵达北京现代艺术中心798，这里先锋设计、艺术、绘画云集，还有复古的工厂艺术文化，是最佳的亲子摄影地；中午找间有特色的餐吧，享受一顿时尚大餐，回程时可以到三里屯转转，感受北京的时尚文化。

D4 上午参观雍和宫，感受藏传佛教的魅力，徒步孔庙，体验尚学的精神，中午可以带着美食，到地坛享受树荫下的午餐，在红色的宫墙里度过一个舒适的下午。

上海

国际艺术之都　时尚休闲之地

亲子游达人　吴婕

美国皇家加勒比游轮达人，爱好旅游、摄影。亲子旅行经历7年，女儿9岁，第一次旅行年龄为23个月。每年选择一个国家旅行，最爱海岛。去过香港、越南、巴厘岛、韩国、泰国等。

女儿露露是一位小演员，5岁开始拍摄广告及微电影，2011年赴越南为美国皇家加勒比游轮拍摄微电影及平面，2012年～2013年《巧虎来啦》音乐教室小主持铃铛。2012年涉足影视，2014年在钟汉良、唐嫣主演的电视剧《何以笙箫默》中扮演童年何以玫一角，现已拍摄电视剧十余部。曾与赵丽颖、唐艺昕、张铎、刘恺威、陈晓东以及多位明星合作。

上海亲子旅行记录仪

- 2007年　外滩——豫园——人民广场——沐恩堂圣母院
- 2008年　马勒别墅——沙逊别墅——鲁迅纪念馆—和平饭店
- 2009年　上海音乐厅——上海美术馆——马勒别墅——大观园——朱家角镇
- 2010年　中共一大会址——上海自然博物馆——静安区石库门建筑区
- 2011年　奉贤碧海金沙海滩——上海野生动物园——上海植物园
- 2012年　世博园——南京路——佘山国家森林公园
- 2013年　东方明珠电视塔——上海音乐厅——宋庆龄故居——叶家花园
- 2014年　上海欢乐谷——1933老场坊——衡山路——江湾体育场——中华艺术宫——徐悲鸿故居
- 2015年　东滩世界地质公园——陆家嘴中心绿地

妈妈的推荐理由

我和女儿都出生在上海，人们都向往的时尚都市。我们住在上海，一有空，就带着女儿在上海的弄堂里转悠，发现新奇好玩的小店；或者在城市的角落里寻找着好吃的美食餐厅，一起度美好的周末。通过亲子游发现其实上海的魅力就在于它的包容和国际范儿，包容了全球的文化和美食，已经不再是狭义上的上海。

虽然是现代上海人，但是我们承袭了老上海人精致讲究的生活方式。东方明珠、外滩、豫园等游客集中的地方，以前我是不爱去的。有了女儿以后，为了不让女儿憋在家里，我通过网络和朋友去寻找适合带着孩子玩的地方。从周边的公园开始，

妈妈和露露在旅行中成长

母女经常一起旅行

女儿小的时候，几乎所有的周末都贡献给了上海的公园。一听说哪个公园好，立刻到网上去查攻略和玩法。从周四就开始为周六、周日的出行做精细的准备，美食、帐篷、衣物、车辆、吊床等。

因为女儿是小演员，我常带着她到处拍戏。一次在东方明珠上录制节目，这也是我带着女儿第一次登上东方明珠。我俩从百米的高空俯视我们不能再熟悉的上海，黄浦江在高耸的楼宇中变得温婉。女儿对这里更感兴趣，拉着手问我："妈妈，能看到我们住的地方吗？哪里是我的学校？"。

通过旅行，我们发现上海变了，变得更有魅力。传统的景点也开始有不少亲子体验项目。不断涌现的亲子互动、培训、酒店、美食等，让我们在这座城市里生活更加舒适惬意。后来，和女儿一起慢慢走进一些还是我小时候去过的旅游景区，在这里我们以上海人的视角去看上海，和更多的外地人、外国人成为了朋友。

最佳旅游季

四季均可游，最适合季节为3月～11月。上海1月份最冷，平均气温约4℃，从7月～9月都会很热，而且是闷热。

上海亲子游方式推荐

老上海　新时尚

建议停留：1～2天　适合年龄：5～18岁

田子坊的时尚：首次来上海的朋友建议去田子坊，田子坊有着上海独有的老式弄堂房子的格局，但是又有着新上海的时尚气质，这是一条很文艺的弄堂。分为商业及艺术区，商业区内有着五花八门的各色小店上百家，很多小店均为自创品牌。艺术区有些画画展品及照片展出。带着女儿穿梭在各个小店，她有着自己的喜好，我有我的爱好。我们各自逛自己心仪的小店，看喜欢的小物。田子坊内还有各种上海小吃吸引着孩子们，弄堂里随处可见棉花糖、臭豆腐、炸里脊肉。

上海市卢湾区泰康路210弄。 全天电话：021-64672275。

推荐餐厅：泰迪之家（田子坊店）：以可爱的泰迪为主题的咖啡馆

卢湾区泰康路248弄田子坊23号（近瑞金二路）。 021-64730645/021-64279715。 地铁9号线打浦桥站。

城隍庙（豫园）饱口福：豫园汇集了上海有名的小吃，有臭豆腐、南翔小笼、蟹粉灌汤包、酒酿小圆子、五香豆、梨膏糖等，还有我很喜欢的松月楼的香菇菜包、海棠糕、香菇面筋素面，价廉物美，一定要去尝尝。想吃海派菜肴的话可以去绿波廊，酒楼坐落在九曲桥处，那里就是以海派菜式著称。最有名的菜肴有生爆鳝背、八宝鸭、红烧鮰鱼、萝卜丝酥饼。到了吃蟹的季节还能吃到鲜美无比的蟹粉豆腐、蟹粉虾仁、蟹粉菜心等。露露比较挑食，但是唯独清炒虾仁始终喜欢，来壶上好绿茶、品着美味，望着九曲桥内独有的园林格局造型，小桥流水、鲤鱼跳跃，生活是如此美好。

杜莎夫人蜡像馆：里面聚集着全世界的明星蜡像、有迈克·杰克逊、成龙、李连杰、李小龙等，做工逼真。孩子和大人可以选择自己喜欢的偶像合影留念，一次性看到众多明星的机会可不是很多。

黄浦区南京西路2-68号新世界城10楼（近西藏中路）。 159元/人。 021-63587878。

亲子酒店推荐

上海南新雅大酒店

黄浦区九江路700号南新雅大酒店（近贵州路）。 698元/间起。

五星级酒店，坐落在南京路步行街上。离地铁2号线很近，无论是出行、购物、吃饭都相当便捷，是个不错的选择。

王宝和大酒店

黄浦区九江路555号（近福建中路）距人民广场地铁站526米。 750元/间起。

四星级酒店，餐厅以大闸蟹为特色，菜式很不错。

外滩华尔道夫酒店

黄浦区中山东一路2号（近延安东路）。 1737元/间起。

希尔顿旗下奢华酒店品牌，超五星级，坐落于外滩核心地段。餐厅，泳池，健身房都是高标准的配置，服务员态度也极好，站在窗前就能看到外滩。客房内还提供气泡水、胶囊咖啡。

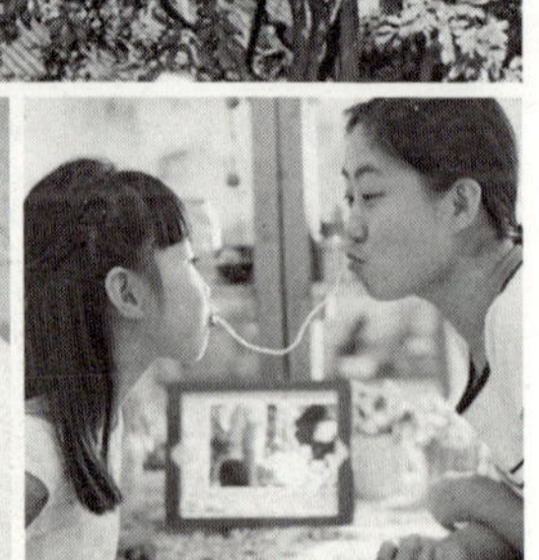

上海亲子旅行的玩法很多，景点丰富

浦江两岸　十里洋场

建议停留：1～2天　适合年龄：5～18岁

十里洋场的老上海曾经是座繁华的不夜城，而现在老上海的南京路全貌只有在松江车墩影视基地重现了。南京路全长5.5千米，东起外滩、西迄延安西路。外滩位于上海市中心区的黄浦江畔，全长约1.5千米。东临黄浦江，西面为哥特式、罗马式、巴洛克式、中西合璧式等52幢风格各异的大楼，被称为“万国建筑博览群”。外滩曾是英国和法国殖民时期外租界，当年金融资本与领事馆也集中在这里。

黄浦公园：上海最早的欧式花园，曾记载着“华人与狗不得入内”屈辱历史。上海人民英雄纪念塔坐落于园内，是外滩不多见的绿地区。塔底是免费开放的外滩历史纪念馆，给孩子讲述着上海从古到今的悠远历史。

黄浦区外滩中山东一路500号（北京东路中山东一路）。 021-53082636，021-53089126。

东方明珠广播电视塔：东方明珠位于陆家嘴，从外滩坐地铁，穿过地下隧道就可到达。它是亚洲第四高塔，这里适合亲子、情侣、老人。可载50人的双层电梯和每秒7米的高速电梯为目前国内所仅有，没有不适，只有速度的刺激。到达263米，就可俯瞰外滩全景。第267层，有旋转餐厅。坐在每小时可转一圈的餐厅，从最高处欣赏着外滩全景，品尝着美味自助餐，必定会给您留下美好的回忆。孩子最喜欢的莫过于科幻城。科幻城位于塔底，有森林之旅、南极之旅、魔幻之旅、藏宝洞、迪士尼剧场、欢乐广场、激光影院、动感影院、探险列车等项目，精彩刺激。还有独一无二的“太空热气球”将您送上天空，很令人向往。晚间，东方明珠塔的立体灯光照明会更随着气候的变化自动调节，产生1000多种彩色灯光变化。

远望东方明珠

塔内的上海历史博物馆，讲述着上海百年历史发展，展出400余件上海历史文物，重要藏品有七宝寺藏五代金字写经、明徐光启农书手稿、1893年英美公共租界划界碑等，这将是一堂比学校更生动的历史课，适合已读小学的孩子们。

东方明珠一二球（含悬空透明观光廊）160元/人。 浦东新区世纪大道1号（近二号线陆家嘴站）。 9：00～17：00。 021-83709984。

上海外滩观光隧道：外滩观光隧道位于浦西南京东路外滩与浦东陆家嘴东方明珠之间，是我国第一条越江行人隧道，全长646.70米，上海还未建造地铁之前就已经有了这条观光隧道。旅客乘坐隧道两岸出入口的自动扶梯前往浦东或浦西。整个过江时间只有2.5～5分钟，虽然只有短短的5分钟，但是游客可以浏览八个风格迥异的景区，黄色的海星，粉色的花朵，形状各异的几何图案，各种充满生机的地球生物，随着音乐及灯光的变化，犹如进入了时光隧道，展现出梦境世界。

单程50元/人，往返70元/人。 黄浦区外滩中山东一路300号（外滩与陆家嘴间）。 021-58886000 8:00~22:00。

亲子互动：黄浦江游览

黄浦江是上海的母亲河，特色船餐、歌舞娱乐、船舫茶座、水上婚礼等都是浦江游览的特色。游览船有翡翠公主号、太平号、海洋世界等。孩子喜欢坐船，船只缓缓前进，海鸥在我们上方盘旋，坐在船上看着周围的景致对她来说很新鲜。游船上室外有座位可以带着孩子吹着江风饱览上海美丽的夜景。如果觉得江风吹的有些冷，也可进船舱休息。舱内有美味的自助餐或自助茶点。

游览船行驶线路：外滩—滨江大道—香格里拉—东方明珠—国际会议中心—杨浦大桥—航交所—海鸥宾馆—外白渡桥—外滩万国建筑，最美的夜景都在这条路线上。登船漫游黄浦江，两岸景色尽入眼底。一边是外滩巍峨屹立的建筑群、高耸的人民英雄纪念塔、著名的外白渡桥和上海最早的公园——黄浦公园；一边是东方明珠广播电视塔、陆家嘴高楼群。上海的“黄浦江游览”具有浓厚的沿江历史文化积淀。

黄浦区中山东二路239号。 021-63263693。 128元/人。

特别推荐：看得见黄浦江的亲子餐厅

松鹤楼：位于黄浦江游览船码头旁，是一家由日本人管理经营的本帮菜肴的酒店，服务很好，菜式不错。最吸引人的就是观景平台，2014年曾荣获上海最佳江景露台之称。站在那里可以一览黄浦江无敌江景和外滩美景。

中山东二路505号（近新开河路）。 021-33313777，021-33313071。 人均351元。

金茂君悦咖啡厅：位于金茂54层的自助餐，靠窗位置正对着东方明珠和黄浦江。菜品并不是很丰富，没有其他自助餐厅的品种多，但是观景位置及环境是最佳的。现代时尚人吃的也是环境。自助餐对于挑食的孩子来说很适合，露露最喜欢里面的蟹脚及虾。虽然她不吃刺身类，但是蟹脚、甜点和水果足以吃饱小肚子。

世纪大道88号金茂君悦大酒店54层。 人均351元。 021-50478838，50471234-8478。

上海海鸥饭店：位于外滩浦江全景的最佳观赏点——外白渡桥桥逸旁。紧邻外白渡桥和俄罗斯领事馆，是Worldhotels国际酒店集团及Les clefs d’or国际酒店集团双重成员饭店。饭店始建于20世纪80年代，历史悠久，是上海著名的观景酒店。融合古典欧式风格和现代时尚元素，简约大气，打开窗户便可见美丽的外滩和陆家嘴风光。

虹口区黄浦路60号，近苏州路。

人民广场 艺术世界

建议停留：1天 适合年龄：3~12岁

人民广场是上海的文化、旅游中心和交通枢纽，是个开放式的广场。几年前有首很红的歌就叫《我在人民广场吃炸鸡》，讲述的就是女孩在人民广场苦等男孩，男孩却没有来赴约的故事。通常我们下班后和闺蜜、朋友约会地点都会选在人民广场。可想而知，它是个多么重要的地标。

繁华的上海滩

上海街头的西洋镜

上海公园里畅游

上海大剧院：大剧院上演过歌剧、音乐剧、芭蕾等各类大型演出及综艺晚会。它有着典雅的殿堂、舒适的座位。上海大剧院需着正装或礼服方可进入，我曾经带着露露去那里看过《妈妈咪呀》，没有想到那么小的孩子对音乐剧会入迷，全场安静地坐着，她全然被《妈妈咪呀》的歌曲及情节打动了。

黄浦区人民大道300号（近人民广场）。 021-63868686，021-63728702。

上海博物馆：上海博物馆建筑总面积为39200平方米，设有十一个专馆，三个展览厅。这里也是我从小获取知识的场馆之一。孩子们可以观赏到青铜器、新石器时代陶器、书画。此外，还有钱币、玉器、雕塑、少数民族工艺品等，这些都是当代没有的东西，通过参观博物馆可以了解到中国从古到今的发展，了解到少数民族的故事。

免费。 黄浦区人民大道201号（近武胜路）。 021-63723500。

人民公园：这是上海有着悠久历史的公园，也是当初上海最大的公园，没有之一。现在依然是市区内唯一的公园，地铁2号线直接到。走进公园大门，呼吸着新鲜空气，放空大

上海博物馆外景

露露在公园里体验生活

母女一起逛书店

脑，彻底让自己放松。园内绿树成荫，粉荷曲桥，孩子们可以在草坪上玩耍，老人们可以坐在河边长椅看报。闺蜜们可以坐在亭中聊聊心事。公园内还有多年保留着的英语角和相亲角。

免费。 黄浦区南京西路75号（近黄陂北路）。 021-63271333。 6：00~18：00。

亲子酒店推荐

国际饭店

上海年代最悠久的饭店之一，地处繁华南京路，就在人民公园对面，大光明电影院旁边。觅食、购物、逛公园的最佳位置。西饼屋的蝴蝶酥可能是上海最好吃的蝴蝶酥了。

黄浦区南京西路170号（黄河路口）。 668元起/天。

新世界丽笙大酒店

和新世界商场、地铁站连着。45层旋转餐厅观景超级棒，亮点是顶楼的酒吧，是个穹顶，夜晚有满天星空的感觉，很漂亮，还有现场乐队伴奏。

黄浦区南京西路88号（近西藏中路）。 680元起/天。

古象大酒店

出门就是南京路，离地铁站很近，步行到外滩大约20分钟。

黄浦区九江路595号（近浙江中路）。 783元起/天。

亲水嬉戏　金山城市沙滩

建议停留：1天　适合年龄：3~12岁

“城市沙滩”虽然是人造海滩，但是也有真正沙滩的感觉，细白的沙子，踏上去软软的。幽蓝的海水，听说是用了物理沉淀、生物降解、人工造浪、自然循环处理，辅以陆上的雨水收集系统和水中的动、植物链，科学地改造的。

1. 人造沙滩水上娱乐项目都有，有双人自行车、海上快艇、蹦蹦船、沙滩排球等。

2. 孩子在海边最爱的其实还是挖沙，小贩处买一套挖沙工具，可玩一下午。

3. 刚进入景点映入眼帘的就是一大片芦苇湖。

4. 每年金山城市沙滩都会举办音乐节，沙滩上有美妙的音乐，还有

沙滩游乐

海滨度假

大牌歌手、音乐家献唱。

智慧大道区：智慧大道是一条雕塑景观道路，道路长700米，道路两侧摆放了众多中外著名科学家、思想家、教育家的雕塑，孩子可边走边认识这些著名人物。

求知岛：以植物知识为主要传授内容的小岛，岛上种植了数十种罕见的植物，湖光山色令人向往。

地球村：拥有世界各地各种多样的民居建筑，兼备居住功能，可供游客或学生住宿生活，以体验地球上不同国家人群的居住方式与生活习惯。

亲子酒店推荐

绿舟别墅酒店

青浦区沪青平公路7000号东方绿舟内。021-59233000。高级双人房780元/天。

绿舟度假村

沪青平公路6888号。021-59233168。双人标准房552元/天。

东方绿舟宾馆

青浦区沪青平公路7000号东方绿舟2号门。021-39200888。豪华双人房788元/天。

推荐购物：井亭大厦

上海有条韩国街，在虹泉路。那里有一座韩国商场，名为井亭大厦，是由韩国人经营的。一楼是韩国超市、炸鸡店及小型韩餐饭店。炸鸡味道很不错，我们比较喜欢原味的。有时还有团购，喝着啤酒吃着炸鸡，我们就是千颂伊。二楼是韩国品牌童装及韩国老板开的服装店，应该都是从东大门进货的，价格不便宜。二楼也有韩餐和咖啡馆，那里的珍珠冰激凌很受孩子们欢迎。

井亭大厦：位于虹泉路1078号井亭天地。

一家大小都爱吃的上海美食推荐

上海本帮菜有着浓油、赤酱的特点，口味浓郁偏甜，偏油一些，不过现在都改良了，少油清淡为主。而品尝上海小吃，能够进一步了解上海人的生活方式。

金山城市沙滩

南翔小笼

油豆腐细粉汤

小吃

• 南翔小笼

南翔小笼起始于清代同治，至今已有100多年历史。由日华轩点心店主黄明贤创始，以皮薄、肉嫩、汁多、味鲜、形美著称。

• 蟹壳黄

因其形圆色黄似蟹壳而得名。蟹壳黄是用油酥加酵面作坯，先制成扁圆形小饼，外裹一层芝麻，贴在烘炉壁上烘烤而成。此饼味美咸甜适口，皮酥香脆。有人写诗赞它“未见饼家先闻香，入口酥皮纷纷下”。蟹壳黄的馅儿心有咸、甜两种。咸味的有葱油、鲜肉、蟹粉、虾仁等，甜的有白糖、玫瑰、豆沙、枣泥等品种。蟹壳黄小吃店主要集中在枫泾古镇和朱家角镇。

• 生煎馒头

馅儿料为猪皮冻加猪肉制成，皮薄，一咬就有鲜美的汤汁出来。所以吃生煎馒头先要咬破一点皮，然后把里面的汤先吸掉再吃完整个生煎，一般生煎馒头可以搭配牛肉汤或者油豆腐粉丝汤。

• 油豆腐细粉汤

它是由绿豆做成的粉丝和油豆腐一起烧出来的。虽然看上去有点清汤寡水，但配生煎等油腻的点心，则是绝配。而且看它的烹制过程也是一个享受：锅内汤汁翻滚，煮着铁丝漏勺里的线粉，闻一闻，香气四溢。

交通

到达交通

上海有两个机场，虹桥机场和浦东机场。虹桥机场位于上海市西郊，距市中心仅13千米。打车到市区费用约40元。浦东机场位于浦东新区的江镇、施湾、祝桥滨海地带距市中心约30千米，打车到市区费用约90元。

虹桥站集航空、铁路、高铁、地铁于一体，是规模超大的交通枢纽。其他火车站还有南站，上海站等。

上海周边旅游：上海—苏州—无锡—杭州（5日）

D1、D2 火车抵达苏州后，住平江路附近酒店，夜寻平江路美食，白天附近园林小逛后，出发去无锡。

D3 鼋头渚游览太湖美景，吃船菜后出发前往杭州。

D4 西湖畅游一天。

D5 游玩杭州乐园后，从杭州返程。

南京

六朝金粉地　带着孩子走进历史

亲子游达人　苏菲

就职于IT行业十余年，却独爱户外、旅游和美食的辣妈。中国登山协会认证户外领队，亲子户外活动平台“一喜童乐”创始人。女儿5岁，亲子旅行经历5年。

南京亲子旅行记录仪

2011年　南京市内游3天2晚　南京金陵酒店——秦淮河夫子庙——南京大学

2013年　南京深度游4天3晚　中山陵国际青年旅舍——中山陵明孝陵——明城墙——玄武湖

2014年　4月寻访春天的江南4天3晚　索菲特银河大酒店——秦淮河夫子庙——高淳桠溪油菜花之旅

妈妈的推荐理由

芳菲暖阳，草长莺飞，和煦春风里，花香幽芬芳，最美人间四月天。

春天是最适合带孩子出游的好季节，当然出行的目的地也首选有鲜花盛开的地方。方便的交通，舒适的亲子酒店，飞行距离不长，有山有水有美丽的田园也有古朴的村落，还要有风味独特而且适合孩子的小吃，这样的旅行目的地，非江南莫属。而在江南的这么多城市里，南京作为六朝古都，成为了我们江南游的第一站。

由于工作的原因，我每年都要去南京出差。与其让孩子在家待着，还不如到哪里去都带着她，一来给孩子增长见识，二来孩子也愿意多跟妈妈待在一起。

南京城被称为六朝古都，其实在历史文献里曾有10个朝代在这里建都，不过都有些短命，所以南京又有“十朝都会”之称。在这里，每一步都是历史故事，在旅行中给孩子讲故事说历史，即便枯燥的行程也会变得有趣。

这里的文化氛围、饮食和住宿，也都是我女儿很喜欢的。行程时间可短可长，小朋友也可以逐步适应。就算是年龄特别小的小朋友，在外时间长了容易闹情绪，也可以很快地从景点返回到酒店休息。

南京城的美食更不用说了，南京小吃是中国四大小吃之一，历史悠久，风味独特，品种繁多，而且有荤有素，甜咸俱有。既有高端大气的高级餐厅，也有美味卫生的小吃排档，特别是美味的鸭血粉丝汤，挑食的女儿都可以一气儿吃一大碗。吴敬梓在《儒林外史》中就有这样的一段："推杯换盏，吃到午后，杜慎卿叫取点心来，便是猪油饺饵、鸭子肉包烧卖、鸭油酥、软香糕，每样一盘拿上来。众人吃了，又是雨水喂的六安毛尖茶，每人一碗。"字里行间，引来读者垂涎，可见南京小吃之精致。

行前准备

带着孩子出行户外，特别是去找寻春天的旅程，有几样东西是一定要准备的。

• 赏花就好，不要拈花惹草

看似美丽温顺的花草植物有时候也会有令人意想不到的危险。春天本就是过敏症的多发期，过敏体质的孩子，特别是有哮喘症历史的孩子，有可能会引起花粉过敏，特别是在江南的春天，花团锦簇下隐藏着另一种危险。一些植物的花或者茎叶里也有一些过敏反应的介质，如果不小心与孩子细嫩的皮肤接触，其中的过敏性物质就会侵入皮肤，引起过敏反应，可能出现典型的红斑、肿块或者风团。

预防：尽量少接触不认识的植物，也不要随便"拈花惹草"，以免引起过敏。

处理：万一发生过敏现象，可以尽快用清水冲洗患处，并在医生的指导下使用抗过敏药物，千万不要用热水烫洗，避免局部红肿加重。

• 戴好帽子，涂上防晒油再来"和阳光做游戏"吧！

春天里的气温虽然不高，但午后的阳光紫外线照射丝毫不弱于夏季。孩子的皮肤娇嫩，所以让我们用防晒油、太阳帽和墨镜来把孩子武装起来吧！

选购小贴士

儿童用的防晒油推荐使用水宝宝或者香蕉船品牌，对宝宝的皮肤不刺激，防晒系数高，是全家都能使用的防晒油。

• "吃喝拉撒"的东西多带一点儿准没错！

我们家带孩子出行，保温杯是必需品。保温杯首先是一个教育孩子学会环保的好教具，不用塑料瓶、不用纸杯是户外的环保生活方式。另外，保温杯也可以保障孩子随时能喝上热水，避免有些肠胃敏感的孩子因为水质变化而引起腹泻。

还可以带一些孩子喜欢而平时不允许随意食用的小零食，比如坚果、牛肉干、紫菜。在外出行，饭点儿不像在幼儿园或者家里那么准时；万一不能准时开饭，给孩子吃一些零食垫垫肚子也不错。同时，这些小零食有时候也可以作为跟孩子一起做游戏的小奖励。

另外，对于孩子大小便的处理也要事先有所考虑。湿纸巾，纸尿裤，替换衣裤等都应该根据需要提前准备好。

• 晕车药

许多成人坐车或者坐船时间久了都会头晕恶心，孩子也不例外。长时间的搭乘交通工具或者路途颠簸，很有可能造成孩子晕车。对于有晕车现象的孩子，乘车前不要吃油腻的食物，尽量避免长时间待在封闭的交通工具内。

预防：出行前在孩子的肚脐上贴一片新鲜生姜片有助于预防晕车。尽量不要食用成人晕车药。同时，备好呕吐袋。

处理：万一发生晕车现象，应尽快

停车休息。如果没条件停车，也可以开窗透气并且让孩子观看较远处的风景。

最佳旅游季：春、秋两季。南京是与重庆、武汉、南昌并称的“四大火炉”之一，年平均温度15.6℃。这里有着春游“牛首烟岚”，夏赏“钟阜晴云”，秋登“栖霞胜境”，冬观“石城霁雪”的说法。每年的6、7月份，江南梅雨，并不适合带着孩子出行，而夏天的伏旱，更是让人烦躁。

南京亲子游方式推荐

山水城陵　畅游中山陵

建议停留：半天　适合年龄：3～12岁

钟山美景：钟山又称金陵山，紫金山共有三座东西并列的山峰。钟山屹立在南京城东郊，是宁镇山脉中支的主峰。钟山风景区是我国著名风景名胜区，分为东西两个片区。东片以“民国文化”为主体，包括中山陵、音乐台、孙中山纪念馆、灵谷寺等，西片则以“明朝文化”和“生活休闲文化”为主题，包括明孝陵、梅花山、红楼艺文苑、紫霞湖等。

中山陵寻伟人：中山陵原名总理陵园，是伟大的革命先行者孙中山的陵墓。中山陵依山而筑，坐北朝南，气势磅礴，雄伟壮观。要参观中山陵必须要攀爬392级台阶，如果孩子太小，最好还是带个背带。

明孝陵讲故事：明孝陵就位于中山陵的西侧，紧紧相邻的两个墓园风格却大相径庭。明孝陵是明朝开国皇帝朱元璋与马皇后的陵墓，是南京地区建筑规模最大的帝王陵寝，陵垣周长达22.5千米。对于孩子来说，这里就是一个面积巨大的公园，四周树木葱茏，松涛阵阵，环境幽美。而周围的石人、石兽也是栩栩如生，造型古朴。在这里，我给女儿讲了朱元璋起义建立明朝的故事，小朋友听得津津有味，对历史产生了浓厚的兴趣。

地图寻宝：明孝陵公园环境优美，是一个面积巨大的公园。在公园门口可以取到免费的公园地图，上面有各个景点的标示。教小朋友认识地图，让小朋友根据地图设计路线找到每一个景点，这是定向越野的雏形，是时下最热门的亲子互动形式，且是智力与体力并重的运动。活动过程中，不仅能强健体魄，而且能培养宝宝独立思考、独立解决困难的能力。年纪小的宝宝，爸爸妈妈也可以手把手教小朋友完成。

70元/人（包括明孝陵、梅花山、紫霞湖等），1.2米以下儿童免票；中山陵免门票，中山陵和明孝陵之间有小火车来往（5元/人），持有两景区套票的游客可免费乘坐；钟山风景区内有电瓶车可租，带导游讲解，20元/人，可达景区内任何景点。 地铁2号线苜蓿园站，或者公交车20、203、315路至明孝陵站。

中山陵远景

明孝陵

吃在夫子庙　泛舟秦淮河

建议停留：半天　适合年龄：2～12岁

以夫子庙为中心的秦淮河风光带，是当年多少文人墨客前赴后继的金粉之地。“十里秦淮”说的就是昔日这一带。在夫子庙—秦淮这个纸醉金迷的风光带之上，点缀着数不尽的名胜佳景，汇集着说不完的逸闻掌故，深藏着许多金戈铁马的亡国之痛。现如今的秦淮河边，游人如织，商业气息浓厚，再也找不到古时那种文艺或者香艳的感觉了。

夜游秦淮河：夜色下的秦淮河也是昔日十里秦淮最繁盛的时刻。坐船夜游本就是最美妙的时光，坐在古色古香的画舫里，边吃小吃边听穿着古装的美女吴侬软语，琵琶轻唱，看两岸灯火楼台，是否还能找回一点当年大文豪在此吟诗作对的感觉？在秦淮河上给孩子们讲诗词“商女不知亡国恨，隔江犹唱后庭花”的由来，或许就是最好的古文与爱国主义教育。

乌衣巷：乌衣巷原是东吴禁军的营房所在地，因为当时士兵都穿着黑衣服，所以得名乌衣巷。这里在东晋时期都是达官贵人的居住地。我记忆里面的场景应该是古色古香的一条小巷，跛足道人哼着《好了歌》从里面走来，那场面，才配得上这名扬四海的乌衣巷的名字。可惜巷子很短，从东头走到西头步行只需三五分钟，两边又都是楼房林立，早已感受不出那著名古诗中的韵味。“朱雀桥边野草花，乌衣巷口夕阳斜。旧时王谢堂前燕，飞入寻常百姓家。”如今，站在这样的巷子里，是无论如何也不会有文人骚客般的泉思涌现了。

秦淮河夜色

夫子庙：夫子庙过去是纪念孔子的地方，里面有孔子的生平还有很多论语的片段雕刻。附近的江南公园，也曾经是江南最大的科举考场。带着孩子来看古人赶考晋官的地方，可以忆苦思甜，体会我们今天的幸福生活。

南京小吃：到了夫子庙如何不能品一下这里的小吃？夫子庙的秦淮小吃手工精细，造型美观，选料考究，风味独特，是南京小吃的代表之作。最有名的当属小笼包和鸭血粉丝汤了。除了这两样，还有状元豆和五香蛋也是很适合孩子吃的。特别是美食后面的故事，更是孩子所津津乐道的。相传清朝乾隆年间，居住在城南金沙井旁小巷内的寒士秦大士，因家境贫寒，每天读书到深夜，其母就用黄豆加上红曲米、红枣煮好，用小碗把豆子装好，上面加一颗红枣给他吃，并勉励他好好读书，将来好中状元。后来，秦大士中了状元，此事传开，状元豆便出了名，“吃了状元豆，好中状元郎”。状元豆实际上就是五香豆，和五香蛋一样，五香豆入口喷香，咸甜软嫩，细细品尝，趣味横生，由于烹制入味，一般色泽呈紫檀色，入口富有弹性，香气浓郁，让人吃起来就停不住嘴。

画舫夜游，泛舟历史：提前准备好南京的历史故事，南京素有“六朝古都”之称，到底是哪些朝代在南京建都呢？他们的皇帝都是谁？还有在南京留下这么多脍炙人口的诗词的大文豪们，他们是谁，他们有什么出名的故事？一边坐游船一边告诉孩子们这里发生过的故事，这样才最能激发孩子对历史对文化的兴趣！

风光带无大门票，部分景点有小门票。 地铁1号线至三山街站，地铁3号线至夫子庙站或武定门站，公交车201、1、4、44、304路等至夫子庙站，2、26、202路等至中华路瞻园路站。

寻找雨花石　观景天文台

建议停留：半天　适合年龄：5～12岁

雨花台位于南京中华门外1千米的地方，我第一次来还是在读书的时候来这里接受爱国主义教育，现在轮到自己的孩子来接受爱国主义教育了。

雨花台：三国东吴时称石子岗、玛瑙岗、聚宝山；南朝时，佛教盛行，传说高僧云光法师在此设坛讲经，因说法虔诚所至，感动上苍，落花如雨，始得名。明、清两代，景区内的“雨花说法”和“木末风高”分别被列为“金陵十八景”和“金陵四十八景”之一，为江南著名风景游览胜地。

雨花台风景名胜区由名胜古迹区、烈士陵园区、雨花石文化区、雨花茶文化区、游乐活动区和生态密林区六大功能区组成。如今，这里有全国规模最大的烈士纪念建筑群，历史悠久的名胜古迹，郁郁葱葱的山林，四季应时的花草，以及驰名中外的雨花石和闻名遐迩的雨花茶。

雨花台

免费。 公交车游2、游4、26、33、44、88、305路至雨花台站。

虽然我不是雨花石的爱好者，但是雨花石的色彩丰富，最能引起孩子们的兴趣，所以也可以顺便给孩子们讲一下雨花石的历史和文化。有很多小贩卖雨花石的，几块钱抓一把。其实也无所谓真假，孩子喜欢这样颜色丰富的物件，几元钱一堆的玩具肯定比商店里的电子产品更有趣。

紫金山天文台：中国科学院紫金山天文台位于江苏南京东郊钟山风景区的紫金山第三峰上，是我国自己建立的第一个现代天文学研究机构，被誉为“中国现代天文学的摇篮”。

这里同时也是一个天文学的博物馆，对每一个充满好奇心的宝宝来说，这里是最好的天文学启蒙学校。除了有各种天文学的基础知识普及之外，还保存有天球仪、浑仪、简仪、圭表和地平经纬仪等部分古代天文仪器。

15元/人。 玄武区北京西路2号紫金山天文台总台。 公交车20、203、315路至紫金山索道站。

雨花石的创作：用简单的雨花石来做画，这是最好的发挥孩子创作力的时候。雨花台的草坪就是我们的画布，各种颜色的雨花石正是最合适的画笔。在绿色的草坪上用雨花石摆成一幅充满想象力的画，是每个孩子最欢乐的时候。

特别推荐

高淳老街

建议停留：1天　适合年龄：3～12岁

高淳淳溪古街，又名中山大街。高淳老街是高淳区的商业中心，是中国古街的一颗灿烂的明珠，是江苏省保存最为完整的明清古街。老街以古典建筑而著称，街中的店铺一般都为楼宇式双层砖木结构，挑檐、斗拱、垛墙、桁架、镂窗齐全，造型别致，古朴华丽。由于明清时期有大量商贾来自皖南徽州地区，故建筑风格带有明显的徽派特色，形式多样，风格各异。

带着孩子来参观高淳老街，主要是来感受古建筑和古镇的历史和文化。在古镇里徜徉，除了拍照以外，喜欢画画的孩子还可以尝试临摹古街道的美景。无论是哪一种方式，都是对孩子美的教育。

免费。　南京汽车客运南站乘坐高淳班车到高淳转16路、18路、20路公交车至高淳老街下。

国际慢城——桠溪坐落在高淳区东北部，是一座整合了丘陵生态资源而形成的集生态观光、农事体验、休闲度假为一体的综合旅游观光景区。每年的4月，桠溪慢城是一片油菜花的天地，油菜花田陆续开放，成片的金黄色油菜花与白墙灰瓦的徽派建筑组成了一幅幅美丽的春日画卷，吸引游客踏春赏花。在漫山遍野的金黄色中，簇拥在一块儿的村落、翘翘的马头墙、傍晚时分升起的袅袅炊烟，如水墨画一般。

免费。　宁高高速-双牌石转盘-301县道或机场高速-溧水西-S246。

亲子酒店推荐

中山陵国际青年旅舍

标间：500～1000元/天。　玄武区中山陵石象路7号（近明孝陵），距苜蓿园地铁站944米。　位于中山陵景区内，只能打车或者自驾到达。

虽然名为“青年旅舍”，但更像亲子酒店的一个地方。这里的房屋都是别墅结构，地板是简单拼接而成的；大大的落地窗，考究的风扇，午后的阳光，透过落地窗，安静地落在孩子的小脸上。旅舍后面有一片人工小湖，不时会有天鹅在湖上嬉戏。住在这里可以充分享受大自然的新鲜空气。

一家大小都爱吃的南京美食推荐

南京小吃是中国四大小吃之一，位列中国四大小吃之首。来到南京，吃着风味独特、多达百十个品种的小吃，可谓是一饱口福。

高淳农家油菜花

中山陵国际青年旅舍

鸭血粉丝汤

小吃推荐

• **鸭血粉丝汤**

是南京著名的风味小吃，由鸭血、鸭肠、鸭肝等加入鸭汤和粉丝制成。口感鲜香，爽口宜人。满街的鸭血粉丝汤，推荐金陵鸭血粉丝汤和回味鸭血粉丝汤，味道比较正宗。

• **什锦豆腐涝**

是南京著名的小吃，豆腐涝在南京又称“都不老”，在南京话中就是豆腐脑、豆腐花的意思。什锦豆腐涝在豆腐脑中加入什锦菜，表示前程似锦的意思。

• **状元豆**

是南京夫子庙的特色小吃之一，状元豆由五香豆制成，入口喷香，咸甜软嫩，细细品尝，趣味横生。

• **南京牛肉锅贴**

是一种煎烙的馅类食品，江苏南京著名的汉族小吃，一般是饺子形状。以牛肉为馅儿料，用面皮包成饺子后，放入油锅中煎至金黄色后装盘即可食用。

• **南京板鸭**

是南京地区一道传统名菜，用盐卤腌制风干而成，分腊板鸭和春板鸭两种。板鸭色、香、味俱全，外形饱满，体肥皮白，肉质细嫩紧密，食之酥香，回味无穷。

交通

到达交通

南京禄口国际机场，29千米机场专用高速公路，并连接宁沪、宁连、宁马等高速公路，陆上交通非常方便。

南京南站位于长江三角洲的中心位置，高铁至上海只需1小时，至杭州2小时，北京4小时。

市内交通

携程、金太阳、神州、一嗨租车在各大酒店、景区、机场附近均有提还车点。

拓展顺游

江南旅游：杭州—苏州—同里—南京2日

D1 杭州必游西湖，周围的景点很多，有新西湖十景和经典的西湖十景，其实只要环绕着西湖都能看到。步行环游就可以了，累了就在西湖旁边的茶庄坐坐，如果天气不错，就骑自行车环游西湖，也非常方便。晚上强烈推荐去看《印象西湖》。

D2 去灵隐寺，很安静，很有感觉的寺庙。

D3 坐高铁到苏州去看园林。皇家园林（虎丘），私家园林（留园、拙政园）和佛家园林（狮子林）都是不错的选择。

D4 从同里回苏州坐高铁不到一小时就能到南京。

D5 游览六朝古都南京。游览两天后返程。

苏州

享受100%纯中国　亲子文化之旅

亲子游达人　王如东

上海同济大学管理学博士、苏州市旅游局促进处处长。儿子15岁，亲子旅行经历10年以上，每年选择1～2个国家带儿子深度体验旅行，先后旅行过美国、英国、爱尔兰、丹麦、冰岛、德国、土耳其、南非、印度、柬埔寨、日本、新加坡、印尼、泰国等。

苏州亲子旅行记录仪

喜欢和儿子结伴游览和体验苏州各类旅游产品，至今走遍苏州所有知名景区，或漫步古典园林，领略园林艺术之妙处，或徒步平江、山塘等历史街区，完全浸入到老苏州人的生活氛围之中，或在周庄、同里等江南水乡小住几晚，喜欢水乡清晨或傍晚的恬静，或自驾游环太湖地区，探访东山、西山之湖光山色中的古村落。

爸爸的推荐理由

自古以来，苏州就有“上有天堂，下有苏杭”“东方威尼斯”“苏州园林甲天下”等美誉，苏州是首批历史文化名城和中国优秀旅游城市。苏州古典园林、中国大运河苏州段分别于1997年、2014年列为世界物质文化遗产，共计20个遗产点，其中苏州古典园林9个，中国大运河苏州段11个，昆曲、古琴、宋锦、缂丝等先后被列为世界非物质文化遗产，苏州是中国世界遗产点最多的城市，曾荣获“最中国”“Traveler's Choice旅行者之选”等荣誉称号。我和儿子虽说到过很多国家和城市，但最喜欢的城市还是苏州，不仅仅是因为我们居住在苏州，而是苏州有太多值得带着孩子旅行的理由。

首先，苏州是园林之城。中学课本上就有叶圣陶先生著的《苏州园林》文章，所有中国孩子想必对苏州园林都充满了向往，带着我们的孩子从课堂上走进园林里，当孩子们置身于“虽由人作，宛如天成”的苏州园林当中时，亭台轩榭的布置，假山池沼的配合，花草树木的配合，近景远景的层次等造园手法都将变得鲜活生动起来。

第二，苏州是东方之城。水是苏

和儿子一起旅行

乘船游苏州古镇是体验苏州美景的最佳方式

州的灵魂，水域占苏州总面积42.5%，自古以来古城一直保持着“水陆并行”双棋盘格盘，周边聚集了周庄、同里、木渎、角直、沙溪等众多江南水乡，世界文化遗产——中国大运河穿城而过，中国第三大淡水湖——太湖“滨”临城下，还有以大闸蟹名闻天下的阳澄湖，郑和七下西洋起锚地——长江和东海，中国著名的江、海、湖、河皆在此。带着孩子来领略“君到姑苏见，人家尽枕河”“绿浪东西南北水，红栏二百九十桥”诗人笔下的意境吧。

第三，苏州是历史文化名城。春秋战国、吴越争霸、干将莫邪、卧薪尝胆、孙子兵法等这些耳熟能详的历史故事都发生在苏州，与孩子一起了解历史，珍惜现在，畅想未来。

第四，苏州是“非遗”之都。带着孩子聆听中国最美的声音——苏州评弹，抑或让孩子看看“南桃北柳”之桃花坞木刻年画，神奇的查尔斯和戴安娜双面绣以及太湖湖畔舟山村当代的“核舟记”等这些精湛的艺术品是如何制作而成的，不亲临现场，你就没法理解中国传统文化竟是如此高深和精妙。

第五，苏州是美食之城。苏州美食自成一派，简称“苏帮菜”，非常讲究时令，所谓“不时不食”就是这个道理。苏帮菜属于“南甜”风味，不仅选料严谨，制作精细，更是因材施艺，四季有别。烹调技艺以炖、焖、煨著称，重视调汤，保持原汁。可以让孩子们知道时令对美食和身体是多么的重要。

最佳旅游季

苏州四季宜游，但以春季（3～5月）和秋季（9～11月）最佳。

木刻年画

手剥虾仁

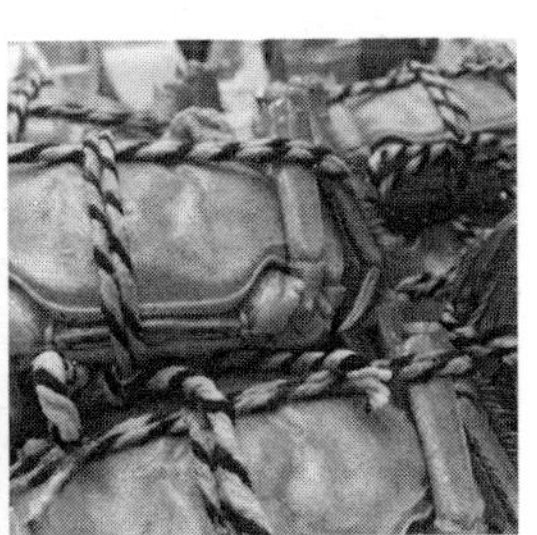
苏州阳澄湖大闸蟹美誉天下

苏州亲子游方式推荐

漫步古城　读懂苏州

建议停留：2～3天　适合年龄：7～18岁

古城是苏州文化旅游的精髓，第一次来苏州的话，建议与孩子手牵手漫步古城大街小巷，以游船、自行车、步行等慢行交通为主，选择一座世界文化遗产古典园林，一条历史古街区，一座古寺庙，一座博物馆，一顿正宗的苏式美食，一次水上游船……与孩子共同感受和体验独特的“东方水城”生活。

北塔报恩寺：登北寺塔，俯瞰古城，感受水陆并行“双棋盘”格局和黑白灰三色的古城独特风貌，让孩子见证2500年的古城传奇。

姑苏区人民路1918号。 7：45～17：30（淡季7：30～17：00，公交游1、游2、游5、178、202、309、40、313路）。 0512-67516743。 25元/人。

苏州博物馆寻历史：步行至国际建筑大师贝聿铭封笔之作——苏州博物馆，亲眼目睹苏州历朝历代的出土文物，欣赏国际建筑大师“中而苏，苏而新”创新之美，别错过中国最美的太平天国王府以及文征明手植的500年的紫藤树。

姑苏区东北街204号。 0512-67575666。 免费。 9：00～17：00，16：00停止入馆，周一闭馆。 公交游1、游2、游5、55、178、202、309、313、518、529、923路。

中国园林的代表——拙政园：在中国名园拙政园里，移步换景，聆听江南四大才子文征明、唐伯虎和园主、曹雪芹的故事，妙不可言的借景，把园外的北寺塔揽入了园里。

姑苏区东北街178号。 0512-67510286。 旺季90元/人，淡季70元/人。 7：30～17：30。

平江路的时尚生活：与拙政园一步之遥的平江路，近距离触摸水陆并行的双棋盘格局，游览苏州评弹博物馆和昆曲博物馆，平江路伏羲茶室里赏析昆曲“牡丹亭”。

中国昆曲博物馆

姑苏区平江路中张家巷14号，0512-67275338。 免费。 8：30～16：30。

苏州评弹博物馆

姑苏区中张家巷3号。0512-67270103。 免费。 9：00～17：00。

亲子互动：世界文化遗产之旅（七里山塘、虎丘、留园、苏州刺绣研究所）漫步在世界文化遗产山塘街，苏绣、玉雕、苏扇等中国传统工艺店聚集，一店一特色，与孩子一起感受苏州特有的前店后坊手工艺作

苏州水乡美景

贝聿铭大师设计的苏州博物馆

苏州博物馆里的馆藏丰富，展示了苏州的古今文化

山塘街的夜色迷人

坊，古戏台前码头乘坐游船，体验水城生活，虎丘码头上岸，游览“中国比萨斜塔”虎丘，探寻剑池的秘密，步行返回，途经红楼梦书中的葫芦庙和五人墓等历史遗址，百年老店松鹤楼享用纯正苏帮菜，餐后在山塘游客中心办理公用自行车手续，骑行至留园，游览世界文化遗产和中国名园留园，西行至张继“枫桥夜泊”诗中的寒山寺和枫桥景区，骑行或乘出租车至中国刺绣研究所，领略苏州刺绣的独特魅力。

亲子酒店推荐

文旅花间堂·探花府

姑苏区大儒巷南石子街10号。1080元/间起。预订网址：www.blossomhillinn.com。

书香世家平江府

姑苏区白塔东路60号。850元/间起。0512-65233888。预订网址：www.soocor.com。

平江·华府

清朝著名藏书家“黄丕烈故居”原貌修缮后改造的酒店，散发着浓郁的书香气息。有特色主题客房、静谧温馨的水疗Spa和品味独特的红酒雪茄吧等配套。

姑苏区萘葭巷88号。0512-67726666。800元/间起。

翻阅历史　听苏州故事

建议停留：2～3天　适合年龄：7～18岁

苏州是中国首批24座国家历史文化名城之一，是吴文化的发祥地，始建于公元前514年，2500多年城址没迁移过，苏州历朝历代文明从未中断过，这在世界建城史上也是罕见的。

“水陆城门，天下无双”的故事：公元前514年，吴王阖闾命伍子胥所筑春秋吴国都城，盘门为吴门八门之一，水陆两门南北交错并列，紧相毗连，是苏州现今唯一保存完整的古水陆城门。与孩子登瑞光古塔，漫步绝无仅有的水陆城门，理解“瓮城”真正含意，走走

苏州园林犹如一幅山水画

以清代私家园林半园为核心进行创意改建，再现江南大户人家典雅含蓄的生活场景

盘门

享誉海内外的吴门古桥，触摸苏州2500年悠久历史留下的沧桑。

“枫桥夜泊”的故事：“月落乌啼霜满天，江枫渔火对愁眠，姑苏城外寒山寺，夜半钟声到客船。”一首家喻户晓的名诗《枫桥夜泊》，成就了闻名中外的寒山寺。建议带着孩子参加每年12月31日举办的“寒山寺新年听钟声”活动，逛逛寺外的民俗。新年到来之前，进入寒山寺内，与万人共同祈福和迎接新年的到来，闭上眼睛，聆听自己心灵的声音，与孩子共同许下新年美好的心愿。

“孙子兵法”的故事：穹窿山为苏州第一名山，被誉为“吴中之巅”。古代大军事家孙子隐居在此，写出了《孙子兵法十三篇》。清帝乾隆六次登山，留下无数的趣闻轶事；西汉大臣朱买臣，曾在此砍柴、读书；抗金名将韩世忠曾与部下于此玩月。与孩子共同瞻仰伟大的军事家孙武，踏着乾隆的足迹，游览上真观、宁邦寺，在望湖园远眺太湖。

西施的故事·灵岩山寺：寻访吴王为西施而建的馆娃宫遗址，看看西施洞、琴台，朝拜东南第一佛教名刹灵岩山寺。

木渎镇西市梢。 0512-66362826。 20元/人。

亲水江南　惬意度假

建议停留：1～2天　适合年龄：3～18岁

中国第一水乡周庄：900岁的古镇，因陈逸飞的一幅画而名动天下，“小桥、流水、人家”完美结合，吴冠中说：“黄山集中了山的美，而周庄汇聚了水乡的美。”与孩子过一天自然朴素的江南水乡生活，听当地人讲沈万三与万三蹄以及陈逸飞与周庄的故事，体验台湾纸箱王的神奇，坐传统的手摇船，感受江南水乡之美。

亲子酒店推荐

碧水云居精品客栈

江南民居式的建筑，环境优雅，闹中取静。整体装饰温馨浪漫，有家的氛围。店内还设有露天休闲吧，可品尝周庄阿婆茶。

周庄中市街14号，富安桥旁。 0512-57202012。

贞丰轩

沈厅、富安桥、迷楼、澄虚道院等景点分布四周，推窗便可尽揽古韵于眼底。客栈共设18间，各具特色。

周庄蚬园弄8号。 0512-57883333。 1088元/间起。

贞固堂

客栈距双桥仅一步之遥，系爱国教育家沈体兰先生幼年生活之处。躺在床上就可聆听咿呀船橹之声，推窗即见小桥流水人家风光。仅设四间古色古香的

寒山寺祈福

客房，宁静典雅。

周庄后港街1号。0512-57212009。580元/间起。

醇正水乡同里：旧时江南、醇正水乡。这里明清建筑多，水巷小桥多，名人雅士多。与孩子走走当地的太平、吉利和长庆三桥，看看鸬鹚捕鱼，尝尝当地小吃袜底酥，在珍珠塔景区，听听珍珠塔民间故事。

吴江经济开发区同里古镇，苏州火车站北广场、汽车南站、汽车北站、吴中区汽车站均有至同里的客运班车；上海8万人体育场、虹口体育馆每天8：30均有旅游专线直发同里。

景点联票100元（含9个景点）。夏季7:30~17:30，冬季7:30~17:15。0512-63331140。

亲子酒店推荐

同里湖大饭店

依傍风姿绰约的同里湖，坐拥8万平方米园林，建有私家码头，经常举办文化及收藏活动，被誉为“可居可游的博物馆”之名。设有各类客房近500间，以及中、日、西三种风格的餐饮。

同里镇九里湖路8号。0512-63337888。800元/间起。

同里湖度假村

整个度假村四面环水，距退思园步行5分钟的路程，在园内可尽享同里湖美景，一睹“烟雨景观”和“罗星听雨”之风采，度假村内绿树成荫，环境幽雅。

同里镇环湖西路88号。0512-63330888。618元/间起。

正福草堂

纯粹江南正福是五福之意，也有赠福、增福之意。古典园林式建筑，每个房间都设计精巧，家具是店主精心搜罗的古董。

同里镇明清街138号。0512-63320576。480元/间起。

雨中同里

同里客栈

苏州乐园 东方迪士尼

除了刚刚建成开放的上海迪士尼外，苏州乐园也是长三角最具吸引力的主题公园之一，拥有欢乐世界、水上世界、糖果世界、温泉世界，涵盖大型主题游乐、水上游乐、室内亲子互动、主题游乐温泉、自然生态、节庆活动等多种类型的休闲旅游产品。

太湖山水 回归自然

建议停留：1～2天 适合年龄：3～18岁

东山风景区：东山是太湖湖畔的半岛，三面环水，万顷湖光连天，渔帆鸥影点点。带着孩子拥抱浩渺的太湖，回归自然，感受吴文化的博大精深。岛上常年花果不断，一派田园风光，是农家乐的绝佳去处。春天探梅赏梅和采碧螺春，夏天采摘枇杷、杨梅，秋天尝太湖美食以及采摘橘子，冬天收获板栗和白果。

联票150元/人（含雕花楼、启园、紫金庵、陆巷古村、三山岛）。 公交车502路直达；吴中汽车站有往东山的中巴。

状元故里——陆巷：以明宰相王鏊故里惠和堂、宋户部尚书叶梦得故居宝俭堂和解元、会元、探花三牌坊而著称于世，被誉为“太湖第一古村落”。还可以游览不远处的江南第一楼——雕花楼，有各类雕刻3854幅，集砖、木、石、金雕刻艺术之大成。

太湖边的园林——启园：启园俗称“席家花园”，东山富商席启荪为纪念祖上席启寓曾在此迎候康熙皇帝所建。柳毅井、古杨梅树、康熙皇帝御码头为园内“三宝”。

西山寻古：由34个小岛构成的巨型的山水盆景，“山不高而清秀，水不深而辽阔”，这里有吴越争霸的兵场村，吴王夫差携西施赏月的明月湾，少林高僧海灯法师居住过的石公山，徐霞客发现的道教圣地天下第九洞天林屋洞，千年樟藤缠绕的罗汉寺，佛教圣地包山禅寺，纪念大禹治水的禹王庙以及缥缈村的雕花楼，东蔡村芥舟园等。

苏州乐园

糖果世界

太湖

陆巷

亲子酒店推荐

涵园国际俱乐部

这里提供特色潮粤菜、泰国菜、本帮菜、川菜和太湖土菜。包含国际游艇俱乐部、水上高尔夫、半山泳池、露天木屋SPA及红酒吧等功能。

吴中区金庭镇西山石公路9号。

太湖牛仔风情度假村

照美国西部小镇风格建造，整体上体现出一种粗犷、豪放的原生态风格。有别墅、标间、印第安帐篷、蒙古包、团体房、露营等多种住宿方式。

吴中区金庭镇西山岛消夏湾。

东山国宾馆

拥有400余套舒适典雅的客房，以及20多个洋溢着吴地文化的特色中、西餐厅。

吴中区东山镇启园路。

雕花楼宾馆

周围银杏林立，草木葱郁，环境幽雅。客房楼为别墅式仿古建筑，内装饰具有江南民间传统特色。

吴中区东山镇紫金路58号。

一家大小都爱吃的苏州美食推荐

作为八大菜系之一的苏州菜选料严谨，制作精细，更是因材施艺，四季有别，讲究不时不食。苏州人讲究吃，在苏州的大街小巷都能找到正宗苏州菜。

- **松鼠鳜鱼**

用的是新鲜太湖野生鳜鱼制成，鳜鱼改刀后洗净油炸，用新鲜番茄汁入味上色，入口咸鲜味浓郁，转而酸甜。

- **母油船鸭**

整只鸭子走油后，放入香菇、冬笋、猪肉丝等辅料，浇入苏州著名的母油在砂锅中煨制而成，原汁原味，香飘十里。菜的色面更是好看，酱红的鸭子，雪白的冬笋，粉红的猪肉，乌黑的香菇，碧绿的青菜。

- **响油鳝糊**

响油鳝糊看似是家常菜，其实大

松鼠鳜鱼

奥灶面

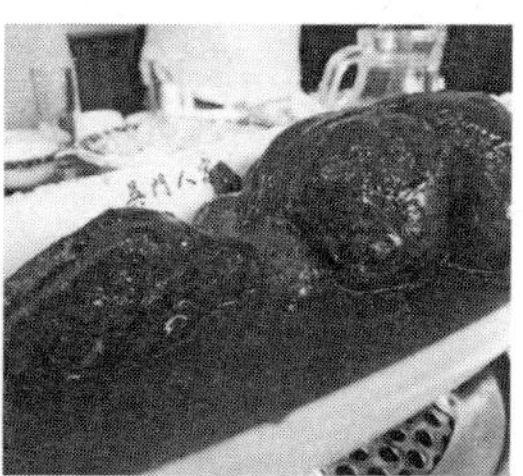
母油船鸭

太仓三鲜之河虾

藏书羊肉

有讲究。水烧开后，把活鳝下锅烫，烫到鳝鱼嘴巴微开，捞出来用骨头刀剔出鳝骨，切成2寸长的鳝段后下油锅煸炒，加上料后要煮3分钟，最关键的是最后上桌时浇滚烫热油，要听得到响声才算合格。

• **藏书羊肉**

穹窿山下的藏书镇的藏书羊肉最正宗，而且做法有白煮和红烧两种，用木桶锅煮出的羊肉才是最正宗的。推荐老庆泰羊肉馆。

• **太仓三鲜**

太仓可以同时品到海鲜、（长）江鲜、河鲜，这些让美食客们极度兴奋。每年的清明节前后，是到太仓品刀鱼、河豚、鲜虾等美食的最佳时机。

• **奥灶面**

奥灶面以红油爆鱼面和白汤卤鸭面最为著名，用青鱼的鱼鳞、鱼鳃、鱼肉、鱼的黏液煎煮提出，所以味道鲜美异常。其次在于浇头有考究，爆鱼一律用青鱼制作，卤鸭则以“昆山大麻鸭”用老汤烹煮，故肥而不腻。

交通

上海虹桥机场或者是南京禄口国际机场，转乘高铁40分钟抵达苏州站和苏州高铁北站。

全国各地均有抵达苏州的高速铁路，或者高铁至南京、上海有换乘。

携程、神州、一嗨租车在各大酒店、景区、机场附近均有提还车点。

• **特别推荐**

苏州漫游卡Suzhou Pass：“苏州漫游卡”是苏州市旅游局、苏州市民卡公司共同管理和发行的一张面向全国游客的旅游充值卡，可以给旅游者带来持续的支付便利及优惠。

拓展顺游

江南风光之旅：常熟—宜兴—南京（5日）

D1 抵达常熟市后，登常熟虞山、畅游尚湖亲子露营地。

D2 到沙家浜寻找红色足迹，休整后抵达宜兴。

D3 在宜兴游览宜兴竹海、陶瓷博物馆等后抵达南京。

D4 南京中山陵游览、吃鸭血粉丝汤，逛秦淮河。

D5 游览江苏省博物馆后，返程。

青岛

山海一色　亲子旅行欢乐地

亲子游达人　王玮玮

曾任山东知名新闻网站青岛站主编。儿子10岁，亲子旅行经历7年。现为猫扑网青岛站负责人，青岛文化创意网主编。

青岛亲子旅行记录仪

- 2005年　栈桥——八大关
- 2006年　青岛中山公园——八大关
- 2007年　崂山
- 2008年　青岛天主教堂
- 2009年　青岛滨海步行道——小青岛公园
- 2010年　青岛奥帆中心
- 2011年　小鱼山公园——五四广场
- 2012年　青岛海底世界——青岛极地海洋世界
- 2013年　太清宫——巨峰——仰口——红岛赶海园——薛家岛——琅琊台
- 2014年　海军博物馆——北九水——青岛鲁迅公园——石老人——青岛农业大学昆虫博物馆——青岛方特
- 2015年　青岛山炮台遗址公园——灵山岛风景区——青岛啤酒博物馆——即墨马山国家级自然保护区

妈妈的推荐理由

2005年，我到青岛工作并在此定居生活，因为自己爱旅行，有了儿子之后，便开始了亲子旅行。因为工作原因不能常去外地旅行，所以我们的旅行就从身边开始，从青岛的海滩开始。青岛，红瓦绿树，碧海蓝天。蔚蓝的大海，最美的海滩，儿子光着脚丫，玩玩沙子、玩玩水，抓个小螃蟹，逮条小鱼儿，怎么玩都不知疲倦。儿子1岁的时候，我们的家就住在海边，步行出门10分钟内就可以到达，儿子可以玩上一个下午的沙子，或者在海边捡小石头、小贝壳，对于孩子来说，沙子和水是最好的玩具，可以不食不眠一直玩。在海边玩要建议选择在下午3、4点后，日头不会那么晒，可以玩上一两小时。推荐第一海水浴场、第二海水浴场、第三海水浴场、石老人海水浴场、仰口海水浴场，都是不错的选择。

青岛的公园非常美，不仅是青岛市民周末的首选旅游地，也是外地游客喜欢来玩的地方。最美的就是中山公园，公园三面环山，南向大海，园内林木繁茂，是青岛市区植被景观最有特色的风景区。公园东傍太平山，山南麓的青岛植物园，近百种林木与公园的四时花木连为一体，树海茫茫，郁郁葱葱。园中最富特色的是从日本移植的2万株樱花，形成一条长近1千米的樱花长廊，每至花开季节，漫步其中仿佛置身于一个粉色的童话世界。每年4月中旬至5月上旬是最佳赏樱季节，但也是人山人海。青岛动物园分东西两个区域，门票是8.5元（两栖爬行馆另收费8元）。动物种类不算多但还较为全面，是一个中型动物园。

儿子在青岛这座美丽的滨海城市成长着，上学后开始对海洋、自然知识产生兴趣。海底世界是我们选择了解海洋的一个绝佳去处。它坐落于青岛市区南部海滨，是展示海底环境和海洋生物的主题场馆。

青岛有美丽的海滩、风景如画的崂山、花园般的城市，还有丰盛的海鲜美食。高铁、机场都非常便利，是一个值得带着孩子在此行走、深玩的城市。

最佳旅游季

3~10月，此时的青岛鲜花盛开、天气干爽、海鲜肥美。

特别推荐：在春暖花开或秋色宜人的时候，来青岛可选择乘坐双层巴士旅游。内饰很有海洋气息，二层视野更好。总站在火车站附近，线路从火车站沿海边一直开往崂山，沿线会经过青岛很多主要的景点，比如栈桥、八大关、极地海洋公园、石老人海水浴场等。

青岛亲子游方式推荐

青岛海滨　亲子度假

建议停留：1天　适合年龄：3~12岁

青岛海滨风景区是国家级风景名胜区，也是首批4A级国家旅游区。位于山东省青岛市市区南部沿海一线，西起团岛，东至大麦岛，全长25千米。包括了团岛湾、青岛湾、汇泉湾、太平湾、浮山湾等5个海湾。在美丽的海滨度假区记录着青岛悠久历史的栈桥、万国别墅区，还有风景迷人的海滨浴场，更有奥帆举办的场地。这里也是青岛文化、艺术、重大活动的举办地，每年的青岛国际啤酒节、海洋节等都大受人们欢迎。

栈桥观海：青岛栈桥有着一百多年的历史，以前是军事专用码头，现在已经是青岛旅游的代表性景点。栈

沿海的青岛，海滨游乐是不可少的亲子活动

春天，青岛的公园里繁花盛开

在青岛，可坐着渔航出海

奥帆中心

桥长400多米，为钢混结构。可站在栈桥顶端的双层飞檐八角亭阁——回澜阁中感受青岛海天一色的自然美景。

鲁迅公园：1950年为纪念鲁迅先生而得名，公园全长连绵2千米。公园的呐喊台、鲁迅自传碑、鲁迅诗廊造型，既古朴典雅，又具现代气息。

小青岛：小青岛在青岛湾内，与黄岛遥遥相对，是一个独立的小岛。岛上的一座洁白的锥形灯塔，是来往进出胶州湾的重要标志。

小鱼山公园：是青岛第一座古典风格的山头园林公园。公园内有18米高、三层六角、飞檐斗拱的览潮阁，是一处观景游玩的好地方。

五四广场：青岛的标志性雕塑“五月的风”就坐落在这里。五四广场南区的滨海公园，有着我国第一座海上百米喷泉。夜晚，灯光下的喷泉更为壮观。

奥林匹克帆船中心：这里是北京2008年奥运会青岛会场，帆船比赛的场地。青岛奥林匹克帆船中心在奥运比赛后，借助着天然优势，成为国际帆船赛事、帆船培训地。暑假时，这里是孩子们学习帆船的好地方。

奥林匹克帆船中心停满了各种各样的帆船和游艇，还有不少运动员在海面上训练。购买门票后，大人和孩子可以一起乘坐帆船，感觉仿佛回到了2008年奥运会。乘坐帆船需要穿上安全衣，防止落水。3岁以上的孩子都可以乘坐，但需要父母陪同。

亲子酒店推荐

CHINA公社文化艺酒店

青岛市南区闽江三路8号乙（近闽江路）。 园林商务房型：400元/天，房间30平方米；首脑系房型：650元/天，房间60平方米。 步行至奥林匹克帆船中心14分钟，青岛市内公交均可到达。

青岛威斯汀酒店

青岛市南区香港中路8号（香格里拉）。 威斯汀豪华客房：1100元左右/天，房间46~48平方米，大/双床；威斯汀单间套房：1500元左右/天（家庭亲子套餐）房间53~60平方米，大床。

八大关　寻找美丽花园

建议停留：1天　适合年龄：3~12岁

八大关景区是最能展现青岛“红瓦绿树、碧海蓝天”风光美景的地方。如今这里的别墅区已经变成了著名的风景疗养区。公园与庭院融合在一起，将这里装扮成了花的世界，春天韶关路碧桃盛开；夏天正阳关路紫薇花正茂；秋季居庸关路五角枫似金。带着孩子来这里度假，轻松自如。累了走进街边的别墅咖啡馆，孩子们在花园里玩耍，爸爸妈妈可以偷闲一段时光。

花石楼：1932年由一位俄罗斯人格拉西莫夫修建，为欧洲古城堡式风格，有古罗马式、哥特式建筑的遗风。后来花石楼成为接待中外贵宾的馆舍。

第二海水浴场：位于汇泉湾东侧的太平湾内，又称太平海水一场。每年的6~10月份，这里是海滨度假游客的最爱。住在八大关，带着孩子去海边游玩，是最好的选择。

青岛文化名人故居一条街：历史上诸多的学者、文人等在青岛的福山路和鱼山路居住过，世界红十字会青岛分会旧址（现为青岛市美术馆），康有为、束星北、童第周、陆侃如、冯婉君、周叔迦、熊希龄等历史文化名人的故居均在此。

宋家花园：原是一栋美式居室建筑，因为电视剧《宋庆龄和她的姐妹们》在这里取景拍摄，取名为“宋家花园”。可以带着孩子来这里，给他们讲述宋庆龄爱护少年儿童的故事。

中山公园：位于八大关不远处，是青岛最大的公园，如果在“五一”前后的20天来青岛，可以一路沿着樱花路，赏着漫天飞雪的樱花，徒步到中山公园。去享受芭迪熊餐厅的亲子时尚料理。通票：120元，当天不限次数；年卡：欢动卡399元（一人）；亲情卡599元（一成人一孩子）；家庭卡699元（一孩子和至少一名成人）。

在中山公园内可以乘坐太平山索道，在空中欣赏青岛美丽的景色。索道全长1100米，往返需要30分钟。索道是没有车厢型的，乘坐时一定要照顾好孩子，如果孩子太小就不要轻易尝试了。

青岛海底世界长知识

青岛海底世界位于青岛汇泉湾畔，包括了青岛水族馆、标本馆、淡水鱼馆等，被礁石环绕，形成山中有海的美景。青岛海底世界集观光旅游和海洋科普教育于一体，从神话般千姿百态的水母世界到摇摇摆摆可爱的企鹅、从游在头顶上的海底动物到新奇的人鲨共舞的海底音乐剧。带着孩子来这里参观，探寻神秘的海底世界的同时，从小就培养孩子保护海洋的意识。

梦幻水母宫：水母宫已经有86年历史。这里是青岛海洋世界的参观亮点。展示了海月水母、丝带水母、倒立水母、发水母、花笠水母、彩色水母等稀有的水母品种。并用高科技手段，通过灯光让透明的水母呈现出海底生活的奇异景象。

海洋馆表演大厅：青岛海底世界最大的一个展厅，右侧是海底世界最大的平面展窗。在这里孩子们欣赏到奇异的人鲨共舞的惊险场面、“美人鱼”如诗如幻的水中芭蕾表演。

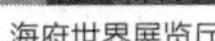

海府世界展览厅

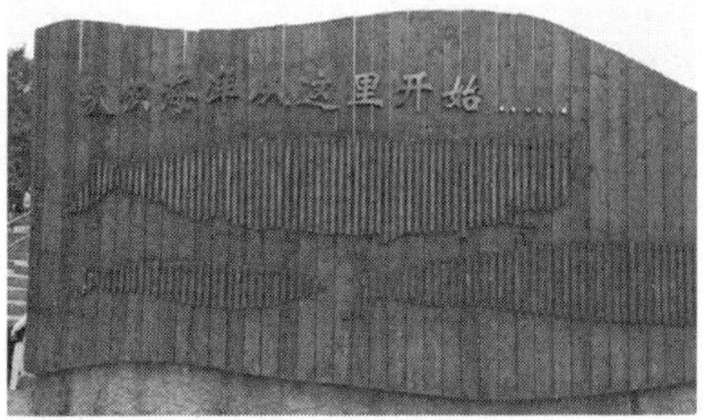

认识海洋从海底世界开始

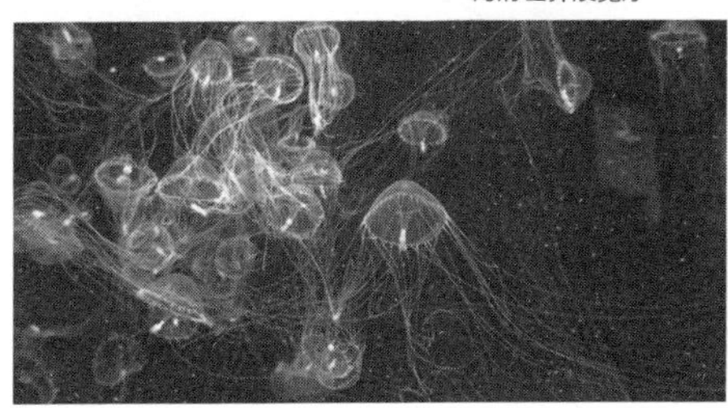

水母馆

青岛旅游观光巴士

海底隧道：海底隧道长86.2米，里面放养着上万种海洋生物，是欣赏海洋生物的最佳场所。各种鱼类在我们的头顶游过，像在欣赏空中自由翱翔的鸟。透过海底隧道的亚克力玻璃可以看到护士鲨、豹纹鲨、日本须鲨、黑鳍鲨、白鳍鲨珍稀动物。

🏠 青岛市莱阳路2号（第一海水浴场西侧，水族馆内）。 ⏲ 8：30～17：00 🎫 旺季130元/人、淡季110元/人。包含海底世界、海洋生物馆、淡水鱼馆、青岛水族馆（青岛梦幻水母宫）、海兽馆（不含海兽表演）。

1．1.2米以下儿童免费，但须有一名成年购票家属带领；1.2～1.5米儿童半价优惠。

2．60～69周岁（含69岁）的老人凭本人身份证或老年证半价优惠。

3．70周岁以上的老人凭本人老年证或相关证件，购买5元优惠券。

4．海兽馆内海兽表演现场单独售票，票价10元/人。

温馨提示

1．由于景区内的参观顺序是单向的，不能走回头路，建议先在门口了解好

海府世界的海报

表演场次，控制好参观停留时间，并提前赶到表演场地。

2. 尽量避开人潮高峰的节假日，尤其是青岛旅游旺季的暑期，景区内人山人海。

3. 景区内有快餐厅，但不建议在此用餐，景区外的莱阳路上有不少餐馆。

4. 海底世界东面毗邻著名的第一海水浴场，而北面紧邻小鱼山公园，西面紧邻鲁迅公园，都是市内热门的景点。

亲子酒店推荐

海洋大学学术交流中心（可以畅游漂亮的海大校园）

豪华家庭房600元左右/天，三人房650元左右/天。 市南区鱼山路5号海洋大学（近红岛路）。

圣地亚哥大酒店（右边为海军博物馆）

青岛市南区莱阳路19号（近鲁迅公园）。 400元左右/天。

登崂山　享农家生活

崂山被誉为海上道教仙山，建议到崂山找一个农家宴，住上一个晚上，看海上日出，或者登高望远，住宿和一日三餐价格约120元，可以选择在晚上入住，这样还可以省了进山的费用。吃上一顿特色的崂山农家宴，然后带着孩子去沙滩散步玩沙子，体验安静的海，吹凉爽的海风。第二天一早去华岩寺或者太清宫，如果够早的话还不用买门票的。

我们小时候和孩子都看过《崂山道士》这部动画片，对于崂山的认识可以从这里开始。崂山就位于青岛的崂山区，来青岛旅游建议花上两天的时间，带着孩子在崂山漫游。这里有九折水道的北九水；四面环山、极为壮观的华楼宫、清水翠松、海水澄碧的仰口。

崂山

清凉北九水：九水因水有九折而得名，以北九水疗养院“九水界桥”为界，分内、外九水。山清水秀之间，能够看到坝东如老僧打坐入定的定僧峰，飞虎眼下，涧水湍急涌入形似鸡爪的深潭，漫山皆松、山风徐来的松涛涧。

华楼山：位于崂山区北宅镇毕家村西，山上华楼宫，由道人刘志坚创建。宫北的碧落岩和宫西的翠屏岩相互呼应，更显华楼宫的伟岸，如一锦绣屏。宫前为南天门，东西南三面皆深壑，四面环山，极为壮观。

仰口：走进仰口，这里有“海上宫殿”太平宫、苍松间的关帝庙、丘处机咏崂山的白龙洞等。

登崂山

户外徒步

景区中的上苑山、将军崮、中心崮、二仙山等是山峰观景，海湾的景色一收眼底。仰口的沙滩沙质优良、海水澄碧，是理想的海水浴场。

太清宫：太清宫在崂山众多道教建筑中是历史最悠久、规模最大的，院内有银杏、紫薇、牡丹、耐冬等古树名花。太清宫周围还有丘处机的摩崖、拜斗台、连环洞、劈石洞、聚仙台和康有为题诗刻石等。太清宫的夜景特别美丽，带着孩子在宫门口望星看山将是最难忘的回忆。

亲子互动：崂山讲道

崂山是道教发祥地之一，沿路可以观赏到道教相关的景观，给孩子讲崂山道士的故事，让孩子了解更多的中国传统文化，了解做人的道理。

温馨提示

青岛的崂山道士是比较有名的，但是算命之类的还是免了吧！

亲子酒店推荐

微澜山居度假村

豪华山景套房：2000元左右/天；豪华山景客房：1800元左右/天。 崂山区仰口风景区左侧（仰口索道）。

海草房（民俗风格，只有4间客房）

崂山景区仰口景区内崂山旅游专用路泉心河河畔。 15853272627。

特色推荐：青岛舒适休闲的咖啡馆和书店

亲子游青岛要选择慢游，因为青岛有很多有文艺气息的咖啡厅。例如繁花·我们图书馆是咖啡和图书的融合，边看书边喝咖啡，旅途中给心灵充充电。而位于八大关的山姆的家咖啡馆由老别墅改建而成，坐在花园里享受着美好的下午茶，孩子们在这里畅快地玩耍，如果喜欢看海，在海边的Marina咖啡坞，停留在这里，享受吹着海风喝着咖啡，疲劳的身心都可以在这里放松。

繁花·我们图书馆

青岛市北区江苏路59号甲二楼（第六中学、圣保罗大教堂、市立医院）。 0532-82791712。 文艺类图书、咖啡等。

Marina 咖啡坞

青岛市南区银海大世界。 0532-85873616。 无敌海景、吹海风喝咖啡。

海边的猫和咖啡馆

青岛市南区福山支路15号院2层院内（近小鱼山）。 0532-82880850。

山姆的家

青岛市南区太平角三路3号（太平角公园）。 0532-83886885。 神秘花园、儿童摄影。

良友书坊

青岛市南区安徽路5号（原邮电博物馆东门）。 0532-82863900。 老上海风格、德国建筑、咖啡、慢递。

青岛别墅的咖啡馆

咖啡馆里四季鲜花不断

一家大小都爱吃的青岛美食推荐

海鲜推荐

• 肉末海参

是一道传统名菜，用肉末与海参搭配更增添了海参的鲜美。海参含有硫酸软骨素，有助于人体生长发育，能够延缓肌肉衰老，增强机体的免疫力。

• 原壳鲍鱼

以带壳鲜鲍鱼、偏口鱼肉、火腿肉、冬笋、熟青豆为原料的海鲜料理。肉质细嫩、味道鲜美，营养丰富。

• 辣炒蛤蜊

这一道美食是以蛤蜊为主料，也是青岛的一道家常菜。

• 蛎虾

学名鸡爪虾，甲壳很厚，表面粗糙不平。煮熟后虾的颜色暗黄，不鲜亮，但是味道很鲜美。

• 大虾烧白菜

青岛特色菜、家常菜，到青岛来必吃的一道菜。

• 崂山菇炖鸡

选用本地一年内的小公鸡，用高汤炖制而成。鸡肉入口鲜嫩，崂山菇爽滑，汤浓味鲜。

• 炸蛎黄

选取肉肥色青的牡蛎炸食，保留了原有的鲜味，油而不腻，香酥可口。

蛎虾

小吃推荐

• 石花菜凉粉

透明晶莹，加上蒜泥、香菜末儿、香油、醋、盐、味精等，是解暑佐酒佳肴。在夏天青岛的餐饮点随处可见。

• 鲅鱼饺子

以鲅鱼为馅儿料制成的水饺，味道鲜美、独具特色。到青岛必吃。

• 三鲜锅贴

青岛的三鲜锅贴“皮子”结得好，味香且不油腻。是家常、早点必吃的一道美味。

• 鸡汤馄饨

鸡汤馄饨是早点和消夜的一道美食。馄饨汤鲜味美，口味纯正，鸡肉香滑，加入香菜后口感更佳。

推荐餐厅

• 小皮酒店

老板是地道的青岛人，菜品不

石花菜凉粉

肉末海参

多，全是青岛地道的特色海鲜，每天进的海鲜定量，你要了，其他客人就没有口福了。

青岛市市南区黄县路与龙江路交界处。 人均30元。

• 博山菜馆

老板是山东淄博人，实在的山东人，经典的是传统鲁菜，酥锅、油条拌黄瓜、蒜瓣肉、风味茄子是特色。

青岛市宁夏路和新沂路交界处。 人均30元。

• 阳光西餐厅

西餐厅位于青岛一个比较高档的百货商场内，特色有当地的各类海鲜，孩子爱吃的薯条、比萨、烤肉、甜点、冰激凌，大人的啤酒、红酒都是不用额外付费的。吃饱了，还可以逛逛，遇到打折季节价格比较划算，三楼还有一个免费的儿童游乐场。

青岛市香港中路阳光百货二楼。 人均138元。

• 海蛋蛋

在青岛最美的海边，德式烤炉，烤出最好吃的烤海鲜、烤地瓜、烤土豆、烤火烧。

青岛市奥帆基地情人坝。 人均100元。

• 银海大世界

酒店房间可以看海。这里能吃到地道的青岛海鲜，炸油条和鸡汤豆腐都比较经典。最近这里新增广式的早茶，很正宗。

银海东港大酒店（东海东路银海大世界东端）。 人均80。

交通

到达交通

青岛流亭国际机场，离市中心约23千米，打车到市区费用约30元。机场1线终点到达海航万邦中心，末班车21：00，每隔半小时一班；机场2线终点火车站南广场，末班车2：20，期间每间隔一小时一班；机场3线，终点世纪文华酒店，末班车23：30。票价20元/人。

全国大部分地区均有火车抵达青岛。

青兰高速公路（G22）、青银高速公路（G20）、青新高速公路（G2011）、荣乌高速公路（G18）、沈海高速公路（G15）等。

青岛周边度假游：即墨—莱阳—栖霞—蓬莱—烟台—威海（5日）

D1 抵达即墨后，吃渔家饭、住渔家。

D2 休整后，次日前往莱阳的丁字湾滨海旅游度假区，晚上前往栖霞，住在栖霞。

D3 游牟氏庄园。

D4 烟台蓬莱阁或长山列岛国家地质公园等。

D5 前往刘公岛风景区游览，休整后从威海返程。

厦门

优雅城市　艺术海湾

亲子游达人　张林鹂

曾任凤凰卫视的栏目编导，央视《走遍中国》栏目特辑编导。现为（德国）联邦水上教育协会中国区理事，是全国连锁早教品牌——龙格亲子游泳俱乐部创始人。儿子4.5岁，亲子旅行经历4年。

厦门亲子旅行记录仪

2012年　日光岩——琴园——皓月园——钢琴博物馆——华侨博物院——胡里山炮台——海底世界——厦大校园

2013年　郑成功纪念馆——百鸟园——万国建筑博览——鼓浪屿音乐厅——五老峰——南普陀寺

2014年　鼓浪屿环岛路——厦门园林植物园——厦门博物馆

妈妈推荐理由

去过厦门的人都说，这是一个浪漫而又泛着文艺范儿的城市。这里的人们说着嗲嗲的台湾腔普通话，做什么都是慢条斯理的。无处不在的猫咪，最爱窝在角落慵懒地晒太阳；在海边的长椅上，有时是青葱的情侣，有时是垂暮的伉俪。古老的建筑散发着文化的气息，小资潮店在这座有故事的城里扎根……时光有时静止，有时跳跃。

这又是一个四季花开、气候宜人的城市。冬季的紫荆，初春的木棉，早夏的凤凰木，一年盛放的三角梅。人们往往流连在花簇里，忘却了时间，却记住了当下的自己。

这里是那么适合慢慢地走过，与你心爱的“小情人”。

我会选择厦门，是因为这是第一个让我去了就不想走的城市。看惯了北京的车水马龙，行色匆匆、满脸木讷的人流，猛然扎到厦门，顿时感觉眼前被擦亮了：干净的环境，慢条斯理的人。再配上满眼生机盎然的植物，散发着历史味道的建筑。使我躁动的心，一下就安静下来。

只想在这里，舒心地陪着身边

厦门城市干净，适合亲子旅行

厦门看海

一年四季盛放的三角梅

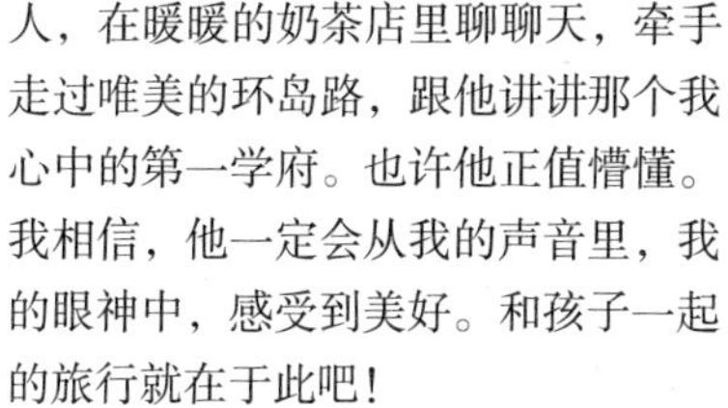

人，在暖暖的奶茶店里聊聊天，牵手走过唯美的环岛路，跟他讲讲那个我心中的第一学府。也许他正值懵懂。我相信，他一定会从我的声音里，我的眼神中，感受到美好。和孩子一起的旅行就在于此吧！

行前准备

厦门旅行三防：防晒、防暴饮暴食、防“快”

防晒：这里的阳光和这座城一样热情，所以来之前根据需要做好防晒准备。

小孩子的皮肤比较娇嫩，阳光过于强烈的时候，一定要做好防晒。防晒霜的选择，建议使用温和的知名品牌。

防暴饮暴食：厦门的小吃种类众多，其中以海鲜居多，由于儿童的肠胃比大人要敏感，因此一定要做好相应的防护措施。注意孩子饮食的同时，也要提前备好相应的药物，特别是食物过敏的孩子，家长更应该注意。

防“快”：所谓防“快”，是指在厦门旅行，一定要放慢心态，放慢脚步，不要求“速”，为了观赏景点而马不停蹄的旅行将会让你和宝宝的厦门之旅留下遗憾。悠闲、手工、小吃、邂逅一个人或者一只猫，这才是属于厦门的调调。

最佳旅游季

全年皆宜。12月～次年3月，旅游人相对较少，4月、5月和10月、11月气候舒适，6～10月虽然温度稍高，但是可以下海，比较适合喜欢戏水的孩子。

厦门亲子游方式推荐

亲水嬉戏　观音山

建议停留：1天　适合年龄：3～12岁

观音山海滨旅游项目是一个童话般的滨海游乐度假胜地，它坐落于厦门优美的东海域上，在长达3千米的黄金海岸线上建造了海西规模最大、档次最高的主题度假区。其中包含了水陆两大超级主题乐园、闽台特色商业街和沙滩娱乐等多个游乐项目。它与台湾、金门隔岸而望，与鼓浪屿东西呼应，是厦门旅游的一大必去的亲子场所。

这里柔软的沙滩和干净的海水很适合孩子游泳，平时在泳池里游泳的宝贝，也可以借此机会和家长享受在大自然的水中乐趣。除了海水天然浴

观音山海滨沙滩柔软

场，观音山临海而建的游乐场里也有亲子娱乐的泳池，拿上水枪，坐上水中滑梯，和孩子一同享受童趣吧！

这里不乏惊险刺激的大型水上游乐设备。如冲天回旋，又称水上跳楼机。它适合8岁以上的孩子，经教练检查过关后，可以使用。建议在父母的陪伴下比较安全。一家人可以在巨大的落差中感受刺激的瞬间。太空碗是让家长和孩子坐在特别设计的双人浮圈里，从15米高的站台下滑，通过一段长达40米的半透明管状滑道之后，高速冲入一个直径为15米的巨碗，在离心力的带动下在巨碗旋转后再冲入碗中间的洞口，滑到出口，绝对是与众不同的滑行感受。

对于小一点的宝宝和不喜欢刺激的孩子，疯狂树屋池是不同的选择。在这个专属孩子的游乐圈尽情玩耍吧，当屋顶的大木桶装满水时就会倾倒而下，让孩子享受如瀑布般的清凉。

亲子互动：沙滩沙雕

观音山沙雕文化公园很适合带孩子游玩，这里的沙雕体型庞大，雕制精美，可以让孩子感受到艺术气息和不一样的美景。同时，家长可以和孩子一起在沙滩上制作属于自己的沙雕，一同体验动手创作的乐趣。与平面的作画不同，沙雕不仅能培养孩子的创造力，还能提升孩子的立体感觉，作为家长，可能因为平时的忙碌很少和孩子共同完成某些事情，但观音山沙雕文化公园却给了家长与孩子共同创造美好的机会。

普通票价为50元/人，身高1.2米以下的儿童免票。 观音山距离市区有一定的距离，可以在市区乘公交车到达，每天都有去观音山的旅游大巴，游客可以选择乘坐大巴，比较方便快捷。带孩子的话自驾会更方便。

亲子酒店推荐

厦门凌波湾度假酒店

厦门观音山景区。 均价400元/天。（打开窗户就可以远眺金门）

户外扩展　万石植物园

建议停留：1天　适合年龄：4～12岁

万石植物园在厦门大学附近，游玩后可以选择在市区住宿休息。

在万石植物园游览，可以选择坐电瓶车也可以选择步行，这里植物种类众多，同时建筑巧妙，你可以带着孩子在这个被轻松气息和未知包围的植物王国，边玩边学边锻炼，让孩子的想象力和知识都无意间得到提升。这里不仅是植物的王国，也是孩子成长的乐园。

植物园围绕万石岩水库而建，园内山峦起伏，奇岩趣石遍布，摩崖石刻较多，自然景观和人文胜景兼备，行走其间更像是在一个江南园林里游览。可将其与厦门大学、南普陀寺串在一起游览。游览完后从植物园正门出去转两条街就是著名的中山路步行街，是厦门老城区的精华，可顺便在此闲逛并吃饭。

万石植物园萃集了厦门大小八景的“天界晓钟”“高读琴洞”“万石锁云”“中岩玉笏”“太平石笑”诸景点，且有百十余处摩崖石刻，你可以带孩子在这个别具艺术气息的园内边走边玩。

亲子互动：认识热带植物

植物园内依次安排了松杉园、玫瑰园、棕榈园、荫棚、引种植物区、药用植物园、大型仙人掌园、百花厅、兰花圃等20多个专类园和种植区，栽培了3000多种热带、亚热带植物，其中有被人称为“活化石”的水杉、银杏。有世界三大观赏树——中国金钱松、日本金松、南洋杉，以及名贵的仙人掌等奇花异木。

提前为孩子准备好关于植物的图片卡，一边参观一边和孩子一起准确寻找到图片中的植物。既可以增加孩子对热带植物的认知，也可以激发孩子参观的兴趣，父母也可以一起增长知识。

1.2米以下儿童可免费入园；门票：40元/人。 厦门市思明区虎园路25号。 可从市区坐公交车抵达。

亲子酒店推荐

无垠酒店hotel WIND

1212元/天。 隐于依山面海的厦门环岛干道，集合健身、水疗、瑜伽、创新美食、酒廊会所等功能。

校园漫步　厦门大学

建议停留：1天　适合年龄：3～12岁

厦门大学被誉为中国最美的大学之一，位于厦门思明南路，五老峰下。步入校园，穿行在老式建筑中，现代与历史感交错。厦门大学有着与众不同的美丽：环境之美，这里有着优美的校园环境，别具一格的校园布置，每一项用心的装饰都衬托着它的不同。建筑之美，厦门大学的建筑以实用为主，并没有多少现代化的建筑，更多的是跟环境融合起来的建筑群。人文之美，作为一个校园，它的文化塑造也是让人称赞的地方。厦门大学一边是海滨和胡里山炮台，一边是南普陀寺。带孩子游览厦门大学，感受书香氛围与历史底蕴，有机会可以带着孩子感受一下大学的学堂。这些一定会让孩子记忆深刻。

厦门大学群贤楼群

- **厦大标志建筑**

1. 上弦场和建南大礼堂：厦门大学上弦场和建南大礼堂是厦大的标志性建筑。校内楼房的命名也颇有讲究，如凌云、凌峰、映雪、囊萤、群贤、芙蓉等。

2. 大南校门：大南校门邻近南普陀寺，位于厦门大学大南片区，是1921年建校时的称呼。进大南校门后的马路是大南路，在大南校门附近还有教工宿舍楼群。厦门大学学子经常简称大南校门为“南校门”。

3. 鲁迅纪念馆：鲁迅纪念馆在厦门大学集美楼中，1926年09月04日至1927年01月16日，鲁迅在厦门便居住于此。厦大的师生为了纪念鲁迅，在1952年设立厦门大学鲁迅纪念室。该馆共有五室，主要通过照片，资料等形式介绍了鲁迅的一些生平。

4. 建南群楼：建南群楼是20世纪50年代初由陈嘉庚先生的女婿李光前先生捐资，陈嘉庚先生亲自督造的。其中包括五幢大楼，分别是建南大会堂、成义楼、诚智楼、南安楼、南光楼。整个楼群看起来十分大气，同时别具风韵。

厦门大学进校园需要身份验证，无需门票。 乘坐1路、1路空调、15路、21路、45路、751路、959路到厦大站下车。从机场打车前往厦门大学，车费约为50元。

亲子互动：制作明信片

在美丽的厦门大学校园散步，可以同孩子一起编写厦门大学的校园明信片，寄到亲朋好友手中。这可能是孩子第一次和他人远距离的感情交流。特别是在21世纪，在信息发达的地球村，以一种古老的方式交流，让孩子得到另一种体验。

亲子酒店推荐

海蓝拾光

厦门大学海景三房二厅：400~500元/天。 大学路（临近厦门大学）。

初·厦

Hello Amoy温馨的宜家风：400~450元/天。 市中心莲坂商圈。

Mino hostel-环岛路厦大海景民宿

梦游娃娃大床房：200~300元/天。 曾厝垵北路。

漫步休闲 中山路

建议停留：1天 适合年龄：3~12岁

中山路建于1925年，至今仍然活跃在厦门人的生活中。即使你不喜欢逛街购物，沿街遍布的闽南风格骑楼建筑以及各种厦门小吃、特色商店也会让你大开眼界。从厦门火车站坐1、3、21、48路等公交车在中华城站下步行即到，厦门公交车非常多，马路双向的公交站并不对称设置，相距较远。如果选择建议提前做一下功课。推荐晨昏时候去，早晨适合安安静静欣赏两边建筑，浓郁的南洋风情，此时人少光线好很适合拍照；傍晚整条大街人声鼎沸，是两边小吃店最火爆的时候，推荐黄则和花生汤、莲欢海蛎煎、大中沙茶面等。中山路尽头是厦门轮渡码头，可在此乘船去鼓浪屿。中山路边上的人和路有专门的一条台湾小吃街，正宗台湾味道，可顺道而去。

中山路步行街

在这样的老街中行走，你总会随时看见古老的欧式建筑和中式的小楼，带孩子来此感受时空的穿越，透过建筑讲述厦门背后的故事吧。

亲子互动：轮渡观光

同孩子一起坐着轮渡夜观厦门，吹着夜晚的海风，吃着海鲜，一定会为孩子留下难忘的一晚。在轮渡上向孩子讲解厦门的风景和历史文化，也会带来更深刻的记忆。

亲子酒店推荐

LE CHATON STUDIO 夏顿设计文艺公寓

1800元/天； 湖滨西路87号。

厦门画廊旅馆之故驿影像主题馆

子歌海景大床：1198元/天；若梦阳台套房：1198元/天；梅里特套房：1296元/天。 鼓新路56号

厦门第一高海景楼中楼（看鼓浪屿）

1000~1100元/天 厦禾路

以上酒店价格仅为参考，淡季酒店价格相对便宜。

特色推荐

环岛路

S形路段：环岛路是来厦门必游的地点，临海骑行的浪漫将会给一家人留下美好的回忆。环岛路分为几个路段，

其中S形路段是从演武路至白城段的环岛路，与岸同高，整条路长1.2千米，如“S”般蔓延，桥长超过1千米，卧龙于此，十分壮观。另外，鱼腹式的桥梁形成美丽的观海长廊，人们可以从不同角度、不同层次、不同侧面观赏海岸、沙滩、海浪等景色，带孩子来这一路段欣赏，绝对不留遗憾。

厦门大学至前埔段：这一段路是环岛路的精髓，长约9千米，称为黄金海岸线，是集旅游、观光、休闲和娱乐于一体的海滨绿色长廊。带着孩子在这段路上骑行，累了找家咖啡厅小歇，在午后倾洒的阳光下，呼吸自由的空气吧。

黄厝海边：矗立着一块大型标语牌“一国两制，统一中国”，带孩子在这段公路骑行，可以顺便了解一些治国的思想与文化（适合较大的孩子）。拍张照片，同孩子一起记录这段正在发生的历史。

步行环岛路：环岛路的游玩方式有很多，可以乘坐观光大巴，也可以骑车感受浪漫，如果想锻炼身体，步行环岛路也是一种不错的选择。带孩子游玩，步行也更合适一些，坐大巴虽然效率高，但无法让孩子亲近自然，同时，大巴内无法流动的空气，在流感四起的季节也容易让孩子生病。而比起骑自行车，步行更为放松，可快可慢，特别是清晨，带着孩子来到海边感受第一缕晨光，品尝海风淡淡的咸，活动身体，跑跑步或者散散步，都会是一个有意义的清晨。

亲子酒店推荐

曾厝垵海边小屋

300～400元/天。 环岛南路。

二白肉铺民宿

500元/天。 曾厝垵路222号。

环岛路海景别墅客栈

海景房：300～400元/天。 黄厝路。

一家大小都爱吃的厦门美食推荐

小吃

沙茶面：沙茶面是厦门著名的特色小吃之一。沙茶面的调料是用沙茶配上上等的虾酱，加上各式调料调制而成的，食用时将面条放入笊篱下开水锅烫熟，捞到碗里，随自己的口味加入猪肝、猪腰、大肠、鲜鱿鱼、豆腐干等辅料，再淋上沙茶酱，味道鲜美诱人。

海蛎煎：临海的厦门，海鲜成为

环岛路木栈道

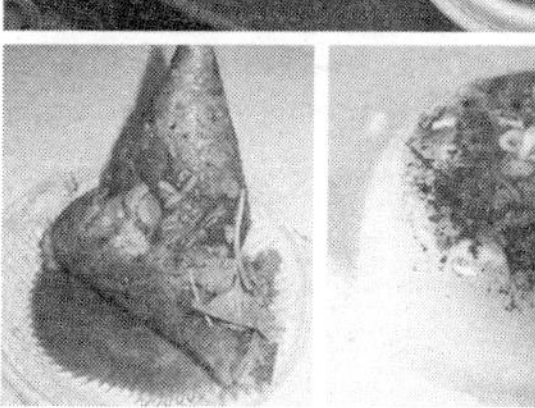

厦门各色小吃

餐桌上必不可少的美食，海蛎煎原料是牡蛎，也称之为海蛎子。厦门的牡蛎体积小，但肉粒均匀，味道鲜美。生食牡蛎也极其鲜美，经厦门人的一“煎”，又多了一份飘香，配上芥辣酱和辣椒酱，更为可口。

花生汤： 厦门的花生汤煮法极为考究，虽然用料简单，但是做工精细，花生要先开水浸泡去膜后，加水熬煮，煮熟后放糖。作为厦门的经典甜点，配上糯米糍、甜包等口味更佳。

烧肉粽： 烧肉粽在福建各地都有不少种类，有咸的、甜的等口味，但厦门的肉粽格外特殊。由于靠海的原因，厦门肉粽中还有虾米等海鲜为辅料。同时与北方吃粽加糖不同，厦门人食用粽子的配料是沙茶酱、蒜蓉、红辣酱等，肉粽经过烹烧，飘香四溢。趁热食用口感最佳，不然会大打折扣。

土笋冻： 土笋又叫作“星虫”，是一种环节动物。厦门人将其加工成冻品，然后配上酱油，辣椒酱、芥辣、海蜇、白萝卜丝、番茄片等食用，色香味俱佳，是来厦门必尝的小吃之一。

虾面： 虾面是福建特色小吃，如果在厦门行走，尝尝虾面是一个不错的选择。想象一下，喷香的面条，配上新鲜的大虾，绝对入口难忘。

水果

龙眼： 厦门盛产龙眼，曾为多个王朝的帝王提供贡品。厦门的龙眼核小，肉多。晒成龙眼干后泡水喝，也有极佳的保健功效。

番石榴： 番石榴有降血糖作用，对糖尿病患者有独特的功效；果实富含维生素C以及铁、钙、磷等矿物质，可以补充人体对维生素需求，对喝酒超量者具有解酒功能。作为南方沿海地区的特产，厦门的番石榴香甜可口，有着独特的口感和风味。

芒果： 同很多南方城市一样，厦门也是芒果的天堂，在这里芒果随处可见。厦门的芒果果肉饱满，含糖量高，口味令人称赞。同时，酷爱制作甜品的厦门人也将芒果很好地与甜品相融合，芒果糯米糍、芒果千层蛋糕等，都已经成了厦门各式甜品店的招牌。

最佳交通方式

- 厦门高崎国际机场到市区10千米左右，可乘机场大巴到达市区，10元/人。
- 在厦门旅游可以乘坐大巴穿梭于各个景点，方便实惠。
- 携程、金太阳、神州、一嗨租车在各大酒店、景区、机场附近均有提还车点。

厦门旅游圈旅游：厦门—曾厝垵—鼓浪屿—泉州—厦门（约5天）

D1 抵达厦门后，在中山路闲逛，住在沿海的酒店客栈中，享受悠闲时光。

D2 休整后，次日前往曾厝垵，有海、有沙滩、有老人的缝纫机，也有小资的咖啡壶

D3 鼓浪屿游玩1天，在鼓浪屿上有日光岩、郑成功纪念馆、鸟语林、钢琴码头等著名的旅游景点，在这里，你只需要和孩子一起放松心情，便可在自然间感受到这个城市所经历的风雨，以及其在风雨后形成的独特慢文化。

D4 去靠近厦门的泉州游玩，带孩子了解中国近代史的文化，感受不一样的氛围和气息。

D5 返回厦门，悠闲的在城里待上一天，休整身体，放松心情后结束愉快的厦门之旅。

成都

美食享生活　亲子慢游地

亲子游达人　徐志玲

大江网旅游频道总监，中国网络媒体江西游策划人。亲子旅游达人，女儿7岁，亲子旅行经历5年。

成都亲子旅行记录仪

2008年　成都4日旅游　熊猫馆——青城山——都江堰——武侯祠——杜甫草堂

2009年　成都休闲美食3日游　天府广场——金沙遗址——青羊宫——望江楼公园——春熙路

2011年　成都及周边7日度假　四川省博物馆——青城山——乐山——九寨沟——黄龙溪——平乐古镇

2013年　成都美食之旅　锦里——春熙路——南桥

2014年　成都购物之旅　春熙路——成都欢乐谷——狗狗乐园——文殊院

妈妈推荐的理由

成都在国人的心目中，是休闲、美食、慢城市的代表。上学的时候，我就喜欢成都，主要是因为美食，走在成都的小巷子里，享受着各种买了就能边走边吃的小吃。放肆地吃着、放开地喝着，这就是学生时光的任性。

有了孩子，也想带着她去看看我喜欢的城市，曾经留下青春记忆的地方。多次来到天府之国——成都，这里已经成为我们亲子旅游的重要目的地。真正开始认真地去了解成都，还是从亲子之旅开始。我开始做行前准备，大量阅读了关于成都的历史文化书籍，全面开拓知识面。我发现成都不仅是美食休闲之都，其文化底蕴深

成都有吃不完的美食

巷子里的咖啡馆

厚、历史悠长，是一个值得研究品味深玩的地方。

在游玩的过程中，我积累了成都旅游的不同玩法，包括了世界文化遗产之旅、熊猫之旅、美食之旅、文化之旅、购物之旅等。

成都是一座世界遗产城，都江堰和青城山是必须去的两处景观。都江堰以无坝引水为特征，一直沿用至今。来到这里，要仔细聆听导游讲解，了解都江堰治水的科学方法。和都江堰的水文景观不一样，同为世界文化遗产的青城山是以道教闻名天下，这里是全球道教的圣地。

青城山的自然风光非常适合度假休闲，其主峰高达千米，群山环绕、林木幽翠。山上名胜古迹、古人诗词众多，山下有舒适的度假酒店，不待上个两三日，都觉得可惜。

成都是一座熊猫之城，带着孩子一定要制定一趟主题为熊猫的旅程。到成都大熊猫繁育研究基地亲近大熊猫；住熊猫驿站主题文化的酒店；到宽窄巷子熊猫屋购买萌萌哒的熊猫周边商品。

成都是一座美食之城，几乎在所有的旅游景点周边都能找到让你口水直流的美食。你可以到锦里小吃一条街吃成都上百种小吃；到宽窄巷子里吃正宗的成都美食，在私家园子里享受安逸时光。

成都是一座文化之城，从杜甫草堂开始文化之旅，从蜀绣到变脸；在浣花溪公园的诗歌大道留下作品后，到四川省博物馆，可以深度了解巴蜀文化的历史。成都也是一个酒店业非常成熟的城市，很多优质的五星级、亲子主题酒店。带着孩子去成都吧！和孩子在成长中，一起学习、一起享受高品质亲子旅游慢时光！

温馨提示

成都的美食很多都是麻辣口味，特别是火锅。不适合孩子的肠胃，建议爸爸妈妈们适当给孩子吃。

成都亲子游方式推荐

成都大熊猫繁育研究基地亲近国宝

建议停留：4～5小时　适合年龄：3～12岁

成都大熊猫繁育研究基地位于成都北郊斧头山，距离城区10千米左右，有多趟公交车达到。造园手法模拟大熊猫野外生态环境，绿化覆盖率达96%，营造了适宜大熊猫及多种珍稀野生动物生息繁衍的生态环境。孩子们都特别喜欢憨态可掬的大熊猫，在这里能与国宝近距离接触，了解大

国宝大熊猫深受孩子们的喜爱

大熊猫馆内憨态可掬的大熊猫

各类珍稀植物

黑天鹅

散养的野生动物

锦鲤

熊猫的保护、繁衍和户外活动等。

大熊猫博物馆：这里常年圈养着80余只大熊猫，它们按家庭群居方式生活在一起。9~11月是观赏大熊猫最佳的时期，能在育幼室观赏到才出生的大熊猫，而且是它一生中极为难得的粉红色的样子。博物馆定期为孩子们设计了夏令营、家庭游、保护讲座等一系列保护教育活动，提前关注官方网站：http://www.panda.org.cn/china/的活动信息，便于参与。

珍稀动物：这里不仅只有大熊猫，还有小熊猫、孔雀、黑天鹅等珍稀保护动物。这些动物都是散养的，它们在景区里自由穿梭。孩子们看到这些动物难免紧张，父母要告知孩子它们都是友好的，不要尖叫、攻击动物，免得刺激动物。

亲子互动：天鹅湖喂鱼

在熊猫基地里的天鹅湖满池的锦鲤，湖上漫游的黑天鹅都是孩子们最喜欢的了。准备好食物，一家人围在湖边看锦鲤抢食好不兴奋。静静的黑天鹅也禁不住诱惑，喜欢靠近湖边和游人分享食物。

熊猫主题酒店

熊猫酒店用品

58元/人。成都市成华区外北三环熊猫大道1375号。全年开放7:30~18:00。距成都市中心10千米，市区乘坐公交至动物园站，在动物园站换乘公交车87路、198路至“熊猫基地站”下车即到。乘坐出租车到达大熊猫繁育基地，费用约60元。

世界物质文化遗产地都江堰

温馨提示

建议带着孩子逛熊猫馆时，聘请一位讲解员，他会给孩子更专业地讲解熊猫。价格是1~4人；50元每次，5~19人，每次100元；20人以上，每人5元计算。

都江堰的水从雪山而来

休闲度假 都江堰、青城山

建议停留：1~2天 适合年龄：2~12岁

都江堰：都江堰由鱼嘴分水堤，飞沙堰，宝瓶口三大主体和百丈堤，人字堤等附属工程构成，解决了江水自动分流、自动排沙、控制进水流量等问题，消除岷江水患，使成都平原变为“天府之国”。4~10月是都江堰和青城山最佳旅游时间。

90元/人。都江堰市公园路。冬季(12月1日~次年3月1日)：8:00~17:30，其他季节（3月2日~11月30日）：8:00~18:00。

青城山度假：夏季时都江堰比较热，可到都江堰附近的青城山度假，6~8月是青城山最理想的旅游季节，也是避暑的最佳去处。道教名山青城山，一年四季景色宜人。春季里，山间花香四溢；夏天，山间清泉潺潺，满山翠绿也让人心情舒畅；秋季，山间竹林深深；冬季，山间白雪皑皑，和孩子一起青城赏雪景、吃火锅，也是一件温馨的事情。

90元/人。成都市青城山镇。旺季（3月2日~11月30日）08:00~17:00；淡季（12月1日~次年3月1日）08:00~18:00。

翠映湖游船：翠映湖是青城后山上一片隐秘之地，烟雨朦胧中，湖水碧翠，景色优美。穿越此间狭长的湖区，近50米的行程，只能靠乘船而行。坐船看两岸奇异的山峦和竹林，

青城山喝茶休闲

青城山竹林茂密，空气清新

如入神话世界。到此，孩子们会变得非常兴奋，可以给孩子一个小相机，让他们记录下眼中的美景。

亲子酒店推荐

都江堰青城山途家斯维登度假别墅青城郡

都江堰大观镇高尔夫大街333号。

豪华双卧度假别墅1400元/天（房间111～148平方米）；豪华三卧度假别墅：2000元/天（房间158平方米）。

美食购物　宽窄巷子

建议停留：1天　适合年龄：3～12岁

宽窄巷子不仅是一条巷子，而且是成都市三大历史文化保护区之一，由宽巷子、窄巷子和井巷子三条平行排列的城市老式街道及其之间的四合院群落组成，拥有45个清末民初风格的四合院落、兼具艺术与文化底蕴的花园洋楼以及新建的宅院式精品酒店，既古典，又文艺。

井巷子：这里被定义成是成都人的新生活区。井巷子是以酒吧、甜品店、餐饮、创意时尚为主题的时尚动感娱乐区。每个周末这里都有创意市集。

宽巷子：这里有成都的原住民、老茶馆、老客栈，一切成都的老玩意都可以在这里找到。这里有不少精品酒店，住在这里可以听人摆龙门阵、赏蜀绣、看木偶戏。

窄巷子：窄巷子院落被黄金竹和攀爬植物包围着，很多古朴的院落已经改建成了时尚创意商品的购物中心。

推荐特色亲子购物店

- 熊猫屋（宽窄巷子店）

全球第一家熊猫主体屋，以熊猫为设计主题。纪念品的新颖度、时尚感和材质都非常优秀。　青羊区窄巷子20号。

- 花艺微课堂

成都最有调性的花店，可以欣赏来自世界各国的美丽花花，每周三公益花艺公开课。孩子和父母可以一起玩各种手艺、画画、喝下午茶。

宽窄巷子是成都城区的艺术时尚中心

购物市集

宽巷子的孩子

这里的美食也不少

亲子酒店推荐

成都钓鱼台精品酒店

青羊区宽巷子38号39号（近人民公园）B亚龙湾丽思卡尔顿酒店。 尊贵客房：2000元左右/天。

德门仁里精品客栈

青羊区宽巷子8号（近金河路）。 大床房：1000元左右/天。

追寻诗人足迹　杜甫草堂

建议停留：2~3小时　适合年龄：3~12岁

杜甫草堂坐落在浣花溪畔，是中国唐代大诗人杜甫的故居。杜甫草堂已成为成都的名片，得益于它深厚的文化底蕴。杜甫在这里，留下了不少精彩的千古绝句。“两只黄鹂鸣翠柳，一行白鹭上青天”，很多诗句幼儿园的孩子都能朗朗上口。

诗史堂读诗：诗史堂是杜甫草堂的主体建筑，这里记载着杜甫留下的1400多首诗歌，是一个诗歌文化的殿堂。中庭里的一尊杜甫的雕像，表现出一个骨瘦如柴，依然坚毅的诗人形象。在此可以培养孩子对中国古诗词的认知，一家人共同进入诗歌的海洋。

四川省成都市青羊区青华路37号。 60 /人。 夏季（5~10月）：8：00~18：30；冬季（11月~次年4月）：8：00~18：00。

Tips：

闭馆前20分钟停止售票

花径寻梦：花径是杜甫的旧居茅屋前的一条美丽的小径，今天的花径已经是一条被红墙、竹林围绕的幽静小路。这里既是杜甫草堂最佳摄影地，也是影视剧的最佳取景地。高圆圆、郑宇成主演的《好雨时节》就在此地取景。

巾帼浣花祠：浣花祠好似藏在杜甫草堂一样，是一座一厅两厢的独院，粉墙青瓦格外优雅。来到这里，除了在夏日赏荷外，一定要听这段“浣花夫人”任氏保卫成都的古老故事。你定会为中国女性智慧勇敢和爱家爱国的牺牲精神所打动。

亲子互动：草堂读诗

带着孩子来到杜甫草堂，爸爸妈妈提前准备好杜甫的诗歌。选择类似“好雨知时节，当春乃发生。随风潜入夜，润物细无声。野径云俱黑，江船火独明。晓看红湿处，花重锦官城。”这样朗朗上口的，一起朗诵。

亲子酒店推荐

仁和春天酒店（二环路边，吃、住、玩购物都十分方便）

青羊区二环路西二段19号（近仁和春天百货）。 豪华大床1200~2000元/天。

宽窄巷的酒店

杜甫草堂

亲子酒店推荐

奥汀花园酒店（花园洋房风格的酒店）

亲子大床房：250～500元/天起。

青羊区清江东路3号。

特色推荐：成都亲子体验地

- **蜀风雅韵剧院**

川剧变脸演出火爆的地方，除了看变脸，还有蜀风雅韵的表演，包括二胡、杖头木偶、手影戏、滚灯等川剧中的精彩表演。带着孩子购买演出和景区的联票最合适。

青羊区琴台路23号市文化公园内（近青羊宫，宽窄巷子）。 028-86061158。

- **东郊记忆**

在工厂旧址上修建的工业遗存保护和文化创意产业相结合的旅游景区。集合音乐、美术、戏剧、摄影等文化形态。漫步这里，特色创意店、咖啡馆和不定期的展览都值得一看。

成华区建设南路中段4号（近成都工业博物馆）。

- **春熙路步行街**

汇集了众多品牌专卖店和众多的中华老字号商场，以及众多“中华老字号”的成都名小吃，如钟水饺、赖汤圆、夫妻肺片、韩包子、龙抄手都聚集在春熙路上。

锦江区春熙路周边步行街区（近盐市口）。

一家大小都爱吃的成都小吃推荐

韩包子

最具特色的就是物美价廉，南虾包子、火腿包子、鲜肉包子等都是韩包子的代表。韩包子不仅是融合了天府之国的自然物产，还有韩家人不停钻研，认真制作美食的精神。

赖汤圆

赖汤圆是成都极负盛名的小吃，至今已经有100多年的历史。当年赖源鑫沿街兜售的这道小吃，已经是成都人、外地人、外国人到成都必吃的

杜甫草堂

川剧变脸

成都小吃

鸳鸯火锅

樟茶鸭

山间休闲

一道美食。要吃这道不烂皮、不露馅儿、不浑汤、不黏筷、不黏牙、不腻口的美食一定要到赖汤圆老店才算正宗。

龙抄手

在北方抄手被称为馄饨，成都的春熙路是品尝抄手最正宗的地方。龙抄手的原汤是用鸡、鸭、猪肉，经猛炖慢煨而成。为了使馅儿心细嫩，采用纯猪肉，加水制成水打馅儿。有清汤，红油、海味、炖鸡、酸辣、原汤等多种口味。

鸳鸯火锅

鸳鸯火锅是以传统毛肚火锅的红汤卤和宴席菊花火锅的清汤卤，两者合并改制而成的创新火锅。配有成都的各色鲜美肉食、蔬菜、豆制品涮熟后，蘸上香油等调料而食。

樟茶鸭

樟茶鸭是熏鸭的一种，用樟木和茶叶熏制成的特殊鸭肉，有着特殊的香味。口感松软，便于孩子食用。菜装盘上席也很漂亮，整鸭熏好后要先斩段后整形，复原于盘中。

最佳交通方式

到达交通

- 成都双流国际机场，距离二环约20千米，打车需要50多元。
- 成都站、成都东站、成都南站、成都西站均有到达全国各地的班次。抵达成都后换乘公交车、长途大巴都很便利。

拓展顺游

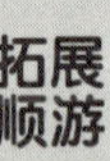

成都5日生态度假旅游：成都—雅安—眉山—乐山—九寨沟—成都

D1 在成都市游玩后，驱车1个多小时，抵达“雨城”雅安，在茶的诞生地蒙顶山品茶悠闲，到雅安大熊猫基地，看可爱的大熊猫。

D2 前往眉山，开启寻找苏东坡之旅，逛三苏祠、吃名菜东坡肉。晚上前往乐山。

D3 赏乐山大佛后，抵达峨眉山市，游览有峨眉天下秀的峨眉山。

D4 前往九寨沟，欣赏美景。

D5 取道成都返程。

三亚

魅力的海岛　最佳亲子度假地

亲子游达人　熊靓

曾任搜狐高级编辑、乐途旅游网总编室主任。女儿8岁，亲子旅行经历5年，亲子旅行去过十几个国家和城市。第一个在Facebook开设倡导亲子旅游专页的中国媒体人，现为互联网公司高管，《中国亲子游》主编。

三亚亲子旅行记录仪

2009年　海南环岛15天旅游（三亚3天）蜈支洲岛——亚龙湾蝴蝶谷——大小洞天——天涯海角——南山

2011年　三亚深度游5天4晚　鹿回头——呀诺达热带雨林——亚龙湾——西岛——亚龙湾蝴蝶谷

2014年

4月　亚龙湾国家旅游度假区

8月　三亚亚龙通用直升机——丽思卡尔顿“丽思”儿童课程——五指山——海棠湾——三亚千古情

12月　椰梦长廊——南田温泉——蜈支洲岛——海棠湾天房洲际度假酒店海底餐厅——三亚湾——第一市场

妈妈和宝宝的推荐理由

去海岛度假是女儿心中的梦想，梦里，她穿着花一般的比基尼在海边，和海浪赛跑；喝着早上从椰树上刚采下来的最新鲜的椰汁，和海龟玩耍；坐着海滩直升机从高空看海湾椰林，和蓝天做伴；带上氧气罩潜到热带鱼围绕的海底，和珊瑚问好。

行前，我对几个海岛出游热点目的地进行了对比，马尔代夫、巴厘岛、普吉岛、三亚4个岛屿备选。女儿和我一起写下了我们梦想中海岛旅游的4个条件，来决定出行目的地。

第一：品尝美味的海鲜和热带水果，最好是中餐、西餐都要有，最好可以在海边的餐厅里享受烛光晚餐

第二：住有大泳池的海景酒店，一边看海，一边在泳池里嬉戏。还能认识住店的小朋友，一起玩耍、一起画画……

第三：飞行时间不要太长，在3小时左右。落地后很方便能够租车进行自驾游。

第四：能够潜到海底看珊瑚和热带鱼，到热带雨林去探险，还可出海去打鱼。

根据4个条件，我们最后选择了

三亚，这里的海滩、美食、热带雨林、多民族文化和几十家酒店的亲子体验项目都是我们喜欢的。更重要的就是行程时间短，女儿不用受长途飞行之累。现在带着孩子去三亚享受阳光沙滩的度假生活，等孩子大了，带着他们的孩子，还有我们，一起享受温馨、有爱的家庭旅行。

此外，从旅行舒适度、安全性来看，三亚也是不二的选择。除了美景和美食外，在三亚湾、亚龙湾、海棠湾三个度假区里，有着40多个国际顶级度假酒店。包括喜来登、康莱德、万丽、威斯汀、天房洲际、希尔顿逸林以及香格里拉等，除了有奢华贴心的服务和完美的私家海滩，绝大多数酒店都精心安排了丰富多彩的亲子体验的项目和课程，包括泳池、水上游乐项目、绘画、手工制作、海洋动物乐园、热带植物课堂、亲手做面包等。

亚龙湾的金茂丽思卡尔顿的“丽思儿童”项目受到海内外家庭度假人群的欢迎，是学习课程和游乐完美的结合。入住酒店后，每个孩子都会有一本儿童护照，拿着护照可以到酒店里的马丁伯伯的花园里和大海龟一起玩耍、还可以在外教的陪伴下体验网球、排球等课程。

以奇幻的海底餐厅闻名的海棠湾天房洲际度假酒店，各种鱼和海龟从头顶、座位边缓缓游过，如童话般的世界。在这里品尝着美食，绝对是一次难忘的经历。由于太火爆，虽然只针对入住的客人开放，也需要提前24小时预订。

同样也在海棠湾，香格里拉度假酒店是2014年新开业的，汲取各家酒店亲子项目的长处，亲子课程、探险乐园和水上乐园都设计得更人性化，并且安全员随时就在左右。

行前准备

海岛旅行三防：防晒、防蚊虫、防水。

防晒

防晒三样宝——太阳镜、遮阳帽和防晒霜是必带品。

防蚊虫

最有效的办法是在皮肤裸露的部分喷上防蚊水，特别是在热带雨林游玩中，每隔2小时就需要补喷一次。

选购小贴士

A儿童太阳镜：可选品牌很多，包括迪卡侬、Babyzan、Prosun 等，价格都在100元左右。建议购买台湾生

丽思儿童课程，外教授课

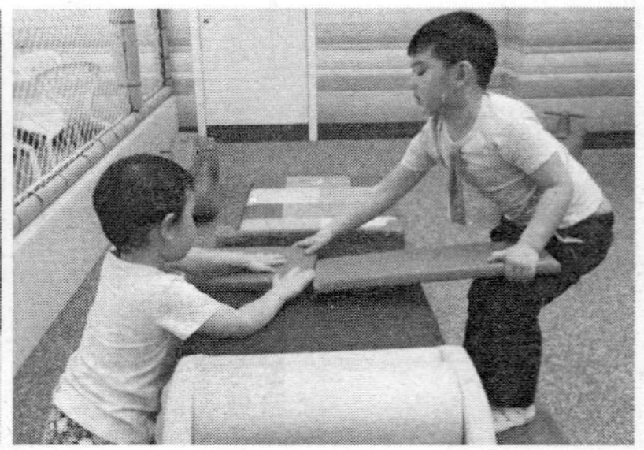

酒店的儿童游乐园

产的镜片，遮光效果更好；眼镜腿选有弹性的，戴在脸上比较舒服。

B遮阳帽：选择面更广、品牌也多。三亚海风比较大，选择头围适度的帽子最佳。最好选全棉、浅色、宽沿的帽子，既舒适，又吸汗防晒。

C防晒霜：选择物理防晒霜或者非化学防晒霜，使用前给孩子做皮肤测试，涂上一点，看下是否有过敏反应，然后再使用。Coppertone、Ultrasun、曼秀雷敦等品牌SPF50都可以，在出门前15分钟涂抹效果最佳。

D防蚊虫：比较小的宝宝建议使用婴儿驱蚊贴，没有异味和刺激感。日本和光堂效果不错。5岁以上就可以的使用驱蚊手环或者是防蚊水了，市面上的产品效果都不错，购买时要注意生产日期和限制使用日期，避免使用失效产品。

防水

如果酒店和景区提示因天气原因不能下海，切勿随意带着孩子下海。所有的水上项目，都得在父母或教练的保护下完成，发生溺水险情也能及时处理。在潜水中容易遇到被珊瑚割伤，教练都会进行紧急处理，切记不可单独野潜。

最佳旅游季 11月～次年2月

三亚亲子游方式推荐

亲水嬉戏 蜈支洲

建议停留：1天 适合年龄：3~12岁

在三亚市北部的海棠湾内，蜈支洲是一个像蝴蝶一样的小岛。这里气候宜人、植被丰富，但是更有魅力的是潜水、摩托艇、滑水、水上自行车和海边露营等项目，能从日出玩到日落。

如果住在海棠湾，开车不出20分钟就能抵达蜈支洲岛的游客中心，需要购买船票，坐船20分钟就可以抵达蜈支洲。海棠湾风浪比较大，人容易晕船，带孩子坐船时，要坐在通风好的地方。船顶风景很好，可以欣赏海棠湾的美景，一定要听从安全员的指挥，不要让孩子坐在靠船边的位置。

潜水：堡礁潜水适合8岁以上、会游泳的孩子，在父母的陪伴下潜到水下3～6米，能够看到珊瑚、海星和热带小鱼。学龄前的孩子可以乘坐半潜观光船参观海底世界，也是一次奇异之旅。

动感飞艇：8岁以上的孩子，经过教练检查过关后，可以乘坐动感飞艇，在父母的陪伴下比较安全。过程中，教练还会教孩子关于海洋的知识。

水上自行车：无法玩太刺激项目

安全提示

蜈支洲岛

动感飞艇

的孩子，可以玩水上自行车，在浅滩骑行安全舒适。和孩子一起欣赏大海的美景和看海中嬉戏的人群，享受休闲的海岛度假生活。

篝火露营：如果在岛上过夜，选择在海边上扎营是非常有趣的事儿，经常有篝火烧烤晚会，可以找到很多一起玩的同伴。孩子可参与其中，搭帐篷、交朋友。

亲子互动：沙滩沙雕

蜈支洲的沙滩沙质白细，干净，是宝宝们发挥创造力和想象力的乐园。父母要和孩子一起拿着挖沙铲，一起搭一座城堡、一棵大树，一起动手完成一幅沙雕作品。拍下共同完成的作品，给亲子旅程留下幸福的记忆。

普通票价为168元（根据体验的项目，可以购买套票，比较省钱），身高1.2米以下的儿童免门票船票。 蜈支洲岛位于三亚市北部的海棠湾内，距三亚市中心30千米、三亚凤凰国际机场38千米。三亚各地均有直达车、船到达蜈支洲岛。

亲子酒店推荐

三亚蜈支洲岛度假中心

三亚市海棠湾镇蜈支洲岛。 海韵木楼房：1000~1500元/天（含蜈支洲岛门票）；临海木楼房：2000元起/天。 1. 每天9:00、13:00有穿梭于大东海南中国酒店到蜈支洲岛的免费巴士，需要提前预订，需40分钟到达蜈支洲码头。返程从蜈支洲到南中国酒店的时间是12:00、16:00。2. 市区28路公交车直达蜈支洲岛码头。30分钟一班次，全程60分钟，票价12元。

户外探险　呀诺达

建议停留：1~2天　适合年龄：4~12岁

在呀诺达景区游览中，通过互动的方式，在快乐和游戏中，孩子能够对奇异的热带雨林生态和动植物产生浓厚的兴趣。笔者将景区划分为探险、采摘、海洋，可以根据孩子的年龄进行选择性深度体验。

探险：包括雨林山谷、经石峡、啪鲁迪野外拓训、梦幻谷等，坐着游览车在景区里穿梭，两边的高耸的旅人蕉和陡峭的岩壁，仿佛在奇幻世界里探险。爸爸可以和孩子一起分享探险故事和经历，还可以加入探险游戏，举行比赛。

采摘：亲达达养生庄园、呀呀呀热带果乡等是硕果累累、充满了收获的气氛。大孩子可以从提示牌上认识许多从未见过的热带植物和水果；小一点的可以边玩边游戏，如数数或是分辨颜色的游戏。

海洋：景区的里的水族馆虽然不大，但是热带雨林物种丰富，包括美

蜈支洲岛

呀诺达的民族风

人鱼、海象鱼、食人鲳、龙鱼、花罗汉等2000多种热带淡水鱼。可以和孩子一起比比谁认识的热带鱼多，一起用照相机拍摄海洋动物。

亲子互动：认识热带植物

提前为孩子准备好热带雨林植物的图片卡，一边参观一边和孩子一起准确寻找到图片中的热带植物。既可以增加孩子对热带植物的认知，也可以激发孩子参观的兴趣，父母还可以一起增长知识。

1．1.2米以下儿童可免费入园；1.2～1.4米儿童购优惠门票58元/人，游览车票40元/人；

2．1.4米以上的正常购票。

A站8：30三亚明珠广场发车，16：00从景区返回；

B站9：00大东海银泰酒店发车，16：00从景区返回；

C站8：10～09：00三亚湾区域发车16：00从景区返回；

D站9：30～10：00亚龙湾区域发车16：00从景区返回。

（景区不接待自己驾车去的客人或打出租车去的客人，游客均需提前预订。）

亲子酒店推荐

呀诺达雨林一号度假酒店

三亚市呀诺达雨林文化旅游区（雨林谷内）。豪华大床房：880～980元/天；豪华套房：1700～2000元/天（房间80～100平方米）。

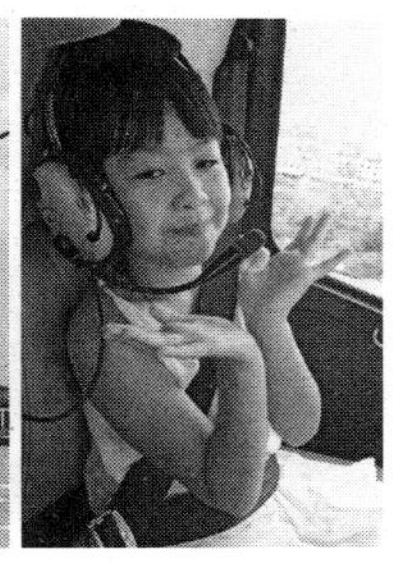

海滨度假　亚龙湾

建议停留：2～3天　适合年龄：3～12岁

亚龙湾国家旅游度假区是我国唯一具有热带风情的国家级旅游度假区。这里五星级酒店林立，几乎所有的酒店都有亲子泳池、亲子嬉戏乐园等亲子设施。推荐可以带着孩子去的地方，就近选择酒店。

热带天堂森林公园：在景区的高处能够看到亚龙湾的全景，而孩子们最喜欢的还是在公园里的吊桥上晃晃悠悠地行走，也喜欢住在野奢的鸟巢酒店与星星相伴，更喜欢在热带雨林里嬉戏追逐。

175元/人，1.2米以下免票，1.2～1.4米儿童票115元/人。三亚市内分别选择乘坐15路、24路、25路、27路等公交车抵达。

亚龙湾直升机：坐着直升机在三亚上空翱翔，伴着蓝天看着海湾，15分钟每人1500元的价格不菲，但会给全家都留下最难忘的体验和回忆。乘机前，三亚唯一一家直升机服务公司，亚龙通航的飞行员给孩子们进行安全培训，父母一起听，可以一起增长航空安全知识。

1500元/人起。三亚市内乘坐泰和公交车（新国线）每隔30分钟一班和新国线双层露天观光巴士抵达。

亲子互动：制作贝壳画

在亚龙湾，一定要和孩子一起制作一幅贝壳画，在沙滩上捡的大大小小的贝壳，粘在木板上，可以在贝壳上画上喜欢的颜色，帆船、海岛、椰树和热带鱼等都是贝壳画的最好元素。

亚龙湾人间天堂鸟巢度假村

亲子酒店推荐

亚龙湾人间天堂鸟巢度假村

亚龙湾国家旅游度假区森林公园。普通大床别墅：1200~1500元/天；奢华大床、双床别墅：2500~15000元/天。

亚龙湾丽思卡尔顿酒店

亚龙湾国家旅游度假区（推荐酒店亲子马丁伯伯的花园，可以和海龟一起玩耍）。园林房：2000~3000元/天；海景房：3500~5000元/天。

三亚凯莱仙人掌度假酒店

亚龙湾国家旅游度假区对面。景观房：600~1200元/天；家庭联通房：1000~2000元/天。

购物休闲　海棠湾

建议停留：2~3天　适合年龄：3~12岁

海棠湾距三亚市区28千米，与亚龙湾、大东海湾、三亚湾、崖州湾并列三亚五大名湾。由于开发较晚，湾内安静清幽，度假酒店设施更全。聚集了喜来登、康莱德、万丽、威斯汀、洲际、希尔顿逸林、凯宾斯基、香格里拉等14家国际豪华度假酒店。这里新开业的全亚洲最大的免税商店，绝对是度假购物的最佳去处。

海棠湾天房洲际度假酒店：位于酒店B2的国内首家海底餐厅特色海鲜牛扒餐厅，大受游客喜爱。在浪漫的氛围中，一家人享受新捞海鲜的扒烤，或耐人回味的日式铁板烧，佐以上等美酒，享用美食之余，在鱼群漫游的隧道中旁观目不暇接的海洋妙不可言。

0898-88658888。500元。

三亚海棠湾国际购物中心：是三亚旅游新地标，7万多平方米的购物中心名牌荟萃，美容和个人护理部分品牌有香奈尔（CHANEL）、碧欧泉（Biotherm）、兰蔻（Lancome）、SK-II、希思黎（Sisley）等，非常齐全。钟表珠宝、时尚服装、童装玩具等也是大牌云集。

海棠湾海棠路。

温馨提示

现场提货，凭当日机票到机场退税。机场提货，凭小票到机场免税店专柜提货。

亲子互动：海边看星

只要是天气晴朗，在三亚的海边，和孩子一起看星星，是最佳好的亲子互动方式。一起对着星座图研究

免税店购物价格优惠

三亚海棠湾民生威斯汀酒店的户外晚宴

三亚海洋大排档

勾勒出每一个星座的形状，有条件带上望远镜，美丽的星座就能呈现在你的眼前。

亲子酒店推荐

（每家酒店都有可爱的卡通人物，并为小朋友们举行欢迎仪式。）

三亚海棠湾民生威斯汀度假酒店（酒店的室外游泳池从大堂延伸到海边，是三亚酒店里最大的室外泳池）

🏠 海棠湾，与三亚海棠湾国际购物中心相邻。 💴 海景房：1200～2000元/天。泳池房：2000元/天起。

三亚海棠湾天房洲际度假酒店（海底餐厅就在这里）

🏠 海棠湾。 💴 海景房：1500～5000元/天。海景家庭别墅：6000元/天起。

三亚海棠湾香格里拉度假酒店

🏠 海棠湾。 💴 海景房：800元/天起。家庭海景房：1500元/天。

以上酒店价格仅为参考，三亚为热点度假区，淡季酒店价格相对便宜。

一家大小都爱吃的三亚美食推荐

小吃

港门抱罗粉：最早就是渔民做出来的，细嫩的粉条配上新鲜海鱼做成的鱼饼片，加上花生、炸虾皮、豆芽、腌制好的酸菜或者白花菜，加上用猪大骨和海白螺熬成的高汤，再撒上胡椒粉和葱花，让人垂涎欲滴。

清补凉：这道用红豆、绿豆、薏米、空心粉、椰肉等十几种材料和新鲜的椰汁制作而成的美味小吃，是到三亚旅游必吃的一道美味。烈日炎炎下，躲在椰树上来一碗清补凉，沁人心脾。

椰子饭：是结合海南糯米和椰子两大优势的美食，融合了糯米的黏、椰肉的甜、鸡肉的香，这道农家家常菜已经成了三亚名菜，带着劳动人民智慧的结晶，成为各大宴会上的一道必上美食。

天房洲际的海底餐厅大受欢迎

抱罗粉

椰子饭

三亚美食

水果

椰子：听三亚人说，早上从树上刚采下来的椰子是最好吃的，专业人士能在一分钟以内将坚硬的椰子打开。躺在沙滩上喝着椰子看着海，是三亚度假的标准姿势。喝完椰子后，取出椰肉后制成椰浆配上蜂蜜，是绝对的美味。

芒果：三亚四季都可吃芒果，遍地都是芒果园。如果在三亚待一周，每天换一种口味的芒果都吃不过来。到果园里采芒果、吃农家饭是孩子们最喜欢的项目。芒果鲜榨果汁、炒芒果冰都很好吃。

特色推荐：热带市集

第一市场：位于三亚市内，乘坐2路，8路等公交车都能直达。这里有无数说不上的名字的海鱼、海虾、贝类。很多外地人都喜欢来这里亲自购买海鲜，然后找餐厅加工品尝海鲜盛宴。笔者推荐第一市场的泽香海鲜，这里的大姐会带着你去亲自购买，而且价格便宜，绝无宰客，人均在100元左右。

鸿港市场：这里是热带水果的盛宴，离第一市场不远，在三亚市区的胜利路附近。各种时令的水果堆满了市场，芒果、释迦、榴莲、牛油果、椰子、仙人果等，价格都很实惠。带着孩子一起来，是一堂最好的热带水果体验课。

最佳交通方式

到达交通

三亚凤凰国际机场，距离市区大约15千米，有往返大东海广场的大巴，票价15元左右，打车到市区费用约30元。

海南岛环岛线路可往返海口三亚，每1小时一趟。

市内交通

携程、金太阳、神州、一嗨租车在各大酒店、景区、机场附近均有提还车点。

拓展顺游

大三亚旅游圈旅游：五指山—万宁—东方—保亭—陵水—乐东（约5天）

D1 抵达五指山市后，住在热带雨林中住五指山亚泰独家酒店的山间别墅、徒步到昌化江的源头。

D2 休整后，次日前往万宁的兴隆热带植物园参观1天，晚上保亭，住在呀诺达雨林酒店。

D3 第三天游玩呀诺达雨林文化旅游区。

D4 第四天游陵水的分界洲岛和吊罗山国家森林公园。

D5 第五天前往乐东的尖峰岭，游览天池。休整后从三亚返程。

香港

时尚之都　亲子游乐园

亲子游达人　高菲、彭东

80后夫妻，热爱满世界转悠，2012年有了亲爱的果果。之后开始三口之家继续踏足美丽地球的脚步，宝贝7个月大的时候跟着我们去了北戴河，满一岁后跟着我们把自己的小脚印陆续留在广州、普吉岛、中国台湾、柬埔寨、清迈、中国香港和澳门地区，旅途仍在继续。我们热爱旅行，我们热爱带孩子旅行。

香港亲子旅行记录仪

我们带着宝贝一共去了三次香港，每次侧重不同第一次是去普吉路过，只是简单扫街和购物，再加上果果那时候只有13个月，基本还处于在背带中四处奔波什么也不明白的阶段。

第二次是住在中环惠灵顿街，结结实实地感受了老香港的魅力，也把附近的美食几乎尝了个遍，而果果小朋友就跟随我们一起，品尝美食，感受传统，并去了海洋公园。

第三次是在果果2岁生日前夕，专程去迪士尼乐园，共享亲子时光。

妈妈和爸爸的推荐理由

从广州东站直达香港红磡的火车历时2小时，每天有很多班，票也很好买，而且可以直接抵达九龙中心；或者也可以选择开车1小时去到深圳，再过关口，不过到了香港还需要再转乘大巴去到市中心，因此还是火车更方便，宝宝也可以选择在火车上睡觉补充体力。

从国内其他城市过去的时间也不算长，孩子完全可以接受，可以为年纪稍微小一点的宝宝选择他们可以睡觉的航班，这样他们不会觉得飞行过程无聊。目前，从国内到香港的航班经常有各种折扣，费用也挺便宜的。

香港可以称得上是美食天堂，除了香港特色的各种肠粉和点心，美食种类可谓丰富多彩，完全可以为小朋

香港夜景

友找到合适的口味。而且还有很多甜品店，应该是小朋友的最爱。此外，丰富的水果种类也让爱吃的大小朋友都开心到停不下来。

大部分带小朋友去香港，或者说是第一次带小朋友去香港的都会去海洋公园和迪士尼乐园，这两个地方非常适合小朋友，可以说是所有小朋友的最爱啦，我们去迪士尼是果果马上2岁的时候，已经可以玩得很开心了。回来之后也经常会念叨，旋转木马、小飞象、小小世界这些地方，小小的脑袋里已经有了关于旅行最初的美好记忆了。迪士尼乐园和海洋公园除了适合小朋友之外，跟小朋友一起沉浸在他们的世界里的大人们也会玩得很开心，花车巡演，海洋动物表演，是不是能让你也仿佛回到了童年呢。

除了这两个地方，香港还有其他一些适合小朋友玩耍的地方，比如在维多利亚港看海，乘坐天星小轮，感受大海的神秘与壮阔；还可以与稍微大一些的孩子一起参观香港科学馆，动手操作；还可以抛开城市的繁忙，在离岛住上几天，完全享受亲子时光。

几乎所有去香港的人都多少有点奔着购物去的，商品琳琅满目，应有尽有，不过由于商品太丰富，可能需要提前计划一下自己的购物清单，避免冲动消费，买回一些不需要的东西。

行前准备

衣物

香港室内一年四季的空调温度都开得非常低，建议给宝宝带件披风衣或空调衫之类的，避免温差太大而感冒。

常备药物

如果带小一点的宝宝出门，需要带的东西不少，退烧贴药，耳温枪都是必备，对于更小一点的宝宝，还可以用矿泉水装一点米或带一点面条，再带一个小的电煮锅（淘宝有售），这样小宝宝就不愁吃啦。

提前订票

香港的交通卡以及公园的门票建议从网上提前购买，比去现场买便宜而且还节省很多排队等待的时间。

铛铛车慎选

香港的铛铛车虽然很有特点，但是没有空调，且行驶极为缓慢，夏天人多的时候绝对不是个好的体验，带着宝宝还是建议不要坐了。

最佳旅游季

香港的夏天温度太高，室内等场所又开着温度极低的空调，不太适合旅游。冬天虽然温度不太低，但是室内没有暖气，而且阴冷潮湿，也不建议出行。虽然圣诞会有很多折扣，不过那时候会人多，带着宝宝的话还是不要凑热闹了。此外，还有一点要提醒的就是南方的3~4月梅雨天每天下雨，衣服很难干，要多带些换洗衣服。如此看来，秋天是最适合的旅行季节。

香港亲子游方式推荐

主题公园乐翻天　海洋公园

建议停留：1天　适合年龄：3岁以上

香港海洋公园地处香港岛南面，占地面积91.5万平方米。海洋公园于

1977年开幕，是一所为游客提供海洋主题景点和游戏的主题公园，曾获得“全球50大最多游客到访的景点”和“全球最佳主题公园”等称号。公园为非营利机构，致力于提供娱乐、教育、保育等多重体验。海洋公园依山傍水，分为高峰乐园和海滨乐园两大区域。在海洋公园，孩子在游玩公园的同时，还能亲近自然、学习海洋知识。在海洋公园，除了有育婴室、婴儿车租用等便民服务，还有多家餐厅可供选择，是带孩子到香港亲子旅游的绝佳去处。

海洋公园具有丰富的游乐设施，但是这些比较适合大孩子甚至是大人，对于年龄小一点的宝宝来说，也就是看看海洋动物和动物表演，海洋动物主要是企鹅、海豹、海狮，场地都不大，值得一提的是动物表演，仅1.5岁的小宝宝都可以看得津津有味，很有趣，稍大一点的宝宝应该能玩得更尽兴，但总的来说不如迪士尼适合小宝宝。另外，海洋公园人很多，我觉得可能大家都是奔着那些游乐设施去的，如果要去要早点去，还需要提前买好门票，门口也会排很长的队。

海洋公园内餐厅很多，但是每一家餐厅人都比较多，建议避开高峰，灵活安排时间，或提前预订。

成人票345港币/人、11岁以下小童票173港币/人。3岁以下，65岁以上免费。 跨境巴士：深圳湾及深圳机场均有跨境巴士直达海洋公园；城巴：629专线由金钟站（10分钟一班）或中环天星码头（20~60分钟一班）开出可达海洋公园，另629A直达铜锣湾和中环。

香港迪士尼乐园

建议停留：1~2天，住在迪士尼酒店

适合年龄：2岁以上

香港迪士尼乐园是全球第五座，亚洲第二座迪士尼乐园，位于香港新界的大屿山，几乎每个来香港游玩的人都会选择这里，无论是带上小朋友的亲子游，还是大朋友们一起，尤其是喜爱迪士尼动画的大朋友，每个人都会在这里找到纯真和快乐。乐园包括七大主题园区，两大迪士尼主题酒店，多家不同风格的主题餐厅，在不同时段还会有精彩的主题演出和节日庆典活动。香港迪士尼面积不大，但是游玩项目老少皆宜。上午下午各有一场花车表演，小朋友们看得目不转睛。如果小朋友不是很爱玩的一天就足够了，但是如果小朋友对游乐项目，哪怕是基础的游乐项目都爱不释手，或者同行大人很热爱迪士尼还是非常建议买个两日票，玩个痛快。

海洋公园

迪士尼旋转木马

幻想世界非常适合小孩子，旋转木马、小飞象、小熊维尼历险之旅，还有小小世界都是小朋友的最爱。大朋友也会被美丽的街道，炫目的花车表演，还有琳琅满目的迪士尼商品吸引的。在乐园的西北角，还有迪欣湖活动中心，无论是清晨的湖边漫步，骑脚踏车，还是水上活动，都是不错的选择。正如乐园入口所写：在这里您将会离开现实的今日，而进入一个昨日、明日与梦想的世界。在这里花上1～2天，是来到香港不能错过的体验。

在迪士尼乐园的各园区，有不同口味的餐厅，因为入园时不可以带食品，所以一般都是要在园内就餐的。大部分都是快餐类。食物非常一般，价格也非常贵。

1日门票（499元港币/人，11岁以下儿童355港币/人，65岁以上长者100元港币），2日门票（680元港币/人，11岁以下儿童480元港币/人，65岁以上长者170元港币/人）

3岁以下小童可免费进入乐园。建议提前从网上购买。

跨境巴士：深圳湾及深圳机场均有跨境巴士直达迪士尼；港铁：港铁迪士尼线；公交车：R8巴士路线将于早上及傍晚的繁忙时间提供服务。

此外，如住在酒店，则可以乘坐酒店的穿梭巴士，单程用时5～7分钟。

亲子酒店推荐

想要深层次体验香港迪士尼乐园的魅力，可以入住香港迪士尼乐园酒店和迪士尼好莱坞酒店，这里提供免费穿梭巴士。尤其推荐迪士尼乐园酒店，美妙的环境，亲子设置，早餐可以和卡通人物合影，使得酒店本身仿佛也成了一个景点，带着孩子入住这里绝对是绝妙的体验，官网（www.hongkongdisneyland.cn）和携程都可以预订，并且携程的价格略便宜，由于迪士尼酒店一间房可以住4个大人和一个孩子，因此看似高不可攀的房价似乎也变得可以承受了。

酒店本身就像一个大的游乐园，门外有一望无际的大海，长长的小路，内部环境有一个草丛迷宫，还有滑梯泳池，孩子们可以追逐嬉戏，酒店里还提供变身小公主的服务；另外，早餐可以和米老鼠、米妮、高飞狗等卡通人物合影，对孩子的吸引力绝对是无穷的，非常建议体验。

购物休闲

来香港旅游的人大部分是扫街购物，而这些可以购物的街道也是香港风情的重要组成部分，除了可以购物之外，一些特色的建筑也成为人们观光的重点，在购物之余，也可以体会香港独特的魅力。

步行是最适合感受香港的旅游方式，可以从港铁旺角站沿弥敦道一直步行至油麻地，途中随意走进各种小巷，感受独特的“港味”。小朋友最好使用推车和背带，因为人实在太多了。

我个人喜欢在九龙购物，尤其带着孩子，路比较平，这里不像港岛有好多弯弯曲曲上上下下的山路，店铺也比较集中，基本上尖沙咀就能全部

迪士尼酒店早餐

搞定。九龙从旺角到尖沙咀都是购物的好地方，关键是要有目的。非常推荐海港城的玩具反斗城，很大，基本上转半天是没什么问题的，儿童天地也有很多童装和童鞋，品种基本上很全了，推荐一个品牌seeds，貌似是个澳大利亚品牌，不算贵，质量也好。九龙住宿也相对便宜。

我很喜欢海港城，除了上面提到的玩具童装，涉猎范围非常广，基本上所有的种类你都能找得到，有亲民的、大牌的衣服、化妆品、包包、运动品牌等，还有一家citycuper超市和一家pageone英文原版书店，可以买一些食品和童书，

此外，海港城里吃饭的地方也不少，地下一层的海南鸡饭环境和菜品都不错，价格也还好，比较适合小朋友，另外海港城还有美丽的海景可以欣赏，在大大的露台上面，小朋友也可以跑一跑，玩一玩。

维多利亚港看海

坐天星小轮是一件很有趣的事情，尤其对小朋友而言，老式的码头，老式的大船，匆忙的人们，船作为日常生活中重要的交通工具，对于生活在北方的孩子来说真是一件新奇、有趣、不可思议的事情，而维多利亚港地处香港岛与九龙半岛之间，拥有无敌的海景和夜景，无论是晴天还是阴天，白天或是傍晚，各有千秋，更是非常值得参观赏景，基本上第一次来香港的人都会到这里参观。

维多利亚港附近有很多酒店的房间都可以欣赏幻彩咏香江和烟花表演，在预订时可以考虑，站高望远，比在维多利亚港边平地的景致要好不少。

亲子酒店推荐

木的地酒店Medera

位于佐敦地铁站附近，离庙街很近，对面有一家小的茶餐厅很赞，可以每天去那里吃早饭，好像附近还有一家翠华餐厅，房间价格也相对便宜，还有可能会免费升级。

Ymca基督教青年会

位置绝佳，交通非常便利，距离尖沙咀地铁站只要2分钟，在房间就可以看到维多利亚港，晚上看炫彩咏香江都不用出门。周边购物有海港城，博物馆、天星小轮等都在步行范围内。酒店环境也很好，早餐很好吃。

博物之旅

建议停留：0.5天　适合年龄：3岁以上

逛博物馆也是了解香港的一种方法，目前，香港政府辖下的博物馆共18座，逢周三免费入场。其中香港科学馆绝对属于老少皆宜的博物馆，非常适合3岁以上的孩子参观。整个科学馆大部分的馆藏都是互动性展品，参观者可以自己操作，小朋友一定会玩的非常开心，因此参观时间，或者是玩乐时间可能会比较长。香港的小朋友也会经常集体组织去参观。

每周三免费，但是人很多。标准票：25港币/人；学生、60岁以上老人、残疾人优惠票：12.5港币/人；周票30港币/人。搭乘港铁至尖沙咀b2出口沿金马伦道向尖沙咀东步行即可。

维多利亚港的景色

湾仔街市

湾仔街市

离岛

建议停留：2天以上　适合年龄：3岁以上

离岛是香港的另一种风景，可以感受到和都市截然不同的渔村风情，香港有260多个离岛，一般要乘渡轮到达，有名的岛屿包括大屿山、南丫岛、长洲等。其中大屿山岛是香港地区最大的岛屿，位于珠江口外。大屿山主峰凤凰山海拔935米，是全香港第二高峰。岛上山多平地少，只有山溪下有小块平坦土地，人口最集中的地方是西南面的大澳镇。无论你喜欢爬山还是观景，喜欢悠闲清静地感受大自然，还是想要热闹动感，这个香港最大的离岛都能带给你。南丫岛是香港第三大岛屿，有宁静悠闲的海滩和树林，整个岛的自然景观保护得不错，比较原生态，环岛游览休闲惬意，有面朝大海，春暖花开的感觉，与港岛的快节奏完全不同。这里也是香港本地人度假的首选。离岛度假比较适合时间比较充裕，意不在购物，想慢慢转香港，享受度假生活的家庭。

特色推荐：湾仔街市

香港的街市就是菜市场，很小，但很干净，一个菜摊接着一个菜摊，我们去转了湾仔街市，就像一个小超市一样需要推门进去，菜市场也像商场一样冷气十足，里面摊位不算太多，但是都很整齐，卖肉、卖菜的和卖水果的分开。体验一个城市的菜市场也是一件很有意思的事情，像当地人一样生活也是旅行的一个部分。

一家大小都爱吃的香港美食推荐

香港是美食天堂，特色是中西融合，包罗万象，开饭啦（openrice.com）是香港著名的餐厅指南，类似于国内的大众点评，有App可以下载，可参考。

香港本地的特色是茶餐厅和冰室，尤其是小小的一间茶餐厅，几张桌子，忙碌的老板娘，拼桌的穿西装的客人，一盘西多士，菠萝油，一杯鸳鸯，一碗通粉，有种港剧再现即视感。

大部分有名的茶餐厅集中在港岛中环附近，但其实对于我们而言，吃的就是个情怀，要说味道有多好，也不关心。此外，香港的日韩料理，东南亚菜和印度菜也很多，随便找一家也都比较正宗。

美味餐厅

- **莲香楼**

莲香楼是一所过百年历史，有着“莲蓉第一家”美誉的老茶楼。在香港的莲香楼原设有3间，现仅存1间。该店创业于1918年，现经营中式茶楼午市晚饭，著名菜式有浆烧骨、霸皇

鸭、煎酿鲮鱼

香港岛中环威灵顿街160-164号（近兰桂坊酒店）。852-25444556。

• 九记牛腩

店里只有牛腩卖，没有其他品种，分清汤牛腩、咖喱牛筋腩和牛腩河粉等。这家店超级无敌火，中午12：30前不开店，星期天和假期休息。据店家介绍，牛腩都是每天新鲜购进，再慢火煲熬，从早上煮至中午，故12：30才开卖，15：00前不做外卖。据说很多明星都来排队，真的名不虚传，上汤牛腩和咖喱牛腩都是让人吃完了还会惦记，想起来就要流口水的。

中环歌赋街21号，地铁上环站A2出口。

• 翠华茶餐厅

是香港著名的连锁茶餐厅集团，在中环、铜锣湾和佐敦（白加士街店，地铁佐敦站A出口）等地设有多家分店。作为香港老字号，翠华茶餐厅几乎是港式饮食文化的代表。到翠华茶餐厅喝一口浓郁的奶茶，尝一口喷香的菠萝油面包，也是游客必不可少的行程。

• 兰芳园（Lan Fong Yuen）

兰芳园是香港仅存的大排档之一，开业已57年，是非常小的一个店面，不小心就会错过，总店在中环结志街2号。首创港式饮料“鸳鸯”，首创以茶袋冲制、俗称丝袜奶茶的香港式浓滑奶茶，其奶茶使用来自斯里兰卡的“季后茶叶”以及马来西亚的植脂奶冲制。除奶茶外，兰芳园还供应传统的茶餐厅食品，每天吸引不少名人、上班族和游客慕名光顾，小小的店面里坐满了匆匆忙忙边吃饭边工作或看报的人，各种拼桌，其实就是一种情怀。

中环结志街2号（中环总店）。852-28540731。

最佳交通方式

到达交通

机场到市区的交通包括机场快线、巴士、出租车和酒店的接驳巴士等。机场快线非常快，但是价格也高。

港铁城际直通车是香港对外的铁路系统，到达香港红磡火车站，交通就十分方便了，选择火车出行非常方便，无须再花时间和金钱在往返市区的路上。

拓展顺游

经香港过境往来第三国家或地区，可以免签证在香港逗留7天，来回都可以，因此去第三国旅行，尤其是前往东南亚各国时，途经香港是个不错的选择。

香港+澳门：港澳一起游已经非常常见，澳门实际非常小，可玩的地方也不多，如果不是想赌一把，一天即可。澳门有一家非常好吃，价格也不贵的餐厅——番茄屋要推荐，就在大三巴后面，是一家性价比非常高的葡国餐厅。

香港+各东南亚国家：由于香港的地理位置，使得从其去东南亚诸多国家或地区都可以直达并且时间不长，机票也常有折扣，将香港和这些东南亚国家和地区连在一起玩耍非常合适，还有一点就是不需要港澳通行证，有签证和往返机票即可逗留7天。

台北

品质亲子旅行首选地

亲子游达人　孙小美

两个孩子的妈妈，亲子旅行的重度爱好者。曾带孩子们旅行十多个国家，曾居新加坡3年，台湾2年。喜欢记录孩子们旅途中的成长点滴，感受旅行带给他们宝贵的生活阅历。

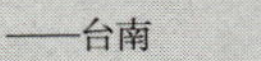

台北亲子旅行记录仪

- 2011年　台北——垦丁
- 2012年　台北深度游两次
- 2013年　台北——宜兰——台中——台南
- 2014年　台北——宜兰——垦丁——台东
- 2015年　台北——宜兰——花莲——太鲁阁——垦丁

妈妈的推荐理由

大女儿Faye出生后，我和先生就决定要丰富孩子的世界观，带孩子多出去走走看看。所以没多久，我们就开始计划着出行。尽管那时候的孩子还只有3个月大，但第一次要带她出行，作为父母，要替宝宝着想的很多。

总的来说，我归纳了四个重点：

第一，目的地要有山有水，气候宜人。带着孩子自然环境好一定是重点，绿化率高能提供良好的空气品质，这点对于孩子身心有益。

第二，要环境设施完善，行动方便。宝宝还小，出门一定会携带推车，所以不管坐大众交通工具，或是搭计程车都要无障碍通行，餐厅也需要有儿童餐具和宝宝椅。最好要有母婴店，如果忘带什么也可以买得到。

第三，美食是旅行中画龙点睛的重要一笔，携带孩子，我们还是希望目的地的饮食以清淡为主。

第四，要有深深巷弄，各种创意小店。这是父母的一点小小的要求，我们非常喜欢在人文气息浓重的巷弄中的咖啡厅呆坐一会儿，走累了，歇歇脚……来一份可口的甜点。

在候选名单中，我们对比了东京、新加坡、台北、曼谷等城市。比较看来，台北完完全全符合我们的需求。

交通方面，台北捷运方便，四通八达，每个捷运站都配有升降梯，方便无障碍通行。以台湾自由行来说，大部分的游客会选择自己租车自驾的方式环岛游。但在台北，不管是自驾，抑或是搭捷运，都是非常方便的选择。

台北郊区，山水植被丰富且不说，有许多牧场、度假胜地，完全是为亲子打造的。像是台北的阳明山中的竹子湖，冬天与春天的时候，海芋（马蹄莲）盛开，可以带着孩子亲自到海芋地里摘海芋花，摘完花后，中午在旁边的农家菜餐厅里，吃一顿地道的台湾农家高山料理，下午去日式口味浓重的北投泡温泉，喝下午茶……在阳明山多安排一天的话，还可以去福田农场发现昆虫，烤肉玩沙，找小溪戏水。大台北地区更是有数不胜数可以当天往返的亲子胜地。

在市区，近几年吹起的亲子餐厅，结合了孩子们的玩乐设施，让父母们吃饭时候多了一份轻松自在。这些亲子餐厅都隐藏在小巷中，一家比一家优质，不仅好吃也好玩。最近台湾的一位艺人也投资开了一家亲子餐厅，上下两层，厨房做的是意式与中式料理，玩具全都是从德国进口的，特制的木质溜滑梯、钻山洞，真的会让小朋友玩疯了。看了一些介绍，恨不得马上就打电话去定位！

台北，我们来了！

姐弟互动

行前准备

舒适运动鞋：台北有山，有公园，有戏水区，也有许多地方需要步行，请帮孩子准备舒适的鞋子，以及一双防滑拖鞋供孩子戏水完可以穿着。

雨具：有首歌为“冬季到台北来看雨”，台北冬季多雨，春季又遇梅雨季节，记得携带雨具，如果忘带也没关系，台北的万能便利店都能买到便宜的雨伞和雨衣。

防蚊：台湾小黑蚊出了名的厉害，可以到达台北后，到药店或母婴店购买防蚊用品，如贴片、防蚊乳液等。

照片：台湾毕竟属于港澳台出境游，需要入台通行证，我们都会随身携带全家2寸照片，如果不小心证件掉了，需要补办，也可以马上使用，以备不时之需。

最佳旅游季

全年适宜（避开7～8月台风季）

台北亲子游方式推荐

博学玩乐　士林文山

建议停留：2天　适合年龄：3～12岁

士林：蒋介石很喜欢阳明山，于是便将自己的住所安置在阳明山附近，也就是现在的士林官邸，“故宫博物院”也在阳明山脚下。我想“故宫博物院”应该是家长们必到的景点，看看保存完好的翠玉白菜和东坡肉，但在进入参观前，可以让孩子们走一趟故宫儿童学艺中心，鼓励小观众们参观完“小故宫”后，再进入“大故宫”内寻访文物真迹，这样印象更深刻。

由于士林腹地大，许多儿童的娱乐设施都建立在士林区，比如2014年12月才开幕的儿童新乐园，对于台北这样寸土寸金的城市来说，儿童新乐园麻雀虽小，却五脏俱全。毗邻新乐园的就是天文科学教育馆，馆内很适合小朋友参观，有许多动手做一做的项目。小朋友最有兴趣的是四楼的宇宙探险，让小朋友们坐上太空船，体验一把宇宙探险的魅力。

位于文山区的猫空缆车全程4千米，一共四站。其中有一站停在动物园内，带小朋友下车可再购票进入动物园参观。缆车中有31台是猫缆之眼（水晶车厢），平均每2～4分钟就有一台猫缆之眼，缆车底部改装为三层强化玻璃，让大家饱览猫空美景。由于猫空缆车是被台北市政府视作交通工具来运营，所以价格非常合理亲民。

台北市区的儿童乐园

温馨提示

之前炒得轰轰烈烈的HelloKitty缆车，代言时间为2年，到2015年5月5日已经结束。许多小朋友特地让爸爸妈妈带他们去坐kitty的缆车，不过结束没有关系，也一样有魅力的风景与友善的动物可以看。

“故宫”儿童学艺中心：适合比较大一点的儿童，如小学一年级或二年级。但我记得带女儿去的时候，她4岁，也玩得不亦乐乎。这里面所有的“宝物”都可以看一看，玩一玩。来拼一拼超高难度的立体古物碎片，看看宝贝们是不是小小考古家，还原历史真迹；再来搭一搭古代帝王宫殿，探索重檐、斗拱，与梁柱结构的建筑原理；我们花了半天的时间才从学艺中心走出来，当Faye动手做完这些项目，再踏入“故宫博物院”观看时，对这些宝物多了一份认知与熟悉。

“故宫”儿童学艺中心（“故宫博物院”，适合5～12岁）

台北市士林区至善路二段221号B1（正馆地下一楼西侧）。886-22812021。学艺中心免费，博物院另需门票。8：30～18：30（周五、周六至21：00，周一13：00后休馆）。

备注：原住民文化主题公园位于“故宫博物院”旁。

天文科学教育馆

台北市士林区基河路363号。886-228314551。展示场全票40元新台币/人，优待票20元新台币/人。剧场全票100元新台币/人，优待票50元新台币/人。宇宙探险全票70元新台币/人，优待票35元新台币/人。9：00～17：00（每周一休息）。

儿童新乐园（可使用悠游卡）

台北市士林区承德路五段55号。886-221812345。全票30元新台币/人；优待票15元新台币/人；6岁以下免费。(游乐设施另外收费)。 9：00~17：00(周一休息，周六及寒暑假延长至20：00)。

儿童益智探索馆－台湾科学教育馆

台北市士林区士商路189号。 886-266101234。 9：00~17：00(周二至周五，周一休馆)9：00~18：00(双休，寒暑假)。

文山景点信息：

猫空缆车(可使用悠游卡)

捷运文湖线 猫空站。 一站单程30元新台币/人；两站单程40元新台币/人；三站单程50元新台币/人。 9：00~21：00。

台北市立动物园

台北市文山区新光路二段30号。 886-229382300。 9：00~17：00(园内各馆逢周一轮流休馆)。 全票60元新台币/人，优待票30元新台币/人。

士林与文山的亲子酒店

该区的酒店选择不多，在此推荐两家士林周边的酒店供爸爸妈妈比较，家长们也可以带着宝贝入住市中心酒店。

丹迪旅店－天母店

台北市士林区中山北路六段728巷2号。 886-228732222。 2500元新台币起/天。

备注：性价比高，酒店位于天母地区，有非常多的高级购物商城。

台北圆山大饭店

台北市中山区中山北路三段1号。 886-228868888。 5723元新台币起/天。 捷运站：圆山站。

备注：台北游客必到景点之一。

体验历史文化

手工制作

特色推荐：周边亲子餐厅

• 伊莎贝拉风情馆

台北市士林区中山北路武断505巷24号。 886-228833820。 11：00~22：00(周五、周六至次日3：00)。

• 伽里略亲子餐厅

台北市士林区士商路153号。 886-88665988。 10:00~21:00(周一休息)。

• 小木屋茶坊(猫空景观餐厅)

台北市文山区指南路38巷28号。 886-22939 0649。 10：00~23：00。

• 龙门客栈(猫空景观餐厅)

台北市文山区指南路三段38巷22-2号。 886-229398865。 11:00~次日2:00。

寻访历史 中正区

建议停留：1~2天 适合年龄：2~12岁

中正区是台北的行政文教区，以及多所著名高等学府都在中正区。路过台湾师范大学的门口，是否会遇见“沈佳宜”(《那些年我们一起追过的女孩》女主角)，带孩子到台湾大学(台湾排名第一的大学，创立于1928年)的校区去散步，与高才生哥哥姐姐擦肩而过，看看那些政客毕业的高

博物馆里可以互动

等学府。

再来到中正纪念堂与最有中国皇家建筑特色的台北音乐厅，在里面喝一杯道地的春水堂珍奶。还有台湾文创软实力，新落成的华山1941文创园是由台北酒厂的旧址所改建，除了非常适合拍照外，园区特定时间还有展览，以及口味独特的餐厅。

故事团团转：符合小朋友&大朋友口味的“故事团团转 Never Ending Story”——几米品牌概念店位于华山文创馆内，一间以阅读，旅行，生活为概念，结合文创商品，展览装置和餐饮品尝的复合式空间。最受大家追捧的是下午茶时间亲子共读几米绘本。如果得到一个神灯，让你许愿，你会许下什么愿？想要达到的梦想有很多很多，如果许愿的机会真的降临，你许的愿望会是哪一个呢？让大人和孩子共同徜徉在几米的世界中。一般亲子共读会在下午不定期举办，请家长们在确定台湾行程后，就电话去询问及预约。

妈妈有话说

在故事团团转的门口有一块较大的空间，有时候会偶遇街头艺人在那里表演哦。

台北植物园

台北市中正区南海路53号。 886-223039978转1420。 5：30~22：00。 免费。 小南门站3号出口。

台湾大学

台北市大安区罗斯福路四段1号。 886-233663366。 公馆站。

台湾师范大学

台北市大安区和平东路一段162号。 886-277341111。 古亭站。

中正纪念堂

台北市中正区中山南路21号。 886-223432200。 9：00~18：00。 中正纪念堂站。

华山1941文化创意产业园区

台北市中正区梅花里。 10：00-21：00。 忠孝新生站。

故事团团转Never Ending Story（咖啡馆，华山园区内）

台北市中正区八德路一段1号。 886-255769125。 午餐11：00~14：00；下午茶14：30~16：30；晚餐18：00~22：00。 忠孝新生站。

亲子酒店

推荐入住大安区的酒店，选择广，交通便利，离中正区十分近。

怡亨酒店

台北市大安区敦化南路一段370号。 886-28748888。 5965元新台币起/天。 大安站、信义安和站。

台北慕轩

台北市大安区敦化南路一段331号。 886-277261777。 7854元新台币起/天。 大安站、信义安和站。

丹迪酒店－大安森林公园店

台北市大安区信义路三段33号。 886-227076899。 2610元新台币

台北街边有格调的店铺

舒适的亲子酒店

起/天。 🚗 大安森林公园站；东门站（永康街）。

特色推荐：周边亲子餐厅

- Greenwood格林屋（艺人开的亲子餐厅，有时间场次，需提前预订）

🏠 台北市中正区徐州街26号。 📞 886-22322 1880。 🕘 10：00～13：00；14：00～17：00；18：00～21：00。 🚗 台大医院站。

- 大树先生的家 Mr. Tree Station（有时间场次，需要提前预约）

🏠 台北市大安区安和路二段83号。 📞 886-22377 8377。 🕘 11：30～4：30；15：00～17：30；18：00～21：00。 🚗 信义安和站。

青山绿水　温泉文化北投　阳明山

建议停留：2天　适合年龄：2～12岁

北投与阳明山接壤，让这个高山资源与地热资源可以放在同一个行程里过足瘾。北投连马路两旁的窨井盖，与贯穿北投小镇的小溪都冒着温泉的热气，像极了日本。享受正统日式温泉，那非北投莫属了。价格亲民的温泉公园全家大小都可以泡，地热谷可看温泉的源头，带孩子参观全球最美的25座图书馆之一——北投图书馆，在图书馆阳台阅读区里，翻翻绘本，讲讲故事。

阳明山自然资源丰富，春夏秋冬不同花季。竹子湖带着孩子在花田里摘海芋，走累了吃一吃高山野菜，土鸡汤。再去光秃秃的硫黄谷终年冒着地热气，还有最适合亲子步行的休闲步道——二子坪。

购物休闲　信义区101商圈

建议停留：2天　适合年龄：0～12岁

信义区是最新、最摩登的区块，汇集了众多Shopping Mall、各品牌的旗舰店、五星级酒店、101大楼，还有全台湾最大的诚品书店。近几年台湾的文创软实力蓬勃发展，一座座文创园区的兴起，松山烟厂改建的松烟文创是将老旧废弃建筑重新利用，配合台湾设计的软实力，在园区内打造一座又一座设计感颇强的店面。松烟中的大地主是诚品集团。台北到处可见诚品，可见台湾人多么热爱诚品。

在那里老烟厂原有的建筑保存的非常好，与毗邻的诚品，新旧交融冲撞融合感特别强烈。园区内也有特别符合小朋友口味的展览，如Hello Kitty周年展，乐高积木展，迪士尼展，如果真的有幸搭了展览的顺风车来到园区，那台北亲子之行也真的锦上添花了！

图书馆里卡通人物陪孩子读书

台北的熊猫特别展览

街头市集

儿童乐园

台北壮投图书馆

亲子购物最佳去处

诚品书店信义店

五楼一整层的儿童天堂，儿童书店，可以买到台湾当地的儿童绘本、英语原版绘本、少年休闲读物，还有知名玩具、国家地理动物模型与许多精致宝宝儿童生活用品。

五楼儿童书店里每周都有1~2场"故事晚点名"的讲故事活动（一般在周五晚上，或周六下午举行），这个活动采自由入场方式，地点就在书店内的圆环广场。

新光三越A8

A8馆的4楼与5楼，所有的玩具都可以在这里找到，如Lego专柜，环保玩具Green toy，美国儿童自行车老牌Radio fly与众多迪士尼授权的商品，像是女孩子们疯抢的爱莎安娜系列。国际一线大牌，如Burberry、Jacadi、mini couture的儿童服饰也在此驻扎。

新光三越任何一个馆的服务处都有宝宝推车可以免费租用，如果孩子走累了，可以让他坐推车上休息。另外；A8馆有露天花园可以供年龄较小的孩子们玩耍，有溜滑梯，小轨道火车，还有电动车。

特色推荐：周边亲子餐厅

伽里略亲子餐厅（A8馆）

台北市信义区松高路12号。 周一至周四、周六、周日11：00~21：30，周五11：00~22：00。 板南线市政府站。

亲子酒店

信义区酒店以高端价位为主，这里推荐一家比较有特色的，爸爸妈妈也可以带宝贝住大安区酒店，选择范围比较广，来回交通十分方便。

诚品行旅

台北市信义区烟厂路98号（台北松烟文创内）。 886-26626 2888。 9933元新台币起/天。 台北蒋介石纪念馆站下步行10分钟。

父女同行

新光三越的儿童玩具城

男孩喜欢刺激的游乐项目

动手区也大受欢迎

特色市集

Maji Maji 集食行乐：是2010年台北花博会的遗留作品，包含六大区域：神农市场、风味小吃街、创意市集、异国美食餐厅、特色商店街以及多功能展演空间，是由艺人庾澄庆与众多台湾著名设计师共同打造的。走进去有一种欧美二手仓库的感觉，餐饮休息区的桌椅感觉全是有一定年龄的"古董"，每张桌椅都不同，商店运用了货柜，原木谷仓的风格来诠释。男孩可以去里面的乐高主题餐厅，女孩的话可以去缤纷乐园做一回小公主。特别推荐适合亲子互动的是EGG蛋制造所，这家是专门定制T恤的创意店。可以将小朋友的画作印在T恤上，做成亲子装，现点现做，只需要等待一会就可以拿到了。穿着美美的亲子服继续游玩台北吧。

台北市中山区玉门街1号。 886-22597 7112。 圆山站。 11：00~21：00。

西门红楼创意市集（周末市集）：红楼的创意市集集合了台湾年轻的设计队伍，那些拥有梦想的年轻人，不断努力做着自己喜欢的事情。从小发卡，到衣服箱包、项链首饰等，众多原创商品，独一无二。如果小朋友喜欢这些哥哥姐姐的作品，不妨多买一些带回家，支持他们的原创之路。交通也十分便利，就在台北的西门町旁边。

台北市万华区成都路10号。 886-223224242。 西门站。 周六14：00~22：00，周日14：00~21：30（7~8月开市时间为15：00）。

一家大小都爱吃的台北美食推荐

小吃

• 牛肉面

台湾牛肉面名气响当当，每间牛肉面店都会尽力角逐牛肉面大赛，所以

慢慢逛市集

女孩们喜欢"过家家"

台湾有名的牛肉面

会经常看到一家巷弄里的小面点挂着某某牛肉面冠军的称号，只是店家为了做品质考虑，一心做好现在的生意，才使得许多美味佳肴隐藏在巷弄里。

• 芒果冰沙

一年四季都可以在大安区的永康街吃到芒果冰沙，芒果味浓厚，绵绵冰沙一层层堆叠在碗内，光是看着就觉得垂涎欲滴。

• 麻糬

小朋友都喜欢的食物非麻糬莫属了。Q弹糯米内包着芝麻馅，外层再裹上花生粉，手工现做的，这是比较常见的吃法。有些老街的小吃店也有烤麻糬，在花莲鼎鼎有名的曾师傅麻糬是花莲必买的伴手礼。

水果

• 莲雾

莲雾是当年荷兰人引进台湾的，屏东县是莲雾最有名的产地，如果从北往南开往垦丁，可以在屏东当地购买到最美味的莲雾。挑选莲雾的秘诀是：黑透红、肚脐开、皮幼幼、粒头饱。

• 芭乐

番石榴在台湾称作芭乐，芭乐也分两种，一种是白心，一种是红心。Faye第一次吃芭乐的时候觉得有股菜菜味，但是后来撒上梅子粉提味后，她现在爱上芭乐了。

• 芒果

台湾的爱文芒果非常有名，夏季到处都可以买到，个头饱满，色泽呈现红橘色。但有一次我们到达花莲的时候，在水果摊上买到台湾的土芒果，小小一颗绿带些许黄色，店家说已经熟了，不用等到变黄再吃。芒果属于漆科，容易过敏的孩子尽量不要食用。

交通

到达交通

松山机场位于台北市中心，是最为方便与省时的机场，机票略贵于桃园机场航班。

桃园机场距离台北市中心有1个小时的车程，单程到台北的计程车费是1000元新台币。

温馨提示

台湾长荣航空（Eva Air）有Hello Kitty飞机，从上海虹桥飞往台北松山，以及香港飞往桃园机场，只有两个出发地才有Hello Kitty飞机。每次我们坐到这班航机，孩子都可以兴奋整个航程。

拓展顺游

台北周边游：九分—东北角—味全埔心牧场—莺歌陶瓷老街（三日）

D1 九分与东北角，距离台北1小时。

D2 从台北往桃园方向游玩味全埔心牧场。

D3 往台北至新北三峡方向，逛莺歌陶瓷老街。

第四部分 亲子亲水游

白洋淀

亲子游达人：王杏芝

白洋淀小档案

地址：河北省保定市安新县境内。

级别：5A。

门票：入淀费40元/人；鸳鸯岛40元/人；荷花大观园50元/人；白洋淀文化苑50元/人；白洋淀休闲岛：40元/人；白洋淀异国风情园：40元/人。

开放时间：8：30～17：30。

最佳季节：5～8月白洋淀中有自然形成的千亩荷花盛开。

精彩看点

- 休闲鸳鸯岛
- 穿越芦苇荡
- 寻找小兵张嘎
- 荷花大观园

白洋淀是河北省最大的淡水湖，有“华北明珠”之称。白洋淀是闻名全国《小兵张嘎》故事的发生地，是抗战时期著名游击队雁翎队的战场。白洋淀，自古以来就以物产丰富著称。它是鸟的王国、鱼的乐园、多种水生植物的博物馆。盛夏时节，每根芦苇从秆到叶都是鲜绿的，绿得闪闪发亮；8月，白洋淀荷花盛开，层层叠叠美景如画，大受游客的欢迎。这里也有康熙水围行宫、大型游泳场、水上体育乐园、野生动物观赏区等景点。

白洋淀不可不看

休闲鸳鸯岛

建议停留时间：4～5小时

坐着游艇或者是竹筏，穿过一眼望不到边的芦苇荡，就能抵达芦苇环抱、荷花簇拥、度假设施齐全的鸳鸯岛。白天在鸳鸯岛的茶楼边喝茶边欣赏白洋淀波光粼粼的景色，孩子们可

乘船进入景区

夏天湖上荷花盛开

以观看水乡婚俗表演、鱼鹰捕鱼表演，学习白洋淀芦苇工艺的制作。晚上伴着渔家灯火，在月光下，举办篝火晚会，尽情欢唱。

爸爸有话说

雁翎队：是白洋淀抗日战争时期一支神出鬼没、来无影去无踪的队伍。他们化装成渔民，巧端敌人岗楼；隐蔽在芦苇丛中，伏击敌人保运船。是一支令敌人闻风丧胆、令百姓欢欣鼓舞的抗日武装。

《荷花淀》是孙犁的著名小说，小说以中国传统妇女水生嫂为主角，讲述她热爱劳动，开明稳重，刚毅勇敢；她关心国家兴亡，最终投身抗日洪流的故事。

《小兵张嘎》是当代著名作家徐光耀的代表作，讲述了小嘎子在老钟叔、奶奶等人的引导下，成为一名八路战士的过程。这部作品自发表至今，已经40多年了，已成为中国几代人童年记忆中的最灿烂的一部分。

抗日的故事

抗日战争时期的武器展览

穿越芦苇荡

建议停留时间：1～2小时

白洋淀的水、沼泽、芦苇、荷花、香蒲几乎是自然完美地融合在一起。白洋淀的芦苇荡尤为特别，他们在自然中生长，形成较厚的根状茎层，人和动物可以在上面行走。租上一艘游船徜徉在宛如迷宫、苇绿荷红的芦苇中，伴着周围水草丰美、鱼鸟成群的景色，绝对不虚此行。

妈妈有话说

白洋淀湖面大，乘坐游船注意穿好救生衣，不要在船上嬉戏打闹。

寻找小兵张嘎

建议停留时间：2～3小时

40多年前的《小兵张嘎》这部电影让白洋淀成了抗日精神的代名词。白洋淀雁翎队纪念馆就是一处能够了解抗日历史，和无数像嘎子一样抗日英雄故事的地方。这里展示了雁翎队

走进芦苇荡

湖上休闲

看美景寻“小兵张嘎”

利用白洋淀河湖港汊、芦苇等天然屏障，用大抬杆、火枪、渔叉等武器进行游击战争的历史和文物。还可以住在边上的嘎子村里，一起观看电影《小兵张嘎》，和孩子一起完成一堂有意义的历史课。

荷花大观园

建议停留时间：1小时

这是白洋淀最大的植物园，也是水域一千多亩的荷花观赏地。这里栽植了366种荷花，每年8月是赏荷花的最佳时间，园内的十里环园路、百顷荷花塘、千丈赏花桥、万米船航道都是绝佳的赏荷之地。

周边也好玩

白洋淀周边游：保定—野三坡—清东陵（耗时3日）。

D1 从白洋淀至保定市内，参观直隶总督署、古莲花池景区，吃正宗的驴肉火烧。

D2 早上前往野三坡景区，避暑百里峡。

菱角

D3 前往清东陵，感受清代帝王陵墓的雄伟后返程。

特产

白洋淀菱角：个小、皮薄、口味香。菱角有三种吃法。一种是采摘嫩菱，6月左右嫩得没有渣子，满口留得清甜。第二种食法是带着硬壳煮熟，味道香浓。第三种食法则是将菱角晒干，剥出菱米，熬成八宝粥。

湖已满是野鸭

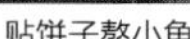

贴饼子熬小鱼

卤煮野鸭

舌尖上的白洋淀

推荐美食

• **白洋淀全鱼宴**

属于河北菜，有山区禽类和水区鱼类两种。利用白洋淀地区丰富的湖鱼作为材料，精心烹饪而成的菜肴。

• **贴饼子熬小鱼**

饼子用的是玉米面、白菱角面等6种面粉制成的，小鱼是白洋淀的野生鱼。出锅后的饼子带点鱼腥味，口味甜、香、酥。

• **凉拌野生藕**

白洋淀的藕洁美、质细、脆甜、入口无渣。口感清新爽口，消食止渴。

• **卤煮野鸭**

用小鱼虾、水草等饲养而成的野鸭作为材料，采用传统秘方，高温卤煮，吃起来肉质鲜嫩，润而不腻。

推荐餐厅

• **白洋淀柴锅炖杂鱼（安国店）**

安国市祁州镇祁州大路与药城大街交汇处。 15512237262。 铁锅炖鲤鱼。

• **小嘎子饭铺**

安新县白洋淀码头附近。 0312-5282606。 农家菜。

亲子酒店

途家斯维登度假别墅美芦庄园

雄县白洋淀温泉城1号路。 0312-5302991。 2500元左右，有亲子房。

白洋淀王家寨水乡民俗村25，26号院

安新县王家寨水乡民俗村25、26号。 0312-5130963。 均价150元左右。

往返交通

- 乘坐火车到保定站，从北京、石家庄到保定一般1.5小时即可到达。保定站附近乘坐1路到汽车客运站，之后搭乘大巴前往安新县，车程约1小时。
- 保定长途汽车站（客运中心）至安新县城往返班车每15分钟一班，到达后可以打车前往白洋淀，大约10元。

美芦庄园

大连老虎滩海洋公园

亲子游达人：张林鹂

老虎滩海洋公园小档案

地址：辽宁省大连市中山区滨海中路9号。

级别：5A。

门票：220元/人。

季节：春天的温度最适合游玩，夏天的海风最具有情怀。

电话：0411–39502818。

温馨提示

馆内表演观看观众较多，如果想占到好的位置观看表演，进馆后可先咨询当天节目表演时间，提前30～60分钟排队。

大连老虎滩海洋公园是展示海洋文化，突出滨城特色，集观光、娱乐、科普、购物、文化于一体的现代化海洋主题公园。寓教于乐，值得带着孩子一起游玩。

精彩看点

- 珊瑚馆
- 极地馆

海洋公园大门

老虎滩海洋公园不可不看

珊瑚馆

建议停留时间：40分钟

珊瑚馆是亚洲最大的以珊瑚礁生物群为主的海洋生物馆，展示珊瑚礁生物群200余种、3000多个。通过声、光、影像等高科技手段还原了一个真实的海洋世界。馆内有漩涡鱼、潜望镜、电子显微镜、真空水槽、水下音乐会等游客参与性项目，让孩子在游乐中学到关于海洋的知识，增加对未知的探索兴趣。在这里游客也可穿上潜水服与鱼儿共游，亲身体验一下潜水的乐趣。

妈妈有话说

珊瑚是生物，属刺胞动物门，当中也包括水母、水螅、软珊瑚、海葵等动物。珊瑚由很多珊瑚虫造成。珊瑚虫是海洋中的一种腔肠动物，在白色幼虫阶段便自动固定在先辈珊瑚的石灰质遗骨堆上，珊瑚是珊瑚虫分泌出的外壳。

极地馆

建议停留时间：2～3小时

极地馆馆内分四个部分，第一部分是极地动物展示，第二部分是科普

海洋世界

海洋馆的游乐场

海洋动物展厅

教育区，第三部分是神秘的海底世界，第四部分是海洋动物表演场。极地海洋馆是场地内最大的场馆，从大门进入后过桥就是第一部分极地动物，有白鲸、企鹅、海豹等这些海兽。要看鱼类须到二楼，老虎滩的水族箱是亚洲容积最大的。二楼最值得看的是超大水族箱里的鲸鲨，由于身体太大所以只能在水族箱的上游活动。

妈妈有话说

极地馆内有很多表演，旅游旺季时，想要在最佳位置观看，一定要提前排队！如果两个家长，可以一个排队，一个带着孩子游玩。

周边也好玩

大连城市游：滨海路—金石滩国家旅游度假区—大连现代博物馆（耗时3天）。

D1 清晨沿着滨海路散步，面朝大海，呼吸带着咸咸海风的清爽空气，听海浪拍打的声音；下午抵达由废弃的盐厂改造的星海广场。

D2 抵达金石滩国家旅游度假区，下午参观大连圣亚海洋世界。

D3 游览大连现代博物馆；下午到大连返程。

如果时间还比较充裕，还可以取道盘锦红海滩，品虾蟹美食。

特产

在大连，一定不要忘记买一些特产，如海八珍、红虾酥心糖等海味产品，红玉苹果、黄金桃子、大连樱桃等水果以及贝雕、玻璃制品、绣品等工艺品。大连的贝雕千姿百态，有巧夺天工的珍贵大型贝雕，也有用几个精巧贝壳穿在一起的小型饰物，买一些扇贝、海螺做成的漂亮工艺品带回家，可以让家里也充满了海的气息。

舌尖上的大连

靠海而生的大连，海产品种类丰富，值得品尝。除了海鲜，大连还有很多特色美食和特色美食小店，以及最正宗的日韩料理。

推荐美食

- **大连海鲜**

虾爬子，海蟹，海胆……想要品尝最鲜美的海鲜，要去沿海而建的渔

大连的生猛海鲜

村吃，渔村内的小酒店都是当天打捞、甚至是即时打捞的海鲜，可以说是绝对新鲜。胆子大的朋友可以尝一尝生海胆，将海胆去壳直接食用，味道十分鲜美。

• **大连焖子**

来大连必吃的特色美食，由红薯淀粉制成，口味更软。大连最正宗的焖子是猛哥焖子，总店在长春路百盛旁边的一个小作坊亭，虽然看着很不起眼，但是已经成为了大连人民的最爱。

推荐餐厅

• **万宝海鲜坊**

大连市中山区解放路108号。0411-39912888。大连老菜。

• **二路车站小丸子**

大连市中山区青三街1号大连商场对面。0411-84522539。芝士章鱼小丸子。

亲子酒店

大连中山大酒店

大连市解放路3-5号。4007889889。均价389元/天。

大连香洲花园酒店

大连市长春路171号。0411-88135500。均价509元/天。

大连九州国际大酒店

大连市胜利广场18号。0411-82400001。均价442元/天。

往返交通

到达交通

大连周水子国际机场，出租车约35元，约30分钟。

火车站—老虎滩6千米（出租车约14元）。

沈大高速公路：后盐出口—立交桥（进大连市内方向）—东北路（上香炉礁高架立交桥南行）—五一广场（广播电视中心为标志建筑）—东北桥（南行）—白云隧道—石道街—新起屯—八一路—桃源街—解放路（东行）—老虎滩海洋公园。非高峰期：40～50分钟可到达。

大连港客运站，出租车约15元，时间约15分钟。

中山酒店大堂

贝雕

大连金石滩

亲子游达人：王杏芝

金石滩景区小档案

地址： 辽宁省大连市大连金石滩国家旅游度假区金石路65号。

级别： 5A。

电话： 0411-87902017。

门票： 旅游联票66元/人。

优惠：

免票：1.3米（含1.3米）以下或6周岁（含6周岁）以下的儿童、70周岁（含70周岁）以上的老年人、残疾人（包含残疾军人），持有效证件免票。

6周岁（不含6周岁）至18周岁（含18周岁）的未成年人、全日制大学本科及以下的学生、60周岁（含60周岁）以上，70周岁（不含70周岁）以下的老年人、现役军人，持有效证件购景区优惠票；

1.3米（含1.3米）以下或6周岁（含6周岁）以下的儿童，参观景点须有成人陪同，每位成人携带免费儿童不得超过2位；

1.3米（不含1.3米）以下儿童免观光车费外，其他证件不享受车费优惠；

联票于每日14：00后停售，两种及以上优惠不可同时享有，联票产品不执行以上优惠。

开放时间： 8：00～18：00。

精彩看点

- 国家地质公园
- 发现王国
- 世界名人蜡像馆
- 金石文化博览广场

温馨提示

A．门票均不包含观光车，如有需要直接前往景区购买10元/人，随时乘坐

B．网络订票须在13：00之前持换票凭证到金石滩游客服务中心更换门票后方可参观。

C．自驾游在指定的停车场停车，购金石滩地质公园联票非自驾游客，建议在票口购买20元观光车车票前往。

D．景区门票包含：景区大门票；特殊票类（如学生票、老年票、军官票等）不享受网络订票的优惠政策。

E．所售门票均在当日内有效，出园后入园，需再次购票，如遇台风、雨雪等特殊天气状况，地质公园按照相关规定会临时关闭，请游客出游前提前咨询景点是否正常开放。

金石滩国家旅游度假区位于大连市东北端的黄海之滨，毗邻大连新市区，距大连市中心50千米，仅40分钟车程，是中国首批国家最佳旅游城市——浪漫之都大连的后花园。金石滩旅游度假区是一处集低山丘陵、海蚀地貌、海滨风光等自然景色以及现代人文景观于一体的，以滨海度假、

金石滩美景

金石滩渔港

体育休闲、商务娱乐、海滨游览观光、地质科考等为主要内容的海滨型国家级风景名胜区。这里浓缩了距今6亿至3亿年间的地质奇观，形成了被称为“东方神力雕塑”的海蚀岸、海蚀洞、海蚀柱等奇观，含玫瑰园、龙宫、南秀院、鳌滩四大景区，大鹏展翅、恐龙吞海等百余处景点，气势恢弘，栩栩如生。夏日来临的时候，金石滩已经成为家庭亲子游的首选避暑之地，和孩子们一起玩耍，这里不容错过！

金石滩不可不看

金石滩是自然与人文的完美结合，游览时，应带着像孩子一样的好奇心去游玩，也把自己置身其中，享受一家人在一起的快乐时光。

国家地质公园

建议停留时间：小时

大连金石滩滨海国家地质公园在大自然鬼斧神工的雕琢之下，经过5亿~10亿年震旦纪、寒武纪的地层变换，形成了长达30千米的典型的海岸线上的海蚀地貌，是中国唯一的海岸带喀斯特地貌国家地质公园。园区岸壁的奇石景观形态各异、惟妙惟肖，有的如恐龙吞吐潮汐，有的像刺猬海中觅食，有的更如神鹰破海而出……正是因为这些难以计数的奇石景观，人们称其为“凝固的动物世界”和“神力雕塑的公园”。孩子们很喜欢这里的动物和恐龙，这让他们的想象力瞬间迸发，仿佛看到了动画片里的激动场景。

大连金石滩国家旅游度假区东部。

0411-87900497。 70元/人。

爸爸有话说

这里是几亿年前的地质自然保护区，和恐龙面对面对话，将是一场独特的体验，在罕见的地质风貌中，更能使人置身其中，体会几亿年前的地球。

国家地质公园

好奇的孩子

发现王国

建议停留时间：2小时

大连发现王国主题公园位于金石滩海滨，占地47万平方米，由发现广场、传奇城堡、魔法森林、金属工厂、神秘沙漠、疯狂小镇、美国大街等7大分区组成，园内汇集了德国产秃鹰、意大利产太空梭、美国产过山车等世界顶级游乐设施23种。其中弹射式的“疯狂眼镜蛇”过山车、好莱坞巨制“疯狂夺宝记”、古巴音乐舞蹈团等都带来了不同寻常的体验。欢乐的领地，发现的王国，作为一个接轨国际、领先国内、东北唯一的主题公园，发现王国堪称国人自己的“迪士尼”。孩子们在这里最能找到归属感，在这样一个充满卡通与冒险意味的主题公园里，一家人也会随之疯狂起来。

成人170元/人，学生125元/人，儿童85元/人，老人35元/人。儿童票适用范围：身高1.2米~1.5米（含1.5米）；1.2米（含1.2米）以下免票；学生票凭学生证在指定大学代理售票点购买；老人65岁以上，需持相关证件。

妈妈有话说

景区内人多，在玩耍的时候要注意孩子的安全。

世界名人蜡像馆

建议停留时间：2小时

大连世界名人蜡像馆位于度假区的中心地段。建筑面积3000多平方米。开馆以来，它已经成为金石滩标志性旅游景点之一，也是目前我国规模最大、展品最多的蜡像馆。一家人在这里，可以与国家领导人、影视明星、世界首富等相聚一堂，更可身临

发现王国主题公园

威克斯酒吧，品一杯浓香，回味“西安事变”和“香港回归”等重大历史事件的神秘与震撼。在这里，可以充分满足穿越时光隧道，与名人共享同一时空的愿望。

30元/人。 0411-87902006。 8：30~16：30。开放季节：全年。

温馨提示

展区某些场景灯光较暗，游客前行要注意安全。

金石文化博览广场

建议停留时间：1小时

金石文化博览广场位于大连金石滩国家旅游度假区轻轨站北侧，建筑外观典雅大气，俯瞰为人形，仿佛一个孩童雀跃于大地之上，象征“人本和谐，乐于探索”的旅游形象。包括金石蜡像馆、生命奥秘博物馆、地质博物馆（石文化博览园）、奇幻艺术体验馆、毛泽东历史珍藏馆、球幕体验馆、华夏文化博物馆七个核心展馆，以及美食广场、购物广场、多功能宴会厅等，是集文化展示与体验、商业配套、集散服务、广场休闲、会展交易、特色教学及文化创意产业为一体的综合性文化休闲场所。

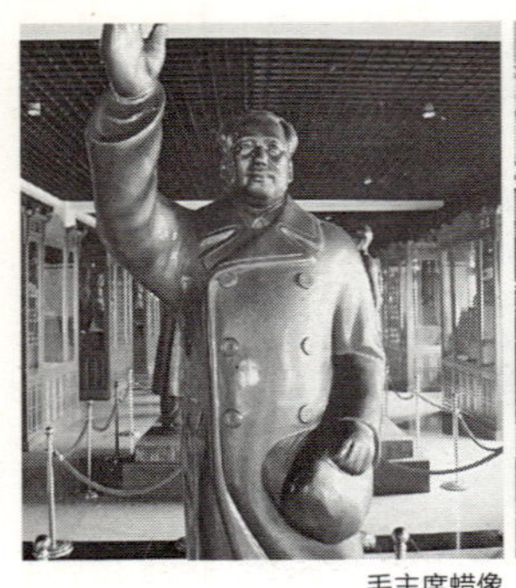

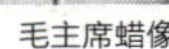
毛主席蜡像

金石文化博览广场

周边也好玩

畅游金石滩：金石滩风景区—童牛岭风景区—开发区泊石湾浴场—炮台山（耗时3天）。

D1　游览金石滩。

D2　第二天前往童牛岭风景区感受远处浩瀚无垠的大海，到泊石湾浴场体畅游。

炮台

童牛岭一景

D3　第三天游览炮台山，休整后返程。

舌尖上的金石滩

孩子们在玩累了的同时，最主要的便是填饱肚子，当然，大连是一个沿海城市，各种美食也是必不可少的。

推荐美食

- **五彩雪花扇贝**

扇贝在大连吃以蒸为主，其中以五彩雪花扇贝最具特色。五彩雪花扇贝中的雪花是用蛋清炒成，加入扇贝肉，放粉丝，红椒丁和调味料，隔水蒸，等熟再淋些明油。足足的海味，质嫩味鲜。

- **大连鲍鱼**

大连鲍鱼以皱纹盘鲍为主，被称为“海味之冠”。而其鲍鱼产量占全国鲍鱼产量的70%，所以到了大连一定要尝尝这难得的海味。大连鲍鱼肉质细嫩，入菜后清而味浓，无论是原汁原味的清蒸、汤浓味鲜的捞饭，还是浓油赤酱的红烧，都让人回味无穷。

- **海鲜焖子**

大连人最爱吃的小吃之一。先把

五彩雪花扇贝

大连鲍鱼

海虾

地瓜淀粉结成的凉粉压成小块，再小火慢煎直到两面硬皮，加入虾、海螺片等海鲜，淋上酱油、芝麻酱、味精和砸碎的大蒜香油，外酥里嫩，非常鲜美。各大排档或是商场里的餐厅都少不了海鲜焖子的身影。

推荐餐厅

- **名典咖啡**

大连市开发区金马路201–19号。 0411–87647828。 饮品。

- **鸿宾楼**

大连市开发区管委会东侧。 0411–87610888。 海鲜。

- **金石锚地酒店**

大连金石滩国家旅游度假区。 0411–87902012。 中餐与西餐均有。

亲子酒店

金石滩周边有许多靠海的酒店。空气清新，环境也很优美，听海的声音，夜晚和孩子一起吹吹海风，是一件很幸福的事。

不夜城金石大酒店

大连金石滩国家旅游度假区内。 0411–87905500。 350元起／天。

金海岸酒店

大连金石滩国家旅游度假区内。 13504950723。 200元起／天。

金石滩海景别墅

大连金石滩国家旅游度假区。 0411–87900424。 320元起／天。

往返交通

从大连火车站乘轻轨可直达金石滩，票价8元。

大连火车站后身建设街（6：00～18：00）每隔20分钟有中巴公共汽车直金石滩。约50分钟抵达景区。

旅游观光车行驶线路

轻轨站（起点）→蜡像馆→金石园→海之恋婚礼广场→锚地酒店→万福鼎→恐龙休闲园→恐龙背（滨海国家地质公园）→万福鼎→锚地酒店→黄金海岸→国宾浴场→金湾高尔夫球场→狩猎场→影视艺术中心（中华武馆）→轻轨站（终点）

金石滩海景别墅酒店内景

金鸡湖景区

亲子游达人：熊靓

金鸡湖景区小档案

地址：江苏省苏州市苏州工业园区。

级别：5A。

门票：免费。

开放时间：全天。

精彩看点

· 漫步李公堤

· 夜游金鸡湖

· 圆融休闲购物

温馨提示

金鸡湖音乐喷泉（周五、周六晚上各有两场．19：30、20：30各一场。）

诚品书店已经在金鸡湖边开业了，在金鸡湖边的圆融天幕西街和右岸街交叉口。

金鸡湖景区是我国最大的城市湖泊公园之一，位于苏州工业园区。景区围绕着金鸡湖、独墅湖、阳澄湖展开，与现代苏州都市建筑交相辉映。今天金鸡湖的国际顶级演出、展览比赛不断，圆融广场和久光百货汇集了世界顶级品牌，李公堤上全球美食汇聚，你可以带着孩子，从月光码头出发，畅游金鸡湖美景，在春、夏、秋三季来到这里赏花、野餐、露营，一家人度过美好的休闲时光。

金鸡湖景区不可不看

漫步李公堤

建议停留时间：1小时

李公堤金鸡湖中唯一的湖中长堤，全长1.4千米。古时候李公堤是商贾云集的地方。今天，则成了国际风情商业水街，在这里品尝完来自全

金鸡湖夜景

李公堤

球各地的美食后，沿着李公堤徒步，既可以参观姚建萍刺绣馆、蔡云娣石雕馆、张辛稼美术馆等艺术馆，还可以感受哈雷摩托会馆、巴赛艺术中心、基金博物馆等时尚聚集地。

爸爸有话说

金鸡湖景区的苏州文化艺术中心已成为中国电影“金鸡奖”永久性评审基地。

夜游金鸡湖

建议停留时间：2小时

金鸡湖的夜色非常迷人，湖光和沿湖而建的星级度假酒店、商业艺术中心等的霓虹灯的掩映下，在月光码头登上游轮，从湖中看繁华的都市。每周末，金鸡湖畔就开始上演孩子们最喜欢的音乐喷泉秀和水幕电影。遇到非周末，徒步10分钟到圆融广场抬头欣赏世界第一天幕的精彩表演。

妈妈有话说

夜游金鸡湖时，坐船在湖中给孩子多带点衣服。夜游时不要让孩子独处，防止跌下湖。

金鸡湖夜游游船线路

A湖西夜游线路：望湖阁码头—圆融雕塑（中新两国合作的里程

金鸡湖夜景

来苏州的都要去平江路

碑）—湖滨大道—李公堤（商业风情水街）—湖心桃花岛（城市内湖岛屿，休闲胜地）—水上摩天轮—博览中心（拥有世界领先水平的配套设施）—科文中心—湖心玲珑岛（候鸟栖息地，城市纯生态无人岛屿）→音乐喷泉–望湖阁码头。

B湖东夜游路线：月光码头—博览中心（拥有世界水平的配套设施）—文化艺术中心—玲珑岛（候鸟栖息地，城市纯生态无人岛屿）—金鸡湖大桥—湖滨大道—李公堤—桃花岛（城市内湖岛屿，休闲胜地）—摩天轮乐园—月光码头。

寻梦桃花岛

建议停留时间：2小时

桃花岛是金鸡湖中的一座小岛，岛上多被桃花覆盖因而得名。金庸先生手书的“桃花岛”三个字，让这里充满了浓郁的武侠氛围。每年，桃花盛开时，岛上桃花斗艳，登上岛上最高点紫氤阁望桃花深处，别有一番风景。

周边也好玩

苏州文化美食游：苏州市—平江路—狮子林—苏州博物馆—周庄—苏州市（耗时约3天）。

抵达苏州市后，可以到平江路去转转小店、吃吃美食，休整后，次日前往狮子林、苏州博物馆，第三天周庄，晚上取道苏州市返程。

如果时间比较充裕，还可以进入南京，感受江南美景，到夫子庙看春淮夜色、还可以一路驱车到常熟尚湖，沿路游玩沙家浜。

特产

采芝斋糖果，苏式糖果享誉中华，有明货、炒货、软糖、特味4大类150多个品种，如松子糖、粽子糖、花生糖、三色松子软糖、脆松糖、松子南枣糖等，其中以采芝斋独家生产的粽子糖最为有名。

舌尖上的金鸡湖景区

金鸡湖的美食特色除了有苏州当地美食外，全国各地、全球各地的顶级酒店餐厅也云聚此于此。无论是正宗的日本料理，还是风味浓郁的西班牙菜，在这里都能找到。推荐几

苏式点心

金鸡湖畔爱舍餐厅的墨西哥美食

书香世家酒店

处特别适合孩子去的，好吃好玩的餐厅。

推荐餐厅

• 香樟花园法式铁板料理

苏州市工业园区李公堤路51号。0512–2725177。法餐造型好，很有食欲。6岁以下的孩子同行，送儿童套餐。

• 爱舍（旺墩路店）

苏州市工业园区旺墩路现代休闲广场E101号（摩天轮公园旁）。0512–2729499。墨西哥风味餐厅，特色的小摆件很受孩子们的喜爱。

• 番茄主义（李公堤路店）

苏州市工业园区金鸡湖李公堤路56号国际风情商业水街。0512–2875966。景致的美食，露台上可以欣赏金鸡湖的美景。

亲子酒店

金鸡湖周边有中央金融商务中心、高星级酒店林立，例如金鸡湖大酒店、尼盛万丽国际酒店、中茵皇冠度假酒店等；同时这里还有很多度假型别墅酒店，享受着苏式生活，这里是首选。

金鸡湖凯宾斯基大酒店

苏州市工业园区国宾路1号。0512–2897888。有儿童俱乐部、恒温儿童泳池等齐全的亲子设施，均价1000元左右。

托尼洛·兰博基尼书苑酒店

苏州市工业园区星港街168号（近中茵皇冠假日酒店）。0512–2859999。苏式园林酒店，儿童牙膏、沐浴液等齐全，均价950元左右。

御庭精品酒店

苏州市工业园区李公堤2号。0512–2950888。有亲子庭院房，均价1000元左右。

书香世家酒店（独墅湖店）

苏州市工业园区通达路2699号。0512–2191949。苏州园林风格，均价375元左右。

往返交通

上海虹桥机场达到后，乘坐直达苏州工业园的大巴。

苏州火车站，乘坐地铁达到景区。

常熟尚湖

亲子游达人：熊靓

常熟尚湖小档案

地址：江苏省苏州市常熟市。

门票：旺季（3～5月、9～11月）80元/人

淡季（12月～次年2月、6～8月）60元/人。

虞山风景区票价：35元/人（含剑门、宝岩、虞山城墙）。

电话：0512-52220030。

优惠政策

1.2～1.5米儿童、学生、60～70岁老人凭有效证件半票，1.2米以下儿童、70岁以上老人、离休干部、现役军官、残疾人凭有效证件免票。

尚湖位于常熟城西，虞山之南。因传商末姜太公在此隐居垂钓而得名。尚湖景区建于1986年初，临山孕湖，与古城浑然一体，含山川之秀，汇城乡之交，得天独厚，自然美色与人文景观相融合，气象开阔。度假休闲，游览观光，娱乐商贸，美食健身，四季宜人。

精彩看点

· 尚湖畅游
· 登虞山剑门
· 宝岩氧吧
· 虞山城墙

常熟尚湖不可不看

尚湖畅游

建议停留时间：1小时

"姜太公钓鱼，愿者上钩"，太公岛是进入尚湖的第一站，这里因为有姜太公钓鱼的故事而更加具有历史文化底蕴。而紧邻

尚湖美景

拂水山庄

太公岛的杨柳屿上有非物质文化遗产——古船模馆。在岛屿上，还可以观赏到那十里青山、千年古城，感受魅力的尚湖。拂水山庄、欢乐岛、水上森林以及博雅堂等景点也美不胜收，可与孩子一同来到常熟，感受尚湖景区的独特魅力。

爸爸有话说

拂水山庄为明末清初东南文宗钱谦益的私家别墅，也是见证钱谦益和一代才女柳如是白发红颜传奇的爱情之园。在观赏景点的同时，别忘了给孩子们讲解当地的人文知识，使他们对这些景点更加了解。

登虞山剑门

建议停留时间：1小时

虞山最高峰——锦峰的剑门是虞山上的奇石险峻之处，它在绝壁中开如门缝，窄处仅仅有约0.6米，顶端有巨石堵于门缝之上，令人生畏。玉蟹泉在秦坡涧旁的石城峰上。因为水质醇甘清冽，被誉为“虞山第一名泉”，这里的泉水遇涝不溢，遇旱不干。还有松风亭、拂水晴岩等景点更是美丽。

妈妈有话说

在剑门景区内观看经典的美景将是无比享受的，走一走剑道，喝一口泉水，感受泉水拂面的清爽，回味那些美妙绝伦的七彩飞虹。

虞山城墙

建议停留时间：1小时

常熟古城已有1700多年历史。虞山城墙是常熟城墙中沿着虞山的一段，它是苏南地区惟一依山而筑的城墙，故有“江南小长城”之称。可以与孩子一起，摸一摸古老的城墙，在城墙上登高远望，感受虞山上的历史，回忆常熟古城的演变兴衰。

宝岩氧吧

建议停留时间：1小时

宝岩位于虞山南麓宝岩湾的苍山翠谷之中，临湖依山，空气清新，已成为名副其实的天然氧吧。这里的小云栖寺、石洞冷泉等都显示出虞山宝贵的自然资源，带孩子们在欣赏美景

古城雪韵

的同时，还可以让他们在生态科普馆里学习一些知识，增加旅行中的收获。

周边也好玩

常熟周边深度游：常熟虞山—沙家浜—方塔园—曾赵园（耗时3天）。

D1 游览常熟虞山。

D2 前往沙家浜游览，之后到苏州城欣赏苏州园林。

D3 前往曾赵园游览，休整后返程。

水上森林

舌尖上的常熟尚湖

常熟地区有许多苏州美食，吸引着孩子们的味蕾，有很好喝的茶叶、水蜜桃，还有一些特色的小吃，都会让小朋友们吃过之后流连忘返。

推荐美食

- **石梅盘香饼**

又名石梅油酥盘香饼，以松脆味香的特点享誉地方。相传昭明太子萧统青年时代在石梅读书台著书立说、编纂文学名著《昭明文选》时每天所食并为之起名。它既有味道，又有典故，这将满足孩子们对每道美食的好奇心，真正成为美食的享受。

- **鸭血糯**

常熟特产鸭血糯，别名红莲糯、它米皮紫红，米色微红而粒长，气香而味腴，为滋养补品，曾列为皇宫内膳“御米”之一。

- **王四叫花鸡**

王四叫花鸡鸡肉酥烂异香，味透而嫩，上筷骨肉脱离，原汁原味，风味独特，是常熟一带的名菜。叫花鸡的来历颇具色彩，在吃叫花鸡时给孩子们讲一讲民间叫花鸡的故事，让他们了解这道菜肴，了解民间的美食。

推荐餐厅

- **阅湖轩**

常熟市虞山镇尚湖风景区（拂水堤西侧）。0512-52577779。尚湖大鱼头。

- **秀水坊饭店**

常熟市虞山镇尚湖风景区尚湖水街。0512-52796777。苏帮菜。

亲子酒店

常熟尚湖花园酒店

常熟市尚湖风景区。 0512-52105888。 2680～2780元/天。

常熟荷香苑酒店

常熟市虞山镇荷香洲。 0512-52669988。 588～787元/天。

常熟睿智酒店

常熟市虞山镇虞山南路1号。 0512-52955999。 588～787元/天。

往返交通

到达交通

上海出发：市区—A20—沪宁高速公路—苏嘉杭高速—沿江高速—尚湖风景区。

杭州出发：沪杭高速—苏嘉杭高速—苏州绕城高速—沿江高速—尚湖风景区。

南京出发：沪宁高速—沿江高速—尚湖风景区。

苏州出发：机场路—204国道—尚湖风景区。

无锡出发：锡沪路至常熟—尚湖风景区。

连云港、盐城、南通出发：常通汽渡（苏通大桥）—至常熟—尚湖风景区

徐州、淮安、扬州出发：京沪高速—润扬大桥—沪宁高速—至常州—转沿江高速至常熟—尚湖景区。

提示：下高速进常熟后一路均有路标。

市内交通

116路：汽车客运站—尚湖（西线）（尚湖站下）

117路：汽车客运站—尚湖（北线）（尚湖风景区站下）

虞山

濠河风景区

亲子游达人：张婕洁

濠河风景区

地址：江苏省南通市濠河西路55号。
级别：5A。
门票：免票。
开放时间：8：30～18：30。
电话：025-84431991。

江苏南通市的濠河是一条绕城河，围绕着国家历史文化名城南通的中心，全长10千米，水面1040亩，最宽处达215米。濠河呈倒置的葫芦形状环抱城区，形成了“水抱城、城拥水，城水一体”的独特景观。在这里不仅能够围绕着古城欣赏着江南小城的风貌，还能深入地了解南通丝绸、风筝文化的精彩魅力。

濠河风景区不可不看

珠算世界

建议停留时间：1小时

濠河的中国珠算博物馆是世界上最大的珠算专题博物馆。在博古鉴今馆里可以了解自古以来珠算对世界文明做出的贡献以及用珍珠、紫檀等珍贵材质制成的算盘。在开心启智园的少儿珠心算学校，让孩子们在学习体验中，了解珠算在社会经济发展中的地位和作用，惊叹算盘精品的美轮美奂。

精彩看点

- 珠算世界
- 夜游濠河
- 空中交响乐

爸爸有话说

2013年12月4日，联合国教科文组织保护非物质文化遗产政府间委员会第八次会议在阿塞拜疆首都巴库通过决议，正式将中国珠算项目列入教科文组织人类《非物质文化遗产名录》。

夜游濠河

建议停留时间：2小时

夜晚的南通城依然繁华，夜游是来南通的一种必须体验的事情。有多种夜游方式，第一种可以乘坐游船，围绕着濠河观看南通城的夜景，享受南方小城的娴静舒适；第二种夜游为徒步濠河，走走张謇修堤的三元桥、

夜游濠河

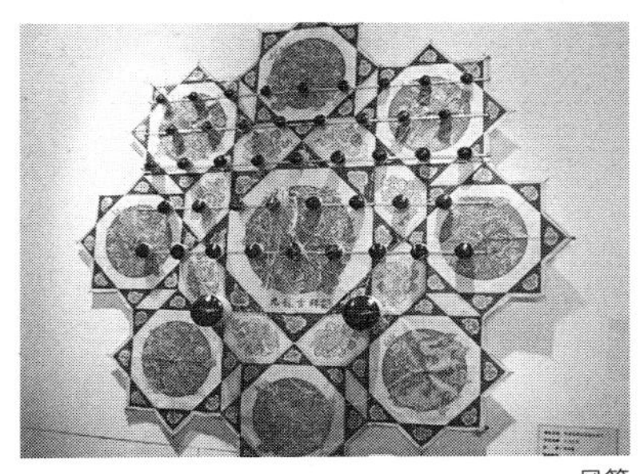
风筝

启秀桥等，还可以欣赏濠河两岸的光孝塔、天宁寺、北极阁和文峰塔等。

空中交响乐

南通是中国四大风筝产地之一，城内外早晚都有很多人放风筝（南通称“板鹞”），伴着晨光晚霞，看着翱翔在天空的风筝，能发出中高低声音的风筝，自由而又畅快。无论是自己放风筝累了，还是看别人放累了，都可以漫步到南通博物苑，了解南通历史文化，同时稍作休息。

妈妈有话说

天气热和风大的时候不建议放风筝。

周边也好玩

南通休闲文化游：南通市—狼山—水绘园—南通市（耗时约2天）。

D1 抵达南通市后，游玩自然风光优美的狼山，晚上回到南通市内。

D2 游玩水绘园后返程。

如果时间比较充裕，还可以到南京市秦淮河感受六朝古都的魅力，或者到无锡寻找鼋头渚，或者住在苏州，深度感受苏州文化的魅力，逛园林、吃苏帮菜。

风筝

特产

南通风筝、蓝印花布美名天下，可以购买一只风筝带回家，天气晴朗就去郊外放飞。此外，还要带上蓝印花布做的玩具送给亲朋好友，分享南通的魅力。

舌尖上的濠河风景区

南通一年四季鱼鲜、蟹肥、虾活。每年夏末从大海游到长江产卵的长江鮰鱼最有名气。河鲜、海鲜、江鲜和百种小吃组成了南通的美食生态。

天下第一鲜（文蛤）

南黄海滩盛产的文蛤有“天下第一鲜”之称。文蛤肉有爆炒、煨汤、烧烤、生炝等多种做法，铁板文蛤，金钱文蛤饼等都是南通名菜。

白汁鮰鱼

鮰鱼又名白吉鱼，长吻鮠，品种繁多。狼山一带江段出产的鮰鱼，白

文蛤

鲴鱼

中隐红，刺少肉嫩，是长江长吻鮠中稀有的名贵品种。

芙蓉藿香饺

用藿香叶作饺皮，桂花豆沙作馅儿心，软炸而成的藿香饺，入口清凉留香，是解暑的美食。

推荐餐厅

刘巧儿（濠河名邸店）

南通市崇川区跃龙路71号濠河名邸内。 0513–85105577。 狼山上的鸡等。

濠河山庄

南通市崇川区濠东路1号（近文峰路 三元桥东北首）。 0513–85151779。 鲴鱼等。

亲子酒店

在濠河游览，建议住在濠河景区内，便于夜游。或者住在附近的狼山，为登山提前做好准备。

金石国际大酒店

南通市崇川区崇川路85号。0513–68556505。 均价650元左右。

鹏欣花园国宾酒店

南通市崇川区山水路1号（狼山南侧长江边）。 0513–85708888。有亲子房，均价500元左右。

往返交通

南通兴东机场距离濠河景区有20千米左右，建议打车或者乘坐机场大巴。

南通火车站下车后，打出租车约18元到达景区。

濠河风景

鹏欣花园国宾酒店

溱湖国家湿地公园

亲子游达人：王杏芝

溱湖湿地公园小档案

地址： 江苏省泰州市姜堰区姜堰市溱潼镇。

电话： 0523–88623022。

开放时间： 8：30～17：00。

门票：

套票（溱湖湿地+溱潼古镇）：120元/人；

（溱湖湿地+生态园）：110元/人；

（溱湖湿地+生态园+溱潼古镇）：130元/人；

亲子套票：（溱湖湿地）：250元/人；

亲子套票：（溱湖湿地+溱潼古镇）：350元/人；

溱湖湿地：100元/人；

溱潼古镇：40元/人。

优惠： 亲子套票为2成人+1儿童，儿童为1.2～1.5米之间，单买儿童票为半价；1.2米以下儿童免票；

1.2～1.5米儿童、本省60岁以上老人、外省70岁以上老人（需持证）半票。

精彩看点

- 溱湖军体乐园
- 十里溱湖
- 湿地科普馆
- 麋鹿观赏区

溱湖国家湿地公园位于全国著名三大洼地之一的里下河地区，与江南水乡的青砖绿瓦、烟雾氤氲不同，溱湖湿地公园内河网交织，蒲草丰茂，空气清新，白天帆影翩翩，夜晚渔火点点，富有里下河地区独特的自然和民俗风貌。天然湿地生态系统包容有众多水生生物、湿地生物和陆生生物，类型多样，资源丰富，多种国家级保护动物以此为主要的栖息地，游走于溱湖湿地公园，时时有水鸟唱于芦丛之中，野凫绕于游船之旁，与大自然的亲密接触，令人神往，使人流连忘返。

溱湖湿地

湿地美景

军体乐园

亲子玩耍

溱湖不可不看

溱湖军体乐园

建议停留时间：1小时

溱湖军体乐园地处中国著名的三大洼地之一的里下河地区，这里有麋鹿、丹顶鹤、扬子鳄等珍惜的自然物种，拥有溱潼会船节，里下河民俗文化等浓厚的人文景观；还有时尚、安全、刺激、有趣的水上乐园；反恐精英游戏真人CS彩弹对抗实战训练的军体乐园极富惊险性、挑战性和趣味性，恢弘壮观、千舟待发、鼓乐喧天的会船表演、刺激的湿地探险乐园，让人们体验与众不同的野外游戏，是集游览、休闲度假和科普教育功能为一体的景区。

爸爸有话说

一家人在野外一起玩真人CS，在惊险中感受团队合作的重要性，激烈刺激的项目不仅是娱乐的好方式，同时也更有教育意义。

十里溱湖

建议停留时间：1小时

溱湖又名喜鹊湖，因当地生态环境非常好，吸引了许多喜鹊在此筑巢定居，又因喜鹊是吉祥喜庆之鸟，所以当地人都习惯上称之为喜鹊湖。溱湖是天然形成的湖泊，形似玉佩，面积约2.1平方千米。登高而望，从四面八方通达湖区的主要河流有9条，自然形成“九龙朝阙”的奇异景观。

妈妈有话说

溱湖湖面开阔，水深适当，湖中绿岛，蒲草丰茂，野凫绕船。坐在湖岸，和孩子一起欣赏这些大自然的美景，享受安静的时光吧。

湿地科普馆

建议停留时间：1小时

湿地科普馆分三层，一层主题为“溱湖寻迹”，主要通过水孕溱湖、观鸟天堂、麋鹿故乡、绿影生灵、溱

十里溱湖

十里溱湖

湖夜色等，展现了溱湖湿地的动植物、四季溱湖美景；二层主题为“探本溯源”，介绍溱湖的地理位置、地方文化特色和风俗；三层为大型场景“百鹊归巢”，通过喜鹊跟随着我们回到家园，讲述全球范围内人类在保护湿地、保护自然过程中所走过的“足迹”。孩子在这里不仅能够获得科普方面的知识，对他们的成长来说，有更大的教育意义。

麋鹿观赏区

建议停留时间：30分钟

麋鹿属世界级珍稀保护动物，因其角似鹿、面似马、蹄似牛、身似驴，俗称“四不像”，迄今已有300万年的生命历史，自古被誉为吉祥之物，传说中姜子牙姜太公的坐骑就是“四不像”。溱湖地区就是麋鹿的故乡，而在这里出土的麋鹿化石也最多，可以带着孩子看最原始的麋鹿，与动物们亲密接触，回归有爱的童年。

周边也好玩

溱湖深度游：溱湖国家湿地公园—溱湖湿地农业生态园—水云楼—溱潼古镇（耗时需3天）。

D1　游览溱潼国家湿地公园。

D2　前往溱湖湿地农业生态园观光，之后到水云楼游览。

D3　溱潼古镇游览，休整后返程。

舌尖上的溱湖

溱湖水域宽阔，水质清纯，物产丰富，其“溱湖八鲜”更是名扬天下，一家人在溱湖景区品尝天下名菜，自然惬意。

推荐美食

• 溱湖簖蟹

溱湖水清澈见底，溱湖簖蟹，青眼红毛，膏厚肉腴。每至金秋，螃蟹东行，设簖捕蟹是溱潼人特有方法。自古以来“南有澄湖闸蟹，北有溱湖簖蟹”又称“南闸北簖”。能爬过簖箔

科普馆内景

麋鹿群

农业生态园里的植物

溱潼古镇酿酒厂

溱湖簖蟹

溱湖甲鱼

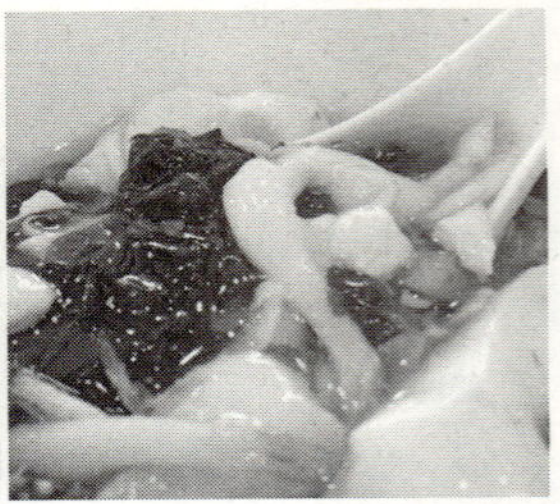
溱湖银鱼

翻身入网者皆为体魄健壮的上乘之品。

- **溱湖甲鱼**

溱湖甲鱼生长在水草茂密、泥藻淤积之处，具有大、厚、团、黑四大特点，有滋阴补肾、凉血降压之功效，常与童子鸡配成“霸王别姬”，与甲鱼蛋配制成“带子上朝”，与海参配制成“夜战马超”等名贵大菜。

- **溱湖银鱼**

溱湖银鱼通体透明，如晶如玉，形似柳叶，体态纤细，无鳞无骨，仅在镇北一小段河面上按季节才可以捕获。它是溱潼稀有的水产品之一。

亲子酒店

泰州华侨城温泉奥思廷酒店

泰州市姜堰区溱湖大道2号。0523–88881999。399元起／天。

江苏锦宸溱湖酒店

泰州市姜堰区溱湖风景区内。0523–88112222。259元起／天。

往返交通

坐飞机先到上海、南京、无锡等城市，然后坐车到泰州溱湖。

在泰州火车站、泰州汽车站、姜堰等乘坐旅游巴士到景区。

上海到溱湖风景区：沿江高速前行，过江阴大桥，从广靖高速转宁靖岩高速，往盐城方向，至溱潼6号口下。

南京到溱湖风景区：沿宁通高速前行，至泰州刁铺高速口下，经泰州市往姜堰方向1.5小时后抵达姜堰溱湖大道，一路向北到达溱湖湿地。

浙江到溱湖风景区：从浙江上沪宁高速，转锡澄高速，过江阴大桥，从广靖高速转宁靖岩高速，往盐城方向，至溱潼6号口下。

镇江到溱湖风景区：过润肠大桥，沿宁通高速前行，王南通方向，再转宁靖岩高速，往盐城方向至溱潼口下。

苏、锡、常到溱湖风景区：上沪宁高速，转锡澄高速，过江阴大桥，从广靖高速转宁靖岩高速，往盐城方向，至溱潼6号口下。

溱湖酒店内的荷花美景

瘦西湖

亲子游达人：王杏芝

瘦西湖小档案

地址：江苏省扬州市大虹桥路28号。

电话：0514-87357803。

门票：套票150元／人。6周岁（含）以下或身高1.2米（含）以下儿童、残疾人、70周岁及以上老人免票；7～18岁、本科及以下学生、现役军人、60～69岁老人半价。

租船：电动船：限乘4人，35元/小时（押金65元/条）；脚踏船：限乘4人，20元/小时（押金50元/条）；手划船：限乘4人，20元/小时（押金50元/条）。

精彩看点

- 大虹桥赏诗
- 钓鱼台望桥
- 白塔游湖
- 二十四桥怀古

扬州瘦西湖因湖面瘦长而得名。窈窕曲折的湖道，串以长堤春柳是瘦西湖的著名美景。湖面迂回曲折，迤逦伸展，仿佛神女的腰带，妩媚动人。沿着岸边行走，细长西湖犹如一幅天然的国画长卷。无数文人墨客在此流连忘返，吟诗作画，留下了众多墨宝和故事。

瘦西湖不可不看

大虹桥赏诗

建议停留时间：30分钟

“扬州好，第一是虹桥。扬柳绿齐三尺雨，樱桃红破一声萧，处处驻兰桡。”虹桥景色优美，清康熙年间王渔洋有诗一首描写道：“红桥飞跨水当中，一字栏杆九曲红。日午画船桥下过，衣香人应太匆匆。”就连乾隆皇帝也曾作诗赞赏过虹桥的景色。带着孩子来领略这古典美景，陶冶的不只有性情，还有气质。

爸爸有话说

看着眼前的美景，读着前人的诗句，好一个“两堤花柳依水，一路楼台直到山”！

瘦西湖美景

远望西湖

钓鱼台

钓鱼台望桥

建议停留时间：30分钟

在中国，以“钓鱼台”命名的景点非常多，扬州的钓鱼台却是众多钓台中体量最小，且极富特色的一座。站在钓鱼台斜角60度，可以在北边的圆洞中看到五亭桥横卧波光，而南边的椭圆形洞中则正好可以看到巍巍白塔。这一景象一彩一素、一横一卧，堪称绝妙。而洞中借景的画面正好对应了“三星拱照”的名称。

白塔游湖

建议停留时间：30分钟

相传在 1784 年，清乾隆皇帝第六次坐船游览扬州瘦西湖。从水上看到五亭桥一带的景色，不由遗憾地说：“只可惜少了一座白塔，不然这儿看起来和北海的琼岛春阴就像极了。”说者无心听者有意，财大气粗的扬州盐商当即花了10万两银子跟太监买来了北海白塔的图样，当晚连夜用白色的盐包堆成了一座白塔。这就是在扬州流传至今的“一夜造塔”的故事。和北海白塔的厚重稳健不同，扬州白塔比例匀称，亭亭玉立。和身边的五亭桥相映成趣。

二十四桥怀古

建议停留时间：30分钟

“二十四桥”出自唐代著名诗人杜牧的诗句“青山隐隐水迢迢，秋尽江南草未凋。二十四桥明月夜，玉人何处教吹箫。”二十四桥景区由落帆栈道、单孔拱桥、九曲桥和吹萧亭组合而成，中间的玉带状拱桥长24米，宽2.4米，桥上、下两侧各有24个台

白塔

二十四桥

大明寺

扬州园林之美

阶，围以24根白玉栏杆和24块栏板。一家人在一起品味杜牧“只可意会，不可言传”的诗句，将这里的朦胧意境相映衬，美不胜收。

周边也好玩

扬州瘦西湖—大明寺—个园—何园。

D1　游览瘦西湖。

D2　到大明寺远眺瘦西湖与扬州城景色。

D3　前往个园与何园观赏中国古代经典园林。

舌尖上的瘦西湖

淮扬菜是扬州的特色菜品，而扬州的美食也很丰富，来到扬州，一定要品尝扬州的特色美食，听着那些古老的故事，享受扬州人的美好生活。

推荐美食

- **扬州狮子头**

狮子头是扬州地区汉族传统名菜，属于淮扬菜系，“狮子头”千百年来盛誉不衰，成功之举在于保持基本传统烹调方法，随用料因物而异，富于变化，成为系列佳肴。

- **大煮干丝**

大煮干丝又称鸡汁煮干丝，是汉族传统名菜，属淮扬菜系。该菜品刀工要求极为精细，多种佐料的鲜香味经过烹调，融合到豆腐干丝里，吃起来爽口开胃，异常珍美，百食不厌，是一道既清爽，又有营养的佳肴，其风味之美，历来被推为席上美馔，是淮扬菜系中的看家菜。

扬州狮子头

平桥豆腐

• 平桥豆腐

平桥豆腐属淮扬菜系，是江苏淮安的一道名菜，作为淮扬菜系的扛鼎之作，平桥豆腐经济实惠，美味可口，食而不腻，清素入肺。平桥豆腐含有丰富的营养，具有补五脏、疗虚损的功效，在夏季食用功效更显著。

推荐餐厅

• 天香阁酒店

扬州市广陵区汶河北路30号（近四望亭路）。0514-85580000/87358290。扬州狮子头。

• 百姓人家

扬州市邗江区四望亭路50号（近竹佳庄）。0514-87935877。大煮干丝。

• 顺水楼大酒店

扬州市邗江区四望亭路369号（近友好医院）。0514-85886777/0514-85886999。无味煎虾。

亲子酒店

扬州大虹桥度假村

扬州市大虹桥路34号。0514-7809001/7809002。230～680元/天。

花园国际大酒店

扬州市江阳中路236号。0514-87803333。408～2080元/天。

新世纪大酒店

扬州市邗江区维扬路101号。0514-87878888。428～1880元/天。

往返交通

到达交通

从南京禄口机场出发，可乘直达扬州的班车，时间为12：30、14：30、17：30，也可乘机场大巴至南京市内汉中门汽车站或汽车东站乘直达扬州的班车，平均每半小时一班。

南京方向与泰州方向都有直达扬州的火车，到扬州站后可坐公交车到达扬州瘦西湖。

市内交通

西门：乘坐11、39、50、55夜、81、107、216路公交车，旅游专线在东方百合园站下车；

北门：乘坐5、25路公交车，旅游观光巴士、旅游专线在观音山站下车；

南门：乘坐4、5、6、17、23晚、27、29、37、51夜、62、103路公交车，旅游观光巴士、旅游专线、镇扬城际公交线瘦西湖站下车。

东门：乘坐27、62路公交车在宋夹城遗址公园站下车。

杭州西湖

亲子游达人：王杏芝

杭州西湖小档案

地址：浙江省杭州市西湖区天目山路358-3号。

电话：0571-85025649。

门票：免费。

最佳旅游时间：

2月雾蒙蒙，雾西湖景色蒙胧，宛若瑶池仙境；

4月雨纷纷，雨西湖似真似幻，风姿独特；

10月夜晚，皓月当空，泛舟于湖上，品酒赏月，自在惬意；

12月里白雪皑皑，银装素裹，雪西湖宛如小家碧玉踏雪行来。

杭州西湖是世界文化遗产，江南三大名湖之一。它位于"上有天堂，下有苏杭"的浙江省杭州市，以秀丽的湖光山色和众多的名胜古迹而成为闻名中外的旅游胜地。西湖凭借着上千年的历史积淀所孕育出的特有的江南风韵和大量杰出的文化景观而入选世界文化遗产，这同时也是现今世界遗产名录中少数几个、中国唯一一处湖泊类文化遗产。历代文人墨客到此游览，写下不少著名诗篇。宋代大文豪苏轼留下了"欲把西湖比西子，淡妆浓抹总相宜"的千古绝唱，许仙与白娘子的传奇故事更使西湖增添了无限的神秘色彩。

精彩看点

- 苏堤春晓
- 柳浪闻莺
- 花港观鱼
- 曲院风荷

杭州西湖不可不看

苏堤春晓

建议停留时间：1小时

苏堤俗称苏公堤，在西湖的西南面，南起花港观鱼，北接曲院风荷，是"西湖十景"之首。苏堤的美丽不仅在于它在秀丽的西湖中穿越而过，还因为堤上种满了形态优美的香樟树及其他各种植物，是一条全年都常绿的长堤，特别是到了春天，堤上桃花盛开，树发新叶，一派生机盎然的景象，加之春风和煦，令人心旷神怡。

爸爸有话说

如诗如画的迷人风光，感受着"六桥烟柳"，回味着江南的故事，在苏堤旁静静地站着，给孩子们讲一讲那时的苏堤。

柳浪闻莺

建议停留时间：1小时

柳浪闻莺前身是南宋的皇家花园——聚景园。春天的花园柳树荫

西湖美景

杭州西湖

荫，枝枝翠柳婀娜多姿，有些随风摇曳，更有临湖而植者，枝叶俯垂水面，远望如少女浣纱的“浣纱柳”。步履其间，浓荫深处的柳树给人以阵阵思绪，悦耳的莺啼声更是撩人遐想。

花港观鱼

建议停留时间：1小时

“卢园”是南宋内侍卢允升的私人花园，因其处有清溪自花家山流下，故名“花港”。公园中部的南端是最吸引人的地方——红鱼池。池中满蓄金鳞红鲤，池畔花木扶疏。而牡丹园也是卢园的美景之一，仲春时节，站在耸峙高处的牡丹亭向下俯视，但见大大小小的花坛间红夹绿，那灿若云锦的牡丹花千姿百态，争奇斗艳，令人流连忘返。

曲院风荷

建议停留时间：1小时

曲院风荷在灵隐路洪春桥畔，据说南宋时有一处官家酿酒作坊，坊内与金沙涧相通的池塘种满了荷花，每逢夏日熏风吹拂，荷香与酒香四溢，令人陶醉，人们称之为“曲院风荷”。每当夏日，荷花开放，满眼翠盖红装，香飘数里，池和池之间筑小桥相连，流连观赏，可以领略到“接天莲叶无穷碧，映日荷花别样红”的迷人景色。

周边也好玩

杭州深度游：杭州西湖—西溪国家湿地公园—洪园余韵—白龙潭景区—宋城（耗时3天）。

D1 游览杭州西湖。

D2 西溪国家湿地公园，之后

苏堤

柳浪闻莺

花港观鱼　　曲院风荷　　采花的孩子

到白龙潭景区欣赏自然风光。

D3　宋城感受大型表演《南宋千古情》，修整后返程。

舌尖上的西湖

在游玩之后，带着孩子来西湖边上尝尽西湖美食，填饱肚子的同时，也在美丽的西湖旁边小坐一番。

推荐美食

● 蜜汁火方

金华火腿起源于宋代，因选料精细，腌制考究，芳香浓郁，鲜咸适口，为人们常年食用。由于金华火腿香气浓郁，历史悠久，在宋代和明代皆已作为宴席上的珍贵佳肴。“蜜汁火方”用冰糖浸蒸，肉色火红，肉质酥糯，味甜馥香，汤汁稠浓，咸鲜而带重甜。再衬以武义宣平特产白莲子，缀上青梅、樱桃，色彩艳丽，食之回味无穷。

● 西湖醋鱼

“西湖醋鱼”又叫作“叔嫂传珍”。古代有人曾为此菜写了一首诗：“裙屐联翩买醉来，绿阳影里上楼台，门前多少游湖艇，半自三潭印月回。何必归寻张翰鲈（是赞誉西湖醋鱼胜过味美适口的松江鲈鱼），鱼美风味说西湖，亏君有此调和手，识得当年宋嫂无。”诗的最后一句指的就是“西湖醋鱼”创制传说。

● 龙井虾仁

“龙井虾仁”选用活大河虾，配以清明节前后的龙井新茶烹制，虾仁肉白、鲜嫩，茶叶碧绿、清香，色泽雅丽，滋味独特，是一道杭州传统风味突出的名菜。人们从苏东坡的《望江南》中联想到这个季节中的时鲜河虾，于是以新火烹制了“龙井虾仁”，并流传至今。

推荐餐厅

● 曼陀林庭园餐厅

杭州市西湖区玉皇山路43号（玉皇山山脚下）（玉皇山山脚停车

宋城夜景

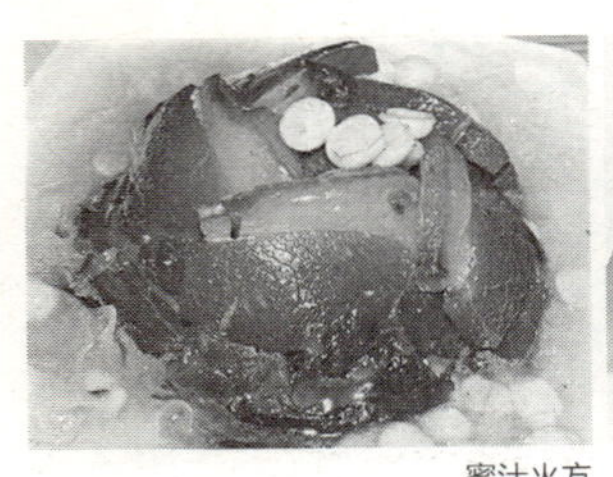
蜜汁火方

西湖醋鱼

龙井虾仁

场）。0571–87022902。菠萝油条虾。

• 新白鹿餐厅

杭州市下城区延安路耶稣堂弄15号。0571–85151554。蛋黄鸡翅。

• 西湖餐厅

杭州市西湖区龙井路茅家埠5号。0571–87179539。杭州美食。

亲子酒店

杭州湖景精品酒店

杭州市上城区杭州市南山路101号。0571–87029909。100～300元/天。

餐厅环境

杭州清柳斋旅社

杭州市上城区南山路河坊街道三衙前9号。0571–87071369。68～159元/天。

布丁酒店（杭州西湖柳浪闻莺店）

杭州市上城区南山路186–1号。0571–87063085。169～259元/天。

往返交通

到达杭州萧山国际机场后，换乘市区里的车到达西湖景区

杭州现有三大火车站，有多组联外动车，通往大陆各主要城市。

杭州是浙江省公路网的中心，东西南北方向分别有沪杭高速，杭浦高速，杭甬高速，杭金衢高速，杭新景（杭千）高速，杭徽高速，杭宁高速，以及104国道，320国道，02省道等四通八达的放射状交通线。

西湖布丁酒店酒店内景

西溪湿地

亲子游达人：王杏芝

西溪湿地小档案

地址：浙江省杭州市天目山路518号。

电话：0571–88106688 88106696。

时间：4月1日～10月31日8：00～17：00（园区16：30停售门船票，游客禁止入园）

11月1日～次 年3月31日8：30～17：00（园区16：00停售门船票，游客禁止入园）

门票：套票：包含景区大门票80元/天、景区电瓶船60元/天、景区电瓶车5元/天，不含景区规定自费项目和其他个人消费。

景区成人票：景区大门票80元/天+电瓶船60元/天+电瓶车5元/天。

优惠：6岁以下或1.2米以下（不含1.2米）免门票（免费乘坐电瓶船），1.2至1.5米儿童享免半票、电瓶船票半价优惠；杭州市大中小学生凭有效证件享受门票半价优惠；全国60周岁以上老年人凭有效证件享受门票半价优惠，70周岁以上老人、现役军人、残疾人，本市离休干部和浙江省30年以上教龄的教师凭有效证件享受门票免票。

西溪湿地·洪园位于余杭区五常街道，以“一曲溪流一曲烟”闻名，曾与西湖、西泠并称为“杭州三西”，天然湿地的野趣美景和深厚古朴的文化底蕴，给这片古老的土地赋予了美妙和神秘的色彩。洪园有独特而迷人的自然风光，大量的桑基、柿基、竹基（俗称“三基”）鱼塘遍布。随处是溪流、河荡、泽地，荡中有岛，岛中有塘，港汊纵横，一派“梦里水乡”图景。西溪湿地·洪园有着深厚的历史文化底蕴，这里有国家级非物质文化遗产项目“五常龙舟胜会、十八般武艺”为代表的洪氏文化、五常民俗文化。洪园余韵、龙舟

西溪湿地

湿地美景

洪园雪景

胜会、蒹葭泛月、火柿映波和寿堤，是西溪“三堤十景”中独具特色的景点。

西溪湿地不可不看

洪园

建议停留时间：1小时

洪园以五常水乡文化、洪氏文化为内涵，是西溪国家湿地公园中具有湿地水乡特征的重要一景，独特而迷人的自然风光，深厚的历史文化，悠然的田园水乡风情，使得这里的“洪园余韵、龙舟胜会、蒹葭泛月、火柿映波和寿堤”成为了西溪三堤十景中独具特色的景点。其中最长、最美的寿堤自北向南依次贯穿了西溪农耕文化体验村、五常民俗文化村、西溪大众休憩村和西溪艺术集合村四个村落。带着孩子在洪园驻足，总能发现一些与众不同的水乡文化。

妈妈有话说

洪园里的各个景点都展现出洪园深邃而又奇特的文化底蕴，给孩子讲解这些洪园里的故事与景点，不失为一种好的教育方式。

西溪湿地植物园

建议停留时间：1小时

西溪植物园包括展示以水生观赏花卉为主的东、西侧水生花园、食用药用等使用价值为主的湿地经济植物展示区，群落类型为主的水生植物群落展示区和两侧原生态湿地群落展示区。湿地植物园共培育植物600多种，种类丰富，还有一条目前国内唯一的水下生态观光长廊。

妈妈有话说

和孩子一起认识不知道的植物，参观水下生态观光长廊，感受这大世界的奇妙之处。

花与蝴蝶

烟水渔庄

烟水渔庄

西溪寿堤

烟水渔庄

建议停留时间：1小时

烟水渔庄位于烟水庵的南部，濒临朝天暮漾。这里烟水渔庄的西溪养蚕丝绸故事展示了南宋蚕丝图中培育蚕种、采桑养蚕、煮茧抽丝、制造成衣等二十二道工序，这些场景既再现了西溪妇女们心灵手巧和勤劳的品质，又让孩子们在游览时学习到了江南丝绸的知识，感受到中国传统丝绸文化的深蕴。

寿堤

建议停留时间：1小时

寿堤是西溪"三堤十景"之一，西溪国家湿地公园内共有三条长堤，分别命名为"福、绿、寿"，与"福禄寿"谐音。"寿堤"是三堤中最长的堤，全长5470米，寓意与杭州市打造健康城市的目标相一致。将众多的西溪美景串珠成链，构成了一幅西溪湿地中最美的图卷。

周边也好玩

杭州深文化游：西溪湿地公园—杭州西湖—灵隐寺—白堤（耗时3天）。

D1 游览西溪湿地公园。

D2 前往杭州西湖观赏，之后到灵隐寺。

D3 前往白堤断桥散步，休整后返程。

杭州西湖

灵隐寺

酒酿

舌尖上的西溪湿地

西溪湿地的特色小吃以及杭州名菜都是很特别的美味，一家人坐在西溪湿地的餐馆里饱餐一顿，不仅满足了饥饿的肚子，也享受了西溪慢时光。

推荐美食

• 西溪大碗茶

西湖龙井茶名列中国十大名茶之首，中外皆知。但很多人不一定知道的西溪茶叶，自古声誉也是很高的。西溪地少水多，土地适合种茶，由于没有田种，就用茶叶来换米。西溪种茶历史悠久，茶叶品质很高。

• 麦芽糖

西溪的麦芽糖一直都很受欢迎。虽然很甜，但是大家可能不仅仅在品味它的味道，而是更加享受用手不断拉拽它的乐趣。小孩子最爱这些甜甜又具有乐趣的小吃，西溪可以说是孩子们的天堂，在美景之余还可以让他们品尝到好吃好玩的麦芽糖。

• 西溪酒酿

西溪酒酿是用蒸熟的江米拌上酒酵发酵而成的一种甜米酒，吃的时候连米带酒一起吃，也可以加水煮开了吃，还可以在煮的时候放入鸡蛋就成了香甜美味的酒酿鸡蛋，或者在煮的时候加入红糖、蜂蜜，吃法多种多样。由于酒精度极低，一般不用担心会吃醉。在炎炎夏日，吃上一碗凉酒酿，会五脏六腑透凉；冬天则热吃，将酒酿与蜜枣或鸡蛋一起煮沸，吃起来又香又甜，令人寒意顿消。

西溪大碗茶

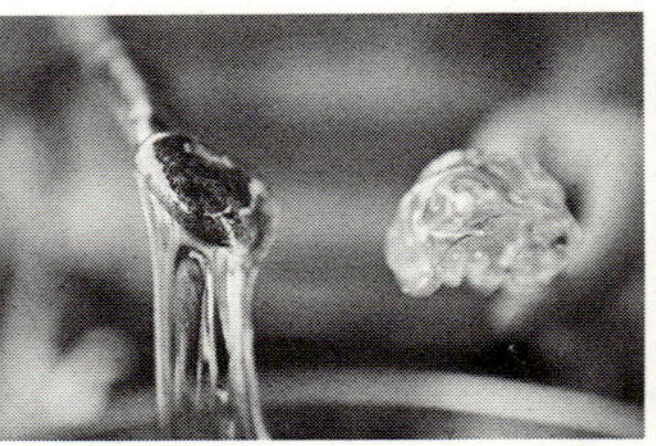
麦芽糖

可爱的小女孩

杭州西溪茭芦田庄酒店

西溪湿地民居酒店

推荐餐厅

- **洪圆酒家**

杭州市西溪湿地洪园五常民俗文化村内。13958098429。杭帮菜。

- **钱塘茶馆**

杭州市钱塘望族展览馆内。15088782808。天然茶品。

- **庐雁餐厅**

杭州市西溪湿地洪园五常文化民俗村内。0571–88731080。西溪农家菜。

适合的亲子酒店

杭州西溪茭芦田庄酒店

杭州市西湖区西溪湿地公园天目山路高庄南二门。0571–81671111。408～5588元/天。

杭州西溪谷君亭酒店

杭州市西湖区西溪路535号。0571–87157666。518～3888元/天。

汉庭酒店

杭州市西湖区古墩路5号，近西溪路。0571–87980777。180～392元/天。

往返交通

线路A：公交车K189到古荡下车转乘K506或者K193到周家村。

线路B：公交车355/K355到古荡下车转乘K506或者K193到周家村。

线路C：公交车43/K43到骆家庄下车转乘K310到周家村。

全国各大城市火车到达相近的火车站之后，城站火车站—西溪（290路到达）；杭州火车南站—西溪（300路到达）；火车东站—西溪（乘坐47路至新塘路严家弄口换乘86路）；

自驾：1. 宁杭高速方向至西溪—宁杭高速至杭州绕城西线，绕11B留下出口往天目山路市区方向直行1千米即到。

2. 上海、苏州、嘉兴方向游客：沪杭高速方向至西溪—沪杭高速至杭州绕城北线，然后转绕城西线，绕11B留下出口下，往天目山路市区方向直行1千米即到。

乌镇

亲子游达人：王杏芝

乌镇小档案

地址：浙江省桐乡市乌镇石佛南路18号。

电话：0573-88731088。

门票：1. 东栅：100元/人；西栅：120元/人；东西联票：150元/人。

2. 游船运营线路：

A. 停车场码头—新华侨码头

B. 财神湾码头—新华侨码头

单包船：4人以内，160元/船，单程

4人以上，8人以内，240元/船，单程

拼包船：30元/人，单程；1.5米以下儿童，15元/人；（限乘8人）

运营时间：8：00～17：00

运营时间：服务中心码头、安渡坊码头、望津里码头、如意桥码头、乌将军庙码头：7：30～21：30。

灵水居码头、枕水溪码头、龙形田码头：8：00～17：00。

游览车：5元/人，每车限坐10人，游客可凭房卡与住宿登记单免费乘坐。

精彩看点

· 昭明书院

· 益大丝号作坊

· 老邮局

· 草木本色染坊

乌镇位于浙江省桐乡市与嘉兴市、湖州市和江苏省吴江市两省四市的交汇处，是江南水乡六大古镇之一。乌镇历经2000多年沧桑，仍完整地保存着原有的水乡古镇的风貌和格局，梁、柱、门、窗上的木雕和石雕工艺精湛。当地的居民至今仍住在这些老房子里。全镇以河成街，桥街相连，依河筑屋，深宅大院，重脊高檐，河埠廊坊，过街骑楼，穿竹石栏，临河水阁，古色古香，水镇一体，呈现一派古朴、明洁的幽静，是江南典型的“小桥、流水、人家”石板小路，古旧木屋，还有清清湖水的气息，仿佛都在渲染着一种情致，一种氛围。一家人来到乌镇感受江南古朴的民风民俗，在小桥流水间回味江南烟雨，美不胜收。

乌镇夜景

乌镇美景

乌镇不可不看

昭明书院

建议停留时间：30分钟

昭明书院位于乌镇西栅景区，得名于曾在乌镇筑馆读书的南朝梁昭明太子萧统，书院坐北朝南，西为拂风阁，是喝茶交流的场所，水池中央有明代经幢，晚风吹拂时，坐在露天的亲水平台上捧一卷美文，品一壶香茶，闻一曲琴韵，能让人深深体会到读书的快乐。想象着一家人安静地在一起看看书，伴着美景，享受寂静时光，必定是温馨美好的。

爸爸有话说

昭明书院是古时候的书院，带着孩子在这里参观一番也有教育意义，让孩子明白读书其实是一种享受。

益大丝号作坊

建议停留时间：30分钟

乌镇素有“丝绸之乡”的美称，物产富足，乡民多以养蚕织锦为主。益大丝号作坊全面展示了从种桑、养蚕、收茧到缫丝、织锦的各道工序，织成的锦缎质地坚实、雍容华贵，被赋予美称“乌锦”。在这里可以带着孩子观看乌锦的制造工艺，欣赏精妙绝伦的精品展示。

妈妈有话说

与孩子一起学习乌锦的制作过程，感受传统的民间手工艺，不仅有趣，而且也长了知识。

老邮局

建议停留时间：20分钟

乌镇有悠久的邮寄历史，唐朝的时候乌镇就是一个商业发达的镇，京

昭明书院

乌镇药店

乌镇作坊

老邮局

杭大运河穿镇而过。而正是由于频繁的信息交流，乌镇经济更为发达，由此乌镇的邮递业也发达起来。老邮局的建筑风格与乌镇其他建筑不同，它是砖瓦结构，大门是一扇西式的铁门，整个邮局中西结合。几经历史风雨，它现在还在营业着，买上几张明信片，盖上乌镇老邮局的邮戳，寄给远方的朋友，也是一份特别的祝福。

草木本色染坊

建议停留时间：30分钟

这是一处手工环保印染大型工坊，占地2500平方米，晒布场地以青砖铺就，竖着密密麻麻的高杆和阶梯式晒布架，规模相当庞大。草木本色染坊除了以蓝草为原料浆染制作蓝布印花布工艺之外，还有独特的彩烤工艺流程，成为五彩缤纷的天然布料。在长长的花布之间穿梭，玩耍，好似回归了淳朴和孩子般的童真。

草木本色染坊

舌尖上的乌镇

乌镇菜隶属中国四大菜系中的淮扬菜，讲究清、鲜、脆、嫩，注重原汁原味。民间流传的众多古菜肴流传至今。一座白墙青瓦、精巧雅致的明清古建筑，案桌上摆放几道乌镇特色菜肴，窗外小桥流水人家。此情此景，怎能不叫人沉醉其中。

推荐美食

- **红烧羊肉**

乌镇民间有“一冬羊肉，赛过几斤人参”的说法。老饕们对羊肉各有所好，有的喜欢夹心的肥瘦相间；有的偏爱腿精的鲜嫩多汁；有的爱好尾部的丰腴肥香；有的专挑脖项活肉，还有的则专攻羊蹄下水……往往为吃一块中意的羊肉而不惜放弃清晨的美梦，等着小火咕嘟了一个晚上的羊肉开锅。一杯小酒，一碗羊肉，或用新轧的细面下一碗羊肉面，撒上碧绿嫩黄的蒜叶姜末，吃得心满意足。

- **抱腌太湖白水鱼**

太湖白水鱼肉质细腻，滑嫩，汤汁鲜美。乌镇临近水域过去盛产此鱼，但近年来数量有所减少。一般白水鱼捕捞出水即死，但保存得法，其味不变。如若遇到活的白水鱼，则不要错失机会，可让店家活杀清蒸，尽品其鲜嫩原味。

红烧羊肉

白水鱼

酱鸭

• **酱鸭**

成品酱鸭由于是原汁原汤反复烧制，鸭体内的水分已基本蒸发，所以容易保存，有“六月不馊，腊月不冻”之说。外观酱红油亮，入口脆嫩鲜美，后味无尽。

推荐餐厅

• **锦苑宫中餐厅**

乌镇西栅大街129号。 0573-88731376。 蜜汁蒸火方。

• **子夜大酒店**

乌镇子夜路3号。 0573-88728088。 石锅香芋球。

• **裕生餐馆**

乌镇安渡坊1号。 0573-88731077。 红烧羊肉。

乌镇民宿

乌镇客栈

适合的亲子酒店

乌镇锦堂行馆

乌镇西栅大街306号（西栅景区内）。 0573-88731088。 1480~3310元。

枕水度假酒店

乌镇西栅女红街118号。 0573-88732555。 970~4060元。

乌镇民宿

乌镇西栅老街两岸。 158-88337901。 440~1300元。

往返交通

全国各大城市均有直达杭州萧山国际机场的航班，乘坐巴士，1小时候抵达乌镇。

全国各大城市火车站抵达桐乡火车站，打车抵达乌镇仅需20分钟。

乌镇距上海124千米；距杭州72千米；距北京1249千米（距离较远的家庭建议乘坐其他交通工具前往）。

八里河风景区

亲子游达人：熊靓

八里河风景区小档案

地址：安徽省阜阳市颍上县。
级别：5A。
门票：景区联票50元/人。学生证半价。70岁以上老人免费。1.2米以下儿童免费。
开放时间：7：30～17：30。
季节：春、夏、秋三季。
电话：0558-4585006。

温馨提示

周末景区都有各种互动节庆活动，关注景区微信号，有最新的活动信息。

八里河风景区是皖北地区少有的集亲水、景观、植物观赏等为一体，老少皆宜的公园式景区。在这里，你可以在河堤边骑行漫步，池塘边观鸟喂鱼，书院读书习文，假山中嬉闹穿梭……忘掉一切烦恼，感受美好的亲子时光。

八里河

精彩看点

- 登小长城
- 晃桥游乐
- 池边喂鱼
- 露营野餐

八里河风景区不可不看

锦绣中华园登小长城

建议停留时间：2小时

锦绣中华园是仿苏州园林建造的，有万寿山、观音山、白雀寺、九龙壁、小长城等人造景观。其中孩子们最喜欢的就是登小长城，站在上面有种登上巍峨长城的感觉，是一项培养孩子对中国名胜古迹的敬仰之情的项目。

妈妈有话说

八里河是管仲故里，管仲是中国古代著名的哲学家、政治家、军事家。留下了“仓廪实而知礼节，衣食足而知荣辱”的名句，也表达了他民富才顾及礼仪和荣誉的政治思想。

晃桥游乐

建议停留时间：1小时

来到碧波景区，要经过一座长约500米的摇晃步云桥，走在上面晃晃悠悠，犹如身在云端一般的感觉。这

锦绣中华园

座桥由松木板排成，6座铁索桥和7座亭子相连。这里的每个小岛都有不同的动物，通过走晃桥来到小岛看动物，孩子们玩得不亦乐乎。

妈妈有话说

走晃桥有一定的风险，家长必须陪伴。不建议年龄过小的孩子走。

池边喂鱼

建议停留时间：20分钟

八里河里的鱼又肥又大，喜欢在池边争抢食物，孩子们来到这里，不喂鱼是不会离开的。虽然有鱼食卖，但是很多爸妈都喜欢带上馒头、面包，掰开后让小朋友扔到水里喂鱼。

露营野餐

八里河风景区自然环境优美、公园设施齐全。周末到了，开着车、带上帐篷和吊床，拿上精心准备的野餐食物来到这里。孩子在草坪上玩着飞盘、打着羽毛球，父母在一边喝着咖啡，享受着休闲的亲子时光。

周边也好玩

畅游皖南：黄山市—屯溪老街—西递—黄山—徽州古城—黄山市（耗时约4天）。

屯溪老街

D1　抵达黄山市后，先参观市内古韵盎然的屯溪老街。

D2　前往西递参观1天。

D3　欣赏黄山日出和山中美景。

D4　前往徽州古城感受徽商文化，晚上取道黄山市返回。

如果时间比较充裕，还可以北上绩溪寻访诸多古迹、探险徽杭古道，或者南入江西，欣赏婺源的世外桃源美景。

特产

古城泥人产于颍上县古城乡，主要是用当地泥土，经制坯上彩、精塑而成，100多种泥人产品栩栩如生。

舌尖上的八里河

颍上的小吃是知名阜阳小吃的组成部分。

推荐美食

- **上麦仁糟**

它是颍上民间广泛流行的一种特产小食。它不是主食，但又不同于一般

的副食。在农历五月端午节前后，是食用麦仁糟的黄金季节。

● 颍上煎饼

相传是春秋齐相管仲，从家乡淮河之滨颍上，带到山东半岛并传播开去的。山东、苏北等地都把煎饼当作一种主食。

推荐餐厅

● 放鹅郎

颍上县北新区前进西路方氏购物一楼。 0558-4151888。 鹅杂等。

亲子酒店

天筑豪生大酒店

颍上县颍州区淮河路666号（近万霖花苑）。 0558-2699999。 380元左右。

往返交通

到达交通

阜阳西关机场，乘坐大巴到阜阳市内，阜阳客运站右大巴前往八里河风景区。

需从阜阳火车站打车至客运总站，再转乘大巴前往八里河风景区。

阜阳夜景

万佛湖风景区

亲子游达人：熊靓

万佛湖小档案

地址：安徽省六安市舒城县万佛湖风景区。
级别：4A。
门票：55元/人。
开放时间：8：00～17：30。
电话：0564-8535069

舒城山川秀丽，旅游资源丰富，有“皖中花园”之美誉。万佛湖即原龙河口水库，便位于舒城，是举世闻名的淠史杭灌区的重要组成部分，安徽十大水库之一。

万佛湖不可不看

泛舟湖上

建议停留时间：1小时

来到万佛湖的游客都会被超大的湖区和散落在湖里的岛屿所吸引。在游船码头，有各种类型的船可以选择。一般都会选择游艇，站在船上除了呼吸清爽的空气，还能拍摄到万佛湖岛屿的各式形态，有的如绿龟浮背，有的如鳌鱼出水，有的似紫燕剪水，有的似牛卧浅滩。

精彩看点

- 万佛湖风光
- 大梅山
- 万佛湖大坝

沿湖骑行

建议停留时间：1小时

骑行户外爱好者不能错过在万佛湖畔骑行的机会，沿着湖区大道一路骑行，欣赏湖光山色的美景，身心彻底放松。孩子在此间也是锻炼身体的好机会，在农家山舍间一路穿行，可以边走边认识新的植物。

妈妈有话说

不要让孩子一人独自在山路上骑行，骑行中要做好防护措施，戴好头盔，做好

万佛湖全景

万佛湖寻古

手腿保护。夏日要防止蚊虫叮咬，骑行前喷上驱蚊药水。

万佛探秘

建议停留时间：15～20分钟

在万佛湖带着孩子乘船去岛屿探秘也是别有乐趣，在栲栳山寻找五老观太极，在大梅山先贤感受洞穴崖居，在里许寻找似人、似马、似龟的奇石景观……还可以乘船向东到瓦砾山、叶墩遗址寻找祖先当年捕鱼狩猎、刀耕火种的痕迹。

妈妈有话说

万佛湖有世界第一大人工土坝，乘船游湖时就能欣赏到大坝的雄姿。

周边也好玩

六安生态旅游：寿县—八公山—寿县古城—万佛湖—天堂寨（耗时5天）。

D1　抵达六安寿县后后，先参观离市区不远的八公山。

D2　寿县古城游览休闲参观1天，晚上前往万佛湖。

D3　游览湖光山色。

D4～D5　前往天堂寨，天堂寨景区景点较多，需两天时间游览。

特产

舒城的舒席是以水竹为原料，取其头青、二黄制成。舒席花纹细密、柔软光滑、凉爽消汗、不被虫蛀、经久耐用、可折可卷，非常适合老人和小孩夏日使用。

舌尖上的万佛湖

万佛湖的美食自然与湖相关了，万佛湖砂锅鱼头是以地道的万佛湖鳙鱼头为原料，加上纯净的湖水炖制而成。其味鲜美，富含微量元素和维生素，非常适合孩子品尝食用。

妈妈有话说

吃鱼要注意别被鱼刺卡到，如卡到及时送医，万佛湖景区有医护人员就能处理。

推荐餐厅

- **万佛湖廖记农庄**

舒城县经济开发区舒晓路25K向南600米。 13275831458。 万佛鱼宴等。

万佛湖古院落

万佛湖鱼头汤

舒席

亲子酒店

来到万佛湖，住在能看得见湖景的房间，推开窗户即可享受湖光山色的魅力，吸上一口湖区自然的空气，整个人都舒畅了。

万佛湖金水湾度假村

舒城县万佛湖镇大坝景区金水湾度假村。 0564-85355888。 均价250元。

万佛湖徽萃山林度假村（六安店）

舒城县万佛湖景区大坝码头侧徽萃山林。 15345595268。 均价150元。

往返交通

到达交通

合肥新桥国际机场，有前往舒城的大巴，然后打车到万佛湖约50元。

从六安火车站转到舒城后，乘坐5路公交车到达景区。

万佛湖徽萃山林度假村

新安江山水画廊

亲子游达人：刘樱

新安江山水画廊小档案

地址：安徽省黄山市歙县。

级别：4A。

门票：50元+66元/人（船费）。

开放时间：7：00～17：00。

电话：0559-5541158。

季节：3月油菜花、4月杜鹃花、5月枇杷，7月荷花、10月桂花、12月梅花。

温馨提示

新安江山水画廊在每年5月有国际马拉松比赛，5月底有驰名中外的三潭枇杷节。

新安江山水画廊风景区位于安徽歙县，全长约50千米，两岸徽派古民居点缀在青山绿水之间，素有“东方多瑙河之称”的新安江穿行而过，一年四季景色各异，泛舟其中，好似一幅流动的山水画卷，故称之为新安江百里画廊。

精彩看点

- 游船看景
- 绵潭听戏
- 漳潭迎亲

新安江山水画廊不可不看

游船看景

建议停留时间：2小时

在景区里建议选择深渡镇—漳潭村—绵潭村—将军埠—深渡镇游船路线，这条游船线路需要2小时左右。一路游船，让你在青山绿水间，静静体会粉白黛瓦马头墙建筑里徽州人的古朴生活。

妈妈有话说

游船不能让孩子单独乘坐，尽量穿上救生衣。

漳潭迎亲

建议停留时间：30分钟

乘坐游船到漳潭的渡口，这里的

新安江

迎亲文化是传统特色。红妆馆里有着天下第一的龙凤轿子。这顶轿子犹如一座移动的宫殿，轿身有窗，绢画为幕。花鸟、龙凤雕刻精细、栩栩如生，需要16人抬起的双人大轿子，也是徽州迎娶文化中的经典之作。

妈妈有话说

漳潭千年古樟已经有千年树龄，树冠浓荫1850平方米，夺徽州古樟之冠。古樟树四大主枝伸向蓝天，庞大的树冠浓荫蔽日，气势磅礴，甚为壮观。

绵潭听戏

建议停留时间：30分钟

绵潭有着悠久的历史文化和丰富的民俗文化活动，尤其以“绵戏”最负盛名。在这里，无论老、少、妇、幼都能唱上一段。村民们也组成了戏班，为游客献上了地方味十足的绵潭老戏。看完戏后一定要去看绵潭的捕鱼表演，场面非常热闹。

妈妈有话说

看捕鱼时，人多拥挤，要保护好孩子的安全。

民居

周边也好玩

皖南徽文化游：黄山市—西递—宏村—黄山—徽州古城—黄山市（耗时约5天）。

D1　抵达黄山市后，先参观棠樾牌坊。

D2　前往西递参观1天。

D3　游玩宏村，晚上前往黄山。

D4　欣赏黄山日出和山中美景。

D5　前往徽州古城，感受徽商文化，晚上取道黄山市返回。

特产

歙砚是砚中之上品，雕刻上具有徽派石雕的风格，刀法刚健、花式多样，歙县还有“墨都”的雅称。

舌尖上的新安江山水画廊

歙县美食属于徽菜系列，也是徽菜的发源地，以烹制山珍野味而显其特色。有徽州毛豆腐、臭鳜鱼、石鸡、石头馃、徽州圆子、花菇石鸡、

牌坊

豆腐脑髓

徽州圆子

歙砚

魔芋豆腐等美食。

推荐美食

• **豆腐脑髓**

歙县的传统风味小吃，价格低廉，闻名遐迩。软嫩可口，汤汁鲜美，风味独特，易消化吸收，因豆腐丸子很嫩，故命名为豆腐脑髓。

• **纱面**

纱面韧性足，咸淡适宜，口味纯正，宜于久贮。如果受潮只需包块生石灰搁入坛中，即可使其脆燥如初。

• **徽州圆子**

徽州圆子起源于歙县，又称“细沙炸肉”，约在200年前就已流传各地。这道菜是成品颗粒匀称，色泽金黄闪光，吃起来外层松酥、馅儿心香甜味美，是一道深受欢迎的大众菜。

推荐餐厅

• **左岸农家小栈**

歙县新安江山水画廊景区坑口村154号（近下码头）。 0559-6693096。 自家养的鸡种的菜，出门就是能看到新安江水。

九月徽州客栈

亲子酒店

来到新安江山水画廊，一定要在新安江边找一家酒店住上一晚，晚饭后在新安江边徒步而行，自然清爽。推荐以下亲子酒店。

九月徽州客栈

歙县打箍井街12号（近许国石坊）。 0559-5278899。 古色古香的房间，老板娘养的小猫呆萌可爱，客房均价150元左右。

深渡山水农家乐

歙县深渡镇旅游码头社区滨江路18号（新安江畔）。 0559-6811588。 均价100元左右。

往返交通

到达交通

黄山国际机场，打车至黄山市区约20元，在市区客运总站乘车前往新安江山水画廊。

需从黄山火车站打车至客运总站，再转乘大巴前往新安江山水画廊。

从歙县县城过徽州古城，25千米后达到。

凤翔温泉

亲子游达人：郭婷婷

凤翔温泉小档案

地址：河南省洛阳市洛阳王城大道南端（新区体育馆向南7千米）。

门票：非节假日138元/人，节假日188元/人。

开放时间：24小时营业。

季节：一年四季。

电话：0379-65179999。

精彩看点

· 亲子泡温泉

· 亲子欢乐园

凤翔温泉，因源于龙门西山地质断裂带，地下水循环其间，通过裂隙溢出地表面，出口水温70余摄氏度，泉水中富含锶、硫、硅等30余种有益人体的微量元素，沐浴后能起到杀菌消炎作用，对软化血管、降低血压、调节神经、预防心脑血管疾病、骨关节病、风湿病、前列腺疾病等有明显的改善作用。并具有消脂去腻、美容养颜、清新怡神、延年益寿等神奇功效。

凤翔温泉，与龙门山群融为一体，风景秀丽，气候宜人，交通便利，地理位置优越。占地面积千余亩，是集温泉养生、特色餐饮、休闲度假、生态农业、观光旅游、娱乐健身于一体的综合性生态温泉度假胜地。

凤翔温泉不可不体验

亲子泡温泉

建议停留时间：1小时

来到温泉度假，怎么可以不体验温泉呢？凤翔山庄的九大温泉池：源泉暖身池、凤浴文化主题池、鱼疗池、五福汤池、

温泉远景

亲子泡凤翔温泉

凤翔山庄温泉池

五色浴佛池、石窟洞天池、情侣池、九天叠华泉、石板泉。

凤翔温泉的鱼疗温泉池是所有汤池中最有趣的一个，和其他温泉汤池泡法一样，第一步先把两只脚放进去，适应一下水温，只要你静止不动，马上温泉池里的小鱼群就围上来了，数十条小鱼开始咬你的脚丫子，没有牙齿的小鱼用它们的嘴唇在你的脚上一啃一啃的，就像是有人在搔痒你的脚心一般，一开始不适应会感觉非常痒。一定要忍住痒！忍耐一分钟以后，相信你会开始由忍耐转变为享受了；这个时候你再慢慢地将整个身体侵入温泉水中，会有上百条的小鱼开始亲吻你的身体，有人说小鱼是以人身上的污垢为食，所以就开玩笑说谁的身边小鱼多，证明他很久没有洗澡啦！哈哈……当你在泡温泉的时候，还有一个乐趣就是试图抓住在你身边游来游去的小鱼，虽然这件事情很有趣，但是凤翔温泉的工作人员会提醒你禁止抓小鱼，这些热带鱼是专门来陪大家泡温泉的，它们可以亲你，但你不能调戏和捉弄这些可爱的小动物。

爸爸有话说

泡温泉的时候要注意池水的温度。每一次泡温泉时间不宜超过20分钟。宜从低温池到高温池，循序渐进。

亲子欢乐园

建议停留时间：1小时

凤翔山庄专门为带孩子的家长考虑，设立了一系列的亲子游乐设施，包括儿童池及双彩滑道、海浪池及休闲沙滩等。双彩滑道可让一家人乘坐巨大的浮圈，一同经历三段跌宕下滑的惊险过程。爸爸妈妈带着孩子坐到

小鱼温泉

泳池

温泉

古典中式园林美景

已经准备好的浮圈上，从设备的最顶端一路尖叫着在高低起伏的滑道上滑行，直到跌入设备底部的水池，非常刺激。

温泉滑道的形状就是一个巨大的滑道加上一个巨大的U形滑板。6个人一组坐在浮圈上，从设备的最高处快速滑到最底部，然后借着巨大的惯性，继续沿U形滑板另一侧向上滑行，然后再从几乎垂直的滑道上借着地心引力自由滑落到平缓的地段。在整个滑行过程中，坐在浮圈里的人们除了感受上上下下的刺激之外，浮圈还会在滑道里自行旋转，十分刺激。

周边也好玩

洛南深度游：中国国花园—隋唐植物园—凤翔温泉—龙门石窟（耗时约2天）。

D1　抵达洛阳市新区后，先参观种植号称“花中之王”牡丹的中国国花园，参观后，前往隋唐植物园参观3小时，结束后驱车前往凤翔温泉，晚上在此泡汤住宿，洗去一身疲惫。

D2　睡到自然醒，享受凤翔山庄的美味早餐后，前往洛阳龙门石窟，感受唐朝佛教文化的鼎盛，晚上返回洛阳市。

如果时间比较充裕，还可以向南前往嵩县白云山洗洗肺、探险栾川鸡冠洞，或者一路向北，游览小浪底景区。

舌尖上的凤翔温泉

凤翔山庄餐饮区包括明月餐厅、生态烧烤园、温泉自助餐厅三部分，明月餐厅环境优雅，以生态农家菜、川湘菜为主，优选绿色健康食材，各种高级菜品美味诱人；室外露天烧烤园独特的露天篱笆台位，可以让客人在大自然中享受野味烧烤，是一种不一样的餐饮体验；自助餐厅在温泉休息区内，专门为泡温泉的客人准备；来凤翔度假、过周末、亲子游是您的最佳选择。

推荐美食

• **蒸野菜**

特色山野菜嫩芽中富含各种对身体有益的功效元素，让孩子在品尝美味的同时均衡营养。

• **金牌烤全羊**

新鲜肥美的烤全羊，一羊两吃创新吃法，另外还赠送八个凉菜和烙馍。

• **浓汤排骨**

新鲜排骨熬制而成鲜白的浓汤，搭配有机蔬菜，不仅去掉了汤的油腻，营养更多了一分。

推荐餐厅

• **明月餐厅**

凤翔温泉内。 0379-65179800。

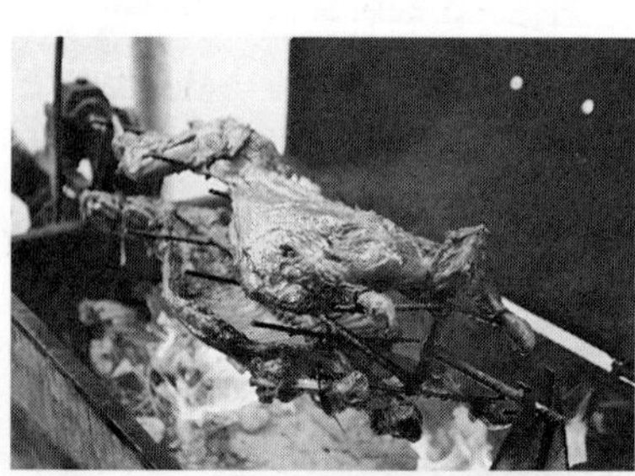

金牌烤全羊

凤翔温泉酒店

蒸野菜、酸辣萝卜丁、醋泡黄瓜、粉蒸肉、浓汤排骨。

• **生态烧烤园**

凤翔温泉内。 0379-65179800。

金牌烤全羊、优质牛肉、羊肉串、烧烤嫩豆腐、水果拼盘。

亲子酒店

凤翔温泉酒店住宿区域包括特色窑洞汤屋和山地汤屋，每一种房型都有独立的小院和独立的汤池，其中窑洞是凤翔温泉的特色房间——冬暖夏凉，可一边独享深地泉水顺滑流畅，一边感受大自然的暖风和煦；山地房间是一室一厅，星级标准配置，并配备麻将、无线上网等休闲娱乐设施。室内温泉浴室，室外庭院汤池，花草葱茏，私密而天然，给你完美享受。

特色窑洞汤屋

凤翔温泉内。 0379-65179800。

均价平日510元，周末686元左右。

山地汤屋

凤翔温泉内。 0379-65179800。

均价平日1800元，周末2380元左右。

往返交通

乘坐83路公交车在金谷园路春晴路口站下车，换乘62路，在洛阳凤翔山庄站下。

洛阳站（春晴路金谷园路口）乘坐62路，在洛阳凤翔山庄站下；高铁龙门站乘坐75路公交车到厚载门街关林路口南站下车，换乘65路，在洛阳凤翔山庄站下。

庐山西海

亲子游达人：徐志玲

庐山西海小档案

地址：江西省九江市永修县柘林镇。
级别：4A。
电话：4008451618。
门票：庐山西海（柘林湖）：100元/人，游船65元/人，快艇100元/人。
岛上收费项目：外婆桥：5元/人
溜索：40元/人（往返）。
时间：每天8：00～18：00。
季节：春看景，夏漂流，秋采橘，冬泡泉。

温馨提示

第一班船是早上9：00，建议做第一班，不拥挤，景点也可以一天玩完；露天停车场很宽敞，任你停。

精彩看点

- 戏水在西海
- 亲子泡汤
- 桃花溪漂流
- 云居山真如禅寺

庐山西海国家级风景名胜区位于江西省北部、九江市西南部，是一处集国家4A级景区、国家水利风景区、亚洲最大土坝水库、全国佛教样板丛林、国家森林公园为一体的山岳湖泊型特大景区，总规划面积495平方千米。

庐山西海湖区水域面积308平方千米，有3亩以上岛屿1667座，大小岛屿8000多个。湖区水体能见度达11米，大气负氧离子含量每立方厘米15万个，属国家一级水质、一级空气，是水中大熊猫——桃花水母在全国的最大繁衍地。景区内云居山真如禅寺是中国佛教曹洞宗的发祥地、全国三大样板丛林之首。寺内高僧辈出，新中国佛教协会迄今六任会长中，就有

庐山西海美景

四任源出于此，被誉为“新中国佛教领袖的摇篮”。

庐山西海旅游资源丰富多样。还拥有原生态的富矿温泉、惊险刺激的峡谷漂流、诗情画意的湖上花海、丰富多样的水上游乐、原汁原味的农家乐等，是娱乐、观光、休闲、度假、美食的理想去处。

庐山西海不可不看

戏水在西海

建议停留时间：1～2小时

庐山西海湖区水域面积308平方千米，是一个由亚洲第一大土坝截水而成的人工淡水湖泊，她有海的容颜、海的风采，更有海的神韵和海的情怀。西海水多，总库容量为80亿立方米；西海水深，平均水深45米，能见度11米；西海的空气是甜的，大气负氧离子含量每立方厘米15万个，属国家“一级水质、一级空气”，是最大的天然氧吧！湖内千岛落珠，山水交融，满目青翠，绿岛欢歌。好似一幅海市蜃楼，如诗如画，令人心旷神怡。湖区内有3亩以上岛屿1667个，宛如千位仙女以青山为帐，以蓝天作篷，在玉液琼浆中沐浴休闲，共享天伦，加之青山绿水之间常有轻纱薄雾，故有“梦幻西海、人间天堂”之称，被誉为“中国最美的湖光山色”。

湖上游艇

游湖

西海温泉，养生泡汤

庐山西海水世界水上游乐项目丰富多样，有环河漂流、高架滑梯、水上世界、儿童游戏池等项目，安全有趣，适合和孩子一起享受戏水时光。

爸爸有话说

说到西海的水好，有一种小动物可以作证，它就是水中大熊猫——桃花水母，庐山西海是全国绝无仅有的桃花水母的最大繁衍地。

亲子泡汤

建议停留时间：2小时

庐山西海温泉度假村坐落在西海南岸的易家河村，是2005年由江西省地矿局与香港港恒旅游发展有限公司联合开发的新景区，占地面积约400亩。度假村属国家4A级旅游景区，是江西省规模最大、档次最高、项目最多、最富有情调的温泉度假村。它集温泉养生、娱乐休闲、酒店服务及园林景观为一体。原生态温泉水富含氡、硫、氟、偏硅酸，同时富含多种对人体有益的微量元素，对多种疾病和不孕不育症具有重要的医疗养生价值。度假村内配套有五星级标准温泉假日酒店，酒店内设施齐全，是庐山西海的重要接待基地和旅游集散地之一。

桃花溪漂流

建议停留时间：1～2小时

桃花溪漂流景区位于风景优美、千岛落珠的庐山西海之畔，海拔1100米的桃花尖山峰峡谷间。因溪水常年不断地从桃花洞蜿蜒而下，时而在密林中通过，时而在巨石中穿行，千姿百态，落英缤纷。加上传说中的桃花仙子骑石龟顺溪而下，因而得名桃花溪。

景区主要由森林峡谷漂流、溯溪探险、瀑布观光休闲度假三大部分组成。景区内动植物繁多，金丝猴、野猪、鹿子等多种珍禽异兽经常出没在山涧峡谷之中。各种桃花树种、红豆杉、桂花树、银杏树等珍贵树种也在峡谷、山间繁衍茂盛。一路顺流而下，边看边向孩子介绍旁边的动植物，不失为一次生动有趣的生物学课。

桃花溪漂流

云居山真如禅寺

柑橘

长寿粿

温馨提示

桃花溪漂流落差比较大，建议家长带孩子游玩时选择更加平缓的河段，同时注意做好安全防护措施。

云居山真如禅寺

建议停留时间：1小时

云居山气势雄伟，林壑清幽。登上山顶，却又是一番景色，这里群峰耸簇，中间是坦坦荡荡的小平原大坝子，遍布园林湖田，俨然似一大城郭，又宛如一朵盛开的莲花，故又称此地为莲花城。自古以来，云居山以其秀丽天成的风景和佛教禅宗著名道场被人们所称道。古人称其“云岭甲江右，名高四百州”，“冠世绝境，天上云居”，是修身养性的绝佳去处。所谓“深山藏古寺”，在云居山真如禅寺，蛙声不绝，清溪潺潺，不妨带上孩子到这里感受一份别致的安宁与祥和。

真如禅寺

温馨提示

云居山海拔较高，沿山公路曲折，里程较长，建议家长备好晕车药或者晕车贴，车辆慢行注意安全。

周边也好玩

景区周边拥有许多历史文化遗址和非物质文化遗产，如长寿村、魏源墓、雷公洞和老牛灯等，这些深厚的人文底蕴与温泉养生文化互为衬映，使这里成为人们进行养生休闲，观光游乐的福地。

特产

柑橘：庐山西海易家河柑橘被评为“中华名果”，品质甘甜，籽粒少，乡村生态采摘备受游客青睐。

长寿粿：产自长寿村易家河村的地道美食。

舌尖上的庐山西海

庐山西海生态环境首屈一指，拥有得天独厚的生态美食资源。西海拥有国家一级水质，盛产各类有机鱼；景区地貌类型多样，山野特产十分丰富；易家河柑橘享誉全国，长寿粿、碱水粑等西海地方传统特色美食驰名省内外。

推荐美食

- **竹鼠观园**

此菜用竹鼠肉烹制，需将净竹鼠肉切块，入清水中漂洗干净，沥去水分，炒锅上旺火，注入猪油50克，烧至七成热，倒入竹鼠肉煸炒。加入葱姜，酱油，甜酱油，烧酒，煸干水分，下肉清汤烧沸后改用小火炖至酥软；再取另一只锅，下猪油放蒜瓣等，用小火炸至香黄，下竹鼠肉加作料收稠汁后拣去葱姜，淋上芝麻油即成，味道独特。

- **西海银鱼羹**

西海的纯净水质养育的银鱼品质极高，此菜需用西海农家走地鸡熬成高汤，西海宏泰有机蔬菜洗干净，用叶切成丝。用清鸡汤煮开调味加入银鱼、青菜叶丝，煮熟，勾玻璃芡装盘而成，味道极为鲜美。

- **清蒸大白水鱼**

将西海大白鱼洗净，撒上精盐、黄酒、葱、姜块等，蒸20分钟，熟后取出葱姜快，把特制汤汁调好口味，浇鱼身即成，鱼肉鲜美嫩滑，很受孩子喜欢。

- **西海无骨鱼头**

这道菜做法极为独特，需精选柘林湖上等雄鱼头，鱼头须无任何损伤，用盐擦洗鱼头，小火慢炖45分钟，取出将其拆骨，共118根。将拆出的鱼骨熬制成浓汤，将鱼脸放入鱼汤中调味即可食用，吃的时候完全不必担心鱼骨，口感极其爽滑，据说有养颜功效。

推荐餐厅

- **庐山西海醉酒湾大酒店**

庐山西海旅游景点区北线。0792-3060222。竹鼠观园。

- **庐山西海温泉假日酒店**

九江市永修县易家河。0792-3123135。西海银鱼羹、清蒸大白水鱼。

亲子酒店

推荐以下亲子酒店。

庐山西海温泉度假村

庐山西海国际温泉度假村是国家4A级旅游景区，是江西省规模最大、档次最高、项目最多、最富有情调的温泉度假村。

九江市永修县易家河。0792-3123456。均价440元左右／天。

西海生态大酒店

九江市永修县。0792-3127666。均价398元左右／天。

往返交通

全国各地至南昌、九江机场转班车至庐山西海风景区。

全国各地至南昌、九江、永修站转班车至庐山西海风景区。

庐山西海温泉度假村内景

长阳清江画廊

亲子游达人：王杏芝

清江画廊小档案

地址： 湖北宜昌市长阳土家族自治县龙舟坪镇晒鼓坪村隔河岩专用旅游码头。

景区开放时间： 8：00～17：00。

门票： A线船票58元/人，B线船票30元/人。

班船：

A线圣境游：土家风情街，倒影峡，仙人寨，武落钟离山景区；全票130元/人（包船票）；

B线仙境游：土家风情街，倒影峡，仙人寨景区；全票85元/人（包船票）；

清江画廊门票价格：100元/人；清江画廊旅游班船价格：38元/人；

包船：提供5至300人载客客位的各种快艇、游船，价格450元至6000元不等。

电话： 0717–5319721。

优惠政策：

1. 70岁以上老人享受门票全免政策（不含船票）；残疾、军人享受门票全免政策（不免船票）；

2. 1.2米以下儿童享受门票全免优惠；

3. 1.2～1.4米的儿童、60岁以上老人、学生享受门票5折优惠。

温馨提示

旅游班船开船时间：每天10：30、11：30、13：00开船。

精彩看点

- 倒影峡赏美景
- 白虎堂寻土家故事
- 长阳民俗文化村
- 武落钟离山

清江画廊主景区东起清江隔河岩大坝倒影峡，西至清江水布垭大坝盐池温泉，高峡平湖东西纵深长达一百公里。景区内山清水秀，风光满眼，青山绿如缎带，江水蓝如宝石。早晚，江面雾气升腾如蓬莱仙境；四季，野花点缀如天女花裙，被称为东方的多瑙河，桨声灯影的故乡。清江是长江在湖北境内的第二大支流，是巴人的发祥地，土家儿女的母亲河。19万年前，古“长阳人”在这里开

清江画廊

清江画廊

启了中国长江的古文明，5000年前，古代巴人从这里开疆拓土建立古代巴国，2000年前，土家族在这里诞生。山歌、南曲、巴山舞是长阳“文化三件宝”，还有哭嫁等众多的奇异风俗，则成为古代巴人遗存在清江画廊的活化石。

清江画廊不可不看

倒影峡赏美景

建议停留时间：1小时

如果把清江画廊比作一本画册，那倒影峡就是清江画廊的扉页。也有人说倒影峡的灵山秀水，是清江山水的点睛之笔。峡谷全长5千米，沿途山奇水秀，原名“倒鱼溪”，只因溪中有块巨石，形状酷似一条倒挂着的大鲢鱼，倒映于水中栩栩如生，当地人将这个地方改名为“倒影峡”。唐诗“鱼游枝头鸟宿水”就是眼前这美景的真实写照。

爸爸有话说

倒影峡水平如镜，鱼游枝头鸟宿水的画面，随处可见。两岸的岩石形成独特的天然石林景观，主峰的文峰倒影、骆驼饮水、孔雀开屏、巫灵大佛等自然景观更是美不胜收。

白虎堂寻土家故事

建议停留时间：2小时

白虎是土家人的图腾，象征土家人英勇、强壮和威猛。“白虎”是土家人供奉的“家神”。在民间，流传有“白虎当堂坐，当堂坐的是家神”的说法。白虎亭，是土家人为纪念先祖廪君所修建的。传说巴人首领廪君

清江水

倒影峡

长阳民俗文化村

生于清江又死于清江，他死之后魂魄化为白虎升天，所以巴人以及巴人的后裔——土家人就以白虎为图腾，也成为土家族吉祥物标志。

妈妈有话说

和孩子一起听听土家人的故事，敬畏他们的图腾，共同在白虎堂面前祈祷吉祥，希望家庭美满幸福。

长阳民俗文化村

建议停留时间：2小时

民俗文化村位于长阳县城观音阁。这里的一台戏全部都是由土家农民演出，所有歌舞都是原汁原味，原汤原水，全国推广的体育健身舞巴山舞，就是民俗文化村领头人覃发池创作的。山歌、南曲、巴山舞是长阳三件宝，一家人在这里感受土家的热情，听一听原汁原味的山歌，应该是最享受的吧。

武落钟离山

建议停留时间：1小时

武落钟离山是中华巴土圣山，又名“佷山”，山下四面环水，碧波荡漾；岛上五峰错落，巉岩磷立。全国

清江画廊牛角岩

武落钟离山

800多万土家人共同的祖先，就出生在这山上的赤穴之中，名叫廪君，又称“向王天子”。当今，每年都有来自湘、鄂、川、黔、渝等地的土家儿女前来这里寻根祭祖。

周边也好玩

土家深度游：清江画廊—长阳五爪观—麻池古寨—长阳人遗址（耗时3日）。

麻池古寨

长阳人遗址

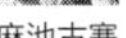

D1　游览清江画廊。

D2　前往长阳五爪观的兰草谷与野生蓝草接触，之后到麻池古寨深入感受土家特色。

D3　前往长阳人遗址探索我国古文化的发祥地，最后休整后返程。

舌尖上的清江画廊

在清江上品尝美食，看着清澈的清江水，欣赏这美丽的景色，一家人在一起，享受这乡间水上的美好时光。

推荐美食

• 金包银

“金包银”也叫“苞谷饭”。所谓“金包银”其实就是玉米面裹上白米饭。“金建始，银利川”，建始多产苞谷，利川多产大米。所以，土家人将这两种拌在一起的食物叫作“金包银”。“金包银”营养丰富、松软味香，其颜色鲜亮，黄里透白，被土家人视为“吉利饭”，因此无论逢年过节，还是宴请宾朋，都少不了“金包银”。

• 炕洋芋

“炕”是湖北宜昌地区、恩施地区的方言，是煎炒焖炸之外的一种做菜方式，介于用少量食用油煎与炸之间的一种烹饪方式。俗话说：“高山的洋芋，低山的苕。”在湖北西部高山上出产的洋芋味道都非常受食客们的欢迎，流行于宜昌地区的“炕洋芋”更是美味。不妨和孩子一起品尝着山地特色的美食，入乡随俗，一起享受不同口味的菜肴，尝试新的美味。

• 清江鱼

好山出好水，好水养好鱼，好鱼味美奇，无公害，无污染，无激素是清江鱼最大的特征。清江水酸碱度适中，溶氧充足，水质清新，无公害，

吃美食的小女孩

炕洋芋

清江鱼

无污染，经专家鉴定为天然矿泉水，并富含多种矿物质和人体所必需的微量元素。特定的环境，优异的水质，适宜的气候，生长出美名远扬的清江鱼。在清江画廊，一定要给孩子吃健康无公害的清江鱼，喝一杯甘甜的清江水。

推荐餐厅

• **在水一方农家餐馆**

长阳县龙舟坪镇何家坪村。0717–8984877。土家特色菜。

• **覃大嫂农庄**

长阳县龙舟坪镇何家坪村。0717–5332555。土家特色菜。

• **绣球寨**

清江河畔。13972017922。土家特色菜。

长阳锦绣农庄外景

亲子酒店

长阳锦绣农庄

清江画廊风景区内，近清江画廊旅游码头。0717–5333987。168～463元/天。

长阳清江花园酒店

长阳县龙坪镇清江路53号。0717–5333222。65～76元/天。

长阳瓴悦酒店

长阳县龙舟坪镇清江古城路文化街5号。0717–5321999。100～544元/天。

往返交通

清江画廊距三峡机场28千米。

距宜昌火车站40千米，宜万铁路经过长阳。

宜昌和长阳都有到清江的巴士，早6：30到晚6：30，每十五分钟发一趟，票价22元。

从宜昌大桥收费站往长阳方向行驶5千米，右转（长阳方向）行驶18千米后到达丁字路口，左转（有长阳标志牌）行驶8千米到达一丁字路口，直行2千米到遇人字路口，右转300米遇一人字路口，左转300米后右转过桥行驶3千米，遇转盘直行（右转是舟坪镇）3.3千米见路口左转（有百岛湖标志牌）行驶3千米到达渡口停车场。

备注：在长阳长途客运站有直达景区的专线车。

宜昌三峡人家风景区

亲子游达人：王杏芝

三峡人家小档案

地址： 湖北省宜昌市夷陵区。

门票： 三峡人家风景区门票180元/人/次（包含景区内过江往返渡船费用）；杨家溪漂流门票180元/人/次。景区有缆车直达山顶，单行索道票价30元/人；景区内需乘坐渡船过江，往返渡船票30元/人。

优惠政策：

70岁以上游客，凭证件免收门票费，但需购买往返胡金滩码头的渡船票30元/人，单行索道票30元/人。

60至70岁之间的游客，凭证件购半价门票75元/人/次，但需购买往返胡金滩码头的渡船票30元/人。

学生游客，凭学生证购买半价票75元/人/次，但需购买往返胡金滩码头的渡船票30元/人。

电话： 0717-8850588。

精彩看点

- 水上人家
- 溪边人家
- 山上人家
- 杨家溪的故事

三峡人家融合三峡文化之精髓，巴风楚韵，峡江今昔，一览无余。三峡人家，依山傍水，风情如画：传统的三峡吊脚楼点缀于山水之间，久违的古帆船、乌篷船安静地泊在三峡人家门前，溪边少女挥着棒槌在清洗衣服，江面上悠然的渔家在撒网打鱼……千百年来流传不衰的各种习俗风情体现着峡江人民的质朴好客。走进峡江吊脚楼，峡江妹子载歌载舞，手中的红绣球飘飘欲落，这时清秀的

三峡人家

三峡人家

浣衣少女

三峡少女为游人捧上一杯峡州清茶，会觉得如梦似幻、亲切怡然。

三峡人家不可不看

水上人家

建议停留时间：1小时

水上人家在龙进溪水与长江的交汇处，几只古帆船迎风而立，小渔船撒开了渔网，初霞亭精巧别致，溪水碧绿，林木苍翠，斑驳沧桑的龙溪桥横跨其上，几只小渔船静静地泊在桥下，“龙溪桥下春波绿，惊鸿照影来”，如梦似幻，令人如痴如醉。世世代代生息于峡江的人们，以一种靠山吃山、靠水吃水的执著，形成了一种独特的生存方式和劳动习惯。

爸爸有话说

如今渔民生活虽然改善了，但这种古老的习俗却长久地保存了下来，年轻一代

水上人家

溪边人家

三峡人家婚礼

仍然撒网捕鱼，风里来雨里去，延续着这种古老的渔家文化。

溪边人家

建议停留时间：1小时

溪边人家依山傍水，一半在陆，一半入水，在群山的环绕下，伴着青山绿水、斜阳草树、雾霭烟雨，如诗如画。吊脚楼上吊着大蒜、苞谷、红辣椒、蓑衣、斗笠。屋顶飘出袅袅炊烟，门前的溪水里，鸭鹅嬉戏，吊脚楼前的大石头上，几位山里妹子捶洗着衣服，唱起了热烈缠绵的情歌，棒槌捶在石板上，发出清脆悦耳的响声，好听极了。

妈妈有话说

江南溪流边的农家，最有三峡的风味，和孩子一起与溪边人家相互交流，了解他们的生活与风俗才更有意义。

三峡女子

山上人家

建议停留时间：2小时

山上人家的“吊脚楼”被现代建筑学家称为“杆栏式建筑”。其独特之处是前低后高，侧面有走廊，后面有阳台，俗称“走马转角楼”。走上吊脚楼，檐角高翘，曲廊盘绕，举目四望，风光如画，大有空中楼阁之诗画意境，有诗赞叹道：“奇山秀水妙寰球，山上人家美尽收。”

杨家溪的故事

建议停留时间：1小时

杨家溪因宋朝杨家将的后裔曾移居于此而得名。神秘的杨家溪漂流以军事漂流为主题，充满了浓厚的军训色彩，它分为动水漂流和静水漂流。在这里漂流，游人坐军车，穿军服，唱军歌，划皮艇，仿佛水上军训，一路搏激流，过险滩，既可领略冲浪闯滩的刺激，也可感受平湖荡舟的悠闲。

周边也好玩

三峡深度游：三峡人家风景区—三峡大坝旅游区—清江画廊—三峡大瀑布（耗时3天）。

D1　游览三峡人家风景区。

D2　前往三峡大坝旅游区去游览那壮观宏大的工程，之后到清江画廊看古色古香的土家吊脚楼。

山上人家

杨家溪风光

三峡大坝

清江

D3　前往三峡大瀑布呼吸新鲜空气。

舌尖上的三峡

宜昌的饮食，不仅有内河肥鱼的大餐，也有很多民族风味的小吃，其菜品的主要风格是“原汁、咸鲜、偏辣”，具有浓郁的地方特色。

推荐美食

• **苞谷糖**

玉米俗称苞谷。苞谷糖俗称打棒儿糖。主要成分是苞谷、麦芽、芝麻、核桃、花生、红枣、生姜。苞谷糖是纯天然绿色食品，麦芽又有开胃健脾助消化之功能，在三峡地区深受老百姓喜爱。

• **白汤肥鱼**

这道传统名菜采用虎牙滩到南津关一带出产的肥鱼（鮰鱼）和肥膘肉共蒸而成，肥鱼无鳞少刺，是淡水鱼中之珍品。煮后鱼肉鲜嫩，奶白色的汤汁鲜美浓稠，鱼的腹部是最好吃的部位，软软嫩嫩。在此基础上，还制作有乡球肥鱼、牡丹珍珠肥鱼等花色菜式。

• **凉拌鱼腥草**

凉拌鱼腥草，一道凉菜，主料是鱼腥草，有清火解毒、止咳之功效。

苞谷糖

白汤肥鱼

凉拌鱼腥草

推荐餐厅

• **香味农家饭**

三峡人家风景区龙进溪码头广场沿江前行20米。13349787313。红烧鲫鱼。

• **柴火饭农庄**

三峡人家风景区内。156-71060699。清塘肥鱼火锅。

• **观景台农庄**

三峡人家风景区仙胡路97号。0717-7598084。长江鱼。

亲子酒店

宜昌乡里人酒店

三峡人家风景区内。138-72664257。80～86元/天。

宜昌滨江酒店

三峡人家风景区内。138-72561531。80～255元/天。

宜昌峡江农家乐

三峡人家风景区内。138-72453749。

往返交通

1. 0-1路公交旅游专线，起点站位于夷陵广场，终点站就是三峡人家景区，平均45分钟一班车，全程耗时约1.5小时，票价约10元。

2. 在葛洲坝三号船闸码头（9路公交车终点站，3路公交在船闸下车）有发往三峡人家的专线游船，票价220元左右（包含景区门票+往返船票，价格根据淡旺季会有所浮动）。每天一班，9：00开往景区，15：30从景区返回。开船时间有时会有所调整，以当日码头公告为准。全程约1小时。

全国各大城市机场抵达三峡机场，转乘公交抵达景区。

全国各大城市火车站抵达宜昌火车站，转乘公交抵达景区。

1. 自驾游客可在“夜明珠”出口下高速公路。
2. 下高速后经虾子沟，三游洞，可直达三峡人家景区（下高速后第一个岔路口右拐，以后所有岔路口均左拐即可抵达）。
3. 到“仙胡路口”后左转下坡（注意路边有巨幅的广告牌提示）到达三峡人家游客接待中心，在售票大厅购票进入。
4. 从市区到景区，自驾耗时约1小时。

滨江酒店一景

桂林山水

亲子游达人：张林鹂

桂林小档案

地址： 广西壮族自治区桂林市。

级别： 国家首批历史文化名城。

季节： 四季皆宜。4~10月气温舒适，最适合带孩子游玩。

精彩看点

· 畅游漓江

· 触摸象鼻山

· 两江四湖

温馨提示

桂林的纬度比较低，属于中亚热带湿润季风气候，气候温和，四季分明，气候条件十分优越。

桂林山水甲天下，来过桂林的人都会为这句话点个赞。奇山如象鼻山，作为喀斯特地貌的代表，桂林的山峦很多都独成一体形状各异；异水如漓江，风轻云净，清澈见底，风景天下独有。当乘船漓江之上时，景色更是如诗如画。

桂林不可不看

畅游漓江

建议停留时间：3小时

漓江是桂林“两江四湖”中的一江，桂林“有山有水”的精华全部浓缩于此。俗话说“百里漓江，百里画廊”，其中一江（漓江）、两洞（芦笛岩、七星岩）、三山（独秀峰、伏波山、叠彩山）具有代表性，它们基本上是桂林山水的精华所在。此外，20元人民币的背面风景就是漓江，可以与孩子一起来找一找。坐船在漓江水上，时不时会与渔船擦身而过，喀斯特地貌特有的山峦在两岸交相辉映，景色极美。

爸爸有话说

如果白天游览漓江，要做好防晒准备。乘船观光象鼻山时，一定要注意抓紧拍照，每个角度都有独特的风景，错过即失去。

触摸象鼻山

建议停留时间：1小时

象鼻山位于广西桂林市内桃花江与漓江汇流处，是桂林山水的象征，也是桂林这座城市的标志。象鼻山原名漓山，因形状酷似一只站在江边伸鼻豪饮漓江甘泉的巨象而得名，早在唐、宋两代就成为著名游览胜地，有1000多年的游览史。观看象鼻山建议乘船，便于欣赏全景。

两江四湖

建议停留时间：2小时

两江四湖是桂林非常有特色的一

漓江美景

个景点，两江代表的是：漓江和桃花江；四湖是杉湖、榕湖、桂湖和木龙湖。夜游也别有一番滋味，特别是坐落在桂林中轴线上的日月双塔，璀璨的灯光在黑夜中格外迷人。而每过一座桥的桥内壁上，也是一幅幅精美的壁画。两江四湖旁边就是桂林非常出名的正阳步行街，有非常多的美食，可以一饱口福。

爸爸有话说

日月双塔号称是世界第一铜塔，是新桂林的标志。其中日塔、月塔与象山上的普贤塔、塔山上的寿佛塔，相互呼应，相互映衬，有“四塔同美”之说。

周边也好玩

桂林深度游：阳朔—龙脊梯田—七星景区—乐满地—桂林（耗时约4天）

D1　抵达桂林后，先参观风景秀丽的阳朔。

D2　前往龙脊梯田参观1天。

桂林山水甲天下

D3　游玩美国总统克林顿访华期间做过演讲的七星景区。

D4　游玩乐满地的欢乐童趣世界，晚上取道桂林返回。

特产

桂林的桂绣、梳篦、纸伞、手绘式屏风等手工制品都非常精美，民族搭配时尚风，很适合买给孩子做纪念品。

舌尖上的桂林

桂林身处岭南，自古就是广西经济政治中心，因此饮食上也融会贯通。如果说重庆是麻辣，云南是香辣，那桂林就是酸辣。所以不能吃辣的孩子在这里可要注意。

推荐美食

• 桂林米粉

桂林米粉以其独特的风味远近闻名，桂林米粉有米粉（圆的）和切粉（扁的）之分，桂林米粉最重要的就在于卤水，可以说每一家桂林米粉都有其独特的风味。石记米粉店在当地很有名气。

• 恭城油茶

桂林恭城人每天早餐都要“打油茶”。油茶味浓而涩，涩中带辣，可能刚品会有些不适应。恭城一带还再

桂林米粉

油茶

手工艺品

加磨碎的花生粉，使味道多了醇厚少了涩。喝油茶必须配以各种佐食的小吃。

• 桂林田螺

桂林田螺是很有地方特色的小吃，其味道又辣又鲜，特别开胃。但要注意田螺较辣，不建议孩子食用。

推荐餐厅

• 石记米粉

桂林市秀峰区解放西路微笑堂商厦对面。13667731198。虽然店面环境可能会让你失望，但小吃绝对是最地道最美味的。

• 小南国（文明店）

桂林市象山区文明路3号。0773-2855518。典型桂林菜餐厅。

亲子酒店

桂林卡莱电影主题酒店

精选《阿凡达》《飞屋环游记》《玩具总动员》《变形金刚》等电影，融合在设计之中。

桂林市穿山村茉莉花小区3-3号，会展中心附近，穿山公园老山羊对面。0773-2265656。有亲子房，均价180元左右。

桂林卡莱武电影主题酒店

桂林市七星区东二环路半塘尾村186号。0773-2265678。均价200元左右。

民丰国际大酒店

桂林市七星区建干路12号（靠桂林理工大学成人教育学院）。0773-2278888。均价250元左右。

往返交通

桂林两江国际机场是广西最大的民用航空机场，拥有国际国内航线52条，21家航空公司飞行桂林机场，可通航45个城市、港、澳、台地区及日本福冈、韩国首尔、泰国曼谷、马来西亚吉隆坡。

衡柳高铁（北起湖南省衡阳市，与京广客运专线相接，南抵柳州市）；贵广高铁（桂林西站、桂林北站、阳朔站、恭城站等五个站）。

民丰国际大酒店

东寨港红树林湿地公园

亲子游达人：银又

东寨港小档案

地址：海南省海口市美兰区东北部。
门票：25元/人。
开放时间：9：00～22：00。
季节：四季皆宜。
电话：0898-65380886。

精彩看点

· 特色红树林
· 野菠萝岛

东寨港位于琼山区东北部，是我国最大的红树林保护区。海南东寨港红树林自然保护区因陆陷成海，形如漏斗，海岸线曲折多湾，潟湖滩面缓平，红树林就分布在整个海岸浅滩上。区内生长着全国成片面积最大、种类齐全、保存最完整的红树林，其中水椰、红榄李、海南海桑、卵叶海桑、拟海桑等为珍贵树种。这里的植物终年生长在海水之中，划小船进入红树林曲折的“走廊”，如进入幻境。红树林、阳光、海水、海滩、海鲜产品及明代古迹海底村庄，构成了该区的奇特景观。红树林是热带亚热带海滨泥滩上特有的植物群落，有“海上绿洲”“海上森林公园”之美称，是值得一家前往体验的科教宝地。

东寨港红树林不可不看

特色红树林

建议停留时间：40分钟

这里的红树林生长良好，丛林茂密。多数时候，东寨港海岸每天有

湿地红树林俯瞰景观

海水中奇特生长的红树林

两次潮水涨落。每月有2次大潮和低潮，其他时间潮水起伏不大。低潮时可以看到红树林的根部和泥地，高潮时则只能看到红树林的树冠。潮水大涨大落和潮水小涨小落，景致各不一样。涨潮时分，红树林的树干被潮水淹没，只露出翠绿的树冠随波荡漾，成为壮观的“海上森林”，有水鸟展翅其间，游人可乘小舟深入林中

爸爸有话说

红树胎生的方式非常特殊。红树种子成熟以后不掉落，而是在母树上发芽，向下伸展出幼根，将胎根暴长成茎，上端生出两片叶子，变成一棵幼树。幼树一旦长成，便自行从母树上脱落。由于茎和根较重，幼树便垂直下坠，幼根很好地插入海滩泥中，继续独立地生长，1～2年后便可长成一株小灌木。

适应海水，胎生幼树，红树的这两种特性是植物中独一无二。从种子成熟到完全成材，红树的这一系列创造生命的过程，完全可以和哺乳动物生养后代的行为相比。

野菠萝岛

建议停留时间：20分钟

东寨港红树林保护区内有一处野菠萝岛，岛上环境幽美，修有观光小道。东寨港红树林保护区可乘游船登岛游览，快艇从码头出发，十几分钟后就到了野菠萝岛。岛上一半是人工种植的像茶树一样的红树林，生机盎然，一望无际，甚至区分不清哪里是岛、哪里是海。岛的另一半就是野菠萝密林，阴森森黑黢黢。野菠萝树的气息根长出土壤外2米高，根和枝干相连，盘根错节，奇形怪状。

野菠萝岛上休闲设施

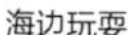

海边玩耍

翠绿鲜甜的番荔枝

椰子

周边也好玩

人文琼北游：红树林博物馆—琼台书院—海瑞故居—五公祠（耗时约2天）。

D1　前往东寨港红树林保护区附近红树林博物馆，和孩子一起去了解和学习关于红树林的知识，感受这种植物的神奇。下午游览琼台书院，这是一座具有民族特色的砖木结构建筑，古时海南人读书登科之地。

D2　游览海瑞故居及号称“海南第一楼”的五公祠。

特产

东寨港还是海南著名的海产品出产地，有血蚶、蚝、对虾、青蟹、血鳝等海鲜。

番荔枝：食用部分为假种皮、乳白色，味道极甜，有芳香，营养丰富。

山竹：果实球形，果皮较厚，黑褐色，白色果肉，肉质嫩滑味甜，品质优良，有“热带果后”之称。

菠萝：果型圆筒形，松果味，果肉淡黄色或金黄色，肉厚多汁，香脆可口。菠萝风味独特，营养价值高，是四大热带水果之一。果实含有菠萝蛋白酶，有帮助消化蛋白质、治支气管炎、利尿等功效。

大芒果

海鲜大餐

舌尖上的东寨港

• 四宝琼山豆腐

海南传统名菜，“豆腐”，并非豆制品，而是以鸡蛋清为原料制成，状如豆腐脑，洁白嫩滑，配以上鲜“四宝”，味极鲜美。因最早出自琼山厨师之手而得名。

• 椰奶咖喱蚵

海南特产风味菜。蚵，学名“砗磲”，也称“车渠”。因其背上垄纹如车轮之渠而名，海南俗称其为“蚵”，其闭壳肌干制后为“蚵筋”。属海洋软体动物门砗磲科动物。产于南海区域，以西、南沙群岛出产最负盛名。此菜用椰子汁及咖喱油烹制而成，独具地方特色。

• 瓦罐椰奶鸡

海南风味菜。取将要下蛋的小母鸡为主料，配椰汁、椰丝、高汤及多种味料，置瓦罐中慢火焖至熟，整鸡色泽、造型、质感和味道都恰到好处。

• 海南墨鱼丸

海南传统名菜。用新鲜墨鱼和猪肥肉配制而成。墨鱼丸色泽洁白，富有弹性，入口爽脆，味道鲜美，宴席菜和家常菜均可适用。

亲子酒店

在鸿洲埃德瑞皇家园林酒店

海口市美兰区灵山镇海榆大道188号。 0898-65818888。 有亲子房，均价400元/天。

星海湾豪生大酒店

海口市美兰区新埠岛西苑路21号。 0898-66106666。 有亲子房，均价485元/天。

往返交通

海口美兰机场，距离市区30千米，打车30元左右。

在琼山府城中国城乘至演丰的中巴车，票价7元，到演丰下后，再乘三轮车至东寨港，价格5元。可直接乘坐海口旅游4路，到东寨港红树林站下。

四宝琼山豆腐

海口鸿洲埃德瑞皇家园林酒店

海口假日海滩

亲子游达人：银又

假日海滩小档案

地址：海南省海口市海秀滨海大道假日海滩旅游区。

级别：5A。

门票：免费。

时间：全天开放，推荐16：30～18：30时间游玩，比较舒适凉爽。

季节：一年四季，4～10月水温较适宜儿童入水。

电话：0898-68713521。

营业时间：10：00～22：30。

温馨提示

假日海滩景区内还有许多沙滩项目和海上娱乐活动，可根据兴趣和季节选择，另行收费。

精彩看点

- 温泉亲水乐园
- 欢乐沙滩烧烤吧
- 海滩观景

假日海滩位于海口市西部的滨海大道旁，长达6千米，左沿是葱翠的麻黄林带，其间错落着度假村、宾馆、游乐场等；右沿是碧波万顷的琼州海峡，海面船只穿梭，犁银溅玉。这里阳光、海水、沙滩、椰树相映成趣，构成一幅美丽动人的自然画面。

假日海滩大门

整个海滩共分为滩日浴区、海上运动区、海洋餐饮文化区和休闲度假区，是海口市最具代表性的海滨旅游休闲胜地。

假日海滩不可不看

温泉亲水乐园

建议停留时间：60分钟

假日海滩最具热带滨海休闲特色的“温泉遐思”就在温泉泳池乐园区，这里是海南岛最大的滨海温泉休闲区，面积18308平方米。标准游泳池、温泉鱼疗、养生药池、水上乐园、无边落差泳池星罗棋布，楼台亭阁，鳞次栉比。蓝天碧树下，椰风海韵中，放松身体，放飞心灵，何等逍遥。

温泉水取自地下800米，富含钠、钙、镁等多种有益人体微量元素，温泉水质纯正，温度适宜，能滑嫩肌肤，被誉美人泉。

爸爸有话说

天然温泉泡池：园内分布着大大小小十几个温泉，错落有致。树叶层叠缠绕而成的太阳伞，飘来的阵阵花香，在和煦的微风中，沁人心扉！

标准游泳池：标准化的游泳设施。椰风海韵中，像鱼儿一样畅游无阻，来这里试试自己的身手，掀起几朵激情的浪花。

儿童戏水池：不规则的形状，自由无拘束的象征，清澈的池水，一眼便可看见底儿。在笑声、水声中，孩子们收藏着小小的幸福。

大人戏水池：谁说我们无法停下匆忙的脚步，在爱的海洋中与自然拥抱在一起，如同孩子般的天真与快乐，与水嬉戏，与水密语，与水缭绕。

欢乐沙滩烧烤吧

建议停留时间：2小时

海滩烧烤是假日旅游休闲的必修课。每当周末到来，假日海滩上总是三五成群的人们围坐在一起，品尝着自己亲自烧烤的食物。海口假日海滩烧烤食品有鸡翅、鸡腿、鸡爪、牛肉、猪排、火腿肠、羊肉串、香肠、腊肠、玉米肠、豆腐干、玉米、平菇、鱿鱼、鲳鱼等。

烧烤调料：孜然、芝麻、辣椒面、香油、烧烤汁、番茄酱等。

烧烤工具：喝饮料的杯子、盛调料的碗、穿食品的签子、刷调料的刷子、刀子、开啤酒的起子等。如果人多，还是需要自己买些炭带过去的。

慢节奏的海滩风情

温泉乐园内的儿童戏水池一角

沙滩烤吧的海景非常迷人

海滩观景

建议停留时间：20～30分钟

海滩景区最大的入口设在位丁景区中央的沙滩日浴区。当中巴行驶到离入口几十米处，需十多人合抱的巨大的仿古榕树最是引人注目。在热情而柔和的迎宾乐声中，电控古榕的繁枝茂叶迎人招展，翠叶朱果闪烁光芒。游人虽未进入景区，早已备感亲切。举目眺向东西两端，新月形的6公里海滩，遍布的各类游乐设施，布局美观，造设新奇，色调和谐，和大海浑然一体。

妈妈有话说

步入沙滩日浴区大门，整齐美观的生态停车场，形状各异的花圃花坛、多姿多态的热带风景树、五彩参差的大小餐饮亭……简直令人眼花缭乱，当心别走丢！

精彩演出

大型实景演出《印象·海南岛》是世界著名导演张艺谋以及他的“印象·铁三角”团队于奥运会开幕式后的最新力作。

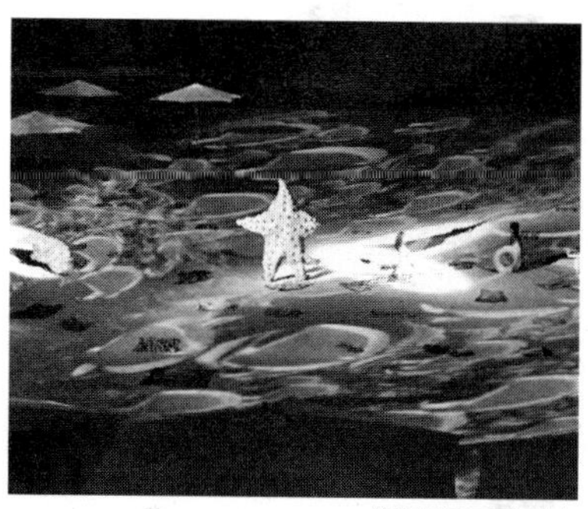

《印象海南岛》演出

印象剧场是专为《印象·海南岛》量身打造的海胆形仿生剧场，是目前世界上最大的海胆仿生型剧场，设计上实现了沙滩与大海的完美融合，呈现海天交融、情海相接的浪漫享受。

（假日海滩东侧海胆剧场；观众席：148元/人；嘉宾席：208元/人）

周边也好玩

海口文化游：海瑞墓—万绿园—秀英古炮台—骑楼老街—钟楼（耗时约1天）。

浓郁本地生活气息的海口骑楼老街一景

海南菠萝蜜的果肉很肥美

特产

海口是海南工艺文化产品的汇聚地，有很多特色鲜明的海岛工艺物件，如椰雕、贝雕、珊瑚盆景等很适合珍藏留念，在景区周边街市上均能买到。菠萝蜜、番荔枝、山竹等是当地特产水果，几乎一年四季到此皆能品尝得到应季的美味果蔬。

亲子酒店

海南亚太温泉酒店

海口西海岸盈滨半岛永庆大道东路。0898-36967777。针对家庭客人，开启全家庭度假时代，节日时会赠送沙滩玩具，还有捏彩泥大比拼、抓螃蟹、捡螺等活动。均价300元/人。

新国宾馆

海口市秀英区滨海西路111号。0898-68715666。均价500元/人。

亲子套餐娱乐项目包括私家影院、超大泳池、天然温泉、儿童娱乐室、沙滩拓展活动、丰富的海上娱乐项目等。

星海湾豪生大酒店

海口市美兰区新埠岛西苑路21号。0898-66106666。均价450元/人。

常年举办主题儿童节活动。现场有白雪公主、喜羊羊、熊大、熊二、海绵宝宝、小黄人等小朋友喜欢的卡通人物出现。

往返交通

海口美兰机场打车30分钟可抵达景区。

海南各地均有高铁直达海口。

海口市内可乘“兴龙”观光巴士和“共速达”巴士游1、2路抵达，途经白龙路、海府路、滨海大道；也可乘坐40、35、28、29路公交车到达。

三亚大小洞天

亲子游达人：王杏芝

大小洞天小档案

地址： 三亚市崖城镇大小洞天景区（三亚市以西40千米处）。

级别： 5A。

门票： 135元/人。

优惠政策：

1.2米～1.4米儿童、学生（凭有效学生证）残疾人（凭残疾证）可享受优惠票70元/人。70岁以上老人（凭身份证）可享受免票、现役军人（凭有效的军官证）、革命伤残军人和离退休军人可享受免票；已参加旅游团的军人不享受免票。

精彩看点

- 仙翁寿石
- 海山奇观
- 《鉴真登岸》群雕
- 九九归一

温馨提示

景区位于山海交界处，悬崖峭壁较多，游玩时要注意安全。

三亚南山大小洞天位于三亚市以西40千米处的南山山麓，这里以奇特秀丽的山、海、石景和洞景闻名于世，被誉为“琼崖八百年第一山水名胜”。大小洞天不仅有美丽的自然景观，更有悠久的文化历史长存，这里是我国道教圣地，还有很多历史遗迹：鉴真五次东渡日本，曾经在此登岸；黄道婆开创棉纺织术，曾在这一带采棉纺织；宋代道教南宗五祖在这里修炼和传法布道，这里不仅风光绝美，而且还有丰富的历史文化。

度假

一家人游览大小洞天

大小洞天风光

参观热带博物馆

南山大小洞天不可不看

仙翁寿石

建议停留时间：30分钟

此“寿”字为陈抟所书，高2.15米。陈抟是中国道教史上著名的神仙道士，史称“陈抟老祖”。有《无极图》《先天图》《指玄篇》等著作存世，对北宋影响很大。陈抟书的五尺大字——“寿”字。此“寿”字由“人”“寿”“年”“丰”四字构成，在表达了长寿延年寓意的同时，更将期待丰收、兴旺的美好祝愿融入其中。

爸爸有话说

感受道教文化，在其独特的“寿”字结构中，了解一下中国本土宗教的长寿之法，在寿字前面合一张影，游览真正的“寿比南山”。

孩子们在大小洞天

海山奇观

建议停留时间：1小时

相传宋淳祐年间，郡守毛奎率其僚属于鳌山中几经寻访，获一巨石，如屋如舫，前瞰大海，后环曲巷，石上可以尽览海山之大观，因题“海山奇观”。巨石前后有毛奎及历代文人石刻。在这里不仅能够感受到文人们

洞天度假

海上帆船

海滨休闲生活

在海山奇观前的豪情壮志，更能欣赏面前的美景，在此赋诗一首，或是留一张合影，记录一家人在这奇观下的美好时光，都非常应景。

妈妈有话说

一家人一起在这里看海，放松心情，和孩子在沙滩上玩耍，享受假日里的幸福时光。

《鉴真登岸》群雕

建议停留时间：30分钟

鉴真于唐天宝元年（742年）应日本天皇之请赴日本传经，六次渡海，前五次失败。鉴真师徒等35人，从扬州启程第五次渡海时遇飓风，漂流万里到振州（三亚市）宁远河口（今大小洞天风景区）一带登岸。鉴真在振州居住的这一年里，修造大云寺，传播佛教文化。鉴真赴日本弘法的决心不变，终于在天宝十二年（753年）第六次东渡成功。在日本十年，为促进中日两国文化交流，发展两国人民之间的友谊做出了杰出的贡献，为纪念这一历史壮举，特兴建此巨型群雕。鉴真东渡日本是一个伟大的壮举，不仅有勇气，更有坚定的信

携手海边

海滨度假

一起认识热带水果

念和毅力，和孩子们一起听一听鉴真师父的故事，更能启发他们永不放弃的精神。

九九归一

建议停留时间：30分钟

“九九归一”是为纪念澳门回归雕刻而成，寓指合家团圆，其乐融融。它由九只大龟和一只小龟构成，“龟”在道家文化里象征着长寿，这里取“龟”的协音。回家与回国，都是母亲的盼望，孩子们在见证澳门回归这一纪念品时，也会联想到以后自己应常回家看看，让一家人享受幸福的温暖时光。

周边也好玩

三亚度假游：南山大小洞天—亚龙湾—三亚湾—天涯海角（耗时3日）

D1 游南山大小洞天。

D2 前往亚龙湾游览，之后到三亚湾看海上日落。

D3 前往天涯海角游玩，休整后返程。

特产

南山景区里有各种长寿果手链以及生肖吊坠等颇有特色的当地吊饰，可以为孩子们买一个，也是另一种方式的守护。

舌尖上的大小洞天

在游览完三亚的大小洞天之后，在海边品尝一番三亚美食，休憩一下，边吃边欣赏美丽的海景，也是一种感受。

推荐美食

- **粤式三杯鸭**

三杯鸭是福建省汉族传统菜式，属于闽菜系。粤式在具体做法上更加翻新。当着顾客的面将三杯调料倒入鸭中，并引入铁板烧方式，使三杯鸭的食法更加古朴，让人们在吃后有一份回归的惊喜。

- **清蒸福寿鱼**

清蒸福寿鱼是一道色香味俱全的

粤式三杯鸭

清蒸福寿鱼

上汤食蔬

汉族名菜。此菜肉味鲜美，肉质细嫩，含有多种不饱和脂肪酸和丰富的蛋白质。

• **上汤时蔬**

上汤时蔬菜心色泽碧绿，清新可口，营养丰富。上汤时蔬是在新鲜的蔬菜中加入了上好的高汤，吃过一大堆辣菜后再吃一口时蔬，体味一下新鲜蔬菜的清香淡雅，别有一番风味。

推荐餐厅

• **索菲亚西班牙餐厅**

三亚市崖城镇崖州湾创意新城（南山寺、大小洞天）。 0898-88890888-5161。 海鲜烩饭。

• **香山南北风味小厨**

三亚市崖城镇南山花园对面。 0898-88823166。 风味特色菜。

• **田园风味土鸡饭店**

三亚市崖城镇国道225南山寺大门口（距南山停车场100米）。 139-76287995。 土鸡。

亲子酒店

三亚大小洞天·小月湾度假酒店

三亚市崖城镇大小洞天旅游区，近南山角。 0898-88821188。 678~1180元/天。

三亚金查尔顿度假酒店（别墅区）

三亚市崖州区崖州湾创意新城内，近南山寺、大小洞天。 0898-88890888。 500~11000元/天。

三亚南山休闲会馆（禅修主题）

三亚市南山文化旅游区，近海上观音、南山寺。 0898-88837888。 497~7180元/天。

往返交通

全国各地均有航班抵达三亚凤凰机场，从凤凰机场打车30分钟即到景区。

三亚市内乘坐25路新国线旅游公交车或29路公交车，“大小洞天”站下即可。

在市区乘坐新国线“亚龙湾—大小洞天”公交车，票价11元/人，20分钟一班，终点站即是景区。

从三亚市区出发，驱车上西线高速，在崖城、大小洞天出口下高速路，然后据路标指示可抵达大小洞天。

三亚金查尔顿度假酒店

蜈支洲岛

亲子游达人：银又

蜈支洲岛小档案

地址：海南省三亚市海棠湾。

级别：4A。

门票：168元/人（包含门票、往返船票、基金费，身高1.2米以下的儿童免门船票，身高1.2~1.5米的孩子及学生票为143元）。

时间：8：30~17：30　截止上岛时间：16：00。

季节：9月~次年4月。这段时间气候不是特别炎热，户外活动也不会灼伤皮肤，是秋冬旅行的好去处。

电话：0898-88751258。

精彩看点

- 情人桥
- 观鱼平台
- 观日岩
- 海滨浴场
- 龙血树

温馨提示

蜈支洲岛上植被覆盖率很高，在夏季的时候来岛上旅游要做好防护措施，防止蚊虫叮咬。比如随身带着清凉油或爽肤水等。在夏季岛上的阳光紫外线属于中等强度，所以出去游玩的时候最带戴太阳帽、太阳镜等，不过岛上的气温变化大，到晚上的时候会比较冷点所以出门要带件外套。

蜈支洲岛坐落在三亚市北部的海棠湾内，北面与南湾猴岛遥遥相对，南邻亚龙湾。蜈支洲岛距海岸线2.7千米，呈不规则的蝴蝶状。是海南岛周围为数不多的有淡水资源和丰富植被的小岛，有2000多种植物。并生长着许多珍贵树种，如有被称为植物界中大熊猫的龙血树，并有许多难得一见的植物现象，如“共生”“寄生”“绞杀”等。

岛上绮丽的自然风光，极具特色的各类度假别墅、木屋及酒吧、网球场、海鲜餐厅等配套设施，和已开展的包括潜水、滑水、摩托艇、拖伞、香蕉船、飞鱼船、电动船、动感飞艇、独木舟、海钓、沙滩摩托车、沙滩排球、沙滩足球等30余项海上和沙滩娱乐项目，给前来观光和度假的旅游者带来原始、静谧、浪漫和动感时尚的休闲体验。

豪华游艇登岛码头

环保三字经

火红夕阳下的情人桥美得醉人

蜈支洲岛不可不看

情人桥

建议停留时间：10～20分钟

情人桥是该岛上最美的景点。原是一座铁索桥，是当年守岛部队的海上瞭望点。走在摇摇晃晃的铁索桥上，需要几分胆量和机灵。有些小朋友既想过桥到瞭望点里体会一下，又怕掉进海水里，过桥时紧紧抓住朋友的手不放，因此这桥又被戏称为“情人桥”。后来蜈支洲岛为客人安全着想，故将原来的铁索桥改造成现在的木板桥。但是这里依旧成为情侣们最向往的地方，很多人会到这里立下山盟海誓。情人桥附近水质非常好，低头就能看见水里的鱼类。

观日岩

建议停留时间：15～20分钟

观日岩位于蜈支洲岛东南悬崖，站在岩上凭高临风，俯瞰全岛，辽阔的南海尽收眼底。悬崖下面，怪石嶙峋。风平浪静之时，乘快艇环岛游，可见石景千奇百异。观日岩像一尊天然大石佛，面向大海，日夜修炼。每天的第一缕曙光从这里升起，绯红的太阳从海边缓缓出现，形成一绝佳的海上观日点。每逢风起，激浪高达十几米，浪峰过后，海面上一片雪白的浪花，真是“卷起千堆雪”。带着孩

栈船

爱在蜈支洲岛

远望海景

椰林

观日岩的壮美风景

子看日出，一起体验这种温馨的感觉吧。

妈妈有话说

观日岩特别适合观看日出，但在欣赏绝佳风景的同时要注意安全。

龙血树

建议停留时间：10～15分钟

蜈支洲岛是海南岛周围为数不多的有淡水资源和丰富植被的小岛，有2000多种植物，并生长着许多珍贵树种，最名贵的是被称为植物界中大熊猫的龙血树。家长可以带孩子一起去看一下，顺便跟孩子普及植物知识。

爸爸有话说

岛上的植物种类繁多，有很多珍稀的植物特别名贵，参观游览过程中一定要爱

岛上植被丰富

岛上的指路牌

护植物。而且一些植物含有毒素，切不可随意触碰。

观鱼平台

建议停留时间：15～20分钟

蜈支洲岛海水清澈，在码头平台上可以观看到五颜六色的热带鱼在水中嬉戏，一群群的热带鱼在水中游动，场面甚为壮观，如果运气好还可以看到比较名贵的青衣、石斑鱼等，让您领略大海的神奇世界。

海滨浴场

建议停留时间：1～2小时

蜈支洲岛的北面，是一湾银白色的海滩。海上，海风温润而清爽，海浪轻吟着蓝色的渔歌；海滨浴场里，游人们或游泳、潜水，或开心地玩帆船、摩托艇、拖伞。一排排五彩凉亭悠闲地伫立在海滩上，一个个躺椅安静地望着玩海的人们。蓝色的海水，

刺激的快艇

蜈支洲岛海滨浴场

金色的沙滩，交织成海滨浴场欢快的旋律，是孩子最开心的地方。

温馨提示

如果孩子年龄大一点，可以尝试玩潜水、半潜观光、海钓、滑水、帆船、摩托艇、香蕉船、独木舟、拖曳伞、沙滩摩托车、沙滩排球、沙滩足球等。

精彩活动

三月三：它是海南黎族、苗族的重大传统节日，活动形式为圣火传承、篝火狂欢、黎苗艺术展、民族体育竞技、黎苗美事、万人同跳竹竿舞、主题晚会、对歌比赛等，众多丰富多彩的民族活动。

七夕：每年农历的七月初七，来自全国各地的恋人们将在此举行隆重的结婚典礼，彼此山盟海誓。

周边也好玩

海棠湾一日游：后海村—海棠湾国际购物中心—珠江南田度假区。

上午游览蜈支洲后海村，朴素的小渔村生活简单，民风淳朴。捕鱼、养鱼、晒鱼是村里的主要工作，闲暇时唱歌、喝酒、吃烧烤，一派与世无争的悠游。下午抵达海棠湾国际购物中心，这里是全球规模最大的单体免税店，有路易威登、普拉达、乔治·阿玛尼等众多国际顶级品牌入驻，三楼还设置了儿童乐园，为孩子们创造一个欢乐的空间。晚上则可驱车抵达珠江南田度假区感受泡温泉的乐趣。

舌尖上的蜈支洲岛

蜈支洲岛四面环海，其周边海域海鲜资源十分丰富，其周边海域盛产各种名贵海鲜，如龙虾、对虾、鲍鱼、苏眉、青衣、老虎斑、海胆、梅花参以及各种贝类。

- **荷香蒸鲜鲍**

鲍鱼是一种原始的海洋贝类，单

蜈支洲岛码头

山间

农家

海鲜大排挡

壳软体动物，只有半面外壳，壳坚厚，扁而宽。鲍鱼是中国传统的名贵食材，四大海味之首。品尝“鲜鲍鱼”讲求鲍鱼的新鲜和美味的肉质，以每年的5月份最肥美，而在10、11月份肉较瘦。

制作考究的鲍鱼

• **和乐蟹**

清蒸和乐蟹，海南著名传统菜肴

和乐蟹

充满原始气息的海韵木楼

之一。“和乐蟹”产于海南万宁市和乐镇，以甲壳坚硬、肉肥膏满著称，与文昌鸡、加积鸭、东山羊并列为四大名产。“和乐蟹”的烹调法多种多样，蒸、煮、炒、烤，均具特色，尤以“清蒸”为佳，既保持原味之鲜，也兼原色形之美。

推荐餐厅

• **海盗吧**

三亚市蜈支洲岛度假中心。0898-88755108。9：00～22：30。饮品、啤酒、洋酒、原汁原味海鲜烧烤，放逐心灵到蔚蓝的大海唤起久违自在的逍遥。

• **自选餐厅**

三亚市蜈支洲岛游客中心二楼。0898-88755117、88755116。11：30～15：30。轻松自在的就餐环境，让您享受海岛的惬意。

酒店设施

如果要在岛上看日出，当然要在岛上住上一晚，蜈支洲岛有多种类型风格的酒店，一定能满足来客不同的需求。蜈支洲岛到了晚上十分静谧，宛如世外桃源，好好享受。

海韵木楼

三亚市蜈支洲岛度假中心。0898-88811777。均价600元/天。

蜈支洲岛珊瑚酒店

酒店地处蜈支洲岛西北角，周围有美人鱼雕塑、生命井、动物乐园等景点。酒店附近风光迷人、海天一线，夕阳和海色静静相会，细腻白沙层层铺在岸边。

三亚市蜈支洲岛西北角。4001146666。均价800元/天。

往返交通

游客可搭乘公交车至蜈支洲岛码头。

28路公交车：水利大厦至蜈支洲岛公交线路。

23路公交车：汽车总站—蜈支洲岛路口（在蜈支洲岛路口下车后需转乘当地小三轮摩托，建议乘坐28路）。

自驾前往蜈支洲岛

海口→蜈支洲岛：东线高速公路→海棠湾高速路口→公路标志牌“蜈支洲岛”→10分钟左右蜈支洲码头→乘坐15分钟豪华游轮抵岛。

三亚→蜈支洲岛：田独→亚龙湾分叉路口→东线公路（国道223）→（途经原青田村路口向前约10分钟）→路边标志牌“蜈支洲岛”右转→10分钟左右到达蜈支洲码头→乘坐15分钟豪华游轮抵岛。

珊瑚酒店

九寨沟

亲子游达人：王杏芝

九寨沟小档案

地址： 四川阿坝藏族羌族自治州九寨沟县漳扎镇。

门票： 旺季（4月1日～11月5日）：220元/人；观光车票：90元/人；淡季（11月16日～次年3月 31日）门票：80元/人；观光车票：80元/人。

优惠政策： 半价优惠：6（不含6周岁）～18岁（含18岁）未成年人；持有效身份证件的全日制大学本科及以下学历学生；持省外省级宗教团体统一印发的皈依证等有效证件的同一宗教信教群众；60（含60周岁）至70周岁（不含70周岁）的老年人；持《港澳居民来往内地通行证》《台湾居民来往大陆通行证》或学生证件等有效身份证明的香港、澳门、台湾等入境游青少年。免票：6周岁（含6周岁）以下或身高1.2米（含1.2米）以下儿童免门票和观光车票；现役军人、残疾军人和残疾人凭有效证件免购门票，另需购观光车票。70周岁（含70周岁）以上老年人持有效证件免购门票，另需购观光车票。

电话： 0837-7739753。

季节： 四季均可。

精彩看点

- 翠海
- 彩林
- 叠瀑
- 藏情

温馨提示

九寨沟旺季8：00开始售票；淡季8：30开始售票。

九寨沟是大自然赠予人类的一幅美丽的画卷，春天里的繁花，夏日里的清爽，秋日里的金黄，还有冬季那迷人的洁白，都绘出一个与众不同的九寨沟。这里四周雪峰高耸，飞瀑层叠，更有清新的空气和点缀着沟子的

九寨沟美景

冬日九寨沟

水间

瀑布

古老村寨、栈桥、磨坊，展现出一个不为人知的室外花园。历来被当地藏族同胞视为“神山圣水”，也渐渐成为了东方人眼中的“人间仙境”，西方人心中的“童话世界”。

九寨沟不可不看

翠海

建议停留时间：1小时

水是九寨沟的灵魂，而这里的水则更显特色，海子以其独特的颜色呈现在不同的四季，不仅清澈见底，更有游鱼走在云间，给人一种人在画中游的感觉。美丽的海子碧绿如玉，野花盛开在岸边，变幻无穷的色彩如幻如真，朦胧中仿佛人间仙境。九寨沟共有百余个湖泊，各个古树环绕，奇花簇拥，而瀑布与湖泊相连，串起块块翡翠，成为一片翠海，一湖净水。一家人来九寨沟静心观赏，享受亲子好时光。

爸爸有话说

九寨沟区属高海拔地区，不宜剧烈运动，进沟前宜少饮酒，多食蔬菜、水果，以防发生高山反应。应备好常用药品，最好能配备小型氧气瓶，才能更好地欣赏这旷世美景。

叠瀑

建议停留时间：30分钟

瀑布是大多数景区都有的特色景点，而九寨沟的瀑布更加与众不同，这里是瀑布的王国，也是水的世界。九寨沟的瀑布清澈美丽，就像一匹洁白的，丝绸锦缎，都展现在这大自然面前，让人心旷神怡。这里的诺日朗瀑布的宽度居全国首位，它一泻而下，雄浑壮丽。此外，有些瀑布呼啸而过，在彩虹与水雾之间流淌，使人流连忘返。

彩林

建议停留时间：30分钟

醉人的金秋时节，使九寨沟成为彩色的王国世界。从谷底到山峰，每一株树都披上神秘又美丽的色彩，红

翠海

色、黄色、绿色，像一条条彩带，在山峰之间相互招摇。风吹起树叶，在瑟瑟的响声中，随风而动，像一幅五彩斑斓的彩色画，灵动地摇摆在九寨沟，形成一道亮丽的风景。

藏情

建议停留时间：30分钟

九寨沟处于四川省与西藏自治区的过渡地区，在文化上处于藏区向汉区的过渡地带，这里一边保留着藏族同胞自身独特神秘的文化传统，另一方面又与其他民族和睦相处，彼此影响。在九寨沟，可以感受到传统的藏族风情与藏族文化，质朴勤劳的藏族同胞在这富饶而又神奇的土地上，创造了辉煌、璀璨的藏文化，在这里，孩子们可以了解到古老文明的藏族历史，也能感受到藏族同胞的热情，感受最为淳朴的藏族风情。

周边也好玩

九寨沟2日游：九寨沟—五彩池—五花海—长海（耗时2天）。

D1　前往五彩池观看神奇的海子，之后到五花海观赏湖水的色彩斑斓。

D2　往长海游览九寨所有海子的源头，休整后返程。

九寨村落

特产

九寨沟有许多藏族特色的唐卡、藏刀以及编织品，孩子们最喜欢这些具有民族特色以及色彩鲜艳的小工艺品，给他们买一些，让他们对这里留下更加深刻的印象。

舌尖上的九寨沟

九寨沟的美食也主要以藏族地区的特色美食为主，孩子们在这里能够吃到平时吃不到的藏族特色美食，和孩子一起品尝小吃，感受九寨沟的美丽与美味。

推荐美食

- **九寨菌煲**

九寨菌煲用材考究，所用原料都源自于九寨沟本地的名贵野生菌类，口味鲜美，营养丰富，鸡汤香和菌香水乳交融，清香、鲜滑，是独具特色的山珍佳肴。

- **糌粑**

糌粑是藏族的主食，形似内地的炒面。糌粑的原料有青稞、豌豆、燕麦等。藏族同胞无论下地劳动、上山放牧，还是出门旅行，都要随身携带糌粑。在地广人稀、燃料缺乏的牧区，糌粑是一种物美价廉、方便实用的食品。

- **酸菜面块**

酸菜面块是一种具有浓郁特色的藏族传统餐食。制作时首先加酸菜，再加本地熏干的腊肉或新鲜牦牛肉，然后加土豆，面块和盐、葱等煮熟，香喷喷的酸菜面块便可出锅了。

推荐餐厅

- 小布小吃

九寨沟景区沟口边边街3栋1-5号。 核桃花炒肉丝。

- 九里香

九寨沟县火地坝银峰宾馆1楼。洋芋糍粑。

- 九寨藏王宴舞

九寨沟沟口，301省道旁。 藏地菜。

亲子酒店

九寨沟岷山宾馆

九寨沟漳扎镇九寨沟县漳扎镇彭丰村。 0837-7736766。 518～1120元/天。

九寨沟千鹤银苑酒店

九寨沟彭丰村近九寨沟风景区。0837-6961333。 360元/天。

九寨沟彭丰大酒店

九寨沟漳扎镇彭丰村。 0837-7761222。 422～547元/天。

往返交通

到达交通

九黄机场距九寨沟沟口88千米，车程1.5小时。九黄机场开通了至北京、上海、西安、成都、重庆、绵阳等城市的直航航线，另有广州和深圳经停成都（重庆）往返九寨航线。可从全国各大城市乘飞机经成都、重庆或绵阳中转至九黄机场。

市内交通

成都一般作为到九寨沟旅游的中转站。九环东线由成都出发，经绵阳、江油、平武、九寨沟县城至九寨沟，全程约480千米。

从甘肃省兰州市经过临夏、合作、碌曲、若尔盖、川主寺至九寨沟的公路也是近年颇受游客欢迎的自驾和乘车旅游线路，全程711千米。

成都市新南门车站每日有大巴发往九寨沟沟口，成都市茶店子车站每日有大巴发往九寨沟县城。

此外，甘肃兰州、武都，四川绵阳、广元等地每日也有大巴发往九寨沟沟口客车。

山间民宿

黄果树大瀑布

亲子游达人：王茜

黄果树大瀑布小档案

地址：贵州省安顺市镇宁县。

级别：5A。

门票：旺季（3月1日～10月31日）：180元/人淡季（11月1日～次年2月底）：160元/人（包含景点：黄果树大瀑布、天星桥、陡坡塘瀑布）。

开放时间：7：30～17：30。

最佳季节：每年6～10月最佳。夏秋时节的瀑布水量丰富，气势磅礴。

温馨提示

1．门票70岁以上老人和14岁以下孩子免票，门票2天有效，(上面有注明的），但每个景区只能进入一次。每个景区之间的交通大巴要单独买票。不要相信自驾游的说法，景区的通行道路对自驾封闭。还是把车定好，购买交通大巴往返，售票电话0853-3592423。

2．景区摆渡车50元/人，老人和孩子40元/人。黄果树的摆渡车每个景点只能上下一次。

3．门票中包含的三个景区（含陡坡塘景区、天星桥景区、大瀑布景区）距离较远，整个景区游玩下来大约需要6小时。

精彩看点

· 黄果树大瀑布
· 陡坡堂
· 水帘洞
· 天星桥
· 自动扶梯

黄果树大瀑布

黄果树瀑布出名始于明代旅行家徐霞客，经过历代名人的游历、传播，成为知名景点。古称白水河瀑布，亦名“黄葛墅”瀑布或“黄桷树”瀑布，因本地广泛分布着“黄葛榕”而得名。黄果树大瀑布位于贵州省安顺市镇宁布依族苗族自治县境内的白水河上游，安顺市西南45千米处，镇宁布依族苗族自治县境内，东北距贵州省会贵阳市150千米。黄果树大瀑布地处贵州西部低洼地带，海拔较低，终年无霜，年平均气温为14℃左右；冬无严寒，夏无酷暑，是避寒避暑胜地。

铁索桥

黄果树大瀑布

黄果树的不可不看

黄果树大瀑布

建议停留时间：30分钟

具有中国第一大瀑布之称的“黄果树大瀑布”，高77.8米，宽81米，也是世界上最壮观的瀑布之一。河水从70多米高的悬崖绝壁上直泻犀牛潭中，响声震天，十里之外，即闻其声。每当河水上涨时，如银河倒倾，桥颜震颤，雨雾升腾，艳阳之下道道彩虹从潭地拱出，尤为壮观。枯水时节，瀑布分三五条从悬崖坠落，如仙女秀发披肩，不乏妩媚娟秀。

爸爸有话说

明代地理学家、旅行家、散文家徐霞客经黄果树瀑布入滇，对黄果树瀑布进行了考察和记录。写下了“捣珠崩玉，飞沫反涌，如烟雾腾空，势甚雄伟；所谓‘珠帘钩不卷，匹练挂遥峰’，俱不足以拟其壮也，高峻数倍者有之，而从无此阔而大者”。

水帘洞

建议停留时间：30分钟

黄果树瀑布背后有一个134米长的水帘洞，值得再花10分钟往上爬。在洞里往外看瀑布，又是一番风景。置身其间，万顷瀑水从头顶飞落，水珠蒙蒙，眼观道道彩虹，别有一番情趣。

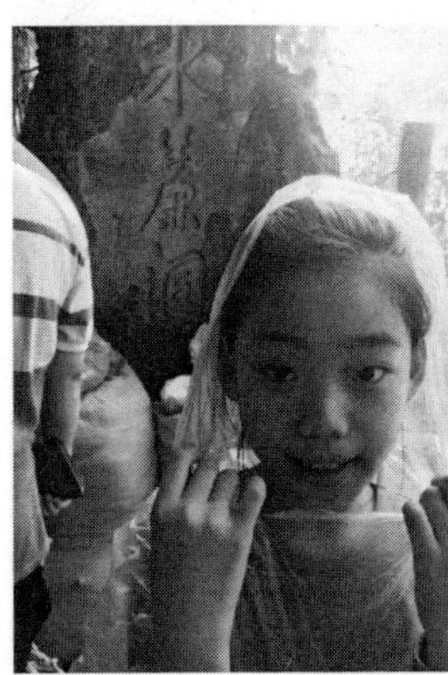
水帘洞

水帘洞的彩虹

自动扶梯

妈妈有话说

要记得带一件雨衣，过瀑布时小心照相机和手机等电子产品；

走过水帘洞后的出口处，可以看到耀眼的七色彩虹，非常漂亮；

在洞里视线不太好的时候，老人和孩子一定要小心脚下，以免地滑摔倒和弄湿鞋子。

自动扶梯

建议停留时间：30分钟

黄果树自动扶梯是两段式，总长约300米，提升高度70多米，50元一位双程，或30元一位单程。体力好，时间充裕的话，自己步行走下去，乘扶梯上来。但有老人和孩子的，建议买双程。

妈妈有话说

依山而建、悠长陡峭的自动扶梯是非常有特色的。

陡坡堂

建议停留时间：30分钟

陡坡塘瀑布最有名的就是《西游记》中片尾师徒四人走过的瀑布，景区位于黄果树瀑布上游1千米处，瀑顶宽105米，高21米，是黄果树瀑布群中瀑顶最宽的瀑布。陡坡塘瀑布顶上是一个面积达1.5万平方米的巨大溶潭，瀑布就形成在逶迤100多米长的钙化滩坝上。

妈妈有话说

景区不大，但有很多亲近的小动物，进门可以看到孔雀，幸运的话，它会开屏迎接你的到来；成群的水鸟悠闲的在游荡，一点也不怕人。

天星桥

建议停留时间：30分钟

一定要自己慢慢去发掘精华，好看的景色都在后半程，如天星洞、天生桥、银链坠潭瀑布、水上石林，最让人惊喜的就是银链坠潭瀑布，在黄果树瀑布群中，它千丝万缕、如泣如诉，像千千万万条大大小小的银链，奔放流淌。

天星桥

天星桥瀑布

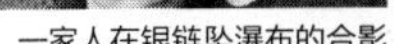

一家人在银链坠瀑布的合影

银链坠瀑布

下山缆车

妈妈有话说

景区里有很多老奶奶和小妹妹在卖煮鸡蛋，金黄色的蛋黄，味道不错。

温馨提示

最后有个索道10元一人，从飞瀑桥附近到出口，乘坐小缆车，节约20分钟时间，很有必要。

周边也好玩

贵州省是世界上岩溶地貌发育最典型的地区之一，有绚丽多彩的喀斯特景观。贵州是一个多民族共居的省份，全省共有民族世居民族18个。美丽的贵州之行，气候适宜，空气清新，风景优美，可以了解到很多不同少数民族的风土人情。

贵州美景游：荔波—小七孔—凯里—西江千户苗寨—镇远古镇—贵阳—青岩古镇（耗时约5天）。

D1　抵达荔波后，先参观风景如画的小七孔。

D2　前往凯里的西江千户苗寨参观，宿西江千户苗寨，感受长桌宴。

D3　前往镇远古镇。

D4　抵达贵阳品贵州美味。

D5　前往明清古建筑交错密布的青岩古镇，人文古镇风情，晚上取道贵阳市返程。

特产

苗族服饰：是我国所有民族服饰中最为华丽的服饰，既是中华文化中的一朵奇葩，也是历史文化的瑰宝。

蜡染：苗族人民有着自己丰富多彩的民族文化和民间工艺美术技艺，其中的蜡染艺术作品和蜡染旅游工艺品在整个染织美术界久负盛名、独放异彩。

镇宁波波糖：是镇宁布依族苗族自治县颇具特色的一种民族传统食品，始于是清朝咸丰年间。是用糯米加工的饴糖和去皮炒熟的芝麻粉末为主要原料，经过精心加工制作而成。它香甜、易化，所以又叫“落口酥”。

舌尖上的贵州

贵州的很多美味里，最让人难忘的就是酸，酸菜的酸不像山西靠醋来调味，而是番茄酿的酸汤。酸汤是苗族饮食的一大特色，为火锅系列，尤其以酸汤鱼最为好吃。

推荐美食

- **老凯里酸汤鱼**

酸汤鱼分红汤和白汤。老凯里酸

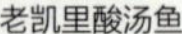
老凯里酸汤鱼

酸汤鱼

汤鱼是红酸汤，是真正当地的番茄酿的酸汤，口齿留香的美味让人难忘。

• **丝娃娃**

用大米粉烙成的薄饼，薄薄如纸却有一只手掌那么大。再卷入萝卜丝、折耳根（鱼腥草）、海带丝、炸黄豆、糊辣椒等。又名素春卷。注入酸酸辣辣的汁液。这蘸汁就是丝娃娃的精髓。

• **贵阳素粉**

所用的主材就是酸粉，这种用大米通过一定发酵方式制作的圆柱状直径3mm左右的米粉，粗粗长长。素粉顾名思义，作料简单，没有肉类参与，完全靠粉质、辣椒、葱花、玫瑰大头菜、绿豆芽、黄豆、花生体现其风味。尤其是特制的辣椒，是素粉的灵魂。

• **肠旺面**

又称肠益面，是贵州极负盛名的一种汉族风味面食。在贵州众多的小吃中，以色、香、味“三绝”而著称，具有血嫩、面脆、辣香、汤鲜的风味和口感，以及红而不辣、油而不腻、脆而不生的特点。“肠”即猪大肠，“旺”则是猪血，加上面条，三者相加便相得益彰。“肠旺”是“常旺”的谐音，寓意吉祥。

推荐餐厅

• **老凯里酸汤鱼**

贵阳云岩区盐务街23号。0851-6831902。清酸汤鱼、米豆腐、小米渣。

• **仔仔丝娃娃**

南明区下护国路152号。186-85040530。丝娃娃、绿豆汤、豆芽炒饭。

• **小平老素粉**

云岩区省府路贵山苑B栋B1楼。素粉。

• **雷家豆腐丸子**

贵阳市南明区解放路鸿通城100号二七路小吃街。0851-88517777。

雷家豆腐园子

亲子酒店

贵州民族大酒店

离甲秀楼和黔明寺等旅游景点很近，对面就是城市广场，楼下就是历史遗迹毛主席像，附近还有青云街小吃街，晚上看完贵阳大剧院的表演，步行回到酒店也就20分钟。酒店大楼的设计是模仿侗族的塔楼，客人出了电梯不用走很长的长廊就到了房门口，而且电梯都是观光型的。豪华双床房有大约40平方米，设计得很有民族特色。

贵阳市南明区箭道街23号，毗邻筑城广场。 0851-85571888。 网上订房，豪华双床房，平时430元/天，节假日490元/天，含双早。

贵阳铂尔曼大酒店

铂尔曼酒店在官网上预定性价比最高（需要信用卡担保），酒店离火车站很近，门口就是通往各处的高架桥，旁边就是二七夜市，鸿通购物广场和沃尔玛购物中心。酒店舒适方便，早餐也很丰富。

贵阳市南明区解放路100号。 0851-88666688。 均价500元/天，含早餐。

安顺万绿城假日酒店

周围吃饭购物方便，距离高速路也近。门前的院子很大，适合停车。

安顺市关岭县关索大道关岭体育馆旁，近黄果树景区。 0851-37528888。 198～589元/天。

往返交通

可坐飞机到贵阳再转车至安顺。贵阳火车站有“黄果树”号旅游列车，每日往返于贵阳市和安顺市。在贵阳火车站附近，有开往黄果树和安顺的客车、旅游空调客车。安顺市有开往黄果树大瀑布、龙宫以及附近景区的客车。

通过川黔、湘黔、黔桂铁路，安顺与省外各地相连，来自北京、上海、重庆、广州的列车均在这里停靠。贵昆铁路贯穿安顺全境，旅游专列“黄果树”号每日往返于贵阳和安顺之间。安顺火车站位于南华路，离汽车南站约5分钟路程。

贵黄公路、沪昆高速公路、302国道、水黄高等级公路、关兴高等级公路可直达景区。

雷家豆腐园子

荔波小七孔

亲子游达人：陶子

小七孔小档案

地址：贵州省黔南布依族苗族自治州荔波县西南部。

级别：4A。

门票：110元/人（学生证半价55元/人），观光车40元/人。

时间：8：30～19：00。

季节：全年开放，5～10月是戏水最佳时节。

电话：0854-3610651。

精彩看点

- 卧龙河生态长廊漂流
- 鸳鸯湖游船
- 天钟洞探秘
- 水上森林玩水
- 68 级跌水瀑布
- 小七孔古桥

温馨提示

1．景区内诸多景点可涉水或不得不蹚水而行，请备可涉水的鞋子。

2．自驾车自东过西门或者相反都是有时间限制的，请注意自己的游玩时间。

荔波小七孔景区位于贵州省黔南布依族苗族自治州荔波县西南部，距县城28千米。景区内有一座小七孔古桥，建于清道光十五年（1836年）的小七孔古桥，故此而得名小七孔景区。景区内瀑布、原始森林和湖泊等景点均可身临其境，不仅看得见，还能摸得着，孩子可戏水其间，时而泛舟水上、时而踏溪而歌、时而触碰叠瀑飞花，各式玩乐能启用孩子触觉、视觉、听觉、运动觉、平衡觉、生命觉、温暖感等感官，是绝佳的体验水与自然乐趣的地方

小七孔景区机动车辆放行时间表

东门→西门	西门→东门
8:30	9:00
9:30	10:00
10:30	11:00
11:30	12:00
12:30	13:00 19座以上大巴不在放行内
13:30	14:00
14:30	15:00 19座以上大巴不在放行内
15:30	16:00
16:30	17:00 19座以上大巴不在放行内
17:30	18:00
18:30	19:00

您所在的位置：小七孔西门

小七孔景区车辆放行时间表

小七孔不可不玩

从小七孔景区西大门进，开始游玩（景区内有观光车代步，如果从东大门进也可乘车直达西大门开始观光）该景区游览时间需要7～10小时。根据孩子的年龄、

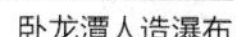
卧龙潭人造瀑布

卧龙潭

孩子的兴趣以及此时孩子的体力选择此景点游览时间。

卧龙河生态长廊漂流

建议游览时间：2小时

卧龙河全长3.5千米，有“小九寨”之称，这里的喀斯特地质使得河水或绿或蓝，两岸植被秀丽葱茏，倒映在幽静的河水中，该景点可以乘橡皮舟顺水缓漂，河中时有鱼儿翻腾，偶遇秀美小岛，在安静温暖的时刻伴着孩子无邪的笑脸，离开平日里奔波忙碌之景象，享受当下舒适、休闲、安全的时刻，顺流而下便来到卧龙河出口的卧龙潭，潭面平静无波，潭底却暗流涌动，只有潭外奔流不息的河水以及坝上雪崩似的流水瀑布可以见证。

鸳鸯湖游船

该景区极具特点，湖水如油，碧绿而凝重。湖中生长极多参天大树，其中有两棵并排而生，这两颗大树半截在水中，枝叶则在上方交握，雌树纤巧秀丽，雄树雄壮挺拔，景点由此得名。

湖面幽静，时有树木挺立湖中，游人泛舟水上，于四通八达的水道间穿梭，仿佛世外桃源。在时宽时窄的水道穿行，最窄的地方只能一舟驶过，孩子们此时会发现，自己的桨丁岩石上轻轻一推，爸爸妈妈奋力保持的方向便会偏离好远，孩子此时的欢笑来自于强大的自我认知；有时候，我们又可能发现划了好一阵儿又回到原地，那多半是迷路了，这时候就需要全家齐心协力辨识方向，寻得出路。另外，湖边会隐藏着“狗仔队”拍照，当上岸来便可以取得一家人温馨时刻的见证，收获颇丰。

天钟洞探秘

位于半波的天钟洞全洞长约700米，入口需穿行一条长长的隧道，路面高低不平，脚下湿滑，光线较暗，

鸳鸯湖

天钟

天钟洞隧道

洞内景观天地之吻

行进需小心。洞内钙化堆积物年代不够久远，但生动、逼真的形态很讨孩子喜欢，洞内道路平坦，路面宽阔。洞内钟乳石大多像动物，有鳄鱼厅、金鸡厅、百兽厅和犀牛厅等。洞中有一钟乳如铜钟倒扣于地，钟身遍布细石乳。人们说，这是兽界的“法律条文”，故钟名“天钟”，洞名亦由此而得。

从明亮的白天走进黑暗的地洞，光线，温度的变化带给孩子的感受无法言表，洞内的奇特景象也会引起孩子们惊呼连连。

爸爸有话说

一上午漂流、划船、爬山、寻洞，到这儿已是中午时分了，天钟洞出口下山即是翠谷山庄，在这儿好好享受用一顿当地的特色午餐，补足能量，下午继续。拉雅瀑布（瀑布下的水滩也是戏水绝佳之地）、龟背山原始森林、野鸭湖等景点，可根据自身体力选择性游玩。

水上森林玩水

水上森林，长约600米，分上下两段。茂密的乔木和灌木生于河谷里，清澈的河水穿流在林间、野草、石墩里，经过长年累月的冲刷，泥沙早已被冲洗无迹，连磐石也被磨光了棱角变得圆润可爱，但扎根于河床的树木却纹丝不动、四季常绿。

大人和孩子都最喜欢的景区就是这儿了，玩水是孩子的天性，水流在石头上，脚踩在水里，踢水花、打水枪、截水流，此时正值午后，是一天中温度最高的时刻，孩子甚至可以坐在水里、躺在河间，让水流经由身体的温度感染孩子的快乐再欢快地流淌开去。孩子们的玩儿法千变万化，奇趣无穷。

妈妈有话说

走这段路无论如何小心避让都可能有少许路段必须蹚水，故鞋子一定是不怕湿的，提前给孩子备一把水枪可以增加更多的乐趣，另外给孩子备件干的衣裳，疯耍完之后再换上。

野猪林

野猪林是一片典型的喀斯特漏斗森林。从漏斗的底部到天边的山沿，重重叠叠密布丛林。漏斗的下部，几百亩翠竹杂生在树丛中。整个漏斗像一个绿色的旋涡，飘旋在林海之上。漏斗底部的小沟两岸，树木全部往沟中心倾斜，令人费解。更绝的是，所有的树木全身披满絮状松萝，远望如浑身绒毛的野人。来到这里，恍若回到远古时代。昔日野猪奔突林间，以竹笋根为食，野猪林之名由是得之。

68级跌水瀑布

在涵碧潭上游的狭窄山谷里有68级跌水瀑布，层层叠叠的瀑布，淙淙

水上森林亲水

68 级跌水瀑布

哗哗倾泻而下，或倾珠撒玉，推雪拥云，或如匹练飘逸，似银河泻地，形态各异，气象万千。构成风情万种的动态水景，令人目不暇接。沿河谷伴梯级瀑布而上，一路但见高山流水、绿树红花，但闻泉鸣瀑响、鸟啾虫吟，便油然想起伯牙、子期的知音逸事，更觉眼前诗意盎然，美不胜收。遂为文人墨客冠以“知音谷”的雅号。

该景区可由上一站乘观光车抵达，景区壮观景象值得欣赏，但无须耗费太多时光。

小七孔古桥

这是一座小巧玲珑的七孔古石桥，桥长25米，桥面宽4米，拱高4米，建于清道光年间，昔为沟通荔波至广西的重要桥梁。桥由麻石条砌成，桥身爬满藤蔓和蕨类；古色古香的桥下是绿得令人心醉的涵碧潭。两岸古木参天，巨大的虬枝沿着桥伸臂，宛如巨伞撑在桥上。

爸爸有话说

水韵樟江民族风情晚会利用樟江河水实景演艺，体现布依族、水族、苗族、瑶族等少数民族文化的特色，整台晚会分“序《樟江谣》”“布依风韵”“水族密语”“苗风婀娜”“瑶山豪意”五个部分四个篇章，现代音乐与民族山歌相结合，演绎当地的风土人情、传递民族文化。

周边也好玩

贵州彩色之旅：小七孔景区—茂兰国家级自然保护区—大七孔景区—水春河漂流（耗时4天）。

D1　小七孔景区，漂流戏水。

D2　茂兰国家级自然保护区，认识各种奇花异草。

D3　大七孔景区

D4　水春河漂流后，返程。

舌尖上的荔波

推荐美食

- **石锅鱼**

精选鲜嫩鱼肉，用天然的石锅烹制了绝佳的美味鲜鱼。采用天然耐火砂石雕琢而成石锅，此材料雕琢而成的石锅含有多种矿物质元素，配以20多种名贵中草药与20多种佐料在经20多道工序熬制而成。不仅是味美，锅，鱼，药三者结合而延年益寿。祛痘养颜，清火温胃，四季皆宜，百吃不厌。

- **瑶山土鸡**

瑶山鸡在瑶山特定的自然环境中长大，以毛色鲜亮、肉细味鲜、营养丰富而畅销。土生土长的鸡有增强体力、强壮身体、温中益气、健脾胃、活血脉、强筋骨的功效，大筵小席皆

小七孔石桥

涵碧潭

宜，深受食家青睐。

• 荔波烤香猪

以上好鲜嫩的小香猪为原料，在配好的味料汤中稍事浸泡，然后放炭火上烤，边烤边抹蜂蜜，烤熟后颜色金黄鲜红，香味扑鼻。

推荐餐厅

• 卧龙樟江石锅鱼

小七孔西大门外的小镇。189-85066409。石锅鱼，当地农家菜。

• 小七孔山水酒店

小七孔西大门外驾欧高速路口（近驾欧派出所）。13195146657。豆花鱼、瑶山土鸡、荔波烤香猪。

亲子酒店

景区西大门及东大门外都有不同等级的私人客栈，根据季节和等级不等，房价几十元至几百元不等，对住房等级要求较高的朋友可选择景区内新开张的努类吉海度假庄园。

西大门外

• 荔波香草园酒店

小七孔景区西门外约3千米处。150~200元/天。0854-3573368。

• 荔波友缘客栈

小七孔景区西门外约3千米处。100~200元/天。0854-3561188。

东大门外

• 荔波多彩假日酒店

小七孔景区铜鼓桥售票处旁（近樟江）。150~300元/天。0854-3651155。

• 小七孔隆福山庄

小七孔东大门景区外约1千米处，山庄有新旧楼之分。100~200元/天。0854-3561106。

景区内

• 荔波努类吉海度假庄园

小七孔景区内，努类吉海湿地与天钟洞之间。500~3000元/天。0854-4828888。

往返交通

荔波机场至景区44千米，出租车费用约160元。

麻尾火车站离景区乘车约2.5小时，小七孔景区位于麻尾和荔波之间，乘坐麻尾镇到荔波县的班车，班车将穿行景区。

从贵阳开车到荔波全程约300千米，走贵新高速，车程约4小时。

青海湖

亲子游达人：郭婷婷

青海湖小档案

地址：青海省刚察县、共和县及海晏县交汇处。

级别：5A。

电话：0559～5541158。

时间：全天开放。

门票：旺季（4月16日～10月15日）二郎剑：100元/人；鸟岛：100元/人；沙岛：70元/人；仙女湾：60元/人。淡季（10月16日～4月15日）全部门票半价。

身高1.2～1.4米之间儿童购票50元/人，1.2米以下免票。

青海湖沙岛门票：70元/人；日月山门票25元/人；海滩门票22元/人。

季节：每年的6、7、8月，油菜花开，温度适宜。

精彩看点

- 二郎剑
- 沙岛
- 黑马河看日出
- 原子城
- 鸟岛
- 金银滩
- 仙女湾

温馨提示

坐车从鸟岛管理处到观鸟台12元，（距离是17千米）从停车处骑马来回5元（不足200米，不要上当）。坐游艇每人10元，2人以上起航。骑马照相10元左右，可讨价。青海湖在7～8月有环湖自行车赛，4、5月虽然草原还没有绿，却是观鸟岛最好的季节。

青海湖又名“库库淖尔”，即蒙语“青色的海”之意。它位于青海省

青海湖美丽的油菜花

东北部的青海湖盆地内，既是中国最大的内陆湖泊，又是中国最大的咸水湖。最深处达38米，湖泊的集水面积约29661平方千米，湖面海拔3196米。湖中有5个小岛，以海心山最大。鸟岛位于湖的西部，面积0.11平方千米，是斑头雁、鱼鸥、棕头鸥、鸬鹚等10多种候鸟繁殖生息场所，数量多达10万只以上。

青海湖夏秋季节是最佳亲子旅游季节，青海湖畔山清水秀，天高气爽，景色十分绮丽，千里草原上五彩缤纷的野花和数不尽的牛羊。开车驾驶在这里，呼吸清爽的空气，享受舒适的环境，任由孩子在草原上奔跑、在湖边玩耍，没有了都市暑期的热浪，是一个非常好的避暑之地。

青海湖不可不看

二郎剑

建议停留时间：30～45分钟

二郎剑景区位于青海湖东南部，因距离西宁151千米，这里又被称为151基地，景区大门位于109国道边，这里是欣赏青海湖美景最便捷、景致也最美的地方之一。除鸟岛外，151基地是旅行团带客参观的必到之地。

爸爸有话说

青海湖海拔较高，要时刻注意孩子是否有高原反应，出发前至少一周开始给孩子吃些红景天较好，在当地可以准备一些氧气袋等物。

黑马河看日出

建议停留时间：一晚

黑马河乡位于青海湖西南部，是青海湖环湖西路的起点，从这里沿环湖西路向北再继续走70千米，经过石乃亥乡，便是著名的鸟岛景区。黑马河乡至石乃亥乡共41千米的环湖西路是青海湖最美的路段，其中环湖西路“13-16km”处是离湖最近点。环湖西路在不同的季节呈现不同的美景：5月野花绽放，群鸟飞翔；8月万亩油菜花在湖畔灿烂盛开；在繁华过尽的10月，黑马河草原归于平静，青海湖也呈现出最朴素的美态。此外，秋天是看日出的最佳季节，而位于湖西岸的黑马河正是观看青海湖日出的最佳地点之一。

鸟岛

建议停留时间：40～60分钟

鸟岛坐落在青海湖西部湾，布哈河入湖三角洲的顶部。鸟岛是青海湖

青海湖烟波浩瀚

青海湖看日出

最吸引游人的地方，因岛上栖息数以十万计的候鸟而得名，有斑头雁、白天鹅、海鸥、棕头雁等。鸟岛有两座，大小不一，一东一西，左右对峙傍依在湖边。西边小岛叫海西山，又叫小西山，也叫蛋岛；东边的大岛叫海西皮，因为栖息的鸬鹚数以万计，也叫鸬鹚岛。4月起鸟儿陆续飞往鸟岛，5~7月是观鸟的最佳季节，9月能目睹大批斑头雁排成“人”字队伍集体飞往南方的动人场面，而观看大天鹅的最好时节则是在每年11月~次年2月。

妈妈有话说

虽然是夏季，青海湖边的气温依旧不是很高，晚上更凉，要给孩子带件羽绒服防寒。可以多带些水果，也可以准备些维生素C，润唇膏。防晒霜是必备。

仙女湾

建议停留时间：1小时

仙女湾地处青海湖北部，位于刚察县以南16千米处，传说是西王母设宴邀请中原天子穆天子相会的地方。这里的亮点为湿地风光、转经走廊以及观赏大天鹅，一般10~12月期间能见到天鹅。5月前后的青海湖除鸟岛外，在仙女湾栖息的鸟类也有很多，国家一级保护动物黑颈鹤便驻足此地。

仙女湾相对于二郎剑、鸟岛等景区来说并不是很出名，所以这里游客相对会少很多，淡季在景区门票售卖窗口可以和售票大叔讨价还价。

沙岛

建议停留时间：1个上午

沙岛位于青海湖东北部，海晏县以西20千米，沙岛长90千米，是青海湖边的一片小沙漠。沙岛曾是青海湖最大的岛屿，因湖沙垄不断接受风沙堆积而形成，现在和鸟岛一样已经与陆地连成一片，沙漠中有一连三个淡水湖。这里比151基地还要娱乐化，租骑沙滩摩托车来回30元/人，骑马20元/人，娱乐项目还包括沙滩摩托车、滑沙、滑翔伞、射箭等。自己

沙漠与海

巨大经幡

仙女湾湿地

青海湖风光

塔尔寺

的车是不能开进沙岛的，得转乘景区大巴，从门口开到湖边大约10分钟，7.5千米，20元/人。

温馨提示

这是很神奇的地方，穿过一片沙漠就能走到湖边，是沙漠与海并存的地方，可以带孩子参加娱乐项目，如果参加滑翔伞注意保护好孩子。

原子城

建议停留时间：30～50分钟

如今的西海镇便是以前的“原子城”，是研制第一颗原子弹和氢弹的地方，原为国营二二一厂，现在为海北藏族自治州州府。原子城位于自治州东北部海晏县境内的金银滩草原上，距海晏县城9千米，平均海拔3210米，西宁有直达海晏县西海镇的班车。西海镇位于青海湖西部，是环青海湖骑行环湖东路的起点，镇上有不少自行车俱乐部，以骑兵营最为出名。现在的原子城还完好无损地保存着被称为“亚洲第一坑”的填埋坑和爆破实验场等遗迹供游人参观。

金银滩

建议停留时间：30分钟

“在那遥远的地方，有位好姑娘……我愿流浪在草原，跟在她身旁……”想必不少人都能哼唱出这熟悉的调子，据说王洛宾先生就是在金银滩草原遇见了美丽的卓玛姑娘，才创作了这首广为流传的歌曲。金银滩草原的西部与青海湖相临，东北部被祁连山环绕，平均海拔3200米，分为金滩和银滩。一条小河穿流其间，北岸草滩上盛开着一种叫金露梅的金黄芳香的小花，故称金滩；南岸草滩上则是洁白如银的银露梅的天下，谓之银滩。每到夏天，野花盛开，金华白花绽放成片，犹如金色和银色的草滩，金银滩草原便因此而得名。

周边也好玩

青海湖周边3日游：西宁市—塔尔寺—门源—卓尔山—茶卡盐湖—青海湖—日月山—倒淌河—西宁市（耗时约3天）。

D1 抵达西宁市后，先参观市内藏传佛教活动中心塔尔寺，游览后，驱车前往门源进行拍照留念。

D2 游玩卓尔山，下午前往茶卡盐湖，晚上前往青海湖，夜宿黑马河乡。

D3 欣赏青海湖日出和湖畔美景，前往日月山倒淌河，追寻文成公主当年的故事，晚上返回西宁市。

特产

在黑马河乡、二郎剑景区附近和湟源一带有一些购物的商店和旅游纪念品店，出售一些青海特产，如老酸奶、牦牛肉干、羊羔皮、冬虫夏草等，还有蜜蜡、天珠、珊瑚等藏区珍宝。

现如今在类似的旅游景区很难购买到珍宝的真品，所以并不推荐在旅行的途中购买名贵物品。不过湖边的老酸奶倒是可以尝尝，如果要带伴手礼，可以回到西宁后购买一点牦牛肉干和小巧便宜的纪念品即可，既有情意又不会被宰。

舌尖上的青海湖

青海湖地势高，海拔在3000米以上，周边居民以藏族和回族为主，饮食方面也多为独到的藏式风味和醇香的清真风味，一杯青稞酒、一碗酥油茶配上一份羊肠面也是在青海湖旅行中的"美食标配"。想要品尝地道美食的人们，不妨尝试一下当地的"炕锅羊肉""手抓羊肉""烤羊肉串"等。除此之外，甜醅子、糌粑、狗浇尿、锅塌、酿皮、老酸奶等地道的传统小吃，也是到青海湖值得一试的特色。

推荐美食

- **炕锅羊肉**

炕锅羊肉是用西北特色的大炕锅烹饪羊肉的做法，使用蒜片、胡椒、孜然等多种调料，味道十分浓郁，是西北尤其是青海一带特色的羊肉做法。来到青海湖不妨尝一尝。

- **手抓羊肉**

青海牧民们的传统饮食，区别于内地平原的羊肉口感。吃时直接用手抓，香而不腻，肉质鲜嫩且不膻，虽然调料极其简单，只有一点椒盐，却

牦牛老酸奶

手抓羊肉

烤羊肉串

青海酿皮

也别具风味。

• **牦牛酸奶**

青海的酸奶是那种固体的老式酸奶，虽然是固体，但是酸奶非常鲜嫩，有淡淡酸味，很开胃一点儿也不腻人。藏民的帐篷里都有出售，一般是5元一碗，都是现挤的牛奶做的，一定要品尝一下。

推荐餐厅

• **伊风阁炕锅肉**

青海省海南藏族自治州共和县黑马河乡。坑锅羊肉、羊肉汤。

• **老马师烤羊肉面食馆**

青海省海北州刚察县南大街34号。黄焖羊肉、土豆炖羊肉。

亲子酒店

青海湖的景点分散在青海湖四周，住宿没有一个相对集中的区域。但是著名景点区都有旅馆可以住宿，也可以自备帐篷在湖边过夜。可以住宿的地区有：151基地、江西沟乡、黑马河乡、石乃亥乡、鸟岛镇、泉吉乡、刚察县、哈尔盖乡，多数人选择在151基地、黑马河乡、鸟岛镇、刚察县为停留地住宿。推荐以下酒店：

黑马河湖缘驿站

青海省海南藏族自治州共和县黑马河乡向鸟岛方向15千米处。139-97440479。适合早起观看日出。

鸟岛宾馆

青海省海北州刚察县泉吉乡年乃索麻村。0970-8656888。

黑马河宾馆

青海省海南藏族自治州共和县109国道。13649740070。早餐收费10元/位。

往返交通

西宁的曹家堡机场，打车至市区100元，民航班车至城东区八一路，票价21元。然后可以租车或者参加一日游。

西宁前往格尔木的7581次列车会经停青海湖周边的城镇海晏、刚察、乌兰等。海晏接近金银滩原子城等地，刚察距离青海湖鸟岛较近，乌兰则可以前往茶卡盐湖。可以乘坐火车前往这几个城镇后再包车或打车前往景区游玩。

西塔高速大通/湟源方向—西湟高速湟源/格尔木方向—丹拉线倒淌河/青海湖方向。

赛里木湖

亲子游达人：陈怡

赛里木湖小档案

地址：新疆维吾尔自治区博尔塔拉蒙古自治州博乐市境内。

级别：国家5A。

电话：0909-6281208

门票：成人门票70元/人，学生凭学生证、65～69岁老人凭身份证或老年证半价，1.2米以下儿童、70岁以上老人凭身份证或老年证免票。(景区营业收费时间约为每年4月25日～10月10日收取门票，每天售票时间8：00～23：00，其他季节和时间湖边较少有人管理，一般不会收取门票)。

时间：全天开放。

季节：每年6~9月，湖水碧蓝，景色尤为秀美。

精彩看点

· 静海七彩

· 雕刻忆古

· 那达慕大会

· 湖边踏青

赛里木湖位于新疆博乐市境内天山西段的高山盆地内，紧邻伊犁哈萨克自治州霍城县，湖面海拔2073米，是新疆海拔最高、面积最大的高山冷水湖，湖水主要是靠地下水补给。当地人称之为三台海子，因清代在湖的东岸设有鄂勒著依图博木军台（即三台）而得名，在哈萨克语当中赛里木湖是“祝愿”的意思。

赛里木湖四周水草丰美，是新疆的优良牧场，湖水于每年12月下旬封冻，冰厚1～2米，次年5月份解冻。

高山冷水湖——赛里木湖

牧场牛羊

赛里木湖湖水翻腾

赛里木湖不可不看

静海七彩

这个景色是赛里木湖水景的典型代表，赛里木湖的透明度达十米以上，是我国湖泊透明度之首，也是我国有名的变色湖之一。赛里木湖的水很深，由于水底地形的影响，加之天空状况的变幻，湖水色彩斑斓随时改变颜色，“青蓝深浅层出，……倏忽万变，莫可名状”(祁韵士语)。湖中倒影逼真清晰，富立体感，水中赤、橙、黄、绿、青、篮、紫、灰、白等各种颜色一应俱全，湖光山色浑然一体，美不胜收，构成了一幅绝美的水墨画。

雕刻忆古

建议停留时间：30–40分钟

在公元前2世纪到公元5世纪，博尔塔拉一带一直是乌孙人的主要活动范围，由于丝绸之路的北道经过赛里木湖，因此湖区文化底蕴丰厚，历史遗存有乌孙古墓群、岩画、鄂博、寺庙遗址、碑刻、古代驿站遗址等。乌孙人在赛里木湖草原上遗留下一字儿排开的数十座乌孙古墓群，大的周长有二三百米，高达七八米，当地人俗称“土墩墓”。据考古发掘，墓中出土了大量的铁、陶、丝绸、金饰品等物，可带孩子去景点忆古思今。

那达慕大会

每年7月底、8月初，当地的蒙古族和哈萨克族牧民，都会在赛里木湖举行那达慕大会，这个时候是到此观

赛里木湖与远山融为一体

赛里木湖

赛里木湖晨光

赛里木湖湖岸草茂花繁

光旅游的最好时机。那达慕大会内容有摔跤、赛马、刁羊、姑娘追等少数民族传统娱乐活动，可充分领略到蒙古族和哈萨克族浓郁的草原民族风情。每年10月，湖边的牧民会转场离开，银装素裹的赛里木湖也别有一番风味。

湖边踏青

建议停留时间：1个上午

赛里木湖周围湖畔林茂涧清，草茂花繁，辽阔的草原上，幕帐点点，炊烟袅袅，牛羊成群，牧马奔驰，构成了一幅动人的牧场风景画。湖边都是绿色的青草，适合孩子在周边骑马、骑羊照相。景区都有专门的马队，照相10元一张，不建议孩子骑马，因为湖边游人较多，容易发生危险。

妈妈有话说

赛里木湖湖水碧蓝，但是因为是高山冷水湖，即使在盛夏的中午，湖水的温度都非常刺骨，不建议孩子下水游玩。

周边也好玩

新疆风情游：乌鲁木齐市—博乐市—温泉县—夏尔西里（大约3天）。

D1 从乌鲁木齐市出发，抵达博尔塔拉蒙古自治州的博乐市，夜宿博乐市。

D2 前往温泉县游玩1天，夜宿博乐市。

D3 前往夏尔西里参观半天，返回乌鲁木齐市。

舌尖上的赛里木湖

高白鲑是这里的特产，在湖边吃158/公斤，高白鲑有三个特点，第一是生活在海拔2100米的赛里木湖，未被现代工业污染，第二是常年在赛里木湖深达90米的湖水中生长，鱼肉的不饱和脂肪酸高达35.6%，是一般鱼类的3～4倍；第三高白鲑属于过滤性鱼类，在水中几乎是通体透明的，出水即死，几乎没有人吃过活的高白鲑。其他主要是哈萨克风味的民族小吃，新疆拌面、奶茶、烤包子、烤羊肉串。

推荐美食

- **新疆拌面**

来新疆旅游，一定不能错过的美食是新疆拌面，在新疆，每一个儿子娃娃心中最爱的美食一定是拌面。拌面的面是用新疆特产的小麦磨制而成的面粉、盐和水按照一定的比例糅制而成，要在面盆里不停地糅制，这样面团才有一定的筋道，搓出的面条才会又细又有韧性。面团糅制好，将其擀成一张有点厚度的圆饼，切成长条，下锅的时候拉抻面条即可，俗称“拉条子”。拌面的菜多种多样，什么过油肉拌面、辣皮子拌面、家常拌面，只要是盘菜基本都可以和面条拌在一起成为拌面。但是最为新疆人津津乐道的就是家常拌面。家常拌面，顾名思义，就是家里有的东西就可以炒成一盘菜，所以原料也比较简单，一般是羊肉、洋葱、西红柿、土豆、白菜、芹菜切成丝，大火翻炒就是一盘美味的家常菜。等到拉条子熟了，将带着汤汁的家常菜倒入面中就成了一份地道好吃的新疆拌面，汤汁中带着番茄的酸爽，羊肉的鲜香，芹菜的清脆，既解馋又果腹。难怪新疆人最爱的美食就是它。

• **奶茶**

对以放牧为生的哈萨克族，以及维吾尔族同胞来说，奶茶已是家家户户、终日必备的饮品。冬季寒冷，喝奶茶可以驱寒，夏季干热，喝奶茶可以驱暑解渴；奶茶里既有茶，也有奶，有的时候还要放入一些酥油，羊油，马油，这种奶茶更是一种可口而富有营养的饮品。牧民由于放牧早出晚归，一天在家中往往只吃一顿晚饭。白天在外只带简单炊具，喝奶茶代饭，一天要喝好几次奶茶。他们每喝一次奶茶，都讲究喝足，喝透，喝到出汗为止。喝奶茶时，附带吃一些奶皮子，奶疙瘩，馕和肉等食品。奶茶的原料是茶和牛奶或羊奶，具有诱人的芳香和可口的味道。

• **烤包子**

烤包子主要是在馕坑烤制。包子馅是用瘦肉丁、羊油丁、洋葱、精盐和胡椒粉等原料，加入鸡蛋拌匀而成。包子皮用死面擀成圆形薄饼，包上馅儿后，四边折合成方形。把包好的生包子贴在馕坑里，十几分钟即可烤熟，皮色黄亮，入口皮脆肉嫩，味鲜油香，味道十分诱人。

• **烤羊肉串**

烤羊肉串是新疆民族特色的风味小吃。据古书记载，烤羊肉串在中国已有1800多年的历史。新疆烤羊肉串风味独具，将新鲜羊肉切块，用铁签或者红柳枝串制上火烧烤，加入咸盐、辣椒面、孜然粉，待肉烤制为焦黄色，鲜香扑鼻，肥香热辣。

推荐餐厅

周边有当地人开的蒙古包，做的菜口味都比较地道，但是这几年的价格高的离谱，建议直接去伊宁市就餐。

• **火宴山海鲜自助火锅**

这是一家全疆连锁店，重视口碑，所以能保证食物的新鲜程度和口感。载歌载舞的工作人员非常热情，可以充分领略到别样的边疆风情。这家除了海鲜味的锅底，其他的味道都还不错，海鲜的种类也比较多，比较齐全。另外，还有烧烤。烤肉，烤鸡翅值得一试。

伊宁市伊宁斯大林东路18号友好天百购物中心。 0999-8065888。 午餐68元/位，晚餐是88元/位。1.2米以下儿童半价。

• **艾勒喀斯尔快餐**

这是一家地道新疆风情饭馆，富丽堂皇的地中海式装潢让人感觉非常高档。这里的消费价格比较高。丁丁炒面和抓饭和烤包子一定要尝试一下。

伊宁市新华东路114号人民医院附近。 0999-8027690。 人均消费在60元。

特产

奶疙瘩：又名酸奶疙瘩，是哈萨克族同胞的传统美食，是用羊奶或者牛奶发酵之后放在锅里熬制，之后用纱布吊干水分，捏成小块，再将其放置晾干。味道有酸的和甜的，也有带油和不带油的，钙质丰富，容易吸收。奶酪对人体有一定的保健作用，有利于维持人体肠道内正常菌群的稳定和平衡，防治便秘和腹泻，非常适合小朋友食用。市场参考价格1千克150元。

亲子酒店

赛里木湖湖边上的住宿一般为铁皮屋或毡房，晚上会非常寒冷。每晚价格约需200元，也有80元、100元的。但不建议带孩子住在此地。

可以前往伊宁市住宿。伊宁市有八音和酒店，还有伊犁隆鑫大酒店都是不错的选择。

八音和酒店

酒店位于繁华的北京路美食一条街旁边，交通发达，多条公交车线路经过，交通十分便利，酒店也有免费停车位提供。因为是2014年装修的，所以酒店非常新，是主题鲜明的商务酒店，但是不可以加床。

伊宁市开发区北京路1979号南岗高层（妇幼保健站后面）。 0999-8888810。 258元起/夜，旺季568起/夜。

伊犁隆鑫大酒店

酒店坐落于伊宁市斯大林街紧邻亚欧商贸城，地处市内繁华地段，有大型的免费停车场，是伊宁市四星级涉外商务酒店。

伊宁市斯大林街五巷19号。 0999-8096888。 228元起/夜，不可以加床，旺季558元起/夜。

往返交通

1. 赛里木湖位于312国道旁边，乘坐从乌鲁木齐到伊宁市的大巴车会经过赛里木湖，坐在车里就能望见这个群山环抱的湖泊，司机会应游客的要求在此停车，让游客走到湖边去游览一下。从乌鲁木齐到伊宁的旅游大巴从早上9：00～14：00运营，一个小时一班车，价格是101元，快客是164元。距离是692千米，行驶时间约为6小时。

2. 赛里木湖在乌鲁木齐到伊宁市的途中，自驾游是个非常不错的选择，从乌鲁木齐出发至赛里木湖行驶距离为586千米，行驶时间约为5.5小时。

北投温泉

亲子游达人：孙小美

北投温泉小档案

地址： 台湾省台北市北投区，新北投捷运站。

门票： 免费。

季节： 全年皆宜。

温馨提示

北投街道两旁的小水沟里流淌的也是温泉水，但不适宜泡脚。带上自家宝贝去泡汤，请注意水的温度，酒店的私人温泉池是可以加入冷水调节温度的。

北投位于台北市的最北边，也是台北市温泉的源头所在。在日治时代，北投的温泉就享有盛名。走在北投的街头，淡淡的硫黄味，连下水道都冒着温泉的热气。

精彩看点

- 地热谷公园
- 北投温泉公园
- 北投图书馆
- 北投温泉博物馆

北投温泉不可不看

地热谷公园

建议停留时间：15～30分钟

地热谷是北投温泉的源头之一，里面的泉水呈翡翠绿色，终年弥漫着地热蒸气，仿佛到了地狱一般。在地热谷的底部可以看见形状特殊的火山岩，可以顺便带宝贝了解火山岩地貌和地质知识。

爸爸有话说

台湾人小时候经常带着鸡蛋到地热谷来煮温泉蛋。但是正因为这样，许多人被烫伤。建议不要轻易前往。

台北市北投区中山路。 免费。
周二至周日9：00～17：00，周一休息。

北投温泉公园

建议停留时间：60分钟

这是一个平价亲民的露天温泉场所，设有6个温泉池，老式日式建筑，听着鸟叫虫鸣，吹着微风，感受大自然。大人和小朋友都需要穿着泳装泡温泉。在银河桥下游的大榕树区溪流中，也设置了泡脚区，让来去匆匆的过客，也可以感受养生的温暖。

温泉公园

地热谷门口

地热谷全景

温馨提示

由于价格亲民，当然游客较多，还请携带孩子的家长注意安全。不嫌晚的话，可以泡最后一场，夜幕下泡汤，别有一番风情。记得穿泳衣泡汤。

台北市北投区中山路6号。全票40元新台币，优待票20元新台币。886-228972260。5：30~7：30（第一场）；8：00~10：00（第二场）；10：30~13：00（第三场）；13：30~16：00（第四场）；16：30~19：00（第五场）；19：30~22：00（第六场）。

北投图书馆

建议停留时间：1～2小时

这座木质结构图书馆就坐落在北投温泉公园旁边，享有“台北最美的图书馆”与“全球最美25座图书馆之一”的美誉。图书馆的外观受到肯定，但是它厉害的地方更是在其节能环保之处。当然特别设有儿童阅读区，里面的图书从绘本到故事书应有尽有，自然也是溜娃的好去处。

台北市北投区光明路251号。周二至周六8：30~21：00，周日至周一9：00~17：00。休馆日为法定假日及每月第一个周四。886-228977682。

北投温泉博物馆

建议停留时间：1小时

北投温泉博物馆的前身是一座欧式建筑的公共浴池，毗邻北投图书馆。地下二楼是“温泉大浴池”，大浴池仅限男性沐浴，旁边展示了早期北投温泉的刷子、水瓢和水桶等用品。二楼的“榻榻米活动大厅”是以前来这沐浴后的人用餐、休息和乘凉的好所在，想要带着孩子去体验榻榻米大厅的家长们，记得要平日去才会开放。博物馆里面还展示了“北投石”，这是唯一以当地地名命名的矿物。

台北市北投区中山路2号。免费。9：00~17：00，周一及假日休馆。886-22893 9981。

北投图书馆门口

温泉博物馆建筑物

流经温泉博物馆的温泉溪流

樱花隧道

建议停留时间：2小时

长约1.5千米的樱花隧道位于大屯里的复兴三路上，道路两旁种植着500多棵山樱花。每年2月，这里的樱花就开了。当花开满整条街道，那美丽的景象被当地人称为“樱木花道”。

台北市北投区复兴三路201巷2，4，6弄（白宫山庄外）。免费。全天。搭捷运至北投捷运站，转S6公交车（小6公交车）至复兴三路白宫山庄下车即可。搭捷运至新北投捷运站，顺着复兴四路走，即可到达复兴三路。

周边也好玩

北投休闲游：阳明山竹子湖—北投泡温泉。

D1 到阳明山竹子湖摘海芋，中午品尝高山野菜、土鸡汤，下午新北投泡温泉，喝下午茶，晚上宿北投温泉酒店。

D2 逛淡水老街，品尝小吃后返程。

特产

- **金鱼茶包**

子村庄园的金鱼茶泡在透明茶杯中，犹如杯中养了一条小金鱼。得过德国的IF设计大奖，每次都被抢购一空，想要购买的朋友需要提前4个月预订。

台北市北投区丰年路二段137号（为独立门牌号，比较难找）。886-228910101。

- **北投汤花温泉皂**

北投许多汤屋内都有温泉皂贩售，充满浓浓温泉味的温泉皂的，皂内温泉汤花含量大约2%，各家都搭配了不同成分制作而成，按个人喜好来挑选。

舌尖上的北投

酒家菜

由于北投的温泉蓬勃发展，所以形成了一种温泉乡的酒家文化，以往的酒家菜是指豪门或贵族才能品尝到的，它是混合了台菜、粤菜、川菜及日式料理等手法而形成的“北投派台菜”。

推荐餐厅

- **金蓬莱精致台菜**

台北市士林区天母东路101号。886-228711517。11：00～14：00，17：00～21：00。

- **伽里略亲子餐厅**

台北市北投区振兴街35号。886-228262988。10：00～21：00（备注：有孩子游戏区）。

亲子酒店

北投大地奇岩温泉酒店

北投大地奇岩温泉酒店的四面挑高光阴部落藏书阁，非常特别，是亲子好去处，外加泡汤的无敌景观可以

大地奇岩酒店光阴部落藏书阁

拍照，大地绝对是北投第一推荐的亲子酒店，酒店提供下午茶和泡汤套餐。

台北市北投区奇岩路1号。886-255518888。 8900元新台币起／晚，私人汤屋2500元新台币／90分钟／2人。

北投日胜生加贺屋温泉酒店

北投最高档的日式管家式温泉酒店，百分之百的日式服务，配合一泊二食，加贺屋的餐点是好评如潮的，尽管享受吧。酒店还提供泡汤休息与下午茶套餐。

台北市北投区光明路236号；886-228911238。 17680元新台币起／晚，私人汤屋2200元新台币起／90分钟／2人，大众汤屋1500元新台币。

北投丽禧温泉酒店

北投丽禧温泉酒店地理位置较高，尽收无敌山景，法式下午茶与半露天私人汤屋，同样不输任何一处。

台北市北投区幽雅路30号；886-228988888。 13900元新台币起／晚；私人汤屋：2300元新台币起／90分钟／2人（1.15米以下不收费，每间最多可加2人；1.15米以上，每位加收600元新台币，）；户外风吕：成人600元新台币，小孩400元新台币。

北投水美温泉会馆

距离新北投捷运站5分钟步行，属于北投中端的温泉场所，亲民价格却有同样的温泉享受。

台北市北投区光明路224号。886-228983838。 4000元新台币起／晚，私人汤屋1200元新台币起／60分钟／2人。

往返交通

到达交通

搭捷运到北投站，再转“温泉线路”一站到达新北投站即可。

加贺屋建筑物

私人汤屋一角

垦丁

亲子游达人：孙小美

垦丁小档案

地址：台湾省屏东县恒春镇垦丁路596号。
门票：免费。
开放时间：8：00～17：00。
电话：886-88861321。
适宜玩水季节：4～10月。

温馨提示

1．垦丁在七八月台风比较多，但台风过境的速度很快，如果停留多个晚上在垦丁就无妨，仍然可以享受到阳光、沙滩和比基尼。

2．垦丁光照强烈，请帮孩子准备太阳帽、防晒衣、防晒霜以及沙滩胶鞋等物品。

精彩看点

- 海洋生物博物馆
- 万里桐
- 垦丁森林游乐区
- 恒春生态农场
- 夏都沙滩

垦丁位于台湾最南端的屏东县，三面临海，属于台湾唯一一座热带区域的公园。垦丁面积广阔，著名的龙鸾潭、猫鼻头、鹅銮鼻和佳乐水都在其范围内，自然景观非常丰富；水上活动也十分丰富；垦丁大街上美食云集，特色民宿一家接着一家，所有的星级酒店都有亲子设施。

垦丁不可不看

海洋生物博物馆

建议停留时间：半天

海洋生物博物馆入口处有小朋友最喜欢的鲸鱼戏水池。馆内分三个大馆：珊瑚王国馆、台湾水域馆、世界水域馆。最吸引小朋友目光的是海洋夜宿与海洋生物喂食讲解。其中企鹅喂食讲解位于世界水域馆的一楼极地水域区，每场都蜂拥一大批小朋友来听喂食叔叔传授企鹅学问。

爸爸有话说

台湾电影《海角七号》就是在垦丁拍摄的，这里可以游览很多电影里的场景。在恒春镇阿嘉的家，全台湾最红的恒春邮递员，如果见到他骑着摩托车从你旁边经过，记得拍照留念。

屏东县车城乡后湾村后湾路2号。
平日：9：00～18：00；假日（周六、周日）：8：00～18：00；7月、8月：8：00～19：00。 全票450元新台币/人，优待票250元新台币/人（六岁以下免费）。海洋夜宿报名网址：http：//www.aquarium.com.tw/nightsleep.php。 886-88825001。

世界水域馆外的雕塑，是乌贼还是花枝

万里桐潜水

建议停留时间：3小时

万里桐完全就像一个小渔村。靠海一边，很容易就可以看见有一个石阶楼梯，往下走就是浮潜处的入口了。小渔村里有几家浮潜中心，跟着潜水教练就可以看到美丽的海底世界，幸运的话还可以看到海龟与我们同游。即使是幼儿园年龄的小朋友也可以尝试，对孩子来说绝对是深刻、美丽的体验。

妈妈有话说

潜水中心配有幼儿园年龄的潜水衣和胶鞋，千万不要错过了，最好提前预订。

垦丁恒春镇山海万里路14-3号（进入万里桐就可以看到）。886-88869377；886-912701987（在台湾当地拨打，请拨09121987）。350元新台币/人，40~60分钟。

垦丁森林游乐区

建议停留时间：3小时

森林游乐区主要的地形景观是由珊瑚礁岩形成的峡谷、洞穴、钟乳石及石笋，处处展现大自然演化的奇趣。除了丰富的自然景观，一路上可以看到许多猴子们在树丛间穿梭，可以给整个行程增添不少乐趣。这里相对适合大童，有一些坡道与步道需要走，较热门的景点有：观海楼、银龙洞、一线天。

恒春生态农场

建议停留时间：2小时

想带着孩子披星戴月地体验被萤火虫包围的感觉吗？3月或4月的晚上来恒春生态农场，关上车灯和手电筒，萤火虫星星亮亮就包围在你和孩子们的周围，四处蛙鸣蝉叫，抬头仰望星空，赫然发现，原来许久不见满天繁星竟然在垦丁可以让我们邂逅。这里不能拍照，不能大声说话，安静享受大自然，这就是我们要给孩子看的世界的最好的一面！

屏东县恒春镇山脚路28之5号。886-88892633。

夏都沙滩

建议停留时间：2小时

垦丁有许多沙滩，南湾、白砂、星砂湾、帆船石沙滩，这些沙滩皆为公共沙滩，人流量比较大，尤其是南湾。整个垦丁拥有私人沙滩的酒店只有两家：凯撒和夏都。凯撒的沙滩需要过一条垦丁大街，而夏都的一楼客房走出来便是所属的私人沙滩，沙子是全垦丁最干净细致的，游客主要以入住酒店的客人为主。沙滩开放非酒店客人使用，只要带上浴巾和泳衣即

万里桐那片浮潜水域

可，如果想要带孩子享受一片安静纯朴的沙滩，这里最合适不过。

温馨提示

酒店游泳池旁边有冲凉处，可以冲洗身上的海水与沙子，只需要自备毛巾即可。

垦丁大街

建议停留时间：1小时

垦丁大街来回只有几百米，晚上吃完晚餐带着孩子去热闹的垦丁大街散步十分合适。弹珠、打气球，各种儿时的娱乐游戏，价格便宜能让孩子坐着玩好久。烤香肠、臭豆腐、咸酥鸡，酒吧什么都有。有许多小摊上卖贝壳项链、手链、鹦鹉螺的装饰品，小朋友见到这些形状可爱的贝壳，都想把它们带回家，当地的商贩价格都比较实在。

Go-Cart

建议停留时间：半小时

发动起马达，轻踩油门，咻一下，车子跑得飞快。在垦丁恒南路上，来了许多家卡丁车练习场。身高1.1米以上的小朋友可以坐在副驾驶与爸爸妈妈一起玩一下刺激的卡丁车。双人车的价格大约在300元新台币/10分钟。有些练习场也附设了碰碰车可以给小童玩，但也是需要爸妈陪同。

妈妈有话说

请为小朋友选择大小合适的安全帽，并扣紧安全带，一旦小朋友不想玩了，为了安全起见，请马上将车子开至出发点还车。

走！孩子们踏浪去

垦丁沙滩有帆船课程可以报名

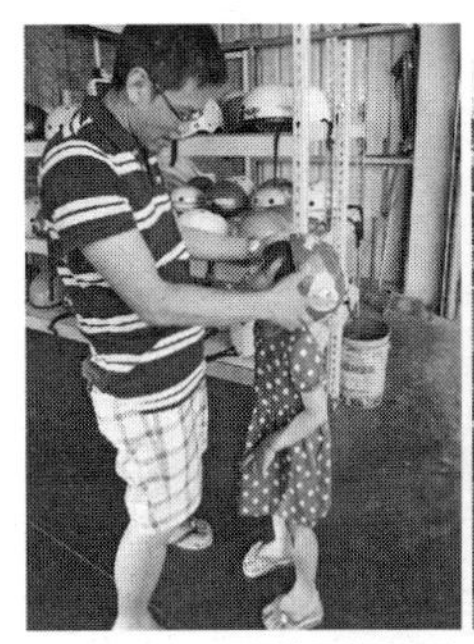
Faye，记得戴好安全帽哦

卡丁车出发点

喜哈哈F1赛车场

屏东县恒春镇恒南路2号。 平日9：00~18：00，周六、周日8：00~21：00。备注：附近设有亲子碰碰车。 886 88899282。

周边也好玩

垦丁电影之旅：恒春古城—城门—阿嘉的家（耗时一天）。

特产

- **贝壳**

垦丁的星沙湾已经被保护起来了（贝壳含量最高）。含量排名第二的是白砂，那里是《少年派的奇幻漂流》取景地之一。孩子们可以在白砂的沙滩上找自己喜爱的小贝壳。如果想要大的贝壳，晚上去垦丁大街，贝壳手链、项链、鹦鹉螺、珍珠贝都可以找到。

- **卡通人像绘画**

垦丁大街上有一家绘制卡通人像的，许多名人造访过。别说，画的还真挺像本人的。全家人一起来画一幅全家福吧，如果有家庭成员因为贪图大街上的美食也没关系，可以给老板看照片，一样可以画得惟妙惟肖。这作为垦丁亲子旅行的纪念品相当有意义。

舌尖上的垦丁

推荐美食

- **雨来菇**

看上去像海菜，其实是菌类。外表看起来黑漆漆的像黑木耳，一般与鸡蛋一块搭配，在加入些许小辣椒和青葱，不用特别加什么调味品也十分好吃，是一道十分下饭的菜。

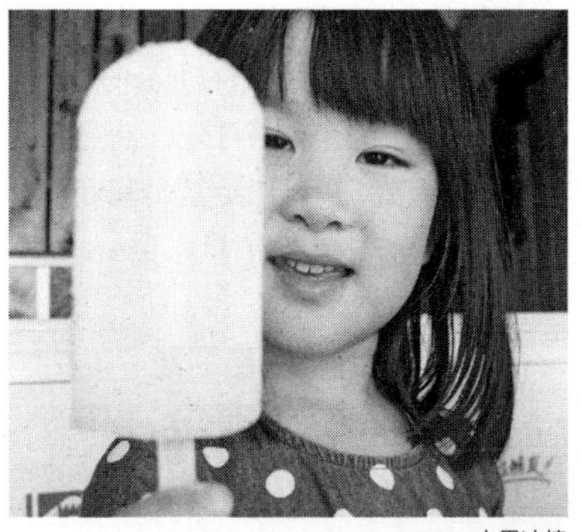
水果冰棒

雨来菇炒蛋

• 水果冰棒

南湾对面的7-11便利店旁有一家专卖水果冰棒的店，有各种口味，如香蕉、草莓、芒果、柠檬、百香果、芭乐、凤梨，玩沙、玩水结束带着孩子来买一根品尝，健康又可口。

推荐餐厅

• 后壁湖渔港

来垦丁吃最新鲜的海鲜，就一定要来后壁湖。后壁湖渔港不大，一楼是小摊贩区，挑选完海鲜后，可以坐在小摊贩前面摆设的小桌椅就餐。二楼则是亚发师海鲜，个人觉得口味比一楼的要好，价格也不贵，餐厅配有宝宝椅，带着小宝宝的家庭建议去二楼亚发师海鲜用餐。

946台湾屏东县大光路。 886-8866759。

• 海餐厅Ocean Blue

该餐厅位于垦丁大街上的南洋风味的餐厅。餐厅装修以白墙，蓝色窗框，十分有海洋清新的韵味。店内提供的是东南亚口味的料理，也配有宝宝椅可以使用。店内特色是柠檬花枝。

屏东县恒春镇垦丁路111号。 886-88862800。

• 垦丁凯撒饭店自助餐

凯撒饭店的自助餐真是垦丁的一绝，是垦丁所有五星级酒店最好的自助餐。选择十分丰富，日式生鱼片、寿司、牛排、海鲜、亚洲菜、甜点、巧克力塔、冰激凌，品种繁多。最好提前预订。

恒春镇垦丁路6号。 886-88861888。

亲子酒店

夏都沙滩酒店

屏东县恒春镇垦丁路45号。 886-88862345。 11948元新台币/晚，连续入住可享有折扣，记得要预定一楼的房间。备注：有两张大床的四人间；有儿童游戏室、亲子课程、高尔夫课程、帆船课程、冲浪课程等；房间提供宝宝床、澡盆、奶瓶消毒器。

垦丁凯撒大饭店

屏东县恒春镇垦丁路6号。 886-88861888。 7300元新台币/晚，备注：有两张大床的四人间，有儿童游戏室，提供宝宝床、澡盆、奶瓶消毒器等设施。

往返交通

到达交通

沿着国道3号和国道1号开，接屏鹅公路即到垦丁。

搭高铁至高雄左营站下车，转垦丁快线到达垦丁。

夏都一楼的房间，走出去就是沙滩啦，太方便了

大清早的泳池

第五部分

畅快乐园游

798艺术区

亲子游达人：熊靓

798 艺术区小档案

地址：北京市朝阳区酒仙桥路4号798艺术区。

开放时间：24小时

门票：免费。

最佳游玩时间：4～11月，北京冬日冷，不适合室外活动。

精彩看点

- 旁观书社
- CAFÉ LAS 798
- PAPABUBBLE 糖果店
- 尤伦斯当代艺术中心
- 铁道怀旧
- 北京季节画廊

798艺术区位于北京朝阳区酒仙桥街道大山子地区，是用旧厂房改造的艺术区，这里拥有国内最前卫、时尚的设计、出版、展示、艺术家工作室，带孩子来这里也是一次艺术的熏陶之旅。此外，这里的精品家居、订制服饰、餐厅、书店、咖啡厅也是比比皆是，午后和孩子在这里吃蛋糕喝喝茶是最悠闲的享受。每逢六一儿童节，798还有丰富多彩的儿童互动绘画、舞蹈、音乐等活动。

798艺术区不可不看

旁观书社

建议停留时间：20分钟

旁观书社位于798艺术区一处街角，书店门口用黑白粉笔写着书讯。门口有几张可以在天气好的时候坐下休息的咖啡桌。书店非常小，但是书品文艺且有趣，即便是儿童读物也是风格前卫、时尚的。一家人可以各自选上自己喜欢的图书，坐在店里的沙发上安静地读。

爸爸有话说

德国前总理（施罗德）、欧盟前主席（巴罗佐）、比利时王妃、安南夫人、法国前总统希拉克夫人、法国前总统（萨科齐）、国际奥委会主席罗格等领袖人物都先后参观访问过798艺术区。2003年北京798艺术区被美国《时代周刊》评为全球最有文化标志性的22个城市艺术中心之一。798建筑改造方案是威尼斯十二个中国优秀建筑展之一，是2004年北京双十年优秀建筑展重要的展品。

LAS CAFE

建议停留时间：30分钟

LAS CAFE 在798艺术区主路的边上，近中心广场，很容易找到。虽然街边总是人潮熙熙攘攘，但是进入店里却很清净。餐厅的美食非常吸引孩子，例如做成玫瑰花的巧克力蛋糕。

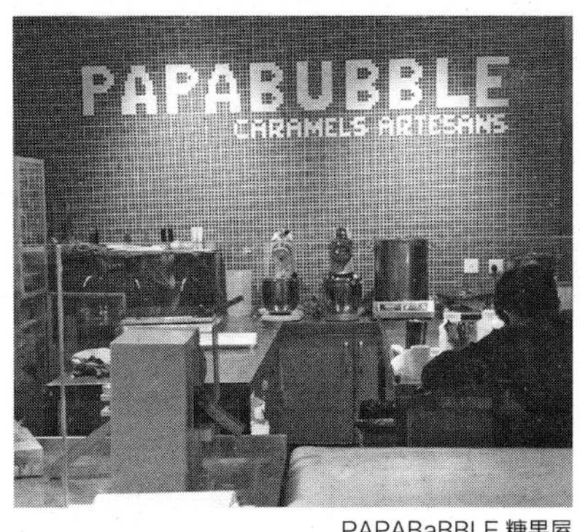

PAPABaBBLE 糖果屋

Las cafe 里的玫瑰蛋糕

PAPABUBBLE糖果店

建议停留时间：10分钟

在798艺术区街角有一家超隐蔽的PAPABUBBLE糖果店，小巧的糖果可以印上你的名字和可爱的图案。每一个进店的人都禁不住甜蜜的诱惑，买上几个分享给小朋友。但提醒孩子们不宜吃过多的糖，注意保护牙齿。

尤伦斯当代艺术中心

建议停留时间：30分钟

尤伦斯当代艺术中心是一座非盈利的综合艺术中心，由收藏家尤伦斯夫妇出资建造，致力于打造一个通过教育、研究项目分享当代艺术体验的平台。定期会有年轻艺术展览会，每周四免费参观，人少时适合带着孩子去。

妈妈有话说

798艺术区经常会有艺术、家具、绘画等方面的展览，可关注798艺术中心的微信了解相关展讯。

铁道怀旧

建议停留时间：20分钟

孩子们都对走铁道充满了浓厚的兴趣，798艺术区里面有不少废弃的铁道。今天就成了孩子们玩要的好地方，走在枕木上，孩子们发出欢快的笑声，让爸爸妈妈也忘记了烦恼。在铁道玩要时需要注意行走的安全，防止摔倒。

北京季节画廊

建议停留时间：20分钟

北京季节画廊是中国首家由新加坡经营的艺术画廊，是体现包豪斯建筑风格的范例。高大的水泥架构从严谨中渗透出浪漫，复式排列的玻璃钢框天窗书写着强烈的现代意识。非常适合孩子在外部取景拍照。

周边也好玩

望京休闲游：798的3D博物馆—观复博物馆—中国电影博物馆（耗时1天）。

熊猫慢递

旧铁道

舌尖上的798艺术区

推荐餐厅、咖啡厅

• 爱特咖啡

由艺术家黄锐先生设计装潢，开放式厨房，旧时的毛泽东语录，以及历届798艺术节活动的海报和工厂旧时生产的军工陶瓷制品构成，爱特咖啡提供各式饮料和口味地道的简餐。

北京朝阳区酒仙桥4号798艺术区E区七星东街。

• 西南角吧

北京市朝阳区酒仙桥路4号798艺术园区西南。 15910869589 13401054611。

• 禅豆素食

北京朝阳区酒仙桥路798艺术区七星东街311号。 010–57626193、18911582978。 特色：素食。

盛世传说鱼酷餐厅

• 盛世传说鱼酷餐厅

北京市朝阳区酒仙桥路4号798艺术区B03号。 010–51305588。 特色：艺术与怀旧气氛浓郁。

亲子酒店

798艺术区的附近有不少有艺术氛围的酒店，晚上还能够去798的咖啡馆坐坐、听听音乐。

格瑞斯北京酒店

北京市朝阳区酒仙桥路4号798艺术区706后街1号。 010–56324977。 均价550元左右。

北京银枫戴斯商务酒店

北京市朝阳区大山子彩虹路6号。010–56324977。 均价220元左右。

往返交通

北京首都国际机场打车30分钟抵达798艺术区。

北京站、西站、南站均有往返全国各地的班次。

乘 坐445、420、405、909、955、991、988等路公交车到大山子路口南。

乘坐40、402、909等路公交车到王爷坟站。

798 艺术区建在旧厂区里

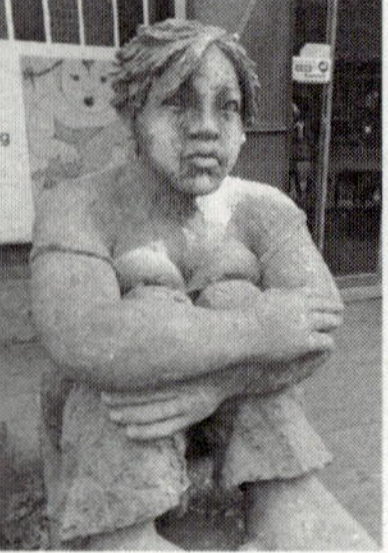
路边雕塑

Las cafe 生意非常好，环境舒适

奥林匹克森林公园

亲子游达人：青春河边巢

奥林匹克森林公园小档案

地址：北京市朝阳区北辰东路15号。

开园时间：6：00～20：00。

门票：公园免费开放。“鸟巢”50元/人。“水立方”30元/人。

电话：010-84992008（24小时）。

最佳游玩时间：4～10月。

精彩看点

- 观光塔
- 水立方
- 鸟巢
- 新奥购物中心
- 儿童城
- 中国科技馆

温馨提示

生物制剂、毒品等，自带的软硬包装饮料、横幅标语、大型箱包、超长（超过1米）旗帜和旗杆、无线电设备（可能影响电视转播、干扰赛场内仪器正常运行）、动物等也不可以带入场馆。其他可能限制携带的物品包括：专业摄像器材、三脚架、打火机和火柴以及乐器等。

奥林匹克森林公园不仅是奥运会期间各国运动员、教练员和奥组委官员的休闲后花园，同时也是城市的生态屏障。奥林匹克森林公园向公众免费开放后，成为集旅游观光、休闲娱乐、体育健身等多功能为一体的北京最大的公共公园之一。

鸟巢

奥林匹克五环标志

奥林匹克公园不可不看

天境眺望鸟巢

建议停留时间：1小时

“天境”位于森林公园的“仰山”峰顶，在“天境”上有一块高5.7米、重达63吨的景观石是特意从泰山运至北京的。在没有雾的情况下，在此可以清楚地看到“鸟巢”以及“水立方”。一家人一起在泰山石上观望鸟巢，那宏大而又惟妙惟肖的建筑，会让孩子们无比兴奋。

孩子们在公园里玩

爸爸有话说

和孩子一起在高山顶上感受北京的繁华与美丽，同时观赏美丽的鸟巢，给孩子讲解一些奥运知识以及祖国申奥及举办奥运会的艰难过程，是很有意义的。

音乐喷泉

建议停留时间：1小时

在露天演艺广场有个奥海，北侧主湖内有一套大型的音乐激光喷泉，最高可达80米，甚是壮观。同时这个独一无二的山水舞台也将这里变成北京最引人注目的户外表演场所。

妈妈有话说

音乐喷泉非常好看，尤其夏天的时候，不过如果近距离观看的话，最好有一把雨伞遮挡。保护好孩子，切忌生病。

畅游湿地公园

建议停留时间：1小时

园内最吸引人的人造湿地，在大

片的芦苇、香蒲、球穗莎草、菖蒲和美人蕉的指引下，就可以找到，沿着小桥在湿地中行走。下桥走500米到达水下沉廊。廊道四周是玻璃扶手，可以清晰地看到一条条欢快畅游的小鱼。孩子们也会驻足观赏那些可爱的小鱼，享受湿地里的清爽世界。

公园一景

森林艺术中心

建议停留时间：1小时

在奥林匹克森林公园南区东部的原生林中，还设计了一组造型别致浪漫的建筑——森林艺术中心。在这里一家人不仅能看到郁郁葱葱的洼里原生林，而且还能呼吸着新鲜空气、品味着绿色好心情的同时，也可以欣赏森林艺术中心所带来的艺术享受。

周边也好玩

奥运一日游: 奥林匹克公园—“鸟巢”—“水立方”—射箭场—网球中心

游览完奥林匹克森林公园，前往“鸟巢”游玩；体验梦幻“水立方”，旁边的中华民族园和中国科技馆，中国古动物馆都是孩子喜欢的长知识的好地方。

特产

要说孩子们喜欢的特产，并不是美味的美食，而是“鸟巢”及“水立

运动的孩子们

园内建筑

方”中出售的各种奥运纪念品，有吉祥物、纪念服装、手表等，孩子肯定会特别喜欢。

舌尖上的奥林匹克公园

推荐餐厅

- **吉野家湖景东路餐厅**

北京市奥林匹克公园新奥购物中心内。 4008197197。 招牌牛肉饭。

- **眉州东坡酒楼（亚运村店）**

北京市朝阳区慧忠北里111号楼。 010-9683316。 眉州香肠。

亲子酒店

北京凯迪克格兰云天大酒店

北京市朝阳区亚运村北辰东路18号。 010-84971188。 563～1805元/天。

北京凯迪克格兰云天大酒店内景

北京国家会议中心大酒店

北京朝阳区北辰西路8号院1号楼。 010-84372008。 888～2014元/天。

往返交通

地铁8号线南起北土城，北至森林公园。设有北土城站、奥体中心站、奥林匹克公园站和森林公园站4个站点。

乘839、510路北辰西桥北站下；运通113、407、386、656、836快车，983空调车路线、753、740内外环、939、944支、944、660、689路北辰桥西站下；328、379、419、425、484、518、628、751、836、851、913、949、963、运通110路洼里南口站下。

奥林匹克公园中心区目前尚未设立固定停车位，私家车在北辰东路、北辰西路停车场停放，不能进入园区。

市交通部门还为残疾人士准备了特殊交通服务：地铁对残障人士提供特殊乘车服务。

八达岭国家森林公园

亲子游达人：青春河边巢

八达岭国家森林公园小档案

地址： 北京市八达岭林场（八达岭长城登城口往南2千米）。

开放时间： 8：00～18：30。

门票： 成人票25元/人。

精彩看点

- 青龙谷景区
- 红叶岭景区
- 丁香谷景区有特色科普教育

北京八达岭国家森林公园位于万里长城八达岭和居庸关之间，总面积4.4万亩，最高峰海拔1238米，分布植物539种、动物158种、林木绿化率达到96%，为中国首家通过FSC国际认证的生态公益林区。公园主要景区有红叶岭风景区、青龙谷景区、丁香谷景区、石峡风景区。红叶辉映八达岭残长城和望龙系列景点是公园的最佳景观，还有丁香、杏花、梨花等独特景观资源。一家人走在花的海洋之中，定会被这大自然的魅力所吸引，孩子们也更喜欢美丽的八达岭景观。

八达岭国家森林公园不可不看

青龙谷景区

建议停留时间：1小时

八达岭残长城形成青龙谷景区北侧天然边界线，从景区入口开始，蜿蜒至景区深处的最高峰，古老的烽火台在茫茫林海中犹如一个个跳动的音符，奏响了一曲绿色的乐章。作为春天象征性的景观，京城各处的杏花以不同的特色呈现在人们的眼前。在万物复苏的时节，山林里丰富的植物依

八达岭森林公园美景

八达岭森林公园一景

次舒展开嫩翠娇柔的新芽，而白中略带点粉色的山杏花最让人眼前发亮，让春天的气息更显浓烈。

爸爸有话说

春天，意味着充满了无尽的希望，对于北京而言，是一个最能感受微妙而丰富的时节。残长城脚下的青龙谷，能让人们更从容地尽享春之韵。青龙谷中的杏花，以其独有的特色，更让人为之倾心和留恋。

红叶岭景区

建议停留时间：1小时

八达岭国家森林公园的红叶观赏精华区为红叶岭，景区面积近千亩，共有黄栌5万多株，毗邻残长城，位于中华第一铁路和詹天佑纪念铜像南侧山岭上。每年9月底至11月初期间，是观赏残长城红叶的最佳时节。届时，一家人可以踩着富有弹性的生态木梯，穿行于红叶林中，漫步于残长城身侧。红叶岭是北京市秋天最早看到红叶的地方，比市区红叶观赏期要早半个月。此外，公园的望龙系列景点能全方位观赏到八达岭长城的全貌、中国人自己设计的第一条铁路京张铁路"人字形"铁路段、青龙桥百年老火车站及詹天佑铜像等，一家人可以体验独特的时空感。

红叶岭

妈妈有话说

每到红叶满山的季节，四面八方的游客都会前往欣赏，因此，山上的游人就会比平时多。如果选择这个时候带着孩子去看红叶，一定要注意安全，避开人群，尽量选择非周末、非假期时间前往比较好。景区非常优美，但是对于年纪小的孩子来讲，还是比较危险的。在游玩过程中，一定要注意安全。在一些烽火台处，切忌乱跑。

丁香谷景区

建议停留时间：1小时

丁香素雅洁净、香馥醉人，是爱情和幸福的象征，被人们誉为"爱情之花""幸福之树"。丁香谷境内分布有华北地区面积最大（700多亩）的天然暴马丁香林，它不同于常见的灌木丁香，而是一种高大乔木，素有"西海菩提树"之称，是佛门吉祥光盛的象征。它花期较晚，每年6月中旬，园内漫山遍野的暴马丁香，群芳怒放，漫谷溢香。和孩子一起听听那些丁香花故事，赏赏那些"生死对"里的丁香花，让孩子理解它的花语，感受古人的美妙爱情。

特色科普教育

建议停留时间：1小时

在八达岭体验中心，可以参观詹天佑铜像、京张铁路中的"人字形"铁路、詹天佑纪念馆，接受爱国主义教育；游览长城博物馆、传统祭祀文化区，学习祖国传统历史文化；在中美合作森林健康经营示范区、黄栌采种基地、华山松采种基地，了解森林生态知识；在野生动物世界、熊乐园，可以近距离观赏飞禽猛兽，这里优雅的天鹅，威严的狮虎，憨态可掬的马来熊吸引着热爱大自然的人们。

父女

这里分为室内体验馆和户外体验路线。四个展厅的主题分别为八达岭森林的变迁、八达岭森林大家族、森林让生活更美好和八达岭森林艺术研究室，共设计了13个展区、42个展项。户外体验路线设有森林教室、观景台、攀岩区、露营地等。孩子们在这里可以尽情地体验各种景观，感受与众不同的八达岭长城。

周边也好玩

八达岭深度游：八达岭森林公园—八达岭长城—龙庆峡—八达岭野生动物园（耗时2天）。

D1　前往八达岭长城观赏这大好江山，一起与孩子感受爬长城的过程，之后到龙庆峡感受夏季的清新凉爽。

D2　前往八达岭野生动物园观看狮子与老虎，休整后返程。

特产

八达岭国家森林公园没有特殊的特产，但是每到红叶满山的时候，就会看到很多孩子在树下捡拾落下的红叶，然后小心翼翼地放进书本里。上前询问才得知，原来孩子们是想制作成漂亮的标本。爸爸妈妈一起帮忙，相信一定可以做成非常漂亮的红叶标本或书签。

舌尖上的八达岭国家森林公园

推荐美食

- **涮羊肉**

北京的涮羊肉是一道由羊肉为主料的美味佳肴，肉质鲜嫩，味道鲜美，纯正的老北京口味，一边涮肉一边涮菜，搭配着吃也不会太腻，正好适合小孩子们清淡的口味。

- **北京烤鸭**

北京烤鸭是北京名食，它以色泽红艳，肉质细嫩，味道醇厚，肥而不腻为特色，被誉为“天下美味”而驰名中外。历代美食家吃北京烤鸭，吃出了许多讲究来，归纳起来主要有四个：讲究季节，在冬、春、秋三季吃

北京涮羊肉

北京烤鸭

森林公园一景

烤鸭其味最佳；讲究片法，要做到片片有皮带肉，薄而不碎；讲究佐料，一般配甜面酱加葱段，再配黄瓜条或青萝卜条等，以清口解腻；讲究佐食，荷叶饼可一揭两片，每片抹上蒜泥、酱油、黄瓜条，再夹上烤鸭片卷起来吃。

• **香酥鸡**

香酥鸡是山东地区汉族传统风味名菜之一，属于鲁菜菜系。北京的香酥鸡也是一道名菜，和一家人一起吃着北京美食，一边回想八达岭森林公园的美景，可谓是真正的享受。

推荐餐厅

• **八达岭森林公园餐厅**

北京市延庆区八达岭林场。010–81181685。北京菜。

• **铁锅王农家餐厅**

北京市延庆区八达岭岔道村35号（八达岭岔道古城内）。137–16072369。北京农家菜。

• **红叶轩**

八达岭国家森林公园（青龙桥火车站）。农家菜。

八达岭长城

北京长城老院子古客栈

亲子酒店

北京长城客栈

北京市延庆区八达岭长城景区滚天沟停车场内，近索道站、八达岭长城、八达岭野生动物世界。010-61115830。323~750元/天。

北京八达岭青龙泉休闲度假村

北京市延庆区八达岭镇石佛寺村。010-81181558。258~578元/天。

北京长城老院子古客栈

北京市延庆区八达岭特区岔道古城26号。010-69121156。480~960元/天。

往返交通

公交线路877路

德胜门—八达岭前山停车场 首班：7：00，末班：12：00（滚动发车，坐满一辆走一辆）。

八达岭前山停车场—德胜门 首班：11：30，末班：16：30公交车线路（877德胜门直达八达岭旅游专线）。

在八达岭车站下车后步行至公园红叶岭景区需15分钟。

北京出发，上京藏高速。

水关长城高速出口（53号出口）下高速后，直行辅路约2000米，即到达公园红叶岭景区，沿途可见公园指路牌示。

八达岭野生动物园

亲子游达人：青春河边巢

八达岭野生动物园小档案

地址：北京市延庆区八达岭长城停车场。

开放时间：夏季：8：00～17：00；冬季：10：00～15：00。

门票：90元/人，儿童半价。

电话：010-69122591。

最佳游玩时间：

北京的春、秋两季不冷不热，气候适中，是理想的旅游季节，尤其是秋季天高气爽，气候宜人，是为中外游客所称道的“金色北京”。全年最好旅游月份是4月、5月、9月、10月。

北京八达岭野生动物园是中国最大的山地野生动物园之一。它位于举世闻名的八达岭长城脚下，公园包括野生动物游览区、山地观光区、生态保护区、古文化区、休闲区五大功能区。有中国最大的狮群和白虎种群；还有国宝大熊猫、金丝猴、朱鹮、金钱豹，等级分明的野狼家族，独霸一山的猕猴群等野生动物。

动物园袋鼠

精彩看点

- 动物园
- 山林观光区

八达岭野生动物园不可不看

自驾参观猛兽动物园区

建议停留时间：30分钟

虎园：虎生活在森林茂密、群草丛生的山林，皮毛颜色与环境的色彩保持一致。所以即使在4、5米远的地方也很难发现它。孟加拉虎和东北虎各占一隅，过着孤独的生活。

熊园：棕熊园就在残长城脚下，这里二十几只体态笨拙，但行动快速、灵活的东北棕熊正在专心地玩着各自的游戏。游泳、挖洞、上树都是令它们感兴趣的事情。

野猪园：野猪愿意聚集在泥塘中打滚，而且会用很长的时间在树桩、

老虎

棕熊

岩石和坚硬的河岸上摩擦它们的身体两侧。

爸爸有话说

猛兽区可以选择自驾车前往，也可以选择乘坐景区提供的大巴或者笼子车。不论选择哪种方式游玩，都一定要注意安全，尤其自驾车的朋友，切忌小朋友在游玩过程中随意打开车窗。

互动温顺动物园区

建议停留时间：1小时

孔雀园中的几十只雄孔雀同时簌簌地张开了绚丽多彩的尾羽，进行着令人眼花缭乱不厌其烦的求偶表演，高兴的游人纷纷按下快门，锁住孔雀开屏的难得的画面。每年的6、7月份是孔雀的繁殖期，这个时候也是最热闹的。

妈妈有话说

孔雀园需要提前购买一袋食物才可以进入，很多游客追着园中的孔雀跑，甚至去抓雄孔雀尾巴上的羽毛，这种行为非常不好。这个时候一定要告诫孩子们这样做是错误的，我们欣赏孔雀的美丽一定要建立在彼此自由和尊重的基础上，同时对这样的朋友要加以劝止。另外孔雀园有平地也有一些小山坡，在去看孔雀的时候，不要在山坡上奔跑，以免发生危险。

猴山

建议停留时间：30分钟

猴子都是非常聪明可爱的，在树上跳来跳去。很多小朋友聚集在猴山外，看着猴子们自由自在地活动，很是开心。作为智商最高的灵长目动物之一，它们的生活也许是所有动物中最惬意的。

山林观光区

建议停留时间：30分钟

良好的植被，孕育着众多的野生动物。漫行于山林之间，或见青蛙弹跳，或睹蜥蜴穿行；或闻鸟声啁啾，或见雄鹰翱翔。在动物栖息地日益遭到破坏的今天，园区不失为动物的隐蔽所，鸟类的天堂。

周边也好玩

古长城游：八达岭野生动物园—岔道古城—中国长城博物馆—石峡关长城（耗时2天）。

D1　前往岔道古城去观赏古朴苍劲的风景，之后前往中国长城博物

猴子

长颈鹿

喂山羊

馆了解中国的长城文化和历史。

D2 前往石峡关长城去参观保存最原始的“残长城”。

特产

动物园中有纪念品商店，里面售各种小动物毛绒玩具，这是孩子们的最爱。

舌尖上的八达岭野生动物园

延庆作为北京蔬果的主要供给地之一，这里的水果品种可谓丰富。所以夏、秋两季前往延庆，葡萄、李子、杏子是必品必尝的美食。

推荐美食

• 柳沟豆腐宴

秋冬季也是吃火锅的季节，热乎乎的锅里装满各色豆腐（白的、绿的、黑的），还有炸豆腐、熏肉等，越煮越香。这里的豆腐不仅味道纯正，还有清热功能，更有补肾强体的黑豆豆腐，再与传统的白豆腐相搭配，就形成了特别的“三色豆腐”。

• 驴打滚

驴打滚是老北京传统小吃之一，因其最后制作工序中撒上黄豆面，犹如老北京郊外野驴撒欢打滚时扬起的阵阵黄土，因此得名“驴打滚”。其豆香馅甜，入口绵软，别具风味，是老少皆宜的传统风味小吃。

• 延庆葡萄

延庆区地处“延怀盆地”，是我国优质葡萄栽培区之一。延庆葡萄种植面积位居京郊之首，是中国葡萄科技创新示范县，在这里的采摘园，你可以和孩子们一起采摘葡萄等各种水果，享受一起劳动的美好时光。

推荐餐厅

• 飞飞居农家饭

北京市延庆区八达岭镇岔道村186号。 010-69122329。 酱猪肘。

• 永和大王（八达岭）

北京市延庆区八达岭特区外宾餐厅西侧3幢、7幢。 010-89121089。 快餐。

• 第1佳大鸡排（八达岭博物馆）

北京市延庆区216省道（近邮政银行）。 18911176566。 大鸡排。

柳沟豆腐宴

驴打滚

岔道古城

采摘葡萄

亲子酒店

北京金隅八达岭温泉度假村

北京市延庆区妫水北街1号。010-69148833。200元左右/天。

北京春华园客栈八达岭长城店

北京市延庆区八达岭镇岔道村150号。010-69135947。130～162元/天。

北京刘家老店农家院

北京延庆区八达岭镇岔道村125号。010-69121023。116～246元/天。

往返交通

公交车：起点德胜门距离景区60千米，可以乘坐919、880路公交，八达岭野生动物世界下车步行200米即到。

火车：起点西直门，距离景区60公里，西直门火车站乘坐动车组S2线观光游览列车至八达岭镇下车，向西步行1千米即到。

北京市八达岭停车场（京藏高速58号出口）。

自驾：北四环—健翔桥—八达岭高速方向向左转—沿G6行驶约60千米—原八达岭高速线即京藏高速58号出口。

自驾车游览方式：

自驾车游览北京八达岭野生动物园景区是一种最刺激、最新潮的游览方式。一家人可以自驾，一起感受那丛林野兽擦肩而过的心跳刺激之情。

自驾车温馨提示

1．入园车必须上保险；

2．猛兽区严禁下车、开车窗、投食；

3．严禁酒后驾车，带宠物入园；

4．严禁自带投喂食物；

5．限速20千米每小时，切勿下道；

6．如需帮助鸣笛为号；

7．请心脏病、高血压、孕妇、幼儿及精神不正常者乘坐大游览车入园；

8．1.2米以下儿童免费，须有成人带领；1.2～1.4米儿童，现场购买半价票入园；

9．自驾车入园收费标准：小型车（6座以下）60元/辆，中型车（20座以下）70元/辆，大型车（21座以上）140元/辆；

10．自驾游客可以将自驾车开入园内，需另收费用作为保险费用，以防动物刮碰导致车损，强烈建议乘坐园内交通，此项费用已含在门票内。

北海公园

亲子游达人：青春河边巢

北海公园小档案

地址：北京市文津街1号。

开放时间：

11月~次 年3月：6:30~20:00，19:30止票，4~10月：6:30~21:00，20:30止票。

门票：

旺季（4月1日~10月31日），门票：10元/人，联票：20元/人；淡季（11月1日~次年3月31日），门票：5元/人，联票：15元/人。琼岛门票：10元/人；团城门票：1元/人。

游船：景区内有小型船、摆渡、大型船只以及特色游船，在上小船前需要缴纳押金，并且不同船只相应时间内的收费标准也不尽相同，一家人前往可以根据不同情况选择相应的游船。

电话：010-64033225。

北海是中国古典园林的艺术杰作，主要由琼华岛、东岸、北岸景区组成。琼华岛上树木苍郁，殿宇栉比，白塔耸立山巅，成为公园的标志，北海园林博采众长，兼有北方园林的宏阔气势和江南私家园林婉约多姿的风韵，并蓄帝王宫苑的富丽堂皇及宗教寺院的庄严肃穆，气象万千而又浑然一体，是中国园林艺术的瑰宝。

精彩看点

- 赏“琼岛春阴”
- 阅古楼习书法
- 皇家祈福
- 泛舟北海

北海公园不可不看

赏“琼岛春阴”

建议游览时间：约2小时

每年的春季，北海的琼华岛上杨柳依依，春意盎然，在白塔、北海的映衬下，显得分外明媚，这就是“燕京八景”之一的“琼岛春阴”。在岛东北侧的山坡上，竖立着乾隆皇帝题写的“琼岛春阴”碑。

北海公园近景

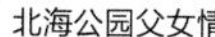

北海公园父女情

祈福

爸爸有话说

“燕京八景”除了“琼岛春阴”外，还有太液秋波，金台夕照、蓟门烟树、西山晴雪、玉泉趵突、卢沟晓月和居庸叠翠，均是北京有名的美景。

阅古楼学习书法

建议停留时间：30分钟

阅古楼坐落于北海公园琼岛西北侧的湖畔，“阅古楼”三字为乾隆手书。楼内墙壁上，镶嵌着我国著名的《三希堂法帖》等石刻495方，共收集了我国从魏晋至明末135位著名书法家的340件楷书、行书、草书等作品，总计约10万字。书法、刻法极其精美，被称为“双绝”。这是一座集我国历代著名书法之大成的杰出宝库，在我国文化艺术史上占有非常重要的地位。

妈妈有话说

书法篆刻是一种陶冶情操的学习休闲方式，带着孩子一定要来这里看看，感受书法带来的乐趣。同时爸爸妈妈们最好提前预习一些书法篆刻方面的知识，在游玩过程中给孩子们讲解。

皇家祈福

建议停留时间：1小时

祈福是一种由来已久，遍及全国的风俗活动，现在的主要形式是在新春来临之际鸣钟，以求幸福降临。在清代，皇室则将祈福盛典固定在北海阐福寺举行。自2004年始，每年农历腊月二十六日至农历正月初七，北海公园举办迎春祈福文化节，以历史文化传统圣地——阐福寺为中心，在全园营造仙境迎福、福寺祈福、盛世颂福的喜庆祥和氛围，并将清乾隆时期

北海公园走廊

北海公园阅古楼

在北海皇城御苑内举行的阐福寺祈福盛典仪式复原展示给到这里游玩的朋友。

泛舟北海

建议停留时间：1小时

北海游船项目是来这里旅游的经典项目，在皇家公园里享受世间唯一的美景。带着孩子来这里，最好租电动船或者脚踏船。夏日里，北海公园东南侧的水面中荷花盛开，游船在荷花中，是孩子和大人都喜欢的乐事。

周边也好玩

北海周边游：北海公园—承光殿—昭显庙—北长街（耗时2天）

D1　前往承光殿参观殿内的玉佛，之后前往昭显庙看一看古人祭祀雷神的庙宇。

D2　前往北长街看一看街上的古建筑，感受一番清代的气息，休整后返程。

北海公园荷花

北长街街景

特产

在北海公园的南门西边，销售着各种山石字画，还有一些工艺品，孩子们看到后都觉得很有意思，尤其是一些动物形状的工艺品，价格也很实惠。

舌尖上的北海公园

北海公园既有鲜香美味的小吃，也有经典上档次的宫廷菜肴，一家人在满足味蕾的同时，也享受了宫廷帝王般的待遇，品尝了美味的北京小吃。

推荐美食

• 小吃墩饽饽

饽饽是北京人对面制点心等食品的一种叫法，而饽饽，在明代时就已经存在了。清代以后的宫廷御膳房专门设有饽饽局，专为皇室制作点心。墩饽饽颜色白黄，松软有弹性，味甜润，适合小孩子吃。

• 小吃灌肠

灌肠物美价廉，是北京人的一种大众风味街头小吃。要说风味，这外焦里嫩的灌肠味道最奇特；要说传统，它更是千古不变，明朝就开始流传了。《故都食物百咏》中提到煎灌肠说：“猪肠红粉一时煎，辣蒜咸盐说美鲜。已腐油腥同腊味，屠门大嚼亦堪怜。”

• 宫廷菜

我国历代王朝都设有御膳机构，专门管理帝王和后妃的膳食。宫廷菜的特点是选料严格，制作精细，口味以清鲜酥嫩见长。一家人在北海公园里可以一起品尝美味的宫廷菜，共同感受皇家美食。

喜饽饽

灌肠

推荐餐厅

- **仿膳饭庄**

北京市西城区景山西街北海公园东门内。010–64042573。豌豆黄。

- **龙头井餐厅**

北京市西城区地安门西大街（地铁北海北站东北口B口，出口即是）。13810551075。香辣烤鱼。

- **湘厨记**

北京市西城区地安门西大街51–8号荷花市场内。010–83229979。双色鱼头。

如家快捷酒店

亲子酒店

7天连锁酒店（北京北海公园店）

北京市西城区西什库大街31号。010–66185599。397～507元/天。

欣燕都连锁酒店（北京西安门店）

北京市西城区大红罗厂街2–2号。010–66158605。315～321元/天。

如家快捷酒店

北京市西城区西什库大街31号院13号楼。010–52725511。360～398元人民币/天。

往返交通

北海公园南门、西南门：可乘坐5、101、103、109、124、685路公交车在北海公园站下车。

公园东门：可乘坐5、609路公交汽车在西板桥站下车。

北海公园北门：可乘坐13、42、107、111、118、609、701、612、623路公交车或地铁6号线在北海北站下车。

北京动物园

亲子游达人：青春河边巢

北京动物园小档案

地址： 北京市西城区西直门外大街137号。

开放时间：

4月1日～10月31日：7：30～18：00，11月1日～次 年3月31日：7：30～17：00。

门票：

旺季15元/人（4月1日起至10月31日止），淡季10元/人（11月1日起至次年3月31日止）。

联票：旺季20元/人；淡季15元/人。

优惠政策：

老年人凭老年证，可享受优惠门票；持有社会保证金领取证的人员，凭证享受优惠门票。离休人员凭离休证免票入园；身高1.2米以下儿童免费入园；现役军人、退伍军人、残疾军人凭有效证件免费入园；残疾人凭残疾证免费入园；游览车现在的票价是10元/人。

电话： 010-68390274。

北京动物园是国家和北京市科普教育基地，全国十佳动物园之首，全园占地面积50公顷，建筑面积约5万平方米，动物活动场地6万平方米。从清光绪三十二年（1906年）至今已有逾百年的历史。饲养展览动物450余种4500多只；海洋鱼类及海洋生物500余种1万多尾。各种动物都有专门的馆舍。带着孩子到动物园玩耍，不仅可以放松心情，更能让一家人尽情享受美好的与小动物们在一起的快乐时光。

精彩看点

- 猴山
- 狮虎山
- 熊猫馆
- 长颈鹿馆

照相的孩子

北京动物园大门

北京动物园不得不看

猴山

建议停留时间：20分钟

说到猴山，可谓是无人不知无人不晓。作为北京动物园的地标性建筑，生活在猴山里的猴子更是游客们眼中的“大明星”。孩子们非常喜欢可爱的小猴子，相信一定可以在猴山找到快乐。

狮虎山

建议停留时间：20分钟

狮虎山建于1956年，是北京动物园的标志性建筑之一。在狮虎山的北侧竖起一座虎的铜雕，由雕塑艺术大师袁熙坤先生历时两年创作而成，名为“山君”。狮虎山内饲养了包括非洲狮、白狮、孟加拉白虎、东北虎、美洲豹、美洲狮在内的多种大型猫科动物。这里最著名的就是东北虎了。

狮虎山

妈妈有话说

周末和节假日，这里人多比较拥挤，尽量避开这些日子前往游玩。夏天的时候，一些场馆的味道不太好，最好选择春秋季节前往。

熊猫馆

建议停留时间：20分钟

熊猫馆总占地面积1万平方米，主体建筑呈盘绕的竹节形状，有11道半圆形的拱圈沿竹节延伸的方向分布。大熊猫是我国的稀世珍宝，数量极为稀少，属于国家一级保护动物。熊猫馆周围绿化以竹为主，通向熊猫馆的步道装饰有黑白两色鹅卵石。大熊猫憨态可掬，外貌可爱，一直都是动物园最受欢迎的动物。

金丝猴馆

建议停留时间：20分钟

金丝猴是灵长类动物里的贵族，也是我国特有的珍稀动物，它的珍贵

熊猫馆

北京天文馆

程度和知名程度与大熊猫齐名。金丝猴分为川金丝猴、黔金丝猴和滇金丝猴三种，均已被列为国家一级保护动物。北京动物园是全世界第一家也是唯一一家同时对外展出三种金丝猴的动物园。带着孩子看一看这里活泼好动的金丝猴的同时，也不要忘记教育孩子们要保护好大自然中的小动物们。

周边也好玩

北京动物园周边游：北京动物园—畅观楼—北京天文馆—魔术城堡（耗时2天）。

D1　前往畅观楼参观清末皇室郊外的行宫，之后到北京天文馆了解一些有趣的天文学知识。

D2　前往魔术城堡观看奇幻的魔术演出，休整后返程。

特产

北京动物园纪念品商店经营着各种各样的小礼品，其中包括手工艺术品、百货以及纺织商品。孩子们最喜欢的当属用纺织品编制的各种可爱的小动物，这些精致的手工艺品很是生动。

舌尖上的北京动物园

除了可爱的动物和美景，动物园中有诸多销售零食以及食物的地方，有汉堡、薯条、冰激凌等，正餐的地方聚集人比较多。

推荐美食（北京）

- 豆汁

北京独具特色的民间小吃，颜色暗淡，味道甜酸，一般人第一次品尝往往会觉得难以下咽。喝豆汁儿是有讲究的，首先得烫，偶尔咕嘟着几个泡的热度最好，再者必须得配上切得极细的芥菜疙瘩丝儿、淋上辣油，同时还得搭上两个“焦圈儿”，吃起来

炒肝儿

卤煮

主味酸、回味甜、芥菜咸、红油辣，五味中占了四味，再加上焦圈儿的脆和香，真是美味鲜香。

• 炒肝儿

是由宋代民间食品“熬肝”和“炒肺”发展而来的北京小吃，其汤汁晶莹透亮，猪肠肥滑软烂，肝嫩鲜香，醇厚味美。

• 卤煮

据说光绪年间因为用五花肉煮制的苏造肉价格昂贵，所以人们就用猪头肉和猪下水代替，经过民间烹饪高手的传播，久而久之，造就了卤煮火烧。热腾腾的一碗端上来，火烧、豆腐、肺头吸足了汤汁，火烧透而不黏，肉烂而不糟。

推荐餐厅

• 东方宫中国兰州牛肉拉面（动物园店）

北京市动物园西直门外大街辅路。 010-68300036。 传统牛肉拉面。

• 在野烧烤

北京市西直门外大街戊143-1号。 010-88382031。 招牌锅包肉。

• 桂林米粉

北京市西直门外大街143号。 010-58407845。 米粉。

亲子酒店

北京国谊宾馆

北京市西城区文兴东街1号，近北京动物园。 010-68316611。 458～2226元/天。

速8酒店

北京市西城区西外大街德宝新园11号，近北京展览馆。 010-68367012。 333～359元/天。

北京顺智新旅馆

北京市西城区车公庄北里榆树馆胡同42号楼。 010-68319552。 50～100元/天。

往返交通

乘坐104线、660路、814路、特4路、732、360、347、105、102等公交车，在动物园站下车即到。

乘地铁4号线到动物园站下车，从A口出站。

什刹海

亲子游达人：青春河边巢

什刹海小档案

地址：北京市西城区。

开放时间：9：00～19：00。

门票：景区无须门票，景区内的小景点另外收费。

电话：010-66125717。

最佳旅游季节：四季皆宜，冬夏最佳。什刹海夏天可以划船，冬天可以滑冰。

精彩看点

· 恭王府皇家游

· 钟鼓楼敲钟

· 银锭桥赏景

· 宋庆龄故居

什刹海是北京城享有盛名的历史文化旅游风景区，也写作“十刹海”，四周原有十座佛寺，故有此称。景区由前海、后海、西海水域、沿岸名胜古迹和民居民俗生活组成。水域面积33.6万平方米，与中南海水域一脉相连，是北京内城唯一一处具有开阔水面的开放型景区，也是北京城内面积最大、风貌保存最完整的一片历史街区。

什刹海不可不看

恭王府

建议停留时间：1小时

恭王府位于什刹海西北角，是北京保存最完整的清代王府，堪称“什刹海的明珠”。这里曾是乾隆后期大学士和珅的宅邸，后改赐为恭亲王奕忻的王府。府后有一独具特色的花园，名萃锦园，占地约3万平方米。花园东、南、西三面被马蹄形的土山环抱，园中景物别致精巧。

爸爸有话说

“一座恭王府，半部清朝史”，在这里游览时，应给孩子讲解一番关于恭王府主人的一些传说与故事，让孩子们在这里了解更多的历史，而不是走马观花。

钟鼓楼敲钟

建议停留时间：30分钟

钟鼓楼每到定更的时候是“先击鼓，后敲钟”；二更到五更的时候

恭王府

北京钟鼓楼

则“只撞钟不击鼓”；到了亮更时是“先击鼓后敲钟”。击鼓的方法是先快击18响，再慢击18响，共击6次，共108响。

妈妈有话说

古时的钟与鼓的用法都有其各自的礼数，在这里和孩子一起学习钟鼓楼的用处与方法，了解钟鼓楼的礼法，能对古代时钟的提醒方式有了更深的理解。

银锭桥赏景

建议停留时间：30分钟

银锭桥是北京最早的桥。位于后海与前海之间，烟袋斜街南端的南北向的单孔石拱桥，因形似银锭而得名。1910年汪精卫曾在此谋刺摄政王载沣。

宋庆龄故居

建议停留时间：30分钟

宋庆龄故居原是清醇亲王载沣的府邸花园，是一处典型的中国式庭院，

银锭桥雪景

宋庆龄故居

幽静的园内假山叠翠，花木成荫，清澈的湖水，曲折环绕。宋庆龄于1963年迁居于此，在这里工作、学习和生活了近20年，直至1981年7月29日逝世。

周边也好玩

什刹海深度游：什刹海—会贤堂旧址—千竿胡同—前海西街（耗时3天）。

D1　游览什刹海。会贤堂旧址感受文人墨客场所，之后到千竿胡同去拜访各位名人的故居，接受各种文化与历史的熏陶。

D2　前往前海西街游览北京老胡同，休整后返程。

特产

什刹海周围售卖特产的店很多，一些老北京的小玩具，一些旅游纪念玩偶等，都非常有趣，另外，一些特别的小灯笼、风筝、空竹等都很受孩子的欢迎。

舌尖上的什刹海

什刹海不仅有古建筑和美丽的景

色，其中特色美食也是绝色美味的。在什刹海，边赏景边品尝鲜香可口的菜肴，真是一种特别的享受，也是一种幸福的回忆。

推荐美食

- 莲子粥

粥用糯米烧得浓淡得宜，很是开胃，粥内的莲子粒粒可数，都浮在粥面上，再点缀上各种蜜饯。如果觉得不够味道，还可以加糖，香滑甜糯，

- 苏造肉

苏造肉来自清宫，是清宫里一道家常菜。清亡后，由原来厨师将此法传到民间，从此北京有了苏造肉。苏造肉是什刹海集市上的一样名菜。

- 酱香鸭舌

酱香鸭舌是卤中仙熟食品牌下的一道特色菜，色泽金黄诱人，采用秘制香卤酱料，嚼劲十足、酱香浓郁。

推荐餐厅

- 老冯烤羊蝎子馆（鼓楼西大街店）

北京市西城区鼓楼西大街206号（近德胜门城楼）。 13717785323。 烤羊蝎子。

- 一潮一粥

北京市西城区鼓楼西大街61号。 010-64457074。 虾蟹干贝粥。

- 极地边城（鼓楼店）

北京市东城区旧鼓楼外大街58号（近安德路）。 010-82024896。 烤鱼。

亲子酒店

皮影主题酒店

北京市西城区松树街24号。 010-83220266。 722～1096元/天。

什刹海紫檀主题酒店

北京市西城区德内大街兴华胡同42号；近德胜门内大街。 010-83226686。 730～1454元/天。

北京帽儿胡同豪华公寓

北京市东城区帽儿胡同45号院1号楼。 1891044104。 500元起/天。

往返交通

乘坐地铁6号线到北海北站下车或乘坐5、60、107、124、路等公交车到鼓楼站下车。

乘坐13、107、111、118、609、623路公交车在北海北门下车，沿着前海向北步行即可到达。

荷花市场

皮影主题酒店

北京野生动物园

亲子游达人：青春河边巢

北京野生动物园小档案

地址：北京市大兴区榆垡镇万亩森林。

开放时间：8：30～17：30（全年）。

门票：

1. 成人：80元/人次。
2. 学生：50元/人次（大、中、小学生须持有效证件；不含成人教育院校学生）。
3. 老人：55元/人次（65岁以上的须持有效证件）。
4. 身高在1.2米以下的儿童免票。

电话：010-89216666。

最佳游玩时间：春、秋两季为佳。

温馨提示

游客需妥善保存所购门票，门票副券打孔后入园无效；门票包括观看两场精彩的动物表演。

精彩看点

· 百兽山
· 表演场
· 野鸭湖
· 海狮馆
· 猛兽竞技场

北京野生动物园位于大兴区万亩森林之中，距离北京市区约40千米。动物园里有很多动物都采用散养的方式，一家人可以乘坐铁笼车前往散养区，近距离观察动物，还可以进行喂养，趣味十足。游玩过程中可以看见火烈鸟、孔雀等多种美丽的鸟类，还有可以与人对话的鹦鹉，十分有趣。在这里可以遍览各种动物，同时也是带小朋友前来参观和学习知识的乐园。

园内一景

北京野生动物园不可不看

百兽山表演场

建议停留时间：1小时

百兽山表演场建成于1996年11月，能容纳3000人左右同时观看表演，整个表演场三面为观众席。自建成以来百兽山表演场共承办过中国动物运动会、动物时装秀表演、新春大联欢等多项精彩主题节目。每天百兽山表演场都会上演一场由大象、狮子、羊驼、斑马、狗熊、猕猴、贵妇犬等30多头动物参加的大型节目。

动物表演

散养在户外的动物

爸爸有话说

看各种动物的精彩表演，不仅可以让孩子们更加兴奋，而且也会使孩子们对聪明可爱的小动物产生极大的兴趣。

野鸭湖

建议停留时间：1小时

湖很大，湖水很美，很多天鹅和鸭子在水中游弋，碧水荡漾，人们看到这幅画面的时候都觉得很是舒服。不过湖边的围栏比较简易，在靠近大门口的地方，并没有设计任何围栏，因此带着孩子游玩时，一定要注意安全。尤其是一些调皮的孩子，不要在湖边打闹嬉戏。

妈妈有话说

注意不要向动物投掷石块、食物和其他物品，维持园内的洁净；同时也要避免打斗和恐吓动物。

海狮馆

建议停留时间：30分钟

海狮馆的历史就是北京野生动物园动物艺术表演发展的见证。十年历程中，经历了风雨经历了辉煌，也成就了中国国内最高水平、最大规模的海狮表演种群，为游客推出了十几台风格各异的经典演出。到了这里，一定要提前确认海狮表演时间，找个比较好的位置。海狮馆表演时间大概为半个小时，相当精彩。

猛兽竞技场

建议停留时间：1小时

场馆每日定时演出精彩的猛兽表演：包括群狮群虎、猎豹群舞、狗熊体操等。自场馆建成以来，作为“非洲动物节”“人与动物欢乐节”“十周年园庆庆辉煌”等大型主题活动的会场和百兽山表演场、海狮表演馆、跑狗场一起为广大游客带来了精彩的演出。和孩子一起观看猛兽的竞技表演，也为猛兽们的比赛所呐喊，刺激又令人兴奋。

周边也好玩

京郊周末游：北京野生动物园—万亩森林公园—香山公园（耗时2天）。

D1 前往榆垡万亩森林公园看风景。

D2 北京香山公园欣赏大型皇家园林，休整后返程。

特产

野生动物园中有很多毛绒玩具，

孩子喜爱动物园

看完动物的孩子们对这些小狮子、小老虎爱不释手。因此这里也就成为了孩子们挑选心爱的小动物玩具的好地方，只是这里的价格会比外面购买贵很多。

舌尖上的北京野生动物园

北京地区有许多特色的美食，在转了一圈野生动物园之后，不妨带着孩子尝一尝带有北京地方风味的美食。

推荐美食

- 京酱肉丝

是一道传统的北京风味菜肴，选用猪里脊肉为主料，辅以黄酱或甜面酱及其他调味品，用北方特有烹调技法“六爆”之一的“酱爆”烹制而成。食用时辅以葱丝和豆腐皮，口味咸甜适中，酱香浓郁，风味独特。

- 三不粘

又名“桂花蛋”，由鸡蛋、淀粉、白糖加水搅匀炒成，色泽金黄，蛋嫩软甜，爽滑细嫩，略有咬劲，因不粘牙、不粘盘、不粘勺而得名。

- 爆肚

爆肚是北京风味名吃，多为回族同胞经营。爆肚是把鲜牛肚（牛百叶和肚领）或鲜羊肚洗净整理后，切成条块状，用沸水煮熟，蘸着油、芝麻酱、醋、辣椒油、酱豆腐汤、香菜末、葱花等拌制的调料吃，质地鲜嫩，口味香脆。

京酱肉丝

推荐餐厅

- 香满园

北京市大兴区大兴榆垡镇野生动物园附近。 15010054686。 北京特色菜。

- 东湖轩酒楼

北京市大兴区榆垡镇野生动物园南300米路东。 010–89217356。 北京烤鸭。

- 北京野生动物园快餐厅

北京市大兴区榆垡镇北京野生动物园内。 010–89215315。 台湾肉末饭。

亲子酒店

桔子酒店·精选（北京亦庄万源街店）

北京市大兴区经济技术开发区隆庆街12号1号楼。 010–67878528。 349～489元/天。

瑞斯汀主题酒店

北京市大兴区清源北路兴华园8号楼2楼（近大兴中医院）。 010–61213888。 124～1224元/天。

北京森林酒店

北京市大兴区西红门镇宏福东路2号。 010–60296888。 120～309元/天。

往返交通

从北京市区乘坐943、842、849、828路等均可抵达野生动物园。

由玉泉营走京开高速公路至北京段出口前行4000米即到。驱车沿京开高速公路至此需30分钟。

中国国家博物馆

亲子游达人：张婕洁

中国国家博物馆小档案

地址：北京市东城区天安门广场东侧。

开放时间：9：00～17：00（15：30停止领票，16：00停止入馆，16：30清场，17：00闭馆）。周一闭馆（含国家法定节假日）。

门票：免费。

电话：010-65116400。

温馨提示

在西门票务中心凭有效证件（身份证、驾照、护照、军官证、士兵证、中小学学生证）免费领票参观，或通过短信、网络预约参观门票。部分临时展览另收费。

精彩看点

· 古代中国镇馆之宝

· 国博讲堂复兴之路

中国国家博物馆位于天安门广场东侧，与人民大会堂相对，是中国最大的综合性博物馆。丰富的收藏和陈列，向参观者展示了中华民族悠久的历史，灿烂的文化，以及中国人民近代以来艰苦卓绝的革命历程。

中国国家博物馆留影

中国国家博物馆不可不看

古代中国陈列

建议停留时间：2小时

《古代中国陈列》是原中国历史博物馆《中国通史陈列》的最新发展，是国家博物馆的常设基本陈列，占据整个地下一层展厅。陈列分为远古时期、夏商西周时期、春秋战国时期、秦汉时期、三国两晋南北朝时期、隋唐五代时期、辽宋夏金元时期、明清时期八个部分。展出了许多广为人知的文物珍品，很多文物都曾出现在中小学的历史课本中，对孩子来说，此次参观，也是一次极好的对历史的认知和复习。

古代中国陈列是一个神秘而又辉煌的展厅，在这里不仅能够学到古代朝代的演变，更能使孩子们对古代中国的发展更感兴趣，参观了解各种珍贵的文物，也是另一种方式的教育。

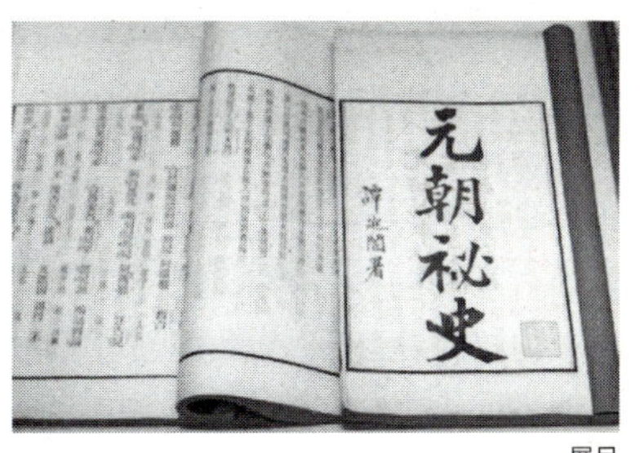

展品

国博讲堂

建议停留时间：1小时

《国博讲堂》是中国国家博物馆面向社会公众开放的学术交流平台，它举办的学术讲座有较高的学术性、思想性和艺术性，可以带孩子来这里接受新知识，听一听精彩的演讲，在历史、文化与文物的熏陶下培养孩子们的兴趣。

复兴之路

建议停留时间：2小时

复兴之路通过回顾1840年鸦片战争以来，陷入半殖民地半封建社会深

现代艺术展品

渊的中国各阶层人民在屈辱苦难中奋起抗争为实现民族复兴进行的种种探索。中国共产党呕心沥血的奋斗史也是复兴之路上不可错过的一页，这其中，屈辱与悲壮交织，先贤先烈们以救国救民为己任，为我们创造了今日的盛世和平，参观过后，会让孩子对近代革命历史有个更深入的了解，也有助于他们培养历史责任感和使命感，树立为国为民奋斗的决心和勇气。

周边也好玩

天安门广场周边深度游：中国国家博物馆—天安门广场—人民英雄纪念碑—故宫（耗时2天）。

D1　游览完中国国家博物馆，之后前往天安门广场游览参观人民英雄纪念碑、登上天安门城楼，或去国家大剧院观看演出。

D2　游览故宫、景山，感受皇家文化。

特产

在中国国家博物馆有许多纪念品，可以买来给孩子们赏玩，在历史与纪念之间，孩子们更会珍惜现在的美好时光。

舌尖上的中国国家博物馆

中国国家博物馆处于北京市中心，当然也以北京美食为主，不容错过。

推荐美食

- **北京烤肉**

北京烤肉是北京有名的菜肴，口味鲜香，是京菜中的名品。

推荐餐厅

- **金宅门烤鸭店**

北京市东城区前门东大街18号。 010-67058229。 北京烤鸭。

- **大高幸烤肉（东四店）**

北京市东城区美术馆后街大取灯胡同2号。 010-64087655。 北京烤肉。

- **辣巢火锅**

北京市东城区鼓楼东大街206号，姚记炒肝东约100米路南。 010-56157349。 火锅。

亲子酒店

北京瑞安宾馆

北京市东城区正义路7号。 010-58187788。 496～778元。

北京前门观旗宾馆

北京市东城区前门东大街18号，近地铁2号线前门站。 010-67027988。 428元起/天。

北京前门佳合宾馆

北京市东城区前门东大街16号。 010-67011926。 313～455元/天。

往返交通

地铁1号线：天安门东站下车，C（东南）、D（西南）出口出站。地铁2号线：前门站下车，A（东北）、B（东南）出口出站。

上海东方明珠广播电视塔

亲子游达人：王杏芝

东方明珠小档案

地址：上海市浦东新区世纪大道1号。

门票：观光+游船：（上球体+陈列馆+浦江游览）200元/人

套票：A票：（太空舱+上球体+下球体+陈列馆）220元/人

B票：（上球体+下球体+陈列馆）160元/人。

旋转餐厅：午餐：298元/人　晚餐：328元/人（包含B票项目）。

游船：中华号明珠号（特等舱140元/人；一等舱100元/人）。

电话：021-58791888。

最佳游玩时间：四季皆宜。6月中旬至7月上旬是梅雨季节；8月底～9月上中旬是台风多发季节，这两个时段来上海旅游一定要带好晴雨伞。春秋季节气候较为舒适。

优惠：

1．现役军人凭有效证件可免费参观东方明珠上球体+陈列馆；

2．70岁以上老人凭有效证件享6折优惠；

精彩看点

· 351 米太空舱

· 98 米娱乐球

· 259 米悬空观光廊

· 上海城市历史发展陈列馆

东方明珠塔

3. 1.4米以下儿童半票、1米以下儿童免票；

4. 具体票价以售票处挂牌为准。

上海东方明珠坐落在黄浦江畔、浦东陆家嘴嘴尖，卓然秀立于陆家嘴现代化建筑楼群，与隔江的外滩万国建筑博览群交相辉映，展现了国际大都市的壮观景色。塔高468米，建成时是亚洲第一、世界第三之高塔。远处看宛如两颗红宝石的巨大球体，晶莹夺目，描绘了一幅“大珠小珠落玉盘”的如梦画卷。

东方明珠不可不看

351米太空舱

建议停留时间：30分钟

太空舱是电视塔最高的观光层，也是最小的球体，它直径16米，观光高度为351米，是目前亚洲最高的观光层之一。假如天气晴朗，举目远眺，我国的第三大岛——崇明岛也将收于视线之内，可以充分领略“欲穷千里目，更上一层楼”的意境。

爸爸有话说

在这样的高层上远眺大上海，堪比古人登高望远，世界之大，而只有在顶端，人才能感觉到自身的渺小。

98米娱乐球

建议停留时间：30分钟

98米娱乐球一共有四层，第一层是标高90米、直径50米的下球体户外观光廊，它是欣赏外滩风景的最佳高度。在那儿没有玻璃的阻挡，却有轻风微拂，可以更清晰的领略黄浦江畔优美景色。下球体的第二、第三、第四层是惊险、刺激的太空游乐城。其中还有被载入《吉尼斯世界纪录》的世界上最高的室内过山车。四周有点点灯光作为装饰，仿佛飞车穿越时光隧道，回首星际探索的旅程。它是孩子的玩具也是大人的玩具，在球里玩过山车，是一种与众不同的体验。

妈妈有话说

过山车是比较惊险刺激的娱乐项目，小孩子要慎重玩耍。

259米悬空观光廊

建议停留时间：30分钟

享誉中外的东方明珠空中旋转餐厅，坐落于上海东方明珠广播电视塔267米上球体，是亚洲超高的旋转餐厅。宽敞明亮的落地球体玻璃窗外，浦江美景一览无余，自267米高空俯视而下，真有“会当凌绝顶，一览众山小”的豪迈感觉。餐厅每2小时旋

上海外滩

悬空观光长廊

转一圈的设计，让人全方位360度尽收申城的林立高楼、纵横大道、卧波长桥、争流百舸。而夜晚灯火辉煌的申城更是流光溢彩、美不胜收，点点繁星、闪闪霓虹勾勒出无与伦比的浦江夜色。

上海城市历史发展陈列馆

建议停留时间：30分钟

上海东方明珠塔内的上海城市历史发展陈列馆，是专门介绍上海近百年来发展史的史志性博物馆。通过珍贵的文物、文献、档案、图片，以先进的影视和音响设备，形象生动地反映了近代上海城市发展的历史。馆内陈列有国中之国的租界、旧上海市政建设和街景、近代城市经济、近代文化、都市生活、政治风云等六大部分，全面地展示了上海在政治、经济、文化、社会、生活等各方面的深刻变化，是一个形象生动的人文景点。

周边也好玩

东方明珠周边游：东方明珠—上海奉贤碧海金沙—上海欢乐谷—上海野生动物园（耗时2天）。

D1 前往上海奉贤碧海金沙游玩，之后到上海欢乐谷乐园游玩。

D2 到上海野生动物园观看大自然里的动物们后返程。

舌尖上的上海

上海东方明珠广播电视塔里多为中西餐混合的高档餐厅，一家人在这里可以边赏美景边吃东西。但上海的特色美食也是不少，来上海，一定要尽享美味。

推荐美食

• 生煎包

上海生煎包可以说是土生土长的上海点心，据说已有上百年的历史。生煎皮酥、汁浓、肉香、精巧。由于上海人习惯称“包子”为“馒头”，因此在上海生煎包一般被称为生煎馒头。

• 蟹壳黄烧饼

上海久负盛名的特色点心，创始于20世纪20年代初期，馅料有咸有

生煎包

蟹壳黄

草头圈子

甜，咸的有葱油、鲜肉、蟹粉、虾仁等，甜的有白糖、玫瑰、豆沙、枣泥等。因饼形似蟹壳，熟后色泽如蟹壳背一样深红，所以称为“蟹壳黄”。

• **草头圈子**

草头圈子实际上是两道菜，生煸草头和红烧圈子，“草头”指的是苜蓿，“圈子”则是猪直肠，因猪肠油脂太多，而草头是著名的“油抹布”，两相搭配，草吸油脂，肠浸清香，大有“洗净铅华，摧刚为柔，清雅脱俗”的感觉。此菜色泽深红间绿，圈子酥烂软熟，肥而不腻，味道鲜美，还有食补功效。

推荐餐厅

• **空中旋转餐厅**

上海市东方明珠广播电视塔内。 自助餐、鸡尾酒、商务套餐、下午茶。

• **糖纸甜品**

上海市浦东新区陆家嘴西路168号正大广场3楼（近星巴克）。021-50652393。 芒果纷纷雪。

• **春在（上海菜）**

上海市浦东新区富城路182号（近花园石桥路）。021-68827771。海鲜面疙瘩。

亲子酒店

上海浦东丽思卡尔顿酒店

上海市浦东新区陆家嘴世纪大道8号上海国金中心。 021-20201888。 1909元起/天。（顶层的餐厅是观上海景色的好地方）

上海国际会议中心东方滨江大酒店

上海市浦东新区滨江大道2727号。 021-50370000。 900元起/天。

上海浦东香格里拉酒店

上海市浦东新区富城路33号。021-68828888。 1389元起/天。

往返交通

东方明珠距上海虹桥机场约23千米（35分钟），浦东国际机场约43千米（50分钟）。

2号线至陆家嘴站，步行1分钟抵达东方明珠。

乘坐公交车81、82、85、774、789、795、870、971、983、985、993路、陆家嘴金融城1路、陆家嘴旅游环线、观光隧道、轮渡等均可到达东方明珠。

空中旋转餐厅

上海科技馆

亲子游达人：王杏芝

科技馆小档案

地址：上海市浦东新区世纪大道2000号。

门票：成人票：60元/人；学生票：30元/人，1.3米以上儿童及全日制大学本科及以下学历学生（凭本人学生证购票入场）。学生会员证：100元/年，1.3米以上儿童及全日制大学本科及以下学历学生（凭本人学生证）；成人会员证：260元/年，18岁以上成年人；家庭会员证：450元/年，2名成人+1名学生。

科学影城：IMAX巨幕影院：40元/人，地下一层；IMAX球幕影院：30元/人，地下一层；四维影院：30元/人，地上二层；太空影院：20元/人，宇航天地展区。

电话：021-68622000。

优惠：

70岁及以上老人、离休干部、现役军人、残疾人烈士家属免票，凭相

精彩看点

- 彩虹儿童之旅
- 动物世界展
- 机器人世界

上海科技馆

关证件入场；1.3米以下儿童免票，需有成人陪护。

停车信息： 科技馆2号门出入口外，分设A、B、C三个区域，泊车方便。收费标准：小车10元/次；大车20元/次。

温馨提示

售票时间：8：55~16：30（周一闭馆，逢国定假日周一开馆）

上海科技馆由位于世纪大道2000号的科技馆主馆、延安东路260号的自然博物分馆和龙吴路1102号的标本楼组成。其中，科技馆建筑分为11个风格各异的主题展区、4个高科技特种影院、3个古今中外科学家及其足迹的艺术长廊、2个主题特展和若干个临时展厅，它们共同生动地演绎着“自然、人、科技”的永恒话题。

上海科技馆不可不看

彩虹儿童乐园之旅

建议停留时间：30分钟

彩虹儿童乐园里不仅有充满童话色彩的奇情妙境、大自然的森罗万象，还有科学的奥妙神奇、艺术的五彩纷呈！美丽的彩虹路将带领着孩子们在科学实验室、梦幻森林、松软的草地、动物园、光影都市、奇妙的剧场、彩虹之家享受快乐的科学之旅。

爸爸有话说

这里是孩子们的天堂，看着他们在自己的世界里陶醉，也会想起童年时的自己，娱乐与教育并存，很有意义。

动物世界展

建议停留时间：30分钟

上海科技馆的“动物世界展”历经三年精心打造，集中展示了五大洲110种、186件精美的珍稀野生动物标本。气势恢弘的展览大厅集非洲、南北美洲、澳洲和欧亚大陆独特的地理环境和狂野奔放、濒临灭绝的野生动物于一体。深邃迷离的自然丛林和难得一见的动物标本，构成了一个跨越时空浓缩的“动物世界”。在这里，你将真实地感受到大自然的神奇、动物世界的美妙、人与自然的和谐！

妈妈有话说

孩子们对大自然的好奇是无与伦比的，带着他们来观看动物世界，亲身感受到世界之大，同时也能增加一些无形的知识。

机器人世界

建议停留时间：30分钟

智能机器人代表着机器人科技前

馆里的小海螺

可爱的羊群

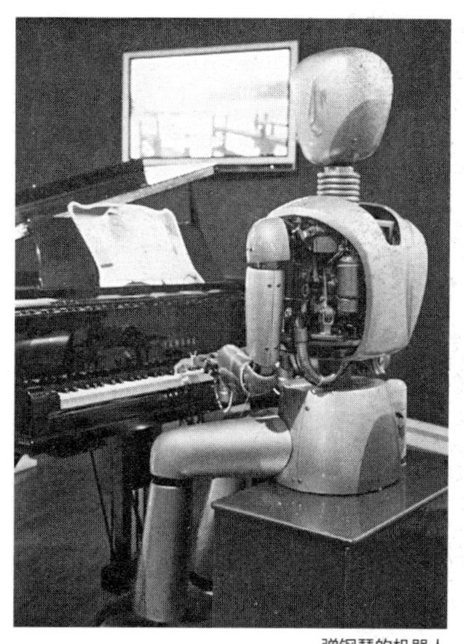
弹钢琴的机器人

宇航服展示

沿的发展方向。2012年元旦两个名叫“闹闹”和“静静”卡通智能魔方机器人在上海科技馆机器人展区向公众亮相，唱着陶行知先生的“手脑相长歌”，讲着匈牙利魔方的故事和机器人的三大科学原理，与孩子们一道计时掰起了魔方游戏。“动静”之间，激发了孩子们的好奇心和参观热情，成为机器人世界展区新的亮点。

宇航天地

建议停留时间：30分钟

广袤的宇宙，繁星闪烁，充满了神秘感，它吸引着我们不断地去探索，宇宙航空是人类永恒的话题。宇航的实现可以说是20世纪科技最伟大的创举。宇航天地展区根据各种问题规划了宇航知识区、宇航训练体验区、宇航成就陈列区和太空剧场四个区域。孩子们在各种体验性的活动中，更加深刻地了解和认识到了这些问题。

周边也好玩

上海体验游：上海科技馆—上海八音盒真品陈列馆—上海世纪公园—上海海洋水族馆（耗时2日）

D1　上午游览完上海科技馆；下午到上海八音盒真品陈列馆感受各种珍贵的欧洲八音盒。

D2　到上海世纪公园观赏美丽的景色，最后到上海海洋水族馆游览，休整后返程。

八音盒

舌尖上的科技馆

推荐美食

• 南翔小笼包

南翔小笼包是上海市嘉定区南翔镇的传统名小吃，已有100多年的历史。蒸熟后的小笼包，小巧玲珑，形似宝塔，皮呈透明，晶莹透黄。如果吃时佐以姜丝、香醋，配上一碗蛋丝汤，其味更佳。

• 上海红烧肉

虽然全国各地都有红烧肉，但是上海红烧肉是最具有特色的。它主要以冰糖炒糖色，佐以少量酱油，因而色泽红亮诱人，肥而不腻，口感偏甜，入口酥软即化，回味无穷，展现了上海菜浓油赤酱的特色。

腌笃鲜

上海红烧肉

推荐餐厅

• 茶餐厅

上海科技馆一层球体旁。中式套餐、精美小吃、花色饮品。

• 游客餐厅

上海科技馆一层球体旁。风味套餐、花色面点。

• 大食代（科技馆店）

上海科技馆地下一层。021-68543021。中式快餐。

亲子酒店

上海东怡大酒店

上海市浦东新区丁香路555号。021-61621118。750元起/天。

汉庭酒店

上海市浦东新区峨山路91弄38号。021-58890022。284元起/天。

上海世纪皇冠假日酒店

上海市浦东新区民生路1433号。021-51908888。1242元起/天。

往返交通

2号线在上海科技馆站下车，穿过下沉式广场，直达6号门，在门口售票处购票后即可进入。

东周线，隧道三线、申崇二线、申崇四线，公交车640、794、815、984、638、983、184、975路均可到达。

上海巧克力开心乐园

亲子游达人：吴婕

巧克力开心乐园小档案

地址： 上海市浦东新区博成路100号（博成路上钢路）。

门票： 老人优惠：60周岁以上老人或持有效证件（有效证件仅限身份证、护照）享受老年票优惠；儿童优惠：身高1.0米以下（不含1.0米）的儿童免票入园；身高1米～1.4米（不含1.4米）的儿童半票优惠。免票儿童必须有成人携带入园；残障人士优惠持有国家、地区残联颁发的残疾证，享受优惠票待遇；拥军优惠：现役军人持有效证件，享受优惠票待遇。

备注： 乐园门票不适用于园内单独收费项目。

营业时间： 9：00～17：00（针对特定节假日将开放夜场，闭园时间将根据活动举办形式顺延）。

电话： 021-51001881；021-87238583。

精彩看点

- 梦幻巧克力王国
- 甜蜜伊甸园
- 童话主题馆
- 面包音乐剧场
- 时尚主题馆
- 美的烘焙体验馆
- 中华五千年馆
- 烘焙魔法街

巧克力开心乐园（Chocolate Happy

巧克力开心乐园

Kitty屋

蜡笔小新

变形金刚

Land）是全国首家以“巧克力”“甜点”“饼干”等元素打造的大型创意主题乐园。全园分为梦幻巧克力王国、甜蜜伊甸园、童话主题馆、面包音乐剧场、时尚主题馆、美的烘焙体验馆、中华五千年馆、烘焙魔法街八大主题馆和其他游乐设施。乐园主题理念是打造融入人们生活品质、以休闲为导向的“轻休闲”模式的主题乐园。

巧克力开心乐园不可不看

经典卡通景点

建议停留时间：20～30分钟

Kitty天地，有非常可爱的各式Kitty及Kitty造型房子。蜡笔小新的乐园也非常有趣。逛着逛着，我们已经全然忘记身在巧克力艺术品之中了。回到童年，那些美好的卡通记忆真是令人怀念。

妈妈有话说

由于展品都是由巧克力等制作成的，所以展馆内空调开的室温比较低，就算是夏天，也请有老人和宝宝的家庭准备好开衫等薄外套。

九龙壁展品

建议停留时间：20～25分钟

这个九龙壁展品是用1吨牛奶巧克力制作而成。制作过程尤为烦琐。这件作品由五位工艺师耗时三个月才精心雕刻而成。整件作品巧夺天工，美轮美奂。尤其是中间那条龙，前爪作环抱状，后爪分擫海水，龙身环曲，将火焰宝珠托于头下，瞠目张颌，威风凛然。

此外，还有用巧克力做的绣花鞋，绣花部分真是工艺超群！也有女人们的最爱，比如巧克力做的包、高跟鞋、比基尼等。

玛丽莲·梦露

建议停留时间：15～20分钟

玛丽莲·梦露面包画是由3000多片吐司拼接而成。在室温为20℃左右的房间将吐司片自然晾干后，工艺师要为每片吐司仔细地修边，然后拼接。最后，工艺师利用火枪在拼接完

黄金手镯

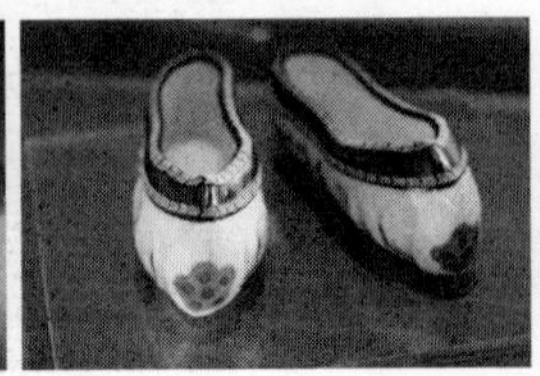
绣花鞋

香水瓶

龙袍

唐僧

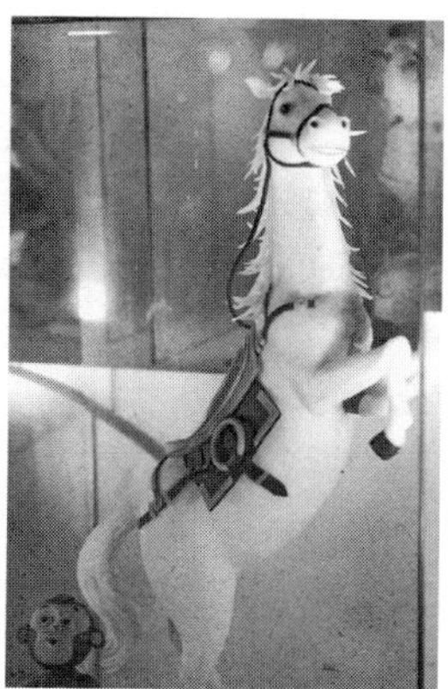
白龙马

成吐司片上烤制出深浅不同的颜色，形成明暗不同的效果，再利用光影的变换，营造出性感女神玛丽莲·梦露最经典的形象。

龙袍

建议停留时间：25～30分钟

龙袍够惊艳，是用什么巧克力做的？实在看不出来，因为做得太逼真了。其实主要用蛋清、糖粉调配成的糖膏（硬膏）和蛋白膏（软膏）为原料制作而成。在制作过程中运用了擀皮、切割、整形、烘干等多道工艺。精美的表面图案制作是将苏绣工艺进行改进后运用到食品加工工艺中，整件作品的花纹运用蛋白膏挤了上万条细线组合而成，每段都有其独特的渐变色彩，每层色彩都要用独特的烘干工艺，烘干后才能继续下一步制作，整个作品由数十位工艺师耗时两个半月才制作完成。

烘焙魔法街

建议停留时间：25～30分钟

看了那么多巧克力，不带点回去肯定是不可能的，在魔法街有各种可爱的水果造型糖果，有草莓、葡萄、西瓜等供挑选。卡通造型的巧克力看了让人爱不释手，但是小小的一个要30元，有点小贵。

妈妈有话说

烘焙人虽然多，但是也很热闹，孩子亲手制作完自己的小饼干，会非常有成就感，不过DIY区域是另外收费的。

魔方商店街

周边也好玩

上海主题乐园游：上海飞行家主题园——龙美术馆西岸馆（耗时2日）

D1　上海飞行家主题园，360度环幕影院带来全新的全景视界辅以完美的音效。

D2　龙美术馆西岸馆地上两层有视野开阔的江景餐厅、公共景观庭院、音乐厅、咖啡厅、艺术品商店等，地下一层设有儿童展厅、图书馆、艺术品修复室、艺术书店等。

特产

魔法商店街里有各种可爱造型水果糖果，各种可人的手工造型巧克力。

舌尖上的巧克力乐园

推荐美食

• 奶油贝壳面

奶油味道很浓，配的凯撒色拉非常好吃。还配送一杯软饮料。

推荐餐厅

• 魔力窑烤面包餐厅

餐厅里一派田园风光，空气里弥漫着发酵后面团的醇熟味道，前一秒还在烤窑里的热气腾腾主食面包，后一秒就被端上餐桌，原汁原味的酱汁，夹上喜欢的配料，风味独特坐下来，正好可以享受正午的好时光。

• 咖啡体验馆

想一饱口福，领略来自世界各地咖啡的魅力？想知道一杯咖啡的全套制作过程？从烘豆到研磨直至变身成为一杯散发诱人香气的咖啡，这些要求在咖啡体验馆全部都能满足。

往返交通

在火车站坐地铁至耀华路站4号出口，转乘巧克力开心乐园免费入园班车直达巧克力开心乐园。每日首次班车发车时间：9∶30（每30分钟一班）。

在飞机场坐地铁至耀华路站4号出口，转乘巧克力开心乐园免费入园班车直达巧克力开心乐园。每日首次班车发车时间：9∶30（每30分钟一班）。

龙美术馆西岸馆

开心乐园酒店

上海自然博物馆新馆

亲子游达人：熊靓

上海自然博物馆新馆小档案

地址：上海市静安区山海关路399号（静安雕塑公园内）。

级别：5A。

门票：成人30元/人；1.3米以上儿童至18周岁以下未成年人12元；1.3米（含）以下或6周岁（含）以下的儿童免费（需要持有有效证件）。

开放时间：9：00～17：15（周二至周日），周一休馆（黄金周除外）。

电话：021-62620280。

温馨提示

12点以后是参观高峰期，建议10点提前带孩子来参观。

上海自然博物馆新馆是目前我国最大，而且最具影响力的自然博物馆之一。有来自世界各地的近29万件藏品，其中珍稀物种标本1000余件。孩子们可以通过3D、4D、标本陈列、互动等形式，了解到和我们一起生活在这个地球上的哺乳类、鸟类、两栖爬行类、鱼类、昆虫、无脊椎动物、植物等的变迁和发展。

精彩看点

- 起源之谜
- 探索中心
- 生命之河水
- 上海故事
- 演化之道

上海自然博物馆新馆不可不看

起源之谜

建议停留时间：1小时

孩子可以看到超大的地球设施及

爬行类展厅

宇宙场景，绝对会让孩子震惊！在四维影院孩子可以观赏到3D、4D影片。值得一说，影院设施很先进（座椅、特效及声音系统），影视效果让人身临其境。

爸爸有话说

进馆前，在门口取一份馆内的《参观指南》，里面有地图、路线推荐、剧院播放时间等，便于游览。

馆内提供直饮水服务，不准带开启的饮料或者食品进入。参观时，不能乱碰展品。主题教育活动课题都是免费的，不过需要提前预约。

生命之河水

建议停留时间：1小时

孩子将可以看到地球上海、陆两地的生物模型及化石（包含恐龙）。可以看到高清投影，观赏多媒体表演秀的一个展厅。在这里孩子将可以看到真正的活体动物，比如乌龟、蜥蜴、变色龙等。

演化之道

建议停留时间：1小时

地下一层的演化之道、未来之路展厅是拓展孩子知识的一个地方。在演化之道展厅，孩子们可以看到寒武纪海、陆两地的生物模型及化石生物，而且现场寒武纪生命大爆发剧场，有介绍生命大爆发的科普片循环播放，片长约5分钟，很适合孩子观看。

上海故事、咖啡馆展厅

建议停留时间：1天

咖啡馆展厅，是让孩子了解上海城市文化的一个展厅，感兴趣的可以带着孩子来看看。

探索中心

建议停留时间：40分钟

探索中心是教育活动场所的区域展厅，以青少年、学生团体、亲子团体为主要受众。展厅有儿童专区、化石挖掘区、实验教室、主题教室、研究观察室等区域，主题教室和实验教室都有不同的主题教育活动课件，是让孩子体验另类教育的地方。

周边也好玩

畅游上海滩：东方明珠—上海奉贤碧海金沙—上海欢乐谷—上海野生动物园（耗时2天）

D1　前往上海奉贤碧海金沙游玩，之后到上海欢乐谷乐园游玩。

D2　到上海野生动物园观看大自然里的动物们后返程。

特产

上海自然博物馆新馆三件宝——野菜、曲酒、泡大椒。曲酒、泡大椒不太适合孩子食用，但是野菜因土质肥沃，云雾浸染，富含营养，为绿色无污染食品，非常适合孩子。此外，上海自然博物馆新馆土特产品众多。

往返交通

上海的虹桥、浦东机场打车40分钟抵达景区。

从上海市内乘坐地铁10号线到豫园下车步行或者公交127、55、123、71、17、66路可以到达。

青岛极地海洋世界

亲子游达人：吴婕

海洋世界小档案

地址： 青岛市崂山区东海东路60号（近海游路）。

级别： 4A。

开放时间： 9：00～17：30（17：00点停止售票）。门票：极地馆+欢乐剧场全价票180元/人；极地馆+欢乐剧场半价票75元/人。

特价票： 学生票105元/人；极地馆老年票10元/人；欢乐剧场老年票10元/人；极地海洋世界+极地码头海上观光+欢乐剧场通票170元/人（团购）。

温馨提示

特价票（包含一张极地馆和一张欢乐剧场门票）学生票在极地的售票窗口没有出售，只能网络购买或者到青岛各大高校的代理处购买。极地馆老年票10元，欢乐剧场老年票10元。

精彩看点

- 欢乐剧场
- 极地大厅
- 海底隧道
- 大白鲸表演

青岛极地海洋世界是极地动物展示，海洋极地动物表演以及海洋科技馆、渔人码头等为主题的综合性海洋主题公园。节假日带着孩子来这里，

极地海洋世界城堡

小丑表演图

可以感受海洋动物和人类之间互动的乐趣，还可以坐上游艇，一起乘着海风，欣赏青岛海岸的美丽风光。

海洋世界不可不看

欢乐剧场

建议停留时间：30～45分钟

非常幽默搞笑的小丑表演让人忍俊不禁。魔术师还会变出不同的玩意，被邀请上台的观众会获赠造型气球。这里是定时进行演出的，建议游玩前做好准备，别错过想要看的精彩演出。

海豚：海洋动物表演，动物们实在是太聪明了，做数学题、拍手。其中一只叫小黑的海豚，一点也不含糊，不但样貌、脾气讨人喜欢，表演起拿手绝活来，更是技艺精湛。高难度的水中华尔兹、高空顶球、空中旋转跳，刺激又有趣。

温馨提示

欢乐剧场表演时间：上午：9：30、11：10，下午：13：50、15：00。

爸爸有话说

青岛极地海洋世界由极地大厅、极地冰雪人物区、海洋互动区、海洋生物区、极地动物表演、休闲商业区等组成。

极地大厅

建议停留时间：30～45分钟

首先，映入眼帘的就是一艘大大的海盗船，海洋世界分为两层，二楼有海兽混养层，可看到白鲸、海象、北极熊、海獭、海狗、企鹅等珍稀的极地动物。最讨人喜欢的就是小企鹅了，光亮的皮毛，一摇一摆憨憨地走路，可爱极了。

海洋生物区

这个区域分为十余个稀有海洋动物饲养池，展示了上千种珍稀海洋鱼

海盗

企鹅

类。特别有趣的就是喝奶鱼。孩子好奇地拿起奶瓶喂鱼儿喝奶，鱼儿还真如婴儿那样会吸奶嘴。

妈妈有话说

馆内地面采用的是防滑地，有效地保护了儿童的安全，在那么可爱的地方，孩子可以尽情地奔跑。如果要喂鱼儿喝奶，需付费。

海底隧道

建议停留时间：20～45分钟

极地海洋世界最美就数这里了——海底隧道，精彩又震撼。比上海的海洋水族馆更长，更生动。和孩子一起仔细观赏着海里的各种小鱼儿，每一种都充满了新奇，犹如自己和大海融为了一体。

大白鲸表演

建议停留时间：30～50分钟

白鲸宝宝们根据饲养员的口令上下跳跃，集体跳跃出优美的弧度。被

鲨鱼

邀请的观众可以坐在白鲸背上绕池一周。这四只大白鲸，现在可长了不少本事，亲吻、唱歌、跳华尔兹、空中飞人……能表演30多个项目。

休闲商业区

这里有形状可爱的冰激凌，各种海底世界的动物小礼品，慢吞吞的乌龟、颜色斑斓的热带鱼等。商品区的礼品琳琅满目，品种非常丰富，很可爱，价格适中，质量也不错。

舌尖上的青岛极地海洋世界

推荐餐厅

- **赛味轩海鲜美食城**

青岛市东海东路60号极地海洋

海狮

世界。 ☎13553072307。

• 蟹之国

⌂青岛市崂山区东海东路60号极地海洋世界A-12商业单元。 ☎0532-89092088。

亲子酒店

世纪文华酒店

⌂青岛市崂山区海江路10号。 ☎0532-88950877。 514元/天。 此酒店离海很近，非常安静。

剧场

胜利油田金岛酒店

⌂青岛市崂山区东海东路58号极地金岸内9号。 ☎0532-83733333。 388元/天。

往返交通

流亭机场到极地海洋世界，步行约160米到青岛国际机场站乘坐机场3 线至世纪文华酒店站下车（共7站）。下车后，步行约620米后抵达青岛极地海洋世界。

从青岛火车站到极地海洋世界大概路程12.73公里，全程约需28分钟，途径5个站点，途中不换乘，直接到达，换乘车辆线路有504路。

从四方长途站到极地海洋世界大概路程10.91公里，全程约需45分钟，途径19个站点，共换乘1次，换乘车辆线路有227路环线11路。

景德镇古窑民俗博览区

亲子游达人：徐志玲

景德镇古窑民俗博览区小档案

地址：江西省景德镇市昌江区瓷都大道古窑路1号。

级别：5A。

门票：95元/人。

开放时间：8：00～17：00。

最佳游玩时间：9～11月。秋季最佳。秋季雨水少，秋高气爽。

电话：0798–8534444。

温馨提示

1．进入景区注意防火、游览点请勿吸烟，爱护景区花草。

2．景区谢绝小费，欢迎监督。

3．请自觉遵守景区的管理制度，注意水上安全。

景德镇古窑民俗博览区是全国唯一一家以陶瓷文化为主题的旅游景区、江西省第一家坐落于城市中心的国家5A级旅游景区，也是带孩子了解中华文明的一扇极佳的窗口。从参观最古老的制瓷生产线，各代瓷窑，到亲子体验制作瓷器，观看瓷器与乐器的完美结合——瓷乐表演，全方位感受瓷都，感受瓷文化，可让人深切体会到陶瓷文化的博大精深。

精彩看点

- 瓷音水榭　　明清御窑
- 陶人画坊
- 手工制瓷作坊

景德镇古窑民俗博览区不可不看

瓷音水榭

建议停留时间：20～30分钟

为了传承千年陶瓷文化，景德镇古窑“瓷乐团”应运而生。瓷乐器采用优质瓷土按专业乐器技术要求精

瓷乐表演

陶人画坊内 DIY 场景

制而成，演奏起来清新悦耳，美妙动听，是景德镇瓷器“声如磬”的集中体现，被誉为“中国一绝”和“世界首创”。带孩子来此一听，正可以感受瓷与乐器的美妙结合，令人耳目一新。

爸爸有话说

葫芦窑为景德镇葫芦形柴烧瓷窑的简称，古人说其“窑形似卧地葫芦，前大后小”。馒头窑为景德镇宋元明时期使用的典型瓷窑之一，以窑形近似馒头而得名。龙窑为我国传统陶瓷窑炉之一，窑炉依山势倾斜砌筑，形状似龙而得名。龙窑结构简单，分窑头、窑床、窑尾三部分。

瓷乐表演推荐：

星期一至星期五（每天六场）

9：30~9：50，10：20~10：40，11：10~11：30，14：00~14：20，14：50~15：10，15：40~16：00。

星期六、星期日（每天七场）：

9:30~9:50，10:20~10:40，11:10~11:30，14:00~14:20，14:50~15:10，15:40~16:00，16:30~16:50。

陶人画坊

建议停留时间：30~40分钟

在景区的唐英纪念馆内的“DIY手工制瓷体验中心”，又名“陶人画坊”，是面向国内外陶瓷艺术爱好者、游客和青少年学生开放的大型陶瓷文化体验和实践场所。体验中心提供拉坯、釉上彩绘制、釉下彩绘制，以及陶瓷首饰DIY等丰富多彩的陶艺制作互动体验项目。带着孩子来体验手工制瓷吧，感受胚泥在手中的慢慢成形，再画上一家人的样子或者刻上名字，与孩子一起亲手打造一个属于自己的独一无二的纪念品。

手工制瓷作坊

建议停留时间：50~60分钟

手工制瓷作坊，俗称“坯房”，是制作瓷器坯胎兼瓷器坯胎釉下彩绘的工场建筑。这里有世界上最古老的制瓷生产作业线，有几十名老艺人向游客展示着传统的制瓷技艺，其中包括泥料淘洗、晾坯晒坯、青花绘制、浇釉吹釉、松柴制备、镇窑满窑等。参观作坊时，孩子常对各类精美瓷器以及原始的工坊建筑表现出浓厚的兴趣，家长可以事先了解一些知识现场传授。

妈妈有话说

这里展示的都是稀有珍贵的瓷器，是易碎品，孩子们要小心，不要在作坊内嬉笑打闹。

明清御窑

建议停留时间：15~20分钟

御窑是明清两代专为皇帝烧造瓷器的御用瓷厂，明清御窑“六式

作坊工作线/晾胚架图

明清御窑图

窑”在五百多年间烧制了大量精美的御用瓷器，但在清王朝灭亡后，御窑熄灭了炉火。2014年10月19日，明清御窑“六式窑”首次全部复活点火，让古窑重新焕发出瓷器的青春。2015年古窑景区又恢复了景德镇历史上具有代表性的民窑——槎窑。可以带着孩子来古窑景区感受景德镇历史上“官民窑火同烧”的繁荣盛景。

周边也好玩

赣文化游：南昌—景德镇—婺源—三清山（耗时约4天）

D1　八一起义纪念馆、滕王阁。

D2　景德镇古窑民俗博览区。

D3　游览婺源的江岭、李坑、彩虹桥、月亮湾。

D4　参观世界文化遗产三清山。

特产

• **瓷器：**到瓷都当然要买瓷器，市区随处可见瓷质的小玩意儿：串珠、项链、铃铛、盖碗等，景区内也有纪念品专卖。当然，在古窑内DIY瓷器还是最佳的选择！

• **冱糖：**冱糖是景德镇的地方特产，是逢年过节待客的必备小吃。冱糖营养丰富，味道清甜酥脆，并有润肺、健胃等功能。

• **历居山杨梅：**历居山杨梅生长在远离城市的洪岩镇历居山山区。当地栽种的杨梅树完全处于野生状态下生长，本身就具有抗病虫害的能力。因此，历居山庄杨梅现已被国家绿色食品委员会认证为绿色食品。酸酸甜甜，孩子最爱。

舌尖上的景德镇古窑民俗博览区

• **冷粉**

冷粉虽然很多地方都有，但是景德镇用的冷粉不一样。粉条比较粗，大概半径有0.5厘米。其制作简单，风味独特，物美价廉，备受当地人的喜爱。

• **碱水粑**

碱水粑炒鸡蛋是最经典的，要是再加上一点农家做的湿盐菜（也就是腌过的雪里蕻）那就更经典了。食用时切成薄片，以本地烟熏腊肉、大蒜等炒食，既能饱腹，也是下酒佳肴。

• **饺子粑**

一般本地人当早餐和夜宵吃。薄薄的皮包上各种各样的馅儿再放到蒸笼里面一蒸。也有蒸完了再用油小炸一下，风味又有不同。分辣的和不辣的。辣的一般是用萝卜丝做馅儿的，韭菜鸡蛋做馅儿的是不辣的，还有豆干、豆芽馅儿等很多种。

碱水粑

饺子粑

景德镇瓷器是旅游最佳伴手礼

推荐餐厅

- 毛仔特色小吃

景德镇市珠山区胜利路136号。0798-8284777。

- 伊龙赣菜故事

景德镇市珠山区朝阳路888号。0798-8439777。

亲子酒店

首推伊龙大酒店，就在古窑民俗博览区旁边，以粤菜为主，同时配以赣菜及沪、湘等地方名菜。环境优雅舒适，方便游玩出行。另外，还推荐以下亲子酒店：

景德镇1004语居瓷文化酒店

景德镇市高新区五德路16号。0798-8211004。有亲子房，均价507元左右/天。温馨提示：距离景区较远。

景德镇途家斯维登度假公寓（伴山洋房）

景德镇市昌江区昌南大道555号伴山洋房29栋。0798-8398000。有家庭房，均价160元左右/天。

景德镇开门子大酒店

景德镇市昌江区瓷都大道1055号。0798-8577777。有亲子房，均价288元左右/天。

往返交通

景德镇机场，距古窑民俗博览区8.8千米，打车约15分钟。

景德镇火车站，距古窑民俗博览区4.5千米，打车约9分钟。

浙江、湖南、贵州、云南的游客可走杭瑞高速，浙江、湖南、贵州、云南、山东、河南、安徽、广东的游客可走济广高速；九江市的游客可以走九景高速、德兴市、乐平市的游客可走德昌高速；祁门县、浮梁县的游客可走祈浮高速。

景德镇市西客站有前往南昌、九江、杭州、上饶、上海等多地的长途客车。从西客站乘2路公交，在枫树山站下车即可到达古窑民俗博览区。

伴山洋房

伊龙大酒店客房

广州长隆主题旅游度假区

亲子游达人：苏菲

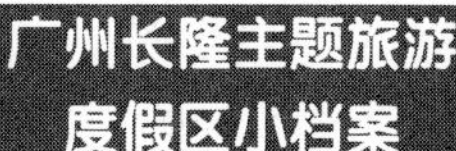

广州长隆主题旅游度假区小档案

地址（长隆总部）：广州市番禺大道。

级别：5A。

门票：长隆的年票价格近几年渐长，目前价格为：成人年卡 1680元/人，长者（65岁以上）和儿童（1～1.5米）1080元/人。每一个看点的具体门票见正文。

电话：4008-830083。

最佳游玩时间：一年四季

广州长隆主题旅游度假区含广州和珠海两个园区。广州园区包括4大主题公园（长隆野生动物世界、长隆欢乐世界、长隆水上乐园和鳄鱼公园），两个酒店和长隆大马戏。去年新开的珠海园区包括珠海长隆海洋王国、珠海长隆大马戏和海洋主题酒店。

长隆野生动物世界北门口

精彩看点

· 长隆野生动物世界

· 长隆欢乐世界

· 长隆水上乐园

· 鳄鱼公园

· 珠海长隆国际海洋度假区

广州长隆主题旅游度假区不可不看

长隆野生动物世界

建议停留时间：半天

长隆野生动物世界分为步行区与自驾区两个部分。自驾区以大规模野生动物种群放养和自驾车观赏为特色，动物种类繁多。

给长颈鹿喂树叶

长隆动物园小火车

在这里，你可以自驾车深入到五大洲领地，去探访动物朋友；也可以乘坐非常可爱的小火车进入，车上有导游讲解。除了自驾区，可以到步行区去看各种珍稀动物，包括世界上唯一的三胞胎熊猫宝宝和考拉双胞胎，小朋友还可以零距离投喂各种动物，如天鹅、长颈鹿、大象、猴子、鹈鹕……

成人 250元/人，长者（65岁以上）和儿童（1~1.5米）175元/人。

妈妈有话说

为了让孩子在野生动物世界里面度过愉快的一天，要给小朋友们做好充分的防蚊、防晒准备哦！

宝贝乐园里的小火车，1岁孩子都可以坐

可以跟爸爸一起坐的碰碰船

长隆欢乐世界

建议停留时间：一天

长隆欢乐世界，汇聚了全球最顶尖的游乐设施。孩子们最喜欢的就是宝贝乐园了，这里是专门针对儿童设计的童话环境，除了很多室外的项目以外，还有全空调环境的室内儿童游乐城，无论是夏天还是雨天都不怕。儿童区还提供热水给家长冲奶粉，很细心。

就算不玩游戏，在这里也可以找到合适的去处。园区内的各种表演很丰富，好莱坞特技剧场、卡卡虎欢乐剧场、北美伐木竞技秀……光是表演就可以看一天，周六晚上还有烟花哦。

成人250元/人　长者（65岁以上）和儿童（1~1.5米）175元/人　家庭套票（2位成人+1位儿童或长者）620元人民币/套。

长隆水上乐园

建议停留时间：一天

宝贝水城是目前世界上最大的儿童主题水上亲子区，有可爱的卡通造型，各种萌萌的滑梯，还伴有特效喷水。置身其中，仿佛进入童话世界，

所有孩子在水上乐园都必须穿救生衣

跟爸爸一起泡泡温水

让全家人都能感受到与众不同的亲子乐趣。

大人和小孩还可以选择专为亲子活动设计的亲子滑道、小喇叭、喷射滑道、合家欢滑道等双人项目，尽享天伦之乐，享受水上过山车一样的快感。

2015年开始，长隆水上乐园更是全新增加了10个恒温按摩温水池，爸爸妈妈再也不用担心玩水会着凉了哦！

4月～10月：成人140元/人，长者（65岁以上）和儿童（1～1.5米）98元/人，家庭套票（2位成人+ 1位儿童或长者）350元/套；5月～9月：成人250元/人，长者（65岁以上）和儿童（1～1.5米）175元/人，家庭套票（2位成人+1位儿童或长者）620元/套。

妈妈有话说

水上乐园到处都是水，路很滑，孩子们不要乱跑，以防摔倒。记得要给孩子防晒。

鳄鱼公园

建议停留时间：半天

这里虽然名叫鳄鱼公园，并且拥有上千只的鳄鱼，但这里可不是只有鳄鱼的公园。这里是天然的湿地生态公园。带孩子来这里感受绝美的湿地天堂，融入大自然的气息，欣赏湿地鸟类的恬美生活和勃勃生机，既长见识，又长学问。

成人90元/人，长者（65岁以上）和儿童（1～1.5米）45元人民币/人，家庭套票（2位成人+1位儿童或长者）200元人民币/套。鳄鱼公园不在长隆度假区内，地址是广州市番禺区大石镇石北大道，可在长隆酒店或动物园门口搭乘免费穿梭巴士约20～30分钟。

珠海长隆国际海洋度假区

建议停留时间：2天

长隆国际海洋度假区位于珠海横琴岛，是以海洋为主体的综合型旅游度假村。长隆海洋王国是全球领先的海洋主题乐园。孩子最爱鲸鲨馆、海底互动和海洋生物剧场表演。

（长隆海洋王国）：成人350元/人，长者（65岁以上）和儿童（1～1.5米）245元/人。

精彩演出

《长隆国际大马戏》是讲述一个幸运的女孩，在一片神秘森林里遇到王子的故事。故事里既有魔法也有各种动物表演，浪漫又惊心动魄！非常适合一家人共同欣赏。

（地点：广州长隆旅游度假区内；时间：每晚7：30；票价280元起）

特产

长隆酒店里可是有购物一条街。售卖长隆的主题纪念商品，如T恤、毛绒玩具，都是孩子的挚爱。

舌尖上的长隆

来到广州，当然要试一下老广州每天都要喝的早茶和著名的海鲜大餐。在长隆，可以一站式享用。

推荐美食

- **肠粉**

将米浆置于特制的多层蒸笼中或

布上逐张蒸成薄皮，分别放上肉类、鱼片、虾仁等，蒸熟卷成长条，剪断配酱油上碟。加以上馅料的叫牛肉肠、猪肉肠、鱼片肠和虾米（仁）肠；不加馅的则称斋肠。

- **虾饺**

以半透明的水晶饺皮包裹两三只鲜嫩虾仁，举箸之前已可略略窥见晶莹中透出一点微红，待入口后轻轻一咬，水晶饺皮特有的柔韧与虾仁天然的甜脆糅合出鲜美的口感，让人回味无穷。

- **各色粥点**

如状元及第粥、皮蛋瘦肉粥、生滚鱼片粥等，皆以绵软顺滑的粥底，配上不同肉鱼蛋类，再以香脆虾片、青嫩葱花佐之，撒上一小勺胡椒粉，喝来绵糯爽甜，鲜味浓郁。

推荐餐厅

- **白虎自助餐厅**

有老虎和火烈鸟陪吃的餐厅哦，小朋友最喜欢。在长隆里面的自助餐厅，团购的话平日中午208元/人，周末288元/人，属于比较贵的自助餐，不过考虑到看白虎也是要花钱的，孩子也高兴，就值了。

- **麒麟中餐厅**

中午这里有广州特色的早茶喝，就是吃早茶点心，虽然由于是旅游区价格不便宜，但出品还是非常不错的。

- **彩蝶谷美食廊**

住在长隆酒店，彩蝶谷应该算是不错的用餐选择。这里的菜品口味都不错，从粤菜到川菜，从巴西烤肉到精致火锅，应有尽有，性价比颇高。

亲子酒店

长隆酒店

酒店的亲子环境很好，从走廊的玻璃望出去就是老虎园和火烈鸟园，相当于有自己的动物园。自带医务室，医生24小时值班，对于亲子酒店来说算是考虑周到的了。整个酒店装修有很多动物的元素，很有特色。住在这里去水上乐园和欢乐世界会有优先通道，省去很多排队的时间。

广州市番禺迎宾路。1198元起/晚。

往返交通

广州白云国际机场，可搭乘地铁3号线至“汉溪长隆”站即为广州长隆旅游度假区南门口。

广州南站，在南站广场有专门的长隆免费巴士直达长隆酒店门口。也可以搭乘出租车，约25元即可到达长隆旅游度假区南门口。

孩子最爱早茶点心

锦绣中华民俗文化村

亲子游达人：慧慧、乐乐妈

锦绣中华民俗村小档案

地址：深圳市南山区深南大道9003号。

开放时间：平时早上10：00～18：00，周末：9：30～18：00，节假日：9：00～18：00。

级别：5A。

门票：150元/人，学生半价。

民俗文化村：开放时间同锦绣中华一致，关闭时间为晚上20：00。

最佳游玩时间：年四季。

电话：0755-26600626。

精彩看点

- 九龙壁
- 印象中国剧场
- 锦绣花园
- 凤凰广场
- 马战表演场

亲子合影

温馨提示

1. 民俗村每年七八月份举行泼水节，人会比较多，游客可以先看表演，再参加泼水。记得带一套换洗衣服。现场也有卖泼水用具和雨衣的。

2. 中国民俗文化村园内最大的餐厅：

天一阁餐厅，以云南特色菜为主，团体套餐人均消费25元左右，散客人均消费40元左右。

3. 出园后可以再进园，但有时间限制，限制在15分钟内，出园时必须在入口处做好登记。

锦绣中华微缩景区，是中华五千年历史文化和中国锦绣河山的荟萃和缩影，也是目前世界上面积最大的实景微缩景区，81个景点均按中国版图位置分布。中国民俗文化村，位于深圳市锦绣中华的西侧，占地20多万平方米，是中国第一个荟萃各民族民间艺术、民俗风情和民居建筑于一园的大型文化旅游景区，内含22个民族的25个村寨。通过民族风情表演、民间手工艺展示、定期举办大型民间节庆活动，能让游客充分感受到中华民族的灵魂和魅力，是全国56个民族有代表性的民族风情博物馆。

锦绣中华不可不看

莫高窟、龙门石窟、云冈石窟、乐山大佛

小时候在历史书上就了解了这几个地方，但是一直无缘去真正地见识一番，莫高窟、龙门石窟、云冈石窟、乐山大佛都是我国的著名景点，它们分布在不同的地方。虽然景区内都只是根据它们的实体按1：1、1：3等比例给仿造了一部分下来，但是它们的气势，那种雕工和金碧辉煌的画像，让人叹为观止。

漓江山水、象鼻山

这两个景点都在广西桂林，记得在小学的时候还学过这样的课文《桂林山水甲天下》，当时就印象深刻，桂林的山水非常的美，象鼻山也是去到桂林一定要去看的地方。如果你还

一家人在微缩景区了解中国文化

没有去过桂林的话，先在锦绣中华看一下就知道它有多美。

秦始皇兵马俑

秦始皇兵马俑位于西安，1974年被发现时曾轰动了全世界。兵马俑葬坑象征着秦陵的守陵卫队，这也说明了当时的帝王多么希望自己能够一直把握乾坤，也多么的希望自己的子孙能够世世代代有人守护。

万里长城展区

万里长城是属于古代的军事化性质的工程。看着缩小版的万里长城，可以想象到真实的万里长城的磅礴气势。让人心里肃然起敬。记得有一句歌词叫作“万里长城永不倒”，说的就是这种感觉了。但是在锦绣中华看到缩小版的万里长城你会有种居高临下的感觉，像飞在半空中看我国的大好河山一样。

蒙古包

蒙古包就是个移动的团体，移动的家。牧民们团结、友好、聪明向上，几个支架、几床羊毛毯之类的东西就可以让自己住的非常舒适惬意。看着一个个小号的蒙古包，真有一种来到了大草原的感觉，眼前出现这一幅幅夕阳西下，牧羊归来，一团和气的画面。

布达拉宫，大清真寺

西藏的布达拉宫，新疆的大清真寺，也都搬来了这里。正好可以让孩子了解西藏与新疆的建筑文化。孩子还小的时候不建议去西藏，但可以先在他们的心中播下一颗向往的种子。

承德避暑山庄、明十三陵、圆明园、颐和园、天坛，故宫、北京四合院

这几个地方都是北方的经典景

大家对中国民族建筑充满了浓厚的兴趣

区，它们历史都非常悠久，除了北京四合院，其他建筑全都是明清皇室人员才能够去的地方。这么多微缩景观集于一处，正好可以从总体上了解中国的皇家文化以及天子脚下皇家建筑的恢宏气势。

江南小镇

画面一转，来到了江南小镇，让人不由自主的就会想到小桥流水人家，姑娘撑着花纸伞，回眸一笑惹人怜。江南风景让人有一种安宁的感觉，如果把北方比作大家闺秀，那么江南就是小家碧玉，让人有点移不开眼睛，不由自主地随着它的一颦一笑而心动不已。

大雁塔、金刚宝座塔、妙应寺白塔、曼飞龙塔-大理三塔、塔林、飞虹塔、嵩岳寺塔、景真八角亭、滕王阁、镇海楼、黄鹤楼、岳阳楼等

塔是一种非常独特的东方建筑，它体量高大，用料多样，在不同的地区地质条件不同，建塔技术也不同，这里的每座塔和楼都非常的有名气，而在这里一次性就可以见到全国各种有名的塔或楼，堪称一次中国古建筑巡礼。

民俗村

民俗村这边聚集有高山族、景颇族、佤族、苗族、瑶族、侗族等22个民族，他们居住在各自的部落里，民俗村是国内第一个荟萃各民族民间艺术、民俗风情和民居建筑于一园的大型文化旅游景区。定期举办大型的民间节庆活动，华夏民族大庙会、泼水节、火把节、赛装节等，可让游客在参与观赏充分享受欢乐。

周边也好玩

深圳亲子度假：何香凝美术馆—华侨城湿地—深圳欢乐海岸海洋奇梦馆（耗时3天）

D1 喜欢文艺范儿的，追求生活格调的妈妈可以带着孩子参观何香凝美术馆。

D2 华侨城湿地拥有大面积的红树林群落和100多种珍稀鸟类，是中国唯一地处现代化大都市腹地的滨海红树林湿地。

D3 深圳欢乐海岸海洋奇梦馆，是一座集科普教育、体验互动、欣赏娱乐为一体的现代都市型水族馆。

特产

综合服务区汲取苏州建筑及园林

民俗村

民俗村

景区一角

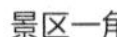

亲子互动

艺术精华，并保留中国传统商业街坊之特色。在这里有琳琅满目的手工艺品、仿古董、名优特产以及富有“锦绣中华”特色的旅游纪念品可供选购。

舌尖上的锦绣中华

在锦绣中华，还有一道风景就是美味的食物了，这里汇聚了全国各地的各种特色和食物。如锦园食府的富春楼、狗不理、潮皇轩、杏花村、锦记鱼翅捞饭；傣寨风味食街的泼水粑粑、过桥米线、竹筒饭；朝鲜风味餐厅的朝鲜族原汁原味的料理、泡菜、韩国烧烤等风味，都让人恨不得把舌头都吞到肚子里去。

总之，锦绣中华民俗村汇集了中国的各个大小著名景点，“一步迈进历史，一天游遍中华”是它们的口号，其实应该还有一句：“一天吃遍天下！”。

亲子酒店

深圳华侨城洲际大酒店

深圳市南山区华侨城深南大道9009号。0755-3993388。1500元起/天。

深圳威尼斯酒店

深圳南山区华侨城深南大道9026号。18925280820。500元起/天。

雅枫宾馆（深圳华侨城店）

深圳市华侨城光华街19号。0755-26605888。260元起/天。

往返交通

深圳宝安国际机场，转地铁乘坐罗宝线经16站到世界之窗，步行150米到锦绣中华民俗村。

深圳北站转地铁到市民中心转罗宝线到世界之窗下车步行150米到锦绣中华民俗村。

广州市—沈海高速公路—京港澳高速公路—深圳市。

青青世界

亲子游达人：慧慧、乐乐妈

青青世界小档案

地址：深圳市南山青青街1号（靠近月亮湾）。

级别：3A。

门票：60元/人，1.2米以下小孩免门票。

开放时间：8：30～18：00。

电话：0755–26646966。

最佳游玩季节：一年四季皆可。

温馨提示

停车场就在门口。节假日的时候，远距离的地方也有个停车场，有时候旁边的道路上也可以停靠。人少还是尽量开到里面去，景点几乎都不能用别的东西代步。

深圳青青世界位于深圳市南山区月亮湾大南山山麓，是深圳市著名的精致农业与观光旅游相结合的生态旅游景点，占地面积约20万平方米，是一家以休闲度假为主题的观光农场，为“鹏城十景”之一。

精彩看点

- 热带雨林
- 侏罗纪公园
- 蝴蝶农场
- 陶艺馆
- 果公园

青青世界不可不看

惊险吊桥

建议停留时间：10分钟

“惊险吊桥”可以锻炼孩子的独立性，也可以培养他们的坚韧的性格，以及遇到困难独自面对、不放弃、不

青青世界

退缩的精神，可能在刚面对的时候，孩子都会比较害怕，这个时候父母如果能够及时鼓励孩子的话他们还是会勇往直前的，在“任务”完成的时候他们的心里也会充满了成就感！对帮助孩子建立自信心是非常好的。

爸爸有话说

亲子互动乐园有海盗船滑梯，动力火车，亲子独轮车等能让父母和孩子能够有更多的互动，孩子玩得开心，父母们也能进一步融入孩子的世界，使亲子关系能变得更加融洽。而孩子们在互换位置的时候也可以体会父母的艰辛，以便培养孩子们懂得体贴父母。

热带雨林

建议停留时间：45分钟

郁郁葱葱的热带雨林景区中，还有曾统治这个星球的动物恐龙。这些史前生物神态各异，分布在近百米的步道旁边，形态各异栩栩如生，让人觉得有如身临其境。把人们的思绪引到神秘而遥远的侏罗纪，特别是对于孩子来说，虽然这些恐龙不是真的，但是栩栩如生的恐龙还是会令人难以忘怀。

人造彩虹

建议停留时间：20分钟

穿过热带雨林往上走，那里有提供休息的地方，这时回头一看就可以看见雨后彩虹了，对于孩子来说，看见彩虹可是特别兴奋的事情。

能够互动的事情才能更加引起孩子们的兴趣，比如喂养小兔子、看孔雀开屏、抓泥鳅、钓鱼、摘水果、制陶等，这些能够让他们亲自参与的事情会让他们变得兴致勃勃。这里不但可以让孩子了解各种动物的生活习惯，培养孩子对小动物的爱心。也可以让孩子了解什么水果生长在什么地方，体会田园之乐。游览之余，还可以选择在山林的木屋或树上旅馆“借”宿一晚，在田园餐厅享受自耕自种的田园美食，或在红房子西餐厅的乡村酒吧喝一杯浓香的自磨咖啡。

蝴蝶谷

建议停留时间：30分钟

青青世界的“蝴蝶谷”是一个让生活轻松，能让你开心呐喊的乐园，让生命飞舞的昆虫乐园。谷中植被参差错落，有几十种，数千只蝴蝶在里面生息繁衍，进入蝴蝶谷后，虽然不会有香妃引蝶的画面，但也是群蝶环绕。各式各样的蝴蝶让人大开眼界，耳目一新。

周边也好玩

蛇口一日游：海上世界—陈郁故居纪念馆

海上世界原为法国建造的一艘豪华游轮，今天海上世界水秀是由招商地产投资3000万打造，深圳规模最大、360度视角、最高可达50米的开放式全景水秀，位于海上世界C区、明华轮船侧的水景广场。表演时间：周一到周四：19：00、20：00。周五、周六：19：00、20：00、21：00。

特产

青青世界的特色旅游纪念品十分丰富，从可作为乐器的陶埙到十二生肖的瓷版画，从挂盘到陶塑，从花器到茶具，无一不散发着弄陶之乐。古朴的素陶摆在阳台上，给园艺增添一抹趣致；精致的彩陶放在书房里，给书香增加一抹亮色，带一件陶艺回家，也添一份闲情雅致。

舌尖上的青青世界

推荐美食

• **凤梨酥**

源于台湾的美味，奶香馥郁的酥皮，包裹着酸甜适口的菠萝馅儿，每一口都饱含着微醺的南国风情，回味无穷。此点心纯手工制作，不添加任何色素、香精、防腐剂，美味又安全。

• **大南山荔枝**

南山有产荔枝的最理想的自然环境，这里丘陵较多，沙质壤土层厚，土地肥沃，排水性能好，且日照充分，因南山的气候、土壤使得荔枝果实皮薄、肉脆、味道甜美，深受人们的喜爱。

推荐餐厅

• **红房子西餐厅**

深圳市南山区青青街1号青青世界酒店内。 0755-26646988。

海陆大餐套餐、夏威夷比萨套餐。

• **田园餐厅**

深圳市南山区月亮湾青青街1号青青世界入口处。 0755-26646988。

香草炒花甲、青青豆腐、椒盐九肚鱼。

• **山林烧烤**

深圳市南山区月亮湾青青街1号。 0755-26646988转6199。

亲子酒店

远道而来的朋友们来到青青世界玩累了不妨在此先住一晚，青青世界为游客提供全木结构的半山度假屋和海景酒店客房，客房设施都按四星级标准建造。园内的餐厅主要提供台湾菜和粤菜。此外，也有商务套餐和快餐食品。

青青世界酒店

深圳市南山区前海路青青街1号。 0755-26646988/26406322。 450元起/天。

枫叶城市酒店

深圳市南山区南山大道1039号。 0755-26412222。 300～500元/天。

凤梨酥

往返交通

从深圳火车站出发：乘地铁至“世界之窗”站，换乘42路大巴直达；或在火车站乘坐215路大巴至“莲花山公园”站，同站换乘350路大巴直达。从南山、蛇口码头出发可乘坐210路大巴直达。

乘坐42、210、350、369路公交车在青青世界站下车即到。

红房子西餐厅

青青世界爱巢树屋

槟榔谷

亲子游达人：银又

槟榔谷小档案

地址：海南省保亭黎族苗族自治县三道镇槟榔谷景区。

门票：槟榔谷门票+表演+观光车117元/人；槟榔谷门票+表演+自助餐122元/人；槟榔谷门票+表演+观光车+自助餐+滑索152元/人。

电话：0898-38660888。

优惠政策：

1.2米以下儿童、70岁以上老人（凭身份证）及军官证、军残证持有者可在景区享受免门票政策；

1.2～1.4米儿童、60～69岁老人及海南身份证、学生证、记者证（国家新闻总署颁发并通过年检有效的记者证）、残疾证者（凭国家残联颁发的残疾证）持有者可在景区享受优惠门票65元/人。

温馨提示

1. 实际表演情况以景区公示为准；

2. 年龄7岁以下、60岁以上、身高1.8米以上及心脏病、高血压、恐高症等患者禁止游玩滑索；

开放时间：8：00～17：30，16：30停止入园。

精彩演出：《槟榔·古韵》表演（免费），表演时间：第一场 10：00、第二场 12：00、第三场 14：30、第四场 16：00；《上高山·下火海》表演（免费），演出时间：30分钟一场。

精彩看点

- 槟榔古韵
- 黎苗文化
- 苗族狩猎

槟榔谷堪称海南民族文化的活化石，素有海南黎族的“敦煌壁画”美誉，因传说是海南最早的槟榔树发源地之一而得名。共包括百年古黎村、雨林苗寨、《槟榔·古韵》大型实景演出、苗家兰花小屋、黎苗风味饮食、黎家田园风光六大文化体验区，是一个独具黎苗文化的特色旅游区，更是探索少数民族神秘民俗的好地方。

槟榔谷不可不看

槟榔古韵

建议停留时间：1小时

这是一场自然风光与人文演出完

槟榔谷欢迎仪式

槟榔谷演出

美结合的跨越千年的视觉盛宴，在槟榔谷文化村，这场大型实景民族歌舞剧《槟榔·古韵》每天都会上演4场，场场爆棚。黎族打柴舞、舂米舞，将生动的将黎族生活展现在这舞台之上；原始的钻木取火、自制的黎族乐器以及世界级非物质文化遗产——黎锦纺织技艺等，也被巧妙地融入歌舞演出中。

爸爸有话说

在舞台上了解槟榔谷的黎族文化，不仅能够享受一场视听盛宴，更能够对黎族的文化与传统技艺有更深一层的了解，有形式有内涵，颇值得一看。

黎苗文化

建议停留时间：30分钟

黎族是海南岛上最早的居民，早在远古时代，黎族同胞就在这块土地上刀耕火种，且以独特的民族文化和绚丽的织锦工艺著称于世。苗族则是从广西迁移，至今已有400多年的历史，史志多称之为“苗黎”。苗族与黎族都有其丰富多彩的历史与文化，在这里你可以和孩子一起在黎苗地区探索与众不同的文明，感受与外界不一样的槟榔谷。

妈妈有话说

从古老的黎苗历史中可以更深刻地了解当地两个民族的风情，他们能歌善舞，可以带着孩子和他们一起舞蹈，感受快乐的美好时光。

苗族狩猎

建议停留时间：2小时

槟榔谷雨林苗寨——苗族狩猎文化区，经过多年的积累，是海南岛唯一一处真实展现苗族文化的地方，它还原了海南苗族的狩猎文化和迁徙不定的山体游牧生活，展示了传统的海南苗族文化习俗，与海南苗族狩猎文化、苗药文化相辅相成，可以让孩子们了解苗家采药、生活的全过程。

黎族四宝

建议停留时间：30分钟

黎族的鼻萧、龙被、树皮布和绣面文身是这里的“四宝”。用鼻子吹萧的独特的演奏方式不仅能够引来众多关注，也更能让人了解世上竟有鼻萧的这种乐器。而原住民的纺染织绣技艺也使当地的“龙被”成为向朝廷进贡的贡品。另外，树皮布做成的衣

黎族人家

民族历史展览

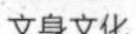
文身文化

槟榔谷织布

物经久耐用，是黎族兄弟的特色工艺。还有黎族妇女身上最特别的绣面文身，氏族的符号、崇拜的图腾，都显示出一种神秘文化，了解绣面文身的深刻含义，同时也能了解黎族妇女们的生活。黎族四宝使孩子们更加增长见识，尤其是文面文身，这些都是一种新的探索与发现。

周边也好玩

南国体验游：槟榔谷—甘什岭铁棱—热带植物园—七仙岭温泉（耗时2天）。

D1 前往甘什岭铁棱自然保护区感受热带雨林的魅力，之后到热带植物园看稀奇的热带植物。

D2 前往七仙岭温泉国家森林公园游览，休整后返程。

特产

槟榔和桂圆等水果都是孩子们喜欢的南国特产，在游玩的途中，可以给孩子们买来品尝，吃一回热带的果子。

竹竿舞

舌尖上的槟榔谷

槟榔谷的美食主要以当地的特色菜为主，当然也不乏海南的特色美食，一家人可以在游玩之后在当地吃饭，感受黎苗两族的美食诱惑。

推荐美食

- **大米饭**

大米是黎族人民生活的主粮，他们十分重视对粮食的保护。在山区，村边有一座座小粮仓，而且家家户户都有存放谷物的大竹篓。人们平常用独木桶或陶缸保存稻米，当地煮饭时用柴火煮，能使米饭更加香甜，尝一碗大米饭，赏一回黎族情。

- **山栏米饭**

山栏米，是五指山盛产的山兰稻。黎族人将山栏米饭作为接待宾客的招牌，可见它的美味了。

- **竹筒饭**

竹筒饭顾名思义是放在竹筒里的米饭，它清香可口，当然也是这里的特色美食。用火烤熟之后，就可以品尝这竹筒里的美食了。

推荐餐厅

- **啵隆人家餐厅**

三亚市河东区乐东黎族自治

山栏米饭

竹筒饭

县甘什岭自然保护区槟榔谷景区内。☎0898-38661008。 🔍海南菜。

• 三道农庄

🏠三亚市保亭县三道农场九队果园。 ☎18689809763。 🔍海南菜。

• 七仙农乐乐

🏠三亚市保亭县温泉路（七仙门旁）。☎0898-31838882。 🔍海南美食。

亲子酒店

海南七仙岭希尔顿逸林温泉度假酒店

🏠三亚市七仙岭温泉国家森林公园。 ☎0898-83608888。 💴525～2888元/天。

保亭黎家民宿

🏠三亚市大区小镇布隆赛旅游开发区布隆赛独栋别墅14号（距离呀诺达500米）。 ☎13389888914。 💴125～454元/天。

保亭保城财源酒店

🏠三亚市保亭县保兴西路68号。☎0898-83669991。 💴380～450元/天。

往返交通

旅游专线：分为A、B和C三条路线。A线：始发站为天通酒店，途径海月广场、明珠广场、亚龙湾火车站路口站等，发车时间：7：00、9：30和13：30。B线：始发站为天通酒店，途径海月广场、明珠广场、市委、免税店等，发车时间8：00、10：30和14：30。C线：亚龙湾中心广场直达槟榔谷，发车时间：7：45、8：55和10：15。

公交：可从三亚汽车总站乘坐开往保亭、五指山方向的客车，直接在槟榔谷景区下车，票价在7元左右，全程历时约45分钟。于三亚市区凯宾斯基酒店、海月广场、明珠广场、麒麟酒店、市委、大东海、丹州小区、田独等处公交站台乘坐三亚到往槟榔谷旅游专线，槟榔谷站下车，票价在15元以内，全程历时约60分钟。

自驾：三亚出发，驱车经田独镇，行至东线高速与中线224国道交汇处，左拐上中线224国道往五指山、保亭方向行驶10千米左右，即可到达。海口出发，沿东线高速向三亚方向行使，下东线高速后至与中线224国道交汇处，右拐上中线224国道往五指山、保亭方向行驶10千米左右，即可到达。

雷琼世界地质公园（海口区）

亲子游达人：银又

雷琼火山小档案

地址： 海南省海口市秀英区石山镇（近G224国道）。

开放时间： 8：00～18：00。

门票： 全票60元/人。

优惠政策

1.2米以下（不含）的儿童免票；1.2米至1.4米（含）的儿童可享受5折门票优惠，即30元/人；学生凭学生证可享受门票优惠，即35元/人；海南本地居民凭身份证可享受门票优惠，即：35元/人；有老人证的老人，或65～69岁的老人（凭身份证），可享受5折门票优惠，30元/人；70岁以上的老人（凭身份证）可免费入园。

电话： 0898-65469668。

最佳游玩时间： 10月～次年5月最佳。

温馨提示

秋、冬、春三季的海口风平浪静，气候怡人，不会有盛夏的酷暑。

雷琼火山地质公园

精彩看点

- 地质遗迹
- 岭火山
- 马鞍岭火山

中国雷琼世界地质公园（海口区）位于海口西南石山镇、永兴镇，公园拥有40多座第四纪火山，它们的类型多样丰富，是罕见的火山群奇观。千百年来，人们将各种火山石用于生活和农业，这里聚集了人与火山的文化，不仅有火山遗迹，更有大片树林。

雷琼世界地质公园不可不看

地质遗迹

建议停留时间：30分钟

地质遗迹主体为40座火山构成的第四纪火山群。这里的火山类型齐全多样，几乎涵盖了玄武质火山喷发的各类火山，既有岩浆喷发而成的碎屑锥、熔岩锥、混合锥，也有岩浆与地下水相互作用形成的玛珥火山。火山地质景观极为丰富，还有各种奇形怪状的岩石，孩子们在这里更能发挥想象力。这里是培养地理学科常识的绝好去处，也是玩耍的天堂。

雷琼火山口景区

爸爸有话说

一家人一起行走在昔日的火山之上，感受火山带来的美景，与孩子一同了解火山知识，感受奇形怪状的火山地质景观，也能增长知识。

岭火山

建议停留时间：20分钟

岭火山为并列的两个孪生玛珥火山，火口垣为凝灰岩环。罗京盘玛饵火山的放射状与环梯状田园景色十分怡人。其中洞分上、下两段，下段洞中有洞，天外有天，令人扑朔迷离，岩壁上吊着、贴着各种各样的熔岩石乳，似落非落，令人惊叹。每个小孩子的内心都有一个探险精神，可以领着他们在洞里行走，让他们去感受火山上的探险，探索未知的世界。

妈妈有话说

观赏美丽的火山奇观，这里不仅石奇，更有水奇，这是一次奇幻之旅，与孩子一起找寻火山群里的特色景观，一起探索美丽的奇景。

马鞍岭火山

建议停留时间：40分钟

马鞍岭火山，由四座火山组成，南锥风炉岭火口，北锥包子岭火口及旁侧两个寄生小火山，它们犹如一对眼睛故而称眼睛岭，被誉为火山圣婴，它们构成一个完美的全新世休眠火山家族。在这里，你可以探索玄武岩的世界，在景区玄武岩石的怪石里追寻孩子们的天堂，观赏休眠火山的美丽与安详。

火山溶洞

建议停留时间：30分钟

一万多年的岁月使得火山熔岩渐渐自然风化，形成各种独具特色的火山溶洞。漫步其中，山林秀丽，熔岩奇峻，洞穴幽深，风韵独特。一家人在溶洞里的合影应当算是奇幻而又美妙的，在火山上了解地质知识，同时也能感受火山溶洞的美。

火山遗迹

马鞍岭火山

周边也好玩

海口周边游：雷琼世界地质公园—海口火山泉休闲农庄—海南热带野生动植物园—仙人洞（耗时2天）。

D1　前往海口火山泉休闲农庄感受鱼塘垂钓、蔬果采摘带来的乐趣，之后到海南热带野生动植物园探索惊险有趣的动物世界。

D2　前往仙人洞游览，休整后返程。

火山上的植物

特产

雷琼世界地质公园里有许多特色的小吃与美食，在这里喝椰汁乘凉，想来是无比幸福的事了。

舌尖上的雷琼群世界地质公园

火山上的美食，想必不仅是美味，更有一种特殊的感觉在里面，品尝火山特色菜，与孩子们一起感受火山带来的愉快旅途。

推荐美食

- **火山椰子雄鸡汤**

火山椰子雄鸡汤采用上乘的火山雄鸡，以天然椰子汁炖制而成。原汁原味，天然醇香，口感清鲜。

- **白切东山羊**

白切东山羊——海南最负盛名的“四大名菜”之一。东山羊皮色乌黑，肉肥汤浓、不腻不膻。它的美味据传是因羊食东山岭特产鹌鹑茶等稀有草木所致。

- **石山壅羊**

石山壅羊是产于海南省海口市琼山区的羊，凡来海南的客人，东道主都喜欢将其带到火山口，领略了马鞍形风景之后，接下来就是品尝石山壅羊了。

火山溶洞

推荐餐厅

- **火山酒家**

海口市秀英区国家地质公园。0898-65468888。干煸石山壅羊。

- **火山村寨农家乐**

海口市秀英区石山镇火山口公园旁。0898-65469025。羊头羊角汤。

- **竹缘山庄**

海口市秀英区海榆中线7.5千米处。0898-68651365。老醋木耳。

亲子酒店

海口开心农场

海口市秀英区火山口公园南麓儒黄村村口。0898-68612345。246~544元/天。

参观火山的孩子

海口誉城9号休闲农庄

海口市椰海大道与火山口大道交汇处。18689960530。198~236元/天。

海口茅台迎宾酒店

海口市琼山区凤翔西路26号。0898-31377999。158~464元/天。

往返交通

乘坐1、2、3、6、7、16、17、24、28、33、35路公交车到秀英大道，可在军供站、秀英小街站（秀英菜市场西门）或海波市场站下车。然后在海波市场站候车亭换乘"秀英—石山"、"秀英—永兴"中巴车或出租车。

在海口市府城镇红城湖路"琼山中巴车站"及南海大道各公交站搭乘"府城—美安"的中巴车可直达公园。

在海口市府城镇红城湖路"琼山中巴车站"及南海大道各公交站搭乘途经海榆中线的中巴车（如府城—遵谭、府城—东山等）在海榆中线9.2公里处下车，在该处的"火山地质公园"大门前转乘顶篷三轮车（现三轮车费：1元/人）可抵达公园。

东线高速：东线高速—龙桥立交—绕城高速—石山立交—绿色长廊（路口有"火山群世界地质公园"引导牌）—公园。

机场—绕城高速—石山立交—绿色长廊（路口有"火山群世界地质公园"引导牌）—公园。

二连盆地白垩纪恐龙地质博物馆

亲子游达人：张林鹂

二连盆地白垩纪恐龙地质博物馆小档案

地址：内蒙古自治区二连浩特东北9千米处的盐池附近。

级别：4A。

门票：50元/人。

电话：0479-7520777。

最佳游玩时间：夏、秋季。冬季较冷，春季风大，孩子前往多备衣服。

温馨提示

园区内非常大，如果不坐导览车的话，会走很远。

恐龙化石

精彩看点

· 恐龙化石原地埋藏馆

· 伊林驿站遗址博物馆

一说起二连浩特，就让人记起边境城市的风情以及广袤的草原。就在这里，曾经孕育了一个爬行王国。二连浩特是亚洲最早发现恐龙化石的地区之一，这里埋藏着十分丰富的恐龙等脊椎动物化石，被古生物学家称为“恐龙墓地”。2005年发现了世界最大的窃蛋龙类恐龙——二连巨盗龙，由此改变了国际科学界对于恐龙向鸟类演化的传统理论，成为中国古生物界对于鸟类起源研究领域的巨大贡献。

白垩纪恐龙地质博物馆不可不看

恐龙化石原地埋藏馆

建议停留时间：1小时

馆内有巨大并且成群的恐龙化石的展示，十分壮观。沿着通道慢慢走过，可以带孩子认识多种恐龙。还可以看到化石在泥土中原始的样子，时间仿佛拉回到了几亿年前。也许只在一瞬间，它们便成了永恒。现实与远古的交错，着实让人震撼！

爸爸有话说

馆内面积较大，灯光稍昏暗，恐龙骨架实体很壮观，很小的宝宝也许会感到紧张。如果家长对恐龙知识不太了解，可以请讲解员讲解。让孩子更详尽地了解恐龙知识。

伊林驿站遗址博物馆

建议停留时间：1小时

二连浩特是自古以来北方的商业要道，从元代起就有伊林驿站。货物主要以南方的茶叶为主，通过这里送往蒙古高原腹地以及通过西伯利亚直达莫斯科。所以这条与“丝绸之路”“茶马古道”齐名，又名“茶叶之路”。可见当时这里的繁华景胜。馆内展示了古时驿站的遗迹，用塑像和图片演绎驿站的发展。伊林驿站遗址是二连浩特重要的历史遗迹和口岸因路兴盛的历史佐证。

妈妈有话说

夏季戈壁气候，中午十分炎热，需要给孩子做好防晒与补水。

周边也好玩

二连浩特深度游：国门—洪格尔岩画（耗时2日）。

D1 游览坐落在中蒙边境上全国最大的中华人民共和国国门，带着孩子来到815号界碑参观，遥望蒙古。

D2 游览二连浩特市东北约95千米处的苏尼特左旗洪格尔石壁上雕刻着600余幅岩画。

特产

炒米，蒙语叫作“蒙古勒巴达”，就是蒙古米的意思。它是用糜子经过蒸、炒、碾等多道工序加工而成的，再加上酸奶和白糖等搅拌，解饿又解渴，清香爽口，是别具风味的传统食品。炒米是大多数牧民的早饭，再配上加入酥油和少许青盐的奶茶。牧民外出放牧，都会随身携带一小袋炒米。到了中午，煮好奶茶，泡上炒米，边吃边喝，十分方便。

舌尖上的博物馆

推荐美食

- 手扒肉

蒙古民族的传统食物中，尤以手扒肉为最具特色和代表性。“掏心”将羊胸腔内的动脉掐断，然后剥皮，清除内脏，并将整羊切成若干段置于

恐龙世界

蒙古小鲜羊

中华人民共和国国门

波士度假村

锅中，待水沸后放入少许盐和葱，不加其他调料，煮断血即可。食用时一手抓肉、一手持刀片肉，其特点是肉香味美，鲜嫩异常。

- **蒙古锅茶**

对蒙古族人来说，奶茶已不是单纯意义上的饮用品，而是一种文化，一种情感。蒙古锅茶要先用传统方法将奶茶熬好，然后加入风干肉、奶酪、奶皮子等在锅中边吃边煮。吃的时候将奶茶盛在碗中，加上奶豆腐、炒米、黄油混在一起。越往后炒米和奶豆腐泡的越软，味道口感越好。喝的时候再配上蒙古果子、牛排、鸡蛋等那就更显正宗了。

推荐餐厅

- **茂明安蒙餐吧**

二连浩特市友谊南路320号。铜锅羊肉。

- **锡林河饭店**

二连浩特市团结路。羊排、羊肉包子。

亲子酒店

波士度假村

二连浩特市东城区前进路0829号。0479-7520888。208元起/天。

锡林郭勒蒙家快捷酒店

锡林郭勒二连浩特恐龙大街北前进路东9号。18648049819。134元起/天。

往返交通

二连浩特赛乌苏国际机场现已开通北京、呼和浩特两地航线。从机场到二连白垩纪恐龙地质博物馆建议打车前往。

蒙古奶酪醇香美味

香港迪士尼乐园

亲子游达人：高菲、彭乐

香港迪士尼乐园小档案

地址：香港大屿山。

门票：分为1日门票（499元港币，11岁以下儿童355元港币，65岁以上长者100港币），2日门票（680元港币，11岁以下儿童480元港币，65岁以上长者170元港币）。3岁以下小童可免费进入乐园。建议提前从网上购买。

开放时间：10：00～21：00。

最佳游玩时间：建议春、秋季前往旅行。冬天略冷。夏天可能会有台风，需要提前看好天气预报。

精彩看点

· 美国小镇大街

· 明日世界

温馨提示

太平山顶网上购票最多可以享受6折优惠。

香港迪士尼乐园是全球第五座，亚洲第二座迪士尼乐园，位于香港新界的大屿山。乐园包括七大主题园区，两大迪士尼主题酒店，多家不同

孩子们与米老鼠合影

风格的主题餐厅，在不同时段还会有精彩的主题演出和节日庆典活动。正如乐园入口所写：在这里您将会离开现实的今日，而进入一个昨日，明日与梦想的世界。在这里花上1～2天，是来到香港不能错过的体验。

香港迪士尼乐园不可不看

迪士尼·美国小镇大街

建议停留时间：30分钟

进入迪士尼乐园，就能看到一条欧美风格的大街，这就是美国小镇大街，这里是园区的服务中心，可以先从这里领取地图和当日时间表，迪士尼飞天巡游和烟花表演都会在这里进行，两边的特色商店也是琳琅满目，让人目不暇接，临走时在这里买些纪念品回去送人也是十分不错的选择。

爸爸有话说

根据美国典型的小镇而设计的大街，富于怀旧色彩，所展现的时代正是煤气灯由电灯取替，以及汽车代替马车的年代。这些怀旧设计带领我们进入神奇王国，让人体验乐园内的不同世界。

明日世界

建议停留时间：30分钟

明日世界是一个充满科幻奇谈及实现穿梭太空幻想的地方。华特迪士尼幻想工程将整个园区创造成一个专为探索太空漫游奇遇与经历的星河太空港口。每个游乐设施、商店及餐厅均以机器人、宇宙飞船、浮动星体作装饰，使这里成为太空港口的一部分。一家人可以在“飞越太空山”经历时空旅程，也可乘坐飞碟来回穿梭太空游乐设施“太空飞碟”。

妈妈有话说

明日世界营造的是一个巨大的未来世界，比较适合大孩子，尤其是较激烈的飞越太空山项目。

周边也好玩

迪士尼乐园—尖沙咀—铜锣湾—太平山顶（耗时3日）。

D1　迪士尼乐园。

D2　到尖沙咀去观看星光大道，前往铜锣湾，享受它白天的繁华夜晚的璀璨。

D3　游览太平山顶和杜莎夫人蜡像馆。

特产

迪士尼乐园里有许多孩子们喜欢的玩具与礼品，和各种童话玩偶，可以买给孩子们，故事里的迪士尼玩偶和玩具都是他们的最爱。

舌尖上的香港迪士尼乐园

在迪士尼乐园的各个园区，都有不同口味的餐厅，因为入园时不可以带食品，所以一般都是要在园内就餐的。大部分都是快餐类，价格高。

推荐美食

- **港式奶茶**

一种香港独有的饮品，以其茶味重偏苦涩，口感爽滑且香醇浓厚为特点。港式奶茶中的红茶都是从斯里兰卡进口的，斯里兰卡独特的雨水充沛的热带气候让这里出产的红茶香味浓郁。

- **港式蛋挞**

港式蛋挞用的是牛油蛋挞的挞

皮，比较光滑完整，好像一块盆状的饼干，有牛油香味，口感像曲奇一样，所以又有曲奇皮之称。口感酥香松化，内馅儿嫩滑细致，刚出炉的蛋挞趁热吃口感最佳。

- **鸡蛋仔**

香港地道街头小吃之一，以其新颖独特的味道吸引了大众的目光。香气浓郁，色泽诱人，外壳酥脆，夹心软绵。更有多种口味可供选择，常见的有原味鸡蛋仔、朱古力鸡蛋仔、椰丝鸡蛋仔、海苔鸡蛋仔等。

推荐餐厅

- **好莱坞快餐店**

香港大屿山香港迪士尼乐园度假区，地铁迪士尼站转乘酒店班车直达。 快餐。

反斗奇兵主题

- **米奇厨师餐厅**

迪士尼乐园内。 意大利比萨。

- **太平山餐厅**

香港岛山顶道121号地铺。 牛排。

亲子酒店

迪士尼好莱坞酒店

香港离岛大屿山香港迪士尼乐园度假区。 852-35105000。 1935～4602元港币/天。

香港迪士尼乐园酒店

香港离岛大屿山香港迪士尼乐园度假区。 852-35106000。 2628～5699元港币/天。

往返交通

到达交通

香港国际机场与香港迪士尼乐园同样位于大屿山，乘搭港铁前往迪士尼乐园，只需33分钟。

可从香港国际机场和中国内地，乘搭香港铁路（港铁）列车前往香港。

深圳湾及深圳机场均有跨境巴士直达迪士尼乐园。

港铁迪士尼线直达迪士尼乐园。

R8巴士路线将于早上及傍晚的繁忙时间提供服务。此外如住在迪士尼酒店，则可以乘坐酒店的穿梭公交，单程用时约5～7分钟。

花莲远雄海洋公园

亲子游达人：孙小美

花莲远雄海洋公园小档案

地址：台湾省花莲县寿丰乡盐寮村福德189号。

门票：全票（19～65岁）890元新台币/人；优待票（13～18岁）790元新台币/人；学生票（7～12岁）/博爱票（65岁以上，或孕妇）590元新台币/人；特惠票（3～6岁/身障者以及一名陪同）390元新台币/人。

开放时间：周一至周五9：30～17：00；假日9：00～17：00；除夕9：00～15：00；春节（初一到初四）9：00～19：30；暑假（7月1日～8月30日）9：00～18：30。

最佳游玩时间：全年。

电话：886-38123199。

精彩看点

- 海洋剧场
- 水晶城堡
- 探险岛水族馆

温馨提示

1. 如遇到台湾的连续假期，可能会人潮拥挤，还请尽量避开这些日子，如元旦、春节、清明、端午等。

2. 花莲日照强烈，请为孩子带上帽子，涂抹防晒乳液，做好防晒工作。

3. 海洋公园有斜坡，请穿着舒适的鞋子，方便行走。

景区大门

海洋剧场内海豚表演

远雄海洋公园坐落在山上，而非平地，但良好的亲子设施方便推车族的父母们，里面也配有观景缆车可以到达园区最高处——水晶城堡。园区配有八大主题区、四大主题表演，如逗趣的海狮表演、聪明的海豚、百老汇式的高空特技Show、探险岛水族馆等。最让孩子们兴奋的就是独特的“海洋夜未眠”体验，晚上可以与海洋动物们一同睡觉哦！

花莲远雄海洋公园不可不看

海豚表演

建议停留时间：1小时

聪明友好的海豚始终是海洋公园的人气冠军，在训练师的指令下，能完成一系列精彩的表演，如360°大翻转，呼啦圈以及少林足球。小朋友们一定为之疯狂地拍手叫好。

妈妈有话说

如入园人数众多，请于表演前30分钟到达海洋剧场，具体表演时间请参考当天发放的“表演时刻表”。

海洋哺乳生态教室

建议停留时间：1小时

这是全台唯一的一座专业生态教室，小朋友可以通过专业的解说，以及现代设备，了解到濒临绝种的动物——美人鱼海牛。园区里面生活着两只海牛，海牛动作缓慢，喂食的工作人员要一直引导它们，才会慢慢移动，憨态可掬的样子真是十分可爱！

爸爸有话说

海洋公园本来要从西非引进一公一母两只海牛，跋山涉水到达台湾之后，才发现，两只“美人鱼”都是雄性的。

水晶城堡秀

建议停留时间：1小时

在这个水晶城堡里，住着五彩缤

水晶城堡一角

缆车水晶城堡终点站

纷的海洋生物，还有让人捧腹大笑的小丑们，他们在这个海底世界嬉戏吵闹，为了满足海公主，博得美人一笑，大家都一起努力做出各类精彩的表演。让我们一起来探索这场充满活力的热闹场地吧！

妈妈有话说

水晶城堡位于园区最高处，请携带幼童的家庭乘坐缆车前往，看完演出，再沿着下坡路一路游玩。具体表演时间请参考当天发放的“表演时刻表”。

探险岛水族馆

建议停留时间：1小时

探险岛底下隐藏着一个神秘的海底隧道，里面住着许多海洋生物。水族馆展示内容从淡水流域，海边沿岸，一直延伸到海洋与深海生物。在此区设有晴空缆车站，请带小朋友的家庭搭乘缆车直达水晶城堡，从空中俯览全园设施。

妈妈有话说

探险岛还设有与海狮合影，喂食海狮的项目。带小朋友与海狮合影时记得先消毒鞋底，避免海狮感染。

海洋夜未眠

建议停留时间：1天

2天1夜的海洋生态体验营，这绝对是一次难忘的体验，全程都有解说员陪同讲解海洋知识。独家海洋DIY体验，制作最有意义的纪念品。太平洋晚餐之约，宁静的夜晚伴随鲜美食材，让人胃口大开。最好玩的莫过于海洋馆内大家一起铺床，一起制造一个温暖的窝，如果运气好，分到海豚馆，还能与海豚一起编织美丽的梦乡。以下为参考价格，请提前一个月报名。

海洋夜未眠价格：6岁以上2299元新台币/人，3~6岁1199元新台币/人。报名时间：1~6月、9~12月每周五至周日，暑假7~8月天天可接受报名。

海洋夜未眠—鲸涛体验版（假日

花莲海滨

扁食

麻

限量版）＋花莲港出海赏鲸豚价格：6岁以上2999元新台币/人，3～6岁1799元新台币/人。

周边也好玩

花莲县线路：花莲远雄海洋公园—七星潭—柴鱼博物馆—原野牧场—花莲慕谷慕鱼生态廊道（耗时2天）。

D1　花莲远雄海洋公园，宿远雄悦来酒店。

D2　前往七星潭，游览柴鱼博物馆，在原野牧场午餐，下午如果有时间可以去具有台湾九寨沟之称的慕谷慕鱼廊道走一走，游玩花莲慕谷慕鱼生态廊道。

特产

曾记麻糬没有添加任何防腐剂，所以这些麻糬只能放2天，冷冻可以存放7天。麻糬有芝麻口味，红豆，和绿豆口味。由于是糯米制品，给孩子食用要注意适量。（花莲市国联一路79号。　886–38323103）。

舌尖上的花莲

- **液香扁食**

扁食，就是我们所说的馄饨，花莲的液香扁食在60年代蒋经国先生的造访而一夜成名。一碗热腾腾的扁食，10颗饱满的馄饨，用猪后腿肉制成的肉馅，汤头使用家传秘方炒制的油葱酥，是到花莲必访的美食。

- **公正包子**

24小时不关门的包子店，旁边还有周家蒸饺，两家口味平分秋色，由于是24小时的，当作消夜是个好选择。推荐的餐点有酸辣汤、肉羹汤、蒸饺、包子。

推荐餐厅

- **原野牧场**

花莲县新城乡七星街9号。886–38226778。　餐厅外有饲养小动物项目供小朋友参观喂食。

- **Alice Cafe Book**

花莲县花莲市大同街87号。886–38337706。　亲子餐厅，有游戏空间。

- **Family 爱子屋**

花莲县花莲市国富十街128号。886–933777334。　亲子餐厅，有游戏空间。

亲子酒店

远雄悦来大饭店

花莲县寿丰乡山岭18号。886-38123999。4925元新台币/天。有四人家庭房。

白兔先生童话亲子民宿

花莲县花莲市大同街48号。886-972757870、886-926521353（需要打电话预订）。3000元新台币/天；爱丽丝仙境主题的民宿，每间房间装修不同，有四人房。

花见幸福庄园蘑菇屋villa

花莲县吉安乡中山路三段851号。886-936168851。蘑菇屋villa 8500元新台币/天，普通房3000元新台币起/天。

往返交通

台北车站乘坐普悠玛号，太鲁阁号、自强号、到达花莲车站（车位最好提前预订）。

花见幸福蘑菇屋

从台北出发，经过雪山隧道，苏花公路（沿海公路，风景壮美，请小心驾驶），即可到达花莲。在道路通畅的情况下，大约驾车3~4小时便可到达，如遇到台湾假期雪山隧道与苏花公路会十分拥堵。

从花莲车站有免费接驳巴士来回海洋公园（每小时一班车）。

悦来饭店内部景观

味全埔心农场

亲子游达人：孙小美

埔心农场小档案

地址：台湾省桃园市杨梅区高荣里13邻3之1号。

门票：全票400元新台币/人，学生票300元新台币/人，博幼票250元新台币/人（65～74岁长者，3～6岁儿童，未满3岁免费入场）。

时间：9：00～17：00。

最佳游玩时间：全年。

电话：886-34644131转123、125、127。

精彩看点

- 可爱动物区
- 烤肉区
- 小牛喂食区
- 露营服务区
- 手工榨乳解说
- 日式花园
- 赛金猪及赛福羊
- 餐饮区

温馨提示

1．埔心农场所发售的是套票，以前套票中包含了诸多抵用券，如环场火车抵用券、DIY抵用券、牧草抵用券等。但现在已经更改为抵用金形式，可以抵消园区内任何消费，如用餐、游船、牧草、小卖店消费等。这样一来，大家可以随意分配，不再受到项目的限制。

2．园区内可以租赁脚踏车、协力车、儿童脚踏车、电动车，方便家庭移动。自行车以次计算，电动车以半小时为单位计价。

农场入口处奶牛风车景观

农场内可以租赁的四人电动车

环场“奶牛号”列车

著名的老榕树步道

味全这个品牌来自台湾，大家早已耳熟能详。原本的使命是培养酪农。而现在，农场渐渐发展成为观光休闲的亲子游的好地方。小朋友可以充当小牛仔，在马背上过把瘾；可以做一回小酪农，喂羊吃草，帮母牛挤奶，喂小牛喝奶。玩累了，还能带着孩子用炭生火，大家一起来森林烤肉，晚上窝在帐篷里，抬头数星星。

埔心农场不可不看

喂食动物

喂食动物是农场的重头戏，几乎所有的孩子都喜欢动物。那些住在农场的动物有荷兰奶牛，巴贝多绵羊，马儿和麝香猪以及小白兔等。除了麝香猪其他都可以供孩子们喂食的哦。身高120厘米以上的孩子，带上安全帽还可以骑在马背上做一回小骑士，由饲养员带领马儿环场走两圈。

在农场的一个马场旁边有贩售饲料处：牧草（10元新台币／束）、胡萝卜（50元新台币／包）、羊饲料（20元新台币／包）、喂食用牛奶、羊奶（50元新台币／瓶）。

温馨提示

根据女儿提供的经验，小羊比起牧草，更偏爱吃胡萝卜；乳牛舌头的力气非常大，舌头一卷就把手中的牧草全部拉走了，最好要一根一根地喂食。

手工挤乳实演

建议停留时间：20分钟

农场每天都有固定场次专业达人解说如何为母牛挤乳，在表演开始前园区内会有贴心广播提前提醒各位小朋友。在挤牛奶区内，坐在遮阳篷下可以听农场农夫介绍农场乳牛的品种，生活习惯与来源，牛妈妈分泌乳汁的过程，以及挤牛奶的正确方法。

🕘 11：30、13：30（平日展演时间）
9：30、11：30、13：30、15：30（假日展演时间）。

带女儿喂食马儿牧草

女儿特地买了小羊爱吃的胡萝卜

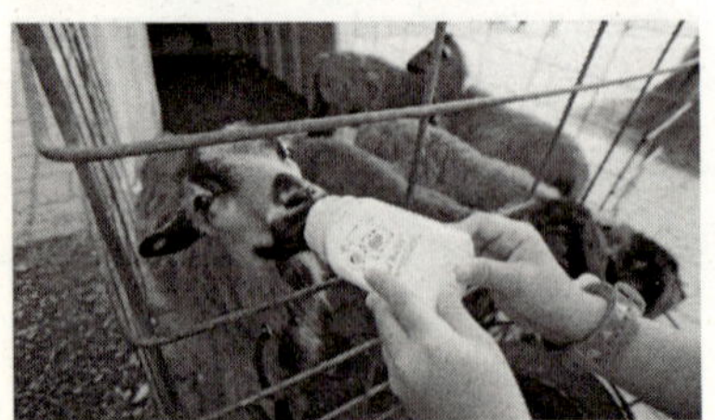
喂食小羊喝奶

牛栏内的荷兰乳牛

温馨提示

需要按照正确方法来挤牛奶，不然奶牛妈妈会痛！

1. 用大拇指与食指中间的虎口，用力推母牛的白色乳房。

2. 顺着乳腺用力推至乳头。

3. 用虎口拉挤母牛乳头。

4. 整个过程都需用力，看到挤出牛奶后才放手。

农场演出

建议停留时间：30分钟

看牛仔赶羊秀仿佛感觉来到了美国中部的乡村，牛仔的马术超高，骑着马儿赶着奔跑着的羊群，大家坐在道路两边，牛仔与羊群们就从大家面前奔驰而过，近距离接触十分过瘾。结束赶羊秀后还能与牛仔合影，喂食身边的小羊（平时小羊都在围栏内，只有在赶羊秀的时候，羊群是在孩子们身边的）。

⏲ 10：00、13：30（平日）；10：00、14：00（假日）。

赛金猪和赛福羊是农场超热门的表演，每个动物身上都有编号，大家可以填写套票内发放的押宝券，写上自己喜欢的号码，放入押宝箱内，然后等待比赛的结果。猜中的小朋友可以获得一份小礼物。

⏲ 10：30、14：00（平日，顺序为：赛福羊—羊入福口—赛金猪）10：30、14：30（假日，顺序为：赛福羊—赛金猪）。

农场烤肉

建议停留时间：60分钟

久住都市的家庭，可以在农场体验大自然的野外生活，只要事先预约，什么都不用准备，就可以在农场轻松享受烤肉的乐趣，一切食物、饮料、耗材，农场都可以提供。农场内有三种烤肉炉位可以选择：

独立凉亭式烤肉炉位（独立空间适合全家人享受）最低消费500元新台币。

金猪与福羊赛道

牛仔赶羊秀

女儿帮助爸一起生火

长亭式烤肉炉位（与旁边的炉位接近，适合一大群朋友一起烤肉）最低消费500元新台币。

露天式烤肉炉位（在大自然的拥抱下，体验露天烤肉的乐趣）最低消费350元新台币。

烤肉套餐：提供1500元新台币/人以及2500元新台币/人的烤肉食材组合可选（含烤肉用具）。

周边也好玩

桃园周边游：宏亚巧克力共和国—莺歌陶瓷老街—大板根森林温泉度假村（耗时1天）

特产

农场盛产的牛乳制品是最热门的伴手礼，如牛奶香皂、牛乳片、牛奶糖、都可以在农场售票处旁边的伴手礼商店购买到。商店内还有农场现做的乳酪可以购买，现场给孩子解馋。

舌尖上的埔心农场

推荐美食

农场最著名的就是牛妈妈现产牛奶，杀菌消毒之后，便可制作牧场知名的"农场牛奶火锅"与"鲜奶冰激凌"。

- **鲜奶冰激凌**

是孩子们必吃的美食，香浓的奶香味下，有着淡淡的咸味，在环场列车的园内终点站旁边即可买到新鲜现做的鲜奶冰激凌。

- **牛肉面**

真的不得不说好大一碗，使用的是手工拉面，搭配上料好实在的牛腱肉，汤头很甘醇，Q弹的面条带些咸香的辣味很好吃，分量也足够（绿廊餐厅内）。

绿廊餐厅

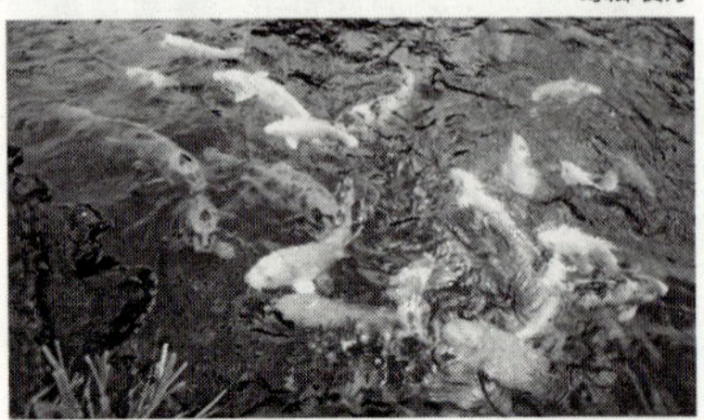
餐厅区对面的日式花园

- **牧场牛奶小火锅**

这道也是必吃美食之一，使用新鲜牛奶作为汤底，火锅的食材配以丰富的蔬菜以及肉类和虾，一锅煮完之后的汤头更加浓醇香，推荐给喜欢牛奶味的小朋友和爸爸妈妈们（绿廊餐厅内）。

推荐餐厅

农场内有三家餐厅：绿廊餐厅，绿园餐厅，绿茵轻食坊。这三家餐厅位于日式花园对面，紧挨在一起。绿廊可以享用到西式美食，适合6人以下用餐；如果人多的话可以选择到绿园餐厅的圆桌用餐，供应的美食主要以台湾菜为主；绿茵轻食坊则出售一些三明治和色拉类的小点。

亲子酒店

埔心农场内设有住宿选择，从独栋度假别墅（如荷兰村度假屋等）到露营体验，选择丰富，除了农场内的住宿选择，埔心农场距离台北市开车

40分钟，与台北足够可以当日来回，所以住宿台北酒店也十分方便。

农场内最有特色的当然是森林露营体验，露营区配有24小时的热水供应，充足的照明设备。森林营位300元新台币/夜；帐篷（可容纳8人）300元新台币/顶/夜；睡袋：50元新台币/组/夜。

电话：0559-5541158

温馨提示

露营所需携带物品种类繁多，请按照个人需求准备。预订营位请提前致电。

往返交通

自驾车中山高速67.3千米处，幼狮交流道匝道出口。

新竹方向：埔心牧场（高速公路车程20分钟，纵贯路车程40分钟）。

台北方向：埔心牧场（高速公路车程40分钟，纵贯公路车程60分钟）。

新竹方向：埔心车站（北上区间车，车程40分钟）—埔心牧场（步行约20~30分钟，搭新竹客运5分钟）。

台北方向：埔心车站（南下区间车，车程60分钟）—埔心牧场（步行约20~30分钟，搭新竹客运5分钟）。

园区内的露营区

荷兰村度假屋

第六部分
户外探险游

京东大峡谷

亲子游达人：青春河边巢

京东大峡谷小档案

地址：北京市平谷区山东庄镇渔子山村。

门票：成人票78元/人；儿童票39元/人。

其他：景区内缆车60元/人，观光车50元/人，滑道100元/人；娱乐项目另行收费，一般几十元不等。

优惠政策：学生凭学生证、老年凭老年证、1.2米以上儿童（小学生或以下）半价39元，1.2米以下儿童免费。

开放时间：8：00～18：30。

季节：7～9月。

电话：010-60968317。

精彩看点

· 五龙潭练胆量

· 走栈道磨意志

· 通天峡望天险

· 龙门湖戏水

京东大峡谷旅游区位于京东平谷区，由大峡谷和井台山两大风景点组成。以千米高空索道和4000米滑道相连，首尾呼应，形成统一的整体。大峡谷峡险幽深，壁立万仞，井台山平阔如台，高耸入云，能够真切地感受到“探峡谷感受神秘清幽，登高峰尽览千山万壑”。大峡谷的山如利剑插天或似翠屏横沉，忽高忽低，错落成趣，大峡谷的水清亮如银，浅吟低唱

峡谷美景

惊险的栈道

着从谷中流出，汇聚成潭。五眼潭如五封明镜，镶嵌谷中，人称京东一奇。

京东大峡谷不可不看

五龙潭练胆量

建议停留时间：1小时

天然形成的五个潭，别出心裁，绝不雷同。一名“惊潭”，即山谷两侧均为绝壁，需走峭壁上的栈道才可前进，十分刺激惊人；二名“险潭”，栈道设于高耸的悬崖中，下临深渊，更令人险象环生；三称“怪潭”，即潭水、瀑布挡住去路，犹如走入绝境，但当从悬崖梯道爬上半山腰时，却是一派豁然畅达的景象。

爸爸有话说

神奇的五个龙潭，总是能给人一种奇妙的感觉，在陡峭的山崖上行走，在感受其惊险的同时，更加锻炼了孩子们的胆量，使他们更好奇地探索前方的道路。

走栈道磨意志

建议停留时间：30分钟

京东大峡谷的五潭名声在外，跨越在各潭的栈道各不相同，这样又再次成了大峡谷的一大奇观。其中第一、二个栈道是依山傍水，紧靠崖边，好像长龙卧坡。这些栈道由数十根钢索相连而成，顺崖而上，横跨四潭。走在上面摇摇晃晃，险象环生，让人想起红军横过大渡河的画面。

妈妈有话说

这里的地势较为陡峭，路也较为惊险，在游览的同时，要注意孩子的安全。

通天峡望天险

建议停留时间：30分钟

通天峡像一座齐天高的山峰被震裂形成的狭缝，远观峡缝在两边青苔杂草、灌木的掩映下，似裂似连，若走近观看，峡缝最窄处也有1米宽；抗战时期这里生产军需物品，小型兵工厂遗址就在它的旁边。在通天峡感受它的高、险、惊，都将是一种特别的感受。

游艇

大峡谷

索道上的小女孩

漂流

景区游乐场

龙门湖戏水

建议停留时间：30分钟

京东大峡谷游山玩水，具备70万平方米的溶水，快艇也有8艘，可以戏水也可以乘坐游船欣赏河岸的风景。看到群峰倒映在碧水中，看着岸边孩子们玩乐，又是一番别样风景。不论是泛舟游览，还是戏水踏浪，都是一种闲情逸致。

周边也好玩

北京郊区周末游：京东大峡谷—平谷徒步大道—轩辕台（耗时2天）。

D1 前往平谷徒步大道看沿途山花烂漫。

D2 轩辕台观看黄帝陵，休整后返程。

特产

京东大峡谷在每年1～6月有大棚草莓采摘活动，每年的7～10月举办采摘活动，在这里可亲手采摘到杏、苹果、梨、山楂等干鲜果品。

舌尖上的京东大峡谷

京东大峡谷属北京平谷地区，经典菜肴当属北京美食，北京的各种特色小吃，将是孩子们的首选，当然也是非常美味可口的。

推荐美食

- 官府菜

即官宦人家的私房菜，强调甜咸适度，南北均宜，以选料精、下料狠、做工细、火候足为特点，多是

谭家菜

焦圈

老北京疙瘩汤

烧、炖、焖、蒸，羹汤为主，很少用爆炒，讲究细火慢做，原汁原味。在京城，流传最广的官府菜是以清末谭家谭宗浚父子所创的“谭家菜”。

- **焦圈**

焦圈是一种北京特有的炸制食品，碗口大小，形似西方的炸面包圈，但口感更酥脆，常作为另一种北京特有小吃豆汁儿的配菜食用，色泽深黄，焦香酥脆，风味独特。

- **老北京疙瘩汤**

以西红柿、鸡蛋、面粉、番茄酱、葱姜、香菜等为基本原料，经过热加工而成的具浓厚北京特色的地方名吃，口感鲜美。

推荐餐厅

- **金峡休闲庄园**

北京市平谷区鱼子山247号。010-60968546。烤虹鳟。

- **大峡谷润泽园农家院**

北京市平谷区京东大峡谷路南。010-69928497。自制肉肠。

- **百成农家院**

北京市平谷区夏渔路鱼子山村。010-60968481。侉炖水库鱼。

亲子酒店

北京京东大峡谷金峡休闲庄园

北京市平谷区山东庄镇鱼子山村24号。15201039536。90～926元/天。

北京峡谷山庄

北京市平谷区山东庄镇鱼子山村北近京东大峡谷。010-69982222。248～888元/天。

北京京东大峡谷学东农家院

北京市平谷区山东庄镇鱼子山村大果园38号，近京东大峡谷。13716447531。100～110元/天。

往返交通

每天早7：30从东直门918总站发旅游专车分别至金海湖、大峡谷、大溶洞景区；每逢法定节假日，早8：00分别从北京东大桥（28路、109路、350路汽车总站）至金海湖、大峡谷、大溶洞等景区的旅游专车，15：30返回。

龙庆峡

亲子游达人：青春河边巢

龙庆峡小档案

地址：北京市延庆区城东北10千米的古城村。

门票：成人：40元/人；

往返船票：100元/人；百花洞10元/人；滑道20元/人；神仙院50元/人（含索道往返）；通票140元/人（门票+船票）。

优惠政策：离休人员、残疾人凭有效证件免门票；大中小学生、现役军人、老年人凭有效证件门票半价优惠。

开放时间：8：00～16：30。

电话：010-69191020。

温馨提示

冰灯区建在山谷中，山里风大，温度要比市内低5℃～8℃，前往参观游玩的朋友们注意保暖。

精彩看点

· 鸡冠山寻绿
· 冬日看冰灯
· 百花洞百花香
· 神仙院问道

北京龙庆峡被人们誉为北京的“小漓江”。龙庆峡水库高耸的大坝相连着两座山，宽40～50米，大坝犹如一把白色的巨锁把龙锁住了。两边峡谷巍峨耸立，水清澈见底。登上大坝俯瞰北面，墨绿色的水面倒映着山峦和白云。东西的两座山，峭壁直立，像刀切似的，足有几十丈高。水作青罗带，山如碧玉簪。乘船游龙庆峡，仿佛是用手徐徐展开的一轴山水长卷，风韵扑面而来，使人无处不在画境中。

龙庆峡美景

揽车

龙庆峡不可不看

鸡冠山寻绿

建议停留时间：30分钟

鸡冠山又称独秀峰、凤冠岛。这座小山峰，三面环水，一峰独处。以半岛的形式展现在游人的面前，从整体上看像一羽飘然下落的凤冠帽随波荡漾，故称凤冠岛。由于它背靠群山，构图极为洒脱，从正面看酷似一只卧着的公鸡，所以成为龙庆峡的标志性景观。

爸爸有话说

在鸡冠山下泛水而行，在这青山绿水之间，与孩子一起观赏那美丽的风景，感受鸡冠山浮在水中的魅力。

百花洞百花香

建议停留时间：30分钟

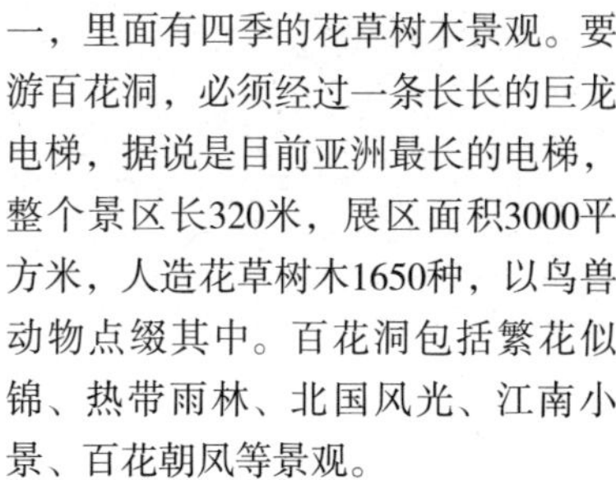

百花洞是龙庆峡景区的景点之一，里面有四季的花草树木景观。要游百花洞，必须经过一条长长的巨龙电梯，据说是目前亚洲最长的电梯，整个景区长320米，展区面积3000平方米，人造花草树木1650种，以鸟兽动物点缀其中。百花洞包括繁花似锦、热带雨林、北国风光、江南小景、百花朝凤等景观。

妈妈有话说

百花洞里繁花似锦，漫步在花的海洋里，享受幸福时光，同时还可以给孩子讲一讲花的故事与小知识，满足他们的好奇心，也是很有意义的活动。

冬日看冰灯

建议停留时间：1小时

龙庆峡冬季气候寒冷，结冰期较长，龙庆峡利用这独特的自然条件，自1987年开始举办冰灯艺术节，龙庆峡冰灯艺术展已经成为首都冬季旅游的传统项目。冰灯展区位于古城水库巨坝之下，两山峡谷之间，由两山体自然渗水形成的巨大冰柱，构成罕见的冰瀑奇观，成为冰灯展区最佳的自然背景。山谷中灯火璀璨，冰雕雪雕流光溢彩；花灯彩灯交相辉映；冰天雪地里龙庆峡成了梦幻的世界，欢乐的海洋。

山水间畅游

龙庆峡游船

龙庆峡冰灯

神仙院问道

建议停留时间：1小时

神仙院始建于唐宋时期，后又经明、清多次修建。现在的神仙院是1991年完全按原址的规模修建的。神仙院是道家为主的道观，以“神仙院”命名，后吸收容纳了佛、儒两教，神仙院坐北朝南，分上下两院。上院正殿，供奉的是佛教、道教、儒教三教宗师，正中坐着的是佛教创始人释迦牟尼，左边是儒家创始人孔子，右边是道教始祖老子李耳。门匾为“三教宗师殿”。

周边也好玩

延庆周边游：龙庆峡—延庆红提种植园—云瀑沟风—平北抗日战争纪念馆（耗时2天）。

D1　前往延庆红提种植园采摘，之后到云瀑沟风景区欣赏美丽的自然风景。

D2　前往平北抗日战争纪念馆参观游览，休整后返程。

特产

龙庆峡有很多的特产，孩子们最感兴趣的是各种不同的手工艺品，这些手工艺品非常贴近生活，有的是小动物，有的是可爱的卡通形象。

舌尖上的龙庆峡

北京风味的名吃，在龙庆峡这边也能见着，带着小孩子一起品尝这里的美食，享受美景之余，也能欣赏到另一种美。

推荐美食

- **艾窝窝**

艾窝窝是北京一款用糯米制作的清真风味小吃，将蒸熟的江米捏成小饼，包上冰糖渣儿、芝麻等制成元宵状，再裹上糯米粉。其特点是色泽洁

艾窝窝

芥末墩儿

老北京豌豆黄

白如霜，质地黏软柔韧，馅儿心松散甜香。

• 芥末墩儿

芥末墩儿是北京传统风味小菜，也是地道的百姓菜，凉菜里的首席。冬天上市的大白菜去帮横切成菜墩儿，码在漏勺里沸水三烫，放进盆里，涂撒上芥末糊，砂糖和米醋，封存三天即成。吃遍了鱼肉油膻之物，来盘芥末墩儿解腻清口，酸甜辣香，爽脆不已。

• 豌豆黄

是北京春夏季节一种应时佳品。将豌豆磨碎、去皮、洗净、煮烂、糖炒、凝结、切块而成，传统做法还要嵌以红枣肉。成品色泽浅黄、细腻、纯净，入口即化，味道香甜，清凉爽口。

推荐餐厅

• 顺势华生态园

北京市延庆区延庆镇米家堡桥北。010-61120338。香煎玉米烙。

• 阳光乡村农家饭庄

龙庆峡景区附近韩郝庄村东南角。13263251862。北京农家菜。

• 淳朴人家农家院农家菜

北京市延庆区龙庆峡淳朴人家民俗饭庄。010-69191489。大胖头鱼。

亲子酒店

北京潇贤阁酒店

北京市延庆区旧县镇龙庆峡售票处50米。010-69191588。228～296元/天。

北京润泽大酒店

北京市延庆区龙庆峡风景区门口，近中共延庆区龙庆峡管理处委员会。010-69191388。127～360元/天。

北京龙庆峡老马家农家院

北京市延庆区旧县镇古城村北外大街北街32号。010-69193508。70～436元/天。

往返交通

德胜门乘坐919路公交车直达延庆县城，转乘875路公交车可到达龙庆峡；北京北站乘坐S2线城铁到达延庆南站，转乘875路公交车可到达龙庆峡。

从城区清河上京藏高速（原八达岭高速）从延庆城区（妫川路）下高速沿着路边走到头是一个环岛右转上110国道，然后直行走到一个十字路口右转延琉路（永宁方向）直行2千米然后左转直行9千米直接到龙庆峡停车场沿途有路标。

青龙峡

亲子游达人：青春河边巢

青龙峡小档案

地址： 北京市怀柔区怀北镇大水峪村北500米。

门票： 59元/人，学生票32元/人。

收费项目： 古画舫：50元/人；大型游船：50元/人；快艇：60元/人；竹筏：30元/人/30分钟；碰碰船：30元/人/10分钟（单人），20元/人/10分钟（双人）。

娱乐项目： 蹦极：300元/人；速降：成人80元/人，学生50元/人；攀岩：成人50元/人，学生40元/人；缆车：单程50元/人，往返80元/人。

套票价格： 门票+快艇+索道：成人194元/人，学生167元/人。

电话： 010-89696781。

精彩看点

- 苍龙峡观飞龙瀑
- 水上世界欢乐季
- 攀登明代古长城
- 秋季游园会

青龙峡景区占地150公顷，宽30～50米，两侧山脉蜿蜒曲折，山势雄伟，植被茂密。北部是高峡平湖，坝外是静静流淌的溪水，溪上可以划船、撑竹筏。峡谷两侧山势雄伟，植被茂密。山顶还有保存完好的明代古长城敌楼，吸引了无数游人去探寻古迹。青龙峡除了有山有水，最为重要的是还有一段长城可以游玩。

青龙峡不可不看

苍龙峡观飞龙瀑

建议停留时间：30分钟

苍龙峪由沟口至飞龙瀑，全长约2千米，沿沟口向沟内的溪流行走，石磴迂回，步步登高，沿溪流两岸山势峥嵘，草木繁茂，行至最高处，但见“飞龙瀑”一条白色匹练，自十几米的高处飞泻而下，涛声悦耳。

青龙峡山清水秀

山间游船

爸爸有话说

传说苍龙峪历年夏季水量大增，溪水奔流不息，老龙行雨所致，加之峪内植被好，山色苍茫，故名“苍龙峪”。在这里给孩子讲讲这些古老的传说，将是更有意义的事情。

水上世界欢乐季

建议停留时间：1小时

由青龙桥至峡区最北部，设有多种游乐项目，可满足不同年龄、不同爱好的人的需要：青龙桥内的玉龙池，是设有浅水和深水游泳区的天然泳池，泳池一侧是嶙峋的峭壁悬岩，但水面平稳，可谓有惊无险。沿玉龙池逆流而上，过“涧伏青龙”，进入坝前水上游乐区，主要有竹排戏水区、独木舟戏水区、坝前观瀑区、吊桥、坝前垂钓区等。在盛夏之时，是悠闲自然，凉爽宜人，享受最环保、最轻松的亲子避暑方式。

妈妈有话说

手划船、碰碰船和水上游泳池都是小孩子们喜欢玩的游戏，在这种场所里玩耍，要注意孩子的安全，避免溺水。

攀登明代古长城

建议停留时间：1小时

青龙峡古长城为明代长城的边关要塞水峪关。登临青龙峡风景区的古长城，虽大多是断碣残碑，但这里的长城，自有其独特风格，别具特色。沿登山步道到景区最高峰玉皇台游览，原始古貌的万里长城犹如巨龙环卧在奇峰峻岭之巅，幽深的山涧峡谷，山花烂漫，碧水潺潺，美不胜收。

秋季游园会

建议停留时间：1小时

青龙峡每年一度的“秋季、游园会”活动，活动时间为9月20日~10月20日。为了丰富游客的秋季游园活动，景区还与当地果农合作共同推出“怀柔青龙峡采摘节”，有苹果、鸭梨、红肖梨、山楂、柿子、枣等各种水果，供来到这里的朋友体验采摘的乐趣，收获秋天的硕果。这项活动更是受到亲子游的追捧，孩子们在山川河流中感受采摘的乐趣。

青龙峡大坝

青龙峡蹦极

周边也好玩

京郊亲水之旅：青龙峡—龙湖公园—雁栖湖—开新农庄（耗时3天）。

D1 游览完青龙峡。

D2 前往龙湖公园与孩子一起参与到户外训练的游戏中来；之后前往雁栖湖与孩子一起水上游玩。

D3 前往开新农庄游玩，休整后返程。

特产

要说青龙峡的特产，一定会想到板栗。不仅是小孩子，很多大朋友都喜欢吃板栗，到这里游玩，如果季节合适，买上几斤板栗，一定会得到满足。

舌尖上的青龙峡

青龙峡峡谷纵深，河水清澈，当地的美食主要以鱼类为主，一家人一起在青龙峡玩耍之后，在当地吃上一道特色的美食，休憩的同时，也更加放松。

推荐美食

- **烤虹鳟鱼**

冷水鱼类虹鳟，不仅肉质细嫩，无肌间刺、可食部分大，而且味道鲜美、营养丰富，虹鳟鱼皮脆肉嫩，软嫩喷香入口即化。

- **酱肘子**

酱肘子是汉族传统美食之一，该菜以口味咸鲜、色泽红润、软烂入味、营养丰富，色、香、味俱全，酥烂香醇，以色浓、味厚著称。

推荐餐厅

- **青龙峡水湾部落**

🏠 北京市怀柔区青龙峡停车场（青龙峡停车场）。 📞010–69669868。 🔍刺身虹鳟鱼。

- **和平饭店**

🏠 北京市怀柔区怀柔青龙峡旅游区。 📞010–89616865。 🔍烤羊腿。

雁栖湖最适合一家人周末度假

雁栖湖鱼鲜

烤虹鳟鱼

北京人都爱吃酱肘子

• 咱家小院

北京市怀柔区青龙峡大水裕村308号。13701301036。酱牛肉。

亲子酒店

北京和平饭庄

北京市怀柔区青龙峡景区门口。010-59792639。128～544元/天。

北京青龙园饭庄（水湾部落二部）

北京市怀柔区青龙峡停车场。010-89696249。280～328元/天。

北京水湾部落度假村（水湾部落一部）

北京市怀柔区怀北镇青龙峡景区东100米。010-69669868。300～2960元/天。

往返交通

在东直门枢纽站乘坐916快。至终点站怀柔汽车站下车。出车站红绿灯右转右手边车站乘坐862路（车前窗上有牌子，写有外环可以坐，回站不能坐）。于家园路口北站下车。（于家园有两站，一个在路口北，一个在路口南。在路口北下车。建议问司机。下车后不过马路。）下车后等待去往936（仅限夏天）或怀柔–大水峪线路，上车后到青龙峡站（终点站）下车。

直接在东直门枢纽站乘坐936青龙峡专线（仅限夏天。不走高速。20分钟一辆车）。直达青龙峡。

沿京承高速公路到杨宋（15号）出口。沿出口的杨雁路一直向北行驶，千万不要拐弯。到达乐园大街（尽头丁字路口）。左转后100米，到达京加路，向右转，4千米后到达。（有明显路标）。

沿京承高速公路到怀柔（14号）出口。进入京密高速，在京加路出口下桥。沿路标行驶10千米。

盘山

亲子游达人：王杏芝

盘山小档案

地址： 天津市蓟县。

门票： 通票：成人130元/人；儿童：65元/人；学生：65元/人；索道观光：60元/人；挂月索道+观光车：80元/人。

电话： 022-29821235。

精彩演出

景区联票包含盘山景区和盘山书院，其中可观看《天下盘山》实景演出。周一至周五观看《天下盘山》实景演出持联票需补差价20元/人，周五至周日需补差价50元/人。

精彩看点

· 挂月峰
· 盘山寺院
· 八大怪石

天津的盘山景区犹如十里锦屏，巍然屹立于京东，津北，距蓟县城西北12千米处，是当今中国北方著名的旅游胜地，历史上被列为中国十五大名胜之一，京东第一山。盘山景色以“五峰八石”“三盘之胜”的奇特称绝，东联九华峰，西傍舞剑峰。五峰攒簇，怪石嶙峋，天然形成了“三盘之胜”，上盘松胜，蟠曲翳天；中盘石胜，怪异神奇；下盘水胜，溅玉喷珠。

盘山不可不看

挂月峰

建议停留时间：1小时

盘山有五大山峰：挂月峰、自来

盘山全景

挂月峰

峰、紫盖峰、九华峰和舞剑峰，山峰的雄奇秀丽与冈峦起伏足以让游人们感叹万分。带着孩子在挂月峰山顶之上观看日出与日落感受最美的时光，同时也向小朋友讲述山峰名字的由来，全家相互依偎在松树旁，当太阳升起的时候，一起感受这大好江山。

爸爸有话说

盘山山峰众多，挂月峰是这里的主峰，高耸入云，称为中台，而其他四峰名为东台、南台、西台、北台，众星捧月。

三盘暮雨

建议停留时间：1小时

三盘暮雨是盘山的独特景观，列为“津门十景”之一。“三盘”指盘山圣境，“暮雨”指傍晚的云气。每当阳春三月，盘山的桃花、杏花、梨花开遍山坡，春风吹过，花瓣随风而落，

三盘暮雨

似一场美丽的花雨。仲夏时节的雨后初晴，也有“似晴非晴，又雨不雨”的神奇景观。而“上盘雪花飘，中盘雨中渺，下盘夕阳照”更是天下奇观。

妈妈有话说

这里处于山区，所以在雨后要给孩子保暖，山上空气较凉，应当注意不要感冒。

八大怪石

建议停留时间：每个怪石20分钟

盘山景区里有八大怪石，各种奇形怪状的石头历史悠久，有将军石、悬空石、燕子石、蛤蟆石、晾甲石、摇动石、菱角石和天井石。家长们在带孩子感受各种石头的独特魅力与历史古迹时，可以给孩子讲一讲石头们的故事，那些故事里动物和人物正像这些石头一样充满着活力。

盘山寺院

建议停留时间：2小时

自汉朝末年佛教就传入盘山，建有盘山法兴寺，就是如今的北少林寺，到了清朝中叶，盘山寺庙进行了大规模的修葺和扩建，达到72座寺庙，百余座玲珑宝塔，上千僧人的规模，成为全国著名的佛教圣地，以“东五台山”著称佛界。

周边也好玩

蓟县盘山周边游：盘山—黄崖关长城—梨木台—九龙山国家森林公园—八仙山国家级自然保护区（耗时2天）。

D1 早上前往黄崖关长城，到梨木台享受自然风光。

D2 游览九龙山国家森林公园和八仙山自然保护区，休整后返程。

舌尖上的盘山

蓟县的酸枣汁、关梨、酸甜可口的桑葚、红果以及农家柿子，都是小孩子们的最爱。健康又可口，坐在农家小院里，品尝着各种天然的小果，享受大自然的慢生活。

推荐美食

- 香菇板栗焖山药

山药滑脆，配上板栗的浓香，美

盘山怪石

盘山红果

盘山板栗

盘山的农家菜粗粮更有营养

山间有湖，鱼鲜十分可口

石头门坎素包

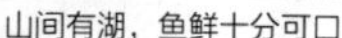

味可口。

• **贴饽饽熬小鱼**

贴饽饽熬小鱼是极具天津地方特色的大众化风味小吃。饽饽呈金黄色，味美适口，特别是饽饽下面的焦面，又香又脆。

• **石头门坎素包**

石头门坎素包有百余年的历史。食之素香，回味无穷。其制作方法是以绿豆芽菜、粉皮、香干、香菜、面筋、馃子、腐乳、芝麻酱、香油等调拌成馅儿，用精面粉作皮，加工成包子蒸熟而成。

推荐餐厅

• **乾缘饭屋**

天津市蓟县盘山风景区入口处。 900321516。 野山菌。

• **三兄弟山庄农家院饭店**

天津市蓟县官庄镇莲花岭村三兄弟山庄。 022-29822303。 炸花椒芽、贴饼子。

亲子酒店

盘山景区内的酒店大多为农家乐，环境干净，空气清新，价格实惠，且离景区近，全家人在院子里看星星也是不错的选择。

天津恒大酒店

天津市蓟县盘山风景区。 44007558888。 800～1500元/天。

往返交通

到达交通

从天津机场到天津站，换乘火车或汽车到达盘山风景区。

乘火车到达天津站，然后乘坐6416次火车到达蓟县。

东北方向：走京沈高速驶向北京方向，至高速公路宝坻北站下桥转至津蓟高速驶向蓟县方向行驶直达盘山景区。

天津方向：沿津蓟高速蓟县方向行驶直达盘山景区。

北京方向：走京沈高速驶向沈阳方向，至高速公路宝坻北站下桥转至津蓟高速驶向蓟县方向，津蓟高速出口环岛西北路口上蓟官路直达盘山景区。

到达天津后在天津站后广场旅游集散中心乘坐盘山景区天津直通车，早8：00从天津发车，下午16：00从盘山景区返回。

长白山风景区

亲子游达人：刘樱

长白山风景区小档案

地址：吉林省。

级别：5A。

门票：125元/人（环保车：85元）。

时间：周一至周四6：30~17：00；周五至周日6：00~17：00。

季节：7~9月是欣赏长白山天池的最佳时候；冬季为滑雪运动的最佳季节。

电话：0433-5742286。

温馨提示

长白山属于温带大陆性山地气候，冬季漫长寒冷，夏季短暂凉爽且天气变化无常，春季多风，秋季多雾。年平均气温在-7℃~3℃之间。

长白山景区位于吉林省东南部，东南与朝鲜毗邻，坐落于长白山北坡。长白山主峰白头山多白色浮石与积雪而得名，素有“千年积雪万年松，直上人间第一峰”的美誉。景区拥有“神山、圣水、奇林、仙果”等旅游胜地，也是满族的发祥地，在清代有“圣地”之誉。

精彩看点

- 天池
- 长白山大峡谷
- 长白瀑布群
- 望天鹅风景区
- 聚龙泉

长白山风景区不可不看

天池

建议停留时间：1小时

长白山天池位于长白山主峰火山锥体的顶

长白山天池风光

部，是一座火山口，经过漫长的年代积水成湖。天池略呈椭圆形，是中国最高最大的高山湖泊，是东北三条大江——松花江、鸭绿江、图们江的发源地。

天池是长白山景区的核心景点，摄影爱好者可以在这里尽情拍摄。爱摄影的小朋友；可以在家长的陪同下带上相机，拍下心中美丽的景色。

爸爸有话说

7、8月和9月的前半月是欣赏长白山天池最佳时候，山上天气变化无常，若遇雾天则无法看到天池的秀色。长白山天池是中朝两国的界湖，旅行时务必在规定区域活动，切忌越境。

长白瀑布群

建议停留时间：30分钟

长白山天池四周奇峰环绕，北侧天文峰与龙门峰之间有一缺口，池水由此缺口溢出，向北流经1250米处的断崖流下，形成落差68米高的瀑布群，这就是长白瀑布群，它是长白山的第一名胜，是中国东北最大的瀑布群。它上与天池相接，下通二道白河，是松花江的正源。

聚龙泉

建议停留时间：30分钟

聚龙泉是温泉群中水量最大、分布最广、水温最高的温泉，堪称长白山第一泉。它位于长白瀑布北约900米，在落笔峰北倒石堆下侧。分布面积达1000平方米，二道白河从温泉群中间穿过。在河流方向的右方，泉口比较集中，有数十处之多，较大泉眼有7处。无数条热流从地底涌出，似群龙喷水，故名聚龙泉，在聚龙泉下部建有“怡神浴”浴池。

长白山大峡谷

建议停留时间：1小时

长白山大峡谷位于白山市抚松县境内，是近几年发现的自然奇观，可与美国科罗拉多大峡谷相媲美。长白山大峡谷长70多千米，乃火山爆发后

长白山大峡谷

熔岩石表面的火山灰和泥土被江水及雨水冲刷而成。

妈妈有话说

天池游玩由于天气变幻无常，停留时间需根据天气情况而定。峡谷中地形崎岖，家长带领孩子参观时，一定要看好孩子，不要让孩子随意跑玩，以防摔倒划伤。

望天鹅风景区

建议停留时间：1小时

望天鹅风景区位于长白山腹地吉林省长白朝鲜族自治县十五道沟，这里古树参天，花草竞秀，怪石嶙峋，是东北第二高峰。望天鹅景区最具代表的景观有“八大瀑布、十大石景”和一个长达500米的石瀑群景观带，包括飞流瀑布、通天河、母子瀑、吊水壶瀑布、九叠瀑、珍珠帘瀑布、虎跳峡瀑布、奇石群、千柱峰、石梯崖、万岁岩和万古岩等。

妈妈有话说

景区内的石瀑群景观带，因水流经常冲刷，石板路很滑，孩子们切记不可乱跑，以防路滑摔倒。

特产

长白山是北方文化的汇聚地，有很多内涵丰富的文化特产，如满族萨满舞、朝鲜族歌舞等。长白山的特有纪念书签、明信片很适合小朋友，这些在景区街市上均能买到。满族、朝鲜族人偶是送给小朋友的极好礼物。

舌尖上的长白山

推荐美食

- **朝鲜冷面**

朝鲜冷面一般用小麦粉、荞麦粉和甘薯淀粉混合制成面条，以牛骨煮汤，食用时汤中加冰块、辣椒、酱牛肉片、苹果片及其他调料。

- **辣白菜**

辣白菜又称高丽咸菜，也有人叫韩国泡菜，是朝鲜族世代相传的一种佐餐食品，辣白菜制作工艺独特，其味道酸、甜、辣适中可口，具有解腻解酒、助消化、增食欲的功效。

- **朝鲜族米肠**

一种普通朝鲜族老百姓的传统食物，米肠里富含维生素B、铁及蛋白质，蒸熟后的米肠还可再加工成形态各异的菜肴。

亲子酒店

来到长白山景区，一定要在这里住上一夜。入夜，带着孩子一家人聚

“天河落地”将天河之水带入人间

“天书展册”形象逼真

长白山运动员村

在月色下赏月喝茶，孩子在一边嬉戏，幸福平静的记忆都留在这个神秘的地方。

白山大厦

延边朝鲜自治州延吉市友谊路66号。 0433-2581111。 有家庭房，均价548元左右。

大宇饭店

延边朝鲜自治州延吉市局子街3118号。 0433-2528888。 有家庭房，均价1500元左右。

长白山运动员村

延边朝鲜自治州安图县二道白河镇长白山北景区内。 0433-5798671。 有家庭房，均价1117元左右。

往返交通

周边城市中长春、通化、吉林、延吉都有机场，其中延吉机场距离长白山最近，延吉机场位于延吉市西部。乘飞机到长白山，一般是先到延吉市，再从延吉市乘汽车抵达长白山。从延吉每天有到北京、上海等大城市的航班，北京到延吉每天有航班，旺季每日4～5班，淡季至少每日一班，多在下午起飞。上海浦东到延吉每周一、周四有航班。

白河站是离长白山景区最近的火车站，有发往长春和通化的列车。从长春乘K953次列车到白河，也可以先到敦化站，再转乘汽车沿201国道前往白河。从北京出发，乘K215次到敦化，再转乘汽车到白河。

到长白山必先到白河镇，201国道、202省道经过白河镇。从敦化走201国道、从延吉走202省道、从通化走201国道都可到白河，另外，从安图也有车可到。延吉市客运南站每天有巴士直达长白山天池景区；还有班车到二道白河，从二道白河可包车前往长白山。

黄山

亲子游达人：熊靓

黄山小档案

地址：安徽省黄山市。

级别：5A。

门票：旺季（3～11月）：230元/天；淡季（12月～次年2月）：150元/天。

开放时间：平日、周日：6：30～16：30；周六：6：00～16：30。

电话：0559-5541158。

温馨提示

10月有黄山旅游节，春季则有国际山地自行车节，春节期间，还有赛鸟等民俗活动。

黄山是中国最早一批收录进世界文化遗产名录的，盘踞在皖南，山峰秀丽险峻，使得文人墨客对它留下了无数赞叹。也让今天游览过黄山的游客感叹，为何古人会写下“五岳归来不看山，黄山归来不看岳”的评价。黄山春、夏、秋、冬四季景色皆不同，甚至一日的景色也会千变万化，

黄山奇石天下闻名

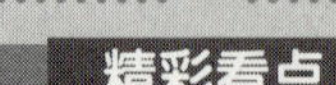

精彩看点

- 玉屏迎客
- 温泉泡汤
- 北海神话
- 峡谷探险
- 清凉世界

这就是黄山的魅力。带上照相机和孩子出发吧，你们的旅途中不能错过黄山。

黄山不可不看

玉屏迎客

建议停留时间：1小时

黄山的迎客松闻名天下，在玉屏景区内可以欣赏到迎客松的妖娆身姿，观半隐在云海中的无数山峰和岩石，场面雄浑壮观。在玉屏楼前观望犁云峰，远眺天都峰的奇幻景观。如此景致绝非仅此一处，几乎步步是景，游人到此应接不暇。

爸爸有话说

除了迎客松，黄山还有陪客松、送客松，表达了当地人民好客的情谊。黄山上列入《世界自然遗产名录》的54棵名松古树，都有专门的守松人进行看管。

北海神话

建议停留时间：3小时

北海是一片海拔1600米的高山开

黄山松

山间

阔地带，这里也是观赏黄山奇石、险峰的一个好去处。这里的景色都和神话故事紧密的结合，如猴子观海、仙人背宝、梦笔生花、飞来石、十八罗汉朝南海等都是孩子爱听的故事，可以边参观边给孩子讲。

清凉世界

建议停留时间：4小时

被称为清凉世界的松谷景区，位于黄山的北坡。沿途蹬道，感受着“谁把芙蓉往外栽”的芙蓉亭；碧波荡漾的翡翠池；松谷溪中的五龙潭；叠障峰下的松谷庵。自然清爽的山林中，伴着鸟语花香和水榭流淌，是一处难得的休闲之地。

温泉泡汤

温泉景区是黄山游览接待中心，这里别墅成群，是登山去除疲劳的休闲之地。

黄山温泉古名朱砂泉，位于黄山紫云峰下，已经有千年的历史，水温常年42℃。

除了泡汤，还可以参观黄山博物馆的慈光阁，休闲中不忘增长知识。

妈妈有话说

黄山温泉门市价：238元/人；黄山自驾游网价：138元/人。

黄山温泉儿童票：120元/人；黄山自驾游网价：98元/人。

登黄山的入口

峡谷探险

又称白云谷，入谷内后，会发现这里植物繁茂、石林密集、悬崖峭壁、怪石嶙峋等，被称为黄山的“魔鬼世界”。特别是这里的山石，如刀劈斧斫般巨型石片垒积木形成破碎状的峰林，有摇摇欲坠感，惊险刺激。

周边也好玩

皖南休闲之旅：黄山市—西递—宏村唐模—齐云山（耗时3天）。

D1　抵达黄山市后，先到西递村参观，宿在西递。

D2　前往宏村参观1天，晚上前往唐模，宿唐模乡村酒店。

D3　前往齐云山，登山寻道品美食后返程。

如果时间比较充裕，还可以北上绩溪，寻访诸多古迹、探险徽杭古道，或者南入江西，欣赏婺源的世外桃源美景。

舌尖上的黄山

徽州是徽菜的发源地，今天的黄山市内也能吃到正宗的徽菜。而黄山景区周边的美食又独具风味，以山珍为主，加上补充精力的美食，减少了登山之累。

推荐美食

- **黄山双石**

一道以石鸡（蛙类）和石耳为主材料的安徽名菜。成菜清淡，开胃宜人，原汁鲜香浓鲜，有滋补强身养颜之功效。

- **土鸡汤**

选用放养于黄山松林的母鸡，以文火炖汤，整鸡熬制，加上黄山的木耳和鲜笋，配些火腿，香味扑鼻。

- **笋尖烧肉**

一道黄山人的下饭菜，当天从山上采下来的鲜笋，配上猪肉烧制，笋吸走了猪肉的油腻，肥而不腻。

推荐餐厅

- **老街坊土菜**

🏠 黄山市黄山风景区汤口镇寨西兆成天地4–1~4–3号（近新国线换乘中

黄山双石

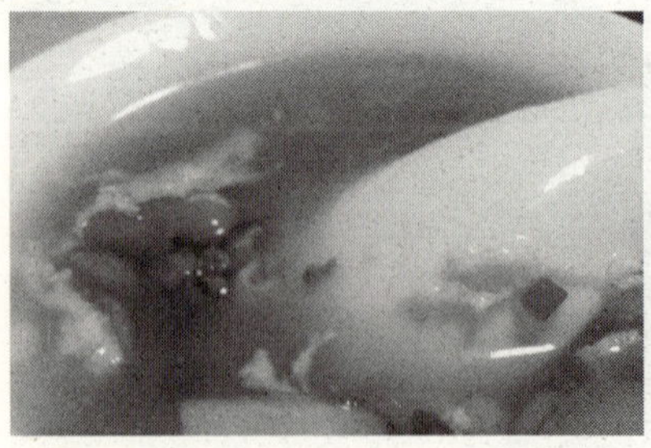
浓稠的土鸡汤

笋尖烧肉

心、高速路口汤口出口）。📞0559-2190658，18955941979。🔍臭鳜鱼、笋尖烧肉等。

• **徽乡菜馆**

🏠黄山市黄山风景区高速出口右转200米（换乘中心500米）。📞0559-5562340，13705599230。🔍黄山野菜、干锅茶树菇、土鸡煲等。

妈妈有话说

虽然黄山为旅游区，但是这里的美食都不错，即便是很小的餐馆都很讲究味道。

亲子酒店

在黄山景区周边有温泉酒店、国际连锁酒店、乡村农家酒店，游客根据自己的喜好可以有多种选择，这里推荐几家有特色的酒店。

黄山西海饭店

🏠黄山市黄山区西海风景区丹霞峰下。📞0559-5588186。💴有亲子房，均价650元左右。

黄山醉温泉国际度假酒店

🏠黄山市屯溪区屯光镇花山路新徽天地醉温泉度假城。📞0559-2537007。💴均价300元左右。

最佳西方温泉度假酒店

🏠黄山市黄山区Z103温泉景区。📞0559-5585102。💴均价420元左右。

往返交通

✈黄山国际机场，打车至黄山市区约20元。

🚆需从黄山火车站打车至客运总站，再转乘大巴前往黄山的各个景区。

🚗从黄山市区屯溪至景区1小时。

黄山西海饭店

九华山

亲子游达人：熊靓

九华山小档案

地址：安徽省池州市青阳县。
级别：5A。
门票：旺季（1月16日～11月14日）：190元/天；淡季（11月15日～次年1月15日）：140元/天。
时间：6：30～10：00。
电话：0566-2821008。

温馨提示

对寺庙的僧人、道人应尊称“师傅”，对主持僧人称其为“方丈”，忌直称为“和尚”“出家人”，甚至其他污辱性称呼。

九华山是古时候学仙修道圣地之一，现与山西五台山、浙江普陀山、四川峨眉山并称为中国佛教四大名山，为地藏王菩萨道场。这里浓郁的佛教氛围，吸引了全世界游客的关注和向往。九华山间气象万千、景色迷人，可带着孩子畅游山林，看飞瀑直落、赏深谷幽静，体验安静、舒适、自然的中国名山的魅力。

精彩看点

- 登天台寺
- 逛九华街
- 化城参佛
- 世外龙池

九华山不可不看

登天台寺

建议停留时间：1小时

天台寺是到九华山游览的必去之处。普通游客都会坐缆车到天台寺，只需要10分钟。来到天台寺，回身远望九华山群山，山峦叠嶂，徽派建筑在山间若隐若现，疲劳全部都消除了。不少登山爱好者都是三代同行登天台寺。

九华山风景

佛教名山——九华山

九华山不老松

妈妈有话说

不建议6岁以下的孩子徒步登天台寺。

化城参佛

建议停留时间：30分钟

化城寺是源自于佛祖释迦牟尼受到点化的故事，在唐至德年间改建，定名为化城寺。化城寺位于九华街芙蓉山下。寺殿前后有四进，分门厅、大雄宝殿、后进和藏经楼。这里也是九华山文物展览馆，是一个集中了解九华山佛教文化的地方。

爸爸有话说

佛教认为，佛菩萨或高僧大德圆寂（死亡）后，可得舍利。其肉身在死后不腐烂，也是修行的一种追求。

逛九华街

建议停留时间：45分钟

九华街是九华山的核心景区，在401年有了佛教活动。有化城寺、放生池、无瑕肉身、慈明肉身、祇园寺、旃檀林、百岁宫、东崖禅寺、回香阁、肉身殿等景点多处。而今天来九华山的游客，更喜欢在这里逛小店，购买九华山的特产和佛教物品等。

世外龙池

建议停留时间：1小时

龙池庵位于九华山甘露寺东南，是一座隐居于九华山的寺庙。这里没有鼎盛的香火，没有嘈杂的人声。就在龙池庵的峡谷里，有一龙池瀑布飞流而下，直入龙潭，撞击发出巨大的声响。闻声寻到这里，发现瀑布如冲开峭壁而出，雪浪翻滚，大气雄浑让人惊叹。

周边也好玩

合肥体验游：池州市—大愿文化园—杏花村—牯牛降—池州市（耗时3天）。

D1　抵达池州市后，先到大愿文化园。

D2　前往杏花村参观1天。

D3　游玩牯牛降，返回池州市。

特产

九华折扇是中国名扇，清朝时为贡品。扇子用毛竹精制成扇骨，以黑色纸糊成扇面，染上金色涂料绘出景色图，背面配以名人诗句，颇得游人喜爱。

舌尖上的九华山

九华山素斋盛名天下，无数人慕名而来品尝。品尝过后发现，用绿色生态的原材料加上自然朴实的制作方法是其魅力所在。而九华山地区还有很多民间美食值得推荐，作为徽菜的一个分支，这里的菜肴更加民间家常。

推荐小吃

• 冻米糖

池州农村家家切糖，即制作“冻米糖”。用上好的糯米膨化，再拌上白糖、饴糖、麦芽糖、黑芝麻等制成。

• 九华素饼

由九华山上黄精、绿豆粉制作。黄精加工后加入到素饼中，可以使饼更加油润，而且气味芳香，味道清甜。

• 芙蓉糕

石台县名小吃之一，其香甜味美，酥软爽口，主要用精细的糯米粉做成，拌白糖或蜂蜜吃口感更佳。

推荐餐厅

• 九华山三姐妹土菜馆

贵池市九华山风景区金凤凰宾馆对面。 18856666858。 九华山三鲜、石耳豆腐。

• 聚友堂

贵池市九华山电影院市场二楼。 13905668463。 闵公豆腐。

亲子酒店

九华山酒店林立，而这里的五星级酒店并不贵，带着孩子在外旅行，住得好也是非常重要的，建议住在这里的几家五星级酒店，酒店设施和服务都非常舒适。

碧桂园凤凰酒店

贵池市贵池区齐山大道齐山风景区西侧。 0559-5118888/2592888。 均价400元左右。

嘉润凯莱大饭店

贵池市青阳县柯村新区西侧。 0566-2838855。 均价300元左右。

半岛大酒店

贵池市贵池区平天湖风景区1号桥。 0566-2614888。 均价400元左右。

往返交通

池州九华山机场，机场有大巴到九华山汽车站、然后办理门票和景区交通再到九华老街。

池州火车站边上就是汽车站，购票后，20分钟就达到九华山景区。

从池州市内出发，沿G318、S219的指示牌行驶，40分钟到达九华山景区。

冻米糖

九华山素饼

齐云山

亲子游达人：熊靓

齐云山小档案

地址：安徽省黄山市休宁县。

级别：4A。

门票：旺季（3月1日～11月30日）：75元/人；淡季（12月1日～次年2月28日）：55元/人。

时间：8：00～17：00。

季节：3～11月最佳。

电话：0559-7560018。

齐云山是中国四大道教名山之一，古称白岳，与黄山南北相望。而今天的齐云山是一个休闲度假、道家文化、登山户外等多功能的景区。齐云山不算高，登山徒步1小时即可上山；齐云山不算险，山间自驾舒适悠闲，还可以骑行一段；齐云山不算闹，在这里清修几日，也是避世的好时光。

精彩看点

- 齐云山学道
- 月华留宿

齐云山不可不看

徒步登山

建议停留时间：1小时

登齐云山有两条路，一个是坐缆车，5分钟就能到达，如果徒步登山需要1小时。山中空气清爽，山道还

道教名山－齐云山

山间小路

道士修行之处

算平缓，稍微大一点的孩子，都会选徒步登山。

爸爸有话说

齐云山有一位最美中国人——齐云山最后一位女挑山工汪美红。如今她在齐云山上开设了一家茶舍，为来往的游客提供了一个休闲歇脚的地方，也在这里讲述她挑山的故事。

齐云山学道

建议停留时间：15~20分钟

在道教名山上，学习道教文化可以说是无处不在。可以在栖真岩寻找到齐云山最早道士、唐朝的栖霞真人修行的地方，还可以听住在山上的道士们讲齐云山的故事。景区会有诵读《道德经》的活动，带着孩子一起参加，虽然孩子有很多字都不认识，却是体验道家文化的一次好的体验。

月华留宿

建议停留时间：1晚上

月华街是道士与山上居民杂居之所，国内外的道教爱好者们都慕名而来，住在月华街，每日登山寻道，在洞天福地打上一套太极拳，神清气爽。月华街也是齐云山上的街市，商业化氛围不浓，还能买非常实惠的山货。

妈妈有话说

一家人在齐云山来上一套太极拳，真有修道的感觉。

周边也好玩

皖南休闲之旅：黄山市—西递—宏村—唐模—黄山（耗时3天）。

D1　抵达黄山市后，先去西递村参观，宿西递。

D2　前往宏村参观1天，晚上前往唐模，宿唐模乡村酒店。

D3　前往黄山，登山赏景。

如果时间比较充裕，还可以北上绩溪寻访诸多古迹、探险徽杭古道，或者南入江西，欣赏婺源的世外桃源美景。

特产

休宁县位于黄山之下，盛产茶叶和美食，是乡村旅游福地、也是中国有机茶之乡。虾米豆腐干、皖花火腿、白岳黄芽、秤管糖、五城茶干、休宁松萝茶、五城米酒等都是绝佳的伴手礼。

齐云山林间小筑客栈

舌尖上的齐云山

齐云山位于黄山市的休宁县，这里的美食也是绝味了。除了有经典的徽菜，也融合了道家美食在其中。在齐云山上和景区下，有很多实惠的餐厅，可以满足吃货的各种需求。

推荐美食

- **虾米豆腐干**

制成的虾米豆腐干，颜色淡褐，香味浓郁，折叠不开裂，压榨紧结，刀劈不散碎。当作零吃小食，独具风味。

- **大阜瀛石鸡**

产于休宁县流口镇大阜瀛村深涧峡谷，属蛙类。因肉味鲜美，好似鸡肉，被当地称其为“石鸡”。夏天吃石鸡能防暑、解热、不长痱子。

推荐餐厅

- **涌泉餐厅**

黄山市休宁县齐云山月华街16号。 0559-7560222。 农家饭，还可以看到齐云山的香炉峰。

- **状元人民币故里大酒店**

黄山市休宁县齐云山上圳6号。 0559-5541218。 故里红烧肉、有鲫鱼等。

亲子酒店

齐云山无论是在山上，还是山下，住宿环境都不错。山上有齐云山的山间人家的民宿，山下有专业的星级酒店，都是不错的选择。

齐云山林间小筑客栈

黄山市休宁县齐云山月华街010号（近齐云山山顶）。 0559-7560147。 均价200元/天。

凤湖烟柳度假酒店

黄山市休宁县齐云西大道（近齐云山）。 0559-7528888。 均价500元/天。

往返交通

黄山国际机场，打车至黄山市区约20元，在市区客运总站乘车前往齐云山。

需从黄山火车站打车至客运总站，再转乘大巴前往齐云山。

天堂寨

亲子游达人：熊靓

天堂寨小档案

地址：安徽省六安市金寨县。

级别：5A。

门票：115元/人，70岁以上老人持有效证件免票。2日内有效。天堂寨索道：单程上70元/人，单程下60元/人。金三角漂流：148元/人，天水涧漂流：138元/人。

开放时间：8：00～17：00。

电话：0564–7528098。

温馨提示

门票为联票，含天堂寨瀑布群、白马大峡谷、白马峰栈道、刘邓大军千里跃进大别山前方指挥部旧址。游客需在景区大门乘坐景区内小交通（28元/人）。

精彩提示

4月有乐山戏水狂欢月活动、6月有六天贶节，接姑娘回门活动、民间民歌赛等。

在这片被称为最后一片原始森林、植物的王国、花的海洋的地方，

天堂寨瀑布

精彩看点

- 瀑布嬉戏
- 古寨寻遗
- 地质解密
- 奇妙山石

就如同它的名字“天堂寨”一样，是天堂一样美的地方。而它的特殊地理位置和险峻地势，又是兵家必争之地，帝王巡幸所，名人登临境。从古至今，天堂寨的自然风光、历史人文等都是游客络绎不绝来此参观的原因。

天堂寨不可不看

瀑布嬉戏

建议停留时间：2小时

瀑布群是天堂寨森林公园的主要景观，从百米高空飞流直下的瀑布，打落在岩石池塘里，溅起水花，巨大的声响在森林里回响。带着孩子沿着山路一路寻找着各种瀑布是在天堂寨里有乐趣的事情。如果运气好，还能看到彩虹飞跃瀑布的美景。

特别推荐观赏两处瀑布：九影瀑布落差71米，瀑布下有深潭。泻玉瀑布垂直高度62米，水帘宽11～13米。

妈妈有话说

山中潮湿路滑，观瀑布时要远离，防止滑落深潭。有些地方坡度在70°，太小的孩子不宜登山。

天堂寨一步一景

古寨寻遗

建议停留时间：2小时

天堂寨主峰山势险峻，有很多农民起义的遗迹。沿着这些历史的足迹，在天堂寨的山林中穿梭，还能找到安徽湖北古民居。在这里边走边看，漫游山中，享受着自然舒适的亲子时光。

大别山地质博物馆·地质解密

建议停留时间：2小时

大别山地质博物馆坐落在安徽大别山国家地质公园主园区，这里是和孩子一起学习了解大别山的好机会。通过地质地貌沙盘模型可以直接看到大别山的山川河流、险峰幽谷、城镇、公路等。馆内的生态园和立体视频影视厅，让游客们深切地感受大别山是怎样形成的。

奇妙山石

建议停留时间：1天

在登山过程中，和孩子一起欣赏大自然带来的奇峰怪事。由于岩石雕凿成奇形怪状、各种造型的盆景园，独特的花岗石及花岗片麻岩，使其风化成群山环抱、山峰林立的地貌特征，从而形成了天堂寨森林公园特有的风景。在小华山、白马峰、哲人峰、天堂寨、五龙朝天堂等都能看到各种怪石，一起猜猜这些石头都像什么吧！

周边也好玩

大别山旅游线路：大别山石窟风景区—白马大峡谷—大别山庄度假村（耗时3天）。

D1　抵达六安后，先驱车抵达大别山石窟风景区。

D2　游览白马大峡谷。

D3　在大别山庄度假村休息，调整后返程。

舌尖上的天堂寨

在天堂寨吃农家宴，喝小吊酒，是山中品美食的特色。豪迈好客的山里人，摆上十大碗招待远方的客人。一碗鸡蛋（算素菜）、二碗鱼、三碗圆子、四碗石耳蹄膀、五碗花生枣肉、六碗茄子煎饼、七碗河鱼、八碗腊肉、九碗千张、十碗红烧肉。

推荐美食

- **观音豆腐**

春、夏季节，将观音树叶采摘下来，洗净，搓揉成浆，用纱布过滤，在浆汁内点上适量的清灰水，待凝固后即成。食用时，用白糖调制，可下凉解毒；用姜末、蒜瓣、辣椒面、麻油调制，味更佳。

- **天堂贡鱼**

它是天堂寨当地盛产的一种小河鱼。因为是高山上流下来的泉水汇合而成，所以天堂贡鱼的味道特别鲜美，是到天堂寨不可不尝的一道特色菜。

特产手信

天堂寨有三件宝：野菜、曲酒、

石耳衣

山核桃

泡大椒。曲酒、泡大椒不太适合孩子食用，但是野菜因土质肥沃，云雾浸染，富含营养，为绿色无污染食品，非常适合孩子。此外，天堂寨土特产品众多，如木耳、茶叶、香菇、板栗、将菜军、珍珠菜、笋干、天香菜等。

• **天堂寨山核桃**

产于大别山深山密林中天然野生核桃，属纯野生果类，无污染的天然绿色食品。

• **天堂石耳衣**

含有肝糖、胶质、铁磷、钙及多种维生素。煮肉治头晕眼花、神经衰弱。

推荐餐厅

• **天堂寨黄山饭店**

六安市金寨县天堂寨镇。15855206353。吊锅土鸡、吊锅羊肉、拌野菜、天堂贡鱼等。

• **天堂寨大吊锅**

六安市金寨县天堂寨镇街道（中国税务正对面）。13813879263。吊锅。

亲子酒店

天堂寨的山中别墅和酒店，是体验山野之趣的好地方。

安兴国际度假山庄

六安市金寨县天堂寨风景区。4006665511。有亲子房，均价300元左右。

往返交通

天堂寨—合肥（80元/人）5：00～12：00。发车地点：天堂寨景区大门。

合肥—天堂寨（80元/人）7：20～12：30。发车地点：合肥旅游汽车站。

天堂寨—六安（45元/人）5：00～9：30。12：00～16：00。发车地点：天堂寨景区大门。

六安—天堂寨（45元/人）7：30～11：3012：30～16：30。发车地点：六安南站。

梅山—天堂寨120千米（早5：30，12：30对开）。

安兴国际度假山庄

天柱山

亲子游达人：廖雪松

天柱山小档案

地址： 安徽省安庆市潜山县。

级别： 5A。

门票： 旺季（3月16日～11月15日）150元/人；淡季（11月16日～次年3月15日）110元/人。

开放时间： 旺季6：30～19：00；淡季7：00～18：30。

电话： 4000556 900。

温馨提示

景交30元/人（含往返）；索道上、下行各80元/人（联票140元/人）。

天柱山位于安庆市潜山县西部，又名皖公山、皖山。安徽省简称"皖"即由此而来。天柱山因独特的自然景观，名列安徽省三大名山之一（黄山、九华山、天柱山），2011年9月被联合国教科文组织正式批准成为世界地质公园。

·天柱擎霄
·三祖禅寺
·神秘洞天
·山谷流泉
·迎真遗迹

天柱山不可不看

天柱擎霄

建议停留时间：90～120分钟

天柱峰是天柱山的主峰，海拔1488.4米。天柱峰与周围岗峦似是断隔却又衔接，平地拔起500余米，如钢锥、石柱、青莲花、玉芙蓉、刺天宝剑、擎天巨臂等。

天柱峰

爸爸有话说

唐代诗人白居易的诗句"天柱一峰擎日月，洞门千仞锁云雷"是对天柱山雄奇景象的精彩描叙。游天柱，看云海，最好的地方在天柱峰下的拜石台。如果碰巧，还能看到天柱佛光。

神秘洞天

建议停留时间：25～30分钟

天柱山最神秘之处是神秘谷，又称司元洞，一是因洞幽谷奇；二是自古就有许多神秘的传奇故事。从外面看神秘谷，一谷乱石堆而已，而近百石洞全在叠石巧堆之中，游客再多，只闻其声，难见其人。谷内洞上有洞，洞里有洞；有的相连，有的间隔；疑无路时便是路，看是道处却迷途。道家视此地为洞天福地，道书称之为第十四洞天。

爸爸有话说

为疏导交通、方便游客，神秘谷在天官和地官外又开辟了一条新路径，小朋友们钻洞入谷游玩时，要注意别跟爸爸妈妈走散了。

迎真遗迹

建议停留时间：45～50分钟

迎真峰又名寡妇寨。据史料记载，南宋末年元兵入侵潜山，烧杀奸淫，蹂躏百姓。潜山义士刘源组织了一支拥有10万人的义军，以天柱山为据点，与元军进行了为期18年的不屈抗争。18位新婚不久的少妇，因丈夫均为元兵所杀，自发拿起了刀枪，据守迎真峰浴血奋战，成为刘源麾下第一支娘子军。当元兵最终攻破山寨时，18位女将也纷纷壮烈跳崖。如今峰上仍有石臼、灯龛、望孔等遗迹可供凭吊。峰顶大石错迭构成天然洞穴，可容百人；洞顶大石拔地20余米高，俗名梳妆台。

温馨提示

迎真峰是天柱山最险的山峰，峭壁嶙峋，四周皆壁，仅有一险径可达峰顶。小朋友登临时一定要拉紧爸爸妈妈的手，抓好石护栏，以防踏空摔倒。

三祖禅寺

建议停留时间：35～40分钟

三祖寺又名"乾元禅寺"，位于天柱山南麓，至今已有1400多年历史。据志书记载，南朝梁武帝时，建康道林寺高僧宝志与江南云游方士白鹤道人门法，卓锡凤形山，建刹布经。初名"菩提庵"，武帝萧衍闻奏，赐名"山谷寺"。后隋朝僧璨（510—606年）师承禅宗二祖慧可衣钵，隐居在这里，并扩建寺庙，弘扬禅寺，故世称三祖寺。

天柱佛光

神秘谷

摩崖石刻

山谷流泉

建议停留时间：35～40分钟。

山谷流泉位于三祖寺西边的山谷间，一股清泉沿石壁潺潺而下，清洌明亮，常年不枯，两岸野花闲草相伴，环境十分幽雅。唐宋以来，达官名士来游者摩肩接踵，络绎不绝，王安石、黄庭坚、苏东坡等名宦大家都曾题字崖谷，留下不少名篇佳作。

妈妈有话说

不少商贩在天柱山脚下贩卖一种称为“娃娃鱼”的两栖动物，用矿泉水瓶装着，每瓶装有二至三条，售价5元一瓶。其实，这种小动物是属于冒牌的“娃娃鱼”，是一种叫作东方蝾螈的两栖动物，长不大，经常当作观赏动物来饲养，在当地池塘山溪中十分常见。

舌尖上的天柱山

天柱山是京剧鼻祖程长庚、现代通俗小说大家张恨水、杂技皇后夏菊花、黄梅戏表演艺术家韩再芬的故乡，也是著名的黄梅戏之乡。边听黄梅戏边吃着地道的天柱山美食，是难得的享受。而天柱山的美食除了色、香、味俱全以外，还有养生食疗的功效。

推荐美食

- **石耳炖老鳖**

汤清、味鲜香、鳖酥烂，具有清凉驱火之功效。

- **鲈鱼**

因左慈在天柱山修炼期间喜吃鲈鱼而得名。

- **柱香鸭**

主料取自山间农家水鸭，在保持生态原汁的基础上选用天然佐料，精巧配方，融合传统工艺与现代科技加工制成，气香味醇，一吃难忘，百吃不厌。

- **天柱蛋皮**

用正宗的草鸡蛋，和上当地产的山芋粉，加上五香粉、盐等佐料均匀地摊在铁锅上，小火煎成两面淡黄色，起锅，切成宽1厘米的长条，可以清炒、凉拌，下汤，味道特别鲜美。

天柱小吃

柱香鸭

推荐餐厅

• 天柱山青山人家饭店

天柱山景区南大门佛光寺与大龙窝索道之间。13485563388。石耳炖老鸡。

• 天柱山一方庄园

安庆市潜山县天柱山镇政府往上300米。0556–8143377。山粉圆子红烧肉、冬笋片炒五花肉、干锅杂鱼。

亲子酒店

要想深度领略天柱山，最好是在天柱山住一夜，早上起来带孩子看日出。景区外有众多酒店，这里只推荐景区内的酒店。

炼丹湖宾馆

景区内最高档的宾馆，既是宾馆饭店，又是景观景点。

天柱山主景区炼丹湖畔。0556–8145015。豪华双标1680元/天。

天柱山庄

地处天柱山景区东、西关两条循环线路交汇处，观日出绝佳地。

炼丹湖宾馆

天柱山主景区青龙涧。0556–8145015。标间3000元/天。

文德山庄

景区内知名度较高的农家乐。

天柱山主景区一索和二索之间。吴老板13956496458。标间100～150元/天。

往返交通

安庆机场在安庆市郊，距离潜山县城50千米左右，开通至北京、上海、广州、西安、厦门、海口等城市的航班。可从机场打车到安庆市湖滨车站，乘安庆到潜山的班车（15元/人）；或者直接在机场包出租车到天柱山门票口（150元/车左右）。

天柱山火车站离潜山县城3千米，直达天柱山火车站的列车班次有20多班次。如果是乘火车到达天柱山站，可以在出站口外停车场乘潜山到天柱山牌坊门或直达天柱山风景区。

可从无锡、天津、武汉、合肥、安庆、南京、芜湖等地直接乘车直达潜山县城的班车，再从潜山县城乘潜山至天柱山的班车入山（15元/人）。

从武汉出发全程270千米：武汉—武黄（石）—黄（石）黄（梅）—沪蓉（往合肥方向）—天柱山出口；从南京出发全程340千米南京—宁合（肥）—合界（往武汉方向）—天柱山出口。需要提示的是，自驾车只能到游客中心，从游客中心到南大门这一段路，必须换乘景点的车。

泰山

亲子游达人：张婕洁

泰山小档案

地点：山东省泰安市中部。

级别：5A。

门票：127元/人。

开放时间：8：00～17：00。

季节：四季皆宜。

电话：0538-6228289。

温馨提示

9～11月是泰山最佳旅游时间，这时正值秋高气爽，是观看日出的最佳时间。如若参观人文景观，则四季皆宜。

泰山，世界文化与自然双重遗产，有“天下第一山”之称，位于山东省泰安市中部地区。泰山，是各朝各代皇帝封禅和祭祀圣地，国人崇仰之处，因此具有“五岳独尊”的美誉。

泰山不得不看

观玉皇顶

建议停留时间2～3小时

玉皇顶乃是泰山的主峰，因顶上修建着一座玉皇庙而得名，玉皇大帝铜像便在这庙宇之内。玉皇顶峰视野广阔，峰顶风景美不胜收。可以带孩子登上玉皇顶峰，先从东亭观看绝美的旭日东升，再在峰顶欣赏一望无际的云海和绝美的苍松翠柏，尽享“一览众山小”的景色。

精彩看点

- 玉皇顶
- 玉母池
- 天烛峰
- 扇子崖

泰山标志

爸爸有话说

由于十八盘山峰陡峭，比较危险，攀登时间较长，因此带孩子攀登时尽量避开危险路段。

5~11月是游览玉皇顶最佳时节，适合泰山观看日出。

宗教探秘（岱庙）

建议停留时间3～4小时

岱庙位于泰山南麓，是泰山保存最完整、最大的道教庙府，始建于汉代，唐宋达到最辉煌鼎盛的时期，庙内分为东、中、西三大建筑，石筑的台基彰显恢弘与大气，围绕四周的白石雕栏雕工精细，殿顶上覆盖的黄色

玉皇顶

琉璃瓦华丽中不失稳重，整个庙宇散发着一种神秘、庄严、宁静的气息，令人心驰神往。

爸爸有话说

岱庙是泰安市内最大的古建筑群，里面有很多古树，文物历经岁月的冲刷，历史悠久。在登游泰山之前要先去游览岱庙，再游览泰山。如要欣赏岱庙内的天祝殿的壁画，则需要提前购买门票。

登山观崖（扇子崖）

建议停留时间1～2小时

扇子崖位于泰山以西，因为整体的形状像一把微微展开的折扇而命名，这里风景独特，可以带着孩子游览神秘莫测的魔王洞、狮驼铃，还有惟妙惟肖的石猴观海，为孩子讲述扇子崖的由来。

腊山国家森林公园

爸爸有话说

据说扇子崖原是《西游记》作者吴承恩进京赶考途中路过，从中发现灵感，因此写入小说中，将其定为铁扇公主的宝扇。

寻古探幽（天烛峰）

建议停留时间3～4小时

喜爱摄影的孩子可以登到峰顶观看外形酷似“蜡烛”的奇石，并取景拍摄。天烛峰之所以如此命名也是由于其形状酷似蜡烛。这里蓝天白云，峰峰相连，峰峰相叠，形状大小不一，如同罗汉叠立在一起，山中苍松劲柏，一片翠绿，郁郁葱葱，是值得一去的好地方。

爸爸有话说

天烛峰分为大天烛峰和小天烛峰，两座峰相距不远，隔涧相望，与天地自然的

天烛峰

融为一体。该景区主要为自然风光，非人工开发景区，地点在泰山后山，人烟稀少，最好结伴而行，保证人身安全。

周边也好玩

腊山森林之旅：三清宫—老虎洞—马跑泉—泰山行宫—玉皇殿—古戏楼—祥龙观（耗时1天）。

早晨出发到达腊山国家森林公园，先游览三清宫，再到老虎洞进行拍照留念，再步行到跑马泉欣赏当地美景，最后到泰山行宫、玉皇殿游览一番；午餐后去游览波光粼粼的东平湖，浏览当地的古建筑古戏楼、祥龙观，翠柏枝叶繁茂，绿荫萦绕。

特产

泰山的佛桃，味道甜美，清香扑鼻。另外，泰山的板栗味道纯正，个儿大色鲜，可以制成多种糕点小吃，如栗子糕，栗子饼等。栗子炖鸡十分美味；泰山的灵芝可谓是泰山珍贵的药材之一，可以利精气、坚筋骨、利关节，另外对治疗耳聋也十分有效。

舌尖上的泰山

说起当地的美食，泰安的煎饼要属当地人民的最爱。泰山的药膳宴中的药材全部采自当地的山林中。灵芝蒸鸡、灵芝蒸鸭、何首乌炖羊肉、四叶参蒸鸡、银杏猪肘味道独特，营养丰富。此外，当地的豆腐宴菜品种类也十分丰富，这主要来自于古代帝王封禅祭祀之时，均以素斋为主，口感极佳、味道纯正，十分具有当地的特色。

推荐美食

- **泰安煎饼**

山东人的主食，主要是以小米为原料，手工烙制而成，做好后抹上当地特制的酱，卷上大葱就可以吃了，煎饼是当地人民日常的主食也是最喜爱的食物之一，也是游客必点的食品之一。

- **泰山火烧**

说起泰山火烧也是当地特色小吃之一。它是从我国汉朝起源一直发展至今。外表色泽金黄，双面有芝麻，吃起来外松内软，咸香适中，口感甚佳，火烧皮外酥里香，十分美味。

- **泰山三美汤**

这款汤是由白菜、豆腐为主料，取之泰山当地的清泉熬制而成。这道汤养生效果甚佳，可以通肠利脾，醒酒提神，白菜味道鲜美，豆腐久煮不

泰安板栗

泰山火烧

烂，弹性十足，泰山当地泉水硬度很低，十分利于养生。

推荐餐厅

• 泰山菜馆

泰山市泰山区红门路26号泰山宾馆内。 0538-8224678。 豆腐丸子、泰山三美汤、煎饼卷大葱、九转大肠、炸黄花鱼、蒜香海鲈鱼、泰山针蘑炖鸡。

• 泰山一家人

泰山市泰山区东岳大街137号。 0538-6662001。 炝锅面、槐花炒蛋、白菜炒大虾。

亲子酒店

可以带领孩子入住到泰山脚下的农家院，品味泰山当地的农家特色美味，体验宁静而古朴的农家生活，和孩子一起享受舒适而安逸的时光。比外，还推荐以下亲子酒店。

泰安新双龙酒店

泰山市泰山区财源大街43号。 0538-5072555。 有亲子房，均价150元左右。

如家快捷酒店

泰山市泰山区龙潭路64号。 0538-6282555。 有亲子房，均价200元左右。

汇龙精品酒店

泰山市泰山区东岳大街岱庙南门双龙池东南与通天街交汇处。 0538-8080885。 有亲子房，均价110元左右。

往返交通

乘坐飞机到达济南遥墙国际机场下机，转乘长途客运汽车直达泰安市泰山旅游区，时长约1小时。

乘坐动车到济南站下车后，转乘长途客运汽车到泰安市泰山旅游区即可。

从泰安市行驶进入望岳东路，左转到东岳大街，由环岛第2出口出，行驶20米到达终点即可，时长约11分钟。

汇龙精品酒店

烟台龙口南山

亲子游达人：张婕洁

龙口南山小档案

地址：山东省龙口市东江镇南山工业园

门票：套票：100元/人（中华历史文化园、宗教文化园和东海海滨旅游区）；门票说明：中华历史文化园60元人；宗教文化园60元/人；通票100元/人（包括中华历史文化园、宗教文化园）。

开放时间：一、四季度：7：30～17：30；二、三季度：7：30～18：00。

电话：0535-8615090。

优惠政策：免票政策：儿童身高1.3米（含）以下免大门票（非观光车票）；身高1～1.3米（不含）之间购买儿童票；70周岁以上老人凭本人身份证、现役军人凭持军官证或士兵证、记者证凭免票。优惠政策：60～69周岁老年人、离退休干部、残疾人、中小学生凭有效证件可购景区优惠票。（上述优惠政策，需游客自行至景区购买）。

精彩看点

- 南山大佛
- 南山禅寺
- 中华历史文化园
- 南山康乐宫

温馨提示

停车场费用标准为：轿车、面包车5元/辆，大客车10元/辆，小型游览车每人次2元。

龙口南山不得不看

烟台南山旅游区位于山东省龙口市境内的卢山之中，这里自然风景秀丽宜人，人文景观古朴典雅，宏伟壮观，整个旅游区分为宗教文化园、中华历史文化园两大部分。以优雅的自然景观和底蕴丰厚的人文景观，勾画出一幅“寿比南山”的人间美景。

南山风景区门口

南山风景区

南山大佛

南山禅寺

南山大佛

建议停留时间：30分钟

南山大佛为锡青铜铸释迦牟尼坐像，高38.66米，重380吨，由232块铜板和108块莲花瓣，302个发髻焊接而成。大佛右手作“施无畏印”，左手作“施与原印”，表示佛为众生拔除痛苦，给予幸福。

爸爸有话说

南山大佛高大宏伟，在他面前，会把所有杂念都抛到一边，清心寡欲，一家人在这里拜上一拜，也是一种善德所在。

南山禅寺

建议停留时间：1小时

南山禅寺属佛教禅宗寺庙，其前身是龙口市境内最古老、最著名的石泉寺，创建于唐贞观年间。南山禅寺占地4万平方米，建筑面积9800平方米，中轴线有山门、弥勒殿、大雄宝殿、圆通殿、藏经阁五重殿阁，佛像全部为金身。两侧有伽蓝殿、祖师殿、文殊殿、普贤殿等10多个配殿，塑像为彩绘点金，整个寺院规模庞大，气势宏伟，为北方最大寺庙之一。

妈妈有话说

和孩子一起参观南山禅寺，感受佛家人的清净与清心，接受那些世外的洗礼，祈祷平安健康。

中华历史文化园

建议停留时间：1小时

中华历史文化园是国内唯一以历史文化为经，吉祥文化为纬，按照朝代顺序建造而成的大型主题公园，占地面积6平方千米。中华历史文化园以不同风格的中国主要朝代建筑群为载体，通过大量文史资料与实物，独具匠心地写意了上下五千年的大势大略，重大历史事件和代表人物，并融汇了历史文化、吉祥文化、民俗文化、饮食文化、市井文化。

中华历史文化园

南山康乐宫

建议停留时间：2小时

南山康乐宫是目前亚洲最大的室内综合游艺场所，总建筑面积3.6万平方米，设有风味餐厅、中西餐厅、酒吧、游艺厅、保龄球馆、健身房、桑拿洗浴、儿童乐园、商场等，集游乐、休闲、健身、餐饮、购物于一体。

周边也好玩

龙口周边游：龙口南山—罗山国家森林公园—招远淘金小镇—天崮山旅游风景区（耗时2天）。

D1 前往罗山国家森林公园参观亚洲最大的金矿田，之后到招远淘金小镇感受宋代的招远文化。

D2 前往天崮山旅游风景区游览，休整后返程。

舌尖上的南山

烟台处于沿海城市，因此海产品也相对较为丰富。烟台苹果、莱阳梨、天鹅蛋等都是烟台的特产。

推荐美食

- **韭菜炒海肠子**

韭菜炒海肠子是鲁菜中很有特色

欢乐岛

马术俱乐部

天崮山旅游风景区

韭菜炒海肠子

鲁菜

大虾

的菜式之一。在明朝年间，生活在烟台芝罘岛上的渔民，每至大年，家家户户都要用韭黄、海肠、猪肉、鲜鱼为主料熬制成一个菜品，取其谐音长久有余财（肠、韭、肉、鱼），以寓来年获得更大的丰收。

• 芫爆乌鱼花

乌鱼条洁白，香菜翠绿，白绿相间，悦目增食。具体做法是将乌鱼肉去边筋，再而顺其边切成长条，用开水焯出以后，将乌鱼条放入加热的植物油中，再添上香菜等香料，便成了山东的一道特色美食。

• 葱烧海参

葱烧海参是山东省经典的鲁菜，中华特色美食，属于鲁菜系。海参清鲜，柔软香滑，葱段香浓，食后无余汁，是“古今八珍”之一，葱香味醇，营养丰富，滋肺补肾。

推荐餐厅

• 六特味家常菜

龙口市南山南路。 15266-537466。 蒜蓉西兰花。

• 韩食馆

龙口市南山南路。 0535-8736114。 韩国菜。

亲子酒店

龙口龙海商务宾馆

龙口市南山南路怡天海景C区。 18865522666。 120～140元/天。

龙口南山宾馆

龙口市东江镇南山旅游景区。 0535-8616178。 140～568元/天。

龙口南山国际会议中心

龙口市东江镇南山旅游景区。 0535-8663666。 354～804元/天。

往返交通

济南到烟台南山大佛：济青高速—潍莱高速—威乌高速—南山出口下高速；距黄城汽车站6千米，时间20分钟；旅游区附近有10路公交车，还有5路公交车从烟台到龙口南山大佛：先从烟台汽车总站到龙口的黄县，下车后可以乘坐5路或者10路公交车。

到达烟台后可在火车站乘坐南山旅游直通车直接前往景区。

乘坐巴士（烟台北马路汽车站、青年路汽车站）至龙口黄城，转乘5路、10路公交车至南山商城站下，再转乘景区游览车前往。

沂蒙山

亲子游达人：张婕洁

沂蒙山小档案

地址：山东省临沂市。

门票：沂蒙山联票：150元/人；

沂蒙山区：门票90元/人，30元车费；龟蒙景区：80元/人；云蒙景区：30元/人。

电话：4000536059。

优惠政策：儿童1.2米以下免票；1.2～1.4米之间景区现场购儿童票40元/人；老年人60～69岁景区购买门票40元/人。

温馨提示

门票仅包含景区首道大门票，不包含景区内的自费项目及个人消费。另外可以在景区内体验特色森林漂流。

精彩看点

· 沂山景区

· 蒙山景区

· 云蒙景区

沂蒙山旅游区位于山东省中南部，包含蒙山云蒙（蒙山国家森林公园）、龟蒙、沂山三个景区，核心景区面积148平方千米，是世界文化遗产齐长城所在地、世界著名养生长寿圣地，现为国家5A级旅游景区、国家森林公园、国家地质公园、国家水利风景区。蒙山国家森林公园在2014年被评为全国十佳林场。

沂蒙山景区不可不看

沂山景区

建议停留时间：2小时

沂山山体蜿蜒，气势磅礴，奥谷深幽，钟灵毓秀，具有南险、北奇、东秀、西幽之特点，为汶、弥、沂、

沂蒙山山色

沂山景区

蒙山寿星石刻

沭四水发源地。古齐长城绵延山巅。其峰峭、石奇、谷翠、水秀、古刹、“松涛”“云霭”相映成趣。总面积65平方千米，最高海拔1032米，被誉为“鲁中仙山”。

爸爸有话说

“人人都说沂蒙山好，沂蒙山区好风光。”沂蒙山之美，确实是无可抵挡的，可以看看山神庙，在大峡谷和孩子一起玩水。

蒙山景区

建议停留时间：2小时

蒙山，现为国家4A级旅游风景区，“山东十大最美的地方”第二名。蒙山自然风光秀丽，兼有泰山之雄壮、黄山之秀美、华山之险峻、雁荡山之奇绝。主峰龟蒙顶海拔1156米，位于平邑县境内，为山东省第二高峰，被誉为“岱宗之亚”，素称“亚岱”。蒙山寿星石刻位于龟蒙顶西壮侧，以南极仙翁形象为原型，由中央美术学院设计完成。

云蒙景区

建议停留时间：2小时

云蒙景区位于蒙山之阴，是沂蒙山核心景区之一，国家5A级旅游景区；风景秀丽，自然景观和人文景观十分丰富，名胜古迹颇多。蒙山北坡森林，素有百里林海之称。自然景观有林海花潮、水帘洞、后花园、观峰台和云蒙湖等；人文景观有二郎帽子山、铁拐李葫芦谷等。云蒙景区负氧离子含量居全国之首，被誉为“世界级天然氧吧”，蒙山空气又称“极氧”。

革命遗址炮楼

沂蒙山滑道上的母女

老龙湾风光

周边也好玩

沂蒙深度游：沂蒙山景区—石门坊—老龙湾—神牛谷景区（耗时2天）。

D1　前往石门坊欣赏齐鲁红叶，之后到老龙湾感受“北国江南”。

D2　前往神牛谷景区游览，休整后返程。

舌尖上的沂蒙山

沂蒙山有许多特色美食，山东的鲁菜便是最经典的，但也不乏其独具特点的当地风味，在清新的大自然中，一家人坐在一起赏景品菜，无不是一种享受。

推荐美食

- **蒙山光棍鸡**

蒙山光棍鸡主要取材是蒙山家养草公鸡，也叫作笨鸡，非饲料、激素养殖的公鸡。创始人在蒙阴县城西岭开设炒鸡店，以烹制蒙山大公鸡为主，且口味鲜美、风味特殊吸引了大批食客。因炒鸡店工作人员全部是男士，取材又全是大公鸡，便将此菜戏称“光棍鸡”，此店即叫“光棍鸡店”。炒出来的“光棍鸡”色泽光亮、汁宽味浓、鲜香醇厚、药香浓郁。

- **沂蒙山蜂蛹**

蒙山野生蜂蛹是产自密林深处的野生纯天然绿色食品。油炸蜂蛹色泽金黄，外脆里嫩，香气扑鼻，回味悠长，属高蛋白、低脂肪的珍品，独具特色的野味。

- **蒙山兔首**

蒙山兔首深受食者的喜爱，该菜选用3～4个月龄肉食兔子头和10余种蒙山纯天然中药材，经过10余道工序烧制而成。其特点是，口味麻辣咸鲜、肉味独特、色泽诱人，且具有滋补养颜、健脑明目之功效。

推荐餐厅

- **沂蒙山沟沟**

🏠 临沂市费县建设路好声音KTV南500米路西。 📞15910158158。 🔍沂蒙山家常菜。

- **沂蒙山地锅城**

🏠 临沂市罗庄区新华路和罗七

沂蒙山蜂蛹

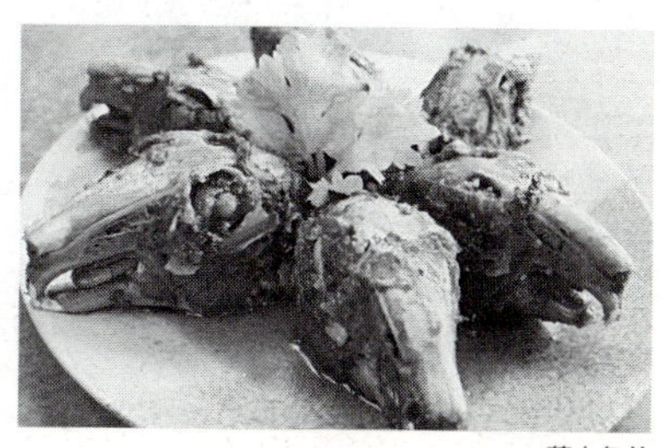

蒙山兔首

路交汇处阳光花园南门向西200米路南。0539-7100306。 鲁菜。

• 馥郁黄记煌（沂蒙山路店）

临沂市沂水县沂蒙山路银座西50米路北。 0539-2510555。焖鲟鱼。

亲子酒店

平邑鑫蒙宾馆

临沂市平邑县柏林镇蒙西线蒙山风景旅游区西50米。 0539-4406046。 120元/天。

平邑唐家宾馆

临沂市平邑县柏林镇万寿宫蒙西路蒙山旅游区游客中心西侧56米，（东山宾馆）西邻。 0539-4406069。50～200元/天。

平邑东山宾馆

临沂市平邑县临沂龟蒙景区西68米往北300米。 0539-4103888。100～2000元/天。

往返交通

全国各大城市都有航班抵达临沂飞机场，乘坐机场大巴30分钟抵达。

全国各大城市都有班次抵达临沂火车站。

山东省各地汽车站都有发往平邑莲花山客运站的汽车，到达之后再转乘平邑到蒙山的客运车直达景区。

青岛方向：胶州湾大桥—青兰高速—长深高速沂山出口—S227省道—沂山景区；

济南方向：青银高速—长深高速沂山出口—S227省道—沂山景区；

烟台方向：沈海高速—青兰高速—长深高速沂山出口—S227省道—沂山景区；

临沂方向：京沪高速—日兰高速—长深高速沂山出口—S227省道—沂山景区；

日照方向：日兰高速—长深高速沂山出口—S227省道—沂山景区。

平邑东山宾馆

武夷山风景名胜区

亲子游达人：王杏芝

武夷山小档案

地址： 福建省武夷山市武夷山。

门票： 一票制：一日游140元/人；二日游150元；三日游160元；（包括云窝—天游峰景区、一线天—虎啸岩景区、水帘洞—大红袍景区、莲花峰—遇林亭景区、武夷宫景区）。

其他景区：

100元景点门票（翡翠谷景区），主要有九曲溪竹筏漂流、生态漂流、武夷山漂流、桐木溪漂流；80元景点门票（龙凤谷景区），主要是国家自然保护区和城村古汉城遗址；60元门票景点（神秘谷景区）主要有青龙大瀑布、武夷山玉龙谷、武夷山十八寨、龙归源。

下梅明清古民居：46元/人。

优惠：

免费政策：儿童身高1.2米以下免门票、免观光车票。优惠政策：1.2～1.5米的儿童购儿童票；60岁以上的老人持老年证（或身份证）购老人票，全日制大学本科及以下学历学生凭身份证和学生证享受学生票。

精彩看点

· 天游峰观景

· 水帘洞寻西游记

· 虎啸岩游天险

· 九曲溪漂流

武夷山风景名胜区位于福建省西北部、闽赣两省交界处，被联合国教科文组织批准列入《世界遗产名录》，成为我国第4处、世界23处世界文化与自然“双遗产”地之 。武夷山森林覆盖率达到95.3%，空气负氧离子含量每立方厘米高达8万～9万个，是“天然氧吧”，除此之外，它还是一座历史文化名山，素有“奇秀甲东南”之称。

武夷山风景名胜区不可不看

天游峰观景

建议停留时间：30分钟

天游峰海拔408米，是一条由北向南延伸的岩脊，东接仙游岩，西连仙掌峰，高耸群峰之上。当雨后乍晴，晨曦初露之时，白茫茫的烟云，弥山漫谷；风吹云荡，起伏不定，犹如大海的波涛，汹涌澎湃。站在一览台上望云海，变幻莫测，宛如置身于蓬莱仙境，邀游于天宫琼阁，故名“天游”。

天游峰

爸爸有话说

在天游峰上观赏大好山川，感受风云变幻和山峰上一览众山小的宏大场面，是最为震撼的。

水帘洞寻西游记

建议停留时间：30分钟

武夷山水帘洞为武夷山著名的七十二洞之一。洞顶危岩斜覆，洞穴深藏于收敛的岩腰之内。洞口斜向大敞，洞顶凉爽遮阳。两股飞泉倾泻自百余米的斜覆岩顶，宛若两条游龙喷射龙涎，飘洒山间，又像两道珠帘，从长空垂向人间。

妈妈有话说

《西游记》里水帘洞的猴儿们、猴孙们让孩子们喜爱非凡，亲身带着他们来到水帘洞前，感受《西游记》里的故事。

水帘洞

虎啸岩游天险

建议停留时间：30分钟

虎啸岩景区面积17平方千米，主要景点有一线天、楼阁岩、凌霄峰、石门岩和虎啸岩等，是武夷山屈指可数的独具泉天趣的佳境之一。其实“虎啸”之声，来自岩上的一个巨洞，山风穿过洞口，便发出怒吼，声传空谷，如同老虎在咆哮。

《印象大红袍》九曲溪漂流

建议停留时间：30分钟

如果说武夷山风景区是武夷山的身骨，那么《印象大红袍》就是武夷山的灵魂！把悠远厚重的茶文化内涵用艺术形式予以再现，使之成为可触摸、可感受的文化旅游项目，和美丽的自然山水浓缩成一场高水准的艺术盛宴。首次展示了夜色中的武夷山之美，同时还创造了多个世界第一。

周边也好玩

武夷深度游：武夷山—中华茶博园—武夷水秀（耗时2天）。

D1 中华茶博园品味当地名茶“大红袍”。

D2 前往武夷水秀观看动画、3D电影。

虎啸岩

一线天

岚谷熏鹅

舌尖上的武夷山风景名胜区

推荐小吃

武夷山风味小吃，历史悠久，品种繁多，制作精细，风味各异，富有浓厚的闽北地方特色。武夷山小吃咸、甜、荤、素、香、脆、软、糯各色俱全，具有独特风味。

• 霹荔冻

薜荔冻是夏天最常见到的武夷山特色小吃之一，薜荔冻采用山上野生的薜荔果曝晒后制成半凝固状，配以蜂蜜或蔗糖食用，清凉可口，具有很好的消暑作用。

• 岚谷熏鹅

中国餐桌上的一道历史悠久的佳肴。以麻、辣、香著称。它以闽北白鹅为原材料。

• 街头粿

街头粿，也称“粿仔”，是用上等早米磨浆沥干，做成小手指般大小的条块，调以佐料，加上精肥俱备的猪肉片，火蒸而成的。制作工艺独特，形态美观，粿肉均别具风味，在福建风味饮食上独树一帜。

推荐餐厅

• 岚谷熏鹅第一家

武夷山市西林街104号。0599-5193063。岚谷熏鹅。

• 老甘饭店

武夷山市三姑街。0599-5252581。福建菜。

• 老字号农家宴

武夷山市国家旅游度假区。0599-5252257。福建菜。

亲子酒店

武夷山庄

武夷山市武夷山武夷宫武夷山庄。0599-5251888。328～947元/天。

武夷山最佳西方九曲度假酒店

武夷山风景名胜区西入口。0599-5262888。410～828元/天。

九曲度假酒店内景

武夷山苏闽大酒店

武夷山市武夷山国家旅游度假区苏闽步行街东段。1585999-9096。222～680元/天。

往返交通

全国各大城市都有航班抵达武夷山。

全国各大城市均有火车班次抵达武夷山火车站，出站乘坐2路、5路公交车抵达武夷山。

武夷山庄

云台山

亲子游达人：郭婷婷

云台山小档案

地址：河南省焦作市修武县。

级别：5A。

电话：0391-7709001；0391-7709920。

门票：通票210元/人。

时间：8：00～18：30。

季节：夏秋两季适宜；“五一”和“十一”温度适中适合出游，但此时游客数量众多。

温馨提示

云台山在10月有中国云台山国际旅游节，每两年一届。

云台山历史文化积淀深厚，古今帝王将相、百家名流、高僧名道都曾在这里驻足停留，是中国儒三教、释三教、道三教景观并存的宗教名山。这里绝壁林立、猕猴奔跳、飞瀑流泉、鸟语花香，有中国山水园林文化鼻祖“竹林七贤”的隐居地，有刘伶醒酒台、嵇康淬剑石、孙登啸台的历史遗迹，还有唐代药王孙思邈采药炼丹的洞府。茱萸峰上，还流传着唐代大诗人王维“独在异乡为异客，每逢佳节倍思亲”的佳话……真可谓是“避暑有楼，醒酒有台，载文咏诗有碑碣”。

云台山云雾缭绕

精彩看点

- 红石峡
- 子房湖
- 潭瀑峡
- 青龙峡
- 泉瀑峡

云台山不可不看

红石峡

建议停留时间：90分钟

红石峡是全长1500米的单行线景点。峡谷极品红石峡，集秀、幽、雄、险于一身，容泉、瀑、溪、潭于一谷，素来享有“盆景峡谷”的美誉。峡谷深68米，外旷内幽，奇景深藏，两岸峭壁山石秀丽，仿佛鬼斧神工雕琢而成的一个巨大盆景，又似名山大川的浓缩，园林专家称之为“自然山水精品廊”。

爸爸有话说

红石峡是云台山最美的景点，有北方少见的丹霞地貌峡谷景观。虽有栏杆围绕，但小心人多，注意孩子安全。

云台山风景

云台山山间夏季十分清凉

潭瀑峡

建议停留时间：90分钟

潭瀑峡全长2000米。“三步一泉、五步一瀑、十步一潭”是潭瀑峡秀美风光的真实写照。景区内各种灵动的飞瀑走泉相互映衬，形色各异。在这里可以欣赏到耳鬓厮磨，窃窃私语的情人瀑；四季长流，珠帘高挂的水帘洞；浑然天成的丫字瀑，五谷丰登，六畜兴旺的丰收图；还有龙凤呈祥的龙凤壁；宛若仙子的蝴蝶石石砚磨穿的洗砚池。

泉瀑峡

建议停留时间：150分钟

泉瀑峡长3000米。泉瀑峡山雄水秀，峰高瀑急，沟壁和谷底有多处清泉流出，沿峡谷逆水而上，多孔泉、私语泉、幽潭、吟龙瀑等景点将游客带入一个如梦如幻的人间仙境。落差314米的“云台天瀑”就位于泉瀑峡尽头。

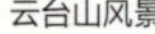

妈妈有话说

云台山平时游客就不少，在节假日更是客流汹涌，最好能够错峰前往。山中气温比山外低不少，夏季前往，也最好能多带件外衣。猕猴谷中有不少猴子，不要主动去招惹它们，免得被猴子攻击。

子房湖

建议停留时间：10～20分钟（可以坐快艇）

子房湖因西汉名臣张良张子房在此隐居而得名，是云台山东区最大的湖泊水体景观，湖面波光潋滟，湖水清澈幽静，湖周峰峦起伏，2002年6月，湖内首次发现了桃花水母，桃花水母与野马、大熊猫共同被列入《国家濒危野生动物红色名录》。

青龙峡

建议停留时间：1～2小时

青龙峡作为云台山的主要景点之一，有“云台山第一大峡谷”的美誉，这里瀑飞泉悬，潭幽溪清，山水含情，草木解意，堪称生态旅游、休闲避暑的好去处。

周边也好玩

郑洛文化游：郑州市—少林寺—龙门石窟—白马寺—郑州市（耗时3天）。

D1 参观郑州市内的二七纪念塔。

D2 前往少林寺参观。

D3 前往龙门石窟和白马寺。

特产

云台山有很多丰富的特产，如武陟油茶、云台野茱萸果、海蟾宫松花蛋、当阳峪绞胎瓷等，鸡头参则很适合老年人，这些在景区街市上均能买到。当地四大怀药（即地黄、山药、牛膝、菊花的总称）也非常有名。

舌尖上的云台山

云台山的十足全虫（即十条腿的蝎子）、山韭菜炒鸡蛋散发着独特的醇香。闹汤驴肉、蜜汁鸡头参、蜂蜜怀山药、巧拌地黄丝、地黄腰片等都是精彩之作。

推荐美食

- **蜂蜜怀山药**

采用野山药蒸制，食用时蘸蜂蜜，口感绵甜，药性平、味甘、补脾益胃，缓急止疼，对脾胃虚弱、消化不良、胃肠不和等症均有疗效，也可做汤、煲汤、随意食用。

- **闹汤驴肉**

“天上龙肉，地上驴肉”，中原一绝，焦作特产。味甘、性温，可补血益气、滋阴壮阳、安神去燥，特别是对于女性，还有着护肤去斑之功效。

- **巧拌地黄丝**

采用怀生地黄为原料，经精心泡制而成，食之具有清热生津、凉血止血的功效。

推荐餐厅

- **云台山餐饮服务中心**

云台山景区核心景点潭瀑峡、泉瀑峡、猕猴谷中心位置。 139-03913020。 松花蛋、驴肉菜。

亲子酒店

一定要在山里住上一夜，推荐住在云台天阶酒店。推荐以下亲子酒店。

云台天阶酒店

云台山景区内。 有亲子房，大床房，均价600元以上。

焦作锦绣云台温泉山庄（七贤民俗村

焦作市修武县七贤镇。 0391-7828888。 有亲子房，均价238元。

蜂蜜怀山药

闹汤驴肉

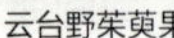
云台野茱萸果

鸡头参

焦作云台山山水迎宾馆

焦作市修武县云台山风景区岸上服务区西十街1号，近岸上服务区。13839181593。有亲子房，均价131元左右。

往返交通

新郑国际机场，或者洛阳北郊机场，在市区客运总站乘车前往云台山。

需从洛阳火车站转乘大巴前往云台山。

北京至云台山：京石高速—石安高速—安新高速—长济—修武南站—景区。

注意：自驾游的游客，可将车辆停放在景区门口的大型停车场内，停车场采用国内先进的智能收费系统，根据车型收费：小型车（9座以下）10元/天，中型车（9~19座）15元/天，大型车（19座以上）20元/天。

锦绣云台温泉山庄

龙虎山

亲子游达人：徐志玲

龙虎山小档案

地址： 江西省鹰潭市西南，距市中心18千米。

级别： 5A。

门票： 全程成人票价260元/人包含竹筏。

时间： 7：30～17：30。

电话： 4008853766。

季节： 水上游览在3～11月份为最佳。旱路景点一年四季皆宜。春天去龙虎山采青，夏季消暑纳凉，秋观田野金辉，冬游龙虎山雪景别有一番情趣。

温馨提示

每年的10月3日～10月9日是龙虎山的道教盛会——龙虎山道教文化节，海内外的道教信徒都会云集在这里举行各种道教法会，场面十分热闹。

精彩看点

· 泸溪泛舟　· 灰瓦白墙

· 道教洗礼　· 山中畅游

· 天然氧吧

精彩演出

《寻梦龙虎山》是国内首创的山水实景演出，把演出和山水有机结合起来，依托天然崖壁为巨人投影屏幕，黑暗的夜空为一块“画布”，借助多媒体声光电技术，将歌舞、戏剧、杂技等多种艺术表演融入其中，当地农民质朴而又富有情感的表演，使得演出更加原汁原味。

龙虎山因《水浒传》和张天师而名扬天下，被誉为“神仙都所”“人间福地”。源远流长的道教文化、独具特

龙虎山美景

色的碧水丹山、千古未解的崖墓奇观构成了龙虎山风景旅游区自然景观和人文景观的“三绝”。

龙虎山不可不看

泸溪泛舟

建议停留时间：30分钟

乘坐竹筏飘在玉带一样的泸溪河上，可以边欣赏当地称为“十不得”的美景，边听着充满奇幻色彩的神话故事，观看春秋时期的崖墓群以及仿古的“升棺”表演，有兴趣还可以与家人一起探寻这未解之谜。

爸爸有话说

乘船游览时应注意：上船前不要拥挤，按序上船，开船时不要将手放在船边缘，特别注意小孩，以免手被相邻的船挤压。

河上行舟

道教洗礼

建议停留时间：20分钟

大上清宫、上清古镇、天师府都包含其中。上清宫左拥象山，门对泸溪，面云林，枕台石，是历代天师供祀神仙之所；还可以感受“南国无双地，西江第一家”的天师府。游福地门、下马亭、九宫八卦阵等，参观东隐院、伏魔殿、108将出生地镇妖井；穿过天然板栗林，走过99级长寿梯。

天然氧吧

建议停留时间：20分钟

踏着鹅卵石铺就的“虚灵芳径”，享受足底按摩，满目的翠竹、杉树和不知名的常绿阔叶树，呼吸着“天然氧吧”的优质空气，享受“洗肺、养眼、森林浴”，仿佛踏入仙境。

妈妈有话说

山区气候易变，冬季景区可能有冰雪，注意携带御寒防雨衣物，不要穿高跟鞋、易滑鞋，要穿上专用登山鞋。夏季注意早晚温差，带好衣物。

灰瓦白墙

建议停留时间：20分钟

“正一观”以宋代建筑风格为主，吸收明、清建筑艺术特点，带着

正一观

寻梦龙虎山

孩子感受气势雄伟的灰瓦白墙建筑，古朴而又典雅。

山中畅游

建议停留时间：45钟

感受重峦叠嶂，飞瀑流泉，原始森林遮天蔽日。这里还包含有象山精舍遗址、应天寺遗址、玉渊卧龙、七级瀑布、云客争路、松林陡坡、九峰联屏、碧莲池、蟠径石、弹子石、歇石等。

温馨提示

山路不平，穿轻便的休闲鞋子，可以方便随时抱着小孩行走，带孩子过栈道时注意孩子情绪。

周边也好玩

江西深度游：庐山—景德镇—婺源—三清山（耗时5大）。

D1　抵达庐山后，先参观三宝树、黄龙潭、乌龙潭、花径、锦绣谷景区。

D2　前往含鄱口，后游五老峰。

D3　前往千年古镇景德镇，再乘车赴婺源住入宾馆休息。

D4　赴世界自然遗产——三清山。

特产

来到龙虎山自然要带回去一些东西留作纪念了，小孩子最喜欢当地的特色食品，如灯芯糕、余江茄干、捺菜、龙虎山香菇、贵溪塔桥梨、天师板栗等。鹰潭市赣东商城位于鹰潭火车站西侧，集商业零售、批发于一体，这里的商品种类应有尽有，无论是日常用品还是当地特产，都能满足需求。

舌尖上的龙虎山

好玩的地方一定少不了好吃的，龙虎山以其得天独厚的资源孕育了一方美食，挑逗着游客们的味蕾。在景区随便一家农家小店就能吃到当地特色小菜，上清豆腐、天师板栗烧土鸡、腌菜浆蒸蛋、冬笋咸肉丝、灯芯糕等都是龙虎山当地的特色菜肴，美味健康。

推荐美食

- **泸溪鱼**

当地人用鸬鹚捕鱼的方式从千百年前的祖辈开始一直延续到今天，泸溪鱼不仅鱼肉格外鲜嫩，而且因为泸溪河中皆是卵石，少有泥沙而使泸溪鱼没有泥腥味。

- **腌菜浆蒸蛋**

只是将蒸蛋所用的清水换成了平常腌菜时的浆水就让蒸蛋兼具酸、辣、鲜、香，实实在在地刺激了味觉。

- **上清豆腐**

优质大豆配上龙虎山中的矿泉水

泸溪鱼

上清豆腐

灯芯糕

为原料再经手工制成的上清豆腐，有鲜、嫩、白、爽、香、滑的特点，没有豆腥味。加工成豆腐干后，清香鲜美，韧而不碎，油煎、红烧都很好吃。当地饭馆中烧的鳙鱼豆腐和天宝豆腐都是风味独特的豆腐名菜。

推荐餐厅

- **乡村厨子大酒店**

鹰潭市龙虎山景区内，游客中心边上约100米。 上清豆腐、泸溪鱼、板栗烧鸡。

- **象山菜馆**

鹰潭市龙虎山景区龙虎山大道11号。 当地野菜、土菜。

亲子酒店

龙虎山景区亲子游，一定要在这里住上一夜，推荐住在景区的酒店或者当地农民家里，景区酒店温馨舒适，农家小屋又别有风味，可以带着孩子体验不一样的生活。另外还推荐以下亲子酒店。

龙虎山仙水岩客栈

鹰潭市龙虎山景区仙水岩大门口200米，游客中心2千米。 139-70159112。 有亲子房，均价100元左右。

竹林墅苑

鹰潭市龙虎山景区206国道旁500米处。 0701-6659678、1387019-0794。 有亲子房，可自采自烧食物。

上清古镇宾馆

鹰潭市龙虎山景区上清古镇。 0701-6639555。 有亲子房，均价200元左右。

往返交通

龙虎山到福建武夷山机场116千米，距南昌机场120千米。

鹰潭位于浙赣、皖赣、鹰厦三条铁路干线的交汇处，乘火车可直达北京、上海、广州、重庆、武汉、杭州、福州、厦门、昆明、长沙、南京、南昌、九江等大城市。

走梨温高速，在鹰潭西站口下，途径206国道直达龙虎山风景区；或是在鹰潭南出站口下，然后进入景区。

环境清幽的竹林墅苑

三清山

亲子游达人：徐志玲

三清山小档案

地址： 江西省上饶市的玉山县和德兴市交界处。

级别： 5A。

门票： 身高1.2米以下儿童免票；身高1.2～1.5米儿童，优惠价为80元/人；70周岁以上（含70周岁）老年人凭有效证件免票。（60周岁以上老人享受门票半价，80元/人）。

开放时间：

旺季（2月1日～2月31日）周一至周五：8：00～17：00 周六至周日：7：30～17：30；

淡季（1月1日～1月31日）8：30～16：30。

季节： 3～5月和9～11月是三清山的最佳旅游时间，此时降雨较少，天气干爽，适合看日出、云海，甚至能看到罕见的佛光。

电话： 0793-2407066。

精彩看点

- 南清园
- 西海岸
- 玉京峰
- 阳光海岸
- 三清福地

三清山是道教名山，是江西第一个世界自然遗产。三清山以自然山岳风光称绝，以道教人文景观为特色，经历了14亿年的地质变化运动，风雨沧桑，形成了举世无双的花岗岩峰林地貌，“奇峰怪石、古树名花、流泉飞瀑、云海雾涛”并称自然四绝。它兼具“泰山之雄伟、黄山之奇秀、华山之险峻、衡山之烟云、青城之清幽”，被国际风景名家誉之为：“世界精品、人类瑰宝、精神玉境”。春季、夏季、冬季的景色也是各有千秋。

三清山美景

三清山美景

玉京主峰

银装三清宫

三清山不可不看

南清园

建议停留时间：2~3小时

南清园位于江西上饶市三清山中心位置，是三清山自然景观最奇绝的景区。南清园最可观的当数三清山的几大标志性象形山峰，如巨蟒出山、司春女神等，形神皆备。景区几大主要观景台均为观赏晚霞、日出的最佳位置，如浏霞台的晚霞、云海，玉台的日出、日落及神光等，气势恢弘，绚丽多姿。

爸爸有话说

景区内有方圆数百亩的千年杜鹃谷，谷中树龄上千年的杜鹃树比比皆是，每年5~6月份花开时节，芬芳满山，蔚为可观。

玉京峰景区

建议停留时间：45分钟

主峰玉京峰海拔1819.9米，为三清山最高峰。玉京峰景区除了玉京、玉虚、玉华三座主峰高凌云端，还有虚幻缥缈的蓬莱三峰、垂直飞落千米的飞仙谷、深渊万丈的王母谷，更有天象奇观云海、雾涛、日出、佛光等。

西海栈道

画中游

东方女神

猴头杜鹃映三清

秀峰

玉帘瀑布

妈妈有话说

除了顶峰的壮丽之外，玉京峰景区内的云海、雾涛、日出、日落，同样气势磅礴、绚丽多姿。玉京峰是三清山观日出、看日落的绝佳位置。

西海岸

建议停留时间：2～3小时

西海岸是三清山乃至全世界高山悬空栈道最长、路面最平、视野最开阔的凌空云阁，观景长廊，是连通三清山南北山的金海岸，舒心阁。身临西海悬廊栈道，惊、奇、险、幻、幽、宏，无不令人唏嘘感叹；云海、山海、石海、林海、花海，苍苍茫茫无不令人心醉神迷，大饱眼福。一路上绝崖峭壁，峻峰巉岩，连绵千米，逶迤数里。

敬天柱

山间美景

阳光海岸景区

建议停留时间：1小时

阳光海岸景区位于三清山的东部，所以又名东海岸，是三清山新开发的高空栈道景区。阳光海岸景区南起三清山中心景区，南至清园的禹皇顶，北到道教圣地三清宫景区的九天应元府。并由此连接三清山西海岸景区，形成了三清山核心景区环形栈道旅游线路。

三清福地景区

建议停留时间：1小时

三清福地是三清山中心精华景区之一，是三清山道教人文景观集中荟萃之地，是与三清山世界自然遗产称号相得益彰，交相辉映，锦上添花，中华名山大川不可多得的珍贵文化遗产宝地之一，被誉为“中国露天道教博物馆”。三清宫景区的景点造型设计非常特别。这里的建筑规模都不大，但在造型上却有很高的造诣。如风雷塔的设计、龙虎殿的选址等，都体现了道家“道法自然”的运用和对“天人合一”的追求。人文、自然景观浑然交融，不分彼此。

周边也好玩

赣东北山水游：景德镇—古窑—三清山—篁岭—上饶市（耗时4天）。

D1　抵达景德镇市后，先参观市内古韵盎然的古窑。

D2、3　三清山景区内游玩2天。

D4　游玩篁岭，取道上饶市返回。

特产

三清山地处高山密林之中，当地的特产以山珍野味、高山茶为主。三清山特有的纯野生野葛粉，三清山四方尖茶加工精湛，品质上乘，叶嫩、条细、香高、味浓、汤色鲜绿，耐冲泡，是江西赣东北久负盛誉的高山名茶。

舌尖上的三清山

“长江绕郭知鱼美，好竹连山觉笋香”，形容江西美食真是恰到好处。赣菜在纪录片《舌尖上的中国》中也出尽了风头。

推荐美食

• 三清山烧饼

一种用梅干菜和五花肉作馅儿的

小烧饼，刚出炉的奇香浓烈，既酥又脆，层层剥落，满口留香，能够保存一周左右，是非常好的旅游食品。

• **清汤**

有点类似北方馄饨，俗称“清汤”。三清山“清汤”的特点是馅嫩、皮薄、汤味鲜浓，有原汤、鸡汤、海味、清汤、红油等多种，薄薄的皮，鲜美的肉馅儿，一勺骨头汤，几片白菜，加点辣子，令人回味。

• **石鸡**

盛产于三清山、怀玉山的溪涧石洞中，其形状似蛙，全身黑褐，后腿粗壮有毛，善跳跃。其性温，味极美、汁多胶质、如同甲鱼。不仅是山中珍稀佳肴，而且具有强筋健骨之效。

• **酸竹笋**

三清山盛产竹笋，在夏季可常食用莴笋、竹笋、芦笋。这三种食物有保肝防癌作用，具有消痰、利尿、排毒等功效。和酸菜搭配在一起酸甜可口，是一道不错的开胃菜。

推荐餐厅

• **三清山六七八酒食农庄**

上饶市玉山县三清山风景名胜区东部金沙索道旁。13307030108。棕叶猪手、清蒸石斑鱼。

• **农家小炒**

上饶市玉山县三清山金沙索道。椒盐老虎鱼、农家小炒肉、清炒萝卜苗、家常豆腐。

• **日上山庄**

上饶市玉山县三清山半山腰。清炖土鸡。

亲子酒店

三清山范围较大，景点较多，住宿一晚，推荐三清山雅栢花园酒店（时尚雅舍），距离景区索道较近，环境舒适。此外，还推荐以下亲子酒店。

金沙湾假日酒店

上饶市三清山金沙服务区。0793-2188888/2187888/2183333。均价400元左右。

三清山喜来登酒店

上饶市三清山金沙服务区。0793-6901199。均价300元左右。

上饶三清山女神宾馆

上饶市三清山南清园景区内近女神峰。0793-2357473。均价410元左右。

往返交通

昌北机场，转巴士到达上饶，行程4小时。

每天从上饶和玉山发往三清山的客车都有好几班，玉山汽车站的班次比较多，建议大家首选从这里出发。

三清山的国道公路交通发达，多条国道连接起杭州、上海、南京等地。从这几个城市自驾来三清山是个不错的选择。

石城

亲子游达人：徐志玲

石城小档案

地址：江西省赣州市石城县。

季节：春季赏漫山杜鹃，夏季观大畲村荷花盛开。

精彩看点

· 通天寨
· 九寨温泉
· 大畲村
· 八卦脑

石城位于江西省东南部，赣州市东北部，地处江西赣州、抚州、福建三明、龙岩两省四地市的交叉点，953年建县，因境内"环山多石，耸峙如城"而得名。自古以来，石城都是江西进入闽西粤东必经之地，素有"闽粤通衢"之称。

石城不可不看

通天寨

建议停留时间：1小时

通天寨位于距离石城县城7千米的大畲村，是典型的丹霞地貌，景点以各种形似人或物的山石为主。通天寨不算大，景区景点相对集中，有较为完善的旅游步道和指示牌，整个游程只需2~3小时。若是7~8月来到通天寨，山下的荷花盛开，在荷花园里以荷塘为前景拍通天寨丹霞山体的全景照，景致最佳。

爸爸有话说

爬山能强身健体，虽然有人说，山下也有美景，为何还要花费力气爬上山去，因为到了山上你才会发现风景更美，之前花费的气力都是值得的。

石城全景

通天胜景

保护区山水

石城民俗

大畲村

建议停留时间：30分钟

大畲村紧靠武夷山脉，峰峦崔巍、岩洞遍布、苍松翠竹、山水奇特，加上名胜古迹、客家围屋等古建筑的映衬，旅游资源十分丰富。客家民俗游线：大畲百亩荷花园—清代客家民居“南庐屋”—黄氏宗祠—尹氏宗祠—风水林—长庚门古战场遗址—明代古刹玉盂寺—清朝贡茶场—五仙岩—试剑石。

赣江源自然保护区

建议停留时间：1小时

赣江源自然保护区位于石城县横江镇南部。保护区规划面积16500公顷，区内古木参天，林海连绵，山势陡峭，沟壑纵横，溪流瀑布随处可见，最刺激的当属号称“千里赣江第一漂”的赣江源漂流。赣江源漂流刺激，惊险，野趣横生。

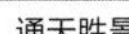

妈妈有话说

虽然飞瀑流泉，浪花飞溅很刺激，但是要注意水上安全，可以选择水流段比较缓和的区域进行亲子娱乐体验。

九寨温泉

建议停留时间：1小时

九寨温泉水温为59.5℃，属高热泉水。根据取样检测分析，九寨温泉水水质符合医疗热矿水命名“硅水”要求，属于偏硅酸泉，有益于软化血管，对心血管疾病有保健疗养功效和抗衰老作用，对皮肤病、关节炎等多种疾病也具有特殊保健功能，为国内罕见的优质复合型医疗保健热矿水。

八卦脑风景区

建议停留时间：1小时

八卦脑风景区位于高田镇新坪村。这里有万亩天然草场，是典型的高山草甸，宽广辽阔，牛羊成群，古木林立，与蓝天白云浑然一体，风光无限。特别是每年4、5月份期间，草场周边成片的百年野生杜鹃花盛开，如火如荼，姹紫嫣红，变成一个花的世界、草的海洋。

宝福院塔

建议停留时间：1小时

国家级文物保护单位，是我国保

宝福院塔

石城灯彩

存不多的北宋古塔之一。位于石城县城东南的宝福院后，紧临琴江河，塔影江心是古琴江八景之一。宝塔始建于宋徽宗崇宁元年（1102年），落成于大观四年（1110年），是一座楼阁式佛塔。虽经800多年风雨雷震，仍挺立江边。每年农历七月二十三日、二十四日两日，全县百姓都会到宝福院塔拜塔朝寺。

爸爸有话说

石城灯彩是一种古老的汉族民俗舞蹈，石城的灯彩活动，已经渗透进了石城人民日常生活中的各个方面。石城灯彩主要表达的目的是祈求国泰民安、风调雨顺、五谷丰登、消灾除恶。1992年，石城县被命名为江西省“灯彩之乡”。

周边也好玩

武夷山深度游：天游峰—九曲溪漂流—《印象大红袍》—下梅古村—大红袍（耗时3天）。

D1　爬天游峰、云窝，下午游九曲溪漂流、宋街、武夷宫，夜晚看《印象大红袍》。

D2　逛下梅古村。

D3　游大红袍、水帘洞。

特产

- **石城龙砚：**为中国五大名砚之一，它以石中有花纹图案著称于世，集观赏、实用于一身。相信孩子们也会喜欢，从小培养他们书香气息，大有裨益。
- **石城重纸：**石城重纸不易生虫，吸水性能好，光滑细嫩，书写流畅，字迹不易脱落，其书写效果可与徽宣相媲美，但价格却不及其一半。搭配石城龙砚，简直是好马配好鞍，值得拥有。
- **通心白莲：**石城素有莲乡之称，其白莲以色白、粒大、味美、清香。去皮、通心、营养丰富、药用广泛而驰名中外，应该是妈妈们的心头好。
- **茵陈茶：**北方人参，南方茵陈。茵陈具有护肝利胆，解热抑菌，降压降脂，健脾利尿，消暑泻火，去风湿，除伤寒，散热痰，疗疮疥等多种独特保健药用功效。饮用时，口感清纯凉爽，香味独特，老幼皆宜。

舌尖上的石城

推荐美食

• 笋干烧肉

石城笋干为武夷山区名产，质嫩味佳、营养丰富，与五花肉红烧，配以佐料为上品菜肴，味醇不腻，色香俱佳。

• 米沫肉

米沫肉又名荷包肉，是客家人待客的席间主菜之一。米沫肉的制作是非常讲究的，久蒸之后，肉块入口即化，并带有荷叶的清香、猪肉的浓香、糯米的幽香，还有几味佐料的烈香，吃之油而不腻，香盈唇舌之间，久久而不消散。

• 米茶

米茶得名于“食之果腹，饮之解渴”，其汤色淡黄，香气浓郁，滋味微甜而不淡，略涩而不苦口，既可代替米饭，又具饮茶解渴的作用。

• 肉丸

是石城的传统风味食品。用猪肉（或鱼、鸡、鸭、牛肉）和番薯粉为主要原料制成。其特点是，丸成乳白色，丸嫩可口，味道鲜甜。从古至今为筵中佳肴，唯石城境内方有。

• 翻秋花生

翻秋花生是当地农民收获的新鲜花生在不加任何佐料和添加剂的情况下手工炒制而成，称之为“翻秋花生”。翻秋花生松脆可口，香中带甜，风味独特，加之其“原汁原味”的绿色食品性质，深受人们青睐。

• 客家擂茶

客家擂茶品种繁多。它可因四季

笋干烧肉

通心白莲

米沫肉

石城砚

气候的变化，人体状况的不同而制作，茶味纯，香气浓，不仅能生津止渴，清凉解暑，而且还有健脾养胃，滋补长寿之功能。

• 横江水酒

横江水酒为农家常备酒。外地游客赞横江水酒为“隔壁游人醉，开缸十里香”，是县内的特殊风味饮品。

亲子酒店

石城的美丽风光一天的时间是领略不完的，因此下面为您推荐几个在当地评价较高的酒店。

金叶大酒店

石城县清华大道19号。 0797-5790888。 200元/天。

赣江源国际酒店

石城县城北大道。 0797-8579999。 220元/天。

爱莲山庄

石城县琴江镇前江村南坑小组。 4006665511。 210元/天。

往返交通

赣州黄金机场，从机场坐16路公交车到长途汽车站或转129路公交车到东河车站坐车到石城县。

先从赣州火车站坐火车到瑞金然后瑞金乘坐班车去石城县。

南昌、抚州方向游客可直接沿济广高速或206国道进入石城；吉安方向游客可沿泉南高速进入石城；赣州方向游客可沿夏蓉高速转济广高速或323国道转206国道进入石城；广州、梅州方向游客可沿济广高速进入石城；龙岩、厦门方向游客可沿夏蓉高速转济广高速或206国道进入石城；泉州方向游客可沿泉南高速进入石城。

赣江国际酒店客房

明月山

亲子游达人：徐志玲

明月山小档案

地址： 江西省宜春市温汤镇。

级别： 4A。

门票： 普通票120元/天（当天单次进入有效，凭学生证半价）。

开放时间： 6：00～18：00。

季节： 四节皆宜。

电话： 0795-3516666。

温馨提示

明月山环境很幽美，但是山高陡峭，还是需要费很多体力和耐力。夏季，池塘中的荷叶更会让你赏心悦目，建议要早上6点去，能保证游玩质量，下午就可以下山了。

精彩看点

- 青云栈道
- 月亮湖
- 云谷飞瀑
- 天沐温泉度假村
- 仰山栖隐禅寺

明月山因整个山势呈现出半圆形，恰似半轮明月，故称明月山。是集“生态游览、休闲度假、科普教育和宗教旅游”为一体的山岳型风景名胜。明月山主要由太平山、老山、仰山、玉京山等十几个海拔千米以上的山峰组成。明月山将月亮文化景观和自然景观有机融合，形成了“山上有个月亮湖，山下有个月亮湾，沿途都是月亮景，处处体现月亮情”的情景交融格局，在明月山你可享受独特的“月在山中行，山在月中明”的绝妙意境。

明月山景区大门

青云栈道

云谷飞瀑

明月山不可不看

青云栈道

建议停留时间：40分钟

你能想象在海拔1500米的悬崖峭壁之上，嵌着一条全长约3100米的木质栈道吗？因其常年云雾缭绕，行走之上，有平步青云之感，故名青云栈道。登上去，也是需要我们拿起勇气去克服恐高症的。它起于梦月山庄，穿星月洞而出，止于月亮湖。

爸爸有话说

在全国无数的名山险峰中，仅有寥寥可数的八条栈道，明月山的栈道以其高、长、险、峻而闻名五湖四海。韩愈的名句，“莫以宜春远，江山多胜游”，更是流传至今。

妈妈有话说

山上气候多变，阴天时，一定要带上伞。穿适合爬山的运动鞋，最好是防滑的，安全第一。

云谷飞瀑

建议停留时间：20 分钟

“山中一夜雨，处处挂飞泉”是明月山的生动写照，而“瀑布常在烟霞中，水花总与云霓游”便是山内的第一瀑云谷飞瀑的写照。瀑布水源自海拔1735.6米的太平山脚下，云谷飞瀑落差高达119.57米，是江南第一高瀑，飞瀑全程共五级，称为五叠瀑。

爸爸有话说

瀑布在地质学上叫跌水，即河水在流经断层、凹陷等地区时垂直跌落。峭壁上刻的“云谷飞瀑”四个大字，由原书法家协会主席沈鹏先生挥毫题写。

仰山栖隐禅寺

建议停留时间：30~50分钟

明月山是中国佛教之一——沩仰宗的发祥地，境内仰山栖隐寺（太平兴国寺）自唐会昌元年（841年）始，一千多年香火绵延不息，成为中国古代佛教丛林胜地。印度、韩国、日本等海外僧人参禅问道络绎不绝，游览观光者数不胜数。

爸爸有话说

早在西汉文帝刘恒在位时，就有“仰

仰山栖隐禅寺月

月亮湖

天沐温泉

山古庙”，既是古时闻名遐迩的仰山龙王香火地，又是全国各地龙王和菩萨的发祥地。

月亮湖

建议停留时间：15～20分钟

月亮湖是位于海拔1530米的明月山山顶盆地之中的人工湖，水色澄绿，木质的环湖栈道宛如嵌在湖上的项链。每当晴朗的夜晚来临之际，皎月、山庄和树影倒映在湖面，宛如镜花水月，幽雅别致。

妈妈有话说

将池塘筑起水库后，旁边的一些树木都浸淹在水中了，暗红的杉树沿湖直立，湖中倒影煞是好看，分明是春天，却感觉到秋天的色彩。

天沐温泉

建议停留时间：1小时

明月山天沐温泉历史悠久，自然涌流800多年，水温常年保持在68℃～72℃，水质清澈透明。据国内外专家论证，明月山富硒温泉在抗癌抑瘤、防治心脑血管疾病、延缓衰老、预防老年慢性疾病等方面具有明显的功效。

妈妈有话说

去体验天水合一、身心两悦的清爽感觉，一天的疲劳在这时被泡得没了踪影，真是享受，一定要准备好泳衣。

温馨提示

它依山而建，从山脚到山上有几十个形态各异、大小不一、水温不同的室内和露天汤池。轮流着从这个汤池泡到那个汤池，两三小时乐此不疲。

温馨提示

世界第三的高山观光小火车，搬上了明月山顶，大约20分钟一趟，可以游览明月山十八排（羊狮幕）的奇特景观。现在实行了高山小火车——羊狮幕景区一票制，坐上小火车便可抵达武功山。

周边也好玩

宜春梦幻游：阳镇酌江风景区—靖安中部梦幻城（耗时2天）。

D1　抵达宜春市后，先参观市内阳镇境内具有独特风光的酌江风

酉江风景区

靖安中部梦幻城

景区。

D2　前往中部梦幻城感受梦幻，休闲一天取道宜春市返回。

特产

融自然、艺术、文化为一体的瑰宝，竹雕、脱胎漆器、农民画都表现了地方的独特风土人情。如果你爱喝茶、爱茶，著名的靖安白茶也不可错过。宜春靖安白茶经长期优选优育，形成了独特的品质优势。色泽白嫩，茶香浓郁，滋味甜和。

舌尖上的宜春

明月山所在的宜春，是全国第一个生态城市，也是一座美食之城，有铜鼓包圆、箬子米果、炒扎粉、包面、冻米糖、南酸枣糕、松花皮蛋等风味各异的宜春特色小吃。

推荐美食

- **铜鼓包圆**

当地客家人特有的食品，也是招待贵宾的佳肴。做法与饺子相似，但馅儿心很讲究，由精制瘦肉、冬笋、香菇、鸡肉、莲子及各种调味品组成。外皮是由芋子去皮加红薯粉糅和发韧而成。

- **箬子米果**

选用优质糯米，由箬叶包裹，放入甑内蒸熟。味正香浓、不糊不黏、色鲜质韧、独具风味。

- **松花皮蛋**

江西宜春传统土特产。真正的宜春皮蛋的名牌是“袁州松花皮蛋”，宜春古称袁州，松花是指皮蛋上的花

铜鼓包圆

松花皮蛋

竹雕

脱胎漆器农民画

纹，据制作皮蛋的老师傅说，正宗的袁州松花皮蛋，往地上一扔，外层的谷壳黄泥和蛋壳会自然一分为二。

亲子酒店

宜春湘味农家乐

宜春明月山景区停车场旁。 15180564888。 109元/天。

宜春月都鑫盛酒店

宜春明月山停车场旁。 133元起/天。

往返交通

宜春明月山机场，打车至温汤镇约50元。

南昌昌北机场，然后可转火车至宜春火车站。

从火车站乘坐118路，经过19站，到达明月山站，步行约50米，到达明月山。

宜春汽车站6：50~17：20，每15分钟一班发往明月山风景名胜区的班车。

月都鑫盛酒店

张家界武陵源

亲子游达人：刘樱

武陵源小档案

地址：湖南省张家界市武陵源区。

门票：武陵源核心景区大门票：248元/人（张家界国家森林公园（含环保车票价65元；普通门票价格：248元；优惠门票价格：163元）；

黄龙洞：103元/人；优惠价：63元／人；

黄龙洞迷宫：15元/人；

宝峰湖：96元/人；优惠价：60元/人；

天门山：258元/人；优惠价：135元/人；

天门山吊椅索道（单程）：23元/人；优惠价：14元/人。

天门山吊椅索道（双程）：40元/人；优惠价：24元/人；

张家界大峡谷：121元/人；优惠价：73元/人。

优惠政策：

1. 身高1.2米以下儿童、残疾人、70周岁以上老人凭相关证件免票；

2. 身高1.2米以上儿童、现役军

精彩看点

- 天门山索道
- 张家界森林公园
- 索溪峪
- 杨家界

张家界武陵源美景

人、烈士直系家属以及持有民政部门颁发的《城市居民最低生活保障金领取证》的人员凭有效证件享受优惠价格。

观光车价格：

百龙天梯：普通门票72元/人；优惠门票43元/人；

黄石寨索道：单程普通门票65元/人；优惠门票40元/人；

双程：普通门票118元/人；优惠门票70元/人；

天子山索道：单程普通门票67元/人；优惠门票40/人；

杨家界索道：单程普通门票76元/人；优惠门票46元/人；

十里画廊观光缆车：单程普通门票38元/人；优惠门票价格：24元/人；双程：普通门票价格：52元/人；优惠门票价格：30元/人。

温馨提示

当地雨水较多，应当备好雨衣等工具。

武陵源地处湖南省西北部武陵山脉腹地，湖南四大水系之一澧水的中上游。这里地质构造复杂，地貌景观奇特，素有“奇峰三千、秀水八百”之美誉。武陵源是美国电影《阿凡达》和中国古典名著《西游记》等电影、电视剧的实景拍摄地。这里森林植物和野生动物资源极为丰富，被誉为“自然博物馆和天然植物园”。大灵猫、猕猴、穿山甲、红腹角雉、鸳鸯等，还有当地人叫“娃娃鱼”的大鲵，则遍见于溪流、泉、潭中。土家吊脚楼，或悬于高崖陡坎，或置于河岸溪谷之上，与奇山相衬，与秀水相映。数以千计的石峰是世上独一无二的峰林景观，给人以气势磅礴、宏大壮阔的美的享受。带着孩子来看一看现实中的潘多拉吧，一起感受这神奇的天外天。

张家界不可不看

天门山索道

建议停留时间：1小时

天门山索道全长7455米，是世界最长的高山客运索道。整条索道以张家界市中心的城市花园为起点，直达天门山顶的原始空中花园，犹如一道彩虹飞渡天上人间，又似一条巨龙腾翔素云苍穹，依山借壁，恢弘壮观。索道沿途经过现代城市风光，秀美田园风光以及雄奇高山风光，堪称世界第一空中移动观景长廊。

爸爸自话说

从上向下俯瞰整个张家界，带来的是不一般的全新的感受，山和城相互交融，

张家界奇石

张家界天门山

现代与自然、繁华与安静，带给我们的总是那么震撼、那么不同。

张家界森林公园

建议停留时间：2小时

张家界国家森林公园面积 130 平方千米，是中国第一个国家森林公园。它处于峰林演化史的青年期，地貌奇特，石峰林立，形态各异，树木茂盛。高入云霄、顶端开阔平坦、气势雄壮的山寨，给人以寨高台平的壮美之感。登上那天然的大观景台，放眼望去，数不清的石峰石柱，嶙峋挺拔，形成浩瀚的峰林，使人胸怀开阔，畅快不已。

张家界森林公园

妈妈有话说

奇峰怪石，总是很令人神往又令人感叹。另外，山上气温较低，雨水较多，要注意为孩子们保暖和准备雨具。

索溪峪

建议停留时间：2小时

索溪峪与张家界国家森林公园相连，北与天子山毗邻，总面积160平方千米。其处于峰林演化史的晚年期，境内山水相映，描绘出一幅“山因水更奇，水因山更秀”的奇妙画卷。置身其中，但见“水在山间流，人似水中游”，可称天下绝景。

杨家界

建议停留时间：2小时

景区内有陡峭的“一步登天”的山石，还有惊险的“空中走廊”，廊

张家界猕猴

张家界黄龙洞

中虬松悬崖，乱云飞渡，山风呼啸。廊之东、南和西南三面峰立如林，或如城墙，或似堡垒，各呈奇险。乌龙寨是杨家寨景区中最为奇险的一个去处，也是一座旧社会的土匪寨，入内还需经过四道"鬼门关"，颇为奇特。

周边也好玩

张家界深度游： 武陵源—天门山景区—张家界大峡谷—茅岩河漂流—龙王洞（耗时3日）。

D1　游览武陵源·天门山景区。

D2　往张家界大峡谷欣赏秀美的自然风光，之后到茅岩河玩漂流。

D3　前往龙王洞感受"神秘神奇的地心之门"，休整后返程。

舌尖上的张家界

张家界有许多孩子们爱吃的特色小吃，如入口爽滑、焦香开胃的炒汤圆，绵软好吃的油粑粑等，香酥可口，还有丰富的当地特色菜肴，美不胜收。

推荐美食

- 团年菜

团年菜又称"合菜"，是土家族过年的家家必备菜。将萝卜、豆腐、白菜、火葱、猪肉、红辣椒条等合成一鼎锅熬煮，即成"合菜"。除味道鲜美外，还有象征着五谷丰登、合家团聚的深意。

- 农家小炒肉

张家界山区的农家淳朴热情，一

团年菜

农家小炒肉

盘农家小炒肉更是足见当地的土家风情。与一般的炒肉有所不同，柴火的香气加上湖南独有的辣椒让这道菜味道别具风格（辛辣是湖南菜的典型特点，小孩子的父母们要注意孩子是否能吃辣）。

推荐餐厅

- **乌龙山寨（武陵源店）**

张家界市武陵源区天子路。 0744-5956666。 湘西酸肉。

- **湘西映像生态餐饮**

张家界市武陵源区军地坪画卷路8组（百丈峡酒店）。 0744-5555558。 三下锅。

- **山泉王山庄**

张家界市武陵源区索溪峪白虎堂附近。 0744-5618638。 手撕包菜。

亲子酒店

琵琶溪宾馆

张家界市张家界国家森林公园内，距离张家界国家森林公园售票站仅500米。 0744-5718888。 211～297元/天。

盘谷客栈

张家界市武陵源区武陵路溪步街内。 0744-5557999。 169～415元/天。

观山悦公馆

张家界市武陵源区溪布街内。 0744-5901999。 440～449元/天。

往返交通

抵达张家界荷花机场，乘坐旅游班车抵达武陵源景区或张家界森林公园，在张家界各大汽车站均有抵达景区的车次。

全国各大城市均有抵达张家界的车次，抵达后在可乘坐汽车抵达景区。

在张家界汽车站乘班线车或的士前往景区。

1. 华北及东北方向：通过京珠高速到达长沙后，经长张高速可到达张家界市区或在阳和路口下直接到达武陵源（长张高速全程约350千米，耗时约3.5小时）。

2. 华东/长沙方向：通过沪瑞高速到达长沙后，经长张高速前往张家界。

3. 西北方向：从西安通过沪陕高速、襄荆高速到达湖北荆州。再经荆州、石门到达张家界市区或在阳和路口下直接到达武陵源，荆州到张家界段全程约300千米，耗时约5.5小时。

4. 广东方向：经清连高速、岳临高速转入长张高速到达张家界市区或在阳和路口下直接到达武陵源。

5. 成都/重庆方向：渝湘高速至花垣，转张花高速至张家界或渝湘高速至吉首，转S229、S306到张家界。

6. 昆明、贵阳/铜仁方向：经S201、S308、G209到吉首，转S229、S306到张家界，或经怀化到达吉首，转S229、S306到张家界。

7. 南宁方向：经三江至北海高速、G209到吉首，转S229、S306到张家界。

神农架林区

亲子游达人：王杏芝

神农架小档案

地址： 湖北省神农架林区。

门票： 神农架世界地质公园套票：319元/人；炎帝剧场：108元/人。

国家森林公园： 60元/人；神农溪漂流：100元/人；国家级自然保护区：140元/人；换乘车票：90元/人；野马河漂流：85元/人；神农坛风景区：60元/人；天生桥：40元/人；神农架自然博物馆：30元/人；塔坪原始森林：40元/人；神农坛篝火晚会：40元/人；香溪源：30元/人；盘龙洞：30元/人；昭君村：30元/人；官门山：120元/人；神农洞：100元/人；大九湖：120元/人。

优惠政策：

1. 儿童1.2米以下免票。
2. 70岁以上老年人、残疾人、现役军人凭有效证件免票。
3. 60周岁以上老年人及学生，凭有效证件购优惠票。

开放时间： 8：00～17：00。

电话： 0719-3335609。

精彩看点

- 神农顶观
- 神农架世界地质公园
- 天燕旅游区
- 香溪源

神农架景区

远古时期，神农架林区还是一片汪洋大海，经燕山和喜马拉雅造山运动逐渐提升成为陆地山峦，并形成了神农架群和马槽园群等具有鲜明地方特色的地层。神农架位于我国地势第二阶梯的东部边缘，平均海拔1700米，山峰多在1500米以上，其中海拔3000米以上的山峰有6座，海拔2500米以上山峰20多座，最高峰神农顶海拔3105.4米，成为华中第一峰，神农架因此有“华中屋脊”之称。“山脚盛夏山顶春，山麓艳秋山顶冰，赤橙黄绿看不够，春夏秋冬最难分”是林区气候的真实写照。神农氏尝草采药的传说、“野人”之谜、汉民族神话史诗《黑暗传》、川鄂古盐道、土家婚俗、山乡情韵都具有令人神往的诱惑力。

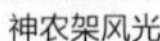
神农架风光

神农顶

神农架不可不看

神农顶观景

建议停留时间：1小时

神农顶风景区，位于神农架林区的西南部，当地人有“不到神农顶，没来神农架”的说法。旅游区内动植物资源十分丰富，保存着完美的亚热带森林生态系统。区内有维管束植物2419种，脊椎动物336种，昆虫600余种，成为华中地区的一道天然生态屏障。

爸爸有话说

神农架独特的地理位置和复杂多样的气候类型，以及葱郁秀丽的森林世界和奇谲的神秘传说，使它令人神往。

神农架世界地质公园

建议停留时间：2小时

神农架世界地质公园位于湖北省西部边陲。相传上古的神农氏在此搭架上山采药而得名，神农架完好保存了洪荒时代的风光，以“野人”的发现最为著名。是中国内陆唯一保存完好的一片生态绿洲，拥有在世界中纬度地区唯一保持完好的亚热带森林生态系统。冷杉、岩柏、梭罗等遮天蔽日；金丝猴、黑熊、苏门羚、大鲵以及白鹳楼等出没草丛林间。

妈妈有话说

这里有古老的传说和古朴的民风民俗，人与大自然紧密融合。孩子在这里能看见各种珍稀的动物，唤起他们本该有的童真。

神农架

走向神农顶

天燕景区

神农架绝壁峰箱

天生桥

神农架徒步

天燕旅游区

建议停留时间：2小时

天燕原始生态旅游区位于神农架西北部，景区内林海茫茫，物华地灵，美不胜收，尤以“雄、秀、幽、野”为特色。这里汇集了南北不同自然地带的动植物资源，区内自然植被可分为针叶林、阔叶林、竹林、灌丛、山地草丛、草甸、沼泽等系列植被类型，丰富的动植物资源极具可观性，加之空气清新，环境静谧，带孩子来到这里，是一次很好的绿色旅游。

香溪源

建议停留时间：2小时

香溪源位于神农架木鱼镇西2千米处，是长江支流香溪的发源地。一家人在这里可以进行采茶、炒茶、品茶、野营、原始森林探险等活动，或寻访野人、金丝猴出没、栖息之地。这里古木参天，山花烂漫，沟谷中有巨大漂石，为古代冰川的遗迹。香溪源头，水质纯净，奇峰竞秀，林海深处，云游雾绕，林间奇花异草竞相开放，是一次奇妙的自然之旅。

香溪源

周边也好玩

神农架生态旅游区—大九湖—官门山—神农坛。

D1 神农架生态旅游区。

D2 前往大九湖欣赏“湖北的呼伦贝尔”，之后到官门山参观美丽的雕塑。

D3 前往神农坛参观祭祀神农的祭坛，休整后返程。

舌尖上的神农架

神农架林区山高林密，物产丰富，拥有各种源自天然的野味山珍，美食美味。

推荐美食

• 懒豆腐

传说是一懒婆娘打豆腐只把黄豆磨碎，不再过滤豆渣，直接拌入切碎的青菜，然后煮着吃。做熟一尝，味道鲜美，后来这一做法就传了下来，并命名“懒豆腐”。懒豆腐营养价值极高且味道鲜美，为当地人常吃的一道菜。

懒豆腐

• 腊肉

这是神农架人过年必备佳肴。吃时将肉皮火烧水煮，伴大蒜、辣椒炒，或做成火锅，有一丝淡淡的烟熏味，保存好的腊肉可存放几年不变味不生虫。在农家，一般来贵客时主人才拿出腊肉招待，从腊肉熏的年代的久远可看出主人对客人的热情程度，腊肉熏的年代越长，主人越热情。

推荐餐厅

• 木楼火锅

湖北神农架林区木鱼镇木鱼镇大街。 13971935435。 神农架火锅。

• 坝上人家

湖北神农架林区木鱼镇大九湖湿地公园五号湖景区。 1557140-1865。 土鸡火锅。

• 野人原味

湖北神农架林区木鱼镇迎宾大道85号（近新凯悦宾馆）。 137-97810447。 冷水鱼。

腊肉

泡菜

神农架风光

适合的亲子酒店

神农架半山酒店

湖北省神农架林区木鱼镇酒壶坪，近209国道。15625246189。220~778元/天。

神农坛二十四节气园

湖北省神农架林区木鱼镇神农坛景区。4009942333。369元起/天。

漳宝河户外营地

湖北省神农架林区木鱼镇漳宝河大门。4009942333。200元起/天。

往返交通

全国各大城市机场——神农架机场——木鱼镇。

进出神农架的交通方式以公路为主。主要从十堰和宜昌两个方向进出。从十堰方向走，先到松柏镇；而从宜昌到神农架，则先到木鱼镇。神农架客运站位于松柏镇，每天有客车开往下列城市：武汉（1班）、十堰（1班）、房县（2班）、宜昌（1班）、老河口（1班）、兴山（1班）、秭归（1班）、巴东（1班）等。

全国各大城市火车站—宜昌火车站—乘坐客车前往景区。

市内交通

神农架景区内有一定的班车，早上7：30之前发出的各趟内部旅游班车均经过各景区，但是数量不多。想要比较方便舒适地游览，最好还是包车前往。

山间人家

神农架演出

七仙岭温泉国家森林公园

亲子游达人：银又

七仙岭小档案

地址：海南省保亭黎族苗族自治县县城东北边7千米。

级别：5A。

门票：48元/人（当天有效）。

时间：7：30～17：30。

季节：10月～次年3月，温度舒适。

电话：0898-38665066。

温馨提示

七仙岭登上峰顶，可尽收"一观、二看、三瞻、四望"的境界和"与仙同游、与人同乐、与景同醉、与山同寿"的无穷乐趣，既一观日出，二看黎村苗寨和热带果园，三瞻五指山、东瞻吊罗山、西瞻毛公山，四望南海、林海、云海、雾海。

精彩看点

- 布隆赛
- 七仙岭温泉
- 仙林溶洞
- 甘工鸟公园

海南省著名的旅游风景区，这里常年平均气温23℃左右。七仙岭七峰似人的掌指竖立，直指苍穹。前峰高大，海拔1126米，后六峰相依而小。属海南岛的名山之一。它是我国少有的既有热带原始森林景观，又有优质温泉的旅游胜地。旅游资源十分丰富，地貌景观壮观生动，水文、植物、气候旅游资源俱全，还有众多的社会人文旅游资源等，是一块集奇峰、温泉、风情、田园、气候、森林为一体的大型生态旅游吸引地。

南国山脉，四季如春

七仙岭不可不看

布隆赛

建议停留时间：3小时

布隆在黎语里是槟榔，布隆赛即盛产槟榔的地方。一栋栋色彩鲜艳，具有黎族风貌的两层小别墅格外引人注目，房前的热带花卉争相怒放，鲜红的五星红旗在楼顶迎风飘扬。每栋小别墅别具特色，楼内宽敞明亮，楼顶是黎族特色的"船型屋"构造。不仅有小庭院，还有沼气池和猪圈。当地黎族人在此生活。到此可体验黎族风情，农活乐趣，以及制作陶艺等。

黎村里能下田体验插秧、种菜的乐趣

仙林溶洞奇景

爸爸有话说

保亭有一种鱼叫作石鳞鱼，这种鱼只能生活在无污染的环境中，对水质要求非常高，长年生长在水质纯净的山涧小溪中，最喜欢逆流而上，与湍急的溪水嬉戏，因此有个雅号叫“会冲浪的鱼”。

仙林溶洞

建议停留时间：30分钟

目前海南省发现较大的溶洞，占地面积2000多亩，海拔500～700米。溶洞全长400多米，洞内分上下两层，上层为旱洞，下层则是宽窄不一的廊道，峡谷、天桥、暗河、跃水参差其间。上层由“龙门厅”“龙王殿”“旋门”“登天官”“通海长廊”等串式大小六个洞厅组成。洞中有山，山中有洞，神秘、奇特。洞厅里石柱如林、石花缤纷。石笋、石塔、石幔色彩纷呈。沿着洞厅逐级而上，便是一洞一重天的景象。

甘工鸟公园

建议停留时间：20分钟

这一座充满了神话传说的公园，来这里和孩子一起聆听关于甘工鸟的传说。这个故事缘起于保亭七仙岭，是广泛流传于海南黎族地区的古老黎族爱情故事。聪明美丽的黎家姑娘婀甘心灵手巧，所织的黎锦图案多样，色彩斑斓，引得蝴蝶前来采花。婀甘会唱山歌，唱的山歌十分动听，连天上的飞鸟都停下来侧耳倾听。

七仙岭温泉

建议停留时间：1个晚上

七仙岭温泉位于七仙岭脚下，这里背枕青山、胶林如海、椰林婆娑、野花飘香，整个温泉区约有1平方千米。七仙岭的温泉闻名遐迩，其温泉以野趣、自然、原始、神秘为主题，并融合了浓厚的热带雨林特色，是国内唯一同时拥有野溪温泉和热带雨林神奇组合的旅游区。

妈妈有话说

据了解，目前世界上具有“温泉+热带雨林”这样组合的，七仙岭是独一个。传说海南七仙岭是七仙女下凡沐浴之地，镜湖叠翠，九曲飞曝，云缠玉带，清溪蕉竹，雨林重叠，百果汇芳，再加上浓郁的黎苗族风情，构成了无比美妙的世界。

放松身心的温泉池

舌尖上的七仙岭

淳朴的民风、传统的生活习俗以及得天独厚的地理环境衍生出各式各样的本地美食。勤劳的黎苗同胞们通过对本地食物的理解和挖掘制作出许多脍炙人口的特色美食。

推荐美食

- **保亭五色粽**

保亭五色粽是和苗家三色饭齐名的又一保亭美食，其做法和工艺相似，都是用野生植物的叶液来提供天然色素，分别是红、黄、蓝、黑、白五色。吃五色粽分热吃和冷吃两种。五色棕象征苗族同胞团圆吉祥。

- **保亭鱼茶**

鱼茶是黎族苗族招待客人的特色菜肴，也是保亭黎苗族人的风味食品，而并非普通意义上日常生活中泡水喝的茶。鱼茶其实是一种用鱼来腌制的食品，又分为“湿鱼茶”和“干鱼茶”两种。

推荐餐厅

- **菠萝岛农乐乐**

保亭黎族苗族自治县金江农场。0898-83826820。白切菠萝鸡、白切五脚猪、菠萝蜜鸡煲、红毛丹肉丸汤、菠萝蜜炒牛肉、木薯椰丝饼、香酥石鲮鱼、山兰酒。

周边也好玩

五指山深度游：五指山—五指山热带雨林（耗时2天）。

D1 游览海南第一高山五指山，寻找昌化江的源头。

D2 感受五指山热带雨林峡谷漂流的乐趣。

亲子酒店

黎家印象主题酒店

保亭黎族苗族自治县三道农场十一队，224国道路东。0898-83880099。有亲子房，均价260元/天。

七仙瑶池温泉度假酒店

保亭黎族苗族自治县七仙岭温泉国家森林公园7号地。0898-83606666。巴厘岛风格，房内均有温泉池，均价800元/天。

往返交通

1. 在海口西站乘到保亭县的车，9：00～17：30，每1小时一班，票价根据车况的不同66～85元，行车3.5小时。
2. 从三亚汽车总站坐到保亭的车，7：45～17：00，30分钟一班，票价22元，行车2小时。
3. 到县城可以坐采风车到度假区，最好让司机直接送到半山腰的七仙岭国家森林公园，在公园玩好后，再返回度假酒店，和司机约好接回的时间，来回价格约40元。

七仙瑶池温泉度假酒店

呀诺达热带雨林

亲子游达人：银又

呀诺达热带雨林小档案

地址：海南省保亭黎族苗族自治县三道农场。

级别：5A。

门票：170元/人（包含门票130元/人，游览车票40元/人）。1.2米以下儿童可免费入园；1.2~1.5米儿童购优惠票108元/人。

时间：7：30～18：00。

电话：4000463888。

季节：3～5月和9～10月最佳。此时适合去呀诺达雨林文化旅游区，可以品尝地道的养生大餐。

精彩活动：热带雨林香巴拉露营狂欢夜含景区门票、踏步戏水、游览车票、烧烤晚宴、帐篷露营、雨林早餐在内的套票成人480元，儿童380元。

呀诺达热带雨林景区以天然形成的热带雨林景观为主体，融汇“热带雨林文化、黎峒文化、南药文化、生肖文化”等优秀文化理念于一体。中国唯一地处北纬18°的真正热带雨林，是海南岛五大热带雨林精品的浓缩，是最具观赏价值的热带雨林资源博览馆，堪称中国钻石级雨林景区。这里集山奇、林茂、水秀、谷深于一身，可以称得上是海南岛的“香格里拉”，人间仙境的“世外桃源”。

精彩看点

- 五榕迎宾
- 梦幻谷
- 雨林谷
- 兰花溪

呀诺达热带雨林不可不游

五榕迎宾

建议停留时间：10分钟

五榕迎宾顾名思义就是由五棵榕树构成了一个奇特的景观，它们根连着根、枝挽着枝，五榕不分彼此，融为一体，支撑着同一片天空，搭建起一方小天地，隐喻着和谐社会。

爸爸有话说

“呀诺达”是象声词，在海南本土方言中表示一、二、三。景区赋予它新的内涵，“呀”表示创新，“诺”表示承诺，

呀诺达热带雨林内绝美瀑布

第六部分　户外探险游

兰花溪里艳放的珍贵品种——球兰

“达”表示践行，同时“呀诺达”又有欢迎、你好之意，表示友好和祝福。

兰花溪

建议停留时间：20分钟

幽静的雨林中，经典的中国传统造园技巧与热带雨林文化巧妙地结合，还有各种各样的野生兰花，徒步小道，踩着软软的木糠路，路的尽头是雨林中的世外桃源——兰花溪。在这里，热带景观被微缩成一幅幅美丽的风景图。

八榕观景台

建议停留时间：15分钟

穿过雨林谷半圆形的天然榕树拱门，就可到达八榕观景台，在那里有八棵巨大的榕树。据说，有一年刮起了台风，在这八棵榕树中，有一棵榕树三分之二的树根已经被风刮得离开了地面，巨大的树干瞬间砸了下来。旁边的一棵榕树用自己的肩膀在狂风中扛住了大树倒下的身躯，直到现在，在两棵树的交汇处，还能发现岁月留下的痕迹。

梦幻谷

建议停留时间：90分钟

梦幻谷是热带雨林中沟谷瀑布的极品代表，在纵深1.2千米、落差200米的热带雨林沟谷内，迎宾瀑布、天门瀑布、连恩瀑布三个水位、落差各不相同的瀑布在沟谷中穿越，水体景观瑰丽多彩，与巨树、怪石、溪流等构成一个令人向往探奇的神秘梦幻地带。在梦幻谷栈道上观瀑布、听鸟叫蝉鸣，探索自然，感受返朴归真的乐趣。

雨林谷

建议停留时间：120分钟

雨林谷以展现原生态的热带雨林景观为核心，汇集参天巨榕、百年古藤、“活化石”黑桫椤、巨大的仙草灵芝、“冷血杀手”见血封喉、野生桄榔以及“高板根”“根抱石”“空中花园”“老茎结果”“植物绞杀”“藤本攀附”热带雨林的六大奇观等。雨林谷内郁郁葱葱，遮天蔽日，生态绝

梦幻谷里的月亮瀑布壮景

佳，是得天独厚的巨大“天然氧吧”和负氧离子发生器。

妈妈有话说

雨林谷游览通道由木栈道、野趣石阶、吊桥组成，长达3.5千米，分为大、中、小三个环行线路，以满足各类人群的游览需求。

游玩路线推荐

休闲一日游：大门景观区—乘坐雨林巴士—哇哎噜观海台—雨林滑索—游览雨林谷—游览梦幻谷—乘坐环保电瓶车—大门景观区（全程游览约4～5小时，可自由把握游览时长）。

精华拓展一日游：大门景观区—乘环保电瓶车—踏瀑戏水—雨林药膳—高空飞索—幸福天道—游览热带雨林—小憩聚茗亭—游览雨林湿地—欣赏海南八音—鉴赏海南花梨木雕—观赏鹦鹉表演—哇哎噜观海台—参与黎族打柴舞（全程游览约6～7小时，可自由把握游览时长）。

露营二日游：大门景观区—雨林药膳—乘环保电瓶车—踏瀑戏水—搭建帐篷—烧烤晚宴、雨林狂欢—哇哎噜观海台看日出—雨林早餐—高空飞索—幸福天道—游览热带雨林—小憩聚茗亭—游览雨林湿地—欣赏海南八音—鉴赏海南花梨木雕—观赏鹦鹉表演—哇哎噜观海台—参与黎族打柴舞（游览时间2天1晚）。

周边也好玩

海岛休闲游：分界洲岛—香水湾—南湾猴岛—清水湾（耗时3天）。

D1　游览分界洲岛。

D2　香水湾享受湖水散发的淡淡香气，之后到南湾猴岛与猕猴近距离接触。

D3　前往清水湾观赏清水、白沙与怪石，休整后返程。

舌尖上的呀诺达热带雨林

推荐餐厅

- 景区自助餐雨林谷自助餐

以上两种均为：儿童价58元；成人价98元。

仅供午餐，开放时间为11：00～15：00。

药膳自助餐由特色药泡凉菜类、调理功效俱全的热菜类、粗粮主食类、养生粥类和秘制药膳炒饭等共31个品种组成，雪碧、可乐畅饮不限。

往返交通

乘坐飞机抵达三亚凤凰机场后，在三亚汽车总站乘坐三亚至保亭班车（车票约10元），在三道农场路口下（一般报呀诺达即可）。预订呀诺达热带雨林文化旅游区自由人套餐，景区—三亚往返旅游专线班车接送，须提前预订。

海南省内乘坐火车抵达三亚后，在三亚总站乘坐三亚至保亭班车（车票约10元），在三道农场路口下（一般报呀诺达即可）。预订呀诺达热带雨林文化旅游区自由人套餐，景区—三亚往返旅游专线班车接送，须提前预订。

武隆喀斯特

亲子游达人：王杏芝

武隆喀斯特小档案

地址： 重庆市武隆县。

门票： 仙女山：60元/人；芙蓉江：120元/人；

淡季（11月～次年2月）：芙蓉洞：65元/人；天生三桥：95元/人；龙水峡地缝：85元/人；

旺季：芙蓉洞：120元/人；天生三桥：135元/人；龙水峡地缝：115元/人；

备注：天生三桥门票中包含40元环保车费，龙水峡地缝门票中包含35元环保车费，芙蓉江门票中包含20元索道费。

武隆天坑

精彩看点

· 芙蓉洞游“龙宫”

· 天生三硚游喀斯特

· 仙女山仙境

其他： 芙蓉江过江速滑：80元（双向）；天坑出口观光车：15元；《印象武隆》普通票：238元/人；尊宾票：338元/人；VIP票：588元/人。

滑雪橇： 120元/人/小时（押金500元）；雪上飞碟：120元/人/小时；滑雪船：120元/人/小时。

观光小火车：25元/人/圈（总路程10余千米，可中途上下，换乘免费）。

电话： 023-87701906。

武隆地处重庆市东南部乌江下游，武陵山和大娄山的峡谷地带，全县有汉族、苗族、土家族、仡佬族等13个民族。武隆集大娄山脉之雄，武陵风光之秀，乌江画廊之幽，被誉为世界喀斯特生态博物馆。这里有世界规模最大、最高的串珠式天生硚群——天生三硚；地质奇观——龙水峡地缝；山城夏宫、东方瑞士和落在凡间的伊甸园——仙女山国家森林公园；还有中国唯一列入《世界遗产名录》的洞穴——芙蓉洞；水上喀斯特森林——芙蓉江等。

武隆喀斯特不可不看

芙蓉洞游“龙宫”

建议停留时间：1小时

芙蓉洞，是一个大型的石灰岩洞穴。洞内的钟乳石类型极其丰富，几乎包括世界上30余种洞穴的沉积特征。尤其是净水盆池中的红珊瑚和犬牙状的方解石结晶，更是国内罕见，世界稀有。在以芙蓉洞为中心的周围还有一个以大量竖井和平洞组成的庞大的洞穴群——芙蓉洞洞穴群，使其与美国的“猛犸洞”、法国的“克拉姆斯洞”并称世界三大洞穴。

妈妈有话说

芙蓉洞里的海底龙宫、银丝玉缕以及生命之源都让人对大自然以及天地的崇敬会更多一分，感受大自然的鬼斧神工。

天生三硚游喀斯特

建议停留时间：2小时

天生三硚地处仙女山南部，位居仙女山与武隆县之间，天生硚又名天坑三硚，属典型的喀斯特地貌。天生桥桥体溶洞四伏，水帘高悬。桥下溪流潺潺，喷泉叮咚。这里林森木秀，峰青岭翠，悬崖万丈，壁立千仞，绿草茵茵，修竹摇曳，飞泉流水，一派雄奇、苍劲、神秘、静幽的原始自然风貌，以山、水、瀑、峡、洞、桥构成一幅完美的自然山水画卷。

妈妈有话说

这里的三硚景观雄壮秀丽，它的奇、险、俊让人震撼，发现每个天桥的不同特色，在它们身上找到独特的气质，与孩子一起了解喀斯特地貌。

芙蓉洞

仙女山仙境

建议停留时间：2小时

仙女山平均海拔1900米，最高峰海拔2033米，以其江南独具魅力的高山草原、南国罕见的林海雪原、青幽秀美的丛林碧野景观而誉为“东方瑞士”，它与神奇的芙蓉洞、秀美的芙蓉江、世界最大的天生三硚群地质奇观是武隆的“三宝”。冬季的仙女山白雪皑皑，银装素裹，雾凇、冰瀑令人情潮涌动；夏季茫茫林海，清风吹拂，凉爽宜人，因此又享有“山城夏宫”之美誉。

周边也好玩

武隆深度游：武隆喀斯特旅游区—沿沧河—和尚岩—大洞河（耗时3天）。

D1　游览武隆喀斯特景区。

D2　前往沿沧河观赏灵动的山水画，之后到和尚岩下感受美丽的风景。

D3　大洞河，游览壮美锦绣的诗画长廊。

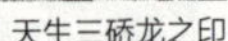

天生三硚龙之印

仙女山风景

舌尖上的武隆

武隆景区的仙女山、芙蓉江都有独具当地特色的川菜农家乐小吃，比如江口鱼、牛蹄花、全羊宴等。口味清香醇浓，以麻辣而著称。

推荐美食

- **红汤羊肉火锅**

要吃正宗的红汤羊肉火锅必须到武隆来，因为这里的地貌决定了这里的羊肉绝对的鲜嫩。切成片状的羊肉、羊肚、羊肝等在油锅中翻腾，用辣椒、花椒、胡豆瓣、山椒等调料加入羊肉汤里，配上几样武隆本地特产：鸡枞菌、竹笋干、高山红苕粉丝等，叫人吃得不亦乐乎。

- **碗碗羊肉**

碗碗羊肉最早出自武隆县羊角镇，羊都是当地产的黑山羊，这种羊肉做出来的味道特别鲜香，做好的羊肉都是以碗盛装上桌的，因而得名碗碗羊肉。

- **武隆菜豆花**

武隆豆花饭算是重庆小吃中的一绝，大街小巷都有豆花馆。武隆的豆花与别处不同的是菜豆花，它是将时蔬切碎与烧开的豆浆一起做成的。豆花绵软不松散，有豆子本身的回甜味。嫩嫩的豆花蘸着作料下饭，豆花的味道清香，作料浓郁。

推荐餐厅

- **重庆口福面**

重庆市武隆县仙女山镇逸云路24号。 18696922022。 重庆小面。

- **德庄火锅**

重庆市武隆县芳草地雪岭仙山。

一起滑雪

和尚岩

023-77794947。 羊肉火锅。

- **生态家常菜**

重庆市武隆县仙女山镇银杏大道35号。 13996888232。 特色肥肠乌江鱼。

亲子酒店

万祥酒店

重庆市武隆县仙女镇。 023-87701111。 648～848元/天。

长松国际大酒店

仙女山国家森林公园内。 023-87701996。 308～5008元/天。

云海酒店

重庆市武隆县仙女镇。 139-96889764。 488～618元/天。

往返交通

到达交通

重庆—G65（渝湘高速）—武隆县城（距离128千米，车程2小时）。

武隆县城—（二级公路）—芙蓉江、芙蓉洞（距离21千米，车程0.5小时）。

武隆县城—（二级公路）—仙女镇游客接待中心（距离18千米，车程0.5小时）。

武隆县城—（二级公路）—仙女山（距离33千米，车程1小时）。

备注：由于武隆县域内公路狭窄且道路弯曲，自驾人员需缓慢行驶，多留意实时路况。

市内交通

重庆到武隆有两种方式，第一种为在四公里汽车站乘坐公共汽车，车程2小时；第二种为在重庆北站乘坐火车，车程2小时。抵达武隆之后，前往所有景区都是在武隆汽车站买票，（备注：武隆县城到达天生三硚与龙水峡地缝是购买到仙女镇的汽车票，在游客接待中心下车，然后乘坐景区中转车到达景区）。此外，如果是从仙女镇到达仙女山，乘车的地点是接待中心外面的公路旁。

碗碗羊肉

武隆菜豆花

青城山—都江堰

亲子游达人：张婕洁

青城山－都江堰小档案

地址： 青城山：四川省成都市都江堰市青城镇。都江堰：四川省成都市都江堰市城西。

门票： 都江堰景区门票90元/人。观光车：车票往返15元/人，单程10元/人。路线：从碑亭—鱼嘴。

青城山景区前山门票： 90元/人；前山索道（单程）：35元/人；前山索道（往返）：60元/人；前山月城湖船票：5元/人。

青城后山景区后山门票： 20元人；后山金骊索道（往返）：单程30元/人，双程55元/人。

后山白云索道（往返）： 单程35元/人，双程60元/人。后山翠映湖渡船：2元。

电话： 4001151222。

开放时间： 旺季（3月2日～11月30日）：8：00～17：00；淡季（12月1日～次年3月1日）：8：00～18：00。

精彩看点

· 青城山·月城湖
· 天师洞
· 都江堰·鱼嘴分江
· 宝瓶口

青城山位于四川省都江堰市西南，是中国道教发源地之一，属道教名山，在四川名山中与剑门之险、峨眉之秀、夔门之雄齐名，有“青城天下幽”之美誉。

都江堰位于四川岷江中游，是中国古代最著名的水利工程，是全世界迄今为止年代最久、唯一留存、以无坝引水为特征的宏大水利工程。

青城山–都江堰不可不看

青城山·月城湖

建议停留时间：2小时

月城湖坐落在丈人峰和青龙岗之间，丈人峰下的鬼城山又名月城

青城山

青城山大门

都江堰

月城湖

山，湖因山得名。源出老霄顶的清溪，在这里流入开阔的山间谷地，夏季洪奔，时为湿地。后形成水面约3万平方米的山间小湖。它旁边的月城山传说为远古岷山真人鬼谷子隐居处。古语云：“山不在高，有仙则名；水不在深，有龙则灵。”月城湖的晶莹清澈，正应验了这脍炙人口的古文。

妈妈有话说

在月城湖听那些古老的传说，停留在月城湖的寂静中，一同感受仙人的清丽明净之地。

青城山·天师洞

建议停留时间：1小时

天师洞古名“常道观”，因观后

青城山风光

有汉代张道陵天师结茅阐道所居之洞窟，俗称天师洞。它位于白云溪和海棠溪环抱的山坪上，海拔1000米。洞后第三混元顶耸立如屏，左接青龙岗，右带黑虎塘，三面山环水抱。道观呈东向略偏北，前方白云谷视野开阔，可览天府平川。纵目望去“千崖迤逦藏幽胜，万树凝烟罩峰奇。”

妈妈有话说

领着孩子了解中国本土宗教——道教，在天师洞中感受道家修仙之地，同时，也了解一些道家思想在百家争鸣时的辉煌。

都江堰·鱼嘴分江

建议停留时间：1小时

鱼嘴分水堤位于岷江出山口1950米处岷江湾道江心，形如弯月。前端扁平入水，形如鱼的嘴巴，故名“鱼嘴”；后部为分水堤。分水堤构筑在岷江的弧形弯道上，由于弯道环流的作用，含沙量少的表层水流入内江，含沙量大的底层水奔向外江，既能引水，又能避沙。

宝瓶口

建议停留时间：1小时

宝瓶口久负盛名。宝瓶口的作用有三：一是引水，为下游提供灌溉、

天师洞

青城山建福宫

航运和城市生活用水。二是限制过量洪流进入灌区。三是排沙，内江流量较大时，离堆前的壅水现象使内江以下的底流流速显著降低，大部分由飞沙堰排出，一部分沉积在凤栖窝一段河道，至来年岁修“深淘”时清除。

周边也好玩

青城山深度游：青城山—青城外山·普照寺—虹口—向峨莲花湖（耗时2天）。

D1　前往青城外山·普照寺参观古老的佛教寺院，之后前往虹口亲水乐园与溪水亲密接触。

D2　前往向峨莲花湖游览，休整后返程。

舌尖上的青城山—都江堰

成都青城山——都江堰地区有许多川味的特色小吃，更是有当地特色的菜肴，一家人一起在景区内，边观景边品尝美食，感受青山绿水带来的乐趣。

推荐美食

- **青城老腊肉**

青城老腊肉其外观呈黑黄色，层次分明、肉皮金黄，具有光泽，瘦肉外观呈黑红色，切开呈玫瑰色。香味浓郁，入口清香，回味悠长，别具风味。配以韭菜、蒜苗等时令蔬菜炒，风味十足。

- **青城泡菜**

青城泡菜，俗称青城道家老泡菜。以鲜黄瓜、豇豆、水红辣椒、萝卜、白菜等为原料，放入用山泉水、精盐、花椒等配制而成的特殊汁液中浸泡，脆嫩清鲜有回味。

- **白果炖鸡**

白果炖鸡是著名的“青城四绝”之一。汤色白润、鸡肉鲜美、白果清香软糯，传说是道家创制的养生秘籍，具有很强的滋补效果。

推荐餐厅

- **铜锅第一家**

🏠 成都市都江堰市青城路336号。

📞 18227626300。　🔍 铜火锅。

- **青城高原牦牛汤**

🏠 成都市都江堰市青城山风景区

宝瓶口

青城山镇双钟街8号。 1388016-6311。 牦牛汤。

• 王记豆花血旺

青城山风景区106省道。 181-90944058。 肥肠、毛血旺。

亲子酒店

都江堰金三角山庄

成都市都江堰市青城后山泰安古镇。 028-61920175。 90～300元/天。

青城山隐秀尚庭酒店

成都市都江堰市香楠路1号。 028-87288666。 439～1891元/天。

青城山·青城映像客栈

成都市都江堰市青城山镇青城人家泉水路129号。 13096363419。 118～306元/天。

往返交通

到达交通

抵达成都双流机场乘坐到都江堰的班车，1小时抵达。

成都火车站（或西门车站）有抵达都江堰或青城山专线车。往来于成都火车北站和青城山站之间的“成灌快速铁路”（途经都江堰火车站），全线设15个车站，全程票价为15元，起点成都站，终点都江堰市青城山站。

市内交通

在都江堰市客运中心乘坐101路（或直接在都江堰景区离堆大门处乘坐），可乘101路直达车到青城前山，路程30分钟。

都江堰景区至青城山景区：都江堰景区—奎光路—青城大桥—玉堂镇—玉府路—青城山大道—大三路—青城山新山门—青城山路—青城山景区。

时空之旅演出现场至青城山景区：时空之旅演出现场—彩虹大道—外江大桥—青城山大道—大三路—青城山新山门—青城山路—青城山景区。

隐秀尚亭酒店

老腊肉

四川泡菜

乐山大佛—峨眉山

亲子游达人：张婕洁

乐山大佛—峨眉山小档案

地址：四川省乐山市。

门票：峨眉山进山门票：185元/人，淡季110元/人（12月15日至次年的1月15日）。

乐山大佛景区门票：90元/人，优惠票：50元/人。

金顶索道：旺季：上行65元/人，下行55元/人。淡季：上行30元/人，下行20元/人。万年索道：旺季：上行65元/人，下行45元/人。淡季：上行30元/人，下行20元/人。旅游观光车票：全山往返90元/人，半山段往返40/人。

精彩看点

· 万佛顶
· 生态猴区
· 华严顶
· 乐山大佛

开放时间：4月1日～10月7日：7：30～18:30;

1月8日~次年3月31日：8：00~17：30。

电话：峨眉山400819333。

乐山大佛0833-2302048。

优惠政策：6周岁以下儿童、1.2米以儿童，70周岁以上老人免票；身高1.2～1.5米儿童，60～69周岁老人享受优惠票。

峨眉山云海

万佛顶

温馨提示

乐山大佛优惠票：50元/人次（游山学生、老人、残疾人票）。

乐山大佛游船票：70元/人次（游江观乐山大佛全景、睡佛、三江）。

乐山景区：1.1米以下的儿童游江免票，其余游江游客无任何优惠。

峨眉山位于四川省乐山市峨眉山市境内，与山西五台山、浙江普陀山、安徽九华山并称为中国佛教四大名山，是举世闻名的普贤菩萨道场。一线天、舍身崖等绝壁高达700～850米。山势雄伟，隘谷深幽，飞瀑如帘，云海翻涌，有“峨眉天下秀”之称。全山形势巍峨雄壮，草木植被浓郁葱茏，故有“雄秀”美称。去极顶俯瞰万里云海，在金顶可欣赏“日出”“云海”“佛光”和“圣灯”四大绝景。佛光是峨眉山最壮美的奇观。许多笃信佛教的老人不辞艰苦，一步一歇，历经数日登上山顶。

乐山大佛—峨眉山不可不看

万佛顶

建议停留时间：1小时

万佛顶之名，来自于佛经中“普贤住处，万佛围绕”之意，晴日远眺，可见贡嘎雪山银光闪烁，云海茫茫，群峰层峦叠嶂；回望金顶，峭拔雄峻，庄严神圣。过千佛顶便是万佛顶。这里地势最高，海拔3099米。林下杜鹃、箭竹丛生，景象优美。万佛顶、千佛顶、金顶三峰排列，从山下仰望，像是螓首，享受古来的“螓首峨眉”。

妈妈有话说

一家人在万佛顶上看日出，合十拜佛，祈祷在一起的幸福生活，感受山上的美景。

华严顶

建议停留时间：1小时

华严顶古为玉皇亭（道教称谓），

峨眉山猴

华严顶的“华严”二字，按佛教有二个解释：一个解释是因寺位于万行如华（花），以此华庄严果地，故曰“华严”。另一个解释“华严”意指《华严经》，因此经是佛教中最为上乘之经典，以经名为寺之名，示佛地庄严之意。华严四周云遮雾盖，下临天梯，仰瞻金顶之奇，俯览玉笋之秀。

妈妈有话说

华严顶海拔较高，山上气温较低，在观赏山顶景色时还是要注意给孩子保暖，避免感冒。

生态猴区

建议停留时间：1小时

峨眉山灵猴是峨眉山的精灵，嬉闹顽皮、憨态可掬又极通人性，见人不惊、与人相亲、与人同乐，带给人无数欢乐，成为峨眉山的一道活景观。与猴群嬉戏，给猴子喂食，观赏其千姿百态，了解其生态习性，最后再来一次亲密接触。生态猴区内现有三支家族式野生猴，达300只。

乐山大佛

建议停留时间：2小时

乐山大佛是唐代摩崖造像中的艺术精品之一，是世界上最大的石刻弥勒佛坐像。大佛双手抚膝、正襟危坐的姿势，造型庄严，排水设施隐而不见，设计巧妙。佛像高71米，是世界最高的大佛。大佛头长14.7米，头宽10米，肩宽24米，耳长7米，耳内可并立二人，脚背宽8.5米，可坐百余人，素有“佛是一座山，山是一尊佛”之称。

周边也好玩

乐山深度游：乐山—峨眉山景区—柳江古镇—瓦屋山—石象湖（耗时2天）。

D1 前往柳江古镇、感受古镇风韵，之后到瓦屋山观赏美丽的自然景观。

D2 石象湖享受“鲜花的海洋”，休整后返程。

舌尖上的乐山大佛—峨眉山

峨眉山从不缺山珍野味、小吃佳肴和各式川菜。峨眉山的美食充分运

乐山大佛

用了峨眉山独一无二的山珍，同时也将众多平平淡淡的食材化腐朽为神奇，创造出一道道美味佳肴。

推荐美食

- 豆腐脑

峨眉山豆腐脑和其他地方的豆腐脑不大一样，是用骨头汤加调料熬制而成，比一般的豆腐脑要细嫩，外观上犹如藕粉般透明。食用时豆腐脑先用勺打成薄片，盛入碗内，加上葱花、香菜、熟油辣椒和其他各种调料，并撒上酥肉、黄豆、榨菜末等，色、香、味俱佳，川味十足。

- 峨眉素席

峨眉素席是峨眉山众多美食里很有特色的一道美食。佛教认为吃素可以清心寡欲、益寿延年，故在素食上极其讲究。

- 乐山钵钵鸡

钵钵鸡来源于四川的农村，已有上百年的历史，因为来自于乡村，与生俱来着纯真质朴的乡村气息，具有麻辣爽口，食用方便，风味独特等优点，受到四川地区的民众广泛喜爱。

推荐餐厅

- 荣生萝卜汤

峨眉山市保宁街221。 0833-5590335。 萝卜肘子汤。

- 峨眉山温泉饭店

峨眉山市报国寺风景区。 0833-5341222。 川菜。

- 小渔村家常菜馆

天下名山牌坊第二条街西南交大南门对面。 13696150608。 四川家常菜。

亲子酒店

红珠山宾馆

峨眉山市报国寺旁。 0833-5525888。 300～1372元/天。

峨眉山温泉饭店

峨眉山市报国寺风景区天下名山牌坊上行300米左侧“温泉欢乐谷”内。 0833-5590370。 378～882元/天。

乐山君临府假日酒店

乐山市市中区大佛东门篦子街。

豆腐脑

钵钵鸡

0833-2602380。 30～110元/天。

往返交通

峨眉山风景区紧临成都、绵阳、重庆三大航空港，每天均有多次国内、国际航班。其中，离成都机场仅120千米，为全高速公路，乘车90分钟到。

峨眉火车站距离峨眉山风景区约10 千米，乘车约15分钟。也可乘火车到达成都站，乘公交车到成都新南门车站转乘旅游中巴车进入景区。

峨眉山公交车站：乘坐市区5路（至伏虎寺）公交车进入峨眉山景区。

乐山肖坝车站：乘坐13路公交车—乐山大佛景区。

乐山中心车站：乘坐9、6路公交车—阳光广场（转乘3路或者13路公交车—乐山大佛景区。

乐山联运车站：乘坐1路公交车—高北门（转乘13路公交车）—乐山大佛景区。

成都、德阳方向（以天府广场为中心）：从天府广场出发，经人民南路到浆洗街，至永丰立交上成雅高速、成乐高速到乐山，再经乐峨快速通道至峨眉山；也可从人民南路到二环路，至永丰立交上成雅高速、成乐高速到乐山，经乐峨快速通道至峨眉山。

重庆、泸州方向：一是经成渝高速至成都后经成雅高速、成乐高速到乐山、峨眉山；二是经成渝高速至内江、自贡、荣县、乐山、峨眉山。

红珠山宾馆

甘南扎尕那

亲子游达人：张小慧

扎尕那小档案

地址：甘肃省甘南藏族自治州迭部县益哇乡扎尕那村。

门票：入村后仅收取每人5～10元垃圾清理费。

时间：6：00～20：30

季节：1～4月白雪覆盖，云雾缭绕，油菜花黄，青稞、大豆苗绿；10月山花漫山遍野，层林尽染，秋色苍翠。

电话：0941-5629188。

温馨提示

整个正月，迭部各大小寺院有正月法会、插箭节等藏族传统宗教民俗活动，夏季则有香浪节、国际大力士赛。

精彩看点

· 纳加石门
· 牧场骑马
· 拇指神山
· 四座村寨

扎尕那，藏语意为“石城”，是甘肃甘南藏族自治州迭部县境内一个古朴原始的藏族村寨，四周被茂密葱郁的原始森林和恢弘壮观的山峰环绕，地形既像一座规模宏大的巨型宫殿，也似天然岩壁构筑的一座完整的古城。农田、河流、寺院以及藏式榻板房遍布其中，风景秀丽，古朴自然，是整个甘南藏区风光最为优美的地方之一，无论观光、摄影，还是体验淳朴藏族人民的传统生活，都是不可错过的美妙之地。

进入藏区

甘南扎尕那不可不看

纳加石门

建议停留时间：20分钟

欣赏天然岩壁构筑的石城入口风光，涓涓河水与群山密林交相辉映，石门入口经幡飘扬，与层林尽染的扎尕那秋色融为一体，独具藏家风情。可以稍作停留休息摄影，感受青藏高原东部边缘地带的独特韵味。

爸爸有话说

扎尕那原始和古朴的风貌保护得非常好，近百年前洛克照片里的风景在今天看来一如旧时原貌，没有太多变化，从沟口开始就能在石山、密林、白塔、桑烟以及当地藏民身上感受到藏乡的纯净与古朴。

拇指神山

建议停留时间：50分钟

从石门一路前行就仿佛进入了世外桃源般的另一个世界，抬头是高耸入云，巍峨壮观的拇指神山，是扎尕那的标志。徒步20分钟可以到达拇指山下的南山坡，四周的农田村寨河流尽收眼底，孩子们可以在茂密的草地上打滚玩耍。

妈妈有话说

在当地，每一座山峰都有自己的名字，每一个村庄都有自己敬拜的山神，扎尕那的涅甘达哇山神是最受崇敬的。

四座村寨

建议停留时间：40～60分钟

扎尕那有四个小村子，由下而上分别是东洼村、业日村、达日村和代巴村，有一条盘旋的公路联通四个村子，可以步行或开车沿途欣赏这几个特色村寨。这里的榻板房很有特色，屋顶和室内都是纯实木建成，有上百年的历史。在最高点观景台俯瞰，拇指神山遥遥在望，扎尕那全貌尽收眼底。

妈妈有话说

在村道上漫步会遇到牵着马的村民以及牛羊，还有扎尕那可爱的小孩子。

牧场骑马

建议停留时间：20～40分钟

去牧场属于深度游，车子可以开上去，但路段不是太好，几乎可到达山巅，是藏家的原始牧场，如果恰逢雨天，到处雾气氤氲，仙境般迷离奇幻，茫茫草原更可以感受另一种风情。牧场适合七、八月份游玩，草原碧绿风光最美，可以拍到云雾和日出。另外，扎尕那后山还有一条两天的徒步线路，可以在村中租马或步行前往，80元溜一大圈。

周边也好玩

如果时间还比较充裕，索性来一场甘南藏区经典美景之旅：迭部县城—东方小瑞士郎木寺—世界藏学府拉卜楞寺—临潭冶力关小镇，此线路行程约4天，旖旎的自然风光、斑斓的人文景观和多彩的民俗风情可以尽情领略，让人惊艳。

特产

当地特产有羊皮画、香珠、木雕、工艺藏刀等，可以选购一些正宗的野生木耳、蘑菇、虫草以及风干的牛羊肉、野菜带回去，夏季则能买到新鲜的当地水果和野生药材以及可食用植物。

山间写生

藏民的家

舌尖上的扎尕那

藏餐特色独具，营养丰富，在扎尕那可以品尝的美食有糌粑、酥油奶茶、蕨麻米饭、野生木耳、高山菌类、正宗牛羊肉、烧烤，也可以点川菜面食，或者在农家的厨房自己动手。

推荐美食

- **蕨麻米饭**

生长在高寒地区的蕨麻俗称“长寿果”，具有较高的营养价值。当地人将煮熟的大米和蕨麻同盛于一个碗内（米在下、蕨麻在上），浇上酥油汁，加上白糖，味道甘美无比。

- **藏家奶茶**

大茶入壶，在铁皮炉子上煮烧，散发出茶香味时倒进牛奶，加一点姜片或盐，茶和牛奶充分交融，颜色白里透黄，味道既不是纯牛奶味，也不是茶水味，清爽可口，补充营养。

- **手抓羊肉**

牧区款待贵客的美味，现宰的大块羊肉放入沸水中煮熟后再蒸到软烂，味道鲜美无比。

- **干锅土豆片**

由迭部地区特产——珍珠马铃薯制作的干锅土豆片，有香辣和孜然两种口味可供选择，入口酥脆有劲道，营养丰富，老少皆宜。

蕨麻米饭

汆羊肉

羊皮画

亲子酒店

来到扎尕那，一定要在村寨里住上一夜，在清晨的鸟鸣声中醒来。或者在县城待一晚，感受独特的藏家风情。扎尕那的住宿几乎全是农家乐的形式，小院风情独具，二楼观景台视野开阔，拍照吹风都很方便。在县城住的话广场周边和主街道也有很多快捷酒店，旺季需提前预订。

扎尕那游客服务中心阿道客栈

🏠 扎尕那东洼村。📞 13893975235、18993685333。

迭部华洲宾馆

🏠 迭部县城主街道腊子口街。📞 18809415656。

往返交通

✈ 甘南夏河机场，坐车到迭部扎尕那约75千米。

🚌 兰州火车站下车后到汽车南站，转乘大巴前往迭部县城，或直接到扎尕那。

呼伦贝尔

亲子游达人：苏菲

呼伦贝尔

地址： 内蒙古自治区呼伦贝尔市。

季节： 虽然每年7月、8月，草原上秋风初起，水草肥美，是最适合广阔天地任撒欢的季节；但是其他的季节呼伦贝尔也有各样的美：春天看花、夏天避暑、冬天赏雪，四季分明，景色各异。

温馨提示

呼伦贝尔在每年的8月会举办草原上最热闹的那达慕大会。那达慕蒙古语为“娱乐”或“游戏”之意，是蒙古族传统的群众性集会。

精彩看点

- 恩和
- 莫尔道嘎
- 敖鲁谷雅

清丽神奇的内蒙古自治区呼伦贝尔地区，是中国北方一块没有污染的绿色净土。它东与黑龙江省相邻，北与西南分别同俄罗斯、蒙古交界，南部与兴安盟相连，是国内难得的草原旅游胜地。这里也是我国目前保存最完好的草原，水草丰美，有“牧草王国”之称。它也是一代天骄成吉思汗的出生地，在地理历史上都是重要的兵家必争之地。

呼伦贝尔不可不看

驰骋草原，广阔天地任我行

呼伦贝尔草原是世界上四大草原之一，是我国保存最完好的草原，幅员辽阔，这里的草原分布在整个呼伦贝尔区内，海拉尔周边的金帐汗、莫日格勒河畔和呼和诺尔草原最为知

美丽的呼伦贝尔大草原

名。每年7、8月，广袤的绿色草原上绿草如茵，野花遍地，孩子们可以住进蒙古包，品尝美味的“烤全羊”，还可以骑马、开卡丁车，晚上再参加草原上的篝火晚会，看蒙古族的传统节目，尽情地体验游牧民族的豪迈与奔放。

温馨提示

如果想要住草原上的蒙古包，呼和诺尔草原是一个不错的选择。这里有比较完善的蒙古包群，提供一站式的游客体验，蒙古包内的条件也相对干净一些，无论是就餐、住宿还是参观，都比较方便，适合亲子旅游。

妈妈有话说

这里的昼夜温差很大，即便是夏天，草原上的夜晚也是很凉的，记得要给孩子多带一件保暖的外套。做好防蚊措施。防蚊水、防蚊带，都是不错的选择。

探访恩和，走近俄罗斯民族

建议停留时间：一天

恩和俄罗斯民族乡，位于呼伦贝尔的额尔古纳市，与俄罗斯仅一水之隔。这里还保留着俄罗斯族的传统和文化，房屋也以木质为主，自然气息浓厚，风光怡人。清晨太阳升起，晨雾在流水声中弥漫开来，炊烟袅袅的一派异域乡村景色。走在恩和的街道上，不出国门就能领略到浓郁的异域风情。

敖鲁谷雅，与驯鹿精灵相伴

建议停留时间：半天

敖鲁谷雅使鹿部落，位于呼伦贝尔的根河市敖鲁谷雅乡，这里居住着古老的鄂温克族人。“鄂温克”意为“住在大山林中的人”，而“敖鲁谷雅”则是鄂温克语中“杨树林茂盛的地方”的意思。在这里，除了可以跟可爱的森林使者——驯鹿亲密接触以外，还可以体验到鄂温克族以狩猎和驯鹿为生的生活方式，参观桦树皮手工作坊、鄂温克猎民村及驯鹿放养点等景点。

80元/人。 8：00～17：30。

莫尔道嘎，原始森林的宝藏

建议停留时间：半天

莫尔道嘎森林公园位于额尔古纳市莫尔道嘎镇，是内蒙古大兴安岭首家国家森林公园。当地有流传“南有西双版纳，北有莫尔道嘎”之说。这里有着北国最具代表性的森林景观，保存着我国最后一片寒温带明亮振业原始林以及500多种野生及珍稀动植物，也是孩子们的一篇动植物百科全书。

130元/人。 8：00～18：00。

母女在恩和俄罗斯民族乡

临江屯

敖鲁谷雅使鹿部落

莫尔道嘎森林公园

手把肉

爸爸有话说

大自然对于孩子来说也许并不陌生，但原始森林里的动植物却不是他们每天都会打交道的风景。建议每个妈妈在出行之前都给孩子找一些寒温带森林里动植物的图片，让孩子在游览的过程中感受到寻宝的乐趣。

周边也好玩

呼伦贝尔大环线（耗时7天）。

D1　海拉尔—莫日格勒—恩和。

D2　恩和—室韦—临江。

D3　临江—莫尔道嘎国家公园—莫尔道嘎。

D4　莫尔道嘎—额尔古纳。

D5　额尔古纳—呼和诺尔—呼伦湖—满洲里。

D6、D7　可选择贝尔湖或者阿尔山国家公园。

特产

俄罗斯套娃是俄罗斯族特产的木质玩具，一般由多个一样图案的空心木娃娃一个套一个的组成，最多可达十几个。一般外形是一个穿着俄罗斯民族服装的姑娘，叫作“玛特罗什卡”，这也成为这种娃娃的通称。

舌尖上的呼伦贝尔

呼伦贝尔是一个多民族聚居的地方，所以各个民族的美食当然都不能错过。这里的牛和羊吃着真正无污染的肥草长大，肉质鲜美，别有风味。另外，俄罗斯的特色菜肴也是不能错过的，大列巴和新鲜蓝莓不仅味道好，而且营养丰富。

推荐美食

- **烤全羊**

烤全羊是蒙古族中接待最尊贵客人的名菜。最好的烤全羊必须要选用上等的土种食水草乳羊，最好是20斤以下，烤出的羊肉表皮泛红色，香气扑鼻，羊皮酥脆可口，肉质松软鲜嫩，肥而不腻。

- **手把肉**

手把肉是内蒙古各族人民都喜欢的传统食品。将羊排带骨分割成大块，放入白水锅内大火烧至肉色发白即可食用。吃的时候再蘸各种调料，肉质保持原汁原味，鲜而不膻肥而不腻，是打开味蕾的超级美食。

• **奶茶**

奶茶是草原上各个民族最好的饮品，最传统的奶茶要用茶砖煮水再加鲜奶熬制而成。喝的时候通常要加盐，也可以加黄油、炒米和各种奶酪，既是冬天的暖身饮品，也是夏天解渴、补充营养的天然补品。

• **蓝莓及蓝莓制品**

蓝莓是大兴安岭给人们的馈赠。除了直接品尝以外，这里的居民还会自制蓝莓酱和蓝莓汁。原料新鲜又富有营养，是孩子最爱的食物了。

推荐餐厅

• **德福全羊坊**

呼伦贝尔市额尔古纳市金鹊街209号。 0470-6824339。 烤全羊，手把肉。

• **诺敏塔拉奶茶馆**

呼伦贝尔市海拉尔区河东华联商厦底商E-7号，近成吉思汗广场。0470-8296962。 锅茶、烤羊腿、布里亚包子。

亲子酒店

来到呼伦贝尔，想要体会当地各民族人民的生活，住进当地人的民居是最合适的。无论是蒙古包还是俄罗斯民宿，都是非常棒的体验。

恩和伊丽娜家庭旅馆

呼伦贝尔市额尔古纳市室韦俄罗斯民族乡恩和村郊乌尔河湿地景区。旺季均价300元/天。

临江屯妮娜之家

呼伦贝尔市额尔古纳市室韦俄罗斯民族乡。 可以租下整个农家院约10间房。均价200元/天。

往返交通

每周都有北京、呼和浩特、锡林浩特等地飞往海拉尔的航班。从北京到海拉尔约2小时可达。海拉尔东山机场，打车至海拉尔区中心约20元，交通便利。

北京、哈尔滨、呼和浩特和包头都有火车到达海拉尔。

国道111线北京-加格达奇经过海拉尔，是呼伦贝尔区内自驾线路的起点。

恩和伊丽娜家庭旅馆

临江屯妮娜之家

阳明山

亲子游达人：张小美

阳明山小档案

地址：台湾省台北市阳明山竹子湖路1-20号（阳明山公园管理处）。

门票：免费。

电话：886-228613601。

温馨提示

1．阳明山天气容易变化，冷暖温差一来，山中容易起雾，请帮孩子携带防水衣服，穿防滑运动鞋。

2．山中台湾版本的小黑蚊非常厉害，请记得一定要帮宝贝携带防蚊产品。

在阳明山有多样的植物生态，丰富的人文遗迹，还有台湾难得的火山地形。由于阳明山紧邻台北，交通的便利性，因此成为大部分当地家庭以及游客的必游之地。冬天采海芋，春天赏樱花，夏天摘向日葵，秋天观落叶，一年四季的阳明山都是那么精彩。

爸爸带着 Faye 和 Teem 在阳明山步道散步

精彩看点

- 竹子湖
- 二子坪步道
- 硫黄谷地热景观区
- 亚尼克梦想村
- 福田农场

阳明山不可不看

竹子湖

建议停留时间：2小时

亲子人气第一名的是竹子湖，在那里从冬季到春季，海芋（马蹄莲）盛开，而夏季向日葵做主角。无论什么时候来阳明山游玩，都可以带着孩子来花田里做一回“花仙子”，把喜爱的海芋摘下来带回家（按支计价）。在竹子湖的海芋大道两旁，多间的高山野菜餐厅，可以品尝台湾的高山野菜，放山土鸡汤。任何一家餐厅的口味都十分地道和可口。海芋季的时候，餐厅门口还有卖采摘下来的海芋。

二子坪步道（无障碍）

建议停留时间：1.5小时

二子坪步道号称是适合全家大小走的无障碍步道，宽约3米，全长1.8

千米，往返需要80分钟。这里日照较少，偶尔有阳光洒落，夏日凉爽。

硫黄谷地热景观区

建议停留时间：30分钟

看惯了茂密植被的阳明山，没想到在山的另一头，还有一片蛮荒之地，终年冒着地热气，地热水时时刻刻地往上喷发，一毛不拔的山壁终年被硫黄熏的已成了红褐色，不时看到浅黄色的硫黄晶体嵌在山壁上，有点类似北海道地狱谷的感觉。

温馨提示

硫黄谷内硫黄气味比较重，如果对气味敏感的小朋友，可以在远处或车里观看，也是不错的选择，不用特地去走硫黄谷的步道。

亚尼克梦想村（前美军宿舍群）

建议停留时间：1小时

亚尼克梦想村是台湾西点达人吴宗恩创办的。一片让我们时光倒流的红砖矮房群，外观保留了当时的美军宿舍，室内也处处陈列着西洋股东，原来靠近壁炉处的沙发区就是原宿舍的客厅，四处走动一下也可以清晰地看出当年美军异乡家园的格局。

台北市士林区长春街4巷481号。

886-228625609。 10：00~21：00。

捷运剑潭站搭乘红5号公车至山仔后派出所站下车（其他可以到山仔后派出所站的都可以乘坐），下车后往上山方向走约5分钟。

妈妈有话说

这区的美军宿舍是全台湾至今保持最完整的一区。

福田农场

台湾有许多供亲子玩乐的农场和牧场，如果在阳明山时间十分宽裕的话，或是自驾的亲子游，可以到福田来游玩一圈。园区内所有的生态都是自然的。农场中有几个教室，最有意思的是其中一个蓝染教室，这里有趣的槌染课程，就地取材一种叫“大

福田农场

露天温泉

菁”（马蓝）的植物，也是青布衫所用的染布原料。大一点的小朋友可以参加，通过简单有趣的方式了解传统文化。

台北市士林区菁山路131巷18号。886-228622145。全票50元新台币/人，优待票30元新台币/人。9：00~17：00，周一及春节休息。捷运剑潭站或士林站搭乘303号公交车，于国际电台站下车，依照指示步行10分钟就可以到达园区大门。

周边也好玩

阳明山一整天下来，孩子们也累了，入住北投的温泉酒店，可以通过泡汤去除一天的疲劳。接下来去淡水逛老街，吃小吃，顺便去巧克力工厂遛弯。直接从阳明山去淡水不方便，必须先经过北投，入住北投的酒店就顺理成章了。

推荐路线：阳明山—宿北投温泉酒店—淡水老街吃小吃（著名小吃有阿给、可口鱼丸、阿婆铁蛋、酸梅汤、虾饼）淡水河边特色咖啡厅休息—世界巧克力工厂梦公园主题乐园—渔人码头看夕阳—宿酒店。

特产

手工做的阳明山小馒头，没有防腐剂且口感松软，有很多口味可供选择。在竹子湖的海芋大街餐厅都有贩售。

舌尖上的阳明山

推荐美食

- **菠萝苦瓜鸡汤**

菠萝是台湾的代表性水果，就连鸡汤也要沾光。阳明山的鸡汤特点在

菠萝苦瓜鸡汤

秘密花园餐厅

于，全部都是用放山土鸡熬制而成，味觉层次十分丰富，为阳明山必吃美食。

- **姜汁地瓜汤**

阳明山上种的老姜熬煮的地瓜汤，加入少许红糖，甜中带辣。在冷冷的冬日，阳明山上气温更低，这时候来一碗热乎乎的地瓜汤，一定暖心暖身。

- **丁香炒山苏**

山苏属于野菜类，每次到阳明山也是必点的一道菜。清脆的口感，吃起来口感上带有一丝高山清爽，配合丁香鱼特殊的香气，加入破布子（树子）快炒，这道菜十分考验厨师的功力。

推荐餐厅

- **故乡**

台北市北投区阳明山竹子湖海芋大道。886-228615736。9：30～21：00。凤梨苦瓜鸡汤，冬瓜竹笋鸡汤，蛤蜊鸡汤，炒黑猪肉，炒山苏，椒盐溪虾。

- **秘密花园**

台北市士林区菁山路136号。886-228617450。周一至周五10:00~23:00，周末10:00~24:00。店如其名，入口十分不起眼，店内装修温馨如山中的人家一般。

- **草山夜未眠**

台北市士林区东山路25巷81弄99号。886-228623751。周一至周四17：30～03：00，周五17：00～05：00，周六15：00～05：00，周日15：00～03：00。景观餐厅，俯览台北市，夜景超棒。

- **山顶**

台北市士林区格致路124号。886-228622358。精致中式料理。

亲子酒店

游玩阳明山的家庭建议住宿至北投温泉区酒店，选择十分丰富。

往返交通

搭捷运至北投站，转台湾好行北投竹子湖线。台湾好行—北投竹子湖线停靠站点：捷运北投站—北投温泉博物馆、梅庭、地热谷（北投公园）—硫黄谷（弥陀寺）—阳明公园、花钟（阳明公园服务中心）—草山行馆（阳明山立体停车场）—公车转乘站（阳明山）—阳明山国家公园游客中心（第二停车场）—阳明书屋—竹子湖。

搭捷运至剑潭站出站，搭公交车红5号在阳明山总站下车，转搭108游园公交车至各景点。108游园公交车停靠站点：第二停车场（游客中心）—童军站（苗圃登山口）—阳明书屋—竹子湖派出所（竹子湖社区）—鞍部（大屯山主峰连封步道）—二子坪—小油坑—梦幻湖与梦幻停车场—冷水坑—擎天岗—冷水坑服务站—涓丝瀑布。

日月潭

亲子游达人：孙小美

日月潭小档案

地址：台湾省南投县鱼池乡水社村中路599号（日月潭向山游客中心）。

门票：免费。

开放时间：9：00~17：00。

季节：一年四季皆宜。

电话：886-492855668。

精彩看点

· 水社码头
· 向山游客中心
· 日月潭缆车
· 涵碧楼
· 伊达邵码头
· 玄光寺
· 九族文化村

温馨提示

日月潭地区属于亚热带湿润气候，然而由于日月潭位于山间盆地，四面环山，风向与气候较为稳定，因此气温凉爽，寒暖适中，一年四季平均温度在20℃。5~8月降雨量充沛，需要携带雨具。

日月潭位于台湾省南投县鱼池乡，为日潭和月潭的合称，因其双潭水色各异而得名，海拔高度748米，为台湾第二大湖泊。在当地旅游部门的不断规划下，近年来日月潭周边的旅游资源越来越完善。日月潭自行车道被封为全球十大最美自行车道之一，周边的配套设施如自行车租赁服务也十分完备。另外，在日月潭还能

水社码头

在日月潭骑是非常好的亲子活动

体验当地原住民文化，那便是九族文化村与伊达邵逐鹿市集，还能在那里购买到特色伴手礼与当地特产。带着小朋友其实可以通过许多途径来欣赏日月潭美景，如游船，缆车等。但无论什么方式，都一定会被这片原始风貌所感动。

日月潭不可不看

日月潭自行车道

建议停留时间：30分钟

CNN的旅游网站CNNGO票选了全球十大最美自行车道，日月潭的自行车道位列其中。车道环潭一周，大约33千米，这一路连接四座庙宇，八大人行步道与四大码头，同时还穿越两个热闹的商圈：水社商圈与伊达邵商圈。带着孩子一起骑车游建议以下较为休闲的路线：日月潭站—向山自行车道—向山游客中心—月潭自行车道—返回日月潭站。

爸爸有话说

自行车租赁有两种，一种是捷安特或美利达自行车大牌专营店租赁，另外一种是私人租赁行，可供租赁的类型有脚踏车或电动车，儿童脚踏车，亲子车以及儿童自行车安全座椅。

捷安特日月潭站

南投县鱼池乡水社村中山路163号1楼。 886-492856713。 6：00～19：00（5~10月）；7：00～18：00（11月~次年4月）；周四公休。

美利达向山站

南投县鱼池乡中山路592号。 886-492856558。 8：30～18：00。

安心骑租赁行

南投县鱼池乡水社村中山路149号。 886-492855409。

日月潭游船

游船

建议停留时间：30分钟

想搭乘游船的家庭可以在最热闹的水社商圈的码头购票登船。环潭一周的游船，会路过诸多景点，如梅荷园、涵碧楼、玄光寺、传统原住民文化的伊达邵、水蛙头、日月涌泉、孔雀园等。船长幽默的风格会一路向游客解说沿途景点以及传奇故事，让孩子深入了解日月潭文化。

售票处：水社码头，伊达邵码头。

票价：全程300元新台币/人。

日月潭缆车

妈妈有话说

1．请向各固定售票点购票搭乘，并索取船票，拒绝陌生人（小蜜蜂）搭讪买卖，以确保您的权益。

2．日月潭所有载客游艇均经台中港务局实施定期或不定期检查合格，并依规定配置消防救生设备，票价内含300万元新台币人身意外险，可以安心搭乘。

3．搭乘船艇请注意是否配置船长及助手至少各一名，若未依规定配置船长及助手，请拒绝搭乘，并向管理处举报。

游船停泊处

缆车

建议停留时间：30分钟

日月潭缆车连接日月潭与九族文化村，全长1.8千米，中间翻越卜吉山，其中最高点为海拔1044米，沿途可俯览日月潭景色与埔里盆地。缆车车厢一共有86个，每个车厢最多可运载8名乘客。在日月潭站设有餐厅与休息场所可以缓解旅途疲劳。

票价：全票300元台币/人，优待票250元台币/人。

九族文化村

九族文化村

建议停留时间：45分钟

九族文化村是一座以台湾原住民

九大族为主题的乐园，园内以原住民部落文化，欧洲宫廷花园与欢乐世界分为3大区块，所以老少皆宜。特别是欧洲宫廷花园车站可以搭乘水沙连蒸汽小火车，原住民区块可以观看原住民传统表演，这两个区块特别适合年龄较小的孩子。而爸爸妈妈可以带着大童直冲欢乐世界，那里有台湾第一的悬吊式云霄飞车，一定要去尝试一下。

特色活动：九族文化村会不定期地与日本卡通合作，推出特别版本的活动，如已经结束的“航海王乐园”真是吸引了众多动漫爱好者前去朝圣。

南投县鱼池乡大林村金天巷45号。 886-492895361。 9：00-17：00（周一至周五），9：00~17：30（周六至周日）。 全票780元新台币/人，学生票 680元新台币/人，儿童票580元新台币/人，博幼票 390元新台币/人。

向山游客中心

一片清水混凝土建筑，颇有当代艺术质感。最近超热门的景点就是向山游客中心了，这是一栋依照地势和以不破坏周遭环境而建造的环保地景。向山游客中心有可供140名观众使用多媒体放映厅，也设有三间展览室展示日月潭历史，生态以及原住民文化。二楼的景观台有两个入口，不论是站在哪个景观台，都能看到日月潭景色。

温馨提示

向山游客中心提供贴心服务，可以将自己拍摄的照片交给柜台，制作成自己专属的明信片。

周边也好玩

日月潭周边1日游：埔里小镇—清境农场。

特产

妖怪邮便（电）局：“信念专送，屎命必达”，非常有趣的口号，妖怪邮便（电）局卖的也是创意产品，使用古早产品的包装，第一眼还真的很难看出来里面装的是什么。如果孩子在旅行时候有寄明信片的习惯的话，那这里是最合适不过了，挑选奇形怪状的妖怪明信片，写完地址盖好印章，就可以直接丢入门口的妖怪村邮筒啦！

舌尖上的日月潭

- **阿婆茶叶蛋**

在日月潭玄光寺旁边有一个卖茶叶蛋的小摊贩，阿婆28岁就开始卖茶叶蛋，使用鱼池乡三宝之二：阿萨姆红茶和香菇为茶叶蛋提味的主原料。用红茶和盐将鸡蛋煮熟，再将蛋壳敲碎，加入香菇和茶汤慢煮6小时才完成。一天可以卖2000个茶叶蛋，假日最高纪录7000个，是日月潭必吃美食之一。

- **红茶冰激凌**

日月潭的阿萨姆红茶有名，这是

香喷喷的茶叶蛋教人垂涎欲滴

红茶冰激凌

众所周知的事情了。但孩子不适合饮茶，但冰激凌也是会让孩子眼前一亮的美食。打开盖子就可以闻到红茶香，吃到嘴里的时候，奶香与红茶口感十分均衡，完全没有强弱的问题，甜度也刚刚好，非常推荐！

- 烤小米麻糬

位于伊达邵码头商业圈，烤麻糬有原味、海苔、花生和咖喱四种口味，外脆里糯，Q香弹牙，十分美味。

云品酒店

- 饭饭鸡翅

位于伊达邵码头商业圈。饭饭鸡翅是将鸡翅去骨后，外皮油炸过，再用花莲的糯米制成的邵族饭将其塞满，再撒上葱花，胡椒粉，辣椒提味，口感超过瘾。

亲子酒店

云品酒店

台湾省南投县鱼池乡中正路23号。886-492856788。10670元新台币/人，备注：有家庭房可选，设有儿童俱乐部，儿童游乐园。

涵碧楼

台湾省南投县鱼池乡中兴路142号。886-492855311。16036元新台币/人；备注：日月潭顶级酒店，风景无限好，此生一定要住一晚。

往返交通

可以乘坐高铁或火车到台中站，再转乘客运至日月潭。

在台北西站搭国光客运至日月潭（鱼池站），途经埔里。

票价

单程全票：460元新台币/人，半票：230元新台币/人，来回票820元新台币/人

电话：国光客运台北站：886-223119893；国光客运埔里站：886-492982131。

第七部分
度假休闲游

古北水镇

亲子游达人：熊靓

地址： 北京市密云区古北口镇司马台村。

门票： 150元/人。

夜游： 80元/人。

观光游览车： 单程10元/人，1.5米以下儿童享受半价优惠，每车限乘10人（含婴幼儿）。

游船：全程（雁归码头–鸳鸯湖码头）120元/人/趟，包船600元/条/趟（冬季停运）。

A线（雁归码头–日月岛码头）、B线（鸳鸯湖码头–日月岛码头）均为80元/人/趟，包船400元/条/趟。乘坐游船1.5米以下儿童享受半价优惠，每船限乘6人（含婴幼儿）。

开放时间： 9：00～17：00（冬令）

9：00～18：00（夏令）。

电话： 0995–8614688。

季节： 5～11月最佳。

精彩看点

- 永顺染坊 DIY
- 八旗客栈观长城
- 提着灯笼逛长城
- 英华书院读书声

古北水镇位于北京市密云区古北口镇，坐落在司马台长城脚下。古北水镇在原司马台三个自然古村落的基础上、依托司马台遗留的历史文化，已经形成了9平方千米的度假区。包括2个五星标准大酒店、6个小型精品酒店、400余间民宿、餐厅及商铺，十多个文化展示体验区及完善的配套服务设施。度假区内，亭台楼阁隐现、绿树红花葱茏、青砖灰瓦的四合院成为舒适的民宿，点缀在山水间的度假酒店风貌和谐。在利用鸳鸯湖天然水脉拓宽的河道上，游客可以乘坐手摇船从游客服务中心直抵长城脚下。

古北水镇大门

永顺染坊

古北水镇不可不看

永顺染坊DIY

建议停留时间：30分钟

永顺染坊晒布场上的蓝花布会让来这里的人进入怀旧的氛围中。和孩子一起参观几百张布高高挂起的晒布场，到中国印染技术博物馆了解永顺染坊和染布的历史；还可以一起在染布师傅的指导下，给自己染上一块靛蓝色的布料留作纪念。

爸爸有话说

100多年前，古北水镇一个名叫张聚魁的染匠人，年少学得一手染匠绝活，他能自制土靛染料，后来在北京新街口开设了知名的永顺染坊。

八旗客栈观长城

建议停留时间：12小时

八旗客栈是古北水镇的北方四合院，也是一间从陈设到房间，都具有浓浓的老北京生活味道的客栈。住在炕房里，对着兔爷、望着高耸巍峨的司马台长城，很有穿越感。晚上一家人坐在四合院里，店家端上景泰蓝铜火锅，一边涮肉，一边在院子里玩耍。累了还可以在独门独户的露天温泉，享受私人的休闲时间。

妈妈有话说

古北水镇河道比较多，游客也比较多，所以不要让孩子们在河边嬉闹，容易失足落水。

提着灯笼逛长城

建议停留时间：30分钟

在古北水镇的汤市街上，有一家建昆堂灯笼铺。店铺由三间大院子组成，院子的里里外外都挂满了各式各样的灯笼，有传统的宫灯、有十二生肖彩灯，还有星星灯、卡通灯。这里

中国印染技术博物馆

围炉涮火锅

孩子在古镇嬉戏

建昆堂灯笼铺

就是一个彩灯的世界，买上一盏灯，可以参加古北水镇的夜游。

英华书院读书声

建议停留时间：30分钟

英华书院建于明洪武八年（1375年），当年镇守在古北口的官员上书朝廷，建立了学堂。古北水镇上的学龄孩子都可以到英华书院上学。今天参观英华书院，能看到严肃庄重的讲堂，还能在满池荷花的园子里，欣赏着书法字画、学习知书懂礼守信。你可以带着孩子在这里学习和传承个人尚学重教的精神，促进孩子对学习产生更浓厚的兴趣。

周边也好玩

古北水镇周边游：司马台长城—雾灵山—密云水库（耗时2日）。

D1　在古北水镇夜游后，早上起来先去登最美的长城—金山岭长城。然后驱车到雾灵山，感受自然舒适的国家级森林公园的魅力。

D2　次日游密云水库，吃美味的鱼鲜，然后返程。

如果时间比较充裕，还可以驱车到承德避暑山庄感受帝王避暑度假之地的奢华生活。

古镇民宿

特产

密云位于北京的郊区，又属于山区，林木生态覆盖率达62.3%。山里的特产尤为丰富、核桃非常有名，另外桑葚、柴鸡蛋、柿子、龙全香白杏和御黄李子也是密云特产。

舌尖上的古北水镇

北京风味的美食，烤鸭、小吃都非常受欢迎。而古北水镇位于北京郊区的密云，美食也充满了浓郁的农家特色。

推荐美食

- **密云三烧**

"吴家铺"的烧饼，"四海居"的烧肉，与"天聚号""汇聚号"产的红高粱酒，合称"密云三烧"。

- **密云烧肉**

实际是一种熏肉，先用调料烧熟，再用锯末烟熏，制作颇为复杂。吃的时候，会在肉皮上刷点香油，吃起来别有一番风味。

- **驴打滚**

又称豆面糕，是北京小吃中的古老品种之一。它源于满族，盛行于北京，由于清朝的八旗子弟爱吃黏食，"驴打滚"很快就传到了北京，成为北京的一种风味小吃。从此，"驴打滚"就在200多年前从黏食演变成为一种大众小吃。

推荐餐厅

- **烧肉馆**

🏠 北京市密云区古北水镇。

📞 010–81009963。 🔍 密云烧肉等。

- **威廉·埃德加精品酒店西餐厅**

🏠 北京市密云区古北水镇。

🔍 西餐。

- **乌镇会精品酒店文昌阁中餐厅**

🏠 北京市密云区古北水镇。

📞 010–81009999。 🔍 虹鳟鱼。

密云三烧

水镇听戏

水镇游览温馨提示

亲子酒店

古北水镇无论是豪华酒店，还是民宿，都非常干净，有规范化的公司进行管理。都是依山傍水，可远眺司马台长城。

古北水镇大酒店

北京市密云区古北口镇司马台村古北水镇景区。 010–81009999。 880～2500元/天。

梨园客栈

北京市密云区古北口镇司马台村古北水镇景区。 010–56324977。 均价600元左右/天。

望京楼精品酒店

北京市密云区古北口镇司马台村古北水镇景区。 010–56324977。 均价1500～15000元/天。

往返交通

首都国际机场，直接乘坐970路到密云鼓楼站下车，换乘51路公交车到达度假区；
乘坐机场快轨到东直门站换乘980或980（快）公交车，到密云西大桥站下车，换乘51路公交车到达度假区。

北京站乘坐地铁2号线到东直门，换乘980或980（快）公交车，到密云西大桥站下车，换乘51路到达度假区；乘坐24路公交车到左家庄，换乘980或980（快）公交车，到密云西大桥站下车，换乘51路公交车到达度假区。

距北京市区120千米，首都机场98千米，密云县城区60千米，承德市区80千米。

古北水镇大酒店

津门故里
（天津古文化街）

亲子游达人：熊靓

津门故里小档案

地址：天津市南开区鼓楼北。
级别：5A。
门票：免费。
开放时间：全天。
电话：022-27275039。

位于天津市南开区东北隅东门外，海河西岸，北起老铁桥人街南至水阁大街，南北街口都矗立着雄伟炫彩的牌坊。这里是寻找天津老味道、了解天津文化、品味天津美食的好去处，也是到天津旅游必去的景区。这里的杨柳青年画、泥人张、风筝魏等老字号都可以参与亲子互动体验，让家长和孩子一同亲自动手制作传统艺术品。

精彩看点

· 民间传统
· 传统“皇会”
· 津味美食

津门故里不可不看

民间传统

建议停留时间：1小时

杨柳青年画、泥人张彩塑、皮影张皮影、风筝刘风筝、刻砖刘刻砖等都在这条街上。可以挨家转悠，特别是泥人大受孩子们的喜爱，形态多样的造型，买上几个还可以作为最佳伴手礼。另外，还能欣赏到杨柳青年画、风筝刘的制作过程。

传统“皇会”

古文化街的“皇会”是遐迩闻名的传统活动。每逢年节的民间法鼓会、大乐会、鹤龄会、重阁会、中幡会、高跷会等，将会在沿街表演各种技艺，呈现一番热闹的文化景象。

爸爸有话说

杨柳青年画，全称“杨柳青木板年画”，属于木版印绘制品，是著名的汉族民间木版年画之一，与苏州桃花坞年画并称“南桃北柳”。

津味美食

建议停留时间：1小时

狗不理包子、十八街麻花、耳朵眼炸糕、锅巴菜、崩豆、大饼鸡蛋都是赫赫有名的津门名吃。津门故里边上的南市食品街，就是天津美食的汇聚之地。街口的煎饼果子带着浓郁的香味，让人口水直流。可以一边走一边吃，但是别让孩子吃太多杂食，品尝即可。

天津古文化街

周边也好玩

天津文化游：瓷房子—鼓楼—五大道—意大利租界—南开大学（耗时2日）。

D1　游览百年法式洋楼瓷房子、天津鼓楼和有“万国建筑博览会”之称的五大道。

D2　游览原意大利租界现存完整的具有百年历史的200栋欧洲建筑和南开大学，游后返程。

特产

天津鸭梨是中国梨类的优良品种之一，果形美观匀称，似鸭蛋。梨皮薄肉细，核小，色泽鲜黄，脆甜无渣，多汁爽口，梨香浓郁且耐贮存。

舌尖上的津门故里

天津小吃誉满天下，具有浓郁市民特色的各类美食，都传递着天津人的热情和真诚文化。

推荐美食

- **桂发祥麻花**

金黄色像一根棍形的麻花，夹着冰糖块，上面撒着青红丝和瓜条等小料，散发着香甜的桂花味。每逢节日买几根桂发祥麻花送给亲朋好友。

- **狗不理包子**

因店主高贵友乳名狗不理而扬名。肉馅儿松散、包褶均匀、肥而不腻、清香适口。

- **锅巴菜**

绿豆、小米面摊成锅巴，切为柳叶状，放卤汁中煮成。色泽美观，多味混合，清素爽口，香嫩有嚼劲，是天津人喜爱的早餐食品。

街头雕塑

推荐餐厅

• 百饺园（鼓楼店）

天津市南开区城厢西路天街商业街25号。 022-27337817，150-22180000。 蟹黄饺子、鲅鱼饺子、津味素、皮皮虾饺子。

• 正阳春旗舰店

天津市南开区城厢东路鼓楼商业街东街2号。 022-27332345，022-27342345。 烧三丝、肚丝乱蒜、天津老味包子等。

亲子酒店

水滴A.Hotel

天津市南开区卫津南路90号奥林匹克中心C区，天津奥林匹克中心。 022-23821666。 400元左右，有亲子房。

天津凌奥温泉国际酒店

天津市南开区凌宾路延长线凌奥集团对面。 022-87979999。

往返交通

抵达天津滨海国际机场，出租车30分钟抵达市内，40～50元。目前的机场专线一共有三条，分别是开往天津站、南京路（香槟小镇）、天环客运站。乘车到市里大约需要40分钟左右。价格为10～20元。

天津有天津站，天津西站，天津南站和天津北站。天津站是运客量最大的火车站，南站主要停靠动车高铁。

天津长途客运中心站、天环客运站和西站客运站有抵达全国各地的线路。

野三坡

亲子游达人：刘樱

野三坡小档案

地址：河北省保定市涞水县野三坡镇苟各庄村。

门票：百里峡：90元/人；
鱼谷洞：65元/人；
百草畔：60元/人；
民族园：30元/人；
龙门天关：40元/人；
苗寨：15元/人；
风情苑：25元/人；

开放时间：全天。

电话：4008160505。

最佳季节：4～10月。

精彩看点

· 百里峡避暑
· 拒马河度假
· 白草畔

被称为“北方小桂林”的野三坡位于河北保定市涞水县境内，距北京仅100千米，驱车到此仅需1小时左右。野三坡以“野”著称，原生态的自然环境孕育了异常丰富的动植物资源。野三坡景区内的景观有北方山水的雄伟，又有着南方山水的秀丽。作为北京周边热门景点，野三坡因春、夏、秋三季均可游览，而备受亲子出游的欢迎。春天白草畔杜鹃盛开；夏天香飘香森林公园，高山草甸宛如花毯；秋天高山红叶姹紫嫣红。

野三坡景区

野三坡不可不看

百里峡避暑

建议停留时间：2～3小时

由于峡谷如被刀削斧劈，谷里的怪石嶙峋，被称为“天下第一峡”，由长满蝎子草的蝎子沟、翠碧兀立的海棠峪和峡谷瀑布的十悬峡组成。春天开始，谷里的鲜花开始茂盛生长。夏季这里全天凉爽，是避暑度假的好地方。这里的峡谷非常适合带孩子一起徒步，在溪边戏水玩耍，度过一个美好的周末。

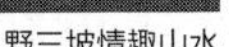

野三坡情趣山水

野三坡的反日

爸爸有话说

百里峡是《三国演义》《赤壁》《寻秦记》《萧十一郎》等众多影视剧的外景拍摄地。

拒马河度假

建议停留时间：1天

夏季，拒马河平均水温在20℃～22℃，与青山相绕，与游路交错的河流，注入海河。这里夏天凉爽、环境清幽，适合一家人自驾到此度假避暑。拒马河水质优良，清澈见底。可以在河边户外露营、烧烤。

妈妈有话说

拒马河水流比较湍急，所以孩子们不要在河边嬉闹，谨防失足落水。

白草畔

建议停留时间：2～3小时

白草畔是野三坡的最高点，主峰海拔1983米。这里的“万年古泉”海拔1500米，在高山上流淌着，滋润着森林公园内的沟谷。白草畔是野三坡境内的森林旅游区，景区动植物资源丰富，仅脊椎动物被列为国家重点保护的就有15种，植物资源92科713种。每年五一前后还可以欣赏到“五月冰川”，山下已是繁华盛开，山上却还是冰雪世界的奇景。

精彩演出

《印象野三坡》是在野三坡大剧院演出的野三坡悠久历史及厚重文化为主线的大型实景演出。

戏水的野鸭

山间美景

野山坡离坝上不远

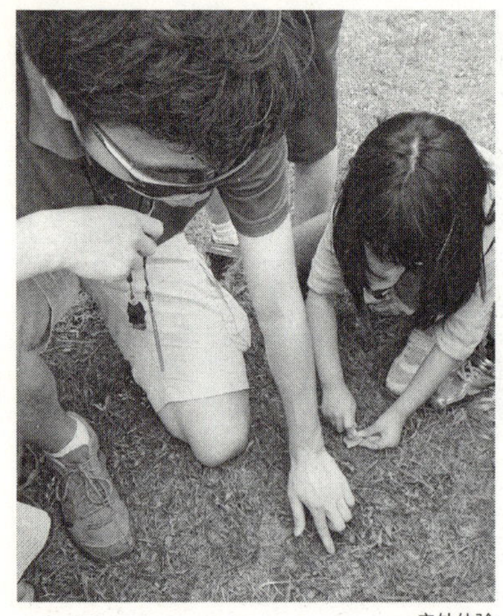
户外体验

周边也好玩

野三坡周边游：保定—白洋淀—清东陵（耗时3日）。

D1 从野三坡至保定市内，参观直隶总督署、古莲花池景区，吃正宗的驴肉火烧。

D2 前往白洋淀景区，在湖区划船赏芦苇。

D3 前往清西陵，感受清代帝王陵墓的雄伟。

如果时间比较充裕，还可以驱车到承德避暑山庄感受帝王避暑度假之地的奢华生活。

特产

核桃、杏扁、伏花椒、柿子是野三坡的四种特产。绵核桃果仁饱满、益智健脑；杏扁止咳润肺、养颜生津；伏花椒是家庭、宾馆、餐宴的上乘佐料；在野三坡柿树布满山地和平原之间。

舌尖上的野三坡

野三坡的美食以绿色为主，新鲜的农家食材和拒马河的泉水菜深受城市人的欢迎。此外，野三坡还有两道招牌菜，那就是在夜空下一边倾听拒马河滔滔的流水，一边品尝着的浓香脱骨烤全羊和味美肉鲜的烤虹鳟鱼。

推荐美食

• **饭皇子**

也叫作闹黄，是野三坡一道特色主食之一。以前饭皇子在过年的时候才能吃到。

• **烤全羊**

野三坡的烤全羊用多种工艺特殊的烧烤设施加工而成。烤全羊色泽艳丽，肉嫩味美，脱骨浓香。

• **虹鳟鱼**

来野三坡玩必点的一道菜是虹鳟鱼，虹鳟鱼可生吃，也可以烤、清

虹鳟鱼

花椒芽

百里峡

蒸、炖着吃。虹鳟鱼没有小刺，味道极鲜美。

• 炸花椒芽

花椒是野三坡的特产，这道菜的花椒芽为农户从花椒树上现采摘下来的。口感以酥为主，加上淡淡的花椒香味，回味无穷，松脆金黄极有食欲。

推荐餐厅

• 食尚庄园餐厅

保定市涞水县三坡镇野三坡大街77号。 烤虹鳟鱼。

• 庭院烧烤

保定市涞水县三坡镇野三坡大街152号。 0312-4568795。 烤全羊。

亲子酒店

百瑞山庄

保定市涞水县野三坡庄子大街铁路桥下。 0312-4568388。 均价880~2500元／天）

圣迪山庄

保定市涞水县野三坡镇庄子大街258号。 0312-4569099。 均价200元／天）。

往返交通

抵达首都国际机场后，乘坐出租车45分钟抵达北京天桥总站，乘坐直达野三坡旅游公交车，2小时内抵达。

火车抵达保定后，换乘长途大巴，1小时抵达野三坡

北京天桥总站每年定期有直达野三坡的旅游公交车。其他地方的游客可先乘坐长途大巴车到达涞水县，再换乘公交车到野三坡景区。

从北京（六里桥）—京港澳高速（保定方向）—琉璃河（下高速）—韩村河—张坊—十渡—野三坡。

净月潭

亲子游达人：林科

净月潭小档案

地址：吉林省长春市净月大街5840号。

门票：30元/人。

车费：大车：50元/台；小车：40元/台（暂定）。

游船：1．观光轮渡：40元/小时（容纳50人）；40元/小时（容纳100人）；

2．手划船/脚踏船：50元/小时（限4人）押金100元；

3．戏水脚踏船：100元/小时（限2人）押金100元；

150元/小时（限4人）押金150元；

4．快艇：按距离收费，50～150元／人；

5．水上降落伞：200元/人；

6．水上摩托：200元/10分钟（限1人）；

7．水上冲浪艇：200元/分钟（限5人）。

救援电话：0431-81683289。

游船办公室电话：0431-81705391。

自行车：1．单人自行车：30元/小时；

2．双人自行车：60元/小时；

3．四轮观光车：100元/30分钟。

精彩看点

· 森林浴场

· 北普陀寺

· 荷花垂柳园

· 碧松净月塔楼

索滑道：75元/人。

电话：0431-84528001。

优惠：1．残疾人、70岁以上的老年人、现役军人、离休老干部凭有效证件免费入园。

2．华侨、归国华侨、侨眷凭《长春市人民政府华侨归侨眷属证》免费入园。

3．新闻媒体的记者凭国家新闻出版署颁发的记者证免费入园。

4．摄影家、画家、作家、书法家、音乐家凭国家级协会会员证免费入园。

5．1.2米以下儿童免费入园。

6．“五一”劳动节：市级以上劳动模范凭证件免费入园。

净月潭国家级风景名胜区位于吉林省长春市东南部，距长春市中心人民广场18千米，占地面积百余平方千米，水域面积5平方千米，森林覆盖率达96%，与台湾日月潭互为姊妹潭。其得天独厚的区位优势，使之成为“喧嚣都市中的一块净土”，有“亚洲第一大人工林海”“绿海明珠”、“都市氧吧”之美誉，是长春市的生态绿核和城市名片。净月潭气候属亚欧大陆中温带半干燥半湿润季风气候，景区内有高等植物近800种、脊椎动物82种。脱离城市的喧嚣，带着孩子来到这里亲近大自然，亲近那些可爱的小草和挺拔的大树，是一家人在一起的最好时光。

净月潭不可不看

森林浴场

建议停留时间：30分钟

森林浴场是鲸鱼塘的核心景区，这里是天然的氧吧，对促进人体新陈代谢，提高人体免疫力具有重要作用。这里林木伟岸笔挺，万物静谧清新，处处体现了人与自然和谐交融的完美画面。可以说森林浴场是以优越的生态环境和独特的游览价值勾勒了长春市这座“森林之城”的神笔之作。

爸爸有话说

在天然的氧吧里行走，是什么感觉？空气清新，景色美丽，对自己和家人都是一种全新的体验啊！

北普陀寺

建议停留时间：30分钟

北普陀寺是东北地区的名寺之一，寺院年代虽不久远，但远近闻名，每逢佛教盛会，香火鼎盛，香客流连其间，游人络绎不绝。置身宝地，让人感觉身心恬静。双手合十，一家人在佛祖面前许下愿望，期待那些美好，期待那些美丽的幸福。

荷花垂柳园

建议停留时间：30分钟

荷花垂柳园位于水库大坝的外侧，占地面积约30公顷。荷花垂柳园由五湖十桥组成，供人们修身养性，蓄志怡情，显示出了别样的风情。荷花垂柳园弯曲的石板小径通往各个游憩点，关东风情广场属于荷花垂柳园的一部分，内有8幅汉白玉浮雕（张二马岭、乌拉草沟、净月湿地、柳边望月、石羊石虎山、净月海东、驿马泉、净月女神），默默地诉说着净月潭美丽而悠久的传说。夏日里，可与可爱的孩子一起游玩在净月潭的垂柳园里，享受那份安静带来的美好时光。

碧松净月塔楼

建议停留时间：30分钟

碧松净月塔楼是净月潭国家级风

净月潭美景

碧松净月塔楼

景名胜区内标志性的建筑。塔楼坐落于观潭山上。远看碧松净月，塔楼伫立在茫茫的林海中，就像一名绿色的卫士，保卫着净月潭这片净土。与碧松净月塔楼相邻的是太平钟楼。它是为了纪念吉林省1981年至1990年，10年无重大森林火灾而修建的。钟楼高17米，在顶层悬挂一口合金铸成的大钟，钟声浑厚悠扬。

备注：门票：5元/人，开放时间：4月初～11月中旬。

周边也好玩

东北风情体验游：净月潭—冰雪乐园—吉林东北虎园—瓦萨博物馆（耗时3日）。

D1　游览净月潭。

D2　前往冰雪乐园感受冰与雪的世界（冬季），之后到吉林东北虎乐园感受东北虎的王者风范。

D3　游览瓦萨博物馆，休整后返程。

舌尖上的净月潭

长春的美食融南北大菜，东西风味，集川、鲁、京等各大菜之精华，尤以本地山野风味最具特色，长春的名菜多以长白山的特产做成，很有地方特色，健康又美味。

推荐美食

- **朝鲜冷面**

延边朝鲜族喜吃冷面。冷面现今在国内很有名气，冷面的主料为白面，荞麦面和淀粉。做冷面时，先把和好的面用专用机械压入锅中，煮熟后捞出，用冷水冷却。后加牛肉汤或鸡肉汤，配以泡菜，辣椒，牛肉片，鸡肉丸子，苹果片，鸡蛋等佐料，即可食用。朝鲜族过去在正月初四中午吃冷面，说是这一天吃了长长的冷面，就会长寿。

- **雪衣豆沙**

雪衣豆沙在长春已有百年经营史，颇受旅游者的欢迎。主要原料是红豆、鸡蛋、白糖等。形状圆团，色泽洁白，吃前撒上白糖，故得此名。此菜香甜可口，别具风味。在游玩之后和孩子美美地吃上一顿，无论是心情还是身体都得到了很大放松。

冰雪乐园

朝鲜冷面

八大碗

• **满族八大碗**

满汉全席分为“上八珍”“中八珍”“下八珍”，满族八大碗为满汉全席之一的下八珍，满族地方风味也应运而生，呈现出一派繁荣的景象。其中“阿玛尊肉”俗称努尔哈赤金肉最有代表性，此菜是清太祖努尔哈赤时代流传下来的。传说中的满汉全席，就在东北。一家人吃上一顿满汉全席，圆圆满满，幸福安康。

推荐餐厅

• **长春度假山庄长春净月度假山庄**

长春市净月潭旅游区院内丁家沟。 15904312007。 东北特色菜。

• **净月潭森林餐厅**

长春市净月潭公园内。 159-43034620。 烤全羊。

• **积德泉度假山庄**

长春市净月开发区净月潭长双公路。 0431-84164900。 酸菜白肉。

推荐酒店

林水假日酒店

长春市净月潭景区沙滩浴场处。 1394325895。 均价400元/天。

法官培训中心

净月潭景区内东环潭路方向1500米。 0431-84518118。 均价240元左右/天。

三星别墅酒店

净月大街7430号。 0431-85059800。 均价800元/天。

往返交通

长春嘉隆国际机场抵达长春市区约需40分钟。

长春站位于市区北部、人民大街的最北端，是东北地区第三大客运站。京哈、长白、长图铁路呈大十字形在这里相交，通达国内数十个大中城市，有始发北京、上海、西安等地的列车。

线路一：净月高速路口—净月大街—净月潭

线路二：人民大街—卫星路—世纪广场—净月大街—净月潭。

长春市内交通

120路、102路、160路、轻轨均可抵达景区。

镜泊湖景区

亲子游达人：刘樱

镜泊湖小档案

地址： 黑龙江省牡丹江宁安市火山口旅游公路西段，近莫延公路（主景区北门）。

级别： 5A。

门票： 旺季（5月1日~次年2月末）为每人次80元；淡季（3月1日至4月30日）为每人次55元。

优惠政策：

1. 身高1.2米（含1.2米）以下的儿童，持有效证件的70周岁（含70周岁）以上的老年人、残疾人免费。
2. 对持有效证件的大学生、中学生、小学生、现役军人、宗教人士、60周岁至70周岁老年人，实行半价优惠。

电话： 0453-6911186。

最佳季节： 6~9月。

风光秀丽的镜泊湖婉如一颗璀璨夺目的明珠镶嵌在祖国北疆上，它以自己独特的朴素无华的自然美闻名于世，吸引着越来越多的国内外游人。镜泊湖呈西南至东北走向，蜿蜒曲折，呈“S”形，湖岸多港湾，湖中大小岛屿星罗棋布，而最著名的湖中八大景犹如八颗光彩照人的明珠镶嵌

镜泊湖美景

在这条飘在万绿丛中的缎带上。动人的传说，更为这个北方的名湖增添了神奇的色彩。

镜泊湖不可不看

吊水楼瀑布

建议停留时间：1小时

吊水楼瀑布位于镜泊湖北端，酷似举世闻名的尼亚加拉大瀑布。丰水期瀑布一般幅宽五六十米，落差十几米。但在汛期，瀑布呈多股跌落，最高落差20多米，最大宽幅达400米，湖水从南、西、北三个方向，以排山倒海之势，从熔岩壁顶直扑黑龙潭，似浮云堆雪，白雾四溅，百米之处，水珠扑面；如银河倒挂，彩练悬崖，奔腾咆哮，声如奔雷，可震十里之外。在瀑布前感受富有冲击力的水流，聆听大自然的声音，那种震撼，令人难忘。

爸爸有话说

声音宏大，和孩子在一起感受瀑布奇观，水珠四溅，真是一场视听盛宴！

百里长湖

建议停留时间：1小时

百里长湖是镜泊湖风景区三大核心景区之一，蜿蜒曲折呈“S”形，分为北湖、中湖、南湖、上湖四部分，纵长45千米，因此称为百里长湖。这里曾历经过五次火山爆发，熔岩阻塞了牡丹江古河道，构成了天然的熔岩堤坝，形成了早期的镜泊湖，铸就了更加宽阔的熔岩堤坝，从而逐渐形成了中国第一大火山熔岩堰塞湖。湖中有白石砬子、大孤山、小孤山、珍珠门等美景。

毛公山

建议停留时间：1小时

毛公山位于老黑山东侧，与镜泊

吊水楼瀑布

和孩子戏水

地下森林　　地下森林

山庄元首楼隔湖相望，其形酷似毛泽东同志仰卧在纪念堂的形象，身长达4000米，五官清晰，身体各部比例适度。特别是下颏上还有一颗“痣”。人如其山，山如其人。毛公山以其始终不渝的风骨，昂然于天地间，雄姿伟岸，无与伦比。人格化的自然和自然的人格化，在这里得到了充分展示。带着孩子重温以前的时代，了解那时的毛主席，还有那些抗战的英雄事迹，是很有意义的。

地下森林四号火山口

建议停留时间：1小时

四号火山口是火山口地下森林的主火山口，地面形态呈长椭圆形。长轴走向为北西，溢口方向为南，火山口内壁断崖凸凹不平，广阔幽静，恢宏壮观。火山口内生长着有几百年历史的繁茂的针阔叶树和各种花草植被，如鱼鳞松、臭松、落叶松林等。火山口底部较宽阔，有两个子火山口及子火山锥，形态各异。著名的“坐井观天”景观就在火山口底，当游人进入火山口底，似入井底，举目仰望，犹如坐井观天。

周边也好玩

镜泊湖周边游：镜泊湖—紫菱湖旅游区—古冰洞—大孤山（耗时3天）。

D1　游览镜泊湖。

D2　前往紫菱湖观赏中国现存的最大一块保留完好的火山岩湿地湖，之后游览古冰洞。

D3　前往大孤山游览，休整后返程。

舌尖上的镜泊湖

镜泊湖的美食丰富多样，在牡丹江上品尝美食，更能让孩子对这里的美好景色留下深刻的印象。

推荐美食

- 白肉血肠

白肉血肠选料考究、制作精细、

古冰洞

白肉血肠

东北炖菜

镜泊湖风味鱼宴

调料味美；白肉肥而不腻、肉烂醇香、血肠明亮、鲜美细嫩；配以韭菜花、腐乳、辣椒油、蒜泥等作料，更加醇香四溢，鲜嫩爽口，十分美味。白肉血肠是东北的地方菜。以猪肉、血肠为主要原料，吃起来肥而不腻，瘦而不柴，血肠脆嫩绵软，热汤鲜香味醇，作料五味俱全，已有几百年历史。

• 东北炖菜

东北炖菜中有“八大炖”，包括猪肉炖粉条、羊肉炖酸菜、牛肉炖土豆、排骨炖豆腐、小鸡炖蘑菇、排骨炖豆角、鲶鱼炖茄子、得莫利炖鱼。营养搭配合理，有将近十种食材，符合食材多样化的营养学要求，食物颜色多样。

• 镜泊湖风味鱼宴

镜泊湖中盛产无污染的绿色湖鱼，有鲫鱼、鳜鱼、红尾、胖头等70余种，都是鱼味鲜美，肉质细嫩的上等佳肴。镜泊湖的鲜鱼名菜，有酱焖鲫鱼、清蒸鳜鱼、干炸红尾、糖醋鲤鱼、清炖胖头等，在镜泊湖吃鱼宴，可谓是地道又正宗！

推荐餐厅

• 春光湖鱼馆

牡丹江市宁安市镜泊湖北门（近峡谷与北门中间）。 13845388345。 东北菜。

• 镜泊湖万顺湖鱼馆

宁安市镜泊湖北门停车场往北30米。 18346309683。 剁椒鱼头。

亲子酒店

牡丹江镜泊湖枕湖楼宾馆

牡丹江市宁安市镜泊湖景区。 4009333333。 180元起/天。

镜泊湖小瀑布商务会馆

牡丹江市宁安市镜泊湖风景区北门外400米。 15945352252。 120元/起。

牡丹江镜泊湖玫瑰园

牡丹江市宁安市镜泊湖南门附近。 13804804958。 72元/起。

往返交通

抵达牡丹江海浪机场后，转乘长途大巴2.5小时后抵达景区。

哈尔滨到镜泊湖，从哈尔滨乘火车到达牡丹江，仅需4.5小时，然后，再转乘汽车即到景区，约需2.5小时。

同里

亲子游达人：熊靓

同里小档案

地址：江苏省苏州市吴江区。

级别：5A。

门票：100元/人；夜游同里（仅含退思园）：50元/人。

时间：7：30～21：00 夜游：周五到周日 18：30～21：00。

季节：春季最佳。

电话：0512-63331154，0512-63331390。

精彩看点

· 退思游园

· 楼家故事

· 南园吃茶

温馨提示

1．门票包含退思园、古风园、崇本堂、嘉荫堂、王绍鏊故居、珍珠塔等景点。

2．一张门票最多使用2天，在购票当天15：00以后，凭身份证至票务中心盖章后，即可在第二天继续游览。

3．6月下旬有闸水龙、7月末有烧地香放水灯、8月初有铜鼓等节庆活动。

同里位于苏州的吴江区，是一座有400多年历史，保存着完好的园林、寺庙、民居、拱桥的江南水乡。同里气候宜人，是度假休闲漫游爱好

同里退思园

楼家的主人就是为了安静的生活才来到同里的

者的天堂。春天的同里，细雨纷纷；夏天的同里，柳树成荫；秋天的同里桂花飘香；冬天的同里，寂静悠闲。同里镇上有许多不错的民宿，住在这里，更可细品江南夜色。

同里不可不看

退思游园

建议停留时间：30分钟。

退思园是清光绪年间安徽兵备道任兰生的一座私家花园，布局玲珑，低调奢华正是主人追求的一种生活方式。其实这座园林并不小，和其他园林的纵向结构不一样，采用了横向架构。庭院有藏起来的感觉，边走边有豁然开朗的感觉。

爸爸有话说

同里是很多电影、电视剧的取景地，电视剧《何以笙箫默》就是在这里取景拍摄的。同里拍摄的首部电影是《包氏父子》。

楼家故事

建议停留时间：1小时

楼家不是一个景点，而是同里镇上的一家客栈。10年前，夫妻二人从上海来到同里，决定在这个美丽的古镇生活，买下了两层楼，开了客栈。一楼是客厅、餐厅和厨房，提前预订后，男主人都会亲自下厨准备浓郁的上海风味的苏帮菜。二楼是4间客房，日式、欧式、中式风格都有，从窗户望出去就能看到同里的街景。

南园吃茶

建议停留时间：30分钟

第一次来同里的人，很难找到南园茶社，因为南园茶社位于同里南边的小菱湾，这里游客比较少，十分清静，没有熙熙攘攘的人群，真想不到这里就是江南第一茶楼。坐在清静的茶楼，喝着茶，吃着熏豆、酒酿饼、袜底酥，仿佛看到了古时候这里商旅往来、门庭若市的情景。

《四季周庄》演出

尚湖亲水自然适合亲子游

尚湖水上森林

周边也好玩

苏州古镇园林游：上海市—周庄—苏州园林—尚湖—木渎—苏州市（耗时4天）。

D1 抵达上海市后，驱车不到一小时就到了周庄。

D2 前往苏州园林参观1天。

D3 游玩尚湖，带着孩子可以游玩一天，宿常熟。

D4 木渎古镇游玩，吃藏书羊肉，晚上取道苏州返程。

如果时间比较充裕，还可以到上海东方明珠塔感受大上海的美景，或者到无锡参拜灵山大佛，或者住在苏州，深度感受苏州文化的魅力，逛平江路吃苏帮菜。

特产

同里的明清街是购物的好地方，除了旅游工艺品，你能想到的同里特产、小吃都有。来同里一定要买芡实糕，营养丰富，老幼皆宜。但是建议父母和孩子一起画一幅扇面，一边欣赏师傅的作品，还能培养孩子对画画的兴趣。

舌尖上的同里

同里的水乡美食，主要是以河鲜水产、新鲜蔬菜为主，有豆腐脑、松鼠鳜鱼、清汤鱼翅、响油鳝糊、西瓜鸡、太湖莼菜汤、翡翠虾斗、荷花锦炖、炖盐菜、银鱼炒蛋、太湖白鱼、太湖白虾、冰糖桂花藕等。镇上的小吃也是琳琅满目，让人口齿留香。

- **袜底酥**

刚出炉的袜底酥清新松脆、甜中带咸，大受当地人的欢迎。推荐林家铺子的袜底酥，老字号。

- **银鱼跑蛋**

银鱼无鳞无刺、无骨无肠、肉质细嫩、钙质丰富，很适合老人孩子食用。

- **酒酿饼**

只有在3月份才能吃到的美食，因为天气热冷都无法达到发酵的温度。

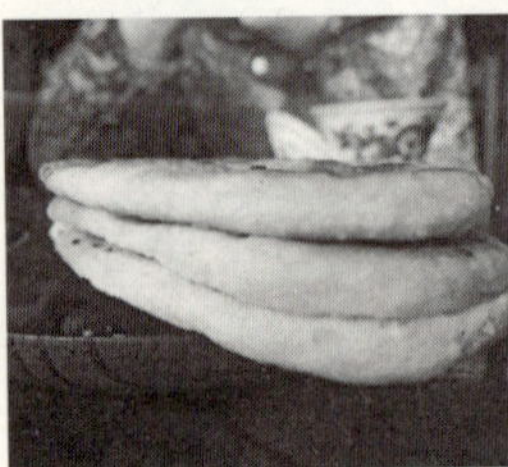
袜底酥

银鱼跑蛋

扇面

木米女客栈

推荐餐厅

- **园外楼**

同里古镇明清街，近退思园出口处。0512-63337579。桂花糖藕、清蒸白丝鱼、阿婆菜炒茭白等。

- **承恩堂庭院私房菜**

同里古镇东溪街20号。189-12705383。银鱼汤、咸肉菜饭等。

- **一七五梅家菜**

同里古镇上元街175号（近三桥景点）。13913070301。梅干菜烧肉、香干马兰头、菱角芡实等。

亲子酒店

到同里旅游，建议住在同里，白天的繁华过后，晚上就是寂静的夜和轻松的亲子时光。

木米女客栈

同里古镇鱼行街205号，近乌金桥。0512-63338233。均价200元/天。

同里湖度假村

同里古镇环湖西路88号。0512-63330888。均价450元左右/天。

往返交通

在上海虹桥国际机场抵达，转地铁乘坐昆山旅游大巴至同里。

高铁至昆山南站，转乘大巴前往同里。

湖父镇

亲子游达人：林科

湖父镇小档案

地址： 陶祖圣境风景区：江苏省宜兴市湖父镇竹海村；
张公洞风景区：江苏省宜兴市湖父镇张阳村；
竹海风景区：江苏省宜兴市湖父镇竹海村。

门票： 陶祖圣境风景区：105元/人（溶洞65元+制陶40元），增加“竹尖上的长廊”项目：70元/人；
张公洞风景区：联票160元/人（其中溶洞+陶吧70元，漂流45元，地下河探险45元）；导游费：50元／批
竹海风景区：80元（只包含大门票），电瓶车往返20元/人，缆车（上40元/人；下30元/人）；导游费：100元／批。

电话： 陶祖圣境风景区：0510–87470265；
张公洞风景区：0510–87478801；
竹海风景区：0510–87479614。

精彩看点

· 慕蠡洞天
· 华东第一竹海
· 海内奇观张公洞
· 范蠡陶坊

宜兴市湖父镇周边自然资源丰富，美景甚多，其深厚的文化底蕴也衬托出这个小镇不一样的特点和色

景区美景

张公洞海王厅

竹海镜湖

彩。陶祖圣境优美的自然风光，浪漫的爱情故事，天然的洞天福地，以及深厚的陶祖文化，新颖的范蠡展馆，都展现出了宜兴洞天世界中的这颗璀璨明珠的光辉。而张公洞鬼斧神工的溶洞奇观和源远流长的道教文化，使其在历史上便是人们向往的福地，还有彩色喷泉、激光、水幕电影等六位一体的宜兴文化表演，让人感受到现代与自然的完美融合。素有“中国第一竹海”的竹海风景区翠竹随山势起伏，好似波涛翻滚，绵延不绝。最适合周末带着孩子来这里享受天然的氧气，欣赏美丽的风景，放松休憩。

湖石宫

慕蠡洞天

建议停留时间：30分钟

奇特的慕蠡洞中，琳琅满目的钟乳石、石笋、石柱、石幔、石花呈拟人状物，惟妙惟肖，构成了30多处景观，整个溶洞犹如一座用宝石、珊瑚、翡翠雕砌而成的雄伟、壮丽的地下宫殿。尤其是“暗河通舟”的特色探险项目深受小朋友的喜爱。

爸爸有话说

孩子们总是对地下溶洞充满了好奇，在这里可以好好地为他们讲解一些溶洞形成的原理。

蓬莱龙宫

张公洞风景区

华东第一竹海

建议停留时间：1小时

宜兴有“竹的海洋”之称，宜兴竹海有“华东第一竹海”的美誉，这里有着审城有着漫山遍野的竹林，起伏的山峦绵延不绝，以及望不到尽头的绿色。竹海深处的天然氧吧，负氧离子含量很高，在这里，一家人可以远离城市的喧嚣，吸吸氧、洗洗肺，尽情体验一次有氧之旅。

秋日竹林

妈妈有话说

在竹子的海洋里畅游，将是最美的。一片绿色，生机盎然，孩子们本身就是属于大自然的，漫山遍野的竹林，将我们带入另一个世界。

海内奇观张公洞

建议停留时间：1小时

相传汉代去邪除魔的张天师和唐代“八仙过海”中的张果老都曾在此洞隐居修炼，号称“张公福地”。这

翡翠白玉筑游廊

张公洞

龙池山自行车公园

里洞中有洞，大洞包小洞，洞洞不同，洞洞有奇，溶洞探幽就像是在走迷宫一样，乐趣无穷。

范蠡陶坊

建议停留时间：1小时

宜兴是陶的古都，同样是范蠡兴陶的发源地，相传范蠡和西施曾在此隐居。范蠡陶坊宁静幽雅，布局紧凑，室内陶土芬芳，泥桌、泥凳及模具、工具应有尽有，是宜兴最大、最全的学生教育实践基地。小朋友们可以在此DIY一件心仪的陶艺作品，很有纪念意义。

周边也好玩

宜兴体验游：湖父镇系列景区—龙池山自行车公园—善卷洞（耗时3日）

D1 游览湖父镇系列景区。

D2 前往龙池山自行车公园一家人骑行。

D3 前往善卷洞风景区感受自然风光，休整后返程。

舌尖上的湖父镇

湖父镇的美食主要有具有乡土特色浓郁的土鸡、地衣、乌米饭、野蒜炒鸡蛋、咸肉煨春笋等农家菜。

陶坊

口味牛百叶

善卷洞缆车

推荐餐厅（酒店）

• **范蠡山庄**

江苏省宜兴市湖父镇竹海村。0510—87470265。住宿：498元（2张门票+住宿）；餐饮：人均50元。

• **竹海国际会议中心**

江苏省宜兴市湖父镇竹海公园对面。0510–80305999。住宿：538元/间；餐饮：人均100元。

• **绿缘山庄**

江苏省宜兴市湖父镇张阳村。0510–87470777。住宿：150元/间；餐饮：人均60～100元。

往返交通

陶祖圣境风景区

高铁宜兴站出站后乘坐旅游一线（201），可直达陶祖圣境风景区，约30分钟一班。免费乘坐湖父旅游直通车。

沪宁高速—锡宜高速—宁杭高速"宜兴"出口下，约20分钟到达景区。

竹海风景区

高铁宜兴站乘坐旅游一线（201），可直达竹海风景区，约30分钟一班。免费乘坐湖父旅游直通车。

沪宁高速—锡宜高速—宁杭高速"宜兴"出口下，约20分钟到达景区

张公洞风景区

高铁宜兴站出站后乘坐旅游一线（201），可直达张公洞景区，约30分钟一班。免费乘坐湖父旅游直通车。

沪宁高速—锡宜高速—宁杭高速"宜兴"出口下，约15分钟到达景区。

张渚镇善龙洞

亲子游达人：林科

张渚镇小档案

地址： 江苏省宜兴市张渚镇。

门票： 善龙洞风景区：联票145元/人（其中善卷洞+陶吧70元/人，缆车+滑道50元/人，梁祝化蝶园25元/人）；龙池山自行车公园，免费，租自行车30元/小时。

开放时间： 善龙洞风景区冬令：8：00~16：30；夏令：7：30~5：00。龙池自行车公园冬令：8：00~16：30；夏令：8：00~17：00

最佳季节： 3~11月。

电话： 0510-87391169（善龙洞风景区）；0510-87348018（龙池山自行车公园）。

精彩看点

- 溶洞奇观
- 陶吧制陶
- 梁祝化蝶园
- 龙池山慢行公园

云雾大场

善卷洞门楼

龙池山茶洲叠翠

宜兴张渚镇处于中国溶洞旅游起源处、中国梁山伯祝英台之乡。这里有形成于100多万年前的洞天奇观，还有一个个神奇美丽的传说，是父母们带着孩子游玩的好地方。这里是梁祝化蝶文化的发源地，在给孩子讲故事的同时，看着眼前的一个个景点，在见证梁祝忠贞爱情的同时，收获更多的温馨和浪漫。53尊姿态万千、栩栩如生的观世音紫砂悬雕，精美珍贵、令人赞叹。另外，龙池山“慢行公园”幽静、清灵、雅秀，山涧林立，茶树遍野，碧波荡漾，有“天然氧吧”和“秀色可餐、乐不思归”的美景。在此，你可以尽享绿色低碳、慢节奏的生活，以骑行的形式享受健身，以置身大自然的形式欣赏山水，休憩时品一壶茶，和孩子一起了解阳羡茶文化，品味独特的茶道。

善龙洞风景区不可不看

溶洞奇观

建议停留时间：1小时

洞天奇观雄伟壮观、奇异天成、冬暖夏凉，“船在水中行，桨朝天上撑”的水洞行舟堪称一绝。在这个多姿多彩的童话世界里，孩子们可以展开无限想象，在这里，家长和孩子将体验一次新奇而又刺激的溶洞探险寻幽之旅。

陶吧制陶

建议停留时间：2小时

宜兴是紫砂的发源地，紫砂陶土为宜兴所独有，用宜兴当地的紫砂壶泡茶，茶香在壶中久久不散。在景区内的“中国第一陶吧”，一家人可以

溶洞奇观

陶吧制陶

野人谷

亲手参与制陶，做一件心仪的紫砂作品，充分体验制陶的乐趣，感受宜兴紫砂的独特魅力。

梁祝化蝶园

建议停留时间：1小时

据考证，这里是目前国内“梁祝故事”记载最早、记述最丰、遗迹最多、史据最足的遗址地区，是梁祝文化的发祥地，以梁祝化蝶的爱情传奇而闻名。梁山伯与祝英台的爱情故事感人至深，各种歌曲与诗歌中都赞美那坚贞不渝的爱情，在这里你可以和孩子一起听梁祝戏曲，DIY制作蝴蝶书签，讲一讲梁祝的故事，为这些书签附上一层美丽的寓意。

龙池山自行车公园

建议停留时间：2小时

龙池山自行车公园主干道约长12千米，宽3～5米，形成一个8字环形路线，公园内生态资源丰富，水库、塘坝星罗棋布，主干道沿线还有“澄光佛音”“茶洲叠翠”“花谷奇探”等18个独特的景点，是全家人休闲度假的好去处。

英台阁

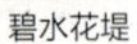
碧水花堤

陶祖圣境风景区

周边也好玩

宜兴自然游：张渚镇—陶祖圣境风景区—张公洞风景区—竹海风景区（耗时3天）。

D1　游览张渚镇的两个风景区。

D2　前往陶祖圣境风景区感受天然、优美、浪漫、神奇的原生态旅游之后到张公洞东风景区游览。

D3　到竹海风景区了解竹文化，休整后返程。

舌尖上的张渚镇

张渚镇的善卷洞风景区山清水秀，环境清幽，是瓜果采摘的乐园，这里种植了桃、梨、杨梅、葡萄、番茄、百合等十多种优良果品。可以和孩子一起采摘当季鲜美果蔬，体验自己动手采摘的乐趣。

平湖云影

亲子骑行

滑道上的一家人

金云庄外景

推荐餐厅和亲子酒店

• 金云庄

江苏省宜兴市西渚镇金楼村。0510–87363777。住宿：260元/间，餐饮：人均80～100元。

• 根大生态园

江苏省宜兴市徐舍镇云湖路2.2千米处。0510–80327777。住宿：228元/间；餐饮人均60～120元。

• 开元精舍酒店

江苏省宜兴市湖父镇张阳村。0510—80333777。住宿：380元/间；餐饮人均100元。

往返交通

善卷洞景区

高铁宜兴站乘坐旅游二线（202），可直达善卷洞风景区，约30分钟一班。

G25长深高速“徐舍、官林、张渚”出口下，5千米左右到达善卷洞景区。

龙池山自行车公园

沪宁高速—锡宜高速—宁杭高速“宜兴”出口下，约20分钟到达景区。

开元精舍酒店

木渎古镇

亲子游达人：熊靓

木渎古镇小档案

地址：江苏省苏州市吴中区木渎镇山塘街188号。
级别：5A。
门票：78元/人。
开放时间：8：30～16：30。
季节：春、秋两季。
电话：0512-665612。

温馨提示

木渎保存了很多江南的传统节庆习俗表演，春节拜喜神、正月十三日抬猛将老爷、四月初八吃乌米饭等。

木渎古镇是苏州城西边的一座与苏州同龄的古镇，木渎古镇被天平、凌燕、狮山、七子等名山环抱，如同聚宝盆一样。木渎有明清时有私家园林30多处，现已修复的有台湾政要严家淦的故居严家花园；清乾隆皇帝民间的行宫虹饮山房，其内有二十道清代圣旨，弥足珍贵；还有灵岩山馆、古松园、榜眼府第、盘隐草堂等都值得一逛。

木渎古镇不可不看

状元及第

建议停留时间：20分钟

木渎是人才辈出之地，也是重科举、崇文之地，从北宋至清末，进士25人，举人30余人，状元2名，榜眼1名，是一座名副其实的状元镇。沿着古镇乘船就能抵达状元府，在这里可参与写扇面的体验活动，笔、墨、纸、砚让孩子们手足无措，但也乐在其中。

精彩看点

· 状元及第
· 藏书羊肉
· 天平赏枫

妈妈有话说

毛笔画画最难的就是握笔的姿势，父母不妨与孩子一起来体验，一起学习握笔的姿势。

妈妈有话说

木渎古镇有史以来名人辈出，北宋政治家、文学家范仲淹，清代著名诗人、诗选家沈德潜，清末启蒙思想家、政论家冯桂芬都是出自木渎。

木渎古镇演出

藏书羊肉闻名天下

藏书羊肉

建议停留时间：60分钟

在木渎古镇仅15分钟车程的藏书镇，当地人推荐了镇上的老庆泰羊肉馆。在这里品尝一次全羊宴，全羊宴以白烧羊肉、羊肉汤和红烧羊肉为主，现在又有了羊杂汤、烤羊腿、烧羊蹄和羊肉饺子，配上苏州糕点，让人赞不绝口。

天平赏枫

建议停留时间：30分钟

这里是中国四大赏枫胜地，秋高气爽，一家人登高远眺，满山红彤彤的枫叶，风光无限。天平山的红枫比较特殊，粗壮挺拔，主干高达10层楼房，要两三人才能合抱。边徒步登山边近距离欣赏枫叶，是周末休闲的最佳选择。

周边也好玩

苏州古镇园林游：苏州市—同里—苏州园林—尚湖—平江路—苏州市（耗时4天）

D1　抵达苏州市后，驱车不到1小时就到了同里。

D2　次日前往苏州园林参观1天。

D3　游玩尚湖，带着孩子可以游玩一天，宿常熟。

D4　在平江路游玩，晚上取道苏州返程。

如果时间比较充裕，还可以到上海东方明珠塔感受大上海的美景，或者到无锡寻找鼋头渚，或者住在苏州，深度感受苏州文化的魅力，逛园林、吃苏帮菜。

特产

木渎是汉族传统手工艺品之乡，自古以来，就有泥塑名家袁遇昌、银器高手朱碧山、琢玉名家陆子冈、绣圣沈寿等名家。如今木渎的丝绸、双面绣、红木雕件、澄泥砚、书画和石雕等工艺品依然受到欢迎。

舌尖上的木渎古镇

由于木渎所处的太湖物产丰盛，也是美食的天堂，这里的石家饭店鲃肺汤名满江南。另外，木渎镇“乾生元”的松子枣泥麻饼也是小吃中的美味。

推荐美食

- **鲃肺汤**

斑鱼生长在太湖木渎一带，清代时期就盛行用斑鱼、火腿、香菇、笋片配上鸡汤熬制成汤，鲜美滋补。

- **太湖河虾**

河虾非常新鲜，几乎不用加任何作料，直接加水煮后，加入少许盐直接食用，味道鲜甜。

推荐餐厅

- **得月楼（木渎店）**

🏠 苏州市吴中区金山南路288号国际影视娱乐城9号楼（地铁1号线木渎站5号出口）。📞 0512-67287828，

苏州得月楼

虾仁是苏州人待客必选

0512–67282728。得月小炒、苏式小方糕、手剥虾仁等。

• 石家饭店（木渎老店）

苏州市吴中区木渎古镇中市街18号（近翠坊北街）。0512–66261351，18015560517。鲃肺汤、太湖河虾等。

亲子酒店

木渎古镇的夜晚与白天呈现出两种不同的景象，所有的酒吧、咖啡馆、餐厅都开了，无数的年轻人都聚到这里享受夜生活。

御湖山庄

苏州市藏书镇穹窿山兵圣路。0512–66935288。均价600元左右。

中华园大饭店

苏州市吴中区木渎金山南路198号。0512–66256666。送中华园亲子乐园门票，均价400元左右。

往返交通

到达交通

上海虹桥国际机场，到虹桥火车站转车至苏州火车站，转地铁直达木渎站。

苏州火车站或苏州高铁站，转地铁直达木渎站。

苏州御湖山庄

九溪十八涧

亲子游达人：胡菲

九溪小档案

地址：浙江省杭州市西湖区。

级别：4A。

门票：免费。

时间：7：30～17：30。

季节：4～10月为丰水期，但四季美景不尽相同。

温馨提示

九溪林木繁茂，请务必准备防止蚊虫叮咬的喷雾；如要涉水玩耍，记得带上防滑底的胶鞋。山下农家乐以提供烧烤为主，上游龙井村内则有小餐馆，大家可以自主选择。

九溪十八涧位于浙江省杭州市的著名景点西湖之西群山中的鸡冠垅下，上自龙井，蜿蜒曲折7千米入钱塘江。“九溪”之水发源于翁家山杨梅岭，“十八涧”发源于龙井村西北狮峰下，溪水一路上穿越青山翠谷，又汇集了无数细流，其中“九”和“十八”并非实指，仅用来表示数量的众多，到夏季丰水期时，人们更是可以溯溪而上，在以闷热闻名的杭州觅得一处难得的清凉。这里景色天然，少有匠气，民宿、农家乐聚集于上下游，中段景致野趣横生，即使不挑夏季前往，也能感受到这里更胜于西湖的独特魅力。

九溪十八涧

精彩看点

- 九溪烟树
- 骑行畅游
- 茶园寻香
- 迷你农场
- 溯溪而上

九溪十八涧不可不看

九溪烟树

建议停留时间：15～20分钟

严格来说，九溪烟树是九溪十八涧作为西湖新十景之后的名字，而因为一块刻着“九溪烟树”的石碑，在旁的一处小景被误以为此名所指。这方景观不似经过悉心摆布，反而添了几分自然的趣意，一挂小瀑，一尖石亭，红绿交错的枫叶，野味横生的水蒿，平添清净的睡莲；四季湖面的颜色随着倒影变幻，妙不可言。如果你和孩子喜欢探险，可以踏上山石，触手飞溅的水花，不过千万要注意安全。

九溪烟树石碑

九溪烟树瀑布

爸爸有话说

可在此和孩子一起诵读景区经典古诗：
春蚕吐丝狮峰织，迷雾流烟扑面湿。
天光云影青川走，嫩芽翘舌茶花迟。
千沟万壑十八涧，重峦叠嶂落九溪。
一路欢歌入钱水，九溪烟树天下知。

茶园寻香

建议停留时间：30分钟

“天下名茶数龙井，龙井上品在狮峰。”“十八涧”源头龙井村就是狮峰龙井茶的主产区，即使孩子不适宜饮茶，让他们了解一些茶文化也是很有意义的。九溪沿途茶园散布，和高大的林木参差映衬，非常清雅。茶树一般都是依山种植，一道一道排布规整，所以登茶山的难度系数不大，非常适合亲子活动。如果你是4月初到访，可以选择入住九溪村或是龙井村的民宿，幸运的话，也许可以跟着茶农亲历新茶采摘。

妈妈有话说

为什么狮峰龙井会有这么高的评价呢？传说当年清乾隆皇帝下江南时，来到杭州龙井狮峰山下，学着茶女采茶。忽然太监来报说太后病了。于是乾隆赶回京城，顺便带回了一把杭州狮峰山的茶叶。太后尝过这茶，顿时神清气爽，大加赞誉。于是乾隆皇帝立即传令下去，将杭州龙井狮峰山下胡公庙前那十八棵茶树封为御茶，每年采摘新茶，专门进贡太后。

溯溪而上

建议停留时间：45分钟

水是九溪的重头戏，如在夏日来到，便可以褪去鞋袜，步石涉水。这

清澈见底的溪水

清纯的白色小茶花

里的溪涧转折多变，时而平坦温柔，落差大的地方竟也能形成奔腾的水瀑，亲水是孩子的基因，哪怕不带任何戏水玩具，只是用小脚丫踩出的水花就已经可以让他们乐不可支了。

浪漫的亲子骑行

骑行畅游

建议停留时间：45分钟

在九溪入口处的小店里，商家大多提供租车服务，价格有淡旺季之分，可以讲价，均价押金在100元左右，30~50元每小时不等。有单人的也有带儿童座的（目前没有专门的儿童车）。自行车总是自带文艺气息，骑上之后，浓浓的“甜蜜蜜”立马在山间林中洋溢开来，看着爸爸奋力蹬踏，宝贝迎风欢呼的样子，此刻的妈妈脸上一定是最幸福的笑容。

迷你农场

建议停留时间：2小时

入九溪不远，有一处因为一档明星真人秀节目《爸爸回来了》而出名的热土养生庄园。庄园最大的亮点是两只呆萌羊驼，还有孔雀、小兔、狗、马等不少动物，除了马是圈养的，其他小动物都随心所欲地在草地上溜达。除了玩水，单这一处就可以度过一整天了，孩子们在这里定会觉得乐此不疲，小小的心就是那么容易满足。

温馨提示

热土庄园只对住宿和用餐的客人开放，所以如果想要和羊驼及一众庄园小萌物亲密接触，需要提前预约。还要注意这里主推肠疗概念，菜色均是素食，不习惯的朋友慎选。另外，庄园在每年6月中旬前提供亲子下午茶套餐，290元左右，包含茶点和茶饮，行程安排比较轻松的朋友可以考虑。

周边也好玩

我和绿色有个约会生态游：杭州市区—西湖景区—九溪十八涧—云栖竹径—西溪湿地—杭州市（耗时4天）。

羊驼

云栖竹径

D1、2　抵达杭州市后，先参观市中心让多少文人墨客抒怀流连的西湖景区。

D3　前往九溪十八涧和云栖竹径游玩1天。

D4　西溪湿地游完后，返程。

如果时间比较充裕，还可以去杭州城附近的临安感受千里草甸、探寻富阳的世外桃源，或者畅游杭州西南方的“东方威尼斯”淳安千岛湖。

特产

杭州特产丝绸、龙井茶、藕粉等都在九溪的小店内有售，推荐大家购买藕粉（建议认准三家村、天堂牌、采芝斋等杭州著名品牌）；丝绸和龙井茶的等级差别很大，价格跨度可达数十倍，请大家谨慎选购。有些茶农会在家中现炒现卖，还能提供试喝，碰到性价比不错的新茶还是很值得出手的。

舌尖上的九溪

九溪一路有很多农家乐，入口处大多主营烧烤，春秋两季时常爆满，沿途和溪涧源头村落里的农家乐已经相当成熟，环境都很不错，既可用餐也可饮茶。杭帮名菜不胜枚举，其中耳熟能详的有西湖醋鱼、东坡肉、老鸭煲、龙井虾仁、宋嫂鱼羹、叫花童子鸡、八宝豆腐、斩鱼圆、糖醋排骨、油焖春笋等；主食则有因为《舌尖上的美食2》而红遍全国的片儿川。

推荐美食

- **油焖春笋**

它选用清明前后出土的嫩春笋，以重油、重糖烹制而成，色泽红亮，鲜嫩爽口，鲜咸而带甜味，百吃不厌，小朋友一定会喜欢。

- **鱼圆**

想让孩子吃鱼，又怕鱼刺？那么杭州名菜斩鱼圆就是最佳选择了，色白如玉，鲜嫩滑润，最重要的是营养丰富。

- **糖醋排骨**

口味甜酸醇厚，是极佳的开胃菜。也是孩子大爱的一道菜呢。

千岛湖

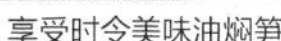
享受时令美味油焖笋

狮山龙井

推荐餐厅

- **溪中溪酒家**

杭州市西湖区九溪路中段九溪烟树景区。0571-85860186。溪中溪酥鱼、杭三鲜。

- **江南茶语庭院餐厅**

杭州市杨梅岭村乾龙路8号。0571-87999533。龙井遇上虾、钱江白条、红烧肉。

亲子酒店

来到九溪，推荐在杭州千禧度假酒店住上1晚（周末房价约1200元/晚）。它是2014年新建的五星级酒店，软硬件设施都很到位，还占据了一大片得天独厚的山水景致，既和公共的九溪景区融合联通，又有酒店内部的静谧私隐。晚上，在阳台泡一壶清茶，听山岚，观星月，看孩子熟睡的身影，暖意顿生。其他住宿推荐以下酒店。

热土养生庄园

杭州市西湖景区九溪徐村47号。0571-86599399。有星空房。均价1200元左右。

往返交通

杭州萧山国际机场，打车至杭州市区约100元，市区有多路公交车可达九溪公交车站（就在入口处）。

可从杭州火车站（城站）或杭州火车东站打车前往，费用约35元。

热土庄园

太平湖国家湿地公园

亲子游达人：熊靓

太平湖国家湿地公园小档案

地址：安徽省黄山市黄山区太平湖。

级别：4A。

门票：旺季（3月1日～11月30日）55元/人，淡季（12月1日～次年2月28日）35元/人。

时间：7：30～16：30。游船开船时间：9：00、14：00各一班。

电话：0559-5541158。

这个湖水清澈的珍稀鸟类栖息地坐落于黄山和九华山两大名山之间，湿地公园划分为5个功能区，包括湿地生态区、湿地科普教育区、大湖亲水运动休闲区、九曲湾历史与民俗文化体验区和主题生态群岛观光休闲区。综合型的度假休闲区，让这里已经成了安徽省内外周末度假、夏日避暑的首选之地。

精彩看点

- 湿地观鸟
- 神秘八卦
- 户外骑行
- 龙窑戏陶

太平湖国家湿地公园不可不看

湿地观鸟

建议停留时间：1小时

太平湖湿地公园位于长江一级干流青弋江上游，麻川河、浦溪河、秧溪河、清溪河、舒溪河、陵阳河六大支流在此汇集，是国家和安徽省重要湿地，在此栖息的鸟类中，国家重点保护的有16种。每年约有2万只鹭鸟、近万只雁鸭在此栖息，越冬水禽总数达4万只。公园内设有观鸟台，可欣赏到“西塞山前白鹭飞”的美景。

太平湖湿地公园

太平湖观景台

户外骑行

建议停留时间：1小时

太平湖国家湿地公园的步道、栈道等都是户外徒步、慢跑、骑行的最佳选择。清晨，穿好装备就出发吧，一路鸟语花香。湖边散步的游人，打太极的老人一一掠过，清新的空气让你神清气爽。

爸爸有话说

这曾是电视剧《红楼梦》的拍摄地之一，举办过全国竞走冠军赛、全国铁人三项赛、中国国际健走节等赛事活动。

神秘八卦

建议停留时间：1小时

太平城四面环水，是太平湖中风景最佳的岛屿之一，它又称八卦岛。岛屿面积8.8亩，与周易的八八六十四卦巧合。岛上有依山势而筑的八卦迷宫、表现周易起源的河图、洛书、测试运气的乾坤阴阳井、可以祈福的八卦钟等，以简单有趣的形式展示着深奥的八卦文化。

妈妈有话说

湖中岛屿的温度比岸上低，要为孩子加件衣服。

龙窑戏陶

建议停留时间：2小时

龙窑寨地处太平湖中心湖区，是一个融陶瓷文化、原始风貌和自然景观

龙窑

太平湖湿地

徽州饼

太平猴魁

太平湖鱼

于一体的景点。太平湖水域内烧制陶器的历史可上溯到新石器时代。在龙窑寨，可以参观到烧窑制陶的全过程。

周边也好玩

皖南徽文化游：屯溪老街—西递—宏村—黄山—徽州古城（耗时约5天）。

D1 先参观屯溪市内古韵盎然的屯溪老街。

D2 休整后，次日前往西递参观1天。

D3 游玩宏村，晚上前往黄山。

D4 欣赏黄山日出和山中美景。

D5 畅游徽州古城，休闲之旅。

如果时间比较充裕，还可以北上绩溪寻访诸多古迹、探险徽杭古道，或者南入江西，欣赏婺源的世外桃源美景。

特产

太平湖盛产稻、茶、木、竹、鱼、苗木、灵芝、木耳、香菇、药材等。这里的木耳、香菇、樵山香榧、猕猴桃、石耳、小干鱼、太平湖银鱼等都大受游客的喜爱。湖岸是中国十大名茶太平猴魁的原产地和黄山毛峰的主产地。

- **太平猴魁**

外形两叶抱芽，白毫隐伏，入杯冲泡，芽叶成朵，或悬或沉。猴坑高山茶园所采制的尖茶品质最优。

- **太平湖银鱼：**这种鱼

浑身洁白透明、小巧，是一种高蛋白的佳肴。

湿地徒步

舌尖上的太平湖

推荐美食

• 徽州饼

徽州饼是徽州地区的传统点心，原名枣泥酥馃。清代一徽州商贩在扬州制此饼出售，很受欢迎，被当地人称为“徽州饼”。

• 蚕豆肉圆汤

安徽人的一道家常菜，但是只有在蚕豆丰收的春天才能吃出可口鲜爽的味道。旅途中来一碗浓浓的肉汤，解饿去乏。

• 太平湖鱼头

用太平湖里的大鱼烧制而成，汤浓鱼嫩，是宴请、滋补的一道名菜。

推荐餐厅

• 竹园山土菜馆

黄山市黄山区太平湖镇新建新村。0559-8566298。清蒸白鱼、红烧桂鱼、椒盐小麻鱼、蚕豆肉圆汤、粉蒸肉等。

• 平湖土菜馆

黄山市黄山区103省道太平湖旅游码头停车场对面。13955982145、0559-8561277。土鸡汤、太平湖大鱼头等。

亲子酒店

来到太平湖度假，是周边游客最喜欢的方式，度假酒店可选的比较多。享受太平湖的湖光山色和美食，也不要错过体验亲子酒店的魅力。

黄山太平湖皇冠假日酒店

黄山市黄山区太平湖风景区滨湖大道1号。4008302360。有亲子房，均价650元左右 / 天。

丁香花园酒店

黄山市黄山区太平湖风景区。均价400元左右 / 天。

往返交通

黄山国际机场，抵达后打出租车约100元抵达景区。

需从黄山火车站打出租车至客运总站，再转乘大巴前往太平湖。

从黄山屯溪出发，走齐云大道、京台高速100千米抵达景区。

黄山太平湖皇冠假日酒店

小格里森林公园

亲子游达人：廖雪松

小格里小档案

地址：安徽省芜湖市南陵县烟墩镇霭里村。

级别：2A。

门票：免费。

时间：全天。

电话：0553-6311400。

季节：小格里一年四季皆景，春可品茗赏花，夏可垂钓避暑，秋可登高吟红，冬可踏雪探梅。

温馨提示

小格里山路均为砂石路，游客须穿旅游鞋、运动鞋，带好旅游装备。春、秋季节，山区夜间温度较低，须做好保暖。夏秋季节，山区蚊虫较多，须防蚊虫叮咬。

精彩看点

· 五连池　　· 龙宫探秘

· 霭里养生　　· 村外采风

小格里森林公园位于芜湖市南陵县南部，是地球北纬31° 保存完好的原始次生林，有“安徽香格里拉”之称。面积近24平方千米的景区保持着原始、天然的风貌，林中有白鹇、画眉、长尾雉鸡等珍禽和金钱豹、云豹、梅花鹿、穿山甲等异兽；池中有鸳鸯、野鸭、小戎芦等水鸟；山中有瑞香、首乌、沙参、半夏、八角莲、七叶一枝花等百余种名贵药材，以及银杏、枫香、江南桤木、香樟、香榧、青檀等近百种名贵树种。景区内日常负氧离子含量每立方厘米高达2.6万个，有“天然氧吧”之称，是

小格里森林公园

公园里的鹿群

华东地区不可多得的原生态景区和养生福地。

小格里不可不看

五池映翠

建议停留时间：45分钟

无论春夏秋冬，走进小格里，首先映入眼帘的除了岭树重遮千里目的山林，就是那令人心醉的映月池、香菱池、莲心池、醉春池、碧云池，池水酽绿，如蓝似碧，宛如缀成一串闪亮的明珠镶嵌在葱茏的山谷中。微风起兮，波光潋滟，犹如一块碧绿的绸布形成的皱褶。池中时有鸳鸯、野鸭等水鸟游弋戏水，为湖中平添生趣。

霭里村一角

霭里养生

建议停留时间：30分钟

与小格里自然风景区相邻的是格里自然村，现称霭里。天气晴朗之日，山水相映，碧绿如海；烟雨朦胧时，群峰云遮雾漫，山村被笼罩在云雾之中，如诗如画。这也是“霭里”的由来！

村庄地处三市三县交界之间，远离城市，方圆20千米无工业企业。此处土壤微量元素丰富，每克土壤含硒3.34微克，非常有利于人体健康。全村共约2300人口，600余户家庭，这里人口平均寿命达到80.1岁，是远近闻名的长寿村。被称为“世外桃源”“养生福地”，不少合肥、南京等地的白领选择周末来此度假休闲，也有部分上海、南京等地的老人来此养生、度假、避暑。

爸爸有话说

唐代大诗人李白曾慕居于此，留有《山中问答》一首：“问余何意栖碧山，笑而不答心自闲。桃花流水杳然去，别有天地非人间。”该村学风优良，明代举人汪景生于此，后葬于后山，其两子皆为县令，两孙俱为进士。

龙宫探秘

建议停留时间：30～45分钟

格里山间多溶洞，城山村民组有一巨大天然溶洞九龙宫。洞内不仅钟乳悬石处处，形象万千，而且有干、水洞之分；干洞有上、有下，有巷、有厅，厅广可容千人，深不可测；水洞有清流圆潭，有水帘瀑布。洞中空气新鲜，清风习习。

村外采风

建议停留时间：1个上午

霭里村自然、人文景观丰富，有宝山寺、油盐石、姑嫂峰等美丽的传说；此地曾为新四军军部活动区，南、繁、芜游击队活动区（该村石门口建有革命烈士墓）；四屋村民组留有明代古民居，有保存完好的河上太平军遗址。村周有一些农家乐，可以和孩子一起挖竹笋、采蕨菜、摘野果、打板栗，也可以带孩子参加有组织的溯溪、高空速降、漂流、野外露营、垂钓、篝火等活动。

妈妈有话说

小格里为原生态森林景区，最大的优点是原生态，养在深闺人未识；最大的缺点也是原生态，各项配套设施还有待完善。山路均为砂石路，未开发区域更是崎岖难行，带孩子的游客尤其要注意安全。

周边也好玩

九华山一日游：小格里西南距佛教名山九华山50千米。九华山是首批国家重点风景名胜区，著名的游览避暑胜地，现与山西五台山、浙江普陀山、四川峨眉山并称为中国佛教四大名山，是地藏王菩萨道场。

特产

当地出产的天然笋干、野生蕨菜、葛根粉、黑皮土猪肉、山养土鸡等山货，纯天然无污染；所产“云雾茶”曾为贡茶，春季可以带孩子来此体验采茶、制茶DIY。

舌尖上的南陵

小格里提供原汁原味的农家土菜，所处的南陵县更是美食天堂。南陵美食四绝分别是：界山老鸭汤、奎湖漂鱼、朝阳牛肉、弋江三老太羊肉。

推荐美食

- **界山老鸭汤**

界山老鸭汤精选当地特产“瓦灰麻”老鸭，一般要选用约2.5斤、两岁不肥不瘦的老母鸭。炖好的老鸭汤端上桌，汤汁清如水，上面漂着一层黄亮薄油花，再撒上一点碧绿的葱花，品一品回味无穷。鸭肉酥而不烂，入口即化，用筷子轻轻一拨骨肉就能分离，味道纯正鲜美。

- **奎湖漂鱼**

正宗奎湖漂鱼须选用奎潭湖产鲜活3斤左右鳙鱼（又称胖头鱼），用奎潭湖的甘甜湖水烹制而成。“湖水

搪瓷大盆盛着诱人的老鸭汤

色、香、味俱佳的奎湖漂鱼

小格里公园鲜花盛开

烧湖鱼”，肉质细腻、味道独特、汤汁鲜美，是奎湖人餐桌上 道百吃不厌的佳肴。

推荐餐厅

• **界山丁记老鸭汤**

芜湖市南陵县界山镇街道。0553-677877。

它是当地最正宗的老鸭汤馆。丁氏父辈创造了丁记老鸭汤这块牌子，现被丁氏兄弟两人共同享有，一幢楼房中间由招牌隔开，一边丁大，一边丁二，同根同祖同配方并无区别，只此两家别无分号。

• **迎春楼**

芜湖市南陵县奎湖一环路48号。 0553-6232806。

• **奎湖漂鱼**

目前是一对老夫妻经营，已有15年。

亲子酒店

小格里一般一日游即可，想深度游的可以在村里住一夜。景区入口处有众多农家乐，可餐可宿。安徽大学80后毕业生开办的悠谷森林山庄定位于休闲度假式的家庭亲子游，家庭房50～120元。

往返交通

芜湖马饮客运站，芜湖市—南陵县（大巴车）票价：10元；
南陵汽车西站（底站），南陵县—烟墩镇（7路无人售票公交车），票价：7元；
烟墩镇7路公车底站，包一辆小面包车直接去小格里森林公园处，往返约40元。

G3高速青阳出口（小格里靠近九华山，距离池州比芜湖近），318国道行驶27千米，碧山口左转，行驶3千米。

奉新

亲子游达人：徐志玲

奉新小档案

地址：江西省宜春市奉新县。
萝卜潭瀑布群门票：50元/人。
开放时间：8：30~17：20。
地址：江西省奉新县罗市镇店前村。
电话号码：0795-7180396。

温馨提示

奉新旅游网提供多条县内旅游线路预订。

精彩看点

- 萝卜潭瀑布群
- 华林书院景区
- 百丈寺景区
- 宋应星科技文化园

奉新地处赣西北，是中国最佳文化生态旅游县，山川秀丽，自然资源丰富，群峦叠翠，山清水秀，空气清新，被誉为“天然氧吧”。飞珠溅玉的瀑布，激流奔涌的险滩，长年青翠的绿竹，形成了“雄、峻、幽、秀”的自然景观特色。素有“仙源灵境”之美誉；境内物产丰富，有“优质米之乡”“中华猕猴桃之乡”“江南竹乡”之称号；人文历史厚重，是杰出科学家宋应星、“辫帅”张勋的故里、是佛教“天下清规”发祥地、华林胡氏的祖居地。毛泽东、朱德、林伯渠等老一辈无产阶级革命家均在此留下了光辉的足迹。

奉新不可不看

萝卜潭瀑布群

建议停留时间：2小时

萝卜潭风景内有八潭八瀑连贯而泻，蔚为壮观，被誉为“江南第一瀑布群”。从第一潭到第八潭直线距离约500米，蜿蜒台阶约2000步，八潭

奉新的小镇生活

萝卜潭瀑布群

形状各异，或深或浅，或圆或扁，或正或倾，潭水四季碧蓝；八瀑各具风格，或飞流直下，或壮如倾盆，或泻珠溅玉，八瀑联袂而飞，声动如雷，其中最大的瀑布横面约12米，落差约15米。峡谷内岩石奇特，如鬼斧神工般，引人遐想，其中的“试剑石”“仙人脚”尤为巧妙，最妙的是“冠印潭”中的一块方如“玉玺”和一块圆如“皇冠”的奇石。

爸爸有话说

景区内生态环境优美，漫山竹海、处处花树、满目葱茏，是不可多得的天然氧吧。

华林书院

建议停留时间：1小时

华林书院是北宋初年由胡仲尧和弟弟胡仲容在原来的基础上创办的，是当时江南四大书院之一，与岳麓书院、白鹿洞书院、鹅湖书院齐名。与其他书院相比，华林书院有着自己的特色和魅力：它是一所家族化的书院，是一所文学派书院；它开创收容女生先例，与道教有着密切联系，华林山也是道教名山。胡氏英才辈出，宋真宗的曾赋诗：“一门三刺史，四代五尚书，他族未闻有，朕今止见胡。”给予了这个家族高度赞扬。

百丈禅寺

建议停留时间：30分钟

百丈禅寺坐落在奉新县城西北部百丈山风景名胜区内，距省会南昌120千米。是中国佛教禅宗“禅林清规”发祥地，中国佛教十大古寺庙之

百丈禅寺

宋应星科技文化园蔬菜观光区

一，迄今已有1200多年历史，在中外佛教界素有盛名。现百丈寺占地1100余亩，建筑面积近5万平方米，气势恢弘，号称华东地区面积最大，被誉为“世外桃源，别有洞天，中国一流，世界闻名”。

宋应星科技文化园

宋应星纪念馆坐落在园内，是江西省重要的科普基地和爱国主义教育基地。整个馆由主馆、天工馆和开物馆三部分组成。主馆展厅以大量文献史料、实物图书和精致模型，翔实地介绍了《天工开物》作者宋应星的生平事迹和明代科技、社会历史背景、宋应星的著述及思想等，形象的再现400余年前我国农业和手工业生产状况和先进技术。文化园可免费游览。

赣乡美景

周边也好玩

赣西北山水游：九江—庐山—庐山西海—明月山—奉新（耗时约6天）。

D1、2：抵达九江市后，可先到避暑胜地庐山，游玩两天。

D3、4：前往醉美山水庐山西海游玩两天。

D5、6：游玩月亮之都明月山，晚上前往奉新游玩。次日晚上取道宜春返回。

特产

猕猴桃：奉新作为生态猕猴桃之乡，生产出的国内果型最好、产量最高、品质最优、挂树贮藏时间最长的金魁猕猴桃，值得一尝。

舌尖上的奉新

- **酿饭坨**

是奉新的传统小吃，它主要原料为糯米，成品酿饭，坨色泽金黄，口感香脆，是奉新人民过年过节的必备吃食，如今它的制作技艺已列入省级非物质文化遗产。

- **奉新米糖**

用米浆、姜片与麦芽制成。先把稀释后的米浆与姜片置于锅里烧滚几下，灭火后，再加入舂碎的麦芽进行发酵。再倒入特制的木框中晾干成型，用菜刀切成小块状即可食用。

- **黄年米果**

由精选山区特有的黄糯米为主料，采集山中一种叫黄浆柴的小灌木，烧制而得的天然植物碱，配以中药黄栀子调和，经两蒸两榨精加工而成，其口感独特清香，食用方法多样，可蒸、煮、炒、也可甜可咸，口感爽滑，香味独特。

- **奉新米粉**

大米水磨成浆，蒸烫成薄片，切成丝，入汤煮熟，佐以精肉丝、香菇丝，面皮薄厚均匀，切条工整，汤味鲜美。

推荐餐厅

- **圆梦山庄**

奉新县会埠镇稻田村。135-76531760。有机蔬菜和散养的家禽，体验山地自行车、沙滩摩托、垂钓等。

- **华林集贤山庄**

奉新县城奉沿线7千米处。13970511388。餐饮、种植、养殖、度假、休闲为 体。

滨江花园酒店

亲子酒店

滨江花园酒店

奉新县城潦河南路33号。0795-4508222。均价300元左右／天。

江西朝日国际大酒店

奉新县城狮山大道279号。0795-4589888。均价500元起／天。

往返交通

抵达南昌昌北机场后，乘坐长途大巴1小时左右抵达。

抵达南昌西站，换乘抵达奉新的火车，1小时18分后抵达。

南昌绕城高速—昌铜高速—奉新出口—S222，约1小时抵达。

篁岭

亲子游达人：徐志玲

篁岭小档案

地址：江西省婺源县江湾镇篁岭村。

级别：4A。

电话：0793-7255555。

门票：A套票（门票+缆车）145元/人；B套票（门票+观光车）120元/人。

开放时间：7：30～17：00。

最佳季节：春观油菜花海、夏戏峡谷溯溪、秋赏古村晒秋、冬品民俗度假。

精彩看点

- 索道空中览胜
- 村落晒秋访古
- 梯田花海寻芳
- 乡风民俗拾趣

篁岭属于典型的山居村落景观，地处石耳山脉，面积15平方千米，由索道空中览胜、村落晒秋访古、梯田花海寻芳及乡风民俗拾趣等游览区域组合而成。篁岭民居围绕水口呈扇形梯状错落排布，尤以“晒秋”而闻名，作为篁岭的一个独特景观符号，其成功入选了中国最美符号，在“中国最美乡村”婺源，篁岭可谓是一处难得的独特乡村文化瑰宝，也是带孩子感受乡村文化的绝佳去处。

篁岭不可不看

索道空中揽胜

建议停留时间：20分钟

婺源篁岭索道全长960米，高差

篁岭风景

195米，空中运行时间约16分钟。乘坐婺源篁岭观光索道是一次高空览胜的体验过程，多色彩组合的梯田，各个季节有不同的风光，远眺一栋栋坐落有序的徽派建筑，不禁心旷神怡。

村落晒秋访古

建议停留时间：45分钟

挂在山崖上的篁岭古村，地无三尺平，数百年来，村民早已习惯用平和的心态与崎岖的地形"交流"。自然条件的局限却激发了先民的想象和创造力，从而在无意间造就了一处中国绝无仅有的"晒秋人家"风情画。篁岭古村数百栋徽派古民居在百米落差的坡面错落有序，家家凿窗采光，户户支架晒物。村民们用眺窗为画板，支架为画笔，晒簟为调色盘，春晒水笋、蕨菜，秋晒红辣椒、稻谷黄豆，成就了一幅幅民俗风情杰作，一年四季延绵有序。每当日出山头，晨曦映照，整个山间村落饱经沧桑的徽式民居土砖外墙与晒架上、晒簟里五彩缤纷丰收的果实组合，绘就出了世界独一无二的"晒秋"农俗景观。

爸爸有话说

篁岭古村既是自然的宠儿，也是人文的杰作，这里一年四季都是画家和摄影家创作的乐园，每年都会有大批的画家以及摄影爱好者来到这里，在篁岭独特的乡村风光里寻找创作的灵感。

梯田花海寻芳

建议停留时间：45分钟

在篁岭，与"晒秋"同样摄人心魂的是水墨梯田。篁岭被网友评为"全球十大最美梯田"。阳春三月，篁岭油菜花海，梯田上的粉墨油画。如金蛇舞动，梨花赛雪、桃花嫣红、菜花飘香、交相辉映，美不胜收。粉墙黛瓦掩映其中，云雾萦绕，完全就是一个美丽的乡村童话。

篁岭是自然的宠儿，依偎在石耳山的怀抱，被周边数万亩梯田簇拥，层层叠叠的梯田映衬着鳞次栉比的农舍，四季皆有各种颜色的呵护、娇宠，稍不留神就会碰翻颜料桶，于是乎漫山遍野的大红、新绿、嫩黄……

乡风民俗拾趣

建议停留时间：45分钟

篁岭保存着良好的徽式古村落格局，有原汁原味古村落风貌及民情民风。篁岭村庄的房屋结构布局特殊，农家一楼大门前临大路，大门后是厅堂；户户二楼开后门可到达更高处的另一大路，二楼前门拦腰上下砌墙，

篁岭晒秋

村中小院

篁岭离三清山很近，一定要去游览

与屋外搭建的水平木头架连成一体，用以晾晒农副产品，较好地解决了坡地建村、无平坦处晒农作物的矛盾。晒晾农作物使用竹晒簟，既不占地方，又便于收藏。每年的收获季节，房屋间成了晒簟的世界，五颜六色的农作物与黑色屋顶之间重叠，甚是壮观。

篁岭处处闪烁着民俗风情的亮点，这里有一幅缩写版流动的“清明上河图”，近五百米的“天街”古巷两旁徽式商铺林立，茶坊、酒肆、书场、砚庄、篾铺，古趣盎然。

温馨提示

在篁岭可以体验制作清明果、打麻糍、挑扁担、晒辣椒等民俗活动，在丰富有趣的活动中可体验篁岭古村的特色民俗，感受婺源乡村的独特魅力，同时也可以进行亲子互动。

徽州建筑

周边也好玩

赣东北山水游：景德镇—古窑—三清山—篁岭—龙虎山—鹰潭市（耗时4天）。

D1 抵达景德镇市后，先参观市内古韵盎然的古窑。

D2 前往三清山游玩1天。

D3 游玩篁岭。

D4 前往龙虎山，然后取道鹰潭市返回。

如果时间比较充裕，还可以西行九江探访庐山。

特产

• **皇菊：**婺源菊花茶是朝廷贡品，被光绪皇帝赐为“皇菊”。篁岭菊花茶产自海拔500米以上的篁岭古村之地、因特殊地理条件生长而成的“婺源皇菊”更是极品，由篁岭景区自己种植加工，自产自销，得到众多游客的青睐。菊花茶对肝火旺、用眼过度导致的双眼干涩也有较好的疗

菊花茶

效。同时，菊花茶香气浓郁，提神醒脑，也具有一定的松弛神经、舒缓头痛的功效。

• **山茶油**：岭油茶基地位于皖、浙、赣三省交界的婺源北部大山之中，海拔在600米至1000米之间。全年雨量充沛，四季分明，土地肥沃，具有极好的自然生态环境。油茶树纯野生自然生长，无任何病虫害。俗语："羊儿不空肚、油茶不空树"，油茶是世界上唯一具有"果花同株、怀胎抱子"奇观的油料植物，其果实生长期长达一年之久。独特的植物生理保证了油茶的高营养、高品质特性。篁岭高海拔山中，生长极为罕见的野生红花油茶，经纯物理冷榨工艺生产的红花山茶油更是山茶油中的极品。

舌尖上的篁岭

"窗衔墉岭千叶匾，门聚幽篁万亩田。"坐落在半山腰的天街食府，面朝对山的梯田，全景落地窗的视野开阔，自然风光、农家美景一览无余，周边黄梨红枫、油栗水杉环绕，古木参天。食府的建筑古色古香，虽是乡村聚落，又不失门第风范，小青砖、马头墙，古朴雅致，护栏、天井，结构严谨，石雕、木雕、砖雕，雕镂精湛，整体格局质朴高雅，内敛浑厚，将徽州建筑精华尽收眼底，着实令人叹为观止。此情此景，来上一份"八大碗"、配上一杯乡村云雾茶，大有一番回归自然、洗尽铅华的桃源之乐；推杯换盏之余，慢嚼廊柱间的门联，别有一番儒商雅士情怀。

推荐美食

• **荷包红鲤鱼**

荷包红鲤鱼是江西婺源闻名于全国的"池中方贵，席上佳肴"，在婺源已有300多年的养殖历史，这种鱼色泽鲜红、背宽、头小、尾短、腹部肥大，形似荷包而得名。荷包红鲤肉质肥美细嫩，汤鲜味美，肥而不腻，香而无腥，且能养颜美容，是来婺源必尝之菜。

• **绿茶焖老鸭**

选用中外驰名的婺源绿茶与农家养殖的老鸭，通过精心烹制而成，不仅传承了千百年民间茶饮文化，更兼备了老鸭滋五脏之阴、清虚劳之热、补血行水的食疗养生之特性。

• **砚台美味鳝鱼**

砚台美味鳝鱼是天街食府的特色招牌菜之一，寓意龙尾宴（砚），是招待贵客的上等美食。砚台选用的是婺源四色特产中的黑色——"砚国明珠"龙尾砚；黄鳝为席上佳肴，其肉、血、头、皮均有一定的药用价值。

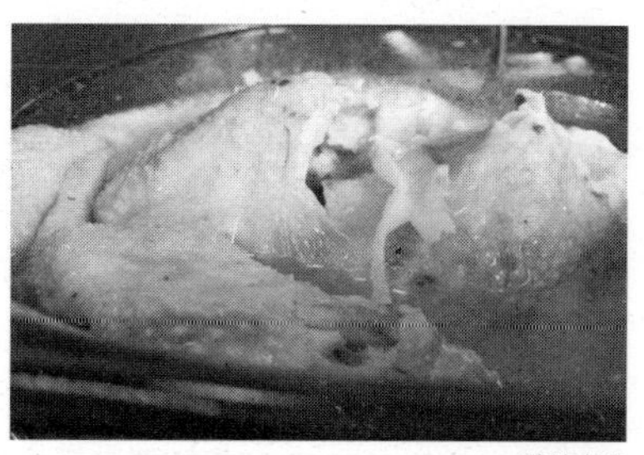
清炖土鸡

篁岭古村精品度假酒店

• 清炖土鸡

婺源乡村的土鸡放养在山林或是村巷菜地间，土鸡以山地间的昆虫、草、蔬菜为食，因此营养价值高、肉质鲜美。

推荐餐厅

• 天街食府

饮食文化是篁岭民俗传神之笔，天街食府的“天街农家宴”菜原料全用自猎、自种、自养之物。它以徽菜为根源、以婺源饮食文化为精神，以篁岭民俗、民情为基准，独成体系。天街食府的大宽幅晒楼窗户，面向万亩梯田，在此用餐，广袤原野的阴晴变化尽收眼底。

亲子酒店

篁岭古村精品度假酒店

篁岭古村精品度假酒店酒店引入“安曼”国际精品度假酒店的品牌理念，与徽州古建、传统民俗等人文特色完美结合，是一个精品个性化度假酒店。酒店整体格局完整保留了徽派建筑与篁岭民居风格，古色古香。小青砖、马头墙，古朴雅致，护栏、天井，结构严谨，石雕、木雕、砖雕，雕镂精湛，且质朴高雅，内敛浑厚，徽州建筑精华尽收眼底。加上窗前长长的晒竿，别具特色。推窗可观浪漫的梯田花海、迷人的晒秋风光，配上篁岭幽幽古宅、参天古树，看似平淡的淳朴民风景象，却是动人暖心的一幕，在蓝天白云间，点缀着悠闲的生活。

篁岭景区内。0793-7410666；18296355800。

往返交通

- 抵达南昌昌北机场后，乘坐长途大巴3小时抵达篁岭。
- 在南昌火车站乘坐抵达婺源的火车，约2小时到达。
- 篁岭坐拥婺源旅游东线，距婺源县城30千米，江湾、篁岭高速出口距离景区仅9千米，距景德镇机场、黄山机场均约为80千米。从江湾镇沿201省道，在“莲花芯”村右拐前行4千米，到达篁岭游客服务中心，即可乘索道进入景区游览。

武宁

亲子游达人：徐志玲

武宁小档案

地址：江西省九江市武宁县。

级别：4A。

季节：四节皆宜。

温馨提示

武宁作为山水之城，地理位置较为偏僻，景色优美，风景如画，景点较多，需合理安排行程。

精彩看点

- 夜游西海湾
- 观湖岛
- 神雾山
- 阳光照耀 29° 度假区
- 新光山庄

武宁拥有绝美的生态旅游资源，其中以湖岛、山岳、溶洞、温泉等最为著名。武宁县先后开建泰国风情度假村、庐山西海国际养生度假区、华夏国际旅游度假区等一大批重大旅游项目，也逐步完善景区配套设计。现已整合形成“日行百岛迷宫，夜游梦幻水城”为主打的旅游线路，并初步形成了以梦幻水城——西海湾景区为标杆景区，以灵秀西海——山水武宁·庐山西海景区、心灵的港湾——阳光照耀29° 度假区、天然氧吧——神雾山、海上仙境——观湖岛以及新光山庄为骨干景区，集湖岛观光、山岳避暑、峡谷漂流、溶洞探险、农庄体验、休闲娱乐为一体的多类旅游产品体系。自然风光秀丽的武宁县先后荣获“全国生态示范区”“国家园林县城”“中国最美小城”等诸多称号。

武宁远景

武宁不可不看

夜游西海湾

建议停留时间：40分钟

西海湾景区为国家4A级旅游景区，庐山西海核心景区之一，地处中

西海风光

湖光山色尽收眼底

国最美小城山水武宁，集山水景观、水上游览、湿地景观、林木景观于一体。景区经营开放了河湖观光、垂钓、龙舟竞渡，沙滩浴场、水上高尔夫、水上摩托艇冲浪、柳山观光探险、沙洲露营、地方特色文化展演等游乐项目。其中“两湖一河”水上观光路线，非常惬意。在1.5小时的游程里，可以尽情欣赏沿途的江湖风光、城市风貌、桥梁文化以及武宁采茶戏、打鼓歌等传统文化表演。

100元/人。 武宁县城朝阳路 0792-2988166。 8：00～17：00。

游船线路：

A线：朝阳湖码头——朝阳湖——沙田河——太阳岛码头。

开班码头：朝阳湖、新宁码头。

B线：水上飞舟：西海港——庐山西海——柳山。

开班码头：西海港、柳山码头。

观湖岛

建议停留时间：2～3小时

观湖岛矗立于庐山西海西湖区中心。因地理关系，这里是眺望庐山西海湖光山色的最佳位置，故称观湖岛。是江西省九江市继庐山之后开发的第二个国家重点风景名胜区中第一美景，生态原始古朴，空气清新洁净，山上林木茂盛，湖泊碧波万里。夏无酷暑，冬无严寒，人勤春来早，果硕秋归迟。

120元/人。

神雾山

建议停留时间：2～3小时

神雾山风景区，山体高峻、奇雄秀丽、林木繁茂、泉瀑纵横，自然景色多姿，有饱经沧桑的申字岩（即宝塔石）、惟妙惟肖的筷子树、忠贞不贰的“守护神”、威严雄伟的将军石、神奇莫测的溅水洞、生动形象的螺王石和一线天、棺材石、佛祖岩、

天然氧吧神雾山

乌龟石、夫妻岩等景观。神雾山山上空气中的负氧离子达到15万个/立方厘米，是一个真正的“天然氧吧”。当你身在其中，就好像呼吸着远古的“气息”，可谓“深呼吸一次，回味一辈子。”

70元／人。 0792-2988888。

爸爸有话说

景区内生长着大片的瓜源红心杉、红豆杉、银杏、松树、杨梅树、猕猴桃树等树种和杜仲、竹节、黄连等十几种名贵药材，栖身着红毛狗、狐狸、大棋盘蛇、崖鹰、大灵猫、穿山甲、山鼠等珍稀动物。

阳光照耀29°度假区

花源谷位于神秘的北纬29°，秀山碧水环绕、阳光花木辉映，是养生度假好去处，故又称阳光照耀29°度假区。其占地2000余亩，拥有大小岛屿上百座。而金沙滩是29°度假区的一个新景点。景区地处庐山西海腹地，位于武宁县扬州界牌村。是九江市唯一一家沙滩游乐场所。

花源谷108元／人（成人票、不含船票）；金沙滩90元／人。

妈妈有话说

在花源谷，可以品茶论道，在自然中感悟人生的真谛；亦可以踏雪寻梅，感受柳暗花明的惊喜与满足；也可以泛舟湖上，聆听琵琶女的传统仙乐；还可以日出而作、日落而息，享受渔樵耕读的悠然与自得。

新光山庄

建议停留时间：3～4小时

新光山庄已建成开放的自然景观和人文景观，有“三百园”、仙人石、钓鱼台、快艇欢呼一日游等。现已形成一个休闲旅游、养生度假、生态观光农业、会务培训、生态食品、

花源谷

醉美湖光山色

避暑胜地庐山

野味餐饮于一体的大型生态农庄，先后被评为国家级“星火计划”和全国“光彩事业”重点项目以及“全国农业旅游示范点”和“全国十佳休闲农庄”。一年四季均有果实成熟，无论何时去，均能体验。

周边也好玩

庐山深度游：九江市—庐山—庐山西海—九江（耗时4天）。

D1 抵达九江市后，先参观避暑胜地庐山。

D2 继续在庐山游玩度假。

D3 前往游玩庐山西海，泡温泉。

D4 在庐山感受亲水之旅后返九江。

如果时间比较充裕，还可以取道南昌湾里，感受秀美风光。

特产

武宁地处较为偏僻，有很多民间习俗保持着固有的淳朴和浓厚的乡土气息，独具特色的刺绣便是一朵充满活力的艺术之花。此外，根艺根雕、布贴画等也颇具特色。而野山茶油也是武宁主要特产之一，它是一种纯天然无污染的绿色植物油，被誉为“神奇的东方橄榄油”和“长寿油”。

舌尖上的武宁

武宁的家乡菜虽土，但烧制方法独特，风味特殊；点心果腹，咸甜适宜，独具魅力。它起源于山里农家，由独享而普及至社会大众普尝，有历史源流，有民间传说。经悠久岁月的检验，至今仍能博得众口同赞，成为家庭饭桌或民间筵席上的珍品。

好听又好喝，营养又健康的心肝宝贝汤

山背腊肉炖蛋一直是武宁招待客人的主菜

根艺雕刻

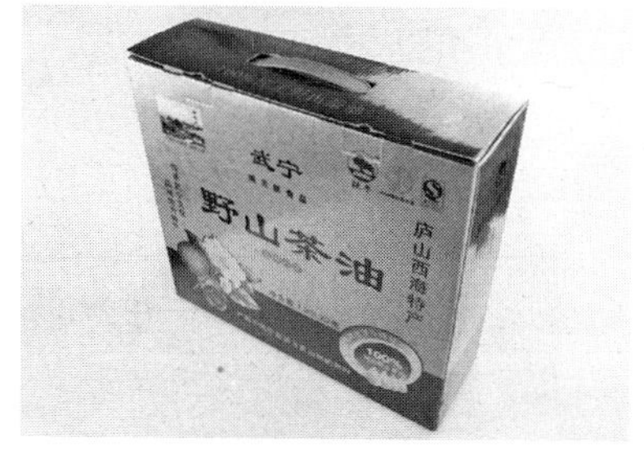

野山油茶

推荐美食

- **心肝宝贝汤**

肉香、汤鲜、味淳，不失为一份好汤。

- **山背腊肉炖蛋**

腊肉香味浓鲜，因腊肉腌制时较咸，故烹制时无须放调料，熏香浓郁、风味独特。

- **鸡汤煮鱼饺**

以土鸡、乌鱼、精肉馅儿为原料，鸡汤味浓、鱼鲜肉滑嫩。

亲子酒店

武宁，山水之地，一天肯定看不完的。闲了就垂钓，漫步山庄。入夜后，聚在月色下赏月喝茶，和孩子在一起嬉戏。生活需要慢慢细品。推荐以下亲子酒店

武宁宾馆

武宁县城古艾路1号。 0792-2783739 / 2781756。 均价430元左右 / 天。

新民山庄

武宁县大桥西侧。 18607-925388。 均价180元左右 / 天。

西海大酒店

武宁县城曙光路69号。 0792-2766688。 均价300元左右 / 天。

往返交通

武宁周边有昌北机场（距武宁约70分钟车程）、庐山机场（距武宁约80分钟车程），飞行出游进出方便。

从南昌西站、永修站、瑞昌站、庐山站、九江站下车，可转乘客车从昌九高速入永武高速到武宁（庐山西海西）出口下；从武汉站、咸宁北站、吉安站下车，可转乘客车从大广高速武吉段入永武高速到武宁（庐山西海西）出口下。

316国道从武宁境内横穿而过，大广高速纵穿武宁南北，永武高速横贯武宁东西，永武高速在武宁境内有澧溪、武宁（庐山西海西）、巾口三处出口，其中武宁出口（庐山西海西）可直达武宁县城。

岳麓山—橘子洲

亲子游达人：林科

岳麓山－橘子洲小档案

地址：湖南省长沙市湘江中与登高路58号。

门票：岳麓书院：门票30元/人。

麓山景区：免门票。

观光车：20元/人。

索道：上行30元/人，下行25元/人，全程套票50元/人。

橘子洲景区：免门票。

沙滩公园：50元/人。

观光车：20元/人。

停车场：小型车辆5元/次、大型车辆10元/次（12小时之内按次收费，超过时间加收5元）。

电话：0731-88647958。

精彩看点

· 麓山习文

· 橘子洲赏景

· 岳麓书院

· 新民学会成立会旧址

景区位于国家首批历史文化名城长沙湘江之滨，依江面市。南北朝刘宋时《南岳记》记载："南岳周围八百里，回雁为首，岳麓为足。"可见岳麓山亦是南岳七十二峰之一。岳麓山四季风景宜人、秀美多姿，而"万山红遍、层林尽染"的独特红枫秋景，更是古今闻名。位于湘江中心的橘子洲，介于名山城市间，浮袅袅凌波上，四面环水，绵延数十里，

岳麓山美景

橘子洲大桥

站在洲头极目楚天，令人心旷神怡。橘子洲是宋代潇湘八景之一“江天暮雪”的所在地，被誉为“中国第一洲”。始建于北宋的岳麓书院至今已有一千余年历史，有“千年学府”之称；有“汉魏最初名胜，湖湘第一道场”之称的古麓山寺，距今已有1700余年的历史；融儒教、佛教、道教于一体的宗教文化在这里激荡弘扬，交相辉映。带着孩了来到这里不仅可以观赏美景还能在岳麓书院感受博大的湖湘文化，在橘子洲感受青年毛泽东在此“挥斥方遒”“中流击水”的豪气。

岳麓山—橘子洲不可不看

麓山习文

建议停留时间：2小时

岳麓山是南岳七十二峰之尾峰，海拔300.8米。它是一个巨大的“植物博物馆”，古树名木，随处可见，晋朝罗汉松、唐代银杏、宋元香樟、明清枫栗，生机勃勃。儒教、佛教、道教并存使岳麓山独具魅力，三教相互交融，共同谱写了一部岳麓山文化发展史的壮丽诗篇。爱晚亭之幽，岳麓书院之深，麓山寺之古，云麓宫之清，以及白鹤泉、禹王碑、“二南”诗刻、隋舍利塔、印心石屋等无不引人入胜。

爸爸有话说

岳麓山历史悠久，名家朱熹曾在这里讲学，引着孩子在这里转上一圈，一起感受儒、道、佛三教的融合魅力。

橘子洲赏景

建议停留时间：2小时

橘子洲是湘江中最细长的洲，由南至北，纵贯江心，西瞻岳麓，东临古城。毛泽东当年在橘子洲头发出“问苍茫大地，谁主沉浮”的天问。如今洲头建有巨大的毛泽东青年艺术雕像、百亩橘园、文化园、橘洲客栈、湖湘文化陈列展览馆、潇湘名人会所、朱张古渡、竹园、桃园、梅园、桂园等景点，是探访伟人踪迹，了解湖湘文化的关键地。

岳麓书院

毛泽东像

毛主席纪念雕像

妈妈有话说

《沁园春·长沙》是毛主席的知名诗词，一家人来到橘子洲头共同感受毛主席当年的雄心壮志与远大理想，更能激励自己与孩子共同为美好生活而努力奋斗。

岳麓书院

建议停留时间：1小时

岳麓书院创建于北宋开宝九年（976年），是中国古代四大书院之一。由古老的书院到湖南大学，一脉相承，弦歌不绝；如今，它已成为全国唯一一所培养博士、硕士生的书院，被誉为“千年学府”，也是全国修复最好、保存最完整、规模最大的一所古代书院。千年以来，岳麓书院人才辈出，名臣陶谢、曾国藩、左宗棠等均曾求学于此。

妈妈有话说

在“天下第一书院”行走，总是能激起一些不一样的感受，或是感叹它的历史悠久，或是骄傲它的人才辈出，在这样的古老书院参观，带给孩子的影响是很深刻的。

岳麓书院

岳麓书院孔子像

湘江夜色

新民学会成立会旧址

建议停留时间：30分钟

新民学会成立会旧址暨蔡和森故居，位于长沙市溁湾镇新民路周家台子，西傍岳麓山，东临湘江。1918年，毛泽东、蔡和森等进步青年为“集合同志，创造新环境”而发起成立新民学会，于同年4月14日在故居堂屋举行成立大会。新民学会对中国近代革命运动产生了广泛的影响，在中国革命史上，被誉为“建党先声”。在革命先辈年轻时的遗迹面前，可激励孩子从小立下远大理想。

周边也好玩

湘情体验游：岳麓山—橘子洲景区—长沙太平街—湘江—杜甫江阁（耗时2日）。

D1 游览岳麓山-橘子洲景区。

D2 前往长沙太平街，看一看当年的古城长沙，之后到湘江边上欣赏美景，参观杜甫江阁，休息后返程。

舌尖上的岳麓山-橘子洲

湘菜是我国八大菜系之一，讲究油重色浓、主味突出，尤其以酸、辣、香、鲜、腊见长。长沙的风味小吃如同湘菜一样，有着自己独特的魅力，品种数不胜数。

推荐美食

- **浏阳茴饼**

是浏阳著名的传统产品，已有300多年的历史。它采用糖皮包酥、缸隔炉烤的独特制作方法，经过和皮子、和芯子、擦油酥、扯脐包酥、开皮灌芯、成型烘烤等十多道工序精制而成。不仅外表美观，更是表皮酥脆，内馅儿丰满，松泡爽口，油甜不腻。还有小茴、桂子、芝麻等天然芳香。孩子们都很爱吃。

- **火宫殿臭豆腐**

湖南有名的小吃。它具有“黑如

长沙小吃

火宫殿臭豆腐

墨，香如醇，嫩如酥，软如绒”的特点，奇在以臭命名，不同于其他食卤以香自诩。闻起来臭，吃起来香，外焦微脆，内软味鲜。卤水中放有鲜冬笋、浏阳豆豉、香菇、上等白酒等多种上乘原料，味道特别鲜香。香气扑鼻的臭豆腐可能会引起孩子们的更大兴趣，让他们更有食欲。

• 一鸭四吃

湖南盛产鸭子，“一鸭四吃”是一道名菜，为芙蓉区的特产，它是将一只鸭子做成烤鸭薄饼、鸭肉酱丁、鸭架豆汤和鸭油蒸蛋这四道菜。吃起来各有风味，且绝无鸭子的腥臊气。

推荐餐厅

• 瓷迷糊香菜

岳麓区橘子洲民俗文化园商业街1-19号。 0731-84721090。 泡椒炒藕尖。

• 橘洲汇1925湖湘菜

岳麓区橘子洲景区游客服务中心。 0731-85996388。 湘菜。

• 快乐布衣酒楼

岳麓区南园路5号。 0731-82607999。 布衣猪脚。

亲子酒店

枫林宾馆

长沙市枫林路81号。 0731-8870089。 208～228元/天。

蝴蝶宾馆

长沙市五一西路78号。 0731-4442711转1703。 108～138元。

巨洲酒店

长沙市五一西路1号。 0731-2229148转总台。 120～138元。

往返交通

抵达长沙机场后，乘坐出租车30分钟抵达景区。

长沙火车站距景区4.7千米，乘坐出租车15分钟抵达。

岳麓山风景名胜区通江达海，距长沙客运码头仅2.5千米，顺流而下可经洞庭湖直接进入长江航运网络。

景区距长常高速公路进出口6.5千米，距绕城高速公路8.5千米，可方便连接机场高速、京珠高速、长永高速、沪昆高速及319、107国道。

市内交通

106路、117路、118路、152路、202路等多条公交线及旅游1线、立珊专线、地铁2号线等旅游专线均可抵达。

鼓浪屿

亲子游达人：张林鹂

鼓浪屿小档案

地址：福建省厦门市区。

级别：5A。

电话：0592-2060777。

核心景点套票：100元／人。

季节：3～5月或者9～10月，气温适中适合游玩。

温馨提示

8~9月是雨季。

阳光沙滩，风韵美景，飘香美食，鳞次栉比的特色建筑，亦真亦幻，这里就是鼓浪屿，一个放松心情，享受浪漫的地方。鼓浪屿位于厦门岛西南隅，与厦门市只隔一条宽600米的鹭江，轮渡5分钟可达。岛上气候宜人四季如春，没有车马喧嚣，不妨在游人不是太多的季节前来，与孩子一起看看这座“海上花园”，听着时不时飘来的钢琴声，慢慢感受历史洗礼后的浪漫。

精彩看点

- 登日光岩
- 百鸟园
- 菽庄花园
- 钢琴博物馆

鼓浪屿不可不看

登日光岩

建议停留时间：1小时

日光岩是鼓浪屿的最高峰，也是鼓浪屿的标志，有一句话叫“不登日光岩，不算来厦门”。日光岩是鼓浪

远望鼓浪屿

登高看日出

屿每天接受第一缕阳光的地方，所以建议大家早早来爬上日光岩看日出，在日光岩可以俯瞰整个鼓浪屿以及厦门对岸的风光，真的值得一来。日光岩的门票包含在景点联票中，另外早上 6 点之前去日光岩是免票的，早 6 点至 7 点30分是半价票。

妈妈有话说

建议大家要穿舒服的鞋子，因为要登很多级台阶，快要接近日光岩最高处的地方台阶又窄又陡，也要注意孩子安全。日光岩爬山途中没有卖水的地方，所以建议大家自行准备。

百鸟园

建议停留时间：1小时

百鸟园在日光岩附近，整个园子用巨网覆盖。园内有蓝色金刚鹦鹉、红色金刚鹦鹉和凤头鹦鹉等多种珍稀鸟类，同时还有大型表演，很适合带孩子游玩，是孩子学习鸟类知识的好机会。另外，园内的鸟多为散养，绝对是让孩子亲近自然的大好机会。

爸爸有话说

在百鸟园游玩，可以阅读景区介绍，给孩子讲解各种鸟类知识。

菽庄花园

建议停留时间：1小时

依山傍海而建，是鼓浪屿一个很有情调的地方，适合带孩子来此处休闲，山海花树连成一片，很像童话中的海上花园。适合借海景在海边的礁石上为孩子和家人拍几张浪漫亲子照。

沿海道

钢琴博物馆

建议停留时间：1小时

钢琴博物馆里陈列了爱国华侨胡友义收藏的40多架古钢琴，其中有稀世名贵的镏金钢琴，有世界最早的四角钢琴和最早最大的立式钢琴，有古老的手摇钢琴，有产自一百年前的脚踏自动演奏钢琴和八个脚踏的古钢琴等。很有音乐气息，可以让孩子在这里培养一下音乐情操，这也是有音乐情怀的家长必来之地。澳大利亚著名钢琴演奏家杰佛利·托萨是胡友义先生的莫逆之交，他说：“我以我的朋友为荣，他把一份最特殊的礼物献给了中国。”为庆祝开馆，杰佛利·托萨还在鼓浪屿音乐厅举办了专场演奏会。

妈妈有话说

馆内有钢琴表演，适合带孩子一同欣赏。但不许照相。

周边也好玩

厦门深度游：鼓浪屿—厦门大学—演武大桥—古演武池、演武场遗址（耗时3日）。

D1　鼓浪屿体验游。

D2　中国最美大学厦门大学，晚上在厦门市内享受美食。

特产

鼓浪屿上的特产以海产为主。有各种贝壳、小螺号、珍珠饰品。鼓浪屿的馅饼皮酥馅甜，深得“童”心。

鼓浪屿钢琴博物馆

舌尖上的鼓浪屿

来鼓浪屿，第一个要做的是放松心情看美景，第二个要做的恐怕就是满足自己的口腹之欲了。这里美食实在太多，从豪华酒店的饕餮海鲜宴到让人流口水的街边小吃，请准备好你的胃。

推荐美食

- **沙茶面**

鼓浪屿特色美食，做好沙茶面的关键在于炸面线与炒的功夫上。

- **海蛎煎**

味道鲜美，来者必吃。外焦内嫩，配上一碗粥，更会让舌尖感受到奇妙的反应。

- **虾面**

虾面上的一层红油，不是辣油，而是鲜虾煮后留下的印记。虾面的灵魂是它的汤汁，喝上一口，鲜美可口，绝对不要错过。

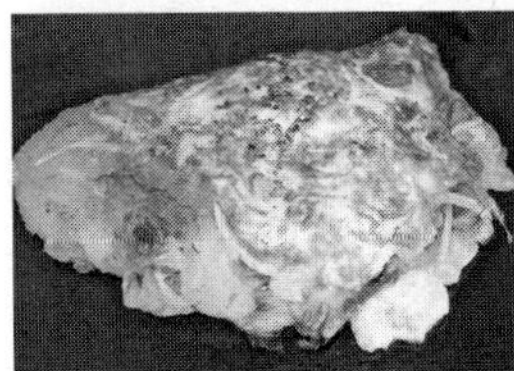

海蛎煎

沙茶面

虾面

• 金银包

藕粉制成的面皮配上各式馅儿料，Q感十足，深受孩子的喜欢。

推荐餐厅

• Babycat私家御饼屋

厦门市思明区龙头路143号。0592-2063651。绿茶馅儿饼、绿豆馅儿饼、南瓜馅儿饼等。

• 龙头海蛎煎

厦门市思明区龙头路189号。0592-2199189。海蛎煎、八爪鱼、土笋冻、鱿鱼焖豆腐、炒花蛤等。

亲子酒店

花之声度假旅馆

厦门市鼓浪屿永春路12号。0592-2521818。408元起。

娜雅自助式家庭旅馆

厦门市思明区鹿礁路12号B座。0592-2063588。有亲子家庭房，有水上乐园套餐，均价320元左右。

往返交通

全国各大城市均有飞机抵达厦门，然后在机场乘坐直达鼓浪屿的班车，40分钟到达码头后乘坐轮渡即可抵达。

全国各地均有班次抵达厦门，在火车站有直达鼓浪屿的班车。

岛内交通

鼓浪屿上需绿色出行，车辆禁止通行，主要交通工具就是你的双腿。

繁华的购物中心

咖啡休闲的鼓浪屿

别墅酒店

北海银滩

亲子游达人：张林鹂

北海银滩小档案

地址：广西壮族自治区北海市银海区四号路以南。

级别：4A。

电话：0779-3060140（北海市旅游局）。

门票：无。

季节：3～11月，阳光充足，适合下海游泳。

温馨提示

景区门口有牌子，上面有价格标准，考虑到安全问题，不建议带孩子玩水上摩艇。银滩美食较多，注意菠萝蜜、椰子不宜与海鲜同吃。

广西北海银滩是到北海旅游的必到之地，站在沙滩上，你就会迷恋上这片细腻的沙砾。来这里，孩子也会欣喜若狂。广西人素有“北有桂林山水，南有北海银滩”的自豪，北海银滩作为“中国十大最美海滩”之一，以“滩长平、沙细白、水温净、浪柔软、无鲨鱼”等特点而闻名。

北海银滩不可不看

银滩公园

建议停留时间：3小时

银滩滩面宽阔，沙质细柔洁白。与大连、青岛的海滩不同，在这里行走极其舒服，北海

精彩看点

· 银滩公园

· 海滩公园

海水清澈，海浪打来，你可以感受沙子随海水流走的瞬间，如同天然足底按摩器。在潮水刚退去的平坦宽阔的海滩漫步，甚至连脚印也不会留下，只有那细腻的白砂在阳光下泛着银光。夕阳下的沙滩，把心爱的他画在沙滩上，支一个帐篷，在银滩享受一家人携手的浪漫，是多么惬意的事！

妈妈有话说

景区游人较多，淡水浴室清洗沙子排队时间较长，可以自带几瓶淡水，用于简单清洗。

海滩公园

建议停留时间：2～3小时

海滩公园在银滩公园旁，海滩公

快乐的宝贝

北海老街

园有一个标志性的巨型球体雕塑——"潮"，这是个被誉为"亚洲之最"的巨型不锈钢雕塑。环绕"潮"的是亚洲最大的音乐雕塑喷泉，由5250个喷嘴组成。海滩公园附近有供孩子游乐的游乐场，在海边游玩后，可以带孩子来这里接着放松心情。

妈妈有话说

在海中游玩体能消耗比较大，需要给孩子做好防晒与补水，同时备好食物补充体力。

周边也好玩

北海老街

北海老街是一条百年老街，始建于1883年，其建筑多为中西合璧的楼式。附近的海关旧址、大清邮政北海分局旧址、英法德领事馆旧址等建筑，都见证了北海曾经的繁华。如今，老街上摇扇乘凉的老人，同老街一样享受着风雨过后的平静安详。老街主街商业氛围稍浓，想躲清净，感受当地文化，可走入身后的街道巷子。

特产

北海产的海参以花刺参为主。主要产地在涠洲岛。刺参营养丰富，久负盛名，远销国内外，是中国海产八珍之一。

舌尖上的北海银滩

靠山吃山，靠水吃水，那么靠海的北海，当然就是吃海了，北海的海鲜非常的出名，尤其是濑尿虾、扇贝。而最有特色的却是沙虫，不过很多的外地游客并不敢去尝试。街头小巷的各种小吃，体现了北海文化和外来文化的交融，越南的卷粉、海南的鸡饭在这里都具有了北海的印记。

推荐美食

- 爆炒花甲螺

北部湾的花甲螺向来都是以肉多著称，爆炒后口感爽脆。

白灼沙虫

• 白灼沙虫

沙虫是北海一带的特产。用一根小木签将沙虫腹部刺破，将腹内的沙土及内脏清洗干净，再反复用清水将表面的滑浆洗净，佐以葱和姜，以大火快炒，沙虫色白如雪，入口香脆带甜，并有一些嚼劲，风味独特。

• 越南卷粉

据说是当地人从越南带回来的一种特色小吃，经过世代的变迁后更具北海特色。越南卷粉体积很小，要想吃饱，一定得吃上很多条，当地人一般把它当作早餐。

推荐餐厅

• 老街坊

北海市海城区中山东路217号。0779-2026159。特色菜有花蟹粥，沙虫等。

• 细辉螺吧

海城区北海老街102号。131-32799844。特色菜有虾饼，香辣花螺，象鼻螺，炭烤蟹，强烈推荐烤鱼。

亲子酒店

北海金港酒店

北海市银海区银滩大道8号。0779-3897200。有亲子房，均价190元起。

北海银滩昆仑海别墅酒店

北海市银海区海泰别墅区P区12栋。0779-3895338。有亲子房，128元起。

往返交通

在北海市区内可坐3路、17路公交车到达北海银滩，也可以打车，大概20元。

昆仑海别墅舒适的客房

龙脊梯田

亲子游达人：张林鹂

龙脊梯田小档案

地址： 广西壮族自治区桂林市龙胜各族自治县。

级别： 4A。

门票： 198元／人。

开放时间： 全天开放。

电话： 0773-7583088。

最佳季节： 四季皆宜，带着孩子春秋季节更适合，一来少去酷暑严冬，二来春秋季节更适合摄影。

温馨提示

景区内没有银行，要提前备好足够现金。景区内也没有医院，游览时要格外注意孩子的身体健康，防止发生意外。景区内有漂流项目，但不建议儿童游玩。

精彩看点

- 金坑梯田
- 七星伴月

一提起广西，大家第一个印象可能是桂林的山水。另外一个便是壮观的龙脊梯田。如果说桂林山水体现的是桂林的秀气，那龙脊梯田则展示出桂林的霸气。作为中国三大梯田之一的龙脊梯田，被誉为“世界梯田之冠”。与其他梯田不同的是，龙脊梯田位于越城岭大山脉之中，横纵延展，规模之大使其他梯田望尘莫及。更难能可贵的是，龙脊梯田可谓刚柔并济。在海拔300～1100米的分布之间，线条或错综复杂，或错落有致，细腻地展现了龙脊梯田的柔美。梯田最大坡度达到50度，海拔上强烈的差

梯田徒步

远望龙脊梯田

异恰好把云、山、水包容一起。山水苍茫，蔚然大观。

龙脊梯田大景区主要分为金坑梯田观景区、平安壮族梯田观景区和龙脊古壮族观景区。其中金坑梯田开发较晚但景色宜人，另外两大梯田景区则有更深的文化积淀。龙脊梯田始建于元代，继承历史同时又兼收了国际文化，让这片经历了650多年的梯田更显魅力。游客除了自驾游，还可以在阳朔客运站直接乘车至金坑大寨停车场。

龙脊梯田不可不看

金坑梯田

建议停留时间：3小时

金坑梯田是龙脊梯田景区的精髓所在，1号观景台是摄影爱好者最佳的拍摄位置，央视纪录片关于龙脊纪录片的拍摄也多取景于此。金坑梯田虽然从元朝就开始修建，颇有历史，但开发较晚，因此保存了更多的原始风貌和自然风俗。

走在梯田上，享受乡间生活

妈妈有话说

由于山间温差较大，要注意给孩子备好保暖用衣。梯田爬坡较陡，有部分道路十分狭窄，要注意看护好孩子以免发生意外。如果孩子较小，一定要使用背带。

七星伴月

建议停留时间：2～3小时

七星伴月靠近平安寨，可开车到二龙村后坐专车上平安寨停车场后步行到各个景点。七星伴月是龙脊梯田著名景点之一。之所以叫七星伴月是因为景点由七个小梯田圆顶伴着一个大圆顶构成。在七星伴月游玩，不仅能带孩子观赏美景，也能让孩子从七星伴月形成的传说故事中汲取丰富的想象力。临近七星伴月的平安寨，每年6月初都会有一个“梳秧节”，“梳秧节”将有供神梳仪式、大型集体插秧劳作、摆长桌席、梯田捉鱼、梯田

瑶寨

竹筒饭

抢凤鸡、梯田打泥仗等活动，为孩子带来一场欢乐的文化盛宴。

妈妈有话说

夏季中午十分炎热，需要给孩子做好防晒与补水。

周边也好玩

民族风情游：龙胜温泉—红瑶寨（长发村）（耗时2日）。

D1 爬累了梯田的时候，带着孩子来龙胜泡泡温泉。

D2 “天下第一长发村”红瑶寨，看长发表演。

舌尖上的龙脊梯田

龙脊梯田分多个村寨，当地的特色美食更是值得带孩子一品，竹筒饭、蒸竹筒鸡汤、山野蕨粑酿，这些广西特色美食都在山寨的木桌前得到了最纯正的演绎。

推荐美食

- **竹筒饭**

与其他一些地区的竹筒饭不同，龙脊梯田景区的竹筒饭，不仅仅只有大米一种食材，还将五谷杂粮与碎肉包裹于竹筒之中，一同烘烤。可谓是色、香、味俱全，竹筒饭可谓来到这里必吃美食之首！

- **蒸竹筒鸡汤**

与竹筒饭一样，蒸竹筒鸡汤的竹子也是每天从山上砍来的最鲜的，龙脊人把竹子的清香与鸡肉的鲜美结合在一起，看似清淡，细品醇香。格外适合儿童与妇女食用。

- **山野蕨粑酿**

将蕨根捣烂，滤出淀粉，加水融合，再去水蒸食，这也是《舌尖上的中国》特意介绍过的美食，也只有在山间才有机会品尝，味道初尝可能不太习惯，但绝不可以错过。

往返交通

飞机抵达桂林后，乘坐长途车1小时抵达龙脊梯田。

火车抵达桂林后，乘坐长途车1小时抵达龙脊梯田。

从桂林出发，走G76（厦蓉高速），约100千米后抵达龙脊梯田。

涠洲岛

亲子游达人：张林鹂

涠洲岛小档案

地址： 广西壮族自治区北海市海城区。

级别： 4A。

上岛门票： 115元／人。

季节： 四季皆宜。但要关注台风，如遇不能开航，可能会造成滞留。

电话： 0779-3060140（北海市旅游局）。

温馨提示

岛上比较原生态，宾馆很少，大部分是旅店。规模有大有小，旺季需提前预订，淡季可以上岛后再找。带孩子在岛上，根据孩子年龄大小可以包“三轮车”或者租电瓶车、自行车出行。

在广西北海市的南部海面上，坐落着中国最大、地质年龄最年轻的火山岛——涠洲岛。这里常年气候宜人，岛上植被茂密，风光秀美。海蚀、海积地貌十分奇特，火山熔岩搭配着绚丽多姿的活珊瑚，素有南海“蓬莱岛”之称。“情定涠洲”的岩石矗立在岛上，让你一次次告诉自己，这里是个景色旖旎而又浪漫的地方。

涠洲岛不可不看

鳄鱼山

建议停留时间：1～2小时

火山摧毁了万物，却又孕育了万物。走在海边的栈道，岩石壁上簇拥着

精彩看点

- 鳄鱼山
- 五彩滩
- 滴水丹屏
- 石螺口海滩
- 天主教堂

连绵的仙人掌。这里有震撼的火山海蚀景观，同时又是最佳的观海场所。黑焦的岩石与蓝色的海水碰撞出白色的浪花，发出“轰轰”的响声。

妈妈有话说

鳄鱼山景区也称国家火山地质公园。是国内第一个火山岛地质公园。它三面环水，状似一条在海面向前游动并张嘴欲吞食猎物的大鳄鱼。上岛门票要保存好，岛上所有景点都不需要单独买门票，但在火山国家地质公园需要检票。景区不允许外来车辆进入，在通往滴水村和景区的Y形路口会有设卡，只能步行或乘坐景区观光车进入（20元每人/往返）。景区不适合推婴儿车，如果孩子偏小，建议使用背带。

涠洲岛海岸

滴水丹屏

建议停留时间：15～20分钟

同样也是海蚀地貌，但这里却堪称中国火山景观的奇迹。裸露的岩层由赤、黄、紫、绿、青五色相间，纹理清晰。崖顶上藤花缠绕，垂挂下来，郁郁葱葱。巨崖的岩石上长年涌动着水珠，不断地向崖下滴落，在阳光的映衬下如断线珍珠般，晶莹剔透闪着绮丽的亮光。夕阳西下，宽阔的海岸线被镀上了一层绚烂的金色。这里也是欣赏落日的最佳地点。

岩壁上海蟑螂很多，虽然见到人会四散而逃，但有密集恐惧症的人仍要有心理准备。

天主教堂

建议停留时间：15～20分钟

涠洲岛圣塘天主教堂位于涠洲岛圣塘村，是全国重点文物保护单位，“晚清四大天主教堂”之一。这座文艺复兴哥特式建筑历时10年建成，主体建筑保存较为完好。整座建筑主要

天主教堂

取材于海底珊瑚沉积岩，在四周低矮的民居中，有这样一座高大西式的建筑，这种中西方文化的碰撞给人的感觉相当意外。

爸爸有话说

教堂顶层挂有一口铸于1889年的白银合金大钟，据说是一位法籍寡妇教徒所赠。当年的钟声能传遍整个涠洲岛。进入教堂请轻声细语。

五彩滩

建议停留时间：15～20分钟

这里是观看日出的好地点。独特的海蚀平台，平坦而宽阔，退潮时可以见到宽达几十米甚至上百米的海蚀平台。在朝阳的折射下，整个海滩五彩斑斓。在海蚀崖与海蚀平台的交界

五彩滩

斜阳岛

处，形态各异的海蚀洞随处可见。这种海蚀崖、海蚀洞、海蚀平台“三位一体”的海蚀地貌景观在我国沿海及岛屿岩岸十分罕见。如果天气好，我们站在这里远眺，还可以看到远在9海里外的斜阳岛。来五彩滩要注意潮汐，如果碰上涨潮，景致将会大打折扣。

石螺口海滩

建议停留时间：1个上午

碧海蓝天、椰风树影……你可以在这里消磨很久。细致平缓的沙滩，海上的娱乐项目。可以让你带着孩子好好享受慢慢的旅行时光。站在岸边就可以看到海中调皮的小鱼与多彩的珊瑚。当然，你也可以坐船或者换上潜水服，去更远的地方欣赏。

周边也好玩

斜阳岛是一个在涠洲岛9海里外的孤单小岛。岛上的植被非常茂盛，四周的火山岩都被郁郁葱葱的仙人掌所覆盖。岛上夜不闭户，岛民都是中老年人，十分淳朴。景色很原始，海蚀地貌非常壮观。湛蓝的海水与巨大的海蚀洞形成奇妙的景观。美丽的珊瑚就在几个火山眼蓄积的海水中生长，还有螃蟹、海星调皮地跃入眼帘。由于附近海域鱼类众多，这里也是海钓者的天堂。

特产

涠洲岛上的特产以海产品为主。有各种贝壳、珍珠制品。另外，热带水果以香蕉为主，小而甜，十分可口。

温馨提示

从涠洲岛到斜阳岛需要包船。一般包船费用为快艇800～1000元，可坐8人，单程时间20～30分钟。渔船单程则需45分钟左右，费用约800元。岛上每天发电时间5小时，19：00～24：00，并且没有饭店。如果想带孩子住在岛上，一定要准备充分的生活物品。

舌尖上的涠洲岛

在这里必然不能错过海鲜。海参、带子、鲍鱼、沙虫、石斑、青蟹、石鲛、鱿鱼、墨鱼、大蚝、对虾及各种贝类，物美价廉。你可以早晨去海边的渔船上买刚出海打回来的海

涠洲岛特产贝壳

涠洲岛走地鸡制成的美味

鲜，又便宜又鲜活。如果你住的酒店可以加工，直接给老板就可以。去海鲜大排档加工也很方便，加工费不等。一般要吃到地道的海鲜，品味原始味道实际只有2种吃法：蒸和煮。

推荐美食

在涠洲岛上，因地理所限，海鲜是一大主食，家家都能吃到海鲜，顿顿也少不了海鲜。但是除了海鲜，还有几个是来这里一定要尝尝的。

- **香蕉猪**

涠洲岛盛产香蕉，岛上的猪也是吃着香蕉长大的，所以肉质细嫩，肥而不腻，吃起来香甜爽口。岛上的香蕉猪的吃法一般是“炒回锅肉”，在一般的饭店餐厅及渔家乐都能吃到。

- **走地鸡**

品种最好的走地鸡，要数在斜阳岛上的。这里没有鸡舍，它们晚上都睡在树上。这里的家鸡又是可靠的“台风预报员”，如果哪天你发现没有一只鸡栖息在树上，那肯定是台风要来了。斜阳岛鸡无须喂食，满山的昆虫蜈蚣都是它取之不尽的美食。因为是自然放养的鸡，所以肉质紧实，口感很好。

- **火山羊**

吃山上的青草，饮山中的泉水，生长在海边的悬崖峭壁上，擅长在绝壁上奔跑。这些造就了肉质鲜美的火山羊。最佳吃法是烤全羊，需到当地渔民家，询问购买。

推荐餐厅

- **杂味食堂**

北海市海城区涠洲岛南湾街。 0779-6013557。 椒盐皮皮虾、海鲜炒饭、绿豆海带糖水等。

- **涠洲岛食庐**

北海市海城区涠洲岛红旗街81号。 13877992145。

亲子酒店

涠洲岛怡海楼主题客栈

北海市海城区涠洲岛西角村委上村69号。 13367798571。 172元起／天。

涠洲岛观海听涛渔庄

北海市海城区涠洲镇新安村石螺口海滩。 15278997861。 124元起／天。

往返交通

全国各大城市均有抵达北海的航班，抵达后乘出租车20分钟抵达北海到涠洲岛的码头。

全国各地有不少直达北海的火车，也可以到南宁后转乘。从北海到涠洲岛需要坐船往返。分为快船和慢船，行驶时间在1小时10分钟至2小时不等。船票：成人120~180元，儿童90元（根据舱位不同，价格不同）

亲子主题客栈，大受孩子们的欢迎

观澜湖

亲子游达人：银又

观澜湖小档案

地址：海南省海口市观澜湖大道1号。

级别：5A。

门票：团购双人套票172元。

开放时间：温泉13：00～24：00；水上乐园冰海冒险8：00～22：00；懒人河丛林漂流 8：00～2：00；欧洲沙滩冲浪 8：00～22：00。

季节：一年四季皆宜。

电话：0898-68683888。

温馨提示

一年四季都适合泡温泉，但要注意每次泡的不宜过长，在池子中泡温泉的最佳时间在8~15分钟，上来休息会，喝点水补充水分再继续泡。

精彩看点

- 亚洲第一大矿温泉
- 寰球美食荟萃
- 观澜湖冯小刚电影公社
- 观澜湖水疗
- 火山岩主题水上乐园

海口观澜湖坐落于海南岛的万年火山岩地貌之上，集旅游度假、休闲娱乐、环球美食和温泉水疗于一身。景区内环境优美，设施完善，酒店内设有各式房型共500余间套，为顾客带来豪华与宁逸的超凡体验。拥有天然火山资源，融合五大洲设计风格、蕴含丰富养生矿物元素的冷热温泉，让一家人在体验强身健体、美容养颜等多种功效的同时，一览别样风情。

观澜湖不可不看

亚洲第一大矿温泉

建议停留时间：1小时

温泉水取自地下800米，因万年前火山喷发酝酿而成的纯净热矿泉。温泉区的主体建筑从中国南方独有的

亲子同游观澜湖

矿温泉区内古老的玛雅神庙

为孩子们精心烹制的美食

电影公社的民国风韵街区内漫步

圆形土楼建筑获得灵感，大量运用竹子、火山石为材料，营造出古朴自然的气息，一条500米长的竹廊逶迤前行，将层叠青石掩映，水雾蒸腾的汤池环抱其中，点染着温泉世界的声色韵影，老少皆宜。

妈妈有话说

12岁以下的孩子，不适合泡温泉，可以在景区的泳池里玩耍。

寰球美食荟萃

建议停留时间：1小时

海口观澜湖拥有多家主题餐厅，特为孩子们精心烹调，呈现环球美食。你可以带着孩子在UKIYO日本料理中，细品大厨拿手的秋刀鱼；于BISTRO ON THE ROCK西餐厅里，享受世界各地的丰盛美食……东西方的美食在此交相辉映，从味觉开始，让一家三口一同享受一场环游世界的旅行。

观澜湖冯小刚电影公社

建议停留时间：1～2小时

以冯小刚《一九四二》《唐山大地震》《非诚勿扰》系列等冯氏经典电影场景为建筑规划元素，打造综合娱乐商业街区，呈现20世纪百年间，不同时空转换的中国城市街区风情，完整展现20世纪中国城市街区建筑的演变史。更有小孩子们感兴趣的明星物品店、怀旧时光老物件商店等，也有家长朋友们喜欢的明星字画廊、电影主题婚纱摄影、《非诚勿扰》精品酒店、《天下无贼》火车餐厅等。

观澜湖水疗

建议停留时间：以Spa时长为准

观澜湖·海口Spa水疗中心提供全球最时尚和经典的水疗项目，更有以海南岛珍珠、海贝、火山石、香荔为素材的特色水疗体验，为每一位家长朋友拂去心中的凡尘喧嚣、领悟生命的空灵自在。

火山岩主题水上乐园

建议停留时间：一个下午

集五大洲特色火山岩矿温泉、火山岩主题户外泳池，水上游戏设施、懒人河热带丛林漂流为一体，为家庭出游享受亲情构建户外精品乐园。亲子游套餐可享受酒店住房和水世界打

水上乐园的欢乐时光

孩子们也能在水疗池内找到绝妙乐趣

包优惠。在这里，游客可以到有古罗马建筑氛围的冲浪池里懒洋洋地感受在一波波浪花上随波逐流的乐趣。

爸爸有话说

在火山岩主题大泳池里驾着皮划艇，感受撞上模拟冰山或浮冰的冒险乐趣；可以模仿一段泰坦尼克号男女主角遭遇沉船的凄美爱情剧。

乘坐气垫船开启懒人河热带丛林漂流之旅，你也许会像少年派一样发现许多奇妙的事情；你还可以泡遍世界五大洲矿温泉，过足“环游全世界”的瘾……

周边也好玩

海口休闲度假游：观澜湖国际高尔夫球场—火山森林公园（耗时2日）。

D1　观澜湖国际高尔夫球场体验高端运动的乐趣。

D2　在火山森林公园参观独特的火山地形地貌。

观澜湖亲子酒店

观澜湖温泉酒店

观澜湖园区内。0898-68683888。

备注：部分客房含亲子温泉票或亲子水疗套餐。

观澜湖静澜酒店

观澜湖华谊冯小刚电影公社内。0898-36363671。备注：客房均含电影公社门票2张。

往返交通

全国各大城市均有航班抵达海口美兰国际机场。在机场可乘出租车或者是酒店的穿梭巴士到达酒店，车程15分钟，出租车费用大概在60元。

景点距离海口火车站30～40千米，可乘坐出租车，车程30分钟。

市内交通

去市内国贸商圈、海秀路商圈可乘坐出租车或租用酒店车辆，车程30分钟。

《1942》民国街景套房古韵内景

博鳌镇

亲子游达人：银又

博鳌小档案

地址：海南省琼海市南部。

门票：125元／人。

开放时间：8：30～18：00

博鳌镇位于海南博鳌亚洲论坛永久会址所在地博鳌，这个小渔村，因为博鳌亚洲论坛设址于此而蜚声世界。博鳌镇濒临南海，距海南省琼海市市区19千米，是海南著名的“十大文化名镇”之一，区域内融江、河、湖、海、山麓、岛屿于一体，集椰林、沙滩、奇石、温泉、田园的资源精华于一身。有“世界上自然景观保持最完美的出海口”和享有《世界吉尼斯纪录》的“玉带滩”等自然奇观，被称为“天堂小镇”。

精彩看点

- 亚洲论坛永久会址
- 玉带滩
- 博鳌禅寺
- 蔡家宅

博鳌不可不看

亚洲论坛永久会址

建议停留时间：45分钟

景区覆盖整个博鳌东屿岛，面积2600余亩，是博鳌旅游的核心区。被誉为“世界上河流入海口保存最完美的处女地之一”。2008年获评国家AAAA级旅游景区，是集观光旅游、餐饮娱乐、休闲度假为一体的综合性旅游区。

博鳌亚洲论坛各国旗帜飘扬

亚洲论坛永久会址

爸爸有话说

东屿岛的地形酷似一只缓缓游向南中国海的巨鳌，岛上有众多神奇美丽的传说，使东屿岛一直是诠释博鳌文化的代表。景区内的参观内容非常丰富，主要景点有名人园、国玺园、喷泉广场、博鳌亚洲论坛国际会议中心、祈运台、博鳌亚洲论坛展览馆、鳌石广场。

113元/人。 8：00～18：00。

0898-62691509。

玉带滩

建议停留时间：1～2小时

玉带滩是一条自然形成的地形狭长的沙滩半岛，全长8.5千米，地形地貌酷似澳大利亚的黄金海岸和墨西哥的坎昆，在亚洲可谓独有。玉带滩因其为世界上最狭窄的分隔海、河的沙滩半岛而被载入《吉尼斯世界纪录》大全。狭长的玉带滩把河水、海水分开，一边是烟波浩瀚的南海，一边是平静如镜的万泉河，绵延数千米而不断，非常奇特。

玉带滩：70元/人。

玉带滩：8：00～18：00

古色古香的蔡家大宅内景

博鳌禅寺

建议停留时间：15～20分钟

禅寺与亚洲论坛永久会址隔水相望。寺庙按正统禅宗寺院规制建设，以南北为中轴线，依次为通慧门、天王殿、普济殿、大雄宝殿、万佛塔，东西两旁设置有钟鼓楼、东西配殿、方丈楼、上客堂和僧侣宿舍等。其中普济殿供奉有十二尊独具特色的“十二生肖观音像”。登上博鳌禅寺万佛观音塔塔顶的鸟瞰台，能把整个博鳌的自然风光尽收眼底。

妈妈有话说

寺院内种植了很多珍稀树种、花卉，其中有五棵菩提树，树龄都在百年以上。小朋友们可不能随手采摘哟！

夜晚的老船海景露台

蔡家宅

建议停留时间：45分钟

蔡家宅被誉为海南侨乡第一宅，一座中西合璧青砖彩墙的大宅院，极是气派而且别具一格。是村中印尼富商蔡家森1934年回乡建造的。历经了半个多世纪的风雨，如今风姿依然。青砖大瓦加钢筋水泥，上下大屋的前檐既有中国古钱币和古代宫灯雕塑，又有西方的立体花盘和古罗马人头像雕塑，屋顶既保留海南民居的屋脊翘头，又大胆使用西方的方、圆、弧变化图案，使整个屋顶别具一格，美观大方。是海南民居的突出代表。

特产

参古竹器，包括盛放各种物品的盛器、筛谷子、扬米糠、筛米粒的器具、淘洗大米的器具等。由于碾米机取代以往的人力碾米，以及塑料制品的冲击，如今，竹器编织已逐渐走向衰落。可在当地特产专卖店购买。

舌尖上的博鳌

博鳌地处海南岛东部沿海地带，境内有万泉河等多条河流，海产、河产丰富，热带水果品种众多。值得一品的博鳌名菜小吃太多，肉肥皮滑、口感独特的嘉积鸭是名副其实的“海南四大名菜”之一；清香可口的椰子盐、开胃补血的鸡屎藤粑籽、汤白椰香的琼州椰子盅等小吃，最具海南风味。

推荐美食

- 琼脂

琼脂（卡拉胶）是用一种稀有而珍贵的热带海洋红藻——麒麟菜为原料，经科学方法取制而成。其食用方法因人而异，大多以凉拌菜、冷饮为主。

- 鸡屎藤粑仔

鸡屎藤粑仔是富有地方特色的民间滋补品，以鸡屎藤叶和大米为原料精制而成。鸡屎藤具有滋阴壮阳、补气补血之功效，并且气味香醇，所以鸡屎藤仔汤一直是人们喜欢的食物，

海南鲍鱼

海鲜卷

鸡屎藤

清补凉

特别是农历七月初一日，琼海市家家户户都要吃一碗鸡屎藤仔汤。

• **金华海鲜卷**

特色海鲜菜，以海虾、鲜带子为主料，辅以金华火腿及多种蔬菜配制而成。荤素结合，清鲜爽口。

推荐餐厅

• **巧娘清补凉**

琼海市博鳌镇海滨街109号。榴莲千层冰、芒果肠粉、清补凉。

• **大陆坡农家乐**

琼海市博鳌镇朝博路。138-07642613。农家干煸鸡、酸菜猪肚。

亲子酒店

博鳌亚洲湾度假酒店

琼海市博鳌镇万泉河口滨海旅游区滨海大道8号，近滨海大道。0898-62626999。有亲子家庭房，有水上乐园套餐，均价500元左右/天。

博鳌金海岸酒店

琼海市博鳌镇金海岸大道8号。0898-62778888。儿童免费加床，有儿童泳池等亲子设施，均价500元左右/天。

往返交通

抵达海口美兰机场后转乘直达博鳌的大巴，1.5小时抵达博鳌。

环岛高铁从全岛各地乘车达到琼海后，乘坐出租车20分钟抵达博鳌。

琼海汽车站发往博鳌的车，每10分钟一班，有普通车与专线旅游车，沿路招手即停，票价约3.5元/人；约行驶19千米，需要时间约40分钟。

博鳌与东线高速公路的三个出口相连接，分别为：琼海出口—太阳城；中原出口—东屿岛；龙滚出口—玉带滩；海南环岛高速公路东线：博鳌—海口104千米；博鳌—三亚188千米。

博鳌亚洲湾度假酒店

分界洲岛

亲子游达人：银又

分界洲岛小档案

地址： 海南省陵水黎族自治县环岛（海口至三亚东线高速公路牛岭出口处）。

级别： 5A。

门票： 船票+门票：成人168元/人；儿童90元/人。

电话： 0898-83347555。

精彩看点

- 牛岭观奇景
- 海豚湾戏海豚
- 摄影爱情岛
- 潜水观光

分界洲岛位于海南岛的东南海面，这座被称为浮在南海上的美丽遗世孤岛，有明亮的沙滩，湛蓝的大海以及热带原始岛屿特有的地貌、海洋生物资源，被誉为"心灵的分界岛""坠落红尘的天堂""一个可以发呆的地方"。陆地文化与海洋文化的交汇、海南乡土元素与南海海洋文明的融合，让分界洲岛这座万年灵秀小岛成为中国海洋度假的必游之地。碧海云天，欢乐海岛。这里有美到极致的大海，拥有中国唯一一艘海底观光潜水艇，亚洲唯一一个自然海域驯养水

沙滩婚礼

生野生动物的海豚湾，世界最大可同时观看活体珊瑚与珊瑚标本的珊瑚馆等。一家人来分界洲岛一起看海、参观海底的世界，必将是最有趣的出行。

分界洲岛不可不看

牛岭观奇景

建议停留时间见：1小时

牛岭又称分界岭，主要因为这里是海南岛一个重要的分水岭，自古以来，当地的人民就已感觉到这座山岭南北不同之处。虽然整个海南岛都处于热带，但是因为这座东南西北走向的牛岭，使得以此岭为界的南北气候上有所差异。在分界洲岛上看牛岭两边，常常可以看到如此的景象：夏季岭北大雨滂沱，岭南却是阳光灿烂；冬季岭北阴郁一片，而岭南却是阳光明媚。

爸爸有话说

分界洲岛也是牛岭的下段，后来冰川期，海水的浸入，淹过了较低的部分，切断了分界洲岛与牛岭的联系，从而形成了现在的样子。给孩子讲解一些地质方面的知识，能让他们对眼前的美景有更深的理解。

海豚湾戏海豚

建议停留时间：1小时

分界洲岛海豚湾是国内第一个纯自然条件下，规模最大、最具观赏特色的野生海洋动物世界。这里有地球上最大的鱼类、有着“温柔的海洋巨人”之称的鲸鲨，智商可比孩童的“海洋精灵”海豚，如狮子般吼叫的海狮，体大如饭桌的海龟，体型庞大、生性凶猛的龙胆石斑鱼等。

牛岭

妈妈有话说

带孩子一起参观海洋里最受人欢迎的海豚，还有讨人喜欢的海狮和各种凶猛的海里动物，孩子们都会特别兴奋，但家长最好提前做功课，别被孩子问住了。

摄影爱情岛

建议停留时间：30分钟

这里因美丽的景色而被情侣们所青睐，也成为婚纱摄影的主要阵地，可见这里的景色之美。因此，它也是摄影师们所钟情的一个地方。一家人在岛上静静地看着落日，享受慢时光带来的幸福，这样美丽的景色不只属于爱情，也可以一起分享亲情，创造属于一家人的美好回忆。

分界洲岛风光

香水湾风光

海南礁石

潜水观光

建议停留时间：1小时

在分界洲岛进行潜水观光，不仅能够近距离接触到海底生物，更能亲切地感受到海底世界的神奇，与海底中各种鱼类一同游泳的场面想必是很壮观很有趣的。与大自然为友，与海洋为友，感受大海的美丽，感受陆地之下的美丽。但要注意，此项活动不适合年龄8岁以下小孩子。

周边也好玩

海岛休闲游：分界洲岛—香水湾—南湾猴岛—清水湾（耗时3天）。

D1　游览分界洲岛。

D2　香水湾享受湖水散发的淡淡香气，之后到南湾猴岛与猕猴近距离接触。

D3　前往清水湾观赏清水、白沙与怪石，休整后返程。

舌尖上的分界洲岛

分界洲岛不仅景色优美，而且还有特色的美食相配，一家人一起在岛上享受美景，也享受美食，是最幸福的事了。

推荐美食

- **海南墨鱼丸**

海南传统名菜。用新鲜墨鱼和猪肥肉配制而成。曾在海南及全国烹饪大赛中获奖。墨鱼丸色泽洁白，富有弹性，入口爽脆，味道鲜美，宴席菜和家常菜均可适用。

- **抱罗粉**

抱罗粉分干拌和汤捞两种，底料有猪肉、牛肉、猪肚等，加入店家自制的辣椒酱，味道鲜美，辣而不腻。

- **文昌鸡**

海南四大名菜之首，因产于文昌市得名。据传，文昌鸡最早出自当地谭牛镇天赐村，此村榕树茂盛，家鸡

潜水

香水湾风光

长期啄树籽为食，皮黄且脆，肉嫩且美，骨酥且鲜。

推荐餐厅

- **分界洲岛特色小吃**

陵水县分界洲岛商业街。 炭烤鱿鱼。

- **海边小龙女渔家海鲜店**

陵水县英州镇海棠湾土福出口土福湾渔村海边。 18689941188。 蒜蓉四角豆。

- **海韵壹号渔鲜楼**

陵水县英州镇清水湾赤岭风景区赤岭村望海路。 18976867686。 姜葱炒红蟹。

亲子酒店

海南香水湾1号精品度假酒店

陵水县香水湾A区。 0898-83338333。 均价2999~4279元/天)。

海南雅居乐莱佛士酒店

陵水县英州镇清水湾大道。 0898-83389888。 均价1300元起。

往返交通

全国各地均有飞机抵达三亚，然后转乘环岛高铁到陵水，在车站门口乘坐分界洲岛旅游区专线巴士，15分钟左右即可直接到景区。

乘坐环岛高铁抵达陵水后，乘坐景区大巴前往。

海汽快车

三亚出发：乘坐三亚到陵水汽车站的巴士，再由陵水怡景湾酒店乘坐分界洲岛专线班车即可到景区。或者乘坐三亚到兴隆、万宁的中巴车在景区高速路路口下车即可。到景区码头后乘船上岛。

海口出发：海口汽车南站乘车到万宁车站，再从万宁车站乘坐到陵水的中巴车，在分界洲岛景区高速路口下车，回程车也有；或者从海口坐车到陵水车站，再由陵水怡景湾酒店门口乘坐分界洲岛专线班车到景区，到景区码头后乘船上岛即可。

市内交通

1. 三亚到万宁走高速路，全程127千米，只有普通中巴，最早班车是7：00发车，最晚一班车是18：00，每半个小时发一班，2小时可以到达牛岭高速路口。买到万宁的车票，票价20元/人。
2. 乘坐三亚—海口方向的中巴车，需购买到兴隆路口的票，但可以在出牛岭隧道口处下车。

海南墨鱼丸

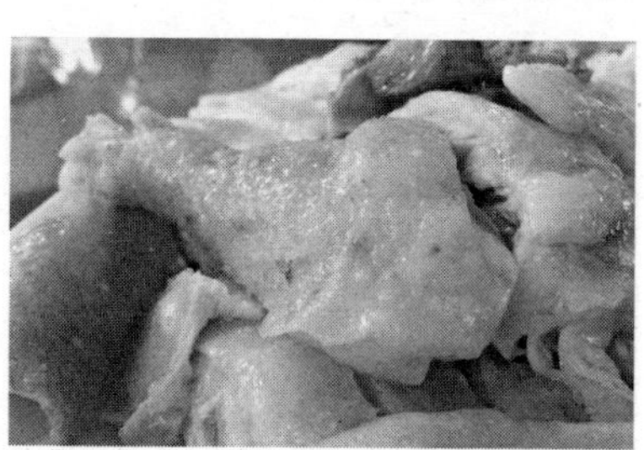
文昌鸡

八门湾红树林

亲子游达人：银又

八门湾红树林小档案

地址：海南省文昌市清澜港北部海岸。

门票：免票。

时间：全天开放。

季节：四季皆宜。

温馨提示

八门湾可以玩的地方和玩的方式非常多，头苑非常适合露营。

精彩看点

- 沿湾生态休闲
- 红树林景观
- 农家人文休闲
- 史迹文化体验绿道
- 乡村郊野景观
- 椰海风情
- 渔村风情体验

八门湾红树林位于海南省文昌市文昌河，文教河和横山河等八条大、小河，流入到清澜港北侧汇合处。八门湾红树林以该湾四面滩涂为中心，辐射文昌河、文教河等河流上游数公里，其范围包括文城、清澜、头苑、东阁、东郊、文教等6个镇接连八门湾之区域。八门湾红树林与东寨港红树林是海南省两处著名的红树林景观，有“海上森林公园”之美称，是世界上海拔最低的森林。

八门湾红树林不可不玩

沿湾生态休闲

建议停留时间：1小时

沿湾生态休闲绿道邻近八门湾岸

八门湾全域设置多个休闲驿站

八门湾绿色林阴骑行栈道

线，以滨水景观和丰富的湿地植物景观为主要特色，通过绿道沿线植物景观、绿道沿线亲水设施等要素来体现主题。该绿道在尽可能保留红树的同时，还增植了一些红树和开花类滨水植物。绿道沿线在水面较开阔或水景较好处保持了视线通透，同时设置了一些亲水平台或亲水栈道。绿道主要用于自行车休闲，步行休闲及科普教育。

爸爸有话说

骑行正受到越来越多的人喜爱，它是一种健康自然的运动旅游方式，能让人充分享受旅行过程之美。一辆单车，一个背包即可出行，简单又环保。驶过颠簸的路途，超越黑暗的隧道，在不断而来的困难当中体验挑战，在旅途的终点体验成功，这就是骑行的魅力。

红树林景观

建议停留时间：1小时

红树林景观绿道经过红树林湿地，在少数地段通过架设木栈道穿越红树林生态保护区，大部分地段选择沿红树林保护区边界区通过，使人能近距离接触红树林，但又能保护红树林。

红树林是各种动植物的良好栖息地，有着丰富的生物多样性，以红树林为主题的绿道建设开辟了水上绿道，以现有渔民出海打鱼的码头为基础，修建游船停靠码头，可方便游客从水路上观赏游览红树林。

农家人文休闲

建议停留时间：1小时

农家人文休闲绿道主要通过绿道串联有特色的村落，在局部设置休憩停留接待设施，游客可驻足观看，可通过吃农家饭、住农家旅店参与到当地人的生活中去，体验淳朴的乡村生活。同时，游客还可以参与当地的各种文化娱乐活动，比如抓螃蟹、垂钓，观看琼剧等。这不仅使游客可以看到美丽的乡村景色，还能吃在农家、玩在农家，真正体验乡村生活。

史迹文化体验绿道

建议停留时间：1小时

史迹文化体验绿道主要选择经过当地的宗祠、娘娘庙以及古墓葬等历史文化资源地段。通过这些寄托人们愿望的传统公共建筑，结合当地的一些传统民间活动、名人名事及当地传说，向人们展示文昌人文历史及渔民的精神世界，让游客能参与体验当地的传统风俗活动。

乡村郊野景观

建议停留时间：1小时

乡村郊野景观绿道主要经过大面积农田、菜地，以及湿地景观。在骑行过程中下车就可以直接观赏成块碧绿的梯田、菜地，以及田埂田边自然生长着的无数棵木棉树、椰子树、凤凰木，一派世外桃源般的热带田园。

椰海风情

建议停留时间：1小时

以椰海为主题的绿道主要分布在东郊镇，该地段椰树生长高大，树影婆娑，枝干挺拔，适宜自行车骑行，是观赏热带椰林风光的重要地带。在这里，游客可以亲自摘椰果，椰果中的椰汁可以做饮料，椰肉可以食用，椰皮可以加工成椰棕，椰壳可以做成活性炭，可谓浑身是宝。对游客来说，最有价值的当然还是椰树的观赏性：挺拔的枝干，映衬蓝天白云；穿行于椰林中，树影婆娑。骑行或漫步其中，无比惬意。

渔村风情体验

建议停留时间：1小时

渔村风情体验绿道主要是位于虾塘鱼塘的塘堤上，以大片虾塘鱼塘景观，养鱼虾、捕鱼虾等渔民活动为特色，可观赏文昌整齐开阔的虾塘景观及丰富的渔家文化。这里有大片虾塘、鱼塘景观、养鱼虾、捕鱼虾、钓鱼虾示范点，虾贸易市场及以鱼虾为特色的农家乐等。游人可观看示范养鱼虾、捕鱼虾、钓鱼虾，也可以参与其中。

妈妈有话说

来到八门湾需要带上防尘、防晒用品以及常用药物；喜欢游泳的孩子们不要忘记带上泳衣和游泳圈，海里游玩后可以到村子里用淡水冲洗干净。

周边也好玩

文昌一日游：铜鼓岭—东郊椰林（铜鼓岭岭上顶峰可观日出，可看云海看晚霞。东郊椰林椰树成片，椰姿百态，有红椰、青椰、良种矮椰、高椰、水椰等品种，共50多万株）。

特产

文昌市的旅游工艺品和旅游纪念品主要有椰雕、贝雕、花梨木（降香木）雕、海石花、龙虾标本、海龟标本、十三鳞标本，以及各种贝类共计80多个品种。

舌尖上的八门湾红树林

推荐美食

- **文昌鸡**

文昌鸡因产于海南文昌而得名，为海南四大名菜之首。正宗文昌鸡的传统吃法是白切，口感清淡、肉质滑嫩，原汁原味。蘸食文昌鸡的酱汁是精髓所在，可滴几滴海南特有的野生橘子汁，提味，解油腻。

- **抱罗粉**

因盛起文昌市的抱罗镇得名，相

鲜嫩肥美的文昌鸡

爽滑多汁的文昌抱罗粉

传自明代起抱罗粉就成为抱罗镇闻名四乡的美食了。抱罗粉属汤粉类，其贵在汤好，汤质清幽，鲜美可口，香甜麻辣。抱罗粉的汤较甜，但是这是一种独特的鲜甜，甜而不腻，且甜中带酸，酸中带辣。其味妙不可言。

推荐餐厅

• **文昌龙楼天香美味馆**

文昌市龙楼镇文铜路。文昌鸡、红薯叶、虾酱地瓜叶。

• **美林居私房菜**

文昌市椰乡路红绿灯旁。0898-63529599。炸羊排、炸牛排、炒鲜鱿、虾米鱿鱼粉丝葫芦瓜。

亲子酒店

白金海岸世纪君华度假酒店

文昌市清澜新区白金路268号。0898-63339210。有亲子房，均价160元左右/天。

精美又有童趣的椰雕摆件

往返交通

抵达海口美兰机场，乘坐抵达文昌的长途车或者高铁。

环岛高铁抵达文昌，乘坐出租车20分钟抵达。

乘车：海口的游客在海口东站或南站乘坐到文昌的长途，直接在海边的红树林下车。

走海文高速公路，到文城后离开市区转道头苑，从头苑小学门前可以一直沿林间的简易公路到海边。从文城到头苑海边路程不超过10千米。

椰风海韵里的白金海岸

酉阳桃花源

亲子游达人：林科

桃花源小档案

地址： 重庆市酉阳土家族苗族自治县桃花源路232号。

级别： 5A。

门票： 外地人：120元/人（含前往景区交通）；带身份证的本地人：20元/人（含前往景区交通）；1.2米以下儿童；70岁周岁以上老人，残疾人，军人（凭有效身份证件）免费。

开放时间： 夏季7：30～18：00，冬季8：00～17：30。

电话： 023-75559222。

温馨提示

重庆酉阳桃花源除世外桃源与伏羲洞

精彩看点

- 桃花源怀古
- 休闲龙潭古镇
- 畅游阿蓬江
- 梦幻桃源

桃花源《烂柯图》

酉阳桃花源

需要购买门票外，其他桃花源广场、桃花源森林公园景区（金银山）、酉州古城游客均可以免费，观光车票自行购买。

酉阳桃花源位于重庆市东南部，集秦晋历史文化、土家民俗文化、自然生态文化、天坑溶洞地下河共生岩溶地质奇观于一体。桃花源风景区与陶渊明笔下描述的“世外桃源”极其吻合，是“远离尘世喧嚣、步入秦晋田园、探寻科学奥秘、回归绿色天堂”的绝美地方。这里还有“土家古镇”“十里长潭”“河湾山寨”“三峿奇观”“大江竹海”等景观。带着孩子们在古镇里行走，去享受乡村带来的寂静与身处世外桃源的心情。

酉阳桃花源不可不看

桃花源怀古

建议停留时间：1小时

1600多年前，晋代大诗人陶渊明写下了《桃花源记》，留下了一个令世人追逐的“世外桃源”。酉阳桃花源景区大酉洞洞外桃林夹岸，落英缤纷，洞内土地平旷、阡陌纵横、良田美池、村落点布。有松峰耸翠、石室藏书、飞泉洒玉、玉盘仙迹、龟鹤遐龄、桃洞流红、机织烟霞等“桃源八景”。自古“蛮不出洞、汉不入境”，令文人墨客神往。

喀斯特地貌伏羲洞

爸爸有话说

这里的桃花源历史悠久，走在这里，就会想起陶渊明的诗句，也会给孩子说一说这位“采菊东篱下，悠然见南山”的隐士。

龙潭古镇

休闲龙潭古镇

建议停留时间：1小时

龙潭镇位于渝东南武陵山区腹地，面积1.5平方千米，龙潭因伏龙山下两个状如“龙眼”的汆水洞积水成潭，古镇自“龙眼”之间穿过，形如“龙鼻”，因而得名，已有1700余年的历史。自元及清600余年的“蛮不出洞，汉不入境”土司统治政策，造就了龙潭这一千年古镇独有的建筑艺术和神奇的民族文化。

古镇的石板街被磨蹭得光可鉴人、青幽如玉，古老的海生物化石时隐时现；50多座土家吊脚楼翘角飞檐、街上店铺林立，巷道相互连通。这样古朴的美景，好似进入了另一个世界。

《梦幻桃源》

畅游阿蓬江

建议停留时间：1小时

阿蓬，土家语，意为雄奇、秀美。阿蓬江又称唐崖河，发源于湖北利川市，经黔江至酉阳龚滩注入乌江，全长249千米，为乌江下游第一大支流，同时也是土家及苗族儿女的母亲河。江水冲破崇山峻岭，一泻千里，山高谷深，绝壁对峙，形成独特的江谷风光。原始峡江、温泉、溶洞、间歇泉、天生桥、大漏斗、地下暗河、悬棺等景色无不让人感叹。

《梦幻桃源》

建议停留时间：1小时

《梦幻桃源》是重庆酉阳桃花源景区大型音画舞蹈诗，主要演绎酉阳悠久的历史、秀美的自然山水、灿烂的历史文化和浓郁的民族风情，重点

阿蓬江

亲子桃源游

展演展示梦幻桃源、摆手舞、茅古斯舞、黄杨扁担、木叶情歌、薅草锣鼓、酉水号子、面具阳戏、龙潭汉戏、三棒鼓、打绕棺、西兰卡普等优秀的民族文化形态。一家人观看大型的舞台表演时，不妨一起回忆《桃花源记》中的场景，一起探讨当地民族的特色文化，一起享受这美好时光。

周边也好玩

桃花源深度游：酉阳桃花源景区—酉阳神龟峡—小南海—龙滩古镇（耗时3日）。

D1　游览酉阳桃花源景区。

D2　前往酉阳神龟峡欣赏美丽的山水美景，之后到小南海享受湖光山色。

D3　在龙滩古镇感受原汁原味的古镇文化。

舌尖上的酉阳桃花源

酉阳地处武陵山腹地，自古是土家族苗族聚居地，在千百年来的生产生活中形成了独特的饮食习性，一家人在一起边观看大型演出，边品尝美味，享受惬意的桃源生活。

推荐美食

- **羊蹄**

烹制味美可口的羊蹄是酉阳的传统习俗。尤在夏秋季节，吃羊蹄喝白酒，羊蹄味道鲜美不腻，辣而味美，很让人回味。

- **野生鱼**

听原汁原味的土家山歌，跳婀娜多姿的土家摆手舞，看神秘多彩的土家祭祀文化，吃鲜嫩可口的野生鱼……酉水河边的后溪古镇，历史悠久，山清水秀，风光迷人。野生鱼风味独特，鲜嫩可口，具有豆腐嫩而不碎，鱼汤清而不浊的特点，令人百吃不厌。

- **斑鸠豆腐**

斑鸠豆腐与动物斑鸠无关，而是用野生植物斑鸠树的叶子做成。关于

羊蹄

斑鸠豆腐

酉阳上林风情客栈

这道菜还有一个美丽的传说；一个名叫黛雅的美丽姑娘为了救助饿晕在路边的人，在斑鸠山寻找可以吃的斑鸠叶，经过一位白发老人的指点终于找到了它，做成了斑鸠豆腐，这道菜还有一个别名叫作“观音豆腐”。

推荐餐厅

- **绣花楼**

酉阳土家族苗族自治县304省道龚滩古镇。 023-75676694。 川菜。

- **小摊子鱼庄**

酉阳土家族苗族自治县酉阳宾馆停车场B区入口第一家。 023-75676618。 当地美食。

- **酉阳聚庄火锅店**

酉阳土家族苗族自治县桃花源镇桃花源中路碧津广场3楼南区。 023-75311777。 酉阳火锅。

亲子酒店

酉阳上林风情客栈

酉阳土家族苗族自治县酉州古城32号。 023-75682777。 178～190元/元。

酉阳云栖别院：

酉阳土家族苗族自治县酉州古城22号。 023-75695777。 125～154元/元。

酉阳酉州古城爱晚亭客栈

酉阳土家族苗族自治县酉州古城31号。 023-75533333。 136～196元/元。

往返交通

全国各地均有飞机抵达重庆，然后转火车和大巴抵达景区。

全国各地均有火车抵达重庆，然后转乘重庆北至酉阳的火车，下车后可改乘到龙潭的中巴（票价10.5元），40分钟到达景区。

重庆到酉阳车程约4小时，途经南川、武隆、彭水。从重庆巴南驶入渝湘高速公路（G63），途经南川、武隆、彭水、黔江到达酉阳高速互通桃花源出口下高速，5分钟后直达酉阳桃花源，全程约3.5小时。

万盛黑山谷—龙鳞石海

亲子游达人：王茜

万盛黑山谷—龙鳞石海风景区小档案

地址： 黑山谷：重庆市万盛区黑山镇北门村。

龙鳞石海：重庆市万盛区石林镇石鼓村。

开放时间： 黑山谷景区：旺季8：30~15：30、淡季9：00~15：00（淡季：每年11月1日至次年2月底；旺季：每年3月1日　至10月31日）。（因　景区游览时间较长，该开放结束时间实际为停止售票、检票时间，在停止售票、检票时间前购票人内均可正常游览）。龙鳞石海景区：旺季8：30~17：00、淡季9：00~16：30

门票： 黑山谷：

A套票（含门票索道观光车）：160元/人；B套票（含门票索道）：130元/人；C套票（含门票观光车）：130元/人；黑山谷景区成人票：100元/人；黑山谷索道票：30元/人；黑山谷观光车票：30元/人。龙鳞石海景区门票实行淡旺季节票价，淡季每人每票50元/人，旺季每人每票80元/人。淡季时间：每年11月1日至次年2月底；旺季时间：每年3月1日至10月31日。门票不包含景区内观光车等费用（龙鳞石海观光车单程10元/人）

精彩看点

- 龙鳞石海
- 天籁谷
- 黑山谷
- 万盛石林八绝

黑山谷风景区地处大娄山余脉、渝黔交界地带，与南川金佛山、贵州桐梓柏箐自然保护区毗邻。这一条风景带，荟萃了渝黔喀斯特地貌风光之精华，黑山谷则是一颗养在深闺人未识的“夜明珠”。黑山谷森林覆盖率高达97%，最高峰狮子槽海拔1973米，风景绝殊，山、水、峡、林、

黑山谷

龙鳞石海

洞、瀑、泉齐全，构成了千姿百态的自然奇观。特别是重庆与贵州交界的界河鲤鱼河，两岸悬崖峭壁，水流湍急，林木森森，把游人带进一个仙界幻境。

龙鳞石海系我国第二大石林，面积10平方公里。它形成于奥陶系，是我国最古老的石林。石林群峰壁立，千姿百态，石头多形似飞禽走兽，被地质学家称为天然石造的“动物乐园”；抑或似田园阡陌，炊烟袅袅，清泉碧池，悬崖飞瀑，景象瑰丽动人。主要景点有天门洞、神女峰、香炉山、巨扇石、地缝一线天、化石、石鼓、将军石等百余处。一家人来到这大自然里与大森林交流，与千奇百怪的石林相熟悉，是极有意义的经历。

万盛黑山谷—龙鳞石海不可不看

龙鳞石海

建议停留时间：2小时

龙鳞石海古属夜郎王国辖地，这里世代生活着一支能歌善舞的苗族同胞，绚丽多姿的苗

龙鳞石海

龙鳞石海

族风情赋予了龙鳞石海浓郁的少数民族风俗旅游特色，特别是一年一度的“踩山会”，更是十分热闹。龙鳞石海集“山、水、林、石、洞”为一体，以地表石林、地下溶洞等喀斯特地貌景观为特色，汇聚奇石峻峰，清泉碧池，悬崖飞瀑，景象万千。

爸爸有话说

龙鳞石海化石种类繁多，群峰林立、千姿百态，我们不仅能够观赏到奇形怪状的石林，更是能够了解不同时期的地质演变，感受大地的沧桑变迁。

黑山谷

建议停留时间：2小时

黑山谷是峡谷穿越、漂流观景、攀岩探险、野营露宿、垂钓狩猎的绝佳去处。这里自然景观十分丰富，山、水、泉、林、洞俱全，融奇、险、峻、秀、幽于一体。既有奇峰、异石、参天古树，又有碧水、高峡、迎面飞瀑，还有古老的地质地貌与罕见的珍禽异兽。这里人迹罕至，古为夜郎国王夏宫，有着如诗如画的传说；这里动植物种类繁多，国家一级保护植物银杉、珙桐，国家一级保护动物黑叶猴、云豹等分布其间，是最原始的生态峡谷。

妈妈有话说

罕见的珍禽异兽很容易引起孩子们的兴趣，夏季森林里的凉爽也使出游更加舒适，一家人一同在黑山谷探险，共同创造美好的回忆吧。

天籁谷

建议停留时间：30分钟

天籁谷国际度假区坐落在黑山谷风景区之内，占据着1.5万亩的珍贵森林资源，并依托10万亩的黑山谷风景区，远离城市的喧嚣，在青山绿水之间，尽情吐纳清新自然的纯净空气，收获自由闲适的度假心情。位于天籁谷温泉公园的商业小镇中，美国草原风情和新亚洲特色的建筑散落在山水之间，彰显出异域风情小镇的独

黑山谷

黑山谷

黑山谷风景

黑山谷浮桥

特魅力。在小镇曲径通幽的街道中，没有轰鸣而过的汽车，只有和煦的阳光，一杯惬意的咖啡或者新鲜的橙汁，心灵得以平静、灵魂得以安顿。还有各种娱乐项目，让一家人在这里更能感受到在山水之上的舒适与安宁。

万盛石林八绝

建议停留时间：2小时

万盛石林是中国最古老的石林，它由香炉山、芦花湖、情侣泉、一线天、石鼓坪、千塔林、天门洞等几部分组成。这些景点中，石扇、石龟、石墓、石峡、化石、石鼓、石塔、轿歌并称为万盛石林“八绝”。带着孩子观赏这“八绝”，可以启发他丰富的想象力，联想到他所以为相似的任何东西。

周边也好玩

山谷休闲游：万盛黑山谷—龙鳞石海—九锅箐森林公园—樱花温泉—奥陶纪公园（耗时3天）。

D1　游玩黑山谷—龙鳞石海风景区。

万盛石林

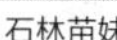
石林苗妹

黑山谷

D2　前往九锅箐观光原始森林，之后到樱花温泉泡一泡温泉浴。

D3　奥陶纪公园感受天然的“绿色石林”。

舌尖上的万盛

万盛是神秘的夜郎国曾经的城邦，居住着至少22个少数民族，而苗族则是人数最多的少数民族。苗族人喜食酸辣味，家家户户有酸菜、酸汤和酸辣子。吃当地的特色菜，品尝苗族美食，入乡随俗，那酸辣的味道也可让孩子尝试一下，但不建议多吃。

推荐美食

- 黑山方竹笋

竹笋乃纯天然保健食品，而方竹笋则为笋中之王，世界一绝，中国独有。黑山方竹主要生长在万盛黑山景区，形呈四方，有棱有角，其笋不发于春而茂于秋，是吸大自然之灵气生长而成的稀有之物。

- 叶儿粑

叶儿粑是重庆名小吃之一，有着浓郁的山野风味。叶儿粑的颜色微绿黄、滋润爽口。馅心分咸、甜两种，咸馅用鲜熟肉、味精、食盐、料酒和四五种香料配制。甜馅的配制也颇讲究，食味醇甜、甜而不腻、入口即化。

- 霸王螺

田螺与石螺不同，它的特点是壳薄肉厚。与一种叫紫苏的芳香草同炒一镬，便会产生一种香中有辣，辣中带甜的怪味。这一怪味，不但南方人喜欢，连北方人、港澳同胞以及外国人都十分喜欢，一家人可以在街头小食档（也可在高级宾馆酒楼里），围着小木桌津津有味地品尝。

竹笋炒肉

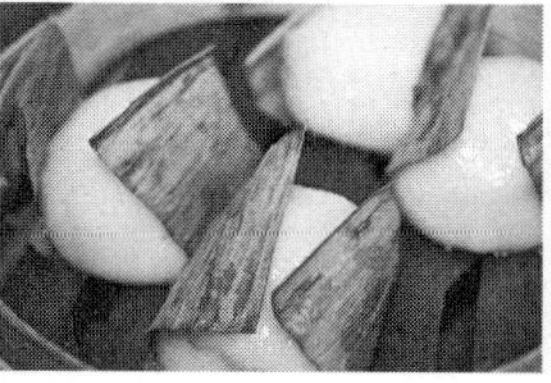
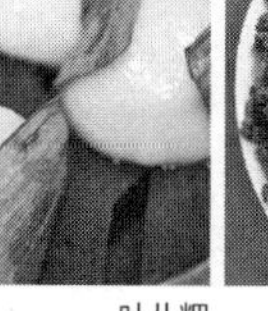
叶儿粑

炒田螺

快乐的一家人

万盛国际大酒店

推荐餐厅

• 一串生情串串香

重庆市万盛区万东北路143号1-10（万盛49中学老大门斜对面）。15923281050。火锅。

• 老酒鬼卤味店

重庆市万盛区万东北路143-1-21（万盛49中学老大门对面）。023-48267174。豆花饭。

• 缘福农家乐

重庆市万盛区黑山镇本门村家园社。13637964245。农家菜。

亲子酒店

重庆万盛国际大酒店

重庆市万盛区红枫路1号。023-48339999。338元起/天。

重庆黑山谷响水村养生精品酒店

重庆市黑山谷景区内。023-48268888。988元起/天。

黑山谷上天池酒店

重庆市黑山谷南门。135-00365302。228元起/天。

往返交通

黑山谷

在重庆南坪、陈家坪长途汽车站乘坐长途汽车到万盛，车费38元（不含保险费），下车后直接在观景湾车站乘坐万盛-黑山谷班车，车费5.5元。此外，南桐车站也有班车可达黑山谷，车费也是5.5元。

重庆主城上内环—渝黔高速—綦江（綦万高速）—万盛，转黑山谷环线，万盛至黑山谷景区（约30分钟），全程约1.5小时。

龙鳞石海

在重庆南坪、陈家坪汽车站乘坐汽车到万盛，也可在菜园坝火车站坐5617次旅游专列到万盛，然后在万盛旅游汽车站（万盛宾馆旁）乘坐万盛—石林班车，5元/人。

从重庆走渝黔高速到綦万高速至万盛转龙鳞石海环线即可。

响沙湾

亲子游达人：戴永丽

响沙湾小档案

地址：内蒙古自治区鄂尔多斯市达拉特旗境内。

级别：5A。

门票：通票420元／人（包括月沙岛、仙沙岛游玩项目），门票 80元／人，索道往返 50元／人。

开放时间：8：15～18：00。

电话：4008785550。

最佳季节：5～10月风沙较小、空气湿润。

温馨提示

每年一度的国际摄影周于7月中旬在响沙湾盛大开幕。另外，索道是必须坐的，不然就要爬垂直的梯子，再穿越罕台川，孩子的体力是不能承受的。

精彩看点

· 悦沙岛疯到爽

· 仙沙岛做“神仙”

· 悦沙岛观婚礼

· 莲花岛数星星

· 福沙岛过蒙古族生活

因“这里的沙子会唱歌”而得名的响沙湾坐落在内蒙古鄂尔多斯市达拉特旗的库布齐沙漠中，地处中国沙漠最东端，是中国距内地及北京最近的沙漠，又名“银肯”响沙。

“银肯”是蒙语，汉译“永久”之意，当地群众叫它“响沙湾”。该处的沙子，只要受到外界撞击，脚踏，或以物碰打，都会发出雄浑而奇妙的“空、空”声。人走声起，人止声停。因此，人们风趣的将响沙称作“会唱歌的沙子”。

响沙湾不可不看

悦沙岛疯到爽

建议停留时间：1小时

悦沙岛是响沙湾最美的地方，也是娱乐项目最多的地方，如艺术体

沙雕

躺在沙漠里

仙沙岛

悦沙岛的空中飞索

操、健美操、街舞、沙滩排球等。你可以在沙漠水世界尽情享受那难以言表的“爽”，或是自己动手雕一座沙雕，在沙画板上体验一次创作，把自己创作的沙画带回家，挂在墙上。玩累了就躺在清爽的沙滩床上，美美地过上几个小时，或随便找个没人的沙丘，孩子想怎么疯就怎么疯。

妈妈有话说

悦沙岛每天会有十多场不同的演出或比赛，有艺术的、有体育的，等等，多姿多彩，保证让你和孩子玩到High!

仙沙岛做“神仙”

建议停留时间：3小时

这里是张果老的世界，休闲之余，各种刺激的体验活动都可参与，沙漠探险与空中飞索，冲浪与秋千，轨道自行车，小孩子喜欢的秋千都有，不能错过的是大漠飞索，相当的刺激，但体重超过80千克和低于45千克的不能玩，看到很多胖子在上面过磅后被赶下来了。你们还可以吃、可以喝，还可以躺在清风凉爽的环境下做“神仙”……

妈妈有话说

要想玩得痛快，脚上的沙袜是必需品，可给孩子提前准备一双，或是花10元租一双。

悦沙岛观婚礼

建议停留时间：1小时

来这里主要是看沙雕城和鄂尔多斯婚礼。沙雕城演绎了一个美丽的传说：库布齐沙漠曾经是一片古海，而响沙湾则是美丽的君兰湖。湖里生活着温柔善良的“晶”鱼，它们都是海的女儿；湖畔的君兰部落则按照传承保护着这里，维系着生态的平衡。可无知的王爷最终捕尽了湖中的晶鱼，湖退沙现，顷刻之间无垠的沙浪就掩

《鄂尔多斯婚礼》表演

沙雕

盖了君兰湖。君兰部落的首领布日瓦向上苍祈祷阻止沙势，张果老受玉帝的派遣而来，他挥动银色拂尘，罕台川兀现。从此以后，沙漠止于罕台川，往东再无沙漠。

沙漠艺术宫，可容纳600多名观众的游牧剧场。号称采用世界上最先进的吹拉膜技术建设而成，演出的是鄂尔多斯婚礼，这可是世界非物质文化遗产，不可不看。要早早占个位置，顺便也能让孩子休息一下。

妈妈有话说

从仙沙岛到悦沙岛，可以体验骑骆驼，孩子最喜欢这种独特的体验了，骑着骆驼，重走一回丝绸之路，骆驼都是一串一串的，非常温顺，黄沙漫天，驼铃声声，西域风情，美哉妙哉。

温馨提示

鄂尔多斯婚礼演出时间：11：15、15：00、16：30；票价包含在悦沙岛的套票内

莲花岛数星星

建议停留时间：1晚

从沙漠艺术宫出来后，坐上了沙漠观光火车，那是长长的轨道和久久的告别。火车的下一站是莲花岛，远远看去有一个五星级沙漠莲花酒店。在这里可以近距离与大自然接触，躺在舒适的大床上就可以数星星或是欣赏日出，孩子会非常开心。

妈妈有话说

大多数游客都是早上到，顶着烈日玩了一段最痛苦的时段，然后等温度舒爽的时候告别沙漠。而沙漠里傍晚和清晨是最适宜的时光，这里的住宿相当舒适，还能得到很多惊喜。

响沙湾星空

响沙湾日出

福沙岛过蒙古族生活

建议停留时间：2小时

福沙岛度假村是一处蒙古族风情乐园。以蒙古族的方式过蒙古族的生活，悠然自得地享受游牧民族的快乐：从祭敖包到蒙古女骑士，从参加鄂尔多斯婚礼到野外自助烧烤，从牧羊女到勒勒车，从驰骋的马群到蒙古人草原大迁徙，从草原泳池到蒙古帐篷群，还有各种萨满、奶食品、歌舞、篝火等民族特色体验项目。

温馨提示

有时间的话，可以跟孩子在清风吹拂的蒙古包下聊天，眼前是无尽的辽阔 。

精彩演出

《鄂尔多斯婚礼》是讲述鄂尔多斯婚礼已经流传了700多年，至今仍保留着古老的风俗和情趣，是蒙古族婚礼中最具特色、最隆重的形式，凝聚了蒙古民族礼仪风俗的精华，早在2006年就被列入第一批

《国家级非物质文化遗产名录》。非常适合一家人共同欣赏。

周边也好玩

蒙古风情游：呼和浩特—希拉穆仁草原—响沙湾（耗时2天）。

D1 抵达呼和浩特后，沿途饱览阴山山脉以及大青山迎客松及帝王之乡的英姿。到达希拉穆仁草原后自由活动，参加篝火晚会，步入情话世界、观草原星空，住豪华蒙古包。

D2 赴响沙湾5A级景区，沿途观土默川平原风光，途经黄河大桥，登上鄂尔多斯高原。

特产

响沙湾是塞外风情的汇聚地，有很多内涵丰富的民族特产，如山羊绒、牛肉干、奶酪系列、马奶酒、奶茶、奶片、蒙古族银器、鹿茸、蒙古刀等。奶酪则很适合小孩子，这些在景区街市上均能买到。

舌尖上的响沙湾

蒙餐作为极具地方特色的餐饮，是北方游牧民族餐饮的缩影，蒙古饮食不仅造就了其强悍刚健的体魄，而且是其粗犷豪放的民族性格的体现。随便进入一户人家，都能吃上一顿正宗的蒙古餐。手扒肉、烤全羊、马奶酒、奶茶、炒米、黄河鲤鱼等都是蒙餐的精彩之作，手扒肉、烤全羊等还曾经出现在纪录片《舌尖上的中国》里。

推荐美食

- **手扒肉**

挑选膘肥肉嫩的两龄羊，采用传统的“掏心法”就地宰杀，扒皮入锅，只加一小把盐，进行炖煮。操作简单明快，吃起来又鲜又嫩，十分可口。

- **黄河鲤鱼**

自古就有“岂其食鱼，必河之鲤”“洛鲤伊鲂，贵如牛羊”之说，是食之上品。黄河鲤鱼还以其肉质细嫩鲜美，金鳞赤尾、体型梭长的优美

《鄂尔多斯婚礼》演出

响沙湾附近的希拉穆仁草原

奶酪很受孩子欢迎

牛肉干

喷香的烤全羊

形态而驰名中外。列为中国“四大名鱼”之首。

• **烤全羊**

要说最具草原特色的美食，自然非烤全羊莫属。在蒙古包里隔着玻璃看烤全羊，在草地上撒欢儿，看蒙古歌舞，那份惬意，令人难忘。

• **奶茶**

由砖茶水加鲜奶熬制成。喝时通常要加少许盐，还可以加黄油，泡炒米和奶制品食用。香浓醇厚，滴滴丝滑。有暖胃、解渴、充饥、助消化的功能。既可代汤下饭，又可待客，孩子也很喜欢这道饮料。

推荐餐厅

• **达拉特蒙古大营**

鄂尔多斯市达拉特旗长征路六中西50米路北。 0477–5224499。 奶茶、手扒肉、烤全羊。

• **大树湾黄河渔村农家乐**

鄂尔多斯市达拉特旗大树湾东海心和九小渡口。 黄河鲤鱼、鲫鱼、草鱼。

亲子酒店

来到响沙湾，一定要在景区住上一夜，推荐莲沙度假岛上硕大的莲花酒店。它是绿色建筑，环保生态，是心灵深处的一片净土……入夜，聚在月色下赏星喝茶还有篝火晚会，孩子在一边嬉戏，或一起跳兔子舞，幸福平静的记忆都留在大漠风情下。

响沙湾宾馆

鄂尔多斯市库布齐沙漠边缘响沙湾山脚下。 18248124000。 有亲子房，均价240元左右 / 天。

往返交通

包头国际机场，打车到响沙湾景区约50千米路程，约50分钟到达。在包头长途车站（东）乘坐包头至东胜的长途大巴前往响沙湾。鄂尔多斯机场，在鄂尔多斯机场外打车到响沙湾景区约100千米路程，约80分钟到达。

北京自驾车到响沙湾全程约650千米，全程高速公路（G6京藏高速公路、G65包茂高速公路），全程约8小时可抵响沙湾。

盛开的莲花酒店

吐鲁番葡萄沟

亲子游达人：林科

吐鲁番葡萄沟小档案

地址：新疆维吾尔自治区吐鲁番市东北10千米的火焰山峡谷中。

级别：5A。

门票：60元／人。

时间：08：00～17：00。

季节：7~9月最佳。

电话：0995-8614688。

精彩看点

- 青蛙巷里葡萄甜
- 博物馆探秘
- 交河故城
- 奇特的沙漠植物园

吐鲁番葡萄沟坐落于吐鲁番市东北，是一个充满了神奇力量的地方。葡萄沟位于寸草不生的火焰山的峡谷里，只有500米左右的宽度。但这里却是一幅“江南”的景致，溪流、渠水孕育着葡萄园。每年的夏天来到葡萄沟，就等于置身于水果的世界里，满沟的葡萄、桑葚、桃、杏、苹果、石榴、梨、无花果、核桃和各种西瓜，让你有吃不完、喝不够的感觉。就在葡萄沟不远处就是交河和高昌两座丝

葡萄沟都彩色的大门

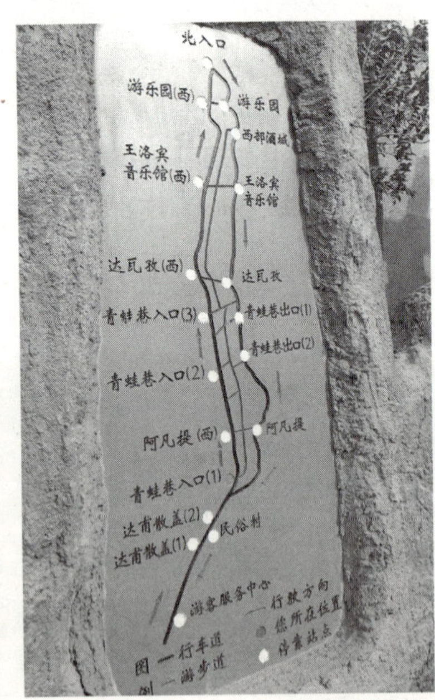

吐鲁番葡萄沟导游图

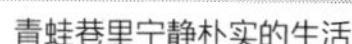

青蛙巷里宁静朴实的生活

制作葡萄干的晾房

荒原中的故城

绸之路上最为知名的古城遗址，走在这里仿佛回到了繁盛的千年之前。

吐鲁番葡萄沟不可不看

青蛙巷里葡萄甜

建议停留时间：30~45分钟

青蛙巷是吐鲁番葡萄沟的民俗中心，也是赏葡萄、吃葡萄的好地方。来到这里，可以直接融入维吾尔族人的生活，在葡萄架下，主人端上刚刚采摘的葡萄、吐鲁番手抓饭……还可以在主人的带领下进入晾晒葡萄干的晾房，参观葡萄干的生产过程。

爸爸有话说

每年8月，吐鲁番都会举办葡萄节。葡萄沟也是《爸爸去哪儿3》的拍摄地之一。

博物馆探秘

建议停留时间：30~40分钟

吐鲁番博物馆位于吐鲁番市中心，来到葡萄沟必须要带着孩子来博物馆里了解吐鲁番的历史。从吐鲁番出土文物馆开始了解在古丝绸之路上留下的足迹，还能看到曾经消失的乐器——箜篌。在巨蜥陈列馆里古化石保存的非常完好，能看到吐鲁番出土的长达30米的巨蜥化石。

妈妈有话说

古尸陈列馆非常震惊，完好地保存了西域古墓文化，但不适合孩子参观。

交河故城

建议停留时间：30分钟

这是世界上最大最古老、保存最完好的生土建筑城市，也是我国保存2000多年最完整的都市遗迹，唐西域最高军政机构安西都护府最早就设在交河故城。被誉为“世界上最完美的废墟”。今天这里已经是满目疮痍，寸草不生，只留下了用黄土垒成的古城，让我们纪念这座城的历史。

奇特的沙漠植物园

建议停留时间：2~3小时

走进沙漠植物园可以欣赏到我们从未见过的很多奇特稀有的植物，包括蒙古沙冬青、柽柳、老鼠瓜、沙拐枣、甘草等，这些植物都种植在荒漠之上。这个植物园每年4月就鲜花盛开四处飘

大巴扎

香，是游客理想的踏春赏花之地。

周边也好玩

吐鲁番深度游：吐鲁番市—火焰山—鄯善—艾丁湖（耗时3天）。

D1　抵达吐鲁番市后，先到离市内20千米的火焰山，感受西游记文化的魅力。

D2　休整后，次日前往鄯善参观1天，体验沙漠降落伞等。

D3　游玩艾丁湖，晚上取道吐鲁番返回，停留时可以逛逛有特色的大巴扎。

特产

吐鲁番是葡萄的故乡，也是葡萄的王国。据史书记载，2000多年前西汉时期张骞出使西域，就发现这里种植葡萄。由于这里气温高、日照时间长、昼夜温差大，特别适合葡萄的生长和糖分的累积。吐鲁番的葡萄，似珍珠、像玛瑙，晶莹剔透，甜嫩多汁，令人垂涎欲滴。现有无核白、红葡萄、黑葡萄、玫瑰香、白布瑞克等500多个优良品种。

舌尖上的吐鲁番葡萄沟

吐鲁番也是新疆美食的重要组成部分，主要以清真美食为主。烤包子、粉汤、烤羊肉等都是非常美味的，配上新鲜的水果，更易消化，不会因肉食过多而积食。

推荐美食

- **帕尔木丁**

帕尔木丁色泽金黄悦目、皮酥肉嫩油多，吃时包子皮犹如溶化在嫩肉油香中一般。可单独食用，也可与抓饭一起食用，被称为抓饭包子。

- **吐鲁番烤羊肉串**

烤羊肉串维吾尔语称之为“喀瓦甫”。烤羊肉串在吐鲁番是最有名的民族风味小吃，在城乡、街头和集市上随处可见，受到广大群众的青睐。

- **粉汤**

粉汤用纯豆淀粉块，加新鲜羊肋条肉剁成小块，倒入炒勺，加盐、花椒粉、酱油熘干，加羊肉汤制成。是新疆回族的风味小吃，每逢古尔邦节和肉孜节，几乎每家回族都要烹制粉汤，恭候贵客和亲友们的到来。

粉汤

抓饭

- **拉条子**

新疆人好吃拌面、炒面，这两种面都离不开拉条子。拉条子的拌菜有过油肉、鸡蛋炒西红柿，辣子炒羊肉，芹菜炒羊肉等。

- **抓饭**

抓饭的花样很多，除了用羊肉做抓饭外，还用牛、马、鸡、鹅、雪鸡、野鸡等用来做抓饭。除此而外，还会用葡萄干、杏干、桃皮子等干果，称之为甜抓饭或素抓饭。

推荐餐厅

- **海尔巴格**

吐鲁番市天山区延安路2号（延安路书店旁）。0991-2871818。抓饭、比萨、薄荷茶、恰玛菇。

- **帕尔哈提·吾甫尔阿吉烤全羊**

吐鲁番市幸福路359号。0995-8528443。烤全羊。

亲子酒店

吐鲁番市的酒店并不多，但是大多数还是比较干净舒适的。酒店WI-FI覆盖率不高，建议自带移动WI-FI。

凯博大酒店

吐鲁番市青年路157号。0995-7615555。均价230元左右/天。

火洲大酒店

吐鲁番市绿洲西路。0995-5173888。279元左右/天。

往返交通

乌鲁木齐机场，乘坐高铁，1小时左右抵达吐鲁番葡萄沟。

需从吐鲁番打车至吐鲁番葡萄沟。

从吐鲁番沿指示牌，驱车30分钟抵达吐鲁番葡萄沟。

海尔巴格餐厅

餐厅里的薄荷茶

美味的葡萄

那拉提森林景区

亲子游达人：陈怡

那拉提森林景区小档案

地址：新疆维吾尔自治区伊犁哈萨克自治州新源县境内。

级别：国家5A。

电话：0999–5291888（夏季）；0999–55035888（冬季）。

门票：旺季（6月1日～9月30日）：75元/人（不含区间车），淡季（4月1日～5月31日、10月1日～11月30日）：60元/人（不含区间车），特惠旅游季节（12月1日～次年3月31日）：22.5元/人（不含区间车）。

时间：8：30～20：00。

最佳季节：每年7～10月的时候，那拉提草原漫山遍野山花烂漫，整个草原就像一块厚厚的地毯，一望无际的高山草甸，泉眼密布，流水淙淙，还有一只只高原牦牛悠闲吃着牧草，景色非常优美。

那拉提

精彩看点

· 那拉提空中草原和河谷景区

· 那拉提写生

那拉提又名巩乃斯，在新疆新源县那拉提镇东部，距伊犁新源县城约110千米，位于那拉提山的北坡。

相传成吉思汗西征时，有一支军队由天山深处向伊犁进发，时值春日，山中却是风雪弥漫，饥饿和寒冷使这支军队疲乏不堪，未曾想翻过山岭之后，眼前却是一片繁花织锦的莽莽草原，犹如进入了另一个世界，这时云开日出，万里晴空，人们不由得大叫“那拉提（蒙古语：有太阳），那拉提”，于是留下了这个地名。

那拉提森林景区不可不看

那拉提空中草原和河谷景区

建议停留时间：1个上午

那拉提是新疆开发比较久，规模大，设施齐备，商业化程度高的一个景点。可以乘坐景区的观光车进入那拉提空中草原和河谷景区两个景点，中途不能下车。那拉提空中草原有跑马场，特别适合带上孩子在草原上策马扬鞭，当然，也可以牵着马照照

那拉提

相，四处走走，都会有非常秀丽的景色映入眼帘。景区有专门的马队，一个小时80元钱，照相的话10元一张，河谷景区就是著名的伊犁河谷，巩乃斯河由此奔流而下，7、8月的时候河水湍急，场面壮观。观光车在景区门口发车，票价150元的。

那拉提写生

建议停留时间：2小时，喜欢画画的甚至可以带着画板在这里画画

那拉提的景色如画，随便一个角度便是一幅美丽的风景画。如今每天都有很多画家在此写生。爱画画的孩子，可以带上画具，描绘那拉提草原无边的美景和浓郁的边疆特色。

妈妈有话说

那拉提景色非常优美，但是由于是山区，可能来了一片云彩就会下一阵雨，且昼夜温差比较大，请大家一定做好御寒措施，小心宝贝贪玩感冒。

温馨提示

1．那拉提周边有一些农家乐，可以品尝到无公害的蔬菜水果和家养的土鸡。人均消费100元。另外，还有一些骑马、骑骆驼的娱乐项目，有时间的话也很适合与孩子一起玩。骑马照相的价格是一张10元；按小时收费的话，骑马是80元/小时。

那拉提

那拉提

那拉提

那拉提

那拉提

2. 那拉提因为水源充沛，各种蚊虫不少，务必带好驱虫药水和厚衣服，有的蚊虫，能隔着牛仔裤叮咬皮肤。

3. 带着孩子在水源附近的时候，一定告诉孩子远离河流和水源，避免坠落河中，发生意外。

周边也好玩

新疆伊犁风情自驾游：乌鲁木齐市—伊宁市—昭苏—特克斯—新源—那拉提—巴音布鲁克—独山子（大约5天）。

D1　抵达伊宁市，晚上可以参观伊宁市的夜市。

D2　前往昭苏参观1天，夜宿特克斯。

D3　前往喀拉峻参观1天，夜宿新源县。

D4　在那拉提森林景区欣赏那拉提草原等景观之后前往巴音布鲁克。

D5　欣赏日出，看美丽的天鹅

那拉提

湖，之后从独库公路到达独山子，返回乌鲁木齐。

特产

草原周边有牧民出售的蜂蜜可以购买。这里的蜂蜜是纯天然食品，可以被人体直接吸收，对幼儿和老人有良好保健作用，具有滋养、润燥、解毒、美白养颜、润肠通便的功效，对少年儿童咳嗽治疗效果很好。价格一般一千克为100元。

舌尖上的那拉提

推荐美食

• 伊犁冰激凌

来到伊犁最不能错过的就是冰激凌，维吾尔族匠人采用传统工艺，将牛奶、蜂蜜、黄油、冰块按照一定比例混合加工而成，在伊宁市的市场上随处可见。说到冰激凌的传统工艺，值得一提的是冰块。新疆地区的冬天十分寒冷，最冷的时候甚至可以达到-30℃，这个时候我们的匠人就出发了，在很深的河床底部将一块块天然的冰块打捞，因为只有那样，冰块的质量和口感才能得到保证。巨大的冰块被运送到特制的冰窖中，一般是地下的冰库，用草垫将其层层包裹，从冬天一直保存到来年的夏天，这时冰块从冰窖里取出，变成一粒粒的冰沙，期待着与你在舌尖上的那场恋爱。伊犁冰激凌的含奶量非常高，不像一般雪糕那样冻得硬邦邦的，而是和冰沙混合而成，有种融化的蓬松感。舀一勺放入嘴里，牛奶的清香，蜂蜜的甘甜，黄油的醇厚立即在你的嘴里绽放开来，没有一点添加剂的味道，全部都是食物本真的口感。卖冰激凌的老板从来都是不慌不忙地收钱、找钱，感觉他不是做生意，更像是做了美食，等待好友前来品尝的邻人。

• 纳仁

在新疆，纳仁多种多样，有羊肉汤纳仁，马肉纳仁，马肠子纳仁，碎肉纳仁。那拉提的纳仁以马肉马肠子纳仁最为著名。马肉搭在一个木架子上面，架子下将红柳枝点燃，马肉悬挂在架子上，一直将新鲜马肉熏成肉

那拉提

干。这样马肉中充分融进了红柳特殊的香味，越是咀嚼越是香甜，个人认为至少咀嚼1分钟以上口感最好。熏马肉非常有嚼头，所以吃马肉的时候对牙齿的要求也比较高，因为马肉的韧性比较足非常耐嚼，口感非常好，再来一瓶白酒佐餐，更是美妙。

- 锡伯大饼

在新疆各种各样用炭火烤制的面饼非常多，比如馕、葱花饼、锅盔随处可见。但是锡伯大饼是一定不能错过的，错过了锡伯大饼，就白来新疆了。锡伯大饼是锡伯族的特色美食。刚出锅的锡伯大饼香气扑鼻，松软筋道，散发着浓浓的麦香味，就着剁碎的韭菜、红辣椒、包包菜、皮芽子腌制的花花菜或辣椒酱吃，更是让人满嘴生津，回味无穷。

推荐餐厅

周边有当地人开的哈萨克毡房和餐厅，都是比较地道的新疆风味，味道都还值得一试。人均消费70元。

亲子酒店

那拉提草原大酒家

距离景区接待中心非常近，交通便利。酒店房间面积不大，新装修的，比较干净。早餐也还可以，但是要早点去，去晚了就没有那么多品种可选择。

新源县那拉提镇景区接待点。
0999-5290788。 368元起/夜。

那拉提草原假日度假村

假日度假村在那拉提景区内，买了票可以开车进入。这里卫生条件尚可，因为年头有点长，设备有点老旧，价格相对有点贵。但它在景区内，环境是独一无二的，酒店旁边就有条河。

新源县那拉提镇巩乃斯河南岸。
0999-5291999。 328元起/夜。

往返交通

每天上午三个班次往返于乌鲁木齐与那拉提机场。

伊犁州伊宁市客运站每天26个班次发往新源县，另外还有3个班次直达那拉提，新源县有直达那拉提的公交车。

乌市南站每天到伊宁市有4列火车，硬座为75元和86元，硬卧为150和161元，软卧为244元。

火车列次和时刻如下：

5815　20：35从乌市火车南站发车，次日7:12到达伊宁市

T9501　22：20发车，次日8：03到达

K9789　23：17发车，次日9：30到达

T204/T205　8：43发车，19：39到达。

从伊宁出发，经巩留、新源，到那拉提镇，约340千米，然后从那拉提镇往东20千米即到那拉提森林景区。

东北角海岸

亲子游达人：孙小美

东北角海岸小档案

地址：台湾省东北角北部滨海公路一带。

门票：免费。

最佳季节：春、夏、秋三季均合适。

电话：886-22499 1115。

温馨提示

1．东北季风盛行期间（10月～次年3月），易有疯狗浪发生，为安全起见，请勿前往海边进行相关活动。

2．由于北部滨海公路沿海风景秀丽磅礴，请注意安全，切忌开车左顾右盼看风景，切勿超速行车。

在台湾亲子游，驱车从瑞芳交流道下，便到了北部滨海公路，沿途一片辽阔海域——东北角海岸呈现在我们面前。据说东北角海岸是台湾的缩影。东北角海岸按地形大致可以分为四段，其中游客最多的为第二段——从鼻头角至三貂角，途经黄金瀑布，山城老街，休闲海滩，美味渔港。也是亲子最合适的活动地域。

精彩看点

- 金瓜石
- 金沙湾
- 九份
- 盐寮
- 龙洞地质公园
- 福隆

东北角海岸不可不看

金瓜石

建议停留时间：15～20分钟

金瓜石早年以黄金矿脉而出名，大量开采金矿使得当地溪流沿岸的石块都覆盖着一片金铜的色彩，而采矿业没落后，金瓜石也没有遭到商业行为的破坏，所以矿区保存了完好的风貌。沿着北部滨海公路就可以看到“阴阳海”，再向着金瓜石的黄金瀑布开去，沿途遍可看到溪流下游冲刷过犹如黄金的石块，色彩对比强烈，可以让孩子们亲眼见到名著中的“金银岛”。

东北角海岸豆腐岩地形，有许多钓客在那里垂钓

东北角海园餐厅门口惊涛骇浪

黄金瀑布下游，岩石全被染成金色

黄金瀑布全景

九份

建议停留时间：1～1.5小时

小小山城老街，每天人声鼎沸，考验孩子的脚力，老街无处不在的美食也是对于孩子爬坡的好奖励。九份的芋圆是全台最有名的，还有现做的红槽肉圆，鱼丸，飘香了整条老街。早年九份是淘金客追梦之地，如今的九份，却入驻了许多艺术工作者，正因为如此，也引来一批民宿经验家到此开辟战场，有些九份的民宿值得你带着娃儿在此驻足停留一夜，体验缓慢的生活步调。

九份街景

九份咖喱鱼丸

龙洞地质公园

建议停留时间：半天

每次去龙洞地质公园总能碰到一些潜水爱好者，那里是水肺潜水者的天堂。位于地质公园不远处的龙洞四季湾及游艇港也是亲子游的好去处，四季湾是一片白色希腊风格建筑，酒店利用海蚀平原规划出来一片天然的海水泳池，不仅可以给小朋友玩耍，就连大人浮潜也十分过瘾，这里还能见到非常多的海洋生物哦。小宝宝则可以去酒店二楼的戏水池玩耍。戏水池每年开放时间是5月中旬至9月底。

龙洞四季湾门票：成人100元新台币/人（可抵餐饮消费）。 9：00～17：30（全年）。

金沙湾

建议停留时间：半天

金沙湾是一片黄金砾石沙滩，免费向游客开放，每到夏季特别是午后时分，人潮涌动。沙滩前的大颗砾石缝间，常可以看见有孩子在那边抓螃蟹，捕小鱼。从山上流下的小溪缓缓从沙滩中间掠过，使得在沙滩中也有淡水可以玩，淡水小溪水质清澈，浅浅的只到脚踝处，孩子在里面玩耍十分安全。沙滩旁边的黄金咖啡是喝茶观海的好地方，孩子在沙滩嬉戏，家长们则可以在咖啡厅小憩。

黄金砾石沙滩

盐寮 / 福隆

建议停留时间：一天

• 盐寮

盐寮至福隆一带为绵延3千米的沙滩，那里沙面平坦，腹地辽阔。盐寮处便可以购票进入海滨公园，徒步大约1小时便能走到福隆，这个距离或许对于孩子来说，是一大挑战。这里还有一条著名的滨海自行车道，顺着车道便可以骑行到福隆。建议福隆和盐寮选择一处游玩即可。

盐寮海滨公园

（亲子戏水池开放时）全票90元新台币／人，优待票80元新台币／人（身高110～150厘米）

（亲子戏水池未开放时）全票60元新台币／人，优待票50元新台币／人（身高110～150厘米）

9：00～17：30（园区）；9：00～17：00（亲子戏水池）

• 福隆

福隆一带可谓是东北角海岸最大的一个景点，有与盐寮共连的一座福隆海水浴场；有淡水双溪河在福隆一带形成美丽的沙滩内河地形，孕育着20种淡水鱼类；有远望坑亲水公园，园中有小溪流、梯田、生态池及丰富

黄金咖啡一角

姐弟俩自由自在地玩沙

在河边的淡水小溪踩水

盐寮一片平坦的沙岸

的植被；有旧草岭隧道，以铁道博物馆为设计概念，隧道内的车道地面仿造铁路轨道形势，每当新草岭的火车经过，便可听到“轰隆隆”的火车声，在这里可以尽情地释放洒铁马情节。另外还有享誉内外的福隆沙雕艺术节，每年都吸引了大批游客和小朋友前来朝圣。

福隆海水浴场

100元新台币/人，优待票：80元新台币（学生、65岁以上老人需凭证），保险费：10元元新台币。 周一至周日8：00~17：00；9：00~17：00（非海域开放季节）。

妈妈有话说

5~6月举办福隆沙雕艺术季；7月份举办贡寮海洋音乐祭。

旧草岭隧道

10月1日至次年5月31日开放时间：8：30~17：00， 6月1日~9月30日8：30~17：30。

盐寮通往福隆的自行车道

宜兰几米主题公园（火车站对面）

可爱的宜兰火车站入口处

宜兰几米主题公园（火车站旁边）

牧场喂食牛羊

周边也好玩

东北角深度游：北部滨海公路—太鲁阁—花莲七星潭—花莲海洋公园—礁溪温泉—宜兰几米主题乐园—宜农牧场—大湖风景区（耗时4日）。

D1　游览太鲁阁，入驻亲子特色民宿。

D2　游览花莲七星潭、花莲海洋公园。

D3　礁溪温泉，品尝宜兰三星葱油饼，游玩宜兰几米主题乐园。

D4　体验宜农牧场和大湖风景区。

特产

- **阿兰草仔粿**：推荐购买商店

🏠 新北市瑞芳区基山街90号。📞 886-22496 7795。

- **鼎记椰子酥**：推荐购买商店

🏠 新北市贡寮区仁和路268号。📞 886-22490 2008。

舌尖上的东北角海岸

东北角的美味除了九份老街的一些小吃类，其他的则要属澳底海产品，像是海石花、软丝、海菜、鲍鱼、龙虾等。

- **九份芋圆**

芋圆以芋头蒸熟后压成泥，加上地瓜粉及水拌匀搅拌而成。加入地瓜粉比较弹牙，改用太白粉则相对软。相似食品还有以绿豆泥代替芋泥的绿豆圆。

- **红槽肉圆**

九份的红槽肉圆，用台湾当地猪肉浸泡红槽，再加入中药炒香，以笋丝，香菇为内馅儿，以糯米粉，地瓜粉制作外皮，再入锅油炸，出锅后，淋上酱汁和少许香菜提味。

- **海石花冻**

海石花是一种藻类，放在水中煮开，胶质全部释放出来，待凉后就结成果冻状，加入黑糖与青柠汁提味，十分清新，这道甜点是小朋友最爱吃的。它在民间俗称“海燕窝”，因其富含丰富的胶质（藻胶）而得名，对于预防骨质疏松很有功效。海石花含有丰富的藻红素及维生素，能促进新陈代谢，调整体质，《本草纲目》中也有记载，可以预防癌症和心血管疾病，并且也是海中美颜圣品。

每个孩子都非常喜欢吃芋圆

推荐餐厅

- **海园海鲜餐厅**

新北市瑞芳区鼻头路245号。886-224911687。有宝宝椅子。水煮白虾，海瓜子，墨鱼汁炒饭，海石花冻。

- **澳底黑白毛海鲜餐厅**

新北市贡寮区仁和路51号。886-224901152。

- **澳底新港海鲜餐厅**

新北市贡寮区新港街60号。886-224901061。

- **阿柑姨芋圆**

新北市瑞芳区竖崎路5号。886-224976505。

亲子酒店

东北角以海岸为主，推荐家长带着小朋友们住在海边的酒店，玩累了可以直接到酒店休息，不必来回赶路，如果有兴趣可以坐车去澳底品尝最新鲜的海鲜，当然在酒店餐厅就餐也十分方便。

入锅前的肉圆

福隆福容大饭店

新北市贡寮区福隆街40号。886-24992381。有家庭四人房可选，一泊二食；设有亲子课程可参加。

龙洞四季湾

新北市贡寮区和美街48号。886-224901000。有山景房、海景房可选，住宿3840元新台币起／天；也可单纯泡温泉休息，1680元新台币起／天。

缓慢金瓜石

新北市瑞芳区山尖路93之1号。886-224961111。人气民宿，5000元新台币左右／天。

往返交通

从台北出发，走国道1号北上，接62号快速道路，至瑞滨公路沿路至北部滨海公路。

黄金福隆线：从台北车站坐火车到达瑞芳车站后，接黄金福隆线到达各个目的地。

沿线站点：瑞芳火车站—九份—黄金博物馆—黄金瀑布—水湳洞—南雅南新宫—鼻头—龙洞湾海洋公园—龙洞四季湾—澳底—福隆游客中心。

埔里

亲子游达人：孙小美

埔里小档案

地址：台湾南投县埔里镇桃南路6–2号（埔里游客中心）。

门票：免费。

开放时间：9：00～17：00。

电话：886–492916060。

季节：一年四季。

温馨提示

1. 埔里地区由于地处山中，早晚比较凉，请帮孩子准备外套，最好是防水的。

2. 埔里地区台湾小黑蚊子十分厉害，请记得一定要备好防蚊药水，以及缓解蚊虫叮咬药膏。

精彩看点

· 草湳湿地

· 亲水公园

· 纸教堂

· 土脚厝水上餐厅

· 青蛙丫婆的家

埔里是位于南投的一个小镇，日月潭风景区旁，是可以见证台湾9·21地震后重生的一个小镇。埔里群山环绕，风景秀丽，不仅四季如春，气候宜人，更有四个W的美誉：Water（水质好），Weather（气候好），Wine（酒好），Woman（女人美）。还有一个特别的地方：桃米生态村，得天独厚的地理环境，依山傍水，大大小小的湿地分布其中，是台湾孕育生物多样性最丰富的区块之一。桃米生态村青蛙种类繁多，这是一个把青蛙叫作老板的传奇之地。

埔里不可不看

桃米草湳湿地（桃米生态村内）

建议停留时间：半天

桃米大大小小的湿地有许多，最

草湳湿地

大的湿地是草滴湿地。常年可见蛙类（约20种）、蜻蜓、鸟类（约40种）的身影，莲花及各类水生植物也随季节的变化而变换风貌。在湿地里，随处可以见到种类繁多的青蛙，如果住在当地的民宿，晚上一般都会有带着住客寻找青蛙的活动。每年4～5月是萤火虫季，草滴湿地是著名的赏萤地点，强烈推荐。夜幕低垂时分，整片田野闪闪发光，美丽极了。建议到生态村一定要预约解说员，这样可以充分体验深度的生态之旅。

温馨提示

赏萤时间为傍晚时分。礼节应当注意，切勿捕捉萤火虫，轻声细语说话以维护田野间静谧，如此才能体验赏萤乐趣，切勿开闪光灯破坏生态，且最好关闭电子设备，用心感受为上。

爸爸有话说

埔里地区经历当年9·21地震的冲击后，居民们从家园的山水中找到重建的契机。生态专家来到桃米地区便说："以后这里就要靠青蛙赚钱了。"没想到现在这里的生态真的带动了观光产业的发展。这里的村民珍惜这里的每一条小溪，每一片湿地，每一种生物。这些全都是桃米的价值所在。

南投县埔里镇桃米里种瓜路。50元新台币/人。备注：假日进行交通管制，接驳车+入园费+入门解说收费100元新台币/人。

平日如需解说导览服务，费用80元新台币/人，含入园费，须满10人才成团。

桃米亲水公园（桃米生态村内）

建议停留时间：2小时

位于桃米坑溪旁边的亲水公园，有创意十足的设施和戏水池，还有水上溜滑梯。池中的水是引入桃米溪中

孩子们亲水公园中的嬉戏，驱赶夏天的炎热

的溪水，溪水清澈沁凉，适合亲子一起玩乐。公园旁边也种植了野牡丹和九穹树，让游客充分感受自然。

南投县埔里镇桃米巷31之1号。免费。10：00～17：00。

纸教堂Paper Dome（桃米生态村内）

建议停留时间：2小时

纸教堂是当时日本阪神地震后，日本建筑师为阪神烧毁的神户鹰取教会所设计的，它的结构便于移动，拆卸和重建。2008年，纸教堂从日本漂洋过海，移筑桃米，在这里展开新的生命，承载新的梦想。

教堂内棕色的立柱为高压纸浆制成

纸教堂外部

园区内烤比萨炉

教堂内部由58根高压纸浆铸造成的立柱支撑起整间教堂，屋顶则覆盖一层透光幕布，外围则是用玻璃纤维浪板所构筑的长方形外墙。教堂内外的长管椅则是原汁原味台湾制造，纸也是埔里名产之一。

南投县埔里镇桃米里桃米巷52-12号。 全票100元新台币/人，优待票80元新台币/人，3岁以下免费（门票可抵扣园内消费）。 9：00～20：00（假日延长至21：00）。 886-492914922。备注：园内有餐厅供应美味比萨和小吃。

广兴纸寮

建议停留时间：3小时

在台湾日治时代，日本人发现埔里的水质极佳，适合制造高级的“和纸”，便在此设立制纸所，兴盛时期，这里的纸工厂多达50家，可谓是手工纸的故乡。广兴纸寮是台湾第一家观光手工纸厂，创立于1965年，带小朋友来不仅可以了解原料经过蒸煮、漂洗、打浆、压水、烘干的制作过程，还可以让小朋友亲自动手，参与DIY的制纸乐趣，如竹扇纸面制作，拓印等传统工艺。

南投县埔里镇铁山路310号。 免费。 11：00～14：00/ 17：00～20：00。 886-492912201。 备注：工厂备有防蚊水供游客使用

敲敲木工房

建议停留时间：3小时

敲敲木工房前身是一间制造圣诞饰品和胡桃夹子摆设的一家小型工厂，2012年转型成为观光工厂。在里面可以看到许多不同类型的音乐盒，大大小小的胡桃夹子娃娃，感觉好像来到了欧洲的小工厂。当然里面还有各种类型的DIY，如木器音乐铃，木器彩绘等。工厂内设有供小童游玩的游戏区和户外草坪。

广兴纸寮大门

制纸师傅正在压水，让纸张成型于磨具中

制作完成

南投县埔里镇大同街37号。 9:30~6:30（周二休息）。 免费。 886-492917803。 备注：周一至周五仅供团体参观，散客请于周六或周日前往。

周边也好玩

日月潭路线（耗时1天）：开车仅10分钟就可以到达日月潭风景区，在那边可以带孩子一起租一辆自行车，体验环湖自行车道，日月潭自行车道曾被CNN评为全球最美的自行车道之一。还可以搭缆车，高空俯览日月潭美景。晚上住宿涵碧楼，这家被誉为日月潭最美丽的酒店，在此可慢慢体验台湾深处的南投之美。

特产

1. 广兴纸寮中的DIY项目可以让小朋友动手制作各类纸制品，动手拓印图案，绘制自己喜欢的扇面，是这次旅程最好的纪念品。父母可以在纸工厂多停留一点时间，让孩子们充分展示自己的手艺与创意，并可将亲手制作的纸艺纪念品带回家。工厂内外也有一些埔里生产的纸品可以采购回家。

2. 在纸教堂的停车场对面，有一个小摊，阿伯摆着各种台湾特色的小书包。早年的台湾学生都是背着印有学校名字的书包上学去。如今这类书包在整个台湾已经变成一种个性商品，颇具纪念意义。

舌尖上的埔里

埔里的好水酿造好酒。这里有著名的埔里酒厂酿造绍兴酒最能代表埔里美食文化。酒类的周边产品如酒酿，酒香香肠等都深受小朋友的喜爱。这些都可以在埔里酒厂内的小店购买到。

南投县埔里镇中山路三段219号。 886-492984006。 9：00~21：00。

推荐餐厅

• 土角厝水上庭院旋转餐厅

这家水上旋转餐厅位于纸教堂附近，除了美味的餐点外，店内两个旋转包厢，主要利用地面上的大转盘驱动，每个小时旋转一圈，让用餐的客人看不同角度的风景，速度非常缓慢，所以不用担心会有头晕的感觉。

南投县埔里镇水上巷2号。 886-492912201。 11：00~14：00/17：00~20：00。

日月潭很近，可以顺便游览

台湾风味的汤圆

书包小摊

• 苏妈妈汤圆

南投县埔里镇中山路三段118号。886-492855668。9：00～17：00。埔里人气美食就是这家苏妈妈汤圆了。由于美味还曾受到台湾著名企业家郭台铭的青睐，他每次来埔里必定到苏妈妈汤圆来解馋。店内所有的汤圆都是手工制作的，不是一般的Q弹有嚼劲。口味也分甜和咸两种，还有没馅儿的养生甜汤圆，配合冰镇口感，白木耳，桂圆，燕麦提味，冰冰凉凉的，可以赶走夏天的暑气。

亲子酒店

埔里旅行可以入住日月潭的酒店，那里选择较多，往返埔里也十分方便。埔里当地有一家星级酒店可以预订，桃米生态村附近有多家民宿可选，大部分民宿也提供夜间赏蛙行程。

友山尊爵酒店

南投县埔里镇树人路131号。886-492981122。4400元新台币起／天。备注：有四人房或家庭套间可选。

森之屋民宿

南投县埔里镇桃米里桃米巷5-5号。886-492917962。2700元新台币起／天。备注：有四人家庭房，6人家庭房可选。

青蛙丫婆的家

南投县埔里镇桃米里桃米巷11号。886-492918862。2500元新台币起／天。备注：有四人家庭房可选。

往返交通

坐高铁到台中站，在台中车站转运站中搭南投客运到达埔里（南投客运约40分钟），或者到达台中站之后包车前往埔里。

走省道从爱兰交流道下即到埔里，从台北出发开车约3～4小时。

从台北西站搭乘国光客运到达埔里，约3小时40分钟。（台北西站电话：886-22311989、埔里站电话：886-492982131）

酒店旋转餐厅

莺歌陶瓷老街

亲子游达人：孙小美

莺歌陶瓷老街小档案

地址： 台湾省新北市莺歌区文化路，尖山埔路与重庆街一带。

门票： 免费。

开放时间： 10：00～17：00。

季节： 全年适宜。

电话： 886-0800271181。

温馨提示

1．陶瓷为易碎品，请爸爸妈妈告诉孩子们，在逛陶器店或参观博物馆的时候对陶瓷一定要小心轻放。

2．每年6～10月博物馆戏水区开放，记得帮孩子们多备一套衣物。

精彩看点

· 莺歌陶瓷老街

· 莺歌博物馆

莺歌陶瓷老街有“台湾景德镇”的美誉，由于早年窑厂林立，使得这一带成为陶瓷重镇。如今老街经过重新规划，原来老旧厂房都改建成陶瓷商店与特色餐厅，在老街上可以买到特色的陶瓷制品，水晶艺术品以及木质艺术品。老街不远处，设立了特别适合亲子的陶瓷博物馆，占地面积广大，不但有亲子制陶教室，还有一大片水公园可以玩。同样在莺歌地区，还有一家瓷砖观光工厂，这是台湾最近风靡的一种亲子旅行的选择，在工厂内，孩子们了解制作过程，并DIY手工制品留作纪念。莺歌的陶瓷旅行资源非常丰富，让孩子们动动手，动动脑，来熟悉并喜欢这门传统工艺吧。

走在老街，十分复古

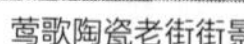

莺歌陶瓷老街街景

老街一角陶瓷雕塑掠影

莺歌陶瓷老街不可不看

莺歌陶瓷老街

建议停留时间：2～3小时

陶瓷老街为步行街，有100多家陶瓷商店，有生活瓷器，宗教装饰瓷等，但并非所有的瓷器都出产于莺歌，也有中国大陆、东南亚、日本出品。小动物造型的陶瓷制品，碗盘，摆饰都极受小朋友的喜爱，价格也亲民。老街上有多家陶瓷工坊，教小朋友制作陶器，马赛克拼贴。制作完成之后要经过修坯，风干，上釉，窑烤的过程。3个星期才能制作完成，可以请老板帮忙寄回小朋友的家。

新旺集瓷陶艺教室

新北市莺歌区尖山埔路81号（位于莺歌陶瓷老街）。 886-226789571。 周二至周日10：00～18：00。 备注：欲体验DIY课程，需先电话预约

陶趣家马赛克DIY工坊

新北市莺歌区尖山埔路55巷6号（位于莺歌陶瓷老街）。 886-226772709。 周二至周日10：00～18：00。

莺歌陶瓷博物馆

建议停留时间：2小时

进陶瓷博物馆参观真的有点惊讶，莺歌是一个小镇，但陶瓷博物馆却是穷极所有心血打造的一座亲子博物馆，整座馆内用后现代风格，清水模，钢骨架打造，在空间产生无限延伸和虚实的变化，并且给人一种低调稳重之感。馆内有三大主题：常设展、特展和典藏精选。分别从不同层面展示了陶瓷艺术与工艺。爸爸妈妈

博物馆清水模结构大厅

馆内特展中的一件作品

古窑烤炉

草坪中的陶艺作品

草坪中的陶艺作品

如果担心孩子看不懂这些展览所传达的信息，可以租借语言导览机，让孩子们一边看、一边听、一边学。

妈妈有话说

儿童体验室和陶艺研习室都位于B1，儿童体验室适合4~10岁的儿童，陶艺研习室适合4岁以上的一般观众，每天都有四次课程，提前30分钟带着孩子到教室门口报名就可以了。

新北市莺歌区文华路200号。免费。周一至周五9:30~17:00；周六至周日9:30~18:00（每月第一个星期一闭馆）。886-286772727。

陶瓷艺术园区

建议停留时间：2小时

这片艺术园就位于博物馆后方，与博物馆相连，也属于展馆的一部分。分为风、水、火、土，四大主题。园区的东边是陶瓷步道，有供游客休息的马赛克椅子；中间为水广场，水池旁的众多艺术品可以拍照留念，水池内镶嵌了彩色的陶瓷球，大小不一，错落有致，每年6~10月水广场开放给孩子戏水，水广场旁边还有一个圆形的沙坑可以玩，同时配备儿童淋浴区，考虑十分周到。再往里走就是火广场，以露天表演区为中心，周围围绕着座椅以及古法窑烤区。窑烤区提供比萨DIY课程和比萨外带服务。园区吃喝玩乐一应俱全了，真是绝好的玩耍之地。

宏州瓷砖观光工厂

建议停留时间3个小时

近几年台湾亲子出行吹起一股工厂风，全台湾观光工厂有50多家，遍布全台北中南。不仅可以带着孩子参观瓷砖生产线，了解商品是怎么从原料到成品，还可以自己动手做一做马赛克制品。生产线参观非常安全，也不会影响到生产流程。如果在莺歌地区停留时间比较久，建议可以安排半天的时间追赶一下观光工厂的风潮。

新北市莺歌区中正三路230巷16

工厂内生产线

正在生火的窑烤炉

号。 886-286782786转8。 周二至周日、假日9：30～17：00（DIY最晚入场时间 16：30），每周一休馆。 100元新台币／人（可抵用50元新台币，4岁以下孩童免费入场）。 至莺歌火车站下车，转乘桃园客运，大溪线至三口坡站下车或转乘莺歌免费巴士二桥建德线至宏洲瓷砖观光工厂站下车，步行（约5分钟）到观光工厂。

周边也好玩

亲子悠闲游：小人国主题乐园—巧克力共和国—六信玩具批发商城（耗时2天）。

D1 往南的桃园方向有更多亲子景点，小人国主题乐园是迷你版的世界旅行，最近园内又增开了室内乐园，可以玩上一整天。

D2 第二天可以前往桃园的观光工厂，有巧克力共和国与六信玩具批发商城。

特产

莺歌的特产自然是陶瓷艺术品了，有陶瓷类的动物摆设，陶瓷马克杯等。博物馆内的纪念品商店贩售的相对精致，老街上较多的是一些常见的制品，当然不乏限量版陶瓷艺术家的作品，但价格颇高。另外在DIY的工坊，如果现场没有时间做的话，里面也有成套包装好的DIY材料可以买回家。

店家门口的大甕

富贵陶园大门

园外陶瓷小雕塑，人文气息浓重

陶瓷小盆栽

舌尖上的莺歌

• **机器人窑烤比萨**

机器人窑烤比萨位于博物馆后方的火广场内。比萨的面皮使用法国面粉，加上美国德州进口的莫札瑞拉起司，带有些许酸味，以减轻入口时的油腻感，其他材料也以当令食材为主。最特别的是，比萨窑用荔枝木做烧材，让窑烤比萨飘着淡淡的木头香及特殊的果实甜蜜风味，吃起来不油腻又爽口。

• **甕仔面**

甕仔面汤头用猪骨慢炖而成，十分浓郁，撒上红葱，香菜，青葱，使得汤头层次更为丰富。上头的料也非常丰富，吃起来十分过瘾。有四种口味可以选择：海鲜、素斋、猪腱、牛肉。另外店内还有各色新鲜小菜可以搭配。

推荐餐厅

• **机器人窑烤比萨**

新北市莺歌区文华路200号火广场内。 886-286772727。 周一至周五9：30~17：00；周六至周日9：30~18：00，每月第一个周一放假。

• **莺歌甕仔面**

新北市莺歌区重庆街95号2楼。 886-226784676。 10：00~20：00。

• **富贵陶园富贵人文艺术餐厅**

新北市莺歌区重庆街96之98号。 886-226705250。 11：30~21：00。

亲子酒店

大板根森林温泉度假村

新北市三峡区插角里80号。 886-226749228。 4675元起新台币/天（双人）有四人家庭房可选6233元新台币起／天。

皇后镇森林（露营）

新北市三峡区竹仑路95巷1号。 886-226682591。

往返交通

走北二高，从莺歌交流道下即可，博物馆与老街都配有停车场，停车非常方便。

搭乘台铁火车至莺歌站下车。

第八部分

历史文化游

故宫

亲子游达人：刘樱

故宫小档案

地址： 北京市东城区景山前街4号

门票： 每年4月1日～10月31日为旺季，门票60元/人（不包括珍宝馆、钟表馆）；每年11月1日～次年3月31日为淡季，门票40元/人（不包括珍宝馆、钟表馆）；珍宝馆（即进入宁寿宫区，还包括戏曲馆、石鼓馆）参观门票：每张10元；钟表馆（即进入奉先殿区）参观门票：门票10元；身高1.2米以下儿童可以随监护人免票参观。

优惠政策：（所有优惠政策均不含珍宝馆、钟表馆）：大、中、小学学生（不含成人教育、研究生），可凭学生证或学校介绍信购买学生票，20元/人；60岁以上（含60岁）老年人凭有效证件，门票半价优惠；持有北京市社会保障金领取证的人员，门票半价优惠；离休干部凭离休证，免费参观；1.2米以下儿童免票参观；残疾人凭残疾人证件，免费参观；随团导游凭本人导游证，

精彩看点

- 宫殿御苑
- 故宫里的桥
- 宫廷史迹
- 宫藏珍宝

北京故宫

免费参观；“三八”妇女节，女性观众享受门票半价优惠；“六一”儿童节，14周岁以下儿童（含14周岁），免费参观。随同家长一人，享受半价优惠；“八一”建军节，现役军人凭有效证件免费参观。

开放时间：旺季（每年4月1日～10月31日）8：30～16：00；停止入馆时间：16：10；清场时间：17：00；淡季（每年11月1日～次年3月31日）8：30；停止售票时间（含钟表馆、珍宝馆）：15：30；停止入馆时间：15：40；清场时间：16：30

电话：010-85007422（箭亭）、010-85007421（太和门）。

温馨提示

参观路线自南向北单向，唯一入口为午门，出口为神武门和东华门。每周一（不含国家法定节假日）全天闭馆。

北京故宫是世界上现存规模最大的古代皇家宫殿建筑群，又叫紫禁城。故宫始建于明永乐四年（1406年），历经明、清两个朝代24位皇帝。故宫规模宏大，占地72万平方米，建筑面积15万多平方米，是世界上最大最完整的古代宫殿建筑群。整座紫禁城被宽52米的护城河所环绕，城墙高10米，可谓是“城高池宽”。

故宫石狮

故宫不可不看

宫殿御苑

建议停留时间：2小时

紫禁城是明、清两代的皇宫，我们今天称之为故宫。作为现存规模最大、最完整的古代宫殿建筑群，不仅是中国最重要的文物保护单位，也是世界著名的文化遗产。每一座宫殿御苑中都有经典又古老的石桥和龙的象征，其独特的建筑艺术让人们感叹古人高超智慧的同时，也更加感到它的宏大。

爸爸有话说

紫禁城是我国最古老的建筑之一，也是首都北京最重要的代表。带着孩子去故宫，一定要讲解其中的故事，关于紫禁城里的繁荣与衰败。

宫廷史迹

建议停留时间：2小时

在宏大的故宫建筑群中，故宫里曾住过明、清两代共24位皇帝，这里存留了有关每位皇帝一生的史迹以及他们的生活起居。此外，故宫之内还有各种宫廷雅事，可以和孩子一起了解深宫里的故事。而清代的宫廷典制也是不可缺少的学习之一，各种大典与制度不仅让孩子更加了解清代历

故宫九龙壁

天安门升国旗仪式

史，同时也使他们对宫廷的历史更加了解。

妈妈有话说

故宫里的各种文化风俗与节日礼仪可以让孩子们提起极大的兴趣，同时也会问出许多好奇的问题，在这时给孩子们讲解关于故宫里的文化与礼仪或故事，也是很有意义的。

宫藏珍宝

建议停留时间：2小时

故宫中有许多深藏的书画、古物以及宫廷物件和图籍。清明上河图、“大圣遗音”琴、檀香木“皇帝之宝”等都是皇权与贵族的象征，都在一定程度上显示出中国封建社会的富饶与强大，在故宫中，和孩子一起参观古代稀世珍宝，回到那个能工巧匠的时代，感受那个时代皇宫里的辉煌与故事。

故宫里的桥

建议停留时间见：2小时

太和门广场中央的内金水桥是紫禁城中最壮丽的桥，为太和门广场前

北京故宫壁画

5座汉白玉石拱桥的统称。武英殿东面的断虹桥可称紫禁城中最精美的桥。武英门外的三座石桥仿佛太和门前内金水桥的作用，显示出武英殿作为外朝皇帝便殿的高贵。协和门旁的半壁桥，只在一面有石栏板，通向箭亭前开阔的空场；文华殿后通往文渊阁的石桥架设在一池碧水的中央；再向东，通往南三所的三座门外也架设着三座石桥，通往皇子们居住的宫殿。此外，紫禁城内还有许多默默无闻的桥，经过几百年岁月的变迁，有的古桥早已不复当年的风貌。

周边也好玩

首都中心游：故宫—天安门广场—国家博物馆—国家大剧院（耗时3天）。

D1 往天安门广场观看升旗仪式，之后游览故宫。

D2 前往国家博物馆参观游览。

D3 休整后，到国家大剧院观看艺术演出。

特产

故宫纪念品店中有很多创意性的小物件，有朝珠耳机、逢考必过笔以及各种各样的运动手环等，这些纪念品都带有故宫的标记以及特色，因而受到孩子的喜欢。除此以外，一些故宫的纪念册以及小小的工艺品也是孩子们追捧的对象。

舌尖上的故宫

在故宫内，有个故宫食品店，如果在景区内用餐，不妨到这里去。这里都是一些快餐和简单的食品，如果想要吃正餐，最好选择故宫附近的一些餐厅。故宫周边紧邻着王府井小吃一条街，不妨带着孩子去品尝老北京的小吃，来场味蕾上的旅行。

推荐美食

- **“六必居”酱菜**

前门外有一条胡同叫作粮食店街，临街有一家店铺，历史悠久，闻名遐迩，这就是已有450多年历史的六必居酱园。最初，这里是一家酒店，为保证酒味醇香甘美，这家作坊曾制订了六条操作规则：黍稻必齐，湛之必洁、陶瓷必良、火候必得、水泉必香。“六必居”由此得名。

- **老北京糖葫芦**

秋冬在北京的大街小巷上，随处可见支着糖葫芦串的摊贩，红彤彤的山楂果或间有草莓、香蕉、橘子、蜜枣等水果馅儿料裹着晶莹透明的糖衣串在竹签上，酸甜适口，老少皆宜。酸酸甜甜的糖葫芦，是孩子们的最爱，在大街上吃一根糖葫芦，便是最大的快乐。

- **老北京奶酪**

是从宫廷中传出的一道奶制小吃，曾是元、明、清三代宫廷的皇家御膳珍品，到现在则成了北京街头巷尾随处可见的甜品，由牛奶和米酒混合蒸制而成，浓浓的奶香混合着淡淡

六必居酱菜

老北京糖葫芦

王府井小吃

的酒香，炎炎夏日，用小勺沿着杯壁开始品尝，奶酪入口即化，甜软香糯，还能消暑降火。

推荐餐厅

- **新疆大胡子羊腿王**

北京市东城区钱粮胡同21号。 13021952530。 烤羊腿。

- **清真马记宫廷奶酪**

北京市东城区广渠门内大街幸福家园4号楼2门102室。 15210772622。 双皮奶。

- **王府井小吃街**

北京市东城区王府井好友世界商场南。 冰糖葫芦。

亲子酒店

北京怡尔国际商务会馆

北京市东城区南池子大街灯笼库胡同1号院。 010-65239213。 515～688元/天。

北京非凡宾馆

北京市东城区南河沿大街磁器库胡同2号。 010-65287418。 339～347元/天。

北京木棉花酒店

北京市东城区东华门大街16号。 010-65259988。 799～1252元/天。

往返交通

到达交通

全国各地均有抵达北京的航班，乘坐机场大巴、轻轨均可抵达天安门。

全国各地均有抵达北京西站、北京南站、北京站的班次，下车后转乘地铁均可抵达故宫。

市内公交车

1、2、10、82、120、52、59、126、90、99、203、205、210、728路、专1路、专2路公交车和1号地铁线均可抵达故宫。

国子监

亲子游达人：刘樱

国子监小档案

地址：北京市东城区国子监街15号。
级别：2A。
门票：30元／天。
优惠政策：身高1.2米以下的儿童和中小学生（凭证件）免票；大、中专学生（凭证）半价；国子监与隔壁的孔庙统一售票。
开放时间：平时13：00～18：00；节假日9：30～18：00，周一闭馆。
最佳季节：每年10月，北京秋高气爽。
电话：010-64075259。

精彩看点

- 国子监藏国学
- 国学经典活动
- 大成殿忆孔子
- 崇圣祠大成礼乐

国子监是中国古代隋朝以后的中央官学，为中国古代教育体系中的最高学府，又称国子学或国子寺。古代在国子监读书的学生称为“监生”。

北京国子监牌坊

国子监辟雍大殿

国子监国学书院

国子监主体建筑经历700多年依然保存完好，是唯一保存完整的古代最高学府校址，国子监以其悠久的历史，独特的建筑风貌，深厚的文化内涵而闻名于世。

国子监不可不看

国子监藏国学

建议停留时间：30分钟

北京国子监建筑坐北朝南，中轴线依序为集贤门、太学门、琉璃牌坊、辟雍、彝伦堂、敬一亭。主体建筑两侧有“二厅六堂”、御碑亭、钟鼓楼等，形成传统的对称格局。前院东侧有敬持门与孔庙相通，构成“左庙右学”，是我国现存唯一一所古代中央公办大学建筑。国子监的琉璃牌坊，是北京唯一的一座不属于寺院的琉璃牌坊，牌坊正反两面的横额上，都是清乾隆皇帝的御笔题字，由此可见古代中国的崇文重教。在国子监内设有“中国古代科举展”和“国子监原状陈列展”等常年展览，带着孩子了解科举制，了解古代的考试制度，未尝不是一种学习。

爸爸有话说

从国子监的藏书处到专门为皇帝讲学之地，处处都衬托出国子监的高贵与独特，在国子监，不仅可以了解到古代的科举制度，而且可以与孩子们一起参观古代皇帝的读书之地，这将是很有意义的一种活动。

国学经典活动

建议停留时间：30分钟

国子监会不定期举办感受国学经典的主题活动，在童年时光亲近蒙学经典，体验国学的魅力和熏陶，同时也向同学们传递了以礼修身的艺术宗旨，从而培养学生对古典文化底蕴和优雅情怀，并引导学生继承发扬传统文化。

妈妈有话说

这一活动非常适合亲子旅行，教育意义很深刻，让孩子和家长一起再次重温中国伟大的思想，现场感受其中所蕴含的历史文化意义，如果有机会到国子监，不妨提前预约，参与相关活动。

大成殿忆孔子

建议停留时间：30分钟

大成殿是孔庙的主建筑，是供奉孔子神位，祭孔时皇帝行礼的地方。大成殿月台前右方，有一株苍劲高耸的柏树名曰“触奸柏”。据说，这株古柏为元代国子监祭酒（校长）许衡所植，至今已700多年，仍枝繁叶茂，挺

孔子

拔苍劲。大成殿内的礼器、祭器、乐器皆为祭孔大典及平时供奉所用，多为清康熙、雍正、乾隆三代的遗物。

崇圣祠大成礼乐

建议停留时间：1小时

崇圣祠坐落在孔庙第三进院，建于明嘉靖九年（1530年），是祭祀孔子五代先祖的家庙。殿顶采用绿色琉璃瓦，它与大成殿之间有崇圣门相隔，独成一体，绿瓦映古柏，更显幽深清宁。现崇圣祠用于展演《大成礼乐》乐舞。

周边也好玩

国学深度游：国子监—孔庙和国子监博物馆—五道营胡同（耗时1天）。

游览完国子监，前往孔庙和国子监博物馆参观，之后到五道营胡同感受有趣的老北京。

特产

国子监的工艺品中有着传统的泥人，这些小泥人生动形象，有着各种各样的动作，很是讨人喜欢。

舌尖上的国子监

北京国子监周边有北京特色菜，是老北京风味的美味菜肴，一家人来到北京一定要品尝的便是这个地方风味的菜了。

推荐美食

- **烤肉**

烤肉源于古代北方的游牧民族，明代已传入宫廷。烤牛肉必选4~5龄的内蒙古羯牛或乳牛，体重在150千克上下，适合烤食的部位如上脑、里脊等，一头牛能选作烤肉的约25千克。

- **涮羊肉**

涮羊肉四季皆宜，但以冬天最佳，当窗外大雪纷纷，一片寒冷时，室内却热气腾腾，一派火热景象，因而火锅成为北京人的桌上宠物。围坐在一起的人们用筷将肉片放入沸汤之中，一涮即熟，再蘸佐料食用。

- **老北京炸酱面**

地道的老北京炸酱面的精髓都在炸酱上，其次是炸酱时火候和配料要掌握好，火候要均匀，炸酱的配比一定要合适，肉丁肥瘦兼有，黄酱不能放得太多，炸出来的酱香喷喷。

推荐餐厅

- **泥庐餐厅**

北京市东城区国子监街40号东方戏剧。 010-64018779。 泥庐比萨。

幸福的母女

老北京涮羊肉

- 月溪香林

北京市东城区雍和宫国子监街23号。010-64020080。素饺。

- 京兆尹 Kings Joy Beijing

北京市东城区五道营胡同2号。010-84048885。百菇卤味饭。

亲子酒店

北京途家斯维登度假酒店（雍和宫红云阁店）

北京市东城区安定门东大街57号。010-64056119。379～634元／天。

北京安东旅社

北京市东城区安外东河沿1号楼。010-64265671。53～238元／天。

时光漫步怀旧主题酒店（北京雍和宫店）

北京市东城区安定门内大街方家胡同46号创意园。010-64032288。385～505元／天。

往返交通

到达交通

全国各地均有抵达北京首都机场的航班，乘坐机场快轨车次地铁抵达雍和宫站，徒步10分钟抵达国子监。

全国各地均有抵达北京西站、南站、北京站的火车，乘坐地铁2号线抵达雍和宫站，徒步10分钟抵达国子监。

市内交通

2号线、5号线雍和宫站下车即到。

118、684、13、117路雍和宫站下即到。113、108、104、803、124、758、950路方家胡同下车即到。

安东旅社酒店内景

承德避暑山庄

亲子游达人：张林鹂

承德避暑山庄小档案

地址：河北省承德市。

级别：5A。

季节：6~11月，是避暑赏景的最好时间段。

温馨提示

承德日照强烈，带好防晒霜。早晚温差大，注意给孩子保暖。

承德市自古便是纳凉圣地。每当北京燥热难耐的时节，承德却总是显得更悠然自得一些。

承德地处河北省东北部，旧称“热河”，历史悠久，有着丰富的多民族历史文化内涵，是一座风景优美的塞外名城，是狩猎、度假的游览胜地。

精彩看点

- 承德避暑山庄
- 普宁寺
- 普陀宗乘之庙
- 棒槌山

承德不可不看

承德避暑山庄

建议停留时间：半天

提起承德，最先想到的一定是避暑山庄。特别是夏季，带着孩子来这里避暑赏景是一个不错的选择。避暑山庄始建于清康熙四十二年（1703

承德市远景

避暑山庄

栏围场

年），建成于清乾隆五十五年（1790年），历时87年，是中国三大古建筑群之一，已列入世界文化遗产。这座规模宏大的园林拥有殿、堂、楼、馆、亭、榭、阁、轩、斋、寺等建筑100余处。它的最大特色是山中有园，园中有山，山区占了整个园林面积的4/5。这里群山环绕、远近高低各不同，纵横交错，伴随着清泉密竹让孩子充分感受自然的清新风光。

爸爸有话说

游览避暑山庄强烈建议请导游，不但能增长很多人文历史知识，而且能听到各种有趣传说，为美景增色不少，很多精华位置较为偏僻或乍看不引人注目，有人指点才不会错过。

普陀宗乘之庙

建议停留时间：3小时

普陀宗乘之庙被称作小布达拉宫，建于清乾隆三十六年（1771年），是乾隆为了庆祝他本人60寿辰和他母亲皇太后80寿辰而建的。清代皇帝经常会在这里接见来自西藏的首领，这里也是宗教活动场所之一。可以带着孩子来这里感受西藏的佛学文化。

温馨提示

到寺院要注意言行举止，非礼勿言。

普宁寺

建议停留时间：1小时

普宁寺是中国北方最大的佛事活动场所，普宁寺是联合国教科文组织确定的世界文化遗产。普宁寺的主尊佛像千手千眼观世音菩萨，通高27.21米，是世界上最大的木雕佛像，已被列入《吉尼斯世界纪录》。

妈妈有话说

这里是有佛教信仰的家庭必去之地，如果没有相关信仰，可以根据自己喜欢选择性了解。

普宁寺

棒槌山

棒槌山

建议停留时间：3小时

关于棒槌山名字的由来，是清康熙四十一年（ ），康熙皇帝以该峰状似磬锤，将此山赐名为“磬锤峰”，现更名为棒槌山。棒槌山是承德比较独特的景色。缆车是没有外罩的，单程50元，往返80元。建议先到售票处买完票，步行去安远庙，路程半小时，看完了原路返回到售票处坐单程缆车，上棒槌山，先看棒槌山，再去蛤蟆石，不走回头路就可以步行下山，下山40分钟就够了。

周边也好玩

清代皇家深度游：木兰围场—清东陵—颐和园—故宫（耗时4天）。

D1　抵达木兰围场，感受清代帝王的狩猎氛围，宿围场周边的酒店，晚上可以在围场看星星。

D2　抵达清东陵，这里是帝王陵墓，也是学习清代历史的好地方；晚上前往北京，抵达后住在颐和园周边的古朴特色的酒店。

D3　游览颐和园。

D4　到故宫游览。

特产

承德剪纸、承德布糊画都可以买给孩子当作纪念，不仅有纪念意义，还可以让孩子更加了解中国传统文化。

舌尖上的承德

承德菜是宫廷塞外菜的代表，和京城宫廷菜不同的是，承德菜肴主要以山珍野味为主，做法有干烹、香烹等。鹿肉、狍子肉、野鸡肉等美味，可以在承德的乔家满族八大碗品尝到。

推荐美食

在避暑山庄南面的大街上集中了很多特色饮食店，可以品尝到当地特色菜肴。新开的“夜二仙居美食广场”集中了很多当地美食。

- **满族八大碗**

各地的满族八大碗因地产食材不一，所以菜品也各不一样，承德的满族八大碗食材取自当地，以扒、焖、酱、炖、熘等烹饪手法为主，讲究味道厚重，八大碗属于满汉全席中的下

宫廷点心

剪纸

布糊画

八珍，以飞龙、鹿肉、驼峰、松雀、狍子肉等养殖的野生动物代表山珍。

● **油酥饽饽**

据说康熙、乾隆及后世帝王每年来避暑山庄，几乎都要吃油酥饽饽。承德地区最受欢迎的油酥饽饽，酥脆、松软、层多，是来承德必尝的面食之一。

● **清宫御膳银丝杂面**

银丝杂面是一种由各种豆子制成的面条，已经有300多年历史，是承德传统美食之一。

推荐餐厅

● **乔家满族八大碗**

承德市双桥区流水沟。0314-2037888。满族特色的菜馆，很多山珍野味，又新奇又好吃。

● **新乾隆酒楼**

承德市双桥区新华路7号帝景园大厦。0314-2072222。御土荷叶鸡等。

亲子酒店

承德爱家公寓

承德市双桥区陕西营于家沟小区。13831410665。均价398元起／天。

紫御国际假日酒店

承德市双桥区武烈路6号。0314-7779000。有亲子房524元起／天。

往返交通

抵达首都国际机场再转车去承德，耗时2小时。

比较推荐坐火车去承德。承德火车站位于承德市中心，离避暑山庄也不远。

承德的长途汽车站也很多，周围的城市坐长途汽车去承德比较方便。

从北京方向，走京承高速直达，约2小时。

紫御国际假日酒店

皇城相府

亲子游达人：刘樱

皇城相府小档案

地址： 山西省晋城市阳城县北留镇。

门票： 旺季(4月1日～10月31日)120元／人，淡季（11月1日～次年3月31日）80元／人。（特殊人群：A.免费政策：1.4米以下儿童免票；70岁以上老人凭相关证件免费，现役军人持军官证免票）。

开放时间： 8：00～18：00（夏季）；8：00～17：00（冬季）。

电话： 0356-6878613/6878610。

温馨提示

该景点不支持刷卡；
最佳旅行季节：4～10月。

皇城相府古城堡建筑群，是皇家建筑风格融入民居的代表，与乔家大院、阎锡山故居比肩山西三大建筑群。“绿树村边合，青山郭外斜。”巍然城堡，雉堞林立；旧院古宅，错落典雅。绮丽的自然风光同人文景致交相辉映，构成了皇城独具魅力的风采。皇城相府已成为太行山上一朵绚丽的奇葩，黄河流域一颗璀璨的明珠。

精彩看点

- 内城和外城
- 陈氏祠堂
- 河山楼
- 龟城

皇城相府不可不看

内城“斗筑居”和外城“中道庄”

建议停留时间：4小时

相府内的两大典型古代建筑，拥有各种牌楼以及祠庙官邸、园林等，是独具特色的北方古建筑群。内城是陈廷敬伯父陈昌言为避战乱而建，依

皇城相府

陈氏祠堂

陈廷敬

康熙字典

山就势，东高西低，巍峨壮观。内城建筑分祠庙、民宅和官宦邸三类，风格迥异。外城“中道庄”：紧依内城西墙而筑，基本呈正方形，比西城略短，主要建有陈氏家族的府邸以及花园等。家人与孩子走在相府的高墙之下，也会被世代翰林的北方第一文化巨族所感染，激励孩子好好学习，天天向上！

陈氏祠堂

建议停留时间：30分钟

陈氏家族科甲鼎盛，人才辈出，堪称北方的文化巨族，在陈氏祠堂拜一拜，瞻仰祖先，也在心底略许心愿。领着孩子拜一拜前世的陈氏祠堂，保佑学业有成。

妈妈有话说

文化世族是前世留下来的财富，而孩子的学习也是最重要的，如果孩子能在这里领悟学习重要性或者得到一些启发，那便是最好的。

河山楼

建议停留时间：30分钟

河山楼，名取“河山为固”之意，建于明崇祯五年（1632年），当时正值明末战乱，风起云涌之时，整体为砖石结构，没有方木，同时能容纳千余人避难。而且还专辟有利于转移逃生的秘密地道。为了对付可能出现的长期围困，河山楼内还备有水井、碾、磨等生活设施，储在有充足的粮食。河山楼虽因辟战乱而兴建，但其在和平时期，却仍可作观赏揽胜之用，因而又名“风月楼”。登楼四望，远近风情尽收眼底。

爸爸有话说

神奇的木质建筑后面，沉淀的是古老文明的智慧，一家人在特色风格的建筑群里漫步，或是在高楼之上远望天际，会有一种穿越古代的感觉。

龟城

建议停留时间：30分钟

纵观皇城相府（午亭山村），总面积36580平方米，有大型院落19座，房屋880余间，设9道城门，四通八达，有关卡可守，形成了外城抱内城，内外连环套，稳固保安全的坚固堡垒，城墙总长1700余米，平均高度12米，宽2.5~3米不等，城楼、堞楼、角楼相互关照，垛口星罗棋布，组成了一道坚固的防御线。整个皇城，包括内城“斗筑居”和外城“中道庄”从整体平面来看，似一头北尾南的神龟，虽不能说惟妙惟肖，却也轮廓鲜明，因而又有“龟城”之说。

河山楼

周边也好玩

皇城相府周边游：郭峪村—九女仙湖—蟒河自然保护区—泽州山里泉—晋城白马寺森林公园（耗时2日）。

D1 早上前往郭峪村、九女仙湖，到蟒河自然保护区享受美丽的自然景观。

D2 游览泽州山里泉、白马寺森林公园，休整后返程。

舌尖上的皇城相府

皇城相府里有山西特色美食，与小孩子在古老的文化建筑群里一起品尝皇城里的美食，不仅是一种享受，更是一种幸福时光。

推荐美食

- **烧大葱**

烧大葱是山西省晋城市的一道特色小吃，相传慈禧太后西逃时路经泽州（今晋城），当地官员隆重设宴招待。但在开宴时，厨师发现慌乱之中少做了一道菜。为了免遭杀身之祸，厨师急中生智，马上把菜案上的巴公大葱拿来一把，几刀切碎，烧成一道菜，端了上去，叫作烧大葱。

- **肉罐**

阳城肉罐，罐似粗瓷，内敷细釉，口颈小、肚儿大，瓯式盖子，盖与罐口大小合度，放之平稳、严密，使用起来极其方便，能够适合煮、炖、焖的需要，兼餐具与工艺品于一体，深受当地人们的喜爱。

- **羊杂碎汤**

一道街头常见小吃。在一只大锅中放入羊肝、肺、胃、肠、心、蹄筋等煮得烂熟，然后加入葱、姜、粉条、豆腐等同煮，熟后盛入碗中，浇上羊肉汤，再放香菜、醋、盐、辣椒等调料即可食用。该汤香气扑鼻，汤色乳白，热辣鲜美，是冬季常见小吃。

推荐餐厅

皇城相府内并没有供餐的地方，参观之后，可以到天关相府吃饭，那里有许多特色名菜，也有很多有特点的餐馆，可以就地用餐。

皇城相府俯瞰图

九女仙湖

亲子酒店

皇城相府内有较为干净简洁的星级酒店，空气清新、阳光明媚；纯天然原生态的绿色佳肴给人神清气爽的健康享受，让一家人感受奢华与自然的完美结合。

金广快捷酒店（晋城七星广场店）

晋城市泽州路。 400 797 3855。 109元起 / 天。

晋城皇城相府贵宾楼

晋城市阳城县皇城相府景区旁。 0356-4858600。 305元起/人。

晋城相府宾馆

晋城市阳城县壮留镇皇城村。 0356-4858281。 202元起/人。

往返交通

省内太原、大同、五台山、长治都有机场，其中太原机场有航班直达北京、广州、上海、天津、海口等30多个城市，距离皇城相府最近的长治王村机场至北京、西安等几个大城市也有航班直达。

省内有从大同到风陵渡的同蒲线纵贯南北，另外还有石太线、京包线、京原线、太焦线、邯长线等铁路线从省内通过，可以通达国内大部分大中城市。

北京至皇城相府780千米，经京石、京珠、郑焦晋、晋阳北留出口2.5千米抵达旅游区；

上海至皇城相府1160千米，经京沪、连霍、郑焦晋、晋阳高速北留出口2.5千米抵达旅游区；

石家庄至皇城相府500千米，经京珠、青兰、（长邯）、长晋晋阳高速北留出口2.5千米抵达旅游区；

西安至皇城相府390千米，经西禹、侯晋、晋阳高速北留出口2.5千米抵达旅游区；

太原至皇城相府320千米，经太长、长晋、晋阳高速北留出口2.5千米抵达旅游区；

郑州至皇城相府145千米，经郑焦、晋焦、晋阳高速北留出口2.5千米抵达旅游区；

洛阳至皇城相府130千米，经二广（经晋城至洛阳）、晋阳高速北留出口2.5千米抵达旅游区；

焦作至皇城相府75千米，经晋焦、晋阳高速北留出口2.5千米抵达旅游区。

羊杂碎汤

晋城相府宾馆酒店内景

平遥古城

亲子游达人：张林鹂

平遥古城小档案

地址： 山西省晋中市，与祁县相邻。

级别： 4A。

门票： 套票150元/人。

电话： 0354-5620080。

季节： 四季皆宜。9月底还会举办平遥国际摄影展。

精彩看点

- 平遥古城墙
- 日昇昌票号
- 明清一条街

温馨提示

历史悠久的平遥古城，带着孩子来最好找一个当地导游，深入了解此处文化。

平遥古城具有千年历史。每当看见城门地面车马压出印痕的石板路，就仿佛能听见2700多年前的繁华市集之声。这座古城就坐落在山西中部，作为中国“保存最为完好的四大古城”之一，也是目前我国唯一整座古城申报世界文化遗产获得成功的古县城。

平遥古城

平遥古城不可不看

平遥古城墙

建议停留时间：30分钟

平遥古城作为中国保存最完好的古城之一，古城墙功不可没。城墙全长6163米，仅南城墙蜿蜒曲折，其余三面城墙均为直线。平遥城墙有6座城门和门楼、4座角楼、72座敌楼、3000个垛口，传说是按照孔子弟子七十二贤、弟子三千而建造。步行西城墙途中，有一座很有特色的建筑，红墙灰瓦，房顶是曲折字母“W”状，是《印象平遥》的演出地点。大多数敌楼内有小泥塑，反映平遥居民日常生活，很有意思，可以看看。

妈妈有话说

城墙上没有卫生间，想多走一段的要提前做好准备。城墙内侧没有防护栏，注意安全。

明清一条街

建议停留时间：1小时

明清一条街是平遥古城的主干道，平遥70%的景点都在这条街上。这里集中完整地保存着明、清时期的店铺遗迹，是古城最繁华的商业街区，蔚盛长、天吉祥、市楼等景点都集中的分布在这里，而且这里是不收门票的。在这条区区几百米长的古街上，紧密相连着近百处古店铺，包括票号、钱庄、当铺、药铺、肉铺、烟店、杂货铺、绸缎庄等，几乎包容了当时商业的所有行当。晋商都视这里为黄金之地，真可谓是当年激烈鏖战的商场角逐之地。

爸爸有话说

想要了解活着的平遥古城，一定要带着孩子逛逛小巷。另外，夜游明清一条街，也是不错的选择。

古城墙

城楼

日昇昌票号

建议停留时间：30分钟。

还停留在通过电视看票号吗？来到日昇昌票号，你可以见到真实的票号场景了！这里是中国第一家票号，最早的“银行”，在平遥古城的西大街。日昇昌曾以“天下第一”“汇通天下”而闻名。沿街厚木排门，檐下彩画，挂店名牌横匾，院屋第一进为柜台、账房。二进为职员住处、客房；三进是二层楼房，楼下是花厅，楼上为仓储和伙计住处，最后一进是贵宾及高级职员住处。西侧有廊道可通马车、备有马馆住处和马厩。此外，还有店主雷履泰的私人住宅。

日昇昌票号

周边也好玩

乔家大院一日游：乔家大院是晋商大宅的代表之一，它又名“在中堂”，属于国家级文物保护单位。是一座具有北方汉族传统民居建筑风格的古宅。从平遥出发，可在平遥汽车站坐到太原的车（班次很多）中途在乔家大院下即可。张艺谋导演的电影《大红灯笼高高挂》以及电视剧《乔家大院》，都是以此为背景基础。

特产

平遥古城历史文化深厚，其中平遥剪纸特别适合给孩子带回家，平遥剪纸极具民族特色，让孩子在游戏中学习中国的传统文化知识。同时，也可带平遥牛肉。

舌尖上的平遥古城

在山西，必须吃到各种特色的面食大餐，这里的面食种类繁多，从栲栳栳到碗托，再到水煎包和手工月饼，面食成为山西人饭桌上不可缺少的一部分。除了面食，平遥牛肉口感独特，更是值得一品。

推荐美食

- **栲栳栳**

莜面栲栳栳本是忻州地区的一种特色面食小吃，因外形似农家专门用来打水或装东西的钟用具——“笆斗”，民间叫“栲栳”而得名。

- **碗托**

平遥碗托（秃）是平遥著名的风味面食小吃，最早由清代厨师董宣发明，距今已有百年历史。具有面质筋道、滑爽可口的特点。

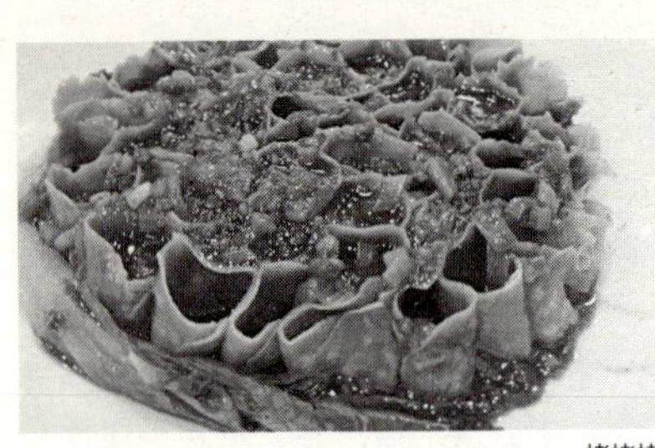
栳栳栳

碗托

• **平遥牛肉**

平遥牛肉选用优质的小牛腿肉煮熟后腌制而成，肉质鲜嫩、肥而不腻、瘦而不柴、香酥可口。

推荐餐厅

• **三碗不过岗**

作为一家百年老店，这里有108种特色小吃，样样正宗味美，可谓是吃货的福音。

平遥古城南大街113号。

亲子酒店

平遥聚源阁客栈

平遥县北海西街南三巷2号。0354-5684353。有亲子房，均价134元左右/天。

平遥老杨家民俗客栈

平遥县井巷四号。0354-5683450。有亲子房，均价122元左右/天。

平遥天元奎客栈

平遥古城主干道上，南大街73号。0354-5680069。均价300元起/天。

往返交通

到达交通

平遥现有两个火车站，分别为平遥火车站和平遥古城站（平遥东站），其中平遥火车站距离古城较近，是普速列车站，平遥古城站为动车高铁车站。

城内交通

在平遥县城内可以乘坐出租车或电瓶车到达古城景区，步行路程也不远。平遥古城内可以选择电瓶车或人力三轮车游览古城。

天元奎客栈小吃

大元奎客栈

乔家大院

亲子游达人：林科

乔家大院小档案

地址：山西省晋中市祁县乔家堡村。

门票：72元/人，每年3月1日～12月30日，对国内外所有游客进行门票8折优惠，每年12月1日~次年2月底，对国内外游客实行门票6折优惠。

开放时间：旺季8：00～19：00，淡季8：30～17：30。

电话：0354-5321045。

最佳季节：乔家大院最佳出游时间为春、夏、秋三季。

精彩看点

- 在中堂看晋商
- 三保堂寻宝
- 商俗院的中外融合
- 跟着雕刻讲故事

特惠政策

60岁以上老人、残疾人凭相关证件免景区门票。

儿童身高1.4米以下购景区优惠大门票。

全日制在校学生凭有效证件购买学生票，每张29元。(不包含继续教育学生及各种成人进修学生)

乔家大院

温馨提示

另付费项目：景区内讲解，现场付款。

中国历史文化名城——祁县的民居，集宋、元、明、清之法式，汇江南河北之大成，其中最为出名的就是乔家大院。乔家大院地处美丽富饶的晋中盆地，是一座汇集晋商历史风貌，反映明清时代特色的民居精品。“四堂一园”，总占地面积为2.4万余平方米，即在中堂、德兴堂、宁守堂、保元堂及花园，全面展现乔家大院悠久的历史风貌、典雅的建筑风格、精湛的雕刻艺术、纯朴的民俗民风。

乔家大院不可不看

“皇家看故宫，民间看乔家”，清代北方民居建筑的一颗明珠，数不清的赞誉，当属乔家大院。富贵的乔家大院不可不去的有在中堂、三保堂、商俗院等。它是由一个孤儿靠着卖豆腐、烧饼起家的，商号在全国各地都有，是晋商史上的一颗明珠。

在中堂看晋商

建议停留时间：30分钟

在中堂是乔家第五院，是乔家大院的主人——乔致庸所建。“在中堂”的意思是：不偏不倚，只用之

百寿图

中，体现了主人的中庸思想。主要展出的是人生礼仪，包括百家衣、婚俗等。

爸爸有话说

乔家大院精美的建筑风格以及精湛的建筑艺术着实让人惊叹，古人的独特的智慧也让今人佩服，是值得学习的！

三保堂寻宝

建议停留时间：30 分钟

乔家有三宝：犀牛望月镜、九龙灯、万人球，这三宝就在乔家第三院里，所以就叫三宝院。三样宝贝充分体现了乔家富可敌国的情境。犀牛望月镜是一面直径1米左右的镜子，镜架镜框为木质最坚硬的珍稀树木铁力

在中堂

砖雕影壁

大院里的天

木所制。雕刻有祥云、犀牛，祥云缭绕在圆镜下方如彩云烘月，祥云下方的犀牛回顾上瞥，似在痴望明月。九龙灯：乔家捐赠30万两银子给慈禧太后以解燃眉之急，西太后为感谢其忠诚而赏赐了两盏九龙灯。万人球：一个挂在天花板上的水银玻璃球，会按一定比例缩小所挂屋中人的影像在球上，可称为世界上第一个“监视探头”，为当时极罕见之物。

妈妈有话说

独具特色的彩绘和牌匾不仅能让孩子增长见识，更使他们对中国山西的经商文化有了一个大体的了解。

商俗院的中外融合

建议停留时间：30分钟

商俗院处于乔家第四院，是乔致庸的侄孙乔映霞所建，院子最大的特色就是将欧式的风格融入到中式传统的建筑里，院子处处体现出乔映霞留学所带来的先进技术。在中外结合的建筑风格里，一家人感受历经千百年来乔家的建筑智慧，体会其独具特色的传统艺术。

木刻艺术

砖雕艺术

大院的大门

布艺老虎

跟着雕刻讲故事

建议停留时间：30分钟

乔家大院随处可见雕刻工艺和巧夺天工的板绘工艺，雕刻品个个都有其民俗寓意。其中，木雕、砖雕、彩绘牌匾都表现出中国古代进展的雕刻技术。在给孩子讲解民俗故事的同时，使他们对神话故事和故事的含义都有了深刻的了解。

周边也好玩

乔家大院周边游：渠家大院—昌源河国家湿地公园—平遥古城（耗时3天）。

D1　游览完乔家大院，下午前往渠家大院感受不一样的晋商民俗。

D2　到昌源河国家湿地公园感受自然风光。

D3　到平遥古城游览，休整后返程。

特产

布艺老虎等民间手艺人的工艺品是孩子们喜爱东西，民俗已经是乔家大院里的一大特色，孩子们手中拿着的布老虎，将是很好的纪念。

舌尖上的乔家

在乔家晋商大院旁品尝山西特色美食，一家人在一起品味民俗风味。

推荐美食

在山西最主要的食物便是山西独具特色的面食，品尝山西面食将是很好的体验，让孩子感受黄土高原上的民间特色。

- **莜面栲栳栳**

“栲栳栳”是用莜面精工细作的一种面食品，因其形状像“笆斗”，民间叫“栳栳”。因“栲栳栳”形如“笆斗”故得名。吃时再配以羊肉或蘑菇汤调和，使人闻之垂涎，胃口顿开，食之香醇异常，回味无穷。

- **乔家凤爪**

乔家凤爪也称“鸡掌”“鸡爪”“凤足”。多皮、筋，胶质大。鸡爪的营养价值颇高，含有丰富的钙质及胶原蛋白，多吃不但能软化血管，同时具有美容功效，有益健康，营养价值较高，是孩子们爱吃的美食。

- **焖干肉**

焖干肉主要材料有香干、猪肉和黄豆，采用焖制手法制作而成，是山西祁县、平遥一带的特色美食，是山西乔家大院八碟之一的招牌菜。

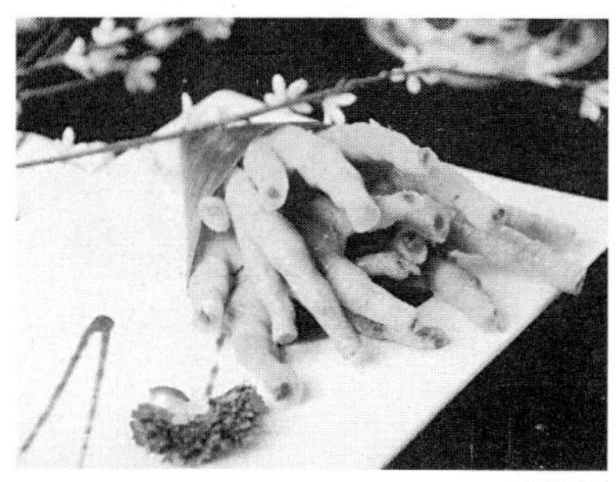
乔家凤爪

焖干肉

推荐餐厅

- **祁县乔家传统风味饭店**

祁县乔家大院入口乔家面食城对面。 乔家凤爪。

- **祁县乔老大饭庄**

祁县东观镇乔家大院旁200米。 莜面栲栳栳。

- **祁县乔家中堂饭店**

祁县东观镇乔家堡小区。 莜面栲栳栳等。

亲子酒店

祁县的客栈环境幽雅，安静安全，干净卫生，适合一家人在此入住。并且离景区较近，游玩之后可以直接在此地休息。全家人在客栈里也可以感受到乔家村里的民风民俗，是不错的选择。

祁县农家福客栈

祁县东观镇乔家大院。 0354-5321364。 88元起/天。

祁县乔家大院温馨旅店

祁县乔家堡社区3号楼。 136-63640859。 116元起/天。

祁县乔家168家庭旅馆

祁县乔家堡小区8栋。 135-93062885。 128元起/天。

往返交通

乘飞机到达太原，到太原建南汽车站乘坐太原—祁县的客车可直达乔家大院景区。

乘火车到达祁县，到祁县公交车站乘坐祁县—晓义的班车可直达乔家大院景区。

来自北京、天津、石家庄方向的游客走石太线—晋中—乔家大院景区下高速到达。

内蒙古、大同、忻州方向的游客经过太原从小店出口下高速—208国道—乔家大院。

河南、晋城、长治方向的游客走太长高速—晋中—乔家大院景区下高速到达或走太长高速从榆次出口下高速走108国道40千米到达。

陕西、运城、临汾方向的游客走大运高速公路—祁县出口下高速走108国道11千米到达。

王家大院

亲子游达人：张林鹂

王家大院小档案

地址： 山西省灵石县静升镇。

级别： 4A。

门票： 66元／人。

季节： 春、秋两季气温适中，空气湿度舒适，适合带孩子游玩。

电话： 0354-7722122。

温馨提示

5、6月份游客较多，公交车无法进入景点，为了保证孩子正常休息时间，建议自驾车前往。由于景区内建筑较多，建议在当地找一个导游引路讲解，不然很难发现其中的精华。

“黄山归来不看岳”“五台山归来不看庙”“王家归来不看院”，被誉为“民间故宫”的王家大院在中国古宅建筑中的地位甚高。王家大院是清代民居建筑的集大成者，由历史上灵石县四大家族之一的太原王氏后裔——静升王家于清康熙、雍正、乾隆、嘉庆年间所建，总面积达25万平方米以上。现王家大院以“中国民居艺术馆”“中华王氏博物馆”开放的高家崖、红门堡两大建筑群和王氏宗祠等，共大小院落123座，房屋1118间，面积4.5万平方米组成。

王家大院

精彩看点

- 高家崖建筑群
- 红门堡建筑群
- 孝义祠

王家大院不可不看

高家崖建筑群

建议停留时间：30分钟

高家崖建筑群由静升王氏17世孙王汝聪、王汝成兄弟俩修建于嘉庆元年（1796年）至嘉庆十六年（1811年），面积达19572平方米。封建式的中国传统特色在这里通过极致的建筑得到体现，除了等级森严的建筑规制，大院还体现了中国传统艺术之美，院内的砖雕、木雕、石雕装饰品技艺精湛，每块砖、每块木、每块石都有其独特的寓意和色彩，如每个门口都有不同的小石雕，有的是南瓜上落着蝴蝶，代表福气满满、富贵的意思。园内装饰所表达的题材繁多、内容丰富。

红门堡建筑群

建议停留时间：30分钟

红门堡建筑群从清乾隆四年（1739年）开建，一直到乾隆五十八年（1793年）完工，依山而建，占据了2.5万平方米的面积，在王家大院中显得格外大气。红门堡建筑群由低到高，一共有四排院落，左右对称，中间主巷道与三条横巷，组成一个规整的王字。29座院根据其主人的身份、喜好的不同，在结构和装饰上呈现出不同的风格，即便是每个台阶，也都设计得非常讲究。

孝义祠

建议停留时间：30分钟

孝义祠是在孝义坊的基础上扩建的。清乾隆四十五年（1780年），乾隆帝为旌表王氏15世孙王梦鹏的孝行义举而下旨为其修建孝义坊，乾隆五十一年牌坊建成，后又于嘉庆元年扩建为孝义祠。祠堂坐北向南，分楼

资寿寺

上楼下两院，总面积428平方米。院内一层有正窑三间，陈列静升王氏宗祠、王家坟茔模型以及记载王梦鹏一生孝行义举的立体雕塑。楼上正厅五间，为供奉祖先的牌位之地，前面有一座坐南朝北的戏台，歇山顶，四角挑檐，平面呈“凸”字型，有元代戏台遗风。

周边也好玩

资寿寺一日游：资寿寺临近王家大院，俗称苏溪寺，位于山西省灵石县城东10千米处的苏溪村西侧。宋代重修，是为了庶民祈福长寿而建。资寿寺目前的建筑多为明代重修，规模颇大，院落敞宏，布局完整。

大院远景

打卤面

王家小酥肉

特产

临猗石榴是山西悠久的传统果品，又称“江石榴”。这里的石榴果实硕大、外膜薄、籽粒大、核儿软、汁液饱满、渣滓少，味道有甜味的、甜酸味的和酸味的三种。吃起来，甜石榴味口感甜醇浓，酸石榴口感味酸爽口，甜酸味的口感则先甜后磋，酸中有甜，回味无穷。

山西的民间剪纸，具有鲜明的地方特色。内容十分丰富，有历史故事、神话传说、戏曲图像、花卉禽兽。风格粗犷、淳朴；表现手法简练、夸张，生活气息浓郁，具有鲜明的地方特色。

舌尖上的王家大院

王家大院所在地的餐饮特色仍以面食为主，和晋中大多数地方一样，一早一晚常以小米稀粥、馒头、烧饼为主；中午则是各色面食，如打卤面、炸酱面、搓鱼儿等，调面的菜码齐全，味道适口。

推荐餐厅

- **聚鑫源饭店**

灵石县静升镇王家大院景区门口。 清沙棘长山药、王家状元糕、王家小酥肉。

- **客满堂剔尖馆**

灵石县静升镇静升中心卫生院北侧。 0354-7723681。 五香拆骨肉、香辣栲栳栳、山西过油肉、养生黑豆腐。

亲子酒店

灵石宏源国际饭店

灵石县静升镇（永吉大道灵石高速路口往北500米）。 0354-7848888。 均价353元左右。

往返交通

全国各地均有至太原的航班，从太原乘坐高铁抵达平遥后，换乘大巴、出租车30分钟抵达景区

蒲铁路、108国道纵贯县境，新开通的大运高速公路灵石出口距王家大院2千米。

周恩来故里

亲子游达人：熊靓

周恩来故里小档案

精彩看点

· 纪念馆的学习时光

· 故里家风

· 河下穿越

周恩来纪念馆

地址：江苏省淮安市城北桃花垠。

级别：5A。

门票：免费。

开放时间：9：00 ~ 17：00。

电话：0517–5912365。

周恩来故居

地址：江苏省淮安市淮安区驸马巷7号。

级别：5A。

门票：免费。

开放时间：7：30 ~ 18：30。

驸马巷历史街区

地址：江苏省淮安市淮安区驸马巷。

级别：5A。

门票：免费。

开放时间：全天。

电话：0517–5912365。

河下古镇

地址：江苏省淮安市淮安区驸马巷7号。

级别：5A。

门票：免费。

开放时间：7：30 ~ 18：30。

电话：0517–5912365。

周恩来纪念馆

周恩来故里景区位于历史文化名城江苏省淮安市淮安区。主要包含周恩来纪念馆、周恩来故居、驸马巷历史街区和河下古镇。

温馨提示

每年淮安都会举办淮扬菜美食文化节。

周恩来塑像

周恩来故里不可不看

周恩来纪念馆的学习时光

建议停留时间：30分钟

在桃花垠里，有一处四面环水、风景秀丽的地方，这就是周恩来纪念馆。不少游客来这里缅怀周总理日理万机、勤政爱民。其实带着孩子来这里，学习革命先辈们的伟大精神，通过周总理平易近人、廉洁奉公的事迹参观，告诉孩子做人的道理。

故里家风

建议停留时间：30分钟

周恩来故居是周总理出生地，也是童年生活的地方。通过书房、客厅、卧房严谨的摆设和设计，能看到周家古朴、节俭、崇文、向上的家风。后面的菜地和古井，是周总理从小学习种地浇灌的小菜园，据说，他从小就领悟出“锄禾日当午，汗滴禾下土。谁知盘中餐，粒粒皆辛苦”的真谛。

爸爸有话说

后院里的一品梅是周总理亲自浇灌过的，有百年的历史了。

河下穿越

建议停留时间：1小时

古城保存最完好的历史街区，至今街区都保持着明、清的建筑风格，大部分的建筑都是民国以前的砖木结构，历史风貌基本保存。走在湖嘴大街、估衣街、花巷、茶巷和罗家桥，就如同回到旧时光。

妈妈有话说

古城有居民居住，游客多，要防止孩子走失。

精彩推荐：驸马巷历史街

街道总长只有300米，走走巷子也是很舒服的。

周边也好玩

淮安寻古之旅：淮安市—古淮河文化生态景区—吴承恩故居—韩信故里—淮安市（耗时2天）。

D1　抵达淮安市后，可以在古淮河文化生态景区享受休闲生活。

D2　前往吴承恩故居、韩信故里，晚上取道淮安返程。

如果时间比较充裕，还可以到扬州感受扬州瘦西湖的江南美景、或者

周恩来故居

到连云港寻找花果山，吃海鲜。

特产

淮安蒲菜，俗名蒲儿菜，是淮安特有的传统名菜。因为它是香蒲根部的茎芽，所以又名蒲芽、蒲笋；《西游记》称它为蒲根菜，在古书上则称之为蒲、深蒲或蒲蒻。蒲，是一种野生的水生植物，又名香蒲。蒲苇韧如丝，那是老蒲。初生的蒲心蒲茎很嫩，可以食用。

舌尖上的周恩来故里

这里是淮扬菜的发源地，来这里不能错过淮阳美食。例如软兜长鱼、平桥豆腐、小鱼锅贴、水煎包、桂花咯喳等，都是色、香、味俱全。

推荐美食

- **软兜长鱼**

软兜长鱼是淮扬菜中最负盛名的一道菜肴，也是淮安人款待中外宾客的佳肴。这道菜补虚养身，气血双补。

- **桂花咯喳**

用绿豆粉、米粉、糖桂花等食材制成，制成的桂花咯喳口感响脆，是很好的休闲食品。

桂花咯喳

软兜长鱼

推荐餐厅

• **杨氏菜馆**

淮安市淮安区西长南街17号。13511535993。 桂花咯喳、软兜长鱼、水晶鱼饼、肉干等。

• **紫京城**

淮安市淮安区西长街282号。0517-85678179。 软兜长鱼、开洋蒲菜、蟹黄汤包等。

亲子酒店

金陵国际酒店

淮安市淮安区楚州大道818号。0517-87166066。 有亲子房，均价350元左右/天。

淮安宾馆

淮安市淮安区友谊路2号。0517-85913788。 有亲子房，均价278元左右/天。

往返交通

淮安机场，转乘大巴抵达市内，打车约100元到达景区。

淮安火车站，转乘大巴前往景区。

蟹黄汤包

金陵国际酒店

钟山风景名胜区

亲子游达人：张婕洁

钟山风景名胜区小档案

中山陵景区

地址：江苏省南京市玄武区中山门外。

级别：5A。

门票：中山陵陵寝免费开放、音乐台10元/人、美龄宫30元/人。

开放时间：8：00～18：00。

电话：025-84431991。

明孝陵景区

地址：江苏省南京市玄武区紫金山南独龙阜玩珠峰下。

级别：5A。

门票：70元/人

开放时间：3~10月6：30~18：30开放；11月~次年2月6：30~18：00。

电话：025-84430117。

温馨提示

每年2~3月举办梅花节。

精彩看点

- 音乐台喂鸽
- 梅山赏花
- 滑道游乐
- 紫金山观天文

灵谷景区

地址：江苏省南京市玄武区灵谷寺2号。

级别：5A。

门票：35元/人。

开放时间：3~10月6：30~18：30。

电话：025-84446443。

温馨提示

每年9月中下旬至10月中旬期间举办南京灵谷桂花节。

中山陵景区

温馨提示

从中山陵到明孝陵、灵谷寺有往来的小火车，5元/人。

1号线：梅花谷停车场—四方城—美龄宫（明孝陵博物馆）—中山陵西站—中山陵南站；

2号线：中山陵停车场（紫岚里商业街）—中山陵南—明孝陵（紫霞湖）；

3号线：中山陵广场西—明孝陵（紫霞湖）；

4号线：中山陵广场东—灵谷景区；

5号线：灵谷景区—中山陵南站—明孝陵（紫霞湖）；

6号线：中山陵停车场（紫岚里商业街）—美龄宫（明孝陵博物馆）—海底世界—中山陵西站—明孝陵（紫霞湖）。

钟山风景名胜区位于南京市玄武区，它是一个集园林、古迹、寺庙、赏花等多功能的景区，是南京周边游客周末休闲度假首选，也是全球各地的游客汇集之地。在中山陵缅怀孙中山先生爱国精神、在音乐台漫步喂鸽子、在梅花山登山赏梅、在紫金山天文台看星星……如此美好的钟山，在你的旅途中不能错过。

钟山风景名胜区不可不看

音乐台喂鸽

建议停留时间：60分钟

中山陵广场的南边有一个音乐台，可容纳3000名观众。高大的屏壁既是舞台背景，又起到反射声波作用。周末大人们在看台上休息，欣赏着音乐台的风景和喷泉。孩子们拿着饲料喂着广场上的白鸽，欢乐游戏、惬意无比。

爸爸有话说

中山陵安放着民主革命先行者孙中山先生的陵寝。

梅山赏花

建议停留时间：2小时

梅山景区是梅花主题游的世界，在中国南京梅花艺术中心欣赏各类与梅花相关的艺术品。在梅花谷公园里欣赏千亩梅树，在2月梅花盛放的季节，景色异常美丽，梅香满山。其他时节这里也是绿树成荫、流水潺潺，是赏花踏青露营避暑的好地方。

滑道园游乐

建议停留时间：30分钟

滑道游乐园坐落在中山陵园流徽边，四季风景如画。这里野外烧烤、户外露营、休闲垂钓等设施齐备，也是儿童欢乐游戏的天堂。在这样的地方，几家人约在一起，来上一场CS大战，在丛林求生、阵地争夺、警匪行动等游戏中度过愉快的一天。

儿童乐园

灵谷寺

妈妈有话说

滑道、CS等游戏有一定的风险，不要让孩子单独乘坐或游玩。

灵谷寻桂

建议停留时间：1小时

这里有天下第一禅林，是六朝名胜古迹荟萃之地，每到秋日，红叶如火般热情。此时，桂花飘香，在千株桂花树的陪伴下，明代古建筑无梁殿、清代重修的灵谷寺、国民政府主席、行政院院长谭延闿墓等古迹，更显得清静悠雅。

紫金山天文台观天文

建议停留时间：30分钟

紫金山天文台是一个综合性的天文台，现在已经成为一个国家级天文研究机构。铁山寺公园跑马山顶，是紫金山天文台盱眙观测基地。视野开阔，可以参观青铜制成的大型球体天球仪等最古老的天文仪器。听着导游的讲解，孩子们能够学习到很多天文知识。

妈妈有话说

正午太阳暴晒，不适宜观看。

周边也好玩

六朝古都文化游：南京市—玄武湖—秦淮河—夫子庙—鸡鸣寺—总统府—南京博物院—南京市（耗时3天）。

D1　抵达南京市后，驱车不到1小时就到了玄武湖，游玩玄武湖后，晚上到秦淮河夜游，宿在这里。

D2　游玩夫子庙、鸡鸣寺、总统府等

D3　游南京博物院，下午返程。

如果时间比较充裕，还可以到上海东方明珠塔感受大上海的美景，或者到无锡寻找鼋头渚，或者住在苏州，深度感受苏州文化的魅力，逛园林、吃苏帮菜。

特产

六朝古都南京特产丰富，美食类有盐水鸭（桂花鸭、樱桃鸭）、鸭胗，雨花茶、香肠、香肚、百合、樱桃等。工艺品有雨花石、南京云锦、木雕、金陵折扇、天鹅绒、金陵金箔、金陵辟邪以及仿古牙雕等。

舌尖上的钟山风景名胜区

南京小吃已有千年历史，一百多

玄武湖公园一景

个品种。盐水鸭、麻辣小龙虾、鸭血粉丝汤等特色美食让人唇齿留香。在夫子庙、狮子桥步行街、三元巷都能够吃到正宗的南京小吃。

推荐小吃

- **鸭血粉丝汤**

南京著名风味小吃，由鸭血、鸭肠、鸭肝等加入鸭汤和粉丝制成。口感鲜香，爽口宜人。

- **状元豆**

民间有“吃了状元豆，好中状元郎”的好彩头，状元豆，咸甜软嫩，细细品尝，趣味横生，由于烹制入味，入口有弹性。是一种非常好吃的休闲零食。

- **鸭油酥烧饼**

新奇芳阁的鸭油酥烧饼最为正宗，用鸭油制的酥烧饼，入口又香又酥。

推荐餐厅

- **南京大排档（中山陵店）**

南京市玄武区中山门大街9号。4001877177。糖芋苗、烤鸭包、赤豆元宵、狮子头等。

- **百姓人家（孝陵卫店）**

南京市玄武区孝陵卫177号。025-84735099。老鸭煲、一个也没有等。

- **厨娘.CN（新街口中央店）**

南京市玄武区中山南路79号中央商场8楼。40080906789。老南京新味道。

亲子酒店

钟山风景名胜区夜晚开始变得宁静，一家人住在这里，夕阳西下，在钟山夜幕，享受星级酒店正宗的南京美食。感受舒适的亲子时光。

索菲特钟山高尔夫酒店

南京市玄武区环陵路9号。025-408888。法式设计，均价650元左右／天。

紫金山庄

南京市玄武区环陵路18号。025-84858888。有亲子房，均价568元左右／天。

碧桂园欧洲城凤凰酒店

南京市玄武区滁宁大道1998号。025-68991199。均价380元左右／天。

往返交通

到达交通

南京禄口国际机场，乘机场巴士1号线转55路直达景区。

南京南站，转乘地铁直达景区。

到南京必吃小笼汤包

南京街边甜品

状元豆

皮市街

亲子游达人：胡菲

皮市街小档案

地址：江苏省扬州市广陵区文昌中路。
开放时间：全天。
最佳季节：3月。

精彩看点

- 江南古巷
- 猫说
- 边城书店
- 耿家大院

皮市街曾是扬州“皮货一条街”。早在元代，这条街被用来装备军马，当时称为“马军营四铺南”与“马军营四铺北”，至清代，此处发展成为皮货街市，并分南北，南皮市处在街道南段，以售卖皮衣帽、皮毯、皮褥等软件皮货为主，而处在街道北段的北皮市则以皮鞭、皮带、皮靴等硬件皮货为主要售卖品种。街道里穿插了各色古旧有趣的小巷，每条小巷都布满了苏浙一代的小吃，也有扬州著名的三丁包子、蟹黄蒸饺、大煮干丝、翡翠烧卖等。

皮市街·时光

皮市街不可不看

江南古巷

建议游玩时间：30~45分钟

这是一条隐匿在喧闹城区里的幽静小巷，从南穿北，脚下是麻石青砖小径，左右身旁排布着烧饼铺、小学、理发店、书屋、民居、羊肠小巷，一眼望去，没有超过三层楼的建筑，倒是长得葱郁的一棵棵大树都从院墙里探身到了街两旁，到了晚上，淡黄色的灯光一路铺下去，树影越加婆娑，傍晚八点左右光景这里已是夜半人静，偶尔一辆自行车老远响着“丁零丁零”从身旁驶过，迷迷蒙蒙像误入了时代。

民居

边城书店

妈妈有话说

李白的名句《送孟浩然之广陵》“故人西辞黄鹤楼，烟花三月下扬州。孤帆远影碧空尽，唯见长江天际流。”里面的扬州就指这里。

边城书店

建议停留时间：15~20分钟

边城书店是我见过的最雅致的书店，雅致到不看门前的招牌就不晓得这是一个书店，即使忍不住进去，会发现，这里绝对是一个方寸宝地，不止有古书古卷，连石砚、纸墨、纯手工的小物件、紫檀木的手串儿、刺绣着彩花的绫绢扇、青花瓷的小茶碗……都齐活了，没有想不到的。

猫说慢生活馆

建议停留时间：15~20分钟

猫说是一家公益猫咪咖啡馆，老板是90后创业小伙，扎着辫子，穿着白色T恤，戴着黑框眼镜，再加上店里的几只呆萌喵星人，真是很文艺，据说店里的收入全部用来供养流浪猫咪，并且来喝咖啡的人如果被哪只喵星人勾搭了还可以申请带走，可谓十分暖心。店内还摆放着几本关于旅行的书、放着慢调子的音乐，慵懒呆萌的猫咪，连同那盏透着微黄光晕的顶灯，都打造了眼前这杯独特的咖啡。所以，进来坐一坐，聊聊猫咪，聊聊其他，不失为一种生活。

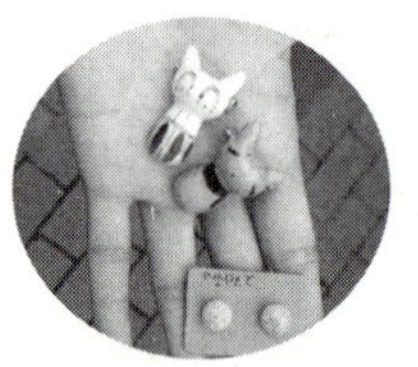

猫咪胸针

妈妈有话说

孩子和猫咪玩耍时，要小心被抓伤。

耿家大院

建议停留时间：30~45分钟

皮市街穿插着耿家巷，追溯起来，这里曾经诞生了六代传家的耿氏名医，一直居住在耿家大院。但这却是一座古朴的老宅，门楣无飞檐雕饰，壁砖已被风化破损，宅内分列就诊厅、诊室、生活区及黄包车库，简单朴实的家具及陈列无不透露着主人青囊行医的品德，令今天的人感概万千。

猫说

周边也好玩

扬州文化一日游：何园—朱自清故居。

舌尖上的皮市街

扬州是中国四大菜系之一淮扬菜系的发源地，扬州菜以拆烩鲢鱼头、扒烧整猪头、蟹粉狮子头“三头”为代表，大煮干丝、“三套鸭”体现了淮扬菜的刀功，三头宴和红楼宴、全藕宴一起被称为扬州菜肴三绝。

手绘菜单

小舍艺术主题客栈

推荐美食

- **大煮干丝**

一片豆腐干被分成17层然后切丝，丝细如发，配以青菜、火腿丝、笋丝、木耳丝等等辅料用鸡汤熬制，营养丰富，美味又清淡。

- **蟹黄汤包**

每年10月取饱满的膏蟹蟹黄，配以精白面粉制成，入口汁满而溢，蟹黄浓香绵密，忍不住地好想再来一个。

推荐餐厅

- **老友记餐厅**

🏠扬州市广陵区皮市街140号。📞15150823266。🔍老友鸡块、重奶酪芝士蛋糕、孟菲斯比萨。

- **同顺馆**

🏠扬州市广陵路159号门口。📞0514-8098637。🔍烫干丝、三丁包、赤豆元宵、虾子饺面。

亲子酒店

扬州小舍艺术主题客栈

老房子改的青年旅舍总是别有味道，这件小舍精致、干净、简单，一层分布着咖啡桌、暖色沙发以及摆满明信片的书桌，房间也各有特色，有日式小清新的榻榻米、温馨浪漫的韩式风，二层的走廊还布置了摆满玩偶的书架，大大的黑板墙，一下把人拉回了学生时代。关键的是这里不仅处于皮市街，并且距离何园、东关街、个园、梅花书院、朱自清故居等景点非常近，而且店主还为旅客准备了手绘地图。出了小舍就是古街古巷，还有各种小吃，非常便利。

🏠扬州市广陵区皮市街74号。📞0514-87235586。

往返交通

到达交通

✈ 南京禄口机场坐南京到扬州的机场大巴，打车到扬州市广陵区文昌中路皮市街。

🚌 乘坐26、88路公交车到“琼花观”站，前行左拐进入皮市街。

市内交通

🚌 汽车西站乘坐33、66路公交车，至“琼花观”站下车，前行右拐进入皮市街。

汽车东站乘4、12、26、66路公交车，到“琼花观”站，前行左拐进入皮市街。

苏州园林

亲子游达人：熊靓

苏州园林小档案

地址：江苏省苏州市

级别：5A。

温馨提示

苏州园林的风格比较类似，因数量众多，建议游览3～4个比较典型的园林，即可感受苏州园林的魅力。

苏州园林是历代苏州市的园林建筑，以私家园林为主。两千多年的苏州历史里也伴随着园林的发展和变迁，今天苏州保存完整的有60多处，对外开放的园林有19处。1997年，苏州古典园林作为中国园林的代表被列入《世界遗产名录》，主要代表有沧浪亭、狮子林、拙政园、留园、网师园、怡园等。苏州园林作为中国建筑文化、园林文化的代表，深受国内外游客的欢迎。目前，在世界各国有苏州园林复制品达20个。

拙政园

精彩看点

- 私享拙政园
- 苏绣在环秀
- 留园插花美
- 古镇退思
- 狮子林寻石

苏州不可不看

私享拙政园

建议停留时间：1～2小时

拙政园位于苏州娄门内，是苏州最大的一处园林，与北京颐和园、承德避暑山庄、苏州留园并称为中国四大古典名园。这里日常游览时间游人比较多，拙政园专门开设了私人定制早场，在6：30入园，四人即可预订。清晨游人极少，体验原汁原味的拙政园五百年的文化精髓。

江苏省苏州市平江区东北街178号。淡季（10月31日～次年4月15日）：70元/人，旺季（4月16日～10月30日）：90元/人。7：30～17：30。0512-67510286

狮子园

留员

妈妈有话说

早场可以通过拙政园官方微信、苏州旅游局官方微信预订，每天限额16人。3~11月皆适宜游玩，4~10月会举行杜鹃花展和荷花展。

留园插花美

建议停留时间：1~2小时

留园以园内建筑布置精巧、奇石众多而知名。留园的盆景、插花艺术也是大受孩子们的欢迎。每年一到春节，留园就举办各类花展，有牡丹、梅花等各种花卉。在太湖石的冠云峰下、小桃坞茶室里欣赏着满园的鲜花与古建筑门窗相映生辉，非常赏心悦目。

江苏省苏州市金阊区留园路338号。 旺季（4月1日~10月31日）：55元/人；淡季（11月1日~次年3月31日）：45元/人。 7：30~17：00。 0512-65337903。

狮子林寻石

建议停留时间：1小时

狮子林在苏州园林中以多竹、怪石而闻名，这里的假山林立，气势磅礴，似狮似虎。在狮子林的亭、台、楼、阁、厅、堂、轩、廊之人文景观游览，了解园林假山文化。在园子里迷宫一般的假山，是最受孩子们喜爱的，不仅能玩捉迷藏的游戏，还可以

狮子园

狮子园

留园赏花

举行比赛，寻找各种动物形状的太湖石，别有趣味。

苏绣在环秀

建议停留时间：1小时

环秀山庄位于苏州城中景德路，今苏州刺绣博物馆内。园景以山水为主，园林不大，但是精巧的园林设计颇具风格。特别是在苏绣博物馆里，通过200多件优秀的藏品，感受到苏州刺绣2000多年的历史和变迁。

苏州市景德路262号。 游1线、3、46、701路可达。 15元/人。 8：00~17：00。

周边也好玩

苏州文化游：苏州—平江路—周庄—木渎—金鸡湖（耗时3日）。

D1 游览完苏州园林至平江路内，在平江路上吃苏帮菜、购买苏州特产。

D2 早上前往周庄，到古戏台听昆曲，到双桥留影。下午在木渎古镇参观，点状元写扇面。晚上住在金鸡湖边赏夜景。

D3 乘坐游船赏金鸡湖美景，下午从苏州返程。

如果时间比较充裕，还可以驱车到无锡的鼋头渚品尝太湖船菜。

特产

- **太湖银鱼**

银鱼营养丰富，肉质细腻，洁白鲜嫩，无鳞无刺，无骨无肠，无腥。可烹制成各种名菜佳肴，如银鱼炒蛋、银鱼馄饨等。

- **太仓肉松**

太仓肉松已有100多年的制作历史，肉松纤维细长，品质柔软，味道鲜美，入口即化。

- **苏式蜜饯**

现有160多个品种，以金丝蜜枣、奶油话梅、金丝金橘、白糖杨梅、九制陈皮最为著名。

舌尖上的苏州园林

在苏州吃苏帮菜是一次非凡的舌尖之旅，苏州美食讲究“不时不食”，所以四季美食食材新鲜。苏州春天的

青团子

酒酿鲜

青团子、撑腰糕、腌笃鲜、金花菜；夏季的粽子、东山杨梅、蚕豆；秋季的大闸蟹、桂花糖芋艿、扣肉；冬季的羊羔肉、冬酿酒、桂花糖年糕等都是过了季节吃不到的美食，所以想吃应季美食，需要选对季节去苏州。

推荐美食

• **青团子**

发源于苏州太仓，将麦草的汁拌进糯米粉里，再包裹进豆沙馅儿制成。这道美食不甜不腻，带有清淡且悠长的青草香气。

• **腌笃鲜**

由春笋和鲜、咸五花肉片一起制作的一道汤菜。口味咸鲜，汤白汁浓，肉质酥肥，笋清香脆嫩，鲜味浓厚。

• **酒酿饼**

是清明前后才能吃到的一道美食，此季节的气温发酵后的面有特殊的美味。酒酿饼有荤、素之分，品种主要有玫瑰、豆沙、薄荷等味，以热食为佳。

• **阳澄湖大闸蟹**

又名金爪蟹，产于苏州阳澄湖。体大膘肥、青壳白肚、肉鲜膏腻。农历九月食雌蟹、十月食雄蟹最佳。

推荐餐厅

• **鹤园茶楼**

苏州市平江区平江路302号。15850066671。菊花鱼、白糖莲心粥、葱油拌面、松鼠鳜鱼、鲜肉小笼等。

• **花间堂茴香餐厅（探花府店）**

苏州市南石子街10号（近平江路）。0512-69162008，18912771185。

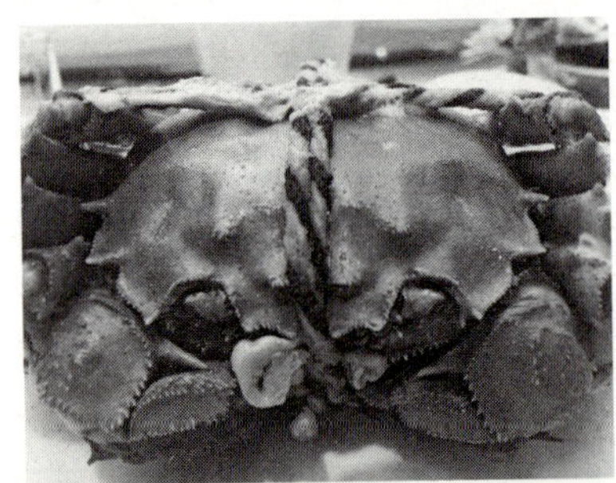
阳澄湖大闸蟹

银鱼炒蛋

书香世家·平江府

🔍奥灶面、松鼠鳜鱼、清炒虾仁、腌笃鲜、白灼虾、拉丝枣糕、太湖白鱼。

• **老苏州大客堂（观前街店）**

🏠苏州市平江区观前街碧凤坊一弄35–45号时尚莱迪购物广场4楼。📞0512–67532577。🔍糖粥、葱油拌面、小笼包、蟹壳黄、泡泡小馄饨、生煎包、牛肉锅贴等。

亲子酒店

南园宾馆

🏠苏州市沧浪区带城桥路99号（近十全街）。📞4006000622。💴700元左右，有亲子房。

书香世家·平江府

🏠苏州市平江区白塔东路60号（近狮子林）。📞4008887388。💴均价680元左右。

苏州文旅花间堂探花府

🏠苏州市平江区南石子街10号（近平江路）。📞4006790089。

往返交通

✈到上海浦东机场、无锡硕放机场专程大巴均可以到苏州市内。上海虹桥机场乘坐高铁30分钟抵达苏州。

🚆苏州有四个火车客运站，分别是苏州站、苏州北站、苏州工业园区高铁站和苏州新区高铁站。其中苏州北站距离市区较远。建议到达苏州站，苏州站靠近市中心和汽车站，游览景点十分便利。

周庄古镇

亲子游达人：熊靓

周庄古镇小档案

地址： 江苏省苏州市昆山市周庄镇。

级别： 5A。

门票： 100元/人（儿童1.2米以下免费；残疾人士凭残疾证免费；70岁周岁以上老人证、现役军官证、国家导游证、记者证、驾驶员A1照免票；儿童身高1.2~1.5米之间半价优惠；60~69周岁老人凭有效证件半价优惠）。

时间： 8：00～19：00

季节： 春、秋两季

电话： 0559-5541158

温馨提示

留宿周庄的游客，到售票处旁边的拍照点进行免费拍照，门票有效期将延长3天。

周庄

精彩看点

- 双桥留影
- 四季周庄
- 戏台听曲
- 水乡游船

周庄已经是中国古镇的代表了，旅游旺季，周庄就是一片繁忙的景象，居民、商铺、游船到处都是游人，建议去周庄亲子游的尽量避开节假日，这样才能感受这座古镇的江南第一水乡的魅力。镇上的近百座古典宅院和60多个砖雕门楼依然保持着古风，顺着街巷前行，建议游览沈万三故居、富安桥、双桥、沈厅、怪楼和周庄八景等。

周庄古镇不可不看

双桥留影

建议停留时间：10分钟

双桥是指位于周庄中心位置的世德和永安两桥，这两座桥建于明代，两桥相连，像极了古时候的钥匙，又称钥匙桥。双桥是到周庄的游客必游之地，也是摄影师喜欢的取景之地。

爸爸有话说

著名画家陈逸飞所绘《故乡的回忆》

“双桥”油画曾被选为联合国首日封图案，这里的双桥就在周庄。为了纪念陈逸飞对周庄的贡献，周庄还建有陈逸飞纪念馆。

戏台听曲

建议停留时间：15~20分钟

发源于周庄的昆曲，是百戏之祖。而周庄的古戏台是一个欣赏昆曲和江苏地方戏曲的地方。对于孩子来说，戏曲的扮相比唱腔更有兴趣。古戏台有420只木雕凤凰盘旋成复盆状，称作“凤凰藻井”，利用共鸣原理筑成扩音器。在不演出的时候，登上舞台，穿过虎度门，过一把戏瘾。

水乡游船

建议停留时间：30分钟

周庄有两种游船，一种是摇橹游船，另一种是画舫游船。坐着摇橹船穿拱桥过水巷，船娘都会献上一首吴曲小调助兴。坐着画舫环游周庄古镇，煮茶品酒，好不潇洒。坐船是孩子们喜欢的游乐项目，同时，爸爸妈妈也可以缓解疲劳。

妈妈有话说

江南多雨，上、下游船要注意脚下安全，以免滑落水中。乘坐游船时要穿上救生衣，保证安全。

水乡游船

创意纸箱

建议停留时间：15~20分钟

这个来自台湾的品牌落户周庄，让古镇焕发出了时尚创意的生机。这里几乎所有的物件都是由纸壳制作而成：椅子、桌子、壁纸、盘子、灯具、花朵，甚至动物。在这个纸箱主题乐园畅游，绝对是孩子们的欢乐时光，点上一杯下午茶和餐点，让逛古镇的疲惫一扫而光。

精彩演出

《四季周庄》实景演出，票价150元。《四季周庄》水乡实景演出时间

《四季周庄》演出

为19：00~20：00。1.2米以下儿童免票。真实生动地再现周庄古镇水乡人家的质朴、多情和执著的故事。

周边也好玩

古镇园林游：上海市—同里—苏州园林—尚湖—木渎—上海市（耗时4天）。

D1 抵达上海市后，驱车不到一小时就到了同里，游览后休息。

D2 前往苏州园林，拙政园、狮子林等参观1天，吃苏州美食。

D3 游玩尚湖，带着孩子可以游玩一天，宿常熟。

D4 木渎游玩，吃藏书羊肉，晚上取道上海返程。

如果时间比较充裕，还可以到上海东方明珠塔感受大上海的美景，或者到无锡寻找鼋头渚，或者住在苏州，深度感受苏州文化的魅力，逛园林、吃苏帮菜。

特产

周庄古镇900年以来，传统工艺都具有超高水平。竹编小巧精致、庄炉花色繁多、土布原生态、万山酒碧清味浓、周庄筷子的独特……走在周庄古镇的街巷里，看到喜欢的丝绸，可买回家送人。

周庄里的园林

舌尖上的周庄古镇

周庄里的美食，以明代江南首富沈万三的家宴为核心，万三家宴讲究时鲜，选料精致，有万三蹄、三味汤等，今天的沈厅还保持着明清建筑的风格，也能品到过去的味道。

推荐美食

- **万三蹄**

是沈万三家招待贵宾的必备菜，“家有筵席，必有酥蹄”。今天它是周庄人过年过节、婚宴中的主菜，意为团圆。

- **虾糟**

在夏秋普遍食用，用水晶虾为食材，虾细如缝衣针，虾肉饱满味道自然鲜美。虾糟平时当“作料”用，如虾糟豆腐、虾糟小鱼等。

阿婆茶

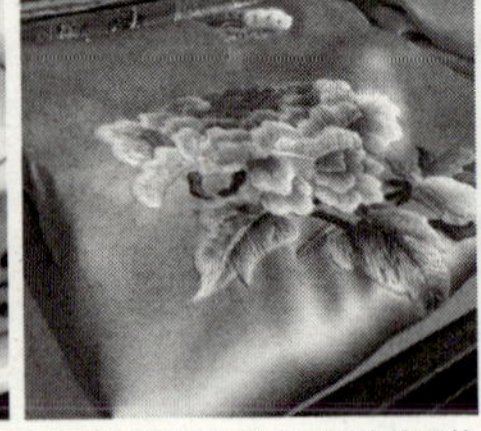

苏州丝绸是来周庄必买的伴手礼

万三蹄

白水鱼

螺蛳汤

• **万三糕**

周庄糕点已有数百年历史，因用料讲究，品种众多，片薄滑糯而受到沈万三山的喜爱，因而得名万三糕。

• **阿婆茶**

没有吃过阿婆茶，不算来过周庄。吃过阿婆茶后能品出水乡古镇的味道。

推荐餐厅

• **莼鲈之思**

昆山市周庄镇陈家弄7号，沈厅后门。 13390879530。 小巴鱼、万三蹄、白水鱼、松鼠鳜鱼等。

• **昆山市周庄花间堂桔梗餐厅**

昆山市周庄镇中市街110号。 13812899961。 酱爆螺蛳、阿婆炒饭、银鱼炒蛋等。

亲子酒店

周庄古镇的夜晚与白天呈现出了两种不同的景象，所有的酒吧、咖啡馆、餐厅都开始营业了，无数的年轻人都聚到这里享受夜生活。

花间堂季香院

昆山市周庄风景区中市街110号。 0512-57220008，18036112251。 有亲子房，均价650元左右/天。

周庄忆江南客栈

昆山市周庄风景区后港街37号（近全福路）。 0512-57211657。 有亲子房，均价278元/天。

红庭别院主题客栈

昆山市周庄古镇南湖街8号（近全福寺）。 13375158884。 均价260元/天。

往返交通

到达交通

上海虹桥国际机场，转地铁乘坐昆山旅游大巴至周庄。

昆山南站，转乘大巴前往周庄古镇。

周庄忆江南客栈

鲁迅故里·沈园

亲子游达人：林科

鲁迅故里·沈园景区小档案

地址：鲁迅故里：浙江省绍兴鲁迅中路241号；沈园：浙江省绍兴越城区鲁迅中路318号。

门票：绍兴旅游联票120元/人；沈园：40元/人；沈园之夜：A票138元/人，B票118元/人，C票80元/人，绍兴古城通票140元/人。

优惠政策：6周岁（含）以下儿童凭户口簿等有效证件；身高1.2米（含1.2米）以下儿童；大、中、小学生集体参观凭学校介绍信（提前预约确认）免票入沈园。

沈园之夜免票对象仅限身高1.2米以下儿童，随大人一起入园。沈园之夜优惠票：身高1.2～1.5米儿童半价，优惠仅限C票。

开放时间：鲁迅故里开放时间：8：30～17：00；沈园开放时间：8：00～17：00。

电话：鲁迅故里：0575-85132080；沈园：0575-85135140。

因鲁迅的存在，鲁迅故里变成了绍兴市的“镇城之宝”。沈园（又名沈氏园）位于绍兴市区东南的洋河弄，本是富商沈氏私家花园。这里有一位赤诚报国、勤政爱民、成就辉煌、稽山镜水的陆游，还蕴藏陆游与唐琬凄美动人的爱情故事。《钗头凤》中“伤心桥下春波绿，曾是惊鸿照影来”的名句，至今仍为人们所感慨万千。

精彩看点

- 鲁迅故里·三味书屋
- 鲁迅故里·风情园
- 沈园·沈园之夜
- 沈园·陆游纪念馆

鲁迅故里·沈园不可不看

鲁迅故里·三味书屋

建议停留时间：30分钟

三味书屋是清末绍兴城里著名私塾。鲁迅12～17岁在这里求学。鲁迅的座位在书房东北角，一张硬木书桌是鲁迅使用过的原物。有一次鲁迅因

三味书屋

故迟到，受到先生的批评，就在书桌右上角刻“早”字以自勉。塾师寿镜吾（晚署镜湖），是一位刚正、质朴和博学的人。他的为人和治学精神，给鲁迅留下难忘的印象。

爸爸有话说

小时候的小学课本里就选用了鲁迅的《从百草园到三味书屋》，在这里更能感受到鲁迅勤奋学习的状态，同时也让孩子感受到大文豪的勤奋，从而更好地激励孩子。

鲁迅故里·风情园

建议停留时间：30分钟

鲁迅笔下风情园位于绍兴鲁迅纪念馆西北侧，有一朱家台门，又称“老磐庐”，它西接周家新台门，东邻周家老台门，北临东咸欢河。朱家台门环境幽雅，且寓古迹，为古城绍兴保存最完整的典型的花园台门建筑。朱家台门的主人名叫朱阆仙，即买下周家新台门的“朱文公的子孙”。朱家台门原为越王望花宫故址，是明初名将胡大海官宅的一部分。

妈妈有话说

亲身来到鲁迅故里，更能让在现代社会冲击下的孩子回归到那个时代，对鲁迅更加尊敬一分，也会对鲁迅的作品增加兴趣。

沈园·沈园之夜

建议停留时间：1小时

沈园是绍兴著名的夜游景点，有“码头恭迎、市井夜市、开园仪式、诗境游园、乡饮酒礼、礼饼献瑞、开戏鸣锣”等具体活动项目。还有家丁恭候、宋币换购、管家迎客、侍女讲解、品饼饮酒、民乐伴奏、堂会表演。一家人可以在参与了宋代大户人家的开园仪式后，在侍女陪同下游园，欣赏风情大戏，醉在花前月下、灯影酒香之中，感受南宋爱国诗人陆游与表妹唐琬凄美的爱情故事。欣赏堂会表演《沈园情》，感受浓郁的绍兴地方文化。

沈园·陆游纪念馆

建议停留时间：30分钟

陆游纪念馆是沈园一个新景，位于沈园古迹区南侧。展出有陆游手迹、照片、画幅、善本、托拓片、实物模型等，显现了陆游爱国忧民和作为一代文豪的辉煌成就。展览将爱国壮志、爱乡赤子和爱情悲歌的陆游表现得淋漓尽致，让孩子更加了解陆游这位温情却又刚烈的爱国诗人。

庭院

德寿堂

沈园

陆游唐婉像

东湖美景

周边也好玩

鲁迅故里—沈园景区—东湖—兰亭—绍兴柯岩（耗时3天）。

D1　游览鲁迅故里·沈园景区。

D2　前往东湖感受清澈的东湖水，之后到兰亭看看王羲之当年写下《兰亭序》的地方。

D3　一家人前往绍兴柯岩风景区，休整后返程。

舌尖上的鲁迅故里·沈园

绍兴菜富有江南水乡风味，以淡水鱼虾河鲜以及家禽、豆类为烹调主料，注重香酥绵糯、原汤原汁、轻油忌辣。除此以外，绍兴的清汤越鸡、醉虾、鲞冻肉、虾油鸡、糟溜虾仁等也很美味。还有与鲁迅笔下人物孔乙己紧紧联系的茴香豆，孩子们最爱吃“有故事的”茴香豆。

推荐美食

- **茴香豆**

茴香豆是绍兴民间比较普遍的“闲食”，由于价廉物美，经济实惠，逐步被城乡酒店作为四季常备的下酒菜。

- **醉蟹**

醉蟹相传由在安徽作幕的绍兴师爷所创。当时，淮河两岸蟹多为患，师爷便向州官提议，鼓励百姓捕捉并上交官府，他则将蟹腌制起来，到各地销售，绍兴俗称其为“淮蟹”。“醉蟹”是在此基础上改良而成，经选蟹、养蟹、制卤、浸泡、醉制等工序精制，清香肉活、味鲜吊舌。

茴香豆

醉蟹

臭豆腐

• **臭豆腐**

臭豆腐，是一种极具特色的汉族传统小吃，古老而传统。而在众多臭豆腐当中，绍兴的臭豆腐在明、清两代时期，被皇宫御赐为“贡品”，其制作工艺有别于其他制作方法，全部纯手工制作一直流传至今，成为非物质遗产传承产物，使吃过的人念念不忘。

推荐餐厅

• **绍兴咸亨酒店餐厅**

绍兴市鲁迅中路179号。 0575-85116666。 臭豆腐。

• **寻宝记状元楼**

绍兴市仓桥直街府横街口。 0575-85223317。 梅干菜扣肉。

• **绍兴饭店**

绍兴市环山路9号。 0575-85155888。 醉蟹。

亲子酒店

绍兴梦江南假日酒店

绍兴市越城区中兴南路203号。0575-88576999。 158～373元/天。

绍兴百草静舍

绍兴市越城区鲁迅中路227号，鲁迅故里景区内。 0575-85113988。 338～498元/天。

绍兴沈园陆公宾馆

绍兴市越城区鲁迅中路286号。 0575-88353666。 88～182元/天。

往返交通

到达交通

到达杭州萧山国际机场，可以乘坐机场大巴到玛格丽特广场机场专线大巴候车处，步行至水木清华公交车站，乘坐130路公交车直达鲁迅故里。

乘动车在到达绍兴北站后，可以乘坐快速公交BRT1号线在人民路口站下车，沿着中兴路向南直走约500米即可到达鲁迅故里景区。也可以选择在第二医院站下车，沿着中兴路往北行走约500米即可达鲁迅故里。

走沪杭甬高速的游客在柯桥出口下后，走104国道往市区方向开，或在袍江出口处下高速，向中兴路往南开，可直达景区。

市内交通

1. 绍兴市客运中心—乘8路或13路公交车到鲁迅故里站下车；
2. 绍兴市汽车西站—乘66路、17路或13路公交车到鲁迅故里下车；
3. 绍兴市汽车东站—乘10路公交车到鲁迅故里下车。

安徽省博物馆

亲子游达人：熊靓

安徽省博物馆小档案

地址： 老馆（安徽省合肥市安庆路268号）
新馆（安徽省合肥市怀宁路268号）。

级别： 5A。

门票： 免费。

时间： 周二至周日9：00～17：00（16：00起停止取票、入场）。

电话： 0566-2821008。

精彩看点

- 文明史陈列馆通览安徽
- 徽州古建筑
- 古生物陈列馆
- 江淮撷珍

温馨提示

周一（除国家法定节假日外）闭馆。

安徽省博物馆现藏文物22万余件，其中以商周青铜器、文房四宝、新安画派作品、徽州雕刻、明清徽州文献和潘玉良美术作品等最为突出。2011年，安徽博物院新馆建成，常年有特别展览。对博物馆感兴趣的可以老馆、新馆同时参观，绝对是一次对安徽文化历史深度体验之旅。

安徽省博物馆正门

安徽省博物馆不可不看

文明史陈列馆通览安徽

建议停留时间：20分钟

在安徽文明史陈列里，可以了解到250万年前，从有人类活动开始的安徽的历史。按朝代划分，包括了安徽的历史名人、重大历史事件和文化成果展览。6岁以上对历史感兴趣的孩子，可以带上讲解器，聆听历史故事。

展品

妈妈有话说

年龄太小的孩子没兴趣和耐心，不适合参观博物馆。

徽州古建筑

建议停留时间：20分钟

在徽州古建筑、安徽文房四宝陈列馆里，犹如来到了一个徽州文化的缩影地。徽州的建筑、生活和文化等都能一览无余，快速地了解安徽文化的风格和情怀。

爸爸有话说

著名画家吴淑娟的画展常年在此展出，可以观赏到这位女画家的作品和遗物。

远古寻梦

建议停留时间：30分钟

古生物陈列馆在古生物学相关学科知识的基础上，以安徽地区发现的中生代、新生代古生物、古人类化石、旧石器文化为主体，结合有关资料，向人们展示生物进化的历史，是

浓郁的徽州文化风情

广大人群，尤其是大学生、中学生、小学生科普教育的良好课堂。

江淮撷珍

建议停留时间：30分钟

江淮大地上，有着无数劳动人员的艺术、设计的精彩作品，在江淮撷珍展馆里，能够看到华丽的金银制品、光洁润泽的玉石……通过这些精湛的工艺品，让我们对灿烂的中国文化无比骄傲。

周边也好玩

合肥体验游： 合肥市—包公祠—逍遥津—三河古城—合肥市（耗时约2天）。

D1 包公祠、逍遥津，宿合肥。

D2 前往三河古城参观1天，当天返回合肥市。

如果时间比较充裕，还可以去黄山感受山川之美、到九华山寻佛问祖。

特产

合肥的四大名点最有特色，也是送礼的佳品。带着孩子到老字号里买一点，带回家分给亲朋好友，分享着旅途中的故事。四大名点分别是麻饼、烘糕、寸金、白切，烘糕润肺消喘、麻饼是香甜松软、寸金软不黏牙、白切刀工细腻。

舌尖上的安徽省博物馆

合肥作为安徽的省会，也是集合和徽派美食的众多佳肴。在这里品徽菜，也是各地美食的一次大聚会。

- **李鸿章杂烩**

这是一道汉族传统名菜，属安徽菜，相传是李鸿章在清末时发明，混合精华是此菜的亮点，鲜香可口，鲜而不腥，醇香不腻，咸鲜可口。

- **一品玉带糕**

清乾隆年间，一品玉带糕作为贡品，御封为“一品玉带”。玉带糕不仅香甜可口，而且具有滋阴强身、润肠益气、清火健胃、生津润肺等功能。

- **庐州烤鸭**

宫廷御膳美食，后来流入到了民间，也让我们有了口服。庐州烤鸭选料上乘，加工考究，肥而不腻、味道鲜美。

李鸿章杂烩

一品玉带糕

庐州烤鸭

推荐餐厅、咖啡厅

• 同庆楼天鹅酒家

合肥市政务区怀宁路1599号宏源大厦。 0551-63517099。 庐州烤鸭等。

• 徽府酒楼（怀宁路店）

合肥市政务区怀宁路与祁门路交口（近祁门路）。 0551-63501717。胡适一品锅等。

亲子酒店

安徽省博物馆地处合肥的政务区，可选择的酒店比较多，但是并没有亲子乐趣的酒店，建议住在安静舒适的星级酒店。

天鹅湖大酒店

合肥市政务区政务文化新区东流路888号。 0551- 62365804。均价300元左右。

往返交通

合肥新桥国际机场，机场有大巴到政务区，5分钟车程到达景区。

合肥火车站，打车20分钟就达到景区。

天鹅湖大酒店

古徽州文化旅游区

亲子游达人：熊靓

古徽州文化旅游区小档案

徽州古城

地址：安徽省黄山市歙县。

级别：5A。

门票：100元/人，60岁以上老年人半价。

时间：8：00～17：00。

电话：0559-5541158。

鲍家花园

地址：安徽省黄山市歙县郑村镇棠樾村东大道。

级别：5A。

门票：100元/人，会员50元/人。

时间：7：30～18：00。

电话：0559-5541158。

备注：门票价格包含了牌坊群、祠堂（男、女祠）、古民居、鲍家花园。

精彩看点

- 古城畅游
- 中法生活
- 牌坊怀古
- 民宅寻根
- 古宅呈坎

呈坎

级别：5A。

地址：安徽省黄山市歙县040乡道附近。

门票：107元/人。

时间：7：30～18：00。

电话：0559-3536888。

唐模

级别：5A。

地址：安徽省黄山市徽州区。

门票：80元/人。

时间：7：30～18：00。

唐模古村

电话：0559-3539095。

潜口民宅

地址：安徽省黄山市徽州区潜口村潜黄路1号。

门票：免费。

时间：淡季8：00～17：00；旺季8：00～18：00。

电话：0559-3535501。

古徽州文化旅游区是由徽州古城、牌坊群鲍家花园、唐模、潜口民宅、呈坎五大景区组成。来到这里，可以游览保存最为完好的中国四大古城之一——徽州，中国最大的牌坊群落——棠樾牌坊群；中国水口园林第一村——唐模；中国风水第一村——呈坎；明清民间建筑艺术的活专著——潜口民宅。

古徽州文化旅游区不可不看

古城畅游

建议停留时间：2小时

徽州古城就是一座徽派建筑、人文、历史、风土人情、美食文化的博物馆。这座博物馆里，动态的生活替代了静态的展示；自然的互动替代了生硬的介绍。在雄伟的许国石坊下，徽府衙、渔梁码头、陶行知纪念馆等都是徽州人荣耀的历史文化。

爸爸有话说

发明活字印刷术的毕昇就出生在古徽州文化旅游区。活字印刷是一种印刷方法，通过使用可以移动的金属或胶泥字块，取代传统的抄写，或是无法重复使用的印刷版，提升了印刷效率。

徽州古村

妈妈有话说

参观码头、水坝都需要注意脚下安全，避免与其他游客拥挤。

牌坊怀古

建议停留时间：2小时

棠越牌坊群·鲍家花园，由古牌坊、古祠堂、古民居、鲍家花园组成。鲍灿孝行坊、慈孝里坊、鲍文龄妻汪氏节孝坊、乐善好施坊、鲍文渊妻节孝坊、鲍逢昌孝子坊、鲍象贤尚书坊，七座牌坊庄重威严。

古宅呈坎

建议停留时间：1天

中国风水第一村——呈坎八卦村，形似一幅天然八卦图。整个村落按着八卦的形式来布局建村，诠释了水火相克生万物，天地容万物的先哲理论。村内较好地保存了20多座古宅，留下了明清以来的建筑奇迹。

中法生活

建议停留时间：2小时

被誉为“唐朝模范村”的唐模村，檀干溪穿村而过，全村人沿岸而居，村里千年古樟飘香。而今天这里却融合了浓郁的法式生活，与法国乡村家庭酒店合作，打造了中国的法国乡村度假生活。可提前预订酒店，在这里

潜口民宅

住上几日，感受中法生活的交汇。

民宅寻根

潜口民宅是徽州明代民居的缩影，也是如今的潜口民宅博物馆。这座分为明园和清园的中国典型性民用传承的方式，让各式古民居、古祠堂、古牌坊、古亭、古桥等古建筑群及距今五百多年的古树、古井、古匾焕发着新的生机。

周边也好玩

皖南徽文化游： 黄山市—屯溪老街—西递—古徽州文化旅游区—黄山—古徽州文化旅游区—黄山市（耗时5天）。

D1　抵达黄山市后，先参观市内古韵盎然的屯溪老街。

D2　前往西递参观1天。

D3　游玩鲍家花园，晚上前往黄山。

D4　欣赏黄山日出和山中美景。

D5　唐模古村，晚上取道黄山市返回。

如果时间比较充裕，还可以北上绩溪寻访诸多古迹、探险徽杭古道，或者南入江西，欣赏婺源的世外桃源美景。

舌尖上的古徽州文化旅游区

这里有着最正宗的徽菜，臭鳜鱼、太白鱼头、徽州刀板香、呈坎罗氏毛豆腐、呈坎八卦宴、问政山笋、潜口酒酿饼、灵山贡米、灵山酒酿、蟹壳黄烧饼、徽州裹粽、石头馃都是舌尖上的美味，也是别处无法品尝到的美食。

推荐美食

- **徽州刀板香**

用腌咸肉制成的刀板香是徽州菜的代表，也是徽州人待客的首选。将腌肉放置于香樟木板上蒸制，油腻皆被木板吸走，保持肉的咸鲜且油而不腻。

徽州古牌坊

毛豆腐

刀板香

• 呈坎八卦宴

朱熹创制的八卦宴800多年来一直流传于徽州民间，用“易有太极，是生两仪，两仪生四象，四象生八卦”的道理创制各种菜肴，按照八仙桌的八卦图进行菜肴摆放。

• 潜口酒酿饼

是徽州当地人非常喜爱的下午茶点。潜口镇蜀源村的酒酿饼采用传统工艺制作，素以色泽光亮、口感细腻著称。

推荐餐厅

• 龙凤徽菜楼

黄山市古徽州文化旅游区商业街前街003号。 0559-6533017 / 13635597918。 臭鳜鱼、铁板臭豆腐、冬笋炖咸肉、炒米粉。

• 水香园土菜馆

黄山市徽州区潜口镇紫霞大道56号，近黄山市徽州区潜口镇潜口民宅博物馆。 0559-3531868。 实惠，徽菜味道正宗。

• 德懋堂容成会所

黄山市徽州区丰乐湖景区。 0559-3531972 / 0559-3541818。 环境优雅的徽派美食之地。

亲子酒店

来到徽州住在古宅里是最能感受穿越古今感受的地方，景区周边有着无数的酒店可选，在此推荐几处有特色的酒店。

唐模法国家庭旅馆

黄山市徽州区潜口镇唐模村。 0559-3548888。 有亲子房，均价350元。

鲍家花园大酒店

黄山市歙县郑村镇棠樾村（鲍家花园景区内）。 15345595268。 均价300元左右，可以订酒店加景区景点的套餐，节省费用。

往返交通

黄山国际机场，打车至黄山市区约20元，在市区客运总站乘车前往古徽州文化旅游区。

需从黄山火车站打车至客运总站，再转乘大巴前往古徽州文化旅游区的各个景区。

从黄山市区屯溪至景区30分钟。

唐模法国家庭旅馆

宏村

亲子游达人：熊靓

宏村小档案

地址： 安徽省黄山市歙县宏村镇。

级别： 5A。

门票： 104元/人（通票，三天有效），凭学生证半价。

时间： 7：30~17：30。

季节： 3~4月油菜花盛开，粉墙黛瓦，青山绿水，黄花遍野。11月上旬秋色正浓，塔川红叶绚烂多姿。

电话： 0559-5541158。

温馨提示

宏村在10月有黄山旅游节，春季则有国际山地自行车节，春节期间，还有赛鸟等民俗活动。

精彩看点

- 月沼倒影
- 书院习礼
- 石板小巷
- 雕刻忆古
- 宗祠寻根
- 塔川秋色

宏村不可不看

宏村是皖南徽州一座奇特的牛形古村落。其始建于南宋绍兴年间，距今约有900年的历史。全村现完好保存明清民居140余幢徽派建筑，被誉为“民间故宫”。村内外人工水系规划得精致巧妙，形成了青山秀水、粉

宏村

月沼里的徽派建筑倒影

承志堂内的木雕非常精美

墙黛瓦的秀美画卷，享有“中国画里乡村”的美称。同时宏村还是徽商的故乡，古朴的建筑、精美的雕饰、文明的居民，无不透出浓郁的徽州文化特色。在宏村周边，则是一派乡野气息，是亲近自然、户外远足的绝好去处。

月沼写生

建议停留时间：30~45分钟

月沼是宏村最美的地方，吴冠中曾在此创作过很多经典作品。如今每天都有很多画家在此写生。爱画画的孩子，可以带上画具，描绘月沼中粉墙黛瓦的完美倒影，和画家们一起写生交流，感受徽派文化散发出的独特韵味。

妈妈有话说

2000年，吴冠中在乔十光先生的推荐下来到宏村，住在添灯旅社（宏村前街23号），创作了多幅宏村水墨作品，在美术界引起轰动。叱咤奥斯卡的电影《卧虎藏龙》也在此取景。

温馨提示

月沼里的宏村倒影是最具代表性的徽州美景，清晨和傍晚时分风小，常常能拍到完美倒影。

书院习礼

建议停留时间：15~20分钟

过去所有村子里的孩子都要在位于村中心月沼边的南湖书院读书习字，学习做人、做事的道理，传承着家国的荣誉。南湖书院创建于明末，是国内保存最为完好的宗族书院，近代民国代理国务总理汪大燮、徽商巨富汪定贵等都在此受过启蒙教育。

雕刻忆古

建议停留时间：15~20分钟

承志堂建于清咸丰五年（1855年），是大盐商汪定贵的住宅，也是村中最大的建筑群，内部有房屋60余间。全宅有木柱136根，木柱和额枋间均有雕刻，题材有“渔樵耕读”“三国演义戏文”“百子闹元宵”“郭子仪拜寿”“唐肃宗宴客图”等，工艺精湛，雕刻栩栩如生，是了解古建筑文化的好地方。

温馨提示

村里的石板小巷旁都伴有溪流，极有动感，但雨后的石板路很滑，要看住孩子别乱跑，以防摔倒。

宗祠寻根

建议停留时间：15~20分钟

在宏村深厚的文化中，家文化历史悠久。村内至今保存的乐叙堂，实际是汪氏宗祠，里面有汪氏家族的族谱、祖先牌位等文物，是汪氏家族之间情感之所系。此外，在东山、敦厚堂、敬修堂、桃园居、古树等景点也能寻找到传统家文化所留下的遗迹。

村外踏青

建议停留时间：上午

宏村周围有闻名遐迩的奇墅湖、塔川秋色、木坑竹海等自然风光，是宏村引以为傲的宜居环境，其独特的风水布局是中国古人智慧的集中展现。

温馨提示

村周有一些农家乐，可以品尝到无公害的蔬果和家养的柴鸡。另外，还有一些骑行、拓展训练项目等，有时间的话也很适合与孩子一起玩。

宗祠里的家训格言

《宏村阿菊》演出

精彩演出

《宏村阿菊》是讲述徽州女贤惠、勤劳、持家、教子、耕耘、忠贞如一、保卫家园的故事。在黟县奇墅湖畔每天19：30开始演出。除了讲述历史故事，演出采用了高空特技、高台跳水、时尚跑酷、水上摩托艇、电影特技等。非常适合一家人共同欣赏。

地点：黟县奇墅湖畔。时间：19：30；票价120元起。

周边也好玩

皖南徽文化游：黄山市—屯溪老街—西递—宏村—黄山—徽州古城—黄山市（耗时约5天）。

D1　抵达黄山市后，先参观市内古韵盎然的屯溪老街。

D2　前往西递参观1天。

D3　游玩宏村，晚上前往黄山。

D4　欣赏黄山日出和山中美景。

D5　前往徽州古城，感受徽商文化，晚上取道黄山市返回。

如果时间比较充裕，还可以北上绩溪寻访诸多古迹、探险徽杭古道，或者南入江西，欣赏婺源的世外桃源美景。

舌尖上的宏村

徽派美食在村中无处不在，村边的路上，家家户户都在晾晒笋干、火腿、腊鸭、豆角，散发着独特的醇香。随便进入一户人家，都能吃上一顿正宗的徽派家常菜。红烧桃花鳜、手剥笋、石耳炖土鸡、腊八豆腐、臭鳜鱼、乌饭、毛豆腐等都是徽菜的精彩之作，毛豆腐、臭鲑鱼等还曾经出现在纪录片《舌尖上的中国》里。

推荐美食

• 乌饭

黑色米饭，或碗装，或成团子，都清香可口，但并不是黑米制成。是用宏村特产的乌饭叶的汁液和糯米融合一起，加上鲜肉和香菇，家常必备美食。

• 五加皮炒蛋

宏村饭店里很常见的一道菜。五加皮采自灌木上的嫩芽，是宏村的种特产。五加有益气安神、舒筋活络、去疲痨的功效，非常适合旅途劳累食用。

• 御膳饼

御膳饼的制作方法特别吸引人，像做彩糖一样，面粉铺平在转动的圆盘上，黄玉米、白面粉、紫薯和芝麻糊在不停的转动中做成一张色彩多样的饼。在村里孩子们都围着店家，一边饶有兴趣地看，一边等待着美食入口。

• 蟹壳黄烧饼

外观像一个个大螃蟹金黄发亮，梅干菜和肥肉丁做馅儿。酥软可口，作为茶点非常适合。

推荐餐厅

• 宏村老街饭店

🏠 黄山市歙县宏村商业街前街003号。 📞 0559-5541710。 🔍 清炖土鸡、臭鲑鱼、笋衣腊肉煲、山野花。

• 宏村居善堂餐厅

🏠 黄山市歙县宏村上圳6号。📞 0559-5541218。 🔍 清炖土鸡、腊肉炒笋、毛豆腐、马兰头香干。

宏村附近的塔川秋景

喷香的乌饭，好吃又养生

臭鲑鱼是徽州菜的经典代表

香榧的营养价值很高

宏村周边出名茶

宏村特产

宏村是徽派文化的汇聚地，有很多内涵丰富的文房特产，如徽派国画、盆景、砖雕、木雕、古董、文房四宝等等。

• **徽州三雕**

即砖雕、石雕、木雕。这在徽州古建筑上都能看到，雕刻非常精美。当然能购买、好携带的还是竹木雕刻。徽州木雕多采用高浮雕、镂空雕，工艺精湛，艺术价值较高，依据其大小和精细程度，价格为几十元到几百元不等。竹雕形式多样，有些实用物件，工艺上要差一些，但价格便宜。

• **文房四宝**

文房四宝之名器，都是从徽州起源的，产于徽州的徽笔、徽墨，产于宣城的宣纸，产于歙县的歙砚，都是文房名器，制作精良，在宏村均有售卖。不妨买一套给孩子，帮助他练习书画。

• **香榧**

又称“玉山果”，深山之中还有千年以上的古榧树。香榧结果后需要在山中历时3年，方可成熟食用，故其营养价值极高。买上一斤，回家送给老人是非常好的礼物。

• **宏村写生本**

文房四宝是徽州的特产，而宏村为爱画者的天堂。在村里有很多文具店都在卖徽纸的写生本，孩子们买回去可以送给爱画画的小伙伴。

另外，茶叶（太平猴魁、祁红）、笋干、香菇、菊花等物产也非常有名。而麻酥糖、黄山小烧饼等都是孩子喜欢的小食品，也很适合送礼。

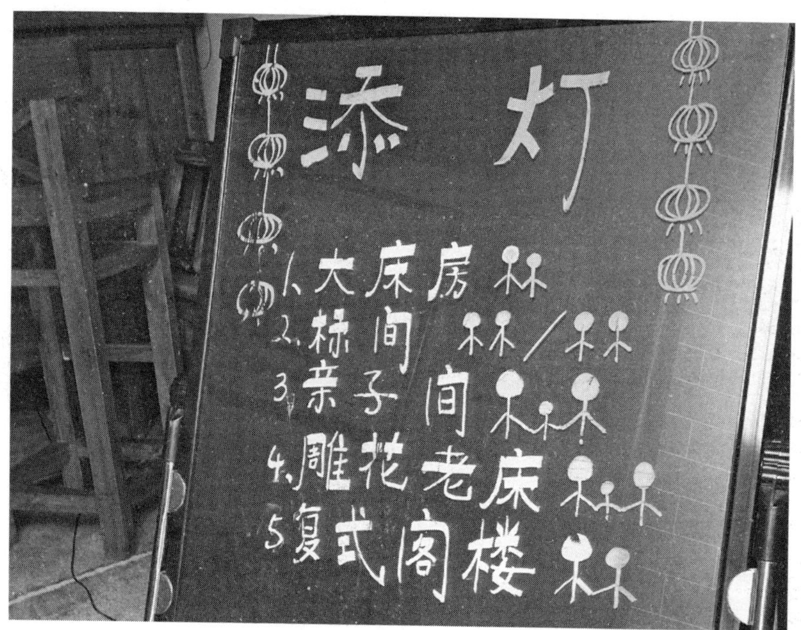

古色古香的宏村客栈

温馨提示

春季去宏村，小店内常有专卖茶叶的，现场炒制当季绿茶，以黄山毛峰、太平猴魁居多，品质都还不错。

亲子酒店

来到宏村，一定要在村里住上一夜，推荐住在敦厚堂。它是清代的老宅，现在已经改造成了清和月国际青年旅舍。闲了到村里的德义堂观鱼缸、倚着水榭看粉墙黛瓦。入夜，聚在月色下赏月喝茶，孩子在一边嬉戏。幸福平静的记忆都留在百年的老宅里。此外，还推荐以下亲子酒店。

- **在水一方民俗客栈**

黄山市歙县宏村镇宏村前街27号。 15345595268。 有亲子房，均价190元左右。

- **宏村三友堂客栈**

黄山市歙县宏村镇宏村南街15号。 0559-5542426。 有亲子房，均价150元左右。

- **老巷子客栈**

黄山市歙县宏村镇宏村茶行弄21号。 0559-5541340。 有亲子房，均价220元左右。

往返交通

黄山国际机场，打车至黄山市区约20元，在市区客运总站乘车前往宏村。

需从黄山火车站打车至客运总站，再转乘大巴前往宏村。

绩溪龙川

亲子游达人：刘樱

绩溪龙川小档案

地址：安徽省宣城市绩溪县龙川村。

级别：5A。

门票：75元／人。

开放时间：8：30～16：30。

电话：0563-8315555。

绩溪龙川静静的坐落在宣城龙须山角，八分山水一分田的徽派古镇的设计，龙川溪穿村而过，整个村庄如一叶龙舟。这里的胡氏宗祠是徽派建筑杰作，因木雕精湛，而有“木雕艺术殿堂”的美称，也是中国木雕博物馆。一个龙川村走出了国家主席、文学大师、著名商人等，也是一个名人故里聚集地。

精彩看点

- 雕刻时光
- 探秘宣纸
- 水街漫步
- 抗倭故事

绩溪龙川不可不看

雕刻时光

建议停留时间：30分钟

龙川是胡姓聚族的古村落，至今已经有1600年的历史。胡氏宗祠始建于明代嘉靖年间，以精致的木雕而闻名天下。在胡氏宗祠里游玩，在进门处和孩子一起欣赏梁面雕刻的精致图

绩溪龙川

案和历史戏文，一起寻找中间刻有“九狮滚球遍地锦”和“九龙戏珠满天星”的雕刻。

爸爸有话说

前中共中央总书记、国家主席、中央军委主席胡锦涛祖籍是龙川村，于2013年9月回乡祭祖。曾经是北京大学校长，国学大师胡适也是龙川人，他的故居坐落于绩溪上庄村。

水街漫步

建议停留时间：30分钟

沿着水街游览龙川，在街上漫步，一会儿看小溪流水，一会儿和街边居民聊天，惬意无比。两岸河堤又称龙堤、凤街，龙堤中间纵铺石板代表“龙脊”，两侧鹅卵石垒铺，代表“龙鳞”。凤街用白凤凰麻石横铺，代表凤凰的羽毛，两道街合称“龙凤呈祥”，走在这里是如此吉祥如意。

抗倭故事

建议停留时间：20分钟

胡宗宪少保府的抗倭纪念馆是一个充满正义和民族精神的地方，这里讲述纪念明朝嘉靖年间的抗倭名臣胡宗宪的故事。在他编纂的《筹海图编》中，标注了钓鱼岛在明代就已被作为中国领土列入中国的海防区。这里的匾额都是文徵明的真迹。

探秘宣纸

建议停留时间：30分钟

在胡氏宗祠边的一家小店里，可以现场体验制作宣纸。通过参观复杂的制作过程，让孩子了解到了制作一张纸也是非常不容易的事情，更懂得节俭和珍惜生活。到此的游客都可以留下墨宝，还可以买走现场制作的宣纸作为手信送给朋友和家人。

妈妈有话说

让孩子用毛笔在宣纸上写字，体会古人读书识字的辛苦，增加孩子对游览古迹的兴趣。

周边也好玩

宣城休闲游： 宣城市—中国鳄鱼湖—敬亭山—胡雪岩纪念馆—宣城市（耗时3天）。

D1 抵达宣城市后，先到中国鳄鱼湖参观令人惊叹的鳄鱼表演。

D2 前往敬亭山登山远眺。

D3 参观胡雪岩纪念馆，晚上取道宣城市返回。

如果时间比较充裕，还可以进入

古村落

村里的手艺人

牌坊

江苏，感受江南美景，到夫子庙看天下状元，还可以一路驱车到黄山，沿路参观佛教圣地九华山。

舌尖上的绩溪龙川

绩溪龙川名人辈出，而由名人命名的菜肴就属胡适一品锅最为出名，胡适在任驻美大使时曾以家乡的“一品锅”宴请美国恩师杜威，赢得举座赞誉。在安徽，没有不会做这道菜的餐厅。只要是宴请、聚会，这道盛满了三、五、七层花色的美食一上桌，整个餐桌就变得温暖无比。

推荐美食

• 绩溪挞馃

是绩溪当地民间的一种普通面食，馅儿料有香椿、腌菜、南瓜、萝卜丝、黄豆、韭菜等，入口芳香、硬软适中，被戏称为中国的比萨饼。

• 绩溪菜糕

用绩溪特产米粉加入水和酒酿，发酵。根据甜、咸两种口味，加入不同的配料然后上笼蒸熟。

• 火烧冬笋

将冬笋连壳埋入木柴火灰中，烧焖至手按觉微软时拨灰取出，用各种酱汁等作调味品来制作，是一道山野美味。

绩溪挞馃

火烧冬笋

徽州宣

木子酒店

推荐餐厅

- **满客苑酒楼**

绩溪县绩溪县龙川大道329号。0563-8151556、15256341521。臭鳜鱼、铁板臭豆腐、冬笋炖咸肉、炒米粉。

- **鹏云酒楼**

绩溪县华阳镇龙腾广场2号楼。0563-8152148。地道农家风味，原始徽味风格。

孩子最喜欢的特产

宣城是中国文房四宝之乡，宣纸和宣笔生产有2千多年的历史了。

亲子酒店

宣城的酒店和自然风光结合的非常好，服务业非常到位，推荐几家顶级服务的酒店。

宣城皇宫酒店

宣城市宣州区水阳江大道与创业路交汇处。0563-3318888。有亲子房，均价300元/天。

木子度假村

宣城市广德县横山国家森林公园内。0563-6053333。均价400元/天，酒店后面就是森林公园，景色非常好。

上河国际酒店（绩溪店）

宣城市绩溪县仁里村。0563-8177777。均价380元/天，送龙川等地门票。

往返交通

池州九华山国际机场，池州市区客运总站乘车前往绩溪龙川。

需从宣城火车站转乘大巴前往绩溪龙川。

木子度假村

天下第一泉风景区

亲子游达人：刘樱

天下第一泉风景区小档案

地址：山东省济南市明湖路271号。

级别：5A。

天下第一泉风景区

成人票：75元/人；学生票：37.5元/人。

趵突泉景区

开放时间：4月10日～10月9日：7：00～19：00；10月10日～次年4月9日：7：00～18：00。

门票：40元/人；学生20元/人。

大明湖景区

开放时间：6：30～18：00（夏季）6：30～17：30（冬季）。

门票：30元／人。

优惠政策

学生证、残疾证、军官证、老年证、通游年票半价，导游证、记者证免费。

电话：0531-86920680（趵突泉景区）；0531-86088900（大明湖景区）

精彩看点

- 趵突泉
- 五龙潭
- 大明湖
- 黑虎泉

天下第一泉风景区位于济南市市中心，景区以天下第一泉趵突泉为核心，泉流成河、再汇成湖，并与明府古城相依相生，泉、河、湖、城融为一体，集中展现了独特的泉水水域风光。大明湖是由众泉汇集而成的天然湖泊，泉水由湖南岸流入，水满时从湖北岸始建于宋代的北水门流出，湖底由不透水的火成岩构成，恒雨不涨，久旱不涸，素有“众泉汇流，平吞济泺”之说，被誉为“泉城明珠”，“四面荷花三面柳，一城山色半城湖”是它的最好写照。

天下第一泉风景区不可不看

趵突泉

建议停留时间：30分钟

趵突泉位于趵突泉景区泺源堂前，是古泺水之源，古时有“温泉”“瀑流泉”“槛泉”等名称，其景观奇秀而壮美，三股泉水从地穴喷涌

天下第一泉

而出，雪浪腾空，声若雷鸣。“趵突腾空”被古人列为历城八景之一，泉水水质清洌甘美，相传清乾隆皇帝品尝后以为胜过北京玉泉水，封其为“天下第一泉”，故世有“不饮趵突水，空负济南游”之说。

趵突泉

妈妈有话说

曾经的小学课本里有《趵突泉》一文，亲身感受到趵突泉泉水的秀美总会想起那篇文章，在这里也可以给孩子讲讲。

大明湖

建议停留时间：2小时

大明湖历史悠久，最早见诸文字是在北魏地理学家郦道元所著《水经注》中，距今已有1500多年的历史。这里自然风光秀美，四季风景各异，冬泛冰天，夏揖荷浪，秋容芦雪，春色扬烟。“四面荷花三面柳，一城山色半城湖”是其风景的最好写照。大明湖文化内涵丰富，人文积淀厚重，胜迹荟萃，杜甫、曾巩、苏辙、王士祯、蒲松龄、刘鹗等历史名人，留有诗章墨宝，千古传诵，流芳百世。

妈妈有话说

这里的人文景观和自然景观一样丰富，带着孩子与古人对话，是最奇妙的事情，可以在湖畔读着他们留下的诗句，回忆着他们的经历。

五龙潭

建议停留时间：1小时

五龙潭曾名灰湾泉，位于五龙潭公园内，而在北魏以前就有这片水，称净池，是大明湖的一隅。相传，五龙潭昔日潭深莫测，每遇大旱，祷雨则应，故元代有好事者在潭边建庙，内塑五方龙神，自此便改称五龙潭。五龙潭公园内，散布着形态各异的26处古名泉，构成五龙潭泉群，是济南四大著名泉群中水质最好的泉群。四月公园内百花竞放，满园春色。公园内设有潭西茶社，是品茶赏泉的最佳去处。

黑虎泉

建议停留时间：1小时

黑虎泉，在南护城河东端南岸陡壁下。此泉是济南七十二名泉之三十三，也是黑虎泉泉群之首，为一天然洞穴。相传，在某日的午夜，深

大明湖春景

五龙潭

洞之中有嚎叫声，惊醒众多居民观看，只见两猛虎格斗，一只黑色，一只金色。虎见人多，心生惧意，黑者钻进东泉，金者钻进西泉，于是以后便有了“黑虎”“金虎”的称谓。泉水从巨石下涌出，湍击巨石，发出粗犷的鸣响，再加半夜朔风吹入石隙裂缝，惊人的吼声回荡于洞中，酷似虎啸，更为气魄。

周边也好玩

泉城亲子游：天下第一泉景区—芙蓉街—千佛山景区（耗时2天）。

D1 游览天下第一泉景区。

D2 前往芙蓉街和孩子一起吃小吃，之后到千佛山景区登山；休整后返程。

若时间充裕，可以至青岛体验海滨之旅，游览青岛极地海洋馆。

舌尖上的济南

济南的美食是经典的鲁菜，如果说川菜以麻辣为主，那么鲁菜以清香、鲜嫩、味纯著称。一菜一味，百菜不重，用高汤调菜是济南菜的一大特色。还有甜沫、酥锅、老济南打卤面等济南风味也体现了济南特色。

推荐美食

- **九转大肠**

九转大肠是鲁菜最知名的一道菜。首先需要把猪大肠洗净后，加香料用开水煮至酥，取出切段，加酱油、糖、香料等调味，入油锅中炸，反复嵌套，再加调料和香料烹制而成。

- **爆炒腰花**

爆炒腰花是一道在济南耳熟能详的家常菜。原料以猪腰为主，经过改刀后爆炒而成。其特点是鲜嫩，味道醇厚，滑润不腻。同时也具较高的营养价值。

- **黄河鲤鱼**

黄河流经济南，河中极品“黄河鲤鱼”自然是济南的一道特色名菜。黄河鲤鱼鳞色鲜亮，个头较大，肉质厚嫩。依据当地习惯，吃完鱼后，会另将鱼头、鱼尾和盘中剩下的调味料做成汤，叫作“头尾汤”，鲜美滋补，有益健康。

推荐餐厅

- **趵突泉食府**

济南市趵突泉南路1号。 0531-86918008。 黄河鲤鱼。

黑虎泉

可爱的孩子

千佛山大佛

九转大肠

爆炒腰花

- 润泽缘家常菜

济南市历下区大明湖名胜风景区南岸水街。0531-66669008。鲁菜。

- 金三杯酒家

济南市历下区趵突泉北路12号三联大厦11楼。0531-82950890。凤尾虾球。

亲子酒店

巴拉连锁公寓

济南市大明湖北路湖畔苑。18866822812。100元起／天。

济南顺风旅馆

济南市历下区明湖北路12号，大明湖北侧。0531-86957798。60～168元／天。

济南珍珠泉宾馆

济南市泉城路院前街1号。18660165852。432～468元／天。

往返交通

到达交通

抵达济南遥墙机场乘坐机场大巴，全程约36千米，用时约46分钟。

抵达济南火车站，乘坐K51路、乘3路车公交车抵达景区，全程约20分钟；抵达济南火车东站乘坐41路公交车，全程大约30分钟。

北京出发：京津高速—京沪高速—济南北—顺河高架（经四路下桥口）左转东行—共青团路—西门路口右转南行—趵突泉东门。

上海出发：沿江高速—苏通大桥—沿海高速—连徐高速—京沪高速—济南北—顺河高架（经四路下桥口）左转东行—共青团路—西门路口右转南行—趵突泉东门。

广州出发：广州—广惠高速—惠河高速—粤赣高速—京福高速—济南北—顺河高架（经四路下桥口）左转东行—共青团路—西门路口右转南行—趵突泉东门。

青岛出发：济青高速—济南北—顺河高架（经四路下桥口）左转东行—共青团路—共青团路—西门路口右转南行—趵突泉东门。

红都瑞金

亲子游达人：徐志玲

瑞金小档案

地址：江西省赣州市。
级别：4A。
开放时间：8:00~17:00
季节：四季皆宜，4月的杜鹃花节值得一看。

瑞金位于江西省南部，是江西省赣州市下辖的一个县级市。瑞金是一个红色与绿色并存的城市、闻名中外的红色故都、共和国摇篮、苏区时期党中央驻地、中华苏维埃共和国临时中央政府诞生地，举世著名的云石山是中央红军二万五千里长征出发地，是全国爱国主义和革命传统教育基地，是重要的红色旅游城市。

精彩看点

- 瑞金革命遗址
- 瑞金红井
- 瑞金红军烈士纪念塔
- 叶坪革命旧址
- 罗汉岩景区

瑞金不可不看

瑞金革命遗址

瑞金革命遗址包括叶坪、沙洲坝等地的旧址和纪念建筑物共15处。这些大量的文物史料和艺术展品系统地介绍了中央革命根据地创建、巩固、发展等全过程，翔实、生动地再现了毛泽东、周恩来、朱德等老一辈无产阶级革命家在此期间战斗、工作和生活的风貌，领导苏区广大军民创建中华苏维埃共和国及中央革命根据地的革命斗争历史。

江西省赣州瑞金市叶坪乡老村。
20元/人。 0797-2303440。

爸爸有话说

1931年9月，中国共产党苏区中央局迁驻瑞金。同年11月，中华苏维埃共和国临时中央政府在瑞金成立，同时组成了中央执行委员会、中央革命军事委员会。

瑞金红井

建议停留时间：20分钟

瑞金红井，是苏区时期，毛泽东亲自带领干部群众一起开挖的，它是当时党和中华苏维埃政府密切联系群

瑞金革命遗址

亲身体验红军的历程

众、解决群众生活困难的历史见证。

妈妈有话说

1933年9月的一天，毛泽东带领几个红军战士在村前几十米的地方进行了水源的勘探，并破土动工，在挖到5米深的地方，一股泉水喷涌而起，村民的吃水问题终于解决了。井边的石碑上“吃水不忘挖井人，时刻想念毛主席”两行大字表达了沙洲人民对毛主席的怀念和感激之情。

30元/人。

瑞金红军烈士纪念塔

建议停留时间：40分钟

红军烈士纪念塔于1934年2月落成，为褒扬先烈，永远纪念在革命战争中光荣牺牲的红军指战员而兴建。塔的造型独特，犹如一颗紧弦待发的炮弹竖立在五角形的塔座上。

爸爸有话说

红军长征后，红军烈士纪念塔被敌人拆毁，1955年按原样修复。红军烈士纪念塔塔高13米，炮弹形的塔身布满一粒粒小石块，象征着由无数革命烈士鲜血凝结而成。

叶坪革命旧址

建议停留时间：30分钟

叶坪革命旧址位于瑞金市叶坪乡叶坪村。叶坪是中华苏维埃共和国的诞生地，距城区5千米，是全国保存最为完好的革命旧址群之一。这里既是中国第一个全国性红色政权中华苏维埃共和国临时中央政府的诞生地，又是中共苏区中央局和临时中央政府机关在瑞金的第一个驻地。

妈妈有话说

毛泽东、周恩来、朱德、任弼时、王稼祥等老一辈无产阶级革命家都在这里生活和工作过。“毛主席”的称呼就是从这里喊响的。

罗汉岩景区

罗汉岩风景奇秀，这里山水相依、碧潭似镜、悬崖峭壁、峰奇石怪，尤其是春、夏两个季节，更是山花烂漫、彩蝶飞舞，雨后彩虹倒映在波光荡漾的湖面，天水合一，令人仿佛走进了一幅浑然天成的山水画卷。

爸爸有话说

明代才子王阳明在此留下了赞誉的诗句：“古来绵江八大景，名扬四海传九州，最是陈石山水色，观后胸中黄山无。”诗中“陈石”就是罗汉岩的别称。

孩子们适合来这里接受革命历史教育

瑞金罗汉崖

瑞金革命遗址无处不在

周边也好玩

赣州欢乐行：通天岩—瑞金—翠微峰国家森林公园（耗时2日）。

D1 到达赣州可以先去位于赣州市章贡区的通天岩风景区，至今保留着唐代至宋代的石龛造像359尊，宋代至民国的摩崖题刻128品，被称为“江南第一石窟”。

D2 从瑞金出发，约1.5小时抵达翠微峰国家森林公园。

特产

瑞金米酒

瑞金米酒色泽金黄，气味清香，口感甘醇绵厚，爽心活舌。冷饮，清凉爽口，沁人肺腑，消暑散热；热喝，温心暖肚，御寒防风。适量饮用，舒筋骨活经络，振奋精神，消除疲劳。瑞金米酒除饮用外，还是烹调的好佐料，可除腥、臊、膻。

瑞金米酒

江西土纸

色黄，质地柔软，易于燃烧，可用作书写、印刷、包装和卫生用纸，或作为建筑工业的重要原料。

舌尖上的瑞金

- **红军焖鸭**

红军焖鸭的特点是具有香醇润滑的口感，滋阴补肾的功效。制作方法是，先用酱油将鸭子腌好，再将中药以及生姜、葱等塞入鸭子肚内，放进干锅焖3小时。

- **瑞金擂茶**

是客家人独特风味的食品，在瑞金同样世代相袭，广泛流传。擂茶风味独特、清香、微苦，呈灰绿色，稀糊浑浊，喝时加些香油，十分可口。

- **芋子饺**

芋子饺是瑞金较为著名的风味小吃，在许多客家居住地也有流传。芋子饺皮嫩润滑，馅儿香味美，因而成为瑞金名牌风味小吃之一。

- **瑞金牛肉汤**

将牛肉切薄片，用淀粉、糖、味精拌匀浆好。在锅内注入适量清水，下姜片烧滚，即下牛肉片，用筷子打散，煮一下即熄火。撒入胡椒粉、熟

红军焖鸭

擂茶

瑞金牛肉汤

油、酱油、盐调好味即可。瑞金牛肉汤口感嫩滑，营养价值高。

• **瑞金鱼丸**

以去骨、去皮鲜草鱼或鲢鱼剁成鱼浆，鸡蛋清为辅料调打后用汤匙制成丸状，置温水中煮半熟捞起，凉后再入肉汤内煮熟起锅，加姜汁上桌。其色白，味道鲜美爽口，不腥不臊。

• **黄元米果**

瑞金人有栽种黑糯谷的习惯，此谷壳长满黑色绒毛，谷粒比其他短而圆。这种糯谷碾出的米粘性比蒸水酒的糯谷还强。瑞金人把它精制成一种颜色像黄鲇，但比黄鲇粗大的特有果品——黄元米果。这种果品口感油腻柔软，细嫩攀齿，果味清香。

亲子酒店

瑞金帝豪商务宾馆

瑞金市三经路口。 0797-2526428。 70元起。

瑞金富华大酒店

瑞金市龙珠路质监局斜对面。0797-7119669。 126元起。

瑞金美瑞欧国际大酒店

瑞金市桦林北路市政府后面。0797-2558777。 189元起。

往返交通

到达交通

赣州黄金机场，距离瑞金革命遗址151.7千米，可打车到赣州市火车站，约51元；或者乘K6路公交车前往火车站转乘K8769、K8723、K636等车次到瑞金。

瑞金火车站，距瑞金革命遗址6.1千米，打车约10分钟。

市内交通

赣州汽车东站7：10～18：00每小时一班，前往瑞金，票价45元，2小时到达；12：00～18：40约隔25分钟一班，票价39元，3小时到达。

山东、河南、安徽、广东方向的游客可以走济广高速，福建、湖南、广西、贵州、四川方向的游客可以走厦蓉高速。

瑞金的酒店简单舒适价格低

福建土楼

亲子游达人：张婕洁

福建土楼小档案

地址： 永定土楼：福建省龙岩市永定区；南靖土楼：福建省漳州市南靖县；

门票： 永定土楼：洪坑土楼民俗文化村景区门票：90元/人；高北土楼群景区门票：50元/人；中川古村落景区门票：30元/人；南溪土楼群景区门票：50元/人；初溪土楼群景区门票：70元/人。南靖土楼：田螺坑：100元/人；南靖土楼+云水谣：320元/人；

优惠政策： 儿童身高1.1米以下、老人70岁以上持身份证、残疾人持残疾证、现役军人持军官证免票；儿童身高1.1~1.4米之间、大学本科及以下学历的学生、老人60~69岁之间持身份证购景区优惠票。

精彩看点

· 土楼王子：振成楼

· 土楼王：承启楼

· 土楼之母：南靖裕昌楼

· 百年云水谣

福建土楼是东方文明的一颗明珠，它以历史悠久、种类繁多、规模

土楼内景

南靖土楼

宏大、结构奇巧、功能齐全、内涵丰富著称，具有极高的历史、艺术和科学价值，被誉为“东方古城堡”“世界建筑奇葩”“世界上独一无二的、神话般的山区建筑模式”。风格奇异的土楼民宅散布在闽西的永定、武平、上杭及闽西南的南靖、平和、华安、漳浦等地。其造型、装饰和建造工艺世所罕见，土楼俗称“生土楼”。因其大多数为福建客家人所建，故又称“客家土楼”。其中最具有代表性的便是永定土楼和南靖土楼，一家人来到客家人居住的土楼，感受客家人的热情和神奇的建筑特色。

福建土楼不可不看

土楼王子：振成楼

建议停留时间：2小时

振成楼位于福建省龙岩市永定区湖坑乡洪坑村，是最为富丽堂皇的客家土楼，是客家土楼的精品，被称为“土楼王子”。该楼按八卦图结构建造，卦与卦之间设有防火墙，内有花园、学堂等。内环还有中心大厅，雕梁画栋，装饰秀丽，

振成楼

承启楼

裕昌楼

古朴典雅，中西合璧。楼内构造趋向精巧，雕龙刻凤，装修华丽。带着孩子来振成楼，观看土家最高大上的土楼，了解悠久深厚的土楼文化，是一家人了解客家的好机会。

爸爸有话说

这根据八卦图建造的院落，充分体现了客家人的智慧，引人注目的石雕木刻与琉璃瓦，让人不得不为它的美丽而感叹。孩子也会从中学到一些建筑方面的知识。

土楼王：承启楼

建议停留时间：2小时

承启楼位于福建省龙岩市永定区高头乡，是圈数、居住人口最多的土楼，被称为“土楼王”。全楼以三圈为一中心。整个建筑面积为5376.17平方米。“高四层，楼四圈，上上下下四百间；圆中圆，圈套圈，历经沧桑三百年”，鼎盛时期住过800多人，像一个热闹的小城市。一家人来到永定承启楼，感受它的庞大与恢弘，一起参观不一样的土楼，深刻地了解土楼文化与客家民俗。

妈妈有话说

这座名副其实的“土楼王”可以让所有人都为它赞叹，给孩子讲一讲它的防御功能和客家人的土楼生活，使他们对福建土楼更加好奇。

土楼之母：南靖裕昌楼

建议停留时间：2小时

被誉为“福建土楼之母”的裕昌楼是南靖县现存最古老的土楼，它的外墙遍体斑驳龟裂，看上去就像一个满脸皱纹的老人。裕昌楼村落四周群山环抱，一条小溪从村中汩汩流过，沿溪两岸舒缓起伏。早在元朝中期，这里的七个小山坡上，分别住着黄、李、刘、罗、张、唐、范七姓先民，至今地名还遗留着先民姓氏的痕迹，先民们原先居住的都是茅草寮，所以人们也把这里称为版寮。因它的建筑风格东倒西歪但又无惊无险，所以被人们称为“东歪西斜楼”。独特的建筑风格，同家人一起来观赏东方的比萨斜塔吧。

百年云水谣

建议停留时间：2小时

云水谣古镇位于福建省漳州市南靖县梅林镇，古镇中有幽长古道、神奇土楼，还有那灵山碧水。那条沿溪而建的古栈道，全部用鹅卵石铺成。古道旁，有一排两层老式砖木结构房屋，那就是长教已有数百年历史的老街市。还有百年老榕树，让孩子摸一摸那百年的年轮，感受它的古老，它强劲的生命力。

云水谣

一家人

周边也好玩

永定深度游：南靖土楼景区—连城冠豸山—天一温泉度假村—培田古民居（耗时3天）。

D1　游览永定和南靖土楼景区。

D2　前往连城冠豸山感受客家人的“生命神山”，之后到天一温泉度假村泡温泉。

D3　培田古民居游览，休整后返程。

舌尖上的永定·南靖土楼

当地有许多具有客家特色的美食，特色小吃更是孩子们不容错过的，一家人在土楼边上品尝客家美食，更加深刻地感受客家文化与客家味道。

推荐美食

• 土楼糍粑

客家人把糍粑分为糖糍和菜糍。无论是糖糍还是菜糍，都是土楼人家餐桌上的一道名菜。传统的永定糍粑让土楼儿女好生依恋，念念不忘，游子回到故乡，一定要吃上一碗糍粑。一家人在一起打糍粑之后再品尝它的美味，将是最快乐的时光。

• 永定全牛宴

所谓的全牛宴是指从牛头部的舌头开始，到内脏的百叶、牛肝、牛心、牛肚及牛筋、牛鞭、牛尾、牛血直至牛杂汤等菜肴，每道菜都选用了牛身上的不同部位，然后从色、香、味、型、名、烹、器进行富有创意的安排，整桌宴席全部由“牛”加工而成。

• 土楼竹筒饭

竹筒饭是当时偏远山区土楼人们长期从事户外劳动而创造出来的一种野炊方法。那时，人们常在大山里活动，有时候几天都不能回到居所，于是土楼人只能就地取材煮制竹筒饭。饮一口土楼特有糯米酒，咬一小口竹

土楼糍粑

牛扒通心粉

全牛宴的美味

简饭，慢品细嚼，带着淡淡的竹香味，清香爽口。

推荐餐厅

• **山仔下农家饭店**

龙岩市永定区永定土楼景区正大门公路边。 18250052199。 药草土鸡汤。

• **张生记食府**

漳州市南靖县书洋镇导游服务中心旁。 0596-7775196。 客家特色菜。

• **圆楼缘农庄**

龙岩市永定区高头乡。 0597-5572111。 客家特色菜。

亲子酒店

南靖围裙楼客栈（2号店）

漳州市南靖县书洋镇塔下村大坝旁。 13959606687。 268～1888元／天。

南靖土楼友缘驿站

漳州市南靖县土楼田螺坑景区田螺坑1号。 13023958315。 138～278元／天。

永定红螺饭店

龙岩市永定区湖坑镇洪坑景区老牌坊门口。 0597-5530028。 74～214元／天。

往返交通

永定土楼景区

到达龙岩汽车站后转龙岩到永定土楼的旅游直通车，或是在火车站出口拼车前往永定城或土楼景区即可。

到达龙岩汽车站（火车）后转龙岩到永定土楼的旅游直通车，或是在火车站出口拼车前往永定城或土楼景区即可。

从福州、厦门方向到永定土楼景区：经福银高速—沈海高速—龙岩西——永定土楼出口下高速，永定土楼高速出口到洪坑、高北、初溪土楼群车程一般在20分钟左右。

从广州方向到永定土楼景区：经广河高速—梅河高速——梅州城东镇/雁阳出口下高速——福建龙岩方向（交界处有指示路牌），约19千米到达永定客家土楼下洋景区，永定境内全程路牌指引。

南靖土楼景区

厦门—土楼的班车每天两班，车程约3～4小时。

乘车地址：厦门湖滨南站（厦门市湖滨南路电子城附近）。一般在车上会有人售卖土楼的门票，此时买比较划算。

厦门—南靖的班车：每小时一班。然后转乘土楼专线班车或者的士到土楼。大约1小时一班。

乘车地址：厦门湖滨南站。

厦门出发：（走高速）—南靖县城约98千米路程较顺，车流少，较节省时间。

龙门石窟

亲子游达人：郭婷婷

龙门石窟小档案

地址：河南省洛阳市洛龙区龙门镇。
级别：5A。
门票：120元/人（含西山石窟、东山石窟、香山寺、白园）。
开放时间：春、夏、秋季7:30~16:30；冬季7:30~17:30。
夜游龙门：4月1日~10月30日（18:30~21:00）。
最佳季节：4~5月和9~10月两季为佳。
电话：0379-65981299。

龙门石窟是中国石刻艺术宝库之一，世界文化遗产、全国重点文物保护单位、国家5A级旅游景区，位于洛阳市南郊伊河两岸的龙门山与香山上。龙门石窟是中国著名的四大石刻艺术宝库之一，同时被誉为世界最伟大的古典艺术宝库之一，拥有着雕刻精美、浩大的佛文化。门票比较贵，但是还是值得一看的。而在龙门石窟周边，则是一派乡野气息，是亲近自然、户外远足的绝好去处。

龙门石窟

精彩看点

· 西山石窟
· 香山寺
· 白园

龙门石窟不可不看

西山石窟

建议停留时间：40~60分钟

西山崖壁上有北朝和隋唐时期的大、中型洞窟50多个。其中奉先寺是龙门石窟规模最大，艺术最为精湛的一组摩崖型群雕，此中佛像明显体现了唐代佛像的艺术特点，据称卢舍那佛像是依据武则天的形象雕凿而成。奉先寺大型艺术群雕以其宏大的规模、精湛的雕刻高踞于中国石刻艺术的巅峰，成为中国石刻艺术的典范之作，也成为唐朝这一伟大时代的象征。

妈妈有话说

龙门石窟景区山道比较狭窄，注意保护好小朋友的安全。

香山寺

建议停留时间：15~20分钟

香山寺因盛产香葛而得名。香山寺已历经1400多年的沧桑，一直以来法音绵延，香火炽盛。如今经过第五次修复后的香山寺整个建筑新旧一体，气势磅礴，与龙门西山石窟隔河相望，与龙门东山石窟，白园并立。

白园

建议停留时间：15~20分钟

白园，位于洛阳龙门风景名胜区东山琵琶峰上，是唐代诗人白居易的墓园，园内主要景点有青谷区、乐天堂、诗廊、墓体区、日本书法廊、道诗书屋等10余处。白园为纪念性园林，园内建筑古朴典雅，三季有花，四季常青，曲径通幽，是游览的好去处。

温馨提示

喜欢白居易的诗与书法的小朋友一定不要错过白园。

周边也好玩

洛阳市区游：洛阳市—白马寺—丽景门—老集—龙门石窟—香山寺—关林庙—隋唐城遗址—新区音乐喷泉（耗时2天）。

D1　抵达洛阳市后，先参观第一座由官府建造的寺院白马寺，拜佛后乘车前往丽景门，丽景门是洛阳古城的象征，是洛阳古城的西大门，有“不到丽景门，枉来洛阳城”的说法。参观之后，沿着巷道的青石板一路向东，听着街道两旁的小贩吆喝叫卖，感受古时洛阳城的繁华。

D2　早起前往中龙门石窟景区，游览香山寺、关林庙、隋唐城遗址公园、新区音乐喷泉等。

卢舍那佛

白马寺

特产

洛阳是九朝古都，留下了许多文化遗产，如唐三彩、洛绣、宫灯、梅花玉等，唐三彩则是房内装饰的尚品，在景区街市上均能买到。牡丹饼是当地特色吃食，当地杜康酒也非常有名。

舌尖上的洛阳

提起洛阳美食莫不是与水有关的，最有名的莫过于洛阳水席，牛肉汤、不翻汤、胡辣汤、浆面条、糊涂面、烩面、烩馍、米线等，都是洛阳人离不开的美味。

洛阳宫灯

推荐美食

• 洛阳水席

洛阳美食当首推洛阳水席，水席与牡丹花会，龙门石窟并称“洛阳三绝”，水席有两个含义，一是菜品都是汤汤水水，二是取其行云流水之意。推荐：牡丹燕菜、连汤肉片、熬货、烩羊杂、焦炸丸子、山楂涝、蜜汁红薯……

洛阳几乎到处都能吃到水席，老城最多。

• 浆面条

浆面条是洛阳很有名的小吃之一，主料一定要是绿豆酸浆才好吃，手擀杂豆面配上肉丝、芹菜、大绿豆，配料有香油、辣椒油、韭菜花、盐、花椒、大小茴香、桂皮等。面条出锅盛碗配以韭花酱、辣椒油，味道酸香、易于消化。

锅贴

• 牛肉汤

早上来碗汤是洛阳人的习惯，品类繁多，有牛肉汤、羊肉汤、驴肉汤、杂肝汤（臭杂肝），一碗汤，再来个烧饼、饼丝或者锅盔，开启美好的一天。

• 米线

米线在洛阳是大众小吃，以大骨或整鸡熬汤，配上胡椒、咖喱等作料，米线盛碗之后浇上店家特制的香菇鸡块、牛肉、排骨等浇头，喜食酸辣的还可以放上醋和辣椒，便是一碗让人念念不忘的洛阳独有的米线。

推荐餐厅

• 小街锅贴

洛阳市西工小街44号。0379-63252781；0379-63306111。锅贴、烫面角、粥。

• 小街天府餐馆

洛阳市西工小街与人民东路交叉口向东80米百货楼后小街内。15937956789。米线、担担面、牛肉面。

• 马坡自强牛肉汤

洛阳市廛河区瀍河回族乡（310国道马坡烧烤花园内沿路左手边第一家）。牛肉汤。

• 管记水席老店

洛阳市老城区仙果市街12号。0379-65601882。洛阳水席。

亲子酒店

洛阳龙门凤翔温泉旅游度假区

洛阳市洛龙区龙门镇张沟村南。0379-65179800 / 0379-65179999。均价456元左右 / 天。

洛阳东山宾馆

洛阳市洛龙区龙门东山。0379-64686000。均价560元左右 / 天。

往返交通

洛阳北郊机场，打车至龙门石窟景区约60元。打车时一定要求司机打表。

洛阳有高铁龙门站以及洛阳站两个大站，洛阳火车站有81路公交车前往龙门石窟，费用1.5元/人；高铁龙门站71路可到达龙门石窟景区。

洛阳市龙门大道南端。

凤翔温泉旅游度假区

王城公园

亲子游达人：郭婷婷

王城公园小档案

地址：河南省洛阳市西工区中州中路312号。

级别：5A。

门票：平日免费，牡丹花会期间早开期40元/人（4月1日～8日）、盛花期50元/人（4月9日～25日）、晚花期40元/人（4月26日～5月15日）。菊花展期间10元。

开放时间：5：00～20：30。

最佳季节：清明前后牡丹花盛开。

电话：0379-63938545。

温馨提示

每年花期不同，大约在清明节前后，清明节前到洛阳，游客不会太多，部分牡丹已经开花。王城公园内动物园区费用不包含在门票内，需另购票。

精彩看点

- 牡丹观赏区
- 历史文化区
- 大型游乐区
- 动物园

千年古都洛阳素有牡丹花城的美称。洛阳牡丹始于隋，盛于唐，甲天下于宋。牡丹象征着雍容华贵、国色天香、富丽堂皇，寓意吉祥富贵、繁荣昌盛。洛阳牡丹花朵硕大，品种繁多，花色奇绝，有红、白、粉、黄、

王城公园入口

紫、蓝、绿、黑以及复色9大色系、10种花型、1000多个品种。在洛阳赏牡丹就要来王城公园，公园始建于1955年，因修建在东周王城遗址上而得名。公园有着浓厚的文化气息，为历届牡丹花会的主要会场。

王城公园不可不看

牡丹观赏区

建议停留时间：1.5小时

王城公园是洛阳市最早举办牡丹花会的重要会场之一，也是本地市民常去的休闲地之一，每年牡丹花会开幕的时候，家长们都会带上孩子去与牡丹花合影留念；也会有学生带着画板到此写生绘画，用笔尖记录下牡丹的富丽华贵。

爸爸有话说

牡丹文化区有碑文约100幅 ，将历史上文豪墨客、国家领导人等赞颂牡丹的名诗绝句等镌刻于壁，陈列于近500米的长廊，供游人欣赏

历史文化区

建议停留时间：15~20分钟

历史文化区主要有河图洛书碑、“根在河洛”碑、纪胜柱、周鼎、九鼎壁、朱雀阙、周王城地面模拟图、韶乐台、东周故事墙等。王城遗址，记录着历代洛邑之兴废，见证着重大的历史事件，彰华夏之文明，无不张扬着“王”气。

大型游乐区

建议停留时间：30分钟

大型游乐区内有洛阳市最早的“摩天轮”，其他包括“海盗船”“高架索道”“过山车”“激流勇进”“太空之旅”“浑天球”等游乐设施供人们娱乐，是全家娱乐的好地方。

动物园

建议停留时间：30~40分钟

王城公园内的动物园是豫西地区唯一一座动物园，园内有大熊猫、华南虎、棕熊、丹顶鹤和非洲象等。

妈妈有话说

动物园另外收门票15元/人，学生半价。可以带小朋友去看动物园里的华南虎。

周边也好玩

洛阳市区游： 洛阳白马寺—丽景门—老集—龙门石窟（耗时2天）。

D1 参观白马寺、丽景门，沿

牡丹盛开的王城公园

根在河洛碑

王城公园游乐场

王城公园的仿古建筑

着巷道的青石板一路向东，听着街道两旁的小贩吆喝叫卖，感受古时洛阳城的繁华。

D2　早起前往中国三大石窟之一的龙门石窟。

亲子酒店

洛阳的酒店大同小异，选择的时候主要考虑位置，推荐以下亲子酒店。

洛阳春暖花开公寓（王城公园店）

洛阳市西工区王城大道与中州路交叉口往北300米（白金都会）。18303690965。房间布置非常萌，均价88元左右／天。

迪尼斯酒店（九都店）

洛阳市西工区九都路定鼎立交桥西南角。0379-63616666。交通方便、安静，均价118元左右／天。

克丽司汀酒店

洛阳市西工区解放路56号（近唐宫西路）。0379-63266666，0379-63127196。洛阳比较高端的酒店，地段繁华，均价759元左右／天。

往返交通

洛阳北郊机场，打车至洛阳市区约20元，公交车98路到天子驾六博物馆。打车时一定要求司机打表。

洛阳有高铁龙门站以及洛阳站两个大站，多趟火车均可到达。

连霍高速或京珠高速洛阳口出即可。

洛阳迪尼斯酒店

少林寺

亲子游达人：郭婷婷

少林寺小档案

地址：河南省登封市嵩山。

级别：5A。

门票：100元/人；中岳景区：80元/人；嵩阳景区：80元/人；联票（少林寺+中岳）：180元/人；联票（少林寺+嵩阳）：180元/人；联票（少林寺+中岳+嵩阳）：260元/人。

开放时间：旺季（3~11月）：7:30~18:00；淡季（12月~次年2月）：8:00~17:30。

最佳季节：四季皆宜，春、秋两季最佳。

电话：0371 62745000。

精彩看点

- 塔林
- 大雄宝殿
- 藏经阁
- 少林寺碑林
- 立雪亭

少林寺位于河南登封市嵩山五乳峰下，由于其坐落于嵩山腹地少室山的茂密丛林之中，故名“少林寺”。孝文帝为了安置他所敬仰的印度高僧跋陀尊者，在与都城洛阳相望的嵩山少室山北麓敕建造而成。少林寺是汉传佛教的禅宗祖庭，号称“天下第一名刹”。少林寺因其历代少林武僧潜心研创和不断发展的少林功夫而名扬天下，有“天下功夫出少林，少林功夫甲天下”之说。少林寺是第七批全国重点文物保护单位、全球低碳生态景区。

寺门

少林寺不可不看

塔林

建议停留时间：30~45分钟

少林寺西面几百米处是塔林，是自唐代以来历代少林高僧安息的墓地，也是国内最大的塔林。墓塔式样繁多，造型各异，有正方形、长方形、六角形、八角形、圆形等。塔的大小不一、高低参差，主要是根据僧人尚们生前对佛学造诣的深浅、威望高低、功德大小来决定的。

少林寺塔林现有232座塔，占地面积1.4万多平方米。其中，唐塔2座、宋塔2座、金塔10座、元塔46座、明塔148座。

爸爸有话说

对寺庙的僧人、道人应尊称为“师”或“法师”，对主持僧人应称其为“长老”“方丈”“禅师”。与僧人见面常见的行礼方式为双手合十，微微低头，或单手竖掌于胸前、头略低，忌用握手、拥抱、摸僧人头部等不当之礼节。与僧人道人交谈，不应提及杀戮之辞、婚配之事，以及食用腥荤等话，以免引起僧人反感。

大雄宝殿

建议停留时间：15~20分钟

大雄宝殿在古代又称“三世佛殿”“琉璃大殿”，通常简称为大殿、正殿、宝殿等，是全寺佛事活动中心。少林寺大雄宝殿是全寺的中心建筑，在三世佛左右两侧，还站有两尊佛像，东边为禅宗祖师达摩，西边是少林武术中棍术的创始人紧那罗王。殿中间的两根明柱下还有麒麟雕像，这在佛教寺院里也是极不多见的。麒

少林寺塔林

麟本是中国传统的吉祥物，这里放置麒麟预示了禅宗佛教是完全汉化的中国式佛教。

妈妈有话说

游历寺庙时不可大声喧哗、指点议论、妄加嘲讽或随便乱走、乱动寺庙之物，尤禁乱摸乱刻神像，如遇佛事活动应静立默视或悄然离开。

藏经阁

建议停留时间：15~20分钟

少林寺藏经阁又名法堂，位于少林寺大雄宝殿之后的中轴线上，为高僧讲经说法和贮存佛经典籍之所。少林寺藏经阁现存《中华大藏经》《龙

藏》《大正藏》《高丽藏》及其他典籍计数万册。据碑铭记载，此阁创建于1341~1368年间，殿内原供达摩面壁石、法器及包括明代大藏经在内的5000余卷佛经图籍等。1928年，该殿被石友三焚烧，殿内经卷、武术书籍、达摩影石等俱被毁，仅存殿基及墙体石柱14根。

少林寺碑林

建议停留时间：15~20分钟

在山门和天王殿之间，山门甬道两侧有多品碑刻，人称少林寺碑林。这些都是唐宋以来的著名原始碑刻。碑林东侧是慈云堂旧址，现为少林寺碑廊，它不仅记载着寺院的兴衰状况，而且在历史、雕刻、艺术方面，也有很高的研究价值，少林寺碑林和碑廊共计有碑刻108通。

立雪亭

建议停留时间：1个上午

立雪亭建于明代，相传这里是二祖慧可侍立在雪地里向达摩祖师断臂求法的地方。此亭原名“达摩亭”。为了纪念二祖立雪断臂，后代寺僧们将“达摩亭”改为“立雪亭”。

殿内神龛中供奉达摩铜坐像，为明嘉靖十年所铸。龛上悬挂“雪印心珠”匾额，字体遒劲，气势豪迈，为清乾隆帝御笔亲题。

精彩演出

少林寺是禅宗祖庭，世界级佛教寺院，少林武术发源地。每日少林武僧都会有表演，时间分别为9：30、10：30、11：30、14：00、15：00、16：00、17：00，共7场。

周边也好玩

嵩山两日游：登封市—少室山—三皇寨—少林寺—中岳庙—嵩阳书院—太室山—登封市（耗时2天）。

D1 从登封市出发，先参观少林寺、乘三皇寨的索道上山，前往三皇寨观路边的绝佳风景，下午返回登

少林寺武术表演

少林寺的武术闻名天下

封，晚上可以去看禅宗音乐大典。

D2　前往中岳庙参观河南最大的古代建筑群，然后前往嵩山书院、太室山。晚上返登封市。

特产

少林寺是武术文化的发源地，有很多特色的东西，建议大家可以在这里买些佛珠、板栗、大枣、猴头菇等，石花茶则很适合小孩子，这些在景区均能买到。麦饭石茶杯是当地特产，当地少林禅茶、嵩山佛茶也非常有名，喜欢茶叶的人不可错过。

舌尖上的少林寺

嵩山美食：嵩山猴头菇肉厚味香，远近闻名，不可不尝。此外，还有嵩山的板栗、大枣、猕猴桃等。嵩山景区内没有餐馆，所以游嵩山少林寺前多准备点水和吃的东西（景区内的水和小食品是很贵的）。

推荐美食

- **少林寺素饼**

少林寺素饼是一类中式糕点（中点），采用蔗糖，高标的小麦粉，顶级的素食酥油，以纯净水合面，再辅以优质的花生仁、核桃、黑芝麻、枸杞、桂圆等。少林寺素饼现有四大类，7种规格，34个品种。

- **少林禅茶**

禅茶相传始于达摩，少林禅茶虽引渡众生无数，却千年而不显，如味

少林寺素饼

少林禅茶

少林寺芥

入水，内隐于僧人的山林修持，外隐于众生的日常生活，而一脉相通的正是禅宗精神。

• **少林芥片**

“少林芥片”历史悠久，名扬天下，素有“少林芥片甲天下”的美称。少林芥片味美可口，唐朝武则天游登封，李世民避难少林寺，曾食用少林芥片，对此佳肴，赞不绝口，从此，远近闻名。食用时根据口味加少量小磨油、醋和辣椒油拌匀即可食用。

推荐餐厅

• **少林欢喜地**

登封市少林景区少林寺山门旁边。 0371-67300168。

亲子酒店

来到少林寺，一定要在寺庙附近住上一夜，推荐登封嵩山少林寺功夫客栈，夜晚和清晨能够体会到禅林的清净，不妨在这里住上两天细细体会。推荐以下酒店。

登封少林旅游度假村

登封市少林寺景区王指沟内6号院—98号院。 0371-62745888。 景区内观光车免费接送，均价268元左右／天。

登封御寨山庄

登封市嵩山少林寺风景区。 4001616881、15890663399。 均价211元左右／天。

少林寺仙居宾馆

登封市207国道少林寺停车场向东100米（加油站下方50米）。 0371-62748285。 有亲子房，均价120元左右／天。

往返交通

郑州市新郑国际机场，打车至郑州市区约20元，或者乘坐机场大巴（15元）至汽车客运总站，再乘车前往少林寺。

需从郑州火车站打车至客运总站，再转乘大巴前往少林寺。

洛阳市区到少林寺80千米，顺高速一直到登封，转G207国道去少林寺。

荆州古城

亲子游达人：熊靓

荆州古城小档案

地址： 湖北省荆州市荆州区。

级别： 4A。

门票： 50元／人。

时间： 全天。

季节： 四季皆宜。

电话： 0559-5541158。

精彩看点

· 环城骑行

· 博物馆探秘

· 宝塔望江

荆州古城是一座历史人文之城，站在荆州古城墙上，怀念着古时兵家必争之地的胸怀；荆州古城是一座楚文化记忆之城，城郊的楚国故都纪南城、郢都城彰显着楚国霸气；荆州古城是一座休闲度假之城，江汉平原湖泊交错，气候宜人、四季分明；荆州古城是一座美食之城，满城百种小吃，时令的江鲜、湖鲜甚是美味。

荆州古城

关公祠

荆州古城不可不看

环城骑行

建议停留时间：3小时

荆州古城依然保持着高耸完好的城墙，有城门和城楼6座，城垛4567个。荆州古城环城11.28千米，现已建成了绕城路。在各大城门租用单人或者双人自行车，就可以来一次边赏景边骑行之旅。骑行中穿过城门，参观到藏兵洞，古城门、古炮台。在此骑行，春季赏桃花、夏季看荷花、秋季望菊花、冬季品梅花，美好的亲子时光就在这座古城里。

古城街头

妈妈有话说

明代宰相张居正为荆州人。“刘备借荆州，一借永不还”的历史故事里面的荆州就是指荆州古城。

博物馆探秘

建议停留时间：30分钟

荆州博物馆位于荆州古城的西门，丰富的春秋战国、汉代的馆藏，让这里充满了神秘感。战国丝绸、吴王夫差矛、秦汉漆器等珍贵的历史文物，可以深度地了解楚文化。此外，这里的楚乐宫再现2000多年前楚国宫廷乐舞，并且每天都有表演。

妈妈有话说

博物馆有西汉古尸，较为恐怖不太适合孩子参观。

宝塔望江

建议停留时间：60分钟

位于荆州古城外，有一座万寿宝塔，是江陵的辽王朱宪为嘉靖皇帝祀寿而建。园中万寿宝塔由于荆江河床不断抬高，使宝塔底层陷于地下，是

财神客栈

我国宝塔中少有的奇塔。园外有伸入江中二百多米的观音矶，始建于南宋年间，为荆江防汛抗洪的险工段，顶承江流，维护江堤。

周边也好玩

三国文化游：荆州市—赤壁古战场—古隆中—襄阳城（耗时3天）。

荆州万寿宝塔

D1 抵达荆州市后，先参观古城墙、关帝庙等。

D2 前往赤壁，参观赤壁古战场。

D3 抵达襄阳，游览古隆中和襄阳城。

如果时间比较充裕，还可以南下武汉寻访东湖、观黄鹤楼，或者西入宜昌，开启一段三峡之旅，相约三峡人家、清江画廊等美景。

特产

河湖是荆州特产代表，还有洪湖莲子、八岭山朱橘、三湖黄桃、纪山米等，洪湖羽毛扇最有特色，购买几个送朋友最佳。

舌尖上的荆州古城

荆州古城作为长江边上、江汉平原上的一颗明珠，古城里的饮食文化主要以时令为主，荆州鱼糕、鱼圆子、千张肉等都是荆楚风味的代表。荆州的百种小吃更是吸引着游客，早餐就有50多种，手工米粉、发糕、包面、米圆子等鲜香美味。

街头卖的莲蓬

荆州鱼糕

推荐美食

- **荆州鱼糕**

又名荆州花糕。取肥大鲜鱼去刺、漂洗，加以适量的猪板油或肥肉等精制而成。鱼糕爽滑味美，肥而不腻，是荆州人过年爱吃的食物。

- **早堂面**

一种油厚码肥、汤鲜味美的面条，用活鳝鱼、老母鸡、五花肉、猪大骨、鲫鱼熬汤。面香四溢，营养丰富，是早餐的最佳选择。

- **欢喜坨**

是荆州人早餐的一种食物，酥脆可口，松软香甜，是用糯米，经淘洗、磨浆、沥干后，掺入适量面粉和红糖，搓为小团，再蘸满芝麻，炸制成熟。

推荐餐厅

- **荆州老菜**

荆州市荆州区荆州中路124号。0716-8439156。荆州鱼糕、麻鸭火锅、炸鱼尾等。

- **荃凤雅宴**

荆州市荆州区郢都路天泽宾馆旁。0716-8014937。骨头莲藕汤等。

亲子酒店

来到荆州古城，一定要在古城酒店住上一晚，围着古城徒步而行，感受护城河的清风，第二天早上起来，荆州的早点会让你挑花眼。

荆州万达嘉华酒店

荆州市荆州区北京西路518号。0716-4099999。酒店自助餐小孩免费，均价650元左右。

财神客栈

荆州市荆州区拥军巷16号。0716-4129188。中式装修风格，均价100元左右。

往返交通

武汉天河机场，乘坐机场大巴至汉口火车站，坐高铁前往荆州古城，需要1小时。

抵达荆州火车站，打车10元即到达荆州古城。

万达嘉华酒店

凤凰古城

亲子游达人：张婕洁

凤凰古城小档案

地址：湖南省湘西土家族苗族自治州凤凰县。

门票：免费。

电话：0743-3223315。

凤凰古城历史悠久，风景秀丽，城内紫红沙石砌成的城楼、沿沱江而建的吊脚楼、古色古香的明清古院，积灿绿的沱江静静地流淌；城外有南华山国家森林公园、城下有艺术宫殿奇梁洞、建于唐代的黄丝桥古城、举世瞩目的南方长城等风景区。与云南丽江古城、山西平遥古城媲美，还享有“北平遥，南凤凰”的美誉。

精彩看点

- 沱江畅游
- 沈从文故居
- 奇梁洞
- 虹桥赏景

温馨提示

1. 每逢黄金周和其他重要节假日，前来凤凰古城的游客数量将会暴增，一般不要选择此时前往。

2. 非旺季时，住宿可以到了当地再做选择。旺季时，最好提前15天预订房间。

3. 在凤凰购物，基本不收硬币。

4. 在清晨6点，喧嚣都已退去，最能体会到古城的质朴和清冷。

凤凰古城

凤凰古城不可不看

沱江畅游

建议停留时间：1小时

沱江河是古城凤凰的母亲河，它依着城墙缓缓流淌，世世代代哺育着古城儿女。坐上乌篷船，听着艄公的号子，看着两岸已有百年历史的土家吊脚楼，别有一番韵味。顺水而下，穿过虹桥，一幅美丽的画卷便展现于眼前：万寿宫、万名塔、吊脚楼等，一种远离尘世的感觉悠然而生。沱江的南岸是古城墙，用紫红沙石砌成，典雅不失雄伟。城墙有东、北两座城楼，久经沧桑，依然壮观。

爸爸有话说

无论何时，都可见几只鸬鹚船，泊在岸边。夜晚点上河灯，在水上打鱼，那河灯、那鸬鹚、那竹篙打水的声音，更是为水上的夜增添了几分诗情画意。

沈从文故居

建议停留时间：30分钟

世人知道凤凰，了解凤凰，是从沈从文开始的。1902年12月28日，沈从文先生诞生在凤凰古城中营街的一座典型的南方古四合院里。四合院分前后，中有方块红石铺成的天井，两边是厢房，大小共11间。房屋系穿斗式木结构建筑，采用一斗一眼合子墙封砌。马头墙装饰的鳌头，镂花的门窗，小巧别致，古色古香。

妈妈有话说

从沈从文的祖父到沈从文这一代，前后经历了三代，风雨沧桑几十年，也曾显赫一时。在这里可以给孩子们讲讲沈从文的生平以及那温婉细腻的创作风格，让他们爱上这个作家，也爱上这座小城。

奇梁洞

建议停留时间：1小时

奇梁洞位于县城北4千米处，属典型的碳酸盐岩洞，该洞以奇、秀、阔、幽四大特色著称。它集奇岩巧石，流泉飞瀑于一洞，由千姿百态的石笋、石柱、石钟乳构成了一幅幅无比瑰丽的画卷。奇梁洞景象万千，有“天下奇景一洞收”之美称。这里的古战场、天堂景区、十里画廊以及龙

游船

宫景区都以其独特的美展示出五光十色的天堂，家长们可以在这里和孩子们开始一场奇幻之旅。

虹桥赏景

建议停留时间：30分钟

虹桥横卧于沱江之上，风雨楼以它的壮观和俊美拔然而起，这就成了一道重叠的风景，这道风景，由下而上、由古而今穿越着600多年的历史。这座桥始建于明洪武初年，颇信风水的凤凰人都说，这座桥斩断的是一条龙颈，令一条巨龙身首异处。民间还传说，虹桥的三个桥拱各垂一把锋利宝剑，被斩的蛟龙依然想苦心修炼，回归大海，无奈三把利剑无情的威逼着它，它一动荡，疼痛难忍，于是天泼大雨，电闪雷鸣。

周边也好玩

凤凰深度游：凤凰古城—南华山—王村芙蓉镇—天龙峡（耗时3天）。

D1　游览凤凰古城。

D2　前往南华山去观看奇峰异石，之后到王村芙蓉镇去游览2000年的历史古镇。

D3　天龙峡感受峡谷里的奇险秀气，休整后返程。

特产

湘西地区有许多凸显民族特色的苗族特产，有苗族刺绣、苗族银饰以及蜡染制品，这些独具特色的小饰品，都是孩子们喜爱的。

舌尖上的凤凰古城

- **蕨菜炒隔年熏腊肉**

熏腊肉是一般农家喜吃的一种菜食，在凤凰的土乡苗寨有一种隔年熏腊肉的习惯，腊肉确实是一种少有的民间佳肴，且营养价值很高。

- **米粉蒸肉**

凤凰人每年立夏前后都喜欢蒸上一些米粉蒸肉，分给全家人。相传立夏之日吃了，全年就不会生痱子。

- **板栗炖鸡**

板栗炖鸡是一道中国传统菜肴，也是土乡苗寨稀有的特殊菜谱。凤凰板栗炖鸡的板栗是作为凤凰的一大土特产的乌油板栗，以籽粒饱满，果实

凤凰夜景

凤凰苗家美食

肥厚、颗大而有名。

推荐餐厅

- **万木斋**

凤凰古城虹桥中路116号。13574356663。隔年熏腊肉。

- **老银饭店**

凤凰古城虹桥中路117号。0743-3225118。板栗炖鸡。

- **梭子饭店**

凤凰县南边街。1589743-6850。米粉蒸肉。

亲子酒店

凤凰星期八商务宾馆A栋

凤凰县南华门桥头。0743-3228999。83～128元/天。

凤凰岭贵宾楼

凤凰古城老营哨92号。0743-3226586。49～124元/天。

凤凰凤城缘宾馆

凤凰县沱江镇富源小区，栗湾停车场旁。0743-2190563。51～75元/天。

往返交通

抵达张家界荷花机场后转乘大巴抵达景区。

抵达吉首转乘汽车前往凤凰古城景区。

长沙至凤凰古城景区的公路较为便利，车程3小时45分钟。长沙汽车西站出发凤凰古城客运大巴，票价130元/张，全程5.5小时。

长沙至凤凰古城全程共320.7千米，约3小时。

吊脚楼

阳朔

亲子游达人：张林鹂

阳朔小档案

地址： 广西壮族自治区桂林市东北部漓江西岸。

季节： 4~10月，5月后进入雨季，漓江水势上涨不利于倒影拍摄。7月、8月温度较高。

电话： 0779-3889566。

精彩看点

- 西街
- 印象刘三姐
- 蝴蝶泉

温馨提示

阳朔山水较多，建议穿平底鞋游玩。同时更要带好防蚊虫叮咬药水。

“桂林山水甲天下，阳朔山水甲桂林。”阳朔风景之秀美、精致绝对会让你不枉带着孩子来此行。出来赏景，来阳朔更要追求心灵上的放松与解绑。停下匆匆忙忙的脚步，在西街闲逛，坐在竹筏上慢慢品景才是正经事。

桂林山水甲天下

阳朔不可不看

西街

建议停留时间：4小时

西街是阳朔的心脏，整条商业街已经有1400年的历史。如果你来旅游，一定要找一个晚上来西街漫步。在这里你可以逛街逛到半夜，也可以带孩子在咖啡店听着民谣到深夜。西街，可以是一条街，也可以是一种态度。

爸爸有话说

电影《刘三姐》的播出更使拍摄地阳朔一夜成名，闻名海外。阳朔大榕树，位于阳朔县的月亮山景区，是一棵千年古树，树围竟有7米多，高达17米，枝繁叶茂，浓荫蔽天，所盖之地有100平方米。

妈妈有话说

街上的美食太多，注意对孩子肠胃的保护，不要过多的吃街边摊的小吃。

《印象·刘三姐》

建议停留时间：1~2小时

想要了解当地文化，带孩子来看《印象·刘三姐》是极佳的选择。剧场以碧水为舞台，以苍山为背景，非常有气势。在西街口有不少黄色的电瓶车，到“山水剧场”只需5分钟。《印象·刘三姐》构建了一个空前壮观的舞台灯光艺术圣堂，从一个新的角度升华了桂林山水。刘三姐的舞台坐落在漓江与田家河交汇处，与闻名遐迩的书童隔水相望。所有的表演都是在水上进行，投入了大量的演员，在灯光的衬托下，表演相当震撼！

蝴蝶泉

建议停留时间：1~2小时

蝴蝶泉位于桂林阳朔月亮山风景区“十里画廊”的精华地段，有“不到蝶山顶，不知阳朔景”的美誉。这里是中国最大的活蝴蝶观赏园，带孩

西街的咖啡馆

《印象·刘三姐》

阳朔蝴蝶泉

子参观的同时，也可以学到很多生物知识。蝴蝶泉的观赏台可以俯瞰遇龙河，全区内的地方特色表演也十分有趣。蝴蝶泉内部溶洞中有些地段较为阴暗，浏览人数较多，地面湿滑，带孩子游玩时一定要看护好孩子，防止走失或跌倒。

周边也好玩

畅游桂林山水：漓江—龙脊梯田—七星景区—乐满地—桂林（耗时4天）。

D1　抵达桂林后，先参观风景秀丽的阳朔。

D2　前往龙脊梯田。

D3　游玩美国总统克林顿访华期间做过演讲的七星景区。

D4　畅玩乐满地的欢乐童趣世界，晚上取道桂林返回。

舌尖上的阳朔

靠近漓江的阳朔人，很善于汲取身边的食材加以烹制，最出名的美食就是啤酒鱼，这里也是啤酒鱼的发源地。漓江水里的田螺也是阳朔人的最爱，著名的桂林十八酿中，就有阳朔的田螺酿，鲜美可口。此外，由于桂林菜口味偏辣，不能吃辣的孩子在这里可要注意啦！

推荐小吃

- **阳朔糍粑**

阳朔糍粑为阳朔名小吃之一。制作工艺精细。把上好糯米蒸熟后，用力杵打，直到糯米饭全融，像棉团状，然后再取出糯浆做成圆团，放入蒸笼蒸熟而成。水糍粑多放内馅儿，如豆蓉、莲蓉、芝麻桂花糖等，质地细腻柔韧、洁白晶美，趁出笼时热气腾腾，再裹上点白糖或熟豆粉，更是色美味鲜，口感细滑沁甜。

- **油菜**

油茶一般配以各种小吃，多半是炒黄豆、炒花生米、爆玉米等，色、香、味俱全。阳朔一带苗族、瑶族、侗族均有打油茶的习惯，俗称“一杯苦，两杯甲，三杯四杯好油茶”。

推荐美食

- **啤酒鱼**

漓江啤酒鱼起源在阳朔，以啤酒烹鱼的特色名菜。阳朔啤酒鱼的出名，在于用料的讲究，主要有两大绝招：一是要用阳朔漓江中现打上来的新鲜活鲤鱼，二是要用漓江的水来煮鱼，并且要加上新鲜的西红柿和青红椒。

- **田螺酿**

此菜味道独特，制作也颇费精力

阳朔糍粑

油茶

啤酒鱼

田螺酿

与时间，是先把螺肉掏出来，混合猪肉、香菜及其他调味品一起剁碎，再填入螺的空壳里混合汤汁一起烧制。如此复杂的程序恰恰成了田螺酿鲜美的关键所在。

推荐餐厅

- **谢三姐啤酒鱼**

桂林市阳朔县叠翠路阳光100内。0773-8820577。啤酒鱼、田螺酿等。

- **大师傅金奖啤酒鱼**

桂林市阳朔县西街117号。0773-8826988。啤酒鱼、田螺酿等。

亲子酒店

西街作为商业街，环境较吵，不适合孩子居住。建议隔街找一家安静的旅馆静赏美景。

阳朔万丽花园大酒店

桂林市阳朔县蟠桃路51号，西街口对面。0773-6917777。有亲子房，462元起/天。

阳朔新西街国际大酒店

桂林市阳朔县荆凤路33号。0773-8888805。246元起/天。

往返交通

飞机抵达桂林后，转乘大巴45分钟抵达阳朔。

桂林到阳朔只有65千米。可以乘大巴前往阳朔。也可以从桂林码头乘坐观光轮渡到阳朔，2小时左右。

万丽花园大酒店

三星堆博物馆

亲子游达人：陈昱霖

三星堆博物馆小档案

地址：四川省广汉市西安路133号。

级别：4A。

门票：82元/人。

时间：8：30～17：00（16：00起停止取票、入场）。

季节：一年四季均适合。

电话：0838-5651550/5510349。

温馨提示

三星堆距成都市45千米，从成都市区乘坐直达车前往三星堆比较方便。游客中心可租用讲解器20元/人，也可聘请人工讲解80元（全程1小时）。

三星堆博物馆是目前在中国西南地区考古发现的面积最大、出土文物历史最久、文化内涵最丰富的古蜀国文化遗址。现存完整的东、西、南城墙和月亮湾内城墙。三星堆遗址被称为20世纪人类最伟大的考古发现之一，在世界考古学上素有“世界第九大奇迹”之称。

三星堆博物馆外景

精彩看点

· 综合馆

· 青铜馆

三星堆博物馆不可不看

综合馆

建议停留时间：30分钟

综合馆依次展示了三星堆遗址全景挂屏、神坛底部神兽造型的雕塑、大型壁画“长江文明之源”，雄踞西南（古蜀国历史背景）、物华天府（农耕文化）、化土

神树图

锦里古街

金沙遗址博物馆

成器（制陶工艺）、以玉通神（精美玉器）、烈火熔金（冶炼技术）、通天神树（宗教信仰）六大部分，揭示了三星堆文明的深邃、厚重与神秘。

爸爸有话说

展厅里陈列有几块发掘出来的玉石石料可供游客触摸，可以让孩子比较一下加工面和自然纹理的不同触感，启发孩子去思考，古人如何用简单原始的工具切割并加工玉石石料。

青铜馆

建议停留时间60分钟

青铜器馆以青铜人首鸟身像为主体标志性雕塑，辅以大型铜质浮雕背屏，揭示了陈列内容的主题——人与神。青铜馆共有6个展厅，分别是奇密面具、神巫群像、祭祀大典、群巫之长、奇绝的宗庙神器、三星堆考古录。主要展示了纵目面具、戴冠纵目面具和特大型面具，以及一大批人面具与兽面具。有的特大、有的特高，但都做工精湛，形状奇特，其中尤以“青铜大立人”和“兽面冠人像”最为瞩目，堪称古代青铜器中的另类精品。

青铜太阳形器

青铜纵目面具

爸爸有话说

注意观察高2.62米的“青铜大立人”，它是中国、也是世界迄今为止发现的同时代文物群中最早、最大、最奇特、最神秘、最为宏伟壮观的青铜立人雕像，被誉为“铜像之王”。

妈妈有话说

三星堆博物馆可以推童车进去参观，参观路线全程均设有无障碍坡道，综合馆至青铜馆500米距离可乘坐免费电瓶车。凭门票每个馆只能进出一次，通常综合馆先参观。

周边也好玩

成都古蜀国探秘游：成都市—锦里—四川博物馆—金沙遗址博物馆—东郊记忆—三星堆—瞿上园—成都市（耗时4天）。

D1　游览市内集三国文化与成都民俗于一体的锦里古街。

D2　上午参观市内的四川博物院，下午参观金沙遗址博物馆。

D3　上午游玩东郊记忆，午饭后前往三星堆博物馆，晚上入住三星堆瞿上园酒店。

D4　上午在瞿上园休整、游园，午饭后返回成都市区。

如果时间比较充裕，还可以在成都市区寻访诸多人文古迹，如武侯祠、杜甫草堂、青羊宫、文殊院、大慈寺、宽窄巷子，或者是成都向南100千米的乐山大佛。

特产

广汉三星堆青铜面具饼干有抹茶、草莓、黄油、巧克力四种口味。仿青铜面具纹路和造型压制的饼干看上去非常“帅气”，吃一口感受浓浓“历史”味！

舌尖上的三星堆博物馆

推荐美食

- 连山回锅肉

是广汉市连山供销社餐馆的代氏兄弟在原来四川回锅肉的基础上，通过精心研究，取其精华，运用现代科学加工以总结，提高烹饪技术，照顾“南甜北咸”的饮食习惯，特别在佐料和调味上进行了改进，以适应八方来客。

推荐餐厅

- 瞿上园玉珍阁中餐厅

广汉市长沙路西四段125号。0838-5307788。连山回锅肉、笋子鸡。

亲子酒店

广汉瞿上园酒店

广汉三星堆博物馆附近的瞿上园酒店充满亲子乐趣，酒店为大型中式仿古园林度假酒店。园外是鸭子河，可观珍禽迁徙；园内小桥流水、曲径通幽，亭台水榭、湖光水色与古典式园林建筑融为一体，充分展示了古蜀文化的人文景观和鲜明的地域特色，入住其中能亲身感受古蜀王国帝王后花园的风采。

广汉市长沙路西四段125号。0838-5306999。有亲子房，均价250元左右。

往返交通

先到达成都双流国际机场，打车至成都市区新南门车站约45元，在成都市新南门汽车站乘坐三星堆直达车，每日8：30和15：00发车（咨询电话：028-85433609）。

成都火车站（火车北站）乘坐至三星堆的直达车，15分钟滚动发班（咨询电话：028-83175758）。

从成都市区向北走108国道（约40千米）或走成绵高速（约48千米）至广汉即到。

连山回锅肉

广汉瞿上园酒店

西江千户苗寨

亲子游达人：王茜

西江千户苗寨小档案

地址：贵州省黔东南苗族侗族自治州雷山县东北部的雷公山麓。

级别：5A。

门票：100元/人，景区电瓶车：5元/人（单程），10元/人（双程）。

时间：全天。

电话：0855-3334366。

精彩看点

- 观景台
- 田园风光
- 风雨桥
- 歌舞表演
- 西江千户苗寨博物馆

贵州西江千户苗寨是一个保存苗族“原始生态”文化完整的地方，由十余个依山而建的自然村寨相连成片，是目前中国乃至全世界最大的苗族聚居村寨。它是领略和认识中国苗族漫长历史与发展之地。西江千户苗寨是一座露天博物馆，展览着一部苗族发展史诗，成为观赏和研究苗族传统文化的大看台。

西江千户苗寨不可不看

观景台

建议停留时间：30分钟

观景台是苗寨人流最多，风景最美的景点。站在观景台上可以俯看西江千户苗寨全

晨雾中的苗寨

西江苗寨

景，白水河如玉带缠腰，将西江千户苗寨一分为二，村寨建立在70度的高坡上，蔚为壮观，夜晚几千盏灯同时亮起，灯火通明，让人感叹。整个西江千户苗寨犹如一幅美丽的画卷，让人流连忘返。

妈妈有话说

人流太多，一定要注意安全。

租衣服照相的很多，大多是头戴粉红色花的大姐在招揽生意，很朴实，不胡乱要价，10元一次，不收押金。

清晨和傍晚在观景台看到的苗寨风景完全不同，但都是别有一番韵味。

田园风光

建议停留时间：45分钟

苗寨的山后是一片开阔的梯田，有个指示牌标明“田园风光”，那才是苗寨人生活的地方。烟雾蒙蒙的清晨，安静和谐的美，带着清新的空气，让人心情飞扬。层层的梯田，潺潺的河水，水田间曲曲弯弯的阡陌小路，田园景致如画图一般，令人陶醉。

西江苗寨

小朋友在“田园风光”

风雨桥

建议停留时间：30分钟

寨子里面有很多桥，苗族人充分利用自己的智慧把交通人性化设计与审美功能完美结合，每座风雨桥设计得古朴典雅：顶上有遮雨之屋顶，左右有休憩之座；夏可以乘凉，遇雨可借此避雨，还可从容欣赏雨中美景。

爸爸有话说

请爱护苗寨的环境卫生，靠近景区游览车乘坐点最大的风雨桥下的白河水已经被游客们污染的很严重了，到处可以看见废弃的饮料瓶、塑料袋等漂浮在河水上，还有一些不自觉的游客在等车时，把烟头扔进河里……家长要以身作则，教孩子爱护环境。

风雨桥

表演

表演

歌舞表演

建议停留时间：1小时

寨子的歌舞表演场每天有两场免费的表演，上午11点和下午5点，凭门票入场。表演者基本都是寨子里面的居民，有年轻小伙和姑娘们的舞蹈，老年婆婆、阿公们天籁之音的合唱，还有邀请游客上台品酒的互动，整个表演大约60分钟，非常精彩！

西江千户苗寨博物馆

建议停留时间：20分钟

西江苗寨有着非常悠远的历史，由具有典型苗族建筑风格的六栋单体两楼建筑群组合而成，一楼为砖混结构，二楼为木质结构，外观为苗族独特的吊脚楼。

西江千户苗寨博物馆有2层，一层是购物的地方，主要是贵州的特色工艺品——苗族的银饰品。二层是真正的博物馆，展出了贵州主要的出土文物和历史过程。

爸爸有话说

参观具有特色的苗族历史展品，给孩子讲讲少数民族的故事，能更好地让他们了解到民族团结的强大。

特产

西江是苗寨的文化产地，自然有很多苗族都有的特产，如牛魔王牛角梳、银饰、竹子做的小工艺品和芦笙乐器。

舌尖上的西江千户苗寨

西江千户苗寨里有很多特色小吃，还有特色的苗家长桌宴，让人在美食中感受苗家人的热情与传统的敬酒习俗。在一些重大节日期间，还可以领略到千人长桌宴的特色。苗家特色菜肴有：苗王鱼、酸汤鱼、米花饭、米豆腐等。

推荐美食

- **苗王鱼**

这是苗家宴请客人的名菜。苗王鱼味美肉鲜，许多外国游客吃后都称赞："到西江不吃苗王鱼等于到北京不吃北京烤鸭一样，会终身遗憾"。

- **酸汤鱼**

苗族独有的食品，入口酸味鲜美，辣劲十足，令人胃口大开。一般是先加入特产糟辣椒和本地许多有营养的中草药，借番茄酸烹出自然酸汤，然后将清洗的活鱼下锅煮。酸汤是用烧开的米泔水酿制而成的，上好的酸汤应为白色。清酸汤味酸而清香，但醇厚味略差些，另加上用西红柿炮制的红酸汤，味道就更加完美了。如再加些黄豆芽、小竹笋和野葱作辅料。到贵州，不能不吃酸汤鱼。

• **折耳根炒腊肉**

折耳根就是鱼腥草的根，贵州做菜肴多半用的是它的根。很细、很长的浅白色茎状物，吃起来粉粉的，炒熟了以后腥味没那么重，不习惯的人还是能嚼得出来。土法腌制的腊肉，肉色明显比市面上看到的更深，尤其是边缘较硬的一圈。有点发紫的腊肉喷香浓郁。

米花饭

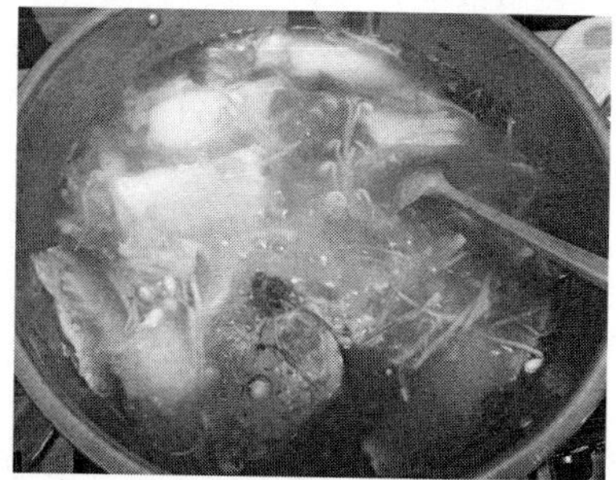

酸汤鱼

• **米花饭**

当地人会把米浸泡在从山里采摘的各种有利于身体的植物熬成红、黄、蓝、橙、黑等颜色的染料罐中后进行蒸煮，满甄子红、黄、蓝、橙、黑，鲜艳的色彩在浓浓蒸气中熠熠生辉，纯粹的香味满屋飘溢。面对如此色鲜味美的食物，即使你已酒足饭饱足，也禁不住要尝上几口。

• **米豆腐**

是湘黔川鄂地区著名的小吃。它并不是真正意义上的豆腐制品，而是用大米淘洗浸泡后加水磨成米浆，然后加碱熬制，冷却，形成块状的“豆腐”。食用时切成小片放入凉水中再捞出，盛入容器后，将切好的大头菜、盐菜、酥黄豆、酥花生、葱花等适合个人口味的不同佐料末与汤汁放于米豆腐上即可。

推荐餐厅

• **阿多牛肉粉**

当地人极力推荐的早餐，汤头味道极鲜。

• **小吃街**

有很多特色的小吃，如糍粑粑、小米糕、米豆腐、竹筒饭、洋芋丝、烤猪肉等。

• **任何一家人多的餐厅**

和福餐馆、苗家第一寨味道都很不错。

亲子酒店

来到西江千户苗寨，一定要在寨子里住上一夜，推荐住在观景台附近的蝶庄度假酒店（西江观景台云端

蝶庄酒店

蝶庄酒店阳台

店，电话0855-3223333），它紧邻观景台，有私家观景台，不用挤在人群中看景，可以选择一个舒服的角度，品茶、发呆。酒店的装修很有特色，床铺舒适，最重要的就是窗外那一片如诗如画的美景。均价280~1280元/天。也可选择以下亲子酒店。

西江画印度假酒店

西江千户苗寨小北门停车场附近。 0855-3218988/18985805802。 均价600~800元／天。

西江故事度假酒店

西江千户苗寨白水河边。 0855-3230188、15121410096。 均价380~1300元／天。

苗家第一寨客栈

西江千户苗寨景区内，如需入住，尽可能地从景区西门进入景区。观光车可直达客栈。 0855-3348968/18084329009。 均价109~230元／天。

往返交通

贵阳机场距离西江千户苗寨约3小时车程，可飞抵该机场，乘坐机场快线至贵阳体育馆汽车站（火车站附近），该车站有至凯里的快巴（约15分钟开出一班）。在车站购票乘车（费用约55元/人），车最终是在洗马河车站停靠，然后即可在此转乘去往西江千户苗寨的客车。

凯里火车站可以转乘直达车去西江，只需2小时；也可以从凯里先到雷山，再转车前往西江。

贵阳至凯里全程高速（近200千米），可从凯里西出口进入凯里，经西环路转入凯里至三棵树的新路，再沿往台江的老路至朗利，转入朗西公路（朗利至西江千户苗寨，约14千米），直抵西江，全程约3小时。

周家大院

亲子游达人：王茜

周家大院小档案

地址：陕西省咸阳市三原县鲁桥镇孟店村。

门票：20元/人。

开放时间：8：00～17：00。

季节：四季皆宜。

电话：029-32255575。

温馨提示

周家大院所在位置属温带地区，四季分明，冬季花枯叶落，春季温度适宜，比较适合带着孩子来参观。

周家大院始建于清乾隆年间，位于当今三原县鲁桥镇孟店村，建筑面积800多平方米，距今已有200多年的历史了。其整个建筑完美融合了清朝时期砖瓦墙建筑的特色，整体的布局结构自然大气而又不失严谨，宁静古朴的宅院周边镶嵌了许多茂密的古树，走进院内，精致细腻的木雕、石雕，错落有致的石台阶，是汉族民间古建筑的重大杰作，具有极高的艺术文化价值，非常值得一看。

周家大院不得不看

观雕望昔

建议停留时间20~30分钟

首先看到的是大院最前端的双层式建筑的前楼，面阔五间，古朴中带着几分素雅。二层前面全部为格栅门窗，带有浓浓的清朝味道，一层中间乃是大院正门，正门两侧摆放着用大理石雕刻而成的古代石狮，它们的表情被刻画得惟妙惟肖，非常值得一看。

精彩看点

- 观雕望昔
- 大堂学礼
- 怀古月轩
- 游厢观雕

爸爸有话说

这里是汝南第周式德埴和妻子沈氏带着自己的五个儿子花费三年建成的，因此又称为“五美堂”。

怀古月轩

建议停留时间10~20分钟

怀古月轩匾属于牌匾，悬挂于退厅后面的后楼，院内的砖雕石雕、木雕并称为周家大院的三宝。其后楼也极具特色，是建造在青石铺贴的高台

周家大院

怀古月轩

阶上，而该幅巨匾正好悬挂在楼中央，高雅大气中又增添了几分怀古的韵味。这块牌匾现已被列入中华名匾，具有非常高的文化价值。

爸爸有话说

牌匾是中国独有的一种文化语言，是将汉字语言、传统建筑、雕刻为一体，其内在的思想具有极高的艺术观赏价值。

游厢观雕

建议停留时间20~30分钟

第二道门的东西两侧都为厢房，迎面为前厅，厢房采用硬山式单坡屋顶，前面的装修依旧是清代风格十足的格栅门窗，柱子之间均施挂落，可以带着孩子观看格栅门裙板上的精美石雕“长安八景”“孟浩然踏雪寻梅”图案，厢房南侧的裙板上雕刻着“郭子仪拜寿”“岳母刺字”图案。

妈妈有话说

厢房顾名思义是正房两旁的房间，一般北面是正房，东西是厢房，南面是倒座，中间是天井，整体由廊子贯通。

大堂学礼

建议停留时间20~30分钟

可以带领孩子穿过大厅之后进入退厅，为孩子解释厅中央悬挂的“满招损、谦受益”的内在含义，教育孩子如何做人做事。退厅为整个院落的最后一进，分为东、西厢房和后楼，退厅也是房屋主人日常会见来宾、接待友人的大厅，意义非凡。

妈妈有话说

古代宅院的大堂一般分为三进制，大堂，一般是宣读圣旨、接见官员的地方，二堂一般负责上下传达，而三堂则是处理家庭内部事务的处所。

周边也好玩

三原县文化游： 三原县博物馆—三原城隍庙—于右任故居（耗时1天）。

早晨从三原县出发参观明清古建

三原城隍庙

于右任故居

筑，到三原县博物馆参观馆内的3000多件文物，然后再到陕西省重点文物保护单位——三原城隍庙，尽情浏览古建筑中蕴藏的文化精髓，午餐后去参观民主时期的革命家兼诗人的于右仕先生的故居，通过参观了解于右任先生生平事迹，学习于右任先生廉洁奉公的伟大精神。

特产

农民画、良心壶、石雕、挑花绣、蓝田玉石等淋漓尽致地展现了当地浓厚的文化艺术。此外，除了做工精美的凤翔泥塑，放在家中可祈子、护生、辟邪、纳福、镇宅，还有别致新颖、造型独特，蕴含着深刻文化艺术气息的青铜器。

舌尖上的周家大院

说起周家大院的美食，种类繁多，当地著名的肉夹馍味道醇厚，米皮、臊子面等面食，味道十分浓郁，鲜美。另外，当地特产还包括美味香浓的马蹄酥，色泽金黄、鲜脆味美的葫芦鸡，当地的酒枣味道也十分独特，枣香酒醇，口味纯正，深受各地人们的喜爱，当地还特产苹果，多汁脆甜，十分新鲜。

推荐美食

- **剔尖**

当地居民常食用的午餐之一。白面、高粱面、杂粮面都可以作为剔尖原料。剔尖两端细长，中间部分稍微宽厚，白细光滑，软而筋道，口感甚佳。

- **拨烂子**

属于一种粗粮食品，大多用面食或馒头进行搅拌，放入锅中蒸，或油炒后加入西红柿辣椒酱搅拌后食用。

- **扯面**

把宽面片下锅煮熟后捞出，加入煮熟的鸡蛋、菠菜、胡萝卜、调味品和臊子搅拌一起再食用。

推荐餐厅

- **和平水盆羊肉东三路店**

三原县三原店丰源街与东三路交叉口南侧东三路58号。 147-91796871。 羊肉、羊杂。

- **客来粥道**

三原县人民银行大街37号。 18991831789。 各种陕西小吃、

扯面

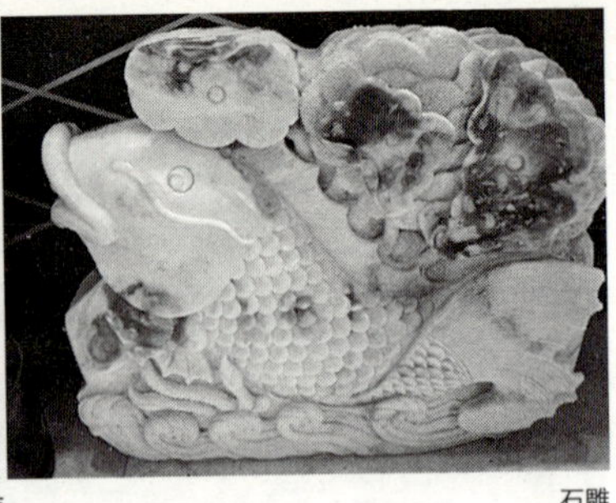
石雕

面食、手工馍。

- **三原牛老碗**

三原县原化纤市场对面。029-32395000。招牌牛肉面、酸菜牛肉面。

亲子酒店

可以带着孩子入住到当地的农家小院里，体验下当地纯粹、宁静、古朴的农家生活，品尝农家美味的柴火饭以及各种美味小吃，让孩子感受喧嚣城市之外的一抹宁静。此外，还推荐以下酒店。

- **三原凌翔招待所**

三原县陵前东街。029-32393800。有亲子房，均价60元/天。

- **快捷公寓**

三原县油坊道1号。181-49181900。有亲子房，均价90元/天。

- **温馨家院招待所**

三原县城关镇丰原街南七巷八角楼对面。1519000396。有亲子房，均价71元/天。

往返交通

乘坐飞机从陕西省咸阳市飞机场下机，再乘坐机场大巴专线到达咸阳市客运总站下车，转乘长途客运汽车最终到达三原县即可。

乘坐火车从咸阳站下车转乘长途客运汽车到达三原县即可。

入秦皇北路由环岛第2出口走入西兰路，直行进入县道X105、县道X106，行驶1.2千米，直行进入咸旬高速，由朝淳化/旬邑/G69方向靠左行驶，从桥底/S107出口离开靠右，行驶1.9千米，朝桥底/三原/省道S107方向右转进入省道S107道，再左转进入县道X312行驶2.2千米左右即到达。

塔尔寺

亲子游达人：郭婷婷

塔尔寺小档案

地址： 青海省西宁市湟中县鲁沙尔镇。
级别： 5A。
门票： 通票80元/人（凭学生证半价）。
开放时间： 全年开放每日8：00～17：00
最佳季节： 6～8月最佳。
电话： 0971-2232357

温馨提示

西宁有“中国夏都”之称，夏季凉爽宜人，其他季节寒冷，昼夜温差大。

塔尔寺是中国西北地区藏传佛教的活动中心，在中国以及东南亚享有盛名。明代对寺内上层宗教人物多次封授名号，清康熙皇帝赐有“净上津梁”匾额，清乾隆皇帝赐“梵宗寺”称号，并为大金瓦寺赐“梵教法幢”匾额。酥油花、壁画和堆绣被誉为“塔尔寺艺术三绝”，另外，寺内还珍藏了许多佛教典籍和历史、文学、哲学、医药、立法等方面的学术专著。每年举行的佛事活动“四大法会”，更是热闹非凡。

塔尔寺不可不看

八宝如意塔

建议停留时间：30分钟

据说，八宝如意塔是为纪念佛祖释迦牟尼一生之中的八大功德而建造的，建于1776年。8个塔造型大同小异，塔身高6.4米，塔底周长9.4米，底座面积5.7平方米。塔身白灰抹面，底座青砖砌成，腰部装饰有经文，每个塔身南面还有一个佛龛，里面藏有梵文经卷。

精彩看点

· 八宝如意塔
· 小金瓦寺
· 大金瓦殿
· 大经堂

爸爸有话说

在塔尔寺寺内，转塔、转经筒都是顺时针的。只要是在经院内、大殿内，都不许拍照。

大金瓦殿

建议停留时间：20~30分钟

藏语称为“赛尔顿庆莫”，即金瓦的意思。其建筑面积为450平方米。大金瓦殿初建于1560年，后于1711年，用黄金1300两，白银1万多

八宝如意塔

两改屋顶为金顶，形成了三层重檐歇山式金顶，后来又在檐口上下装饰了镀金云头、滴水莲瓣。飞脊装有宝塔及一对“火焰掌”。四角设有金刚、套兽和铜铃。底层为琉璃砖墙壁，二层是边麻墙藏窗，突出金色梵文宝镜，正面柱廊用藏毯包裹，殿内还悬挂着清乾隆皇帝御赐的金匾，匾额题字为“梵教法幢”。整个建筑庄严大方，雄伟壮观。

小金瓦寺

建议停留时间：15~20分钟

小金瓦寺又名为护法神殿。初建于明崇祯四年（1631）年。寺中回廊陈设野牛、羊、熊、猴等标本。据说，这些走兽标本象征一切恶魔鬼怪已被神征服。殿的左边有一匹白马标本，相传是三世达赖喇嘛从西藏拉萨到青海塔尔寺骑的。三世达赖喇嘛朝拜塔尔寺之后，要去蒙古传经布道，这匹白马怎么也不肯走，于是便留下来，不久，马不食而死。后人把它当神马，和家神并列供奉。

妈妈有话说

每逢周五，是西宁回族的主麻聚礼日，这一日是西宁回民的大礼拜日，东关清真大寺前，往往会聚集从全城赶来的回民，场面十分壮观。

大经堂

建议停留时间：15~20分钟

大经堂是土木结构的藏式平顶建筑，是塔尔寺建筑中规模最大的。其建筑面积近2000平方米，是拥有168根大柱的大型经堂，初建于明万历三十四年（1606年）。它是寺院喇嘛集中诵经的地方，堂内设有佛团垫，可供千余喇嘛集体打坐诵经。内部陈设非常考究，饰有黄、红、绿、蓝、白五色的幡、帏和各式天花藻井，满堂林立；还有珍贵的大型堆绣挂佛、刺绣佛；梁檐上绘有藏式风格的图案花纹，彩画细腻生动。殿内大柱都由龙凤彩云的藏毯包裹，整个经堂五彩缤纷，富丽堂皇。

- **塔尔寺四大法会（农历）**

跳欠（正月十四日）酥油花展（正月十五日）；

跳欠（四月十四日）晒佛、跳欠（四月十五日）；

晒佛、跳欠（六月初六）转金佛（六月初八）；

全天晒佛（九月二十二日）跳欠（九月二十三日）。

在举办法会期间，信徒和游客的数量会增加许多，寺内寺外很多地方会出现人山人海的现象。

小金瓦寺

油菜花

周边也好玩

西宁市周边游：西宁市—塔尔寺—门源—卓尔山—茶卡盐湖—青海湖—日月山—倒淌河—西宁市（耗时3天）。

D1 抵达西宁市后，先参观市内藏传佛教活动中心塔尔寺，游览后，驱车前往门源。

D2 游玩卓尔山，下午前往茶卡盐湖，晚上前往青海湖，夜宿黑马河乡。

D3 欣赏青海湖日出和湖畔美景，前往日月山、倒淌河，晚上返回西宁市。

特产

西宁作为青海商贸的中心，主要的购物地带都集中在市区中心的大十字地带。主要的特色产品有牦牛肉、老酸奶、湟中民间绘画、西宁毛地毯。

舌尖上的塔尔寺

推荐美食

• **酸奶**

采用传统方法秘制的酸奶一定能让你大饱口福。

• **手抓羊肉**

吃法有三种，即热吃（切片后上笼蒸热，蘸三合油）、冷吃（切片后直接蘸精盐）、煎吃（用平底锅煎热，边煎边吃）。特点是肉味鲜美，不腻不膻，色、香、味俱全。

• **酿皮**

酿皮绵软润滑、酸辣可口、爽口开胃，是西北地区的汉族传统特色美食。

• **黄焖羊肉**

黄焖羊肉是西北经典的名菜之一。此菜口味香酥，肥而不腻。是清末代皇帝爱新觉罗·溥仪的御膳菜肴。

推荐餐厅

• **马忠食府莫家街店**

地址：西宁市城中区南大街营房巷马忠饭店巷内第七间。电话：15695389091，0971-7731733。推荐：酸奶、砂锅、大羊肉串、黄焖羊肉、手抓羊肉、酿皮、羊肠面。

• **清真益鑫羊肉手抓馆花园北街店**

地址：西宁市城中区湟光花园北街白玉巷5号。电话：0971-8179336。推荐：手抓羊肉、炸土豆、红烧洋芋、黄焖羊肉。

• **沙力海美食城**

地址：西宁城中区北大街4号。电话：0971-8234444。推荐：羊脖子肉、手抓羊肉、酸奶、黄焖羊肉。

酸奶

黄焖羊肉

湟中民间绘画

亲子酒店

去塔尔寺玩，如果考虑周边玩乐等条件，可以住在西宁，市内酒店相对条件较好，周边饮食等种类多，推荐住宿西宁梦亚家庭宾馆，地处市中心繁华地段，距离莫家街较近，价格也比较亲民。其他的亲子酒店住宿推荐如下。

西宁百客精品酒店

西宁市城中区昆仑中路79号省工商局旁。 0971-8267532。 有亲子房，均价445元左右／天。

西宁梦亚家庭宾馆

西宁市城中区大十字莫家街金座碧城。 13997483266。 有亲子房，均价288元左右／天。

西宁缘缘家庭宾馆

西宁市城中区莫家街金座碧城小区。 15500786742。 有亲子房，均价250元左右／天。

往返交通

到达交通

西宁机场乘坐出租车去塔尔寺，或者先乘坐大巴到市区，然后可以到管理站（市区体育馆附近）乘坐专门跑湟中的大巴车，也可以出租车拼车。

西宁火车站，西宁市的昆仑路南川东路口有大巴前往塔尔寺。

从西宁市走西久公路，朝湟中方向，靠右直行到达湟中。

西宁市区

第九部分
亲子出行
注意事项

聪明父母的选择 带上适当的旅行物品

编者有一位朋友，是个超级旅游达人。每到周末和节假日，都会带着孩子出游。她非常苦恼，因为每一次旅游回家或是在旅途中，孩子必定会病一场。她说，现在出游都是全副武装，药箱、各种衣服、洗漱用品……大包小包，和搬家一样，但是依然没有解决孩子出游生病的问题。

如上述妈妈，带着孩子外出旅游过度的关爱，也会导致生病。在旅途中，只要和大人一样，适度游玩、保证睡眠、保温防暑，就不会导致一出游就生病的情况。

所以聪明的爸妈们要精简行李，根据孩子的年龄、性别、生活习惯、喜好等，结合出行目的地的气候变化和出行方式，总结出属于各自的亲子游必备“心经”。

可爱的亲子雨衣

同时提醒各位父母，在亲子游的过程中，不要过分关注孩子，而忽略自己的健康和行前准备。这样是不对的，旅途中大人也会疲劳生病，所以在安排好孩子的同时，也要让自己的旅途生活变得舒适愉快。

第一部分：日用品足够才方便

除了衣物，日用品是行李中最占地方的。所以在出行的时候，既要带够，也要节省行李的重量。所以建议很多日用品，采用轻便装、小包装和旅行装。

洗发水、沐浴液旅行装

困难：洗发水、沐浴液都是大瓶装，太重了，特别是长途旅行，非常不方便。

办法：带上洗发沐浴二合一，5天以下，带50毫升，5天以上带100毫升。

产品：德国Sanosan，50毫升洗发沐浴二合一；和贝悦，100毫升洗发水沐浴二合一。

惊喜：带上画笔沐浴液，孩子们在浴缸享受多彩世界，欢乐游戏。推荐德国Tinti叮叮魔幻画笔浴液，每只平均价格在50元以下。爸爸妈妈可以一起参与彩色浴缸的游戏，既能和孩子一起嬉戏，泡澡，也又能缓解旅途疲劳。

孩子们在外旅行最喜欢玩水

儿童餐具，可以随身带

儿童免洗洗手液

困难：外出旅行，有时候洗手间里没有洗手液，特别是户外露营时，洗手消毒更难了。

办法：选择小包装的25片左右湿纸巾，同时也带上免洗的洗手液或者是免洗喷雾救急。

产品：贝亲Pigeon婴儿柔湿巾25片装和英国Little Tree 儿童免洗洗手液。

惊喜：推荐一种水果味旅行免洗洗手液，包装是小熊形状，给旅途增添不少童趣。

建议：湿纸巾的环保性不够好，在不得已的情况下可以使用。

自带牙膏、牙刷

困难：携带起来有困难，牙刷容易弄脏。

办法：购买一个儿童便携式收纳包，用保鲜袋装好牙刷，将牙刷、牙膏等放在里面就可以了。

建议：对于收纳包，建议按照孩子和父母的喜好来买就行，无特定品牌要求。提醒自带牙刷，不建议孩子使用酒店的牙刷。

保温杯

困难：保温杯不大，但是杯子加上水的重量，随身携带也算是一件"大行李"。

办法：如果不是户外露营，建议携带容量不超过350毫升的保温杯，够孩子半天饮用。等到了休息处或者餐厅，及时蓄满水备用。

产品：乐扣乐扣的Hello kitty、Hello bebe系列，在250毫升~350毫升之间。

建议：不建议孩子和父母使用同一个水具，容易传染病菌和交叉感染。

儿童餐具

困难：碗、筷子、勺子等餐具其实挺多的，带上清洗起来很不方便，也是负担。

办法：带餐具出游，主要是针对自驾游、户外露营等，以塑料和不锈钢的餐具为主。如果忘记带餐具，在使用餐厅提供的餐具时，需要用开水冲洗餐具消毒杀菌。

建议：带上洗洁精和洗碗布清洗餐具。

便携式马桶

困难：孩子要上厕所，特别是年龄偏小的孩子。

办法：购买一个便携式马桶。男

孩可以买一个便携式尿壶。

产品： 欧培（OPEN）便携式尿壶和My Carry Potty英国凯瑞儿童小马桶。

儿童防晒霜

困难： 孩子的皮肤幼嫩，防晒霜使用不当，会导致没有防晒效果或是皮肤疾病。

办法： 在给孩子使用防晒霜之前，先在孩子的皮肤上进行测试，在出门前30分种涂抹防晒霜。

建议： 普通阳光使用 SPF 30防晒系数；在高原、海边、沙漠等户外阳光比较强烈的地方挑选SPF 50以上的防晒霜。

第二部分：轻便衣物

内衣

困难： 旅途中，宝宝容易出汗，到底带多少内衣合适呢？如何清洗内衣？

全棉衣物最适合亲子旅行

办法： 按旅行的天数来携带内衣，每天都要更换内衣。每晚休息前，建议用洗衣颗粒清洗内衣，晾晒至通风处。

建议： 内衣选在全棉材质的为佳，舒适透气外，也容易干，适合外出旅行。

产品： 氧净洗衣氧颗粒60克（杀菌祛味旅行装）。

帽子

困难： 季节决定帽子，地域也有关系，如何选择帽子呢？

办法： 夏季，遮阳帽选择浅色，浅边的。冬季，保暖帽选择全棉材质，保暖防静电。

建议： 选择知名品牌，保证度更高，例如Disney等品牌为佳。

泳衣

困难： 除了去海边以外，是不是外出旅行都要带上泳衣，会不会很多余？

办法： 建议全程带上泳衣，即便不是在海边，水上游乐、酒店泳池、温泉等都可以用到。

建议： 女孩建议穿着连体泳衣，保护肚脐，也便于携带。泳镜和泳帽也要同时带上。

太阳眼镜

困难： 孩子不适合长期佩戴太阳眼镜，但是阳光强烈、风沙大，不带又不行。

办法： 特别小的孩子，不建议带太阳眼镜，可以用太阳帽来遮阳。注意让孩子不要长时间直视阳光，不要购买玻璃镜片、金属框架的眼镜，防

遮阳帽必带

游泳装置不可少

止给孩子带来伤害。

惊喜：为了拍照片，可以选取造型卡通的太阳眼镜。

旅行护颈枕

困难：旅途中孩子说睡就睡了，不分地点和时间。在户外，选择儿童护颈枕保护孩子的颈椎。

办法：按孩子的年龄购买，分1~3岁、4~8岁、8岁以上款。购买可爱卡通的产品，让孩子喜欢，并培养成带护颈枕的习惯。

产品：Benbat儿童护颈枕。

第三部分：亲子小药箱 安心健康出行

带着孩子出行，细心的爸爸妈妈都会准备一个小药箱。各家的小药箱都有各自的特点，根据孩子患病、年龄不同，旅游目的地不同，小药箱里的内容都会不同。这里也建议大家准备一个亲子小药箱。

体温计

困难：目前市场上的儿童体温计，有测腋温的、测耳温的、测肛温的，还有额头快速测温，哪种体温计更适合在旅途中使用呢？

办法：在旅途中，建议使用红外线体温计，非接触式的测量，测量的精度准确，测量时间为1秒，安全且携带方便。

建议：每日早晚测量宝宝体温。及早发现生病的迹象，做好预防和治疗。爸爸妈妈也可以一起使用，如果还有长辈同行，更有利于旅途中的疾病检测。

感冒

困难：孩子感冒有很多种，有风寒感冒、有咳嗽、有风热感冒等，到底该带哪种感冒药呢？

办法：带上常备感冒药和治疗发热的药品即可。在旅途过程中，发生感冒后，根据病情对症用药。

建议：多喝水也是预防和治疗感冒的最好办法。

微创伤

困难：孩子好动，创口贴使用量不小，经常在户外换创可贴。如何保证卫生，让伤口不受到感染呢？

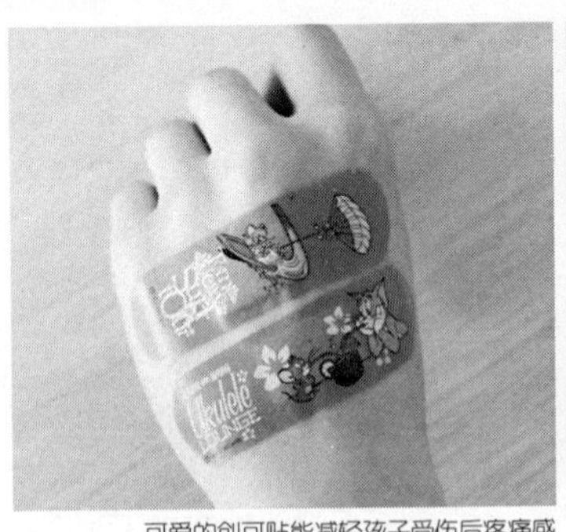

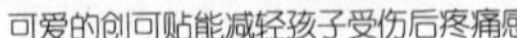
可爱的创可贴能减轻孩子受伤后疼痛感

乘坐高铁需保持干净

办法：发生一般轻微的表皮伤，用碘酒、双氧水等涂抹一下伤口，然后贴上创可贴。孩子好动，容易弄掉，更换时，需要再次消毒后，贴上创可贴。

建议：以下情况不能使用创可贴，创伤严重、伤口有污染者；被铁钉、刀尖扎伤等；创面不干净或伤口内有异物时；烫伤后出现溃烂、流脓水时；已污染或感染的伤口，创面有分泌物或脓液的伤口也不能使用创可贴。

晕车、晕船

困难：孩子神经系统还在发育，吃晕车药、用晕车贴会不会刺激到孩子还没有完善的神经系统？

办法：一般不建议给4岁以下的孩子吃晕车药，6岁以下的孩子用晕车贴。

建议：尽量不要让宝宝在饥饿、过饱、疲劳、情绪低落时坐车。坐车时间较长，需要经常打开车窗，让车内空气流通。对于预防晕车，最有效的方法是出发前确保孩子享有充分的睡眠，切忌饮食油腻。出游时家长可适当给孩子补充含葡萄糖高的食物，有效减少晕车状况发生。

蚊虫叮咬

困难：清凉油等防蚊虫叮咬的药品，味道比较大、刺激性较强，孩子不太喜欢。

办法：去蚊虫较多的地方，出门前喷上防蚊虫喷雾，出门时带着防蚊圈，有效防止蚊虫叮咬。使用防蚊虫喷雾时，避开孩子的眼部和嘴部。

便秘

困难：在旅途中，常常会因为水土不服、吃的过于油腻，导致孩子不能每天正常大便，该如何处理呢？

办法：给孩子多吃蔬菜水果，喝白开水，如果3天以上不能正常排便，可以使用开塞露。

腹泻

困难：拉肚子是旅途中最难受的事情，孩子不舒服，还会对同行的人产生影响和不便。

办法：可选择适应症广、剂量精准的儿童专用止泻药，及时服用，以免病情恶化。

建议：如果肠胃敏感的孩子，建议自带餐具，同时不要过量食用生冷等食物。

造型各样的亲子餐在旅途中增加很多乐趣

眼部感染

困难：眼睛是孩子敏感部位，由于不卫生、风沙大都会产生发炎或者是其他疾病，在旅途中如何预防？

办法：在旅游小药箱里装上红霉素眼药膏和10毫升小包装的生理盐水。眼睛有黄色分泌物，可涂抹红霉素眼药膏预防。

惊喜：旅途中，红霉素眼膏的妙用：鼻腔内干涩溃破时，可以涂抹；皮肤上小脓包，也可以涂抹。

建议：口服补液盐、益生菌、藿香正气液、人丹等都是常备药，都可以进入小药箱。

第四部分：自己的行李箱 旅行成长时光

儿童行李箱

孩子6个月开始就对自己的东西开始有了意识，带着孩子们出门，为他们准备属于自己的行李箱。首先，能大大增加孩子的自我意识；第二，让孩子自己收拾行李，培养独立能力和动手能力。第三，孩子的行李和大人的分开，也更卫生方便。

在选购行李箱时，按孩子的年龄不同进行选择。

3~5岁：学前的孩子，由于身高的原因，选购比较轻便、卡通的行李箱。足够装随身衣服和日用品即可。

推荐：英国Trunki多用途儿童行李箱。

Trunki手提箱是只属于孩子的秘密花园，孩子可以用来装他们的故事书、糖果、玩偶等。男孩女孩都会喜欢。

6~8岁：小学低年级的孩子除了和父母一起旅行，也会开始进入学校的夏令营等在外过夜的生活。所以准备的行李箱不能太花哨，可以和孩子一起在行李箱上系上行李牌，写上自己的名字，更有纪念意义。

推荐：英国Cuties儿童拉杆箱旅行箱。

英国Cuties的儿童旅行箱万向轮是非常灵活的，上下电梯、搬运非常方便。花色分男孩和女孩。如果喜欢萌萌的家长，还可以购买大号的箱子，搭成亲子行李组合。

9~12岁：这一年龄段的孩子进入叛逆期，许多事情开始自我做主的阶段。在选购行李箱，可以将自主权交给他们。此时很多孩子的身高也开始接近成年人，出行用品可开始增加，所以要选购24寸以上的行李箱。

推荐：Ambassador儿童万向轮拉杆箱。

Ambassador品牌的箱包，也是引领了儿童行李箱的时尚。图案简单清新、卡通形象可爱健康。

游泳包

很多父母都觉得出行带游泳包非常费事，常常拿普通背包当游泳包。可是普通背包没有防水功能，装上水

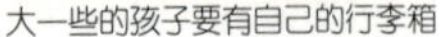
大一些的孩子要有自己的行李箱

户外露营安全第一

嗒嗒的衣物，影响了旅途舒适度。所以带上游泳包，无论是泡温泉，还是沙滩嬉戏，除了防水、防潮，还可以装孩子的防晒霜、眼镜等日用品。

推荐：Speedo速比涛儿童专用背包防水书包；Disney迪士尼儿童游泳防水沙滩游泳背包、拎包。

第五部分：户外露营

对于孩子来说，露营也是最开心的旅行项目。此时他们可以在河里捞鱼、山间游戏、篝火晚会、帐篷里看星星。在城市里生长的孩子们进入自然界，遇到困难后，无论是自理能力、自然知识和团队协作能力都能够得到快速的提升。

对于很多露营发烧友来说，一年四季都能够在户外露营。而对于孩子们来说，25℃~32℃之间的气温是最佳的露营时间。和自驾游、自助游不一样，露营对于父母来说需要比较丰富的露营知识，来面对露营时遇到的可能性危险。所以建议新手露营家庭除了多做充分的行前准备以外，第一次露营跟着露营达人们一起出游，并为大家推荐露营新手全装备，根据自己的需求选购。

帐篷及周边

名称	作用	选购指南
帐篷	露营中防雨、抗风、防寒等	一家人购买二室一厅的帐篷比较合适
帐篷地席	保护帐篷底面，防止磨损，铝膜的也可以作为拍摄时反光板	帐篷地席稍微比帐篷要大一些
羽绒睡袋	羽绒睡袋能够节省空间，自带枕头的睡袋，携带轻便，还能够保暖	孩子使用信封式睡袋比较合适，不容易踢翻

（续）

名称	作用	选购指南
防潮垫	防硌、保暖、防水，是露营必备	铝膜防潮垫比地席更轻便
头灯	是解放双手的照明工具，帮助夜晚意外情况及时处理	LED头灯就够用了
手电	野外露营照明用	可以用手机替代
营灯	在营地提供照明，吓跑野兽、指示营地位置等，并且是可移动的灯具	LED灯寿命超长

炊具及周边

名称	作用	选购指南
炉头	在野外露营做饭、烧水必备	选择带防火及自动点火功能的炉头
气罐	提供燃料，做饭烧水的火源	一般露营都选择平原罐
煤炭	烧烤燃料	选购干焖窑，纯果木炭
套锅	做饭、烧水、煮面、煎蛋的必备	配上餐具，勺子、碗等
烧烤炉	可以用来做羊肉串、烤肉等	选购炭烧烤炉
保温水壶	盛装没有用完的热水备用	1000毫升以上的保温瓶
点火器	点燃煤粉、油（气）燃料并能稳定火焰的装置	选购民用点火器

装备相关

名称	作用	选购指南
背包、背包雨罩	露营或者长途旅行的必备	背着舒适且能承重好的户外背包
对讲机	团队活动可以保持通讯	500元以下的就可
求生哨	在没有手机和对讲机的情况下联络或者求助	专业的求生哨，配置有指南针，适合户外徒步登山
登山杖	登山杖可以让户外登山穿越活动带来很多的好处，如提高步行的稳定性，减轻腿部的负担。可以节省20%左右的体力	不建议儿童使用登山杖
洗漱包	牙刷、肥皂、毛巾、牙膏、手纸、防晒霜等	
户外手表	测海拔、气温、气压、带电子罗盘、计时和闹钟等	
防水袋	用品不湿，方便背包内的整理	

（续）

名称	作用	选购指南
小型望远镜	增加视力范围，为孩子们增添户外乐趣	
指南针	野外辨别方向，或迷路后寻找方向的有用工具	
小药箱	感冒药、消炎药、止血绷带、创可贴等	

衣物

名称	作用	选购指南
冲锋衣裤	防风、防水、透气、耐磨	按季节购买，四季的都不一样
抓绒衣	主要是防风、保暖	含Windsropper为佳
快干衣裤	夏天出行的必备品	裤管、袖管最好是可以脱卸的
羽绒衣裤	秋天出行或高原地带的保暖必备品	选购超轻、保暖的
一次性内裤	保证能够天天更换内衣裤	正规产品
徒步登山鞋	适应性强、耐磨、防水	中高帮为佳，能够保护脚
轻便休闲鞋	开车，平底露营时可以穿着，比登山鞋舒适	
运动凉鞋	可当拖鞋穿，夏天徒步也可直接穿	
排汗袜子	春秋天可排脚汗、冬天可防冻伤	Coolmax料的为佳
遮阳帽	遮蔽太阳紫外线	棒球帽式和宽沿
抓绒帽	保暖	带护耳
手套	保暖的功效	春秋天薄手套、冬季使用防水厚手套
眼镜	主要功能是遮阳	运动型的更易携带，不容易摔坏

第六部分：境内旅游的各类证件

身份证　1岁以上的孩子都可以在当地派出所办理身份证，从办理到领取的时间最多为30个工作日。建议爱旅游的父母为孩子办理身份证，在高铁换网络订票、乘坐飞机、酒店入住等都会便利一些。

医保卡　孩子比较小，外出更容易生病，带上医保卡，便于就医时使用。

港澳通行证　孩子随父母进入香港和澳门旅游，需要办理港澳通行证。

入台证　孩子办理入台证和大人的手续相同，旅游签15个工作日办理。

乘坐交通工具注意事项

亲子出行的交通工具无外乎是飞机、火车、地铁、自驾等方式，如何选择适合自己的出行方式，是需要根据季节、目的地、孩子的年龄、性格、身体情况来决定的。

安全顺利出行

飞机

1. 乘坐须知

· 航空公司规定出生14天以上、身体健康的婴儿，才可以搭乘飞机。

· 飞机起飞和降落时，需要给孩子系上安全带。

· 在飞机起飞和降落时叫醒孩子，否则睡眠时耳膜发生气压伤的可能性会大为增加。

· 乘坐飞机前，做好孩子的健康检查，保证乘坐前无心脏病、高烧等疾病。

· 乘坐飞机时，不要打骂孩子，做好正确的沟通和情绪疏导，不要影响其他乘客。

2. 购票须知

· 票价：2周岁以下的婴儿票价为1折，免燃油附加费和机场建设费。2周岁以上到12周岁以下的儿童票价为5折，燃油费半价和免机场建设费，儿童占座位。

· 证件：户口簿、身份证（满1周岁的孩子可以办理第二代身份证，便于出行，建议父母可为孩子办理）。

3. 乘机物品

· 耳塞：飞机起飞和开始降落时，孩子会不舒服，应协助孩子戴上耳塞减少耳压。

· 小零食：减少耳压的办法还有就是咀嚼，吃小零食也是较好的安抚孩子的办法。

· 儿童旅行枕：保护颈椎，在孩子休息、睡觉时使用。

· 玩具：旅行玩具是可以帮助孩子寻求安全感的，带上喜欢的玩具，在飞机上能够缓解孩子的紧张情绪。

4. 晕机处理

· 行前：保证身体健康和充分的睡眠，不要疲劳出行，并饮用适量加醋的温开水，防止晕机。

· 轻度：给孩子听音乐、阅读、远望窗外等，分散注意力。

· 严重：呕吐后让孩子平躺下，固定头部。联系空乘人员，协助处理。

火车

1. 乘坐须知

· 乘坐火车时要求预订下铺。这样在行程中，你和宝宝就会有较大的活动空间，并可让宝宝在你的腿边玩耍。

· 提前到达火车站候车，较小的孩子可以到母婴候车室候车。

· 站台候车，不要嬉戏打闹，防

止摔倒或掉下站台。

·进入车厢后，对号入座，并将行李物品放在自己视线之内，以防丢失或被盗。

2. 购票须知

·票价：一名成年人旅客可以免费携带一名身高不足1.2米的儿童。如果身高不足1.2米的儿童超过一名时，一名儿童免费，其他儿童须购买儿童票。儿童票为半价座票、加快票、空调票；座别应与成年人旅客的车票相同，到站不得远于成年人旅客车票的到站。儿童身高为1.2米～1.5米的，须购买儿童票；超过1.5米的，须购买全价座票。成年人旅客持卧铺车票时，儿童可以与其共用一个卧铺，并应按上述规定免费或购票。儿童单独使用一个卧铺时，应另行购买全价卧铺票。

·证件：户口簿、身份证、护照等可以证明亲子关系的证明材料。

3. 旅途注意

·多喝开水，保持水分。饮食清淡，不要吃油炸食品。

·坐车的时候不要让孩子长时间观看窗外移动的物体，可能会产生头晕和不适。

·旅途中休息睡觉时，需要保持警惕，防止孩子被拐卖。行前为孩子做好防止拐卖的教育。

·长途旅行中，每隔1小时左右带着孩子在车厢里活动活动，保持血压流通。

·乘坐高铁因为速度较快，为孩子准备点小零食，减少耳压造成的不适感。

长途汽车

1. 购票须知

·票价：持一张全价票的旅客可免费携带1.1米以下儿童一人乘车；但不供给座位；携带免费乘车儿童超过一人或要求供给座位时，须购买儿童票。

2. 旅途注意

让孩子靠在车窗乘坐，较为安全。避免孩子独自在车内乱跑。

不要让孩子将头、手伸出车外，保证乘坐安全。

在休息站时，及时带着孩子上厕所。

地铁

1. 乘坐须知

·带着孩子乘坐地铁，不要让孩子将脚放到座位上，或者在座位上攀爬。

·地铁有老弱病残孕座位，可以优先乘坐。

2. 购票须知

·票价：中国多数城市1.2米以下的孩子乘坐地铁是免票，1.2米以上为全票。建议在地铁售票处核实购买方式。

·购票：准备好零钱到自动售票机购买车票，也可以在人工售票处购票。

3. 旅途注意

·避开上下班高峰期乘坐地铁，如果避不开，建议到车头车尾乘坐，乘客会相对较少。

· 带着孩子排队上车，告诫孩子不要把身子、头部探出电扶梯扶手、垂直电梯门或车门等外面。

城市公交车

1. 乘坐须知

· 公交车上有老弱病残孕专座，可以优先乘坐。

· 如果没有座位，和孩子一起扶着安全扶手，保持安静乘坐公交车。

2. 购票须知

· 购票：多数城市为刷卡乘车，可以提前购买公交卡，用以乘坐地铁等公共交通工具。

· 票价：中国多数城市1.2米以下的孩子乘坐公交车是免票，1.2米以上为全祟。

3. 旅途注意

· 避开拥挤的公交车，乘坐人少的线路，在非高峰期乘坐公交车。

· 让孩子保持安静乘坐，以免在急刹车的时候，发生危险。

自驾

1. 乘坐须知

· 6岁以下，乘坐汽车须使用安全座椅。不要抱着孩子坐在副驾驶位置。

· 6岁以上的孩子乘坐汽车，需坐在后座，并系好安全带。

· 证件：户口簿、身份证、护照等可以证明亲子关系的证明材料。

2. 旅途注意

· 持续开车不要超过2小时，中途停车至休息站让孩子休息放松。

· 为孩子准备好音乐和玩具，保持情绪平静。

· 保持车内通风，低速行驶，避免孩子晕车等不适症状发生。

文明出行，和孩子一起文明旅游，在旅途中遵守规则、爱护环境、不破坏文物，并制止不文明行为。

《文明旅游出行指南》

《中国亲子游》经过国家旅游局授权，编辑整理了国家旅游局发布的《文明旅游出行指南》。

一、中国公民国内旅游公约

营造文明、和谐的旅游环境，关系到每位游客的切身利益。做文明游客是我们大家的义务，请遵守以下公约：

1. 维护环境卫生。不随地吐痰和口香糖，不乱扔废弃物，不在禁烟场所吸烟。

2. 遵守公共秩序。不喧哗吵闹，排队遵守秩序，不并行挡道，不在公众场所高声交谈。

3. 保护生态环境。不踩踏绿地，不摘折花木和果实，不追捉、投打、乱喂动物。

4. 保护文物古迹。不在文物古迹上涂刻，不攀爬触摸文物，拍照摄像遵守规定。

5. 爱惜公共设施。不污损客房用品，不损坏公用设施，不贪占小便宜，节约用水用电，用餐不浪费。

6. 尊重别人权利。不强行和外宾合影，不长期占用公共设施，尊重服务人员的劳动，尊重各民族宗教习俗。

7. 讲究以礼待人。衣着整洁得体，不在公共场所袒胸赤膊；礼让老幼病残，礼让女士；不讲粗话。

8. 提倡健康娱乐。抵制封建迷信活动，拒绝黄、赌、毒。

二、中国公民出境旅游文明行为指南

中国公民，出境旅游，
注重礼仪，保持尊严。
讲究卫生，爱护环境；
衣着得体，请勿喧哗。
尊老爱幼，助人为乐；
女士优先，礼貌谦让。
出行办事，遵守时间；
排队有序，不越黄线。
文明住宿，不损用品；
安静用餐，请勿浪费。
健康娱乐，有益身心；
赌博色情，坚决拒绝。

65个公共场所通用标识

序号	图形符号	名称	说明
01		出租车 TAXI	表示提供出租车服务的场所
02		请勿带宠物	表示不允许带宠物的场所
03		请勿拍照	表示不允许拍照的场所

（续）

序号	图形符号	名称	说明
04		请勿使用手机	表示不允许用手机的场所
05		靠右站立	表示应该靠右站立
06		禁止伸出窗外	表示禁止将手、头伸出窗外的场所
07		请勿坐卧	表示禁止随意坐卧的场所
08		当心夹手	表示要小心夹手
09		禁止倚靠	表示不允许倚靠的场所
10		租赁车Car rental	表示提供租赁车服务的场所
11		公共汽车 Bus	表示提供公共汽车服务的场所
12		无轨电车 Trolleybus	表示提供无轨电车服务的场所
13		飞机 Aircraft	表示民用飞机场或提供民用航空服务
14		火车 Train	表示铁路车站或提供铁路运输服务
15		地铁 Subway station	表示地铁车站或提供地铁运输服务
16		停车场 Parking	表示供停放机动车的场所
17		自行车停放处 Parking for bicycle	表示供停放自行车的场所
18		加油站 Gasolene station	表示供车辆加油的场所
19		方向 Direction	表示方向
20		入口 Way in	表示入口位置或指明进去的通道
21		出口 Way out	表示出口位置或指明出去的通道
22		紧急出口 Emergency exit	表示紧急情况下安全疏散的出口或通道
23		楼梯 Stairs	表示上下共用的楼梯。不表示自动扶梯
24		自动扶梯 Escalator	表示自动扶梯，不表示楼梯
25		电梯 Elevator; Lift	表示公用电梯
26		残疾人设施 Facilities for disabled person	表示供残疾人使用的设施，如轮椅、坡道等
27		卫生间 Toilet	表示卫生间
28		男更衣室 Men's locker	表示专供男性更衣或存放衣帽等物品的场所，如男更衣室、试衣室等
29		女更衣室 Women's locker	表示专供女性更衣或存放衣帽等物品的场所，如女更衣室、试衣室等
30		饮用水 Drinking water	表示可以饮用的水

（续）

序号	图形符号	名称	说明
31		踏板放水 Pedal-operated facilities	表示用脚踏方式放水
32		废物箱 Rubbish receptacle	表示供人们扔弃废物的设施
33		淋浴 Shower	表示提供淋浴设施的场所。不表示盆浴
34		商场；商店 Shopping area	表示出售各种商品的场所，如商场、商店、购物中心等
35		医疗点 Clinic	表示提供简单医疗服务的场所，如医务室、医疗站、急救站等。不表示医院
36		等候室 Waiting room	表示供人们休息等候的场所，如车站的候车室、机场的候机室、医院的候诊室等
37		安全保卫 Guard;police	表示安全保卫人员或指明安全保卫人员值勤的地点，如警卫室等
38		票务服务 Tickets	表示出售各种票据的场所，如影院、体育场馆、机场等的售票处
39		手续办理；接待 Check-in;Reception	表示办理手续或提供接待服务的场所，如宾馆、饭店等服务机构的前台接待处，机场的手续办理处等
40		问讯 Information	表示提供问讯服务的场所
41		货币兑换 Currency exchange	表示提供各种外币兑换服务的场所
42		结账 Settle accounts	表示用现金或支票进行结算的场所，如宾馆、饭店的前台结账处，商场等场所的付款处等
43		失物招领 Lost and found;Lost property	表示丢失物品的登记或认领场所
44		走失儿童认领 Lost children	表示丢失物品的登记或认领场所
45		行李寄存 Left luggage	表示临时存放行李的场所
46		行李手推车 Luggage trolley	表示供旅客使用的行李手推车的存放地点
47		邮政 Postal service	表示出售邮票或邮寄各种邮件的场所，如邮局（邮电局）、商店、宾馆中办理此业务的部门
48		电话 Telephone	表示提供电话服务的场所
49		西餐 Restaurant	表示提供西式餐饮服务的场所，如西餐厅等。不表示中餐
50		中餐 Chinese restaurant	表示提供中式餐饮服务的场所，如中餐厅、中餐馆等。不表示西餐
51		快餐 Snack bar	表示提供快餐服务的场所。不表示酒吧、咖啡
52		酒吧 Bar	表示提供饮酒及其他饮料的场所。不表示咖啡、快餐
53		理发；美容 Barber	表示提供理发、美容服务的场所，如理发厅（馆）等

（续）

序号	图形符号	名称	说明
54		保持安静 Keeping silence	表示应保持安静的场所
55	VIP	贵宾 Very important person	表示对贵宾提供服务的场所
56		允许吸烟 Smoking allowed	表示允许吸烟的场所
57		禁止吸烟 No smoking	表示禁止吸烟的场所
58	SOS	紧急呼救电话 Emergency call	表示紧急情况下，需要他人救援或帮助时使用的电话
59	SOS	紧急呼救设施 Emergency signal	表示紧急情况下，供人们发出警报，以请求救援或帮助的设施。不用于发出特殊警报（如火情警报）的设施
60		火情警报设施 Fire alarm	表示不能产生听觉或视觉警报信号的火情警报设施。不代表与消防部门通讯联系的设施
61		灭火器 Fire extinguisher	表示灭火器
62	DDD	国内直拨电话 Domestic direct dial	表示可以与国内各地直接通话的电话
63	IDD	国际直拨电话 International direct dial	表示可以与国外各地直接通话的电话
64		客房送餐服务 Room service	表示可为客人提供送餐的服务
65		商务中心 Business centre	表示可提供复印、打字、传真、文秘、翻译等项服务的场所

国内旅游投诉服务机构及电话

1. 国家旅游局旅游质量监督管理所

010-65275315（受理时间：8：30～12：00；14：00～17：00）

2. 全国假日旅游协调办公室

010-65201028（春节、“十一”黄金周期间开通）

北京执法大队 010-65150198

北京质监所 010-12301

天津质监所 022-28359093

上海质监所 021-64393615

重庆质监所 023-63866315

河北质监所 0311-85814239

山西质监所 0351-7325012

内蒙古质监所 0471-6282653

辽宁质监所 024-86230222

吉林质监所 0431-85653030

黑龙江质监所 0451-87010055

江苏质监所 025-83418185

浙江质监所 0571-85117419

安徽质监所 0551-2821763

福建质监所 0591-87535640

江西质监所 0791-6269965

山东质监所 0531-12301

河南质监所 0371-65506775

湖北质监所 027-87124701

湖南质监所 0731-84717614

广东质监所 020-22386699

广西质监所 0771-5529315

海南质监所 0898-65358451

四川旅游执法总队 028-86702252

贵州质监所 0851-6818436

西藏质监所 0891-6834193

云南质监所 0871-4608315

陕西质监所 029-85261437

甘肃质监所 0931-8826860

青海质监所 0971-6159841

宁夏质监所 0951-6723298

新疆质监所 0991-8831902

旅游服务热线 12301

3. 全国统一便民服务电话

市内电话查号114、邮政编码查询184、天气预报121、报时117、急救中心120、全国道路交通事故报警122、匪警110、火警119